MARTIN KRIELE

Die demokratische Weltrevolution
und andere Beiträge

D1725807

Beiträge zur Politischen Wissenschaft

Band 96

Die demokratische Weltrevolution und andere Beiträge

Von

Prof. Dr. Martin Kriele

Duncker & Humblot · Berlin

Die Deutsche Bibliothek – CIP-Einheitsaufnahme

Kriele, Martin:
Die demokratische Weltrevolution und andere Beiträge / von Martin
Kriele. – Berlin : Duncker und Humblot, 1997
  (Beiträge zur politischen Wissenschaft ; Bd. 96)
  ISBN 3-428-08922-7 brosch.

ISSN 0582-0421
ISBN 3-428-08922-7

Gedruckt auf alterungsbeständigem (säurefreiem) Papier
entsprechend ISO 9706 ∞

Vorwort

Die ersten Auflagen von „ Die demokratische Weltrevolution" erschienen zuerst 1987 als Piper-Taschenbuch. Der Untertitel „Warum sich die Freiheit durchsetzen wird" führte dazu, daß das Buch schlicht als Vorhersage eines demokratischen Aufbruchs in Osteuropa verstanden wurde. Das erschien vielen allzu gewagt. Als dann ab 1989 die täglichen Fernsehnachrichten abliefen wie der Film zum Buch, hieß es: die Vorhersage habe sich zwar bestätigt, sei damit nun aber auch erledigt. Der Verlag versprach sich nichts mehr von weiteren Auflagen.

Doch aus Kreisen der Wissenschaft gab es eine wachsende Nachfrage. Denn:

1. Das Buch enthält nicht einfach eine kühne Prophezeiung, sondern – angelehnt an Kant – eine Analyse von Zusammenhängen und Entwicklungstendenzen.

2. Diese Analyse sucht nicht nur die Vorgänge in Osteuropa, sondern auch in Süd-afrika und verschiedenen Regionen Lateinamerikas und Asiens besser verständ-lich zu machen.

3. Sie bezieht sich auf eine globale Dynamik, die noch weit ins nächste Jahrtau-send hinein wirksam sein dürfte.

Dies alles gibt Anlaß, den Text erneut zur Diskussion zu stellen.

In Teil II sind einige politische Artikel beigefügt, mit denen der Verfasser die deutsche Vereinigung begleitet hat. Sie wurden unter dem Gesichtspunkt ausge-wählt, daß sie der vorausgehenden Analyse konkretere Anschaulichkeit verleihen und nicht nur aktualitätsbezogen waren.

In Teil III geht es um die Stabilität der Demokratie, um Durchleuchtung ihrer geistigen und sittlichen Grundlagen, um deren Wandlungen, Gefährdungen und Chancen.

Teil IV enthält einige Beiträge zum deutschen Verfassungsrecht, die über den Tag hinaus von Interesse sein könnten.

Teil V schließlich führt zu grundsätzlichen Fragen der Philosophie des demokra-tischen Verfassungsstaates zurück. Die Beiträge suchen zu verdeutlichen, inwie-fern das theoretische Verstehen seiner Grundlagen von erheblicher praktischer Be-deutung sein kann.

Arbeiten dieser Art entstehen im ständigen Austausch mit den Erfahrungen und Meinungen von Partnern im wissenschaftlichen und politischen Raum. Alle, die auf die eine oder andere Art mit mir im Dialog standen, haben wesentlichen Anteil an der Entstehung dieser Beiträge, und ich sage ihnen Dank dafür, besonders meinen wissenschaftlichen Mitarbeitern der letzten Jahre: Dr. Burkhardt Ziemske und Dr. Heiner Wilms, die beide inzwischen Professoren sind, Heike Kleinsteinberg, Hermann Gröhe, York Jäger, Haki Gedik, Dr. Georg Jochum, Dr. Christoph Neumeyer, Dr. Ralf Stark, Prof. Dr. Dr. Etienne Mbaya.

Ein besonderes Wort des Dankes möchte ich an meine ehemaligen Studenten richten. Sie haben mir meine dreißigjährige Lehrtätigkeit zu einer täglichen Quelle der Freude gemacht. Ganz besonders die Seminarteilnehmer haben mit Aufgeschlossenheit, Engagement, Fleiß, Gründlichkeit und kritischer Diskussionbereitschaft Material aufbereitet, Ideen und Gedankengänge aufgezeigt und Klärungen herbeigeführt, die hier ihren Niederschlag finden. Daraus schöpfe ich die Hoffnung, daß auch noch die kommende Generation aus diesen Beiträgen Anregungen schöpfen möge.

Zu danken habe ich ferner meiner getreuen Sekretärin Frau Renate Müller, die unverdrossen und nicht selten mit Überstunden dies alles und vieles andere schrieb und dabei stets ein Klima der Harmonie und guten Laune verbreitete. Zu danken habe ich schließlich Herrn Professor Simon und seinen Mitarbeiterinnen Frau Birgit Müller und Frau Ingrid Bührig, die – nach „Recht, Vernunft und Wirklichkeit" (1990) – nun schon die zweite Sammlung von Aufsätzen des Verfassers im Verlag Duncker & Humblot bereitwillig herausbringen und sorgfältig betreuen.

Martin Kriele

Inhaltsverzeichnis

Teil I: Die demokratische Weltrevolution

§ 1 Einleitung

Die ersten Demokratien waren griechische Stadtstaaten in Hellas, Kleinasien, Sizilien, Süditalien und auf den ägäischen Inseln im 5. und 4. Jahrhundert vor Christus.[1] Ihre bürgerliche Freiheit und politische Selbstbestimmung wurden zur Keimzelle einer geistigen und politischen Weltrevolution, in der wir noch mittendrin stehen. In jenen Anfängen galten Freiheit und Selbstbestimmung noch nicht für alle; Sklaverei, der Ausschluß der Frauen, die Verachtung der Barbaren waren noch selbstverständlich. Aber griechische Denker faßten schon damals den Gedanken, daß dem Menschen als Menschen – und nicht nur als Bürger der polis – Rechte zustehen und daß das Ideal der Zukunft die Freiheit für alle sei. Die griechischen Stadtdemokratien hielten sich meist nicht länger als einige Jahrzehnte und sanken dann entweder in Tyrannei zurück oder fielen fremder Unterwerfung zum Opfer. Sie hinterließen unsterbliche Werke der Kunst und der Philosophie, in denen sich der Gedanke aussprach, das Gute und Schöne sei zugleich das Wahre, und dem Idealen wohne die Tendenz inne, in der Wirklichkeit in Erscheinung zu treten. Die Erinnerung, die die Menschheit den ersten Demokratien bewahrt, verwandelte sich in die Hoffnung auf die Ausbreitung der Rechtsidee über die Welt.

Einen zweiten Anlauf zur Demokratie machte das republikanische Rom: auch zunächst nur in einer Stadtverfassung, auch noch auf der Grundlage einer Sklavenhaltergesellschaft und mit einer bürgerlich-aristokratischen Prägung, aber immerhin mit der Möglichkeit der Volkswahl und der Volksgesetzgebung, an der jeder Bürger Roms teilhaben konnte.[2] Das republikanische Rom konnte sich einige Jahrhunderte lang so kraftvoll entwickeln, daß es Herrscherin eines Weltreiches wurde. Es ging im ersten Jahrhundert vor Christus unter, als sein Ethos zerfiel und seine politische Klugheit nicht mehr ausreichte, die eigenmächtig werdenden Heerführer zu integrieren.[3] Das Kaisertum, das ihm folgte, entartete zur Tyrannis und fiel

---

[1] *M. J. Finley,* Das politische Leben in der antiken Welt, München 1986; *J. Bleicken,* Die athenische Demokratie, Paderborn, München, Wien, Zürich 1986; *H. E. Stier,* Die klassische Demokratie, Köln u. Opladen 1954; *ders.,* Der Untergang der klassischen Demokratie, 1971; *Christian Meier,* Entstehung des Begriffs Demokratie, 1970; *ders.,* Die Entstehung des Politischen bei den Griechen, 2. Aufl. 1983.

[2] *J. Bleicken,* Die Verfassung der römischen Republik, Paderborn 1975; *M. J. Finley,* a. a. O.

[3] Die Legende, die Republik sei an der Unfähigkeit gescheitert, das Reich zu regieren – dazu hätte es der Monarchie bedurft –, findet keine Stütze in den historischen Tatsachen.

schließlich dem Ansturm der Germanen zum Opfer. Rom aber hinterließ mehr als eine Erinnerung und eine Philosophie: nämlich Rechtsinstitutionen, die sich unterhalb der Ebene des Staatsrechts noch im Kaisertum fortentwickelten, selbst dessen Untergang überdauerten und bis auf den heutigen Tag das geltende Recht in großen Teilen Europas mitprägen.

Der dritte Spiralkreis der weltgeschichtlichen Entwicklung zur Demokratie begann im 12. Jahrhundert zunächst in einigen oberitalienischen Städten und in deutschen freien Reichs- und Hansestädten[4] und wurde in der Neuzeit zuerst in England[5] zur Lebensform eines großen Territorialstaates. Das englische Vorbild von Rechtsinstitutionen der Gewaltenteilung und der judiziellen Freiheitsrechte verknüpfte sich in der amerikanischen und der französischen Revolution mit den naturrechtlichen Idee der Menschenrechte und damit dem Prinzip von Freiheit und Gleichheit.[6] Aus dieser Verschmelzung von gewaltenteilendem Verfassungsstaat mit naturrechtlichen Impulsen entwickelte sich eine revolutionäre Dynamik, die die größten Teile Europas und große Teile der übrigen Welt zu demokratischen Verfassungsstaaten umgewandelt hat. In diesen können die Menschen in freier Initiative auf die Annäherung des Rechts an die Gerechtigkeit hinarbeiten. Die Demokratien überwanden Sklaverei, Leibeigenschaft, Judendiskriminierung, führten zur Gleichstellung der Frauen, zu Sozialstaatlichkeit, allgemeiner Schulbildung, zur Verbesserung des Rechtssystems, zur sozialen, kulturellen und wirtschaftlichen Entwicklung. Sie haben ein Völkerrecht entwickelt, das Frieden und Zusammenarbeit ermöglicht und dessen weltweite Anerkennung und konsequente Fortentwicklung der einzige Weg ist, auf dem die ins Unermeßliche gewachsenen Gefahren des Krieges und der ökologischen Katastrophen gebannt werden können.

Die Geschichte der demokratischen Revolution ist die Geschichte des Mündigwerdens des Menschen. An die Stelle des „Rechts des Stärkeren" tritt die Achtung vor der Gleichberechtigung des anderen, an die Stelle von Parteilichkeit die Rechtsidee der Unparteilichkeit, an die Stelle von Willkür der Rechtszustand, an die Stelle von Vormundschaft die Selbstbestimmung, an die Stelle der Despotie die rechtlich gesicherte Freiheit. Sie ist die Geschichte der Beherrschung der tierischbiologischen Natur des Menschen durch Vernunft und Moral, der allmählichen Durchdringung und Umgestaltung des Rechts durch das Naturrecht, also das Recht, das der Natur des Menschen gemäß ist, wenn wir im Menschen nicht nur ein triebhaftes und gewalttätiges, sondern ein zu vernünftiger Selbstbestimmung und zu friedlichem und freundlichem Zusammenleben fähiges Wesen erkennen.

---

[4] *K. Bosl,* Staat, Gesellschaft, Wirtschaft im Deutschen Mittelalter, in: Handbuch der Deutschen Geschichte, Bd. I, hrsg. v. B. Gebhardt, 8. Aufl., Stuttgart 1959, S. 585 ff., 668; *E. Ennen,* Die europäische Stadt des Mittelalters, 3. Aufl. 1979; *Ph. Wolf,* Guide International d'Histoire urbaine I, Europe, 1977.

[5] Zu den geistesgeschichtlichen Grundlagen des englischen Parlamentarismus siehe *K. Kluxen,* in: Parlamentarismus, 1967, S. 99 ff.; *M. Kriele,* Einführung in die Staatslehre, 2. Aufl. 1986, insbes. §§ 26 ff., 31 f., 35 f.

[6] Eingehender: *M. Kriele,* Einführung in die Staatslehre, §§ 37 ff., 66 ff.

Wäre die menschliche Natur nur triebhaft und gewalttätig, wäre gerechtes Recht unmöglich, wäre sie friedlich und freundlich, wäre zwangsweise Rechtsdurchsetzung überflüssig. Da sie aber zwischen Gut und Böse schwankt, ist Fortschritt des Rechts möglich und zugleich nötig, um den Menschen vor Unterdrückung und gegenseitiger Vernichtung zu bewahren und um den Rechtsfrieden zu schaffen, in dem er seine besten Möglichkeiten entfalten kann. Das Recht, das den Menschen und den Völkern Freiheit zur Selbstgestaltung ihres Lebens gewährleistet und diese Freiheit zugleich so beschränkt, daß die anderen Menschen und Völker die gleiche Freiheit genießen, ist die der Natur des Menschen allein angemessene Gestalt des Zusammenlebens. Das ist der Grund, weshalb der demokratischen Revolution eine natürliche Tendenz auf universale Ausbreitung über die ganze Menschheit innewohnt: sie ist die Weltrevolution schlechthin. Dies jedenfalls war die Lehre der politischen Aufklärung des 18. Jahrhunderts, die wir in Erinnerung rufen und zugleich im Lichte unserer heutigen Erfahrung prüfen wollen.

Die Aufklärer des 18. Jahrhunderts hielten die demokratische Revolution in Europa für unaufhaltsam und meinten, ihr wohne die Tendenz inne, zur Weltrevolution zu werden und die sich ihr entgegenstemmenden Kräfte zu überwinden. Um sich zu vergegenwärtigen, welche Gründe sie dazu veranlaßten, empfiehlt es sich, sich vor allem an Immanuel Kant zu orientieren, und zwar aus drei Gründen. Einmal: Kant verfaßte seine politischen Schriften gegen Ende des 18. Jahrhunderts und konnte die verschiedenen Strömungen jenes Jahrhunderts schon aufnehmen und verarbeiten, ja sogar die Erfahrung der französischen Revolution mitberücksichtigen. Zum anderen: Kants überlegene denkerische Kraft hat die Resultate der Aufklärung kritisch gefiltert und neu begründet. Und schließlich finden wir bei Kant die Gedanken der Aufklärung auch moralisch geläutert: ohne jede Trübung durch Ressentiments (wie bei Rousseau), durch Spottlust und Kirchenhaß (wie bei Voltaire) oder durch sonstige Nebenmotive stimmen bei ihm Geist und Herz zusammen. Unbedingte Aufrichtigkeit verbindet sich mit reiner Menschenliebe und dem moralischen Impuls, dem Recht zum Recht zu verhelfen.

Die demokratische Weltrevolution wird allerdings gegenwärtig durch die sozialistische Gegenrevolution, die ebenfalls eine Weltrevolution zu sein beansprucht, blockiert und teilweise zurückgeworfen und muß nun mit ihr rivalisieren. (Die dritte große Revolution, die islamische, beschränkt sich selbst auf die islamischen Teile der Welt.)

Die sozialistische Gegenrevolution tritt mit dem Anspruch auf, sich auf eine „zweite Aufklärung" zu gründen und die Vorbedingungen dafür zu schaffen, daß die Ideale der „ersten Aufklärung" wirklich werden können: Der demokratische Verfassungsstaat sei nur der Überbau über Kapitalismus, Imperialismus und Neokolonialismus: seine Freiheit sei die der ausbeuterischen Besitzindividualisten. Der sozialistische Staat schaffe die ökonomische Basis, auf der die Ideale der politischen Aufklärung – Freiheit, Gleichheit, Brüderlichkeit – verwirklicht würden, so daß der Staat absterben könne. Die sozialistische Gegenrevolution wollte – in Anknüpfung an die politische Aufklärung – Zustände überwinden, „in denen der Mensch ein erniedrigtes, ein geknechtetes, ein verlassenes, ein verächtliches Wesen ist".[7] Wer dieses Ziel ernst nimmt, muß die Frage ernst nehmen, auf welchem Wege wir uns ihm nähern können. Die sozialistische Gegenrevolution führt in Zustände, in denen der Mensch ein erniedrigtes, geknechtetes, verlassenes, verächtliches Wesen ist. Wir wissen dies aus 70 Jahren Erfahrung, aber wir können uns die Gründe dafür auch theoretisch vergegenwärtigen. Die Bedingungen eines menschenwürdigen Lebens hängen entscheidend von Recht und Verfassung ab. Diese bilden die Basis auch für die materiellen Lebensbedingungen. Die Annahme, es verhalte sich umgekehrt: die Produktionsverhältnisse bildeten die Basis und Recht und Verfassungen seien nur ihr „ideologischer Überbau", ist ein fundamentaler Irrtum mit verhängnisvollen Konsequenzen.

Die sozialistische Gegenrevolution hat diesen Irrtum zum Dogma erhoben. Ihre Anhänger unterstützen sie mit dem Argument, sie träten damit „konsequent an die Seite der Armen und Unterdrückten". Aber sie sprechen – ganz offenkundig – nicht die Wahrheit. Denn die Armen und Unterdrückten in den sozialistischen Staaten sind ihnen gleichgültig. Sie nehmen die Frage, wie das Elend der Armen und Unterdrückten wirklich überwunden werden kann, gar nicht ernst und lassen sich weder auf ökonomische noch auf rechtliche noch auf philosophische Studien und Diskussionen ein, sondern ersetzen sie durch den Dogmatismus der Parteilichkeit.

Die sozialistische Gegenrevolution führt in den voraufklärerischen Zustand der Despotie zurück und ist die Gegenaufklärung schlechthin. „Aufklärung", sagt Kant, „ist der Ausgang des Menschen aus seiner selbstverschuldeten Unmündigkeit".[8]

Die sozialistische Gegenrevolution besitzt gewiß eine gewaltige Macht. Aber da sie sich nur durch Gewalt und Propaganda ausbreiten und erhalten kann und der Natur des Menschen nicht gemäß ist, kann sie nur ein vorübergehendes Zwischenspiel in der Geschichte der Menschheit sein: die furchtbare Konsequenz aus einem furchtbaren Irrtum. Die Macht, die sie im Laufe des 20. Jahrhunderts erlangt hat, wird künftige Generationen mit Verwunderung erfüllen und nicht mehr sein als eine Lektion über die Verführbarkeit des Menschen.

Die sozialistische Gegenrevolution hat ein Drittel der Menschheit unterworfen. Sie entwickelt eine Dynamik der Zukunftsgewißheit – „der Sozialismus siegt" –, die in den Demokratien nicht selten Selbstzweifel, Selbstrelativierung, Lähmung, Resignation, ja Tendenzen zum Zurückweichen und zur Selbstaufgabe auslöst. Deshalb erhebt sich die Frage, ob dieser Pessimismus wirklich berechtigt ist. Wir

---

[7] *Karl Marx,* Zur Kritik der Hegelschen Rechtsphilosophie, in: Marx / Engels, Über Religion, Berlin 1958, S. 38.

[8] *Immanuel Kant,* Beantwortung der Frage: Was ist Aufklärung?, Bd. XI, S. 53. Kant-Zitate beruhen auf der Werkausgabe (Taschenbuchausgabe): *Immanuel Kant,* Werk in zwölf Bänden, hrsg. v. Wilhelm Weischedel, 7. Aufl., Frankfurt 1985.

wollen ihm nicht unsererseits Zweckoptimismus entgegensetzen, sondern versuchen, die tatsächlichen Kräfteverhältnisse realistisch einzuschätzen und die Schwierigkeiten, Rückschläge und Gefahren, die die demokratische Revolution bedrohen, ungeschminkt in die Bilanz einsetzen.

Zieht man eine solche Bilanz auf der Grundlage eines Querschnitts der Gegenwart, so scheinen sich die Kräfte ungefähr die Waage zu halten: dem militärischen Gleichgewicht entspricht ein politisches Gleichgewicht. Auf diesem Gedanken beruht die Politik der Entspannung und der gegenseitigen Anerkennung des territorialen status quo. Diese Politik ist um der Erhaltung des Weltfriedens willen unverzichtbar. Sie wendet sich jedoch ins Unrealistische, wenn sie den Glauben erzeugt, daß beide Revolutionen auf moralische und geschichtliche Dynamik verzichten könnten. Die sozialistische Revolution tut das nicht, sondern versucht sich vor allem in der Dritten Welt auszubreiten, mit dem erklärten Ziel, das politische Gleichgewicht zu destabilisieren und zur Lebensform der Menschheit zu werden. Ihr steht – ob wir es wollen oder nicht – die der demokratischen Revolution innewohnende, auf Universalität der Menschenrechte zielende Dynamik entgegen.

Wir können also die Kräfteverhältnisse nur dann richtig einschätzen, wenn wir über den momentanen Querschnitt hinaus diese Dynamik ins Auge fassen: ihre Quellen, ihre Tendenzen, ihre Gründe, ihre Zielrichtung, das Maß ihrer Kraft. Wenn wir das tun, so wird sich zeigen, daß wir keinen Grund zur Resignation haben, wohl aber Grund, uns vor einem Pessimismus zu hüten, der zur „self-fulfilling prophecy" werden könnte. Zwar müssen wir mit schweren Rückschlägen und Opfern rechnen, in langfristigen Zeiträumen denken und gewaltige Anstrengungen auf uns nehmen. Gleichwohl: Die Frage kann nur sein, ob die Kraft der demokratischen Revolution ausreicht, das begonnene Wachstum in kontinuierlicher Fortentwicklung des schon Erreichten fortzusetzen, oder ob es nach einer Katastrophe des Zusammenbruchs eines neuen Anfangs in einem vierten Kreis der Wachstumsspirale bedarf. Wenn die Analyse sich nicht auf die äußeren Kräfteverhältnisse beschränkt, sondern die geistige, moralische, rechtliche, politische Dynamik, die letztlich die Geschichte bestimmt, miteinbezieht, so gewinnen wir die Erkenntnis, daß wir Grund haben zu der Zuversicht: die Freiheit wird sich durchsetzen.

I. Teil: Revolution und Gegenrevolution

Kapitel 1: Das Recht des Menschen als Mensch

§ 2 Was bleibt von der Idee des Fortschritts?

Der Grundgedanke der aufklärerischen Geschichtsphilosophie, wie Kant sie zusammenfaßte, war: im Laufe der Weltgeschichte habe sich der Rechtsgedanke von Freiheit und Gleichheit ausgebildet. Er sei im Begriff, sich im modernen Staat durchzusetzen und sich über die Welt auszubreiten.[9] Deshalb sei die Geschichte weder als eine sich wiederholende Abfolge zyklischer Kreisläufe zu verstehen, wie es die Antike sah, noch als eine Verfallsgeschichte, wie sie etwa Rousseau im ersten discours beklagte[10], noch als sinnloses Auf und Ab wechselvoller Geschehnisse, wie sie seit König Salomo die Skeptiker aller Zeiten ansahen. Sie sei vielmehr über alles Unglück hinweg, gewissermaßen aus der Vogelperspektive betrachtet, die Grundlage, auf der der Mensch zur Freiheit und damit zu seiner inneren Bestimmung komme: erst einzelne, dann einige, schließlich alle. Darin lag für Kant eine gewisse Zwangsläufigkeit, die auch für die Zukunft einen weiteren Fortschritt versprach. Der Rechtsgedanke von Freiheit und Gleichheit schlage sich innerstaatlich in der Geltung der Menschenrechte, der Gewaltenteilung und der repräsentativen Demokratie nieder, zwischenstaatlich in einer völkerrechtlichen Rechtsordnung, zu der es keine Alternative gebe, wenn die zerstörerischen Kräfte des Krieges gebändigt werden sollen.

Wir wollen die Frage aufwerfen, wie sich diese Naturrechtslehre und ihre Geschichtsphilosophie heute, nach rd. 200 Jahren geschichtlicher Erfahrung, darstellt, ob sie uns widerlegt erscheint oder ob in ihr zumindest ein berechtigter Kern liegt, und, falls ja, welche Gründe dafür sprechen und welche Indizien darauf hinweisen.

Wir müssen aus der Fortschrittsidee zunächst den rechts- und staatsphilosophischen Kern herausschälen und alles abscheiden, was sonst noch dazu gerechnet wurde. Denn die Fortschrittsphilosophie war zwar in erster Linie, aber keineswegs nur Rechts- und Staatsphilosophie: sie bezog sich auch auf den Fortschritt von Wissenschaft und Technik und der auf sie sich gründenden Industrie und Wirtschaft, wie bei Condorcet und Turgot[11], auf den zivilisatorischen Fortschritt der Sitten, der Bildung und der Kunst (wie bei Voltaire[12], dem eigentlichen Begründer der Fortschrittsphilosophie), auf den Fortschritt der individuellen Moralität, wie in Lessings „Erziehung des Menschengeschlechts"[13], auf den Fortschritt in der Bildung der Volksgeister, wie bei Herder[14], auf den Fortschritt des menschlichen Bewußtseins von der theologischen über die metaphysische zur positivistischen Weltsicht, wie bei Comte[15].

---

[9] *Kant,* Idee zu einer allgemeinen Geschichte in weltbürgerlicher Absicht, XI, S. 48; *ders.,* Zum ewigen Frieden, XI, S. 212; hierzu: *Gerhard Ruf,* Freiheit und Gleichheit, 1978, S. 4, 9, 49 ff.; *M. Kriele,* Freiheit und Gleichheit, in: Handbuch des Verfassungsrechts, 1983, S. 129 ff.

[10] *Jean-Jacques Rousseau,* (1712 – 1778), vor allem im „Discours sur les sciences et les arts", 1750.

[11] *Antoine Condorcet* (1743 – 1794); *Robert Turgot* (1727 – 1781), Questions importantes sur le commerce (1755).

[12] *François-Marie Voltaire* (1644 – 1778), vor allem in: „Dictionnaire philosophique", 1764.

[13] *Gotthold Ephraim Lessing* (1729 – 1781), Die Erziehung des Menschengeschlechts, 1780.

[14] *Johann Gottfried von Herder* (1744 – 1803), Auch eine Philosophie der Geschichte zur Bildung der Menschheit, 1774.

[15] *Auguste Comte* (1748 – 1857), vor allem: Discours sur l'esprit positif, 1844.

All dieser „Fortschritt" ist uns in seinem Wert zutiefst zweifelhaft geworden. Die explosionsartigen Fortschritte, die Wissenschaft und Technik in den letzten zwei Jahrhunderten gemacht haben, sind zwar staunenswert, aber die unvorhergesehenen Nachfolgen verheerend – bis hin zur Gefahr des kollektiven Selbstmords der Menschheit durch Krieg oder ökologische Katastrophen.

Von einem Fortschritt der Sitten, der Bildung und der Kunst mag man heute, am Ende des 20. Jahrhunderts, höchstens noch ironisch reden. Was den moralischen Fortschritt auf dem Wege der Erziehung des Menschengeschlechts betrifft, so läßt er sich nur begründen, wenn man die Lehre von der Reinkarnation des Menschen voraussetzt – das hat Lessing selbst ausgesprochen und sich deshalb zu dieser Lehre bekannt.[16] Ohne diese Voraussetzung scheitert der Optimismus, daß die Erziehung zu einem moralischen Fortschritt führen könnte, an der Erkenntnis, daß erworbenen Eigenschaften nicht vererblich sind.

Der sog. Bewußtseinsfortschritt zum Positivismus hin erscheint uns als Selbstbeschränkung des geistigen Interesses und als ein dogmatisiertes Frageverbot, dem wir uns heute immer weniger zu beugen gewillt sind. So ist es nicht verwunderlich, daß der Fortschrittsoptimismus der Aufklärung einer skeptischen und in mancher Hinsicht tieferen und wahreren Weltbetrachtung Platz gemacht hat.

Das aber, was untergeht, der Fortschrittsoptimismus im Blick auf Wissenschaft und Technik, auf Moral und Erziehung, auf die Veredelung des Menschen und seiner Zivilisation, berührt nicht ohne weiteres auch den Rechtsgedanken. Dieser ist vielmehr zur Grundlage aller Legitimation geworden, nachdem der moderne Territorialstaat die traditionalen Legitimitäten abgebrochen hat.

§ 3 Das „Recht des Menschen" im Völkerrecht

Die politische Aufklärung war Naturrechtslehre. Sie orientierte sich an der Natur des Menschen als Mensch, nicht als Katholik oder Protestant, als Christ oder Heide, als Europäer oder Asiate, als Freier oder Sklave usw. Ihre Frage war die nach den Bedingungen, unter denen die Menschen friedlich und freundlich zusammenleben und zusammenwirken können. Ihre Antwort war: indem sie sich in den Rechtszustand versetzen, und das heißt in einer Formel Kants: indem sich die Menschen und Staaten gegenseitig als gleichberechtigt anerkennen und ihre Freiheit nach allgemeinen Gesetzen so weit einschränken, daß die Freiheit eines jeden mit der Freiheit aller zusammen bestehen kann.[17] Indem sie das tun, ordnen sie ihre tierisch-biologische Natur ihrer Vernunftnatur unter und überwinden damit

---

[16] *G. E. Lessing,* a. a. O., Ziff. 94 – 100.

[17] *Kant,* Metaphysik der Sitten: Einteilung der Rechtslehre, VIII, S. 337 und S. 345 sowie: Über den Gemeinspruch: Das mag in der Theorie richtig sein, taugt aber nicht für die Praxis, XI, S. 144.

das Prinzip vom Recht des Stärkeren, Schnelleren, Schlaueren, Brutaleren, Skrupelloseren. Damit schaffen sie zugleich die Freiheit, in der jeder Mensch und jedes Volk sich selbst bestimmen kann, um die besten in ihm angelegten Möglichkeiten zu verwirklichen, brüderlich zusammenzuarbeiten und miteinander Frieden zu halten.

Frage und Antwort haben rein innerweltlich-rationalen Charakter und sind an keinerlei theologische Voraussetzungen gebunden. In ihnen drückt sich das naturrechtliche Minimum aus, das alle Religionen, Kulturen, Traditionen übergreift und das unerläßlich ist, um eine universale Friedensordnung zu begründen. Lediglich die Zusatzfrage: Wieso sollen wir die Bedingungen friedlichen und freundlichen Zusammenlebens wollen? verweist auf eine Sittlichkeit, die ihrerseits zwar ferne religiöse Wurzeln hat, die aber nicht von sich aus schon eine konfessionelle Ausprägung hätte, ja die auch in vorchristlichen Religionen schon lebendig war und ist und auch in vorchristlichen Philosophien, wie etwa der Stoa, schon anerkannt war. Diese Sittlichkeit kann auch von Atheisten vorausgesetzt und anerkannt werden und hat von ihnen in der Geschichte der Aufklärung oft sogar nachdrücklichere Unterstützung gefunden als von den Kirchen. Grotius meinte: „Naturrecht gälte selbst dann, wenn es keinen Gott gäbe oder er sich um menschliche Dinge nicht kümmere."[18]

Die Reformation hat die Naturrechtslehre zwar ursprünglich verworfen (Calvin noch nachdrücklicher als Luther), einer neuen Naturrechtslehre aber doch mittelbar den Boden bereitet, indem sie die Einheit von Reich und Kirche sprengte und die Kirche in Kirchen spaltete. Die bloße Tatsache der konfessionellen Pluralität erzwang, zumal aus den Erfahrungen der konfessionellen Unterdrückung und Bürgerkriege und schließlich des 30jährigen Krieges, Formen des rechtlich geregelten Miteinanderlebens. Diese Rechtsregeln konnten ihren legitimierenden Grund nur in der Vernunft des Friedens, der gegenseitigen Anerkennung, des wirtschaftlichen Verkehrs, des gesicherten Reisens usw. haben – kurz in Regeln, die nicht unmittelbar in der einen oder anderen Theologie, sondern in der die Konfessionen übergreifenden autonomen Vernunft wurzelte. Die modernen Modelle dieser Rechtsbegründung waren im Völkerrecht vorgebildet worden, und zwar zunächst in der spanischen Naturrechtslehre des 16. Jahrhunderts.

Vitoria (1483 – 1546)[19] wurde von Karl V., der in Salamanca – schon als Kaiser – seine Vorlesungen hörte, beauftragt, Richtlinien für die Missionierung der Indianer auszuarbeiten. Er war ein persönlicher Freund von Las Casas[20] und von diesem

---

18 *Hugo Grotius* (1583 – 1645), Prolegomena No. 11, in: De iure belli ac pacis, 1625, übersetzt von J. H. v. Kirchmann: „Des Hugo Grotius drei Bücher über das Recht des Kriegs und des Friedens, in welchem das Natur- und Völkerrecht und das wichtigste aus dem öffentlichen Recht erklärt werden", Bd. 1 u. 2, Berlin 1869.

19 Zu Francisco de Vitoria vgl. vor allem: *Joseph Höffner*, Christentum und Menschenwürde. Das Anliegen der spanischen Kolonialethik im Goldenen Zeitalter, Trier 1947.

20 Zu Bartolomé de Las Casas (1574 – 1566) vgl. vor allem: *L. Hanke*, The Spanish struggle for justice in the conquest of America, New York 1949.

über die Ausplünderung, Versklavung und Vernichtung der Indianer unterrichtet. Die spanische Rechtfertigung dafür war, daß die Indianer als Heiden keine Rechtssubjekte seien und daß mit ihnen geschlossene Verträge keine Verbindlichkeit hätten. Dem hielt Vitoria den Naturrechtsgrundsatz entgegen, daß die Menschen in ihrer Natur prinzipiell gleich und frei seien. Das ihrer Natur gemäße Verhalten sei das Verhältnis von Freien und Freunden. Dieser Grundsatz war schon in der Antike vorgeprägt: wir finden ihn etwa in der Stoa und bei Cicero. Damals war er nur philosophische Idee und moralischer Anspruch. Jetzt gewann er eine politische Dynamik, die die Welt zu revolutionieren begann. Vitoria zitierte Ovid: Non enim homini homo lupus est, sed homo: Der Mensch ist für den Menschen nicht ein Wolf, sondern ein Mensch. Vitoria folgerte Rechtsregeln der Gegenseitigkeit und der Universalität, gemäß dem Grundsatz: „Neminem laedere": Was du nicht willst, das man dir tu, das füge auch keinem anderen zu. Weder der Papst noch der Kaiser seien Herren des ganzen Erdkreises. Missionierung sei nur in der Form der freien Verkündigung, nicht des Zwanges erlaubt. Unglaube aber hebe weder das natürliche noch das menschliche Recht auf. Die Indianer seien sowohl kraft ihres eigenen Rechts als auch kraft des universalen Naturrechts als Eigentümer und freie Vertragspartner zu achten.

Vitorias Schüler Suárez (1548 – 1619)[21] entwickelte nicht nur die völkerrechtlichen und naturrechtlichen Grundlagen fort, sondern wandte ihre Grundsätze auch auf die inneren Verhältnisse an: Der Staat sei ein freier Zusammenschluß von Familien um gemeinsamer Zwecke willen, wie Frieden, Gerechtigkeit, wirtschaftlichen Austauschs und der Verteidigung gegen Feinde. Er gewinne aus diesen Zwecken seine Rechtfertigung und Autorität: man müsse die ihn tragenden Rechtsregeln so denken, als sei er aus einem Staatsvertrag, der die freie demokratische Zustimmung aller gefunden habe, hervorgegangen: insofern sei die „natürliche Staatsform" an sich die Demokratie. Auch Suarez wandte sich strikt gegen die Vergewaltigung der Kolonialvölker. Diese seien vielmehr in ihrer eigenen Ordnung zu achten.

Zwar sahen sich sowohl Vitoria als auch Suárez genötigt, den spanischen Herrschaftsansprüchen gewisse Konzessionen zu machen. Aber die von ihnen entwickelten Prinzipien entfalteten ihre eigene geschichtliche Dynamik. Sie stießen zwar zunächst noch auf Widerspruch sowohl im katholischen als auch im protestantischen Raum. Das katholische Denken hielt zunächst noch an der Einheit von Kirche und Reich fest, erhob Universalitätsansprüche für das Reich und konnte sich deshalb nicht selbst relativieren. Der Protestantismus verwarf die Einheit von Kirche und Reich und folglich auch das damit verknüpfte Naturrecht. Aber auch eine rein innerweltlich-rationale Naturrechtslehre war ihm fremd – schon aufgrund seines voluntaristischen Gottesbildes, in dem Luther und Calvin übereinstimmten. Dennoch fand das neue Naturrecht seinen Durchbruch zunächst im protestanti-

---

[21] Zu Francisco Suárez vgl. vor allem: *Heinrich Rommen*, Die Staatslehre des Franz Suárez S. J., Mönchen-Gladbach 1926.

schen Teil Europas, hier freilich zunächst bei theologischen Abweichlern, und zwar zunächst wiederum aus den Bedürfnissen des Völkerrechts heraus.

Einer der bedeutendsten Repräsentanten des naturrechtlichen Denkens war Hugo Grotius (1583 – 1645)[22], der in seiner calvinistischen holländischen Heimat wegen Zweifeln an der Prädestinationslehre und seines Eintretens für die Willensfreiheit zu lebenslänglichem Gefängnis verurteilt worden war und sich der Strafe nur durch Flucht hatte entziehen können. Hugo Grotius pflegt man auch den „Vater des Völkerrechts" zu nennen, dem er in der Tat wesentliche Impulse gegeben hat.[23] Sein Anliegen war vor allem die Freiheit der Meere gegen spanische und englische Monopolansprüche und die Piraterie. Um ein universales Völkerrecht, das nicht nur katholische und protestantische Länder, sondern auch die türkischen oder indischen Heiden einschloß, zu rechtfertigen, bedurfte es seiner Begründung auf der natürlichen menschlichen Vernunft. Die Quelle des Rechts sei weder Vertrag noch Gesetzgebung, noch natürliche Gotteserkenntnis, noch die Einsicht in erste Prinzipien, sondern die Erkenntnis der Bedingungen des friedlichen und freundlichen Zusammenlebens. Diese Bedingungen erkennen, in völkerrechtlichen Regeln niederzulegen, diese zu achten und als verbindlich anzuerkennen, sei das Gebot der menschlichen Vernunft schlechthin.

§ 4 Der absolutistische Pflichtenstaat

Nachdem dieser Gedanke in der Völkerrechtslehre Fuß gefaßt hatte, wendete er sich – vor allem unter dem Zwang der konfessionellen Bürgerkriege – auch in die Staatsrechtslehre. Die politische Aufklärung ging aus der Naturrechtslehre hervor. Sie hat sie in dreierlei Hinsicht umgestaltet: Erstens hat sie sie universalisiert. Sie löste das Naturrecht endgültig aus seiner Verflechtung mit dem Recht des mittelalterlichen Reiches. Zweitens hat sie das Naturrecht zugleich emanzipiert: es kam nun für die rechtliche Anerkennung nicht mehr darauf an, ob der Mensch zur Kirche gehört, ob er Christ oder Heide ist. Drittens hat sie das Naturrecht dynamisiert: dieses legitimiert nun nicht mehr nur den Widerstand gegen tyrannische Entartung mit dem Ziel der Wiederherstellung des guten alten Rechts. Es wurde vielmehr zur treibenden Kraft der Umgestaltung des positiv geltenden Rechts mit dem Ziel einer Annäherung an Freiheit und Gleichheit, also zur Kraft der demokratischen Revolution und der Rechtsreformen innerhalb der Demokratien.

---

[22] Zu Hugo Grotius vgl. vor allem: *W. S. M. Knight,* The life and works of Hugo Grotius, London 1925; *E. Wolf,* Hugo Grotius, in: Große Rechtsdenker der deutschen Geistesgeschichte, Tübingen 1963, S. 253 – 310; *W. J. M. van Eysinga,* Hugo Grotius – Eine biographische Skizze, Basel 1952.

[23] Doch stützte sich Grotius nicht nur der Sache nach, sondern auch ausdrücklich auf die spanische Völkerrechtslehre, insbesondere auf Vitoria und dessen Schüler Vasquez, Suarez und Covarrubias, die er zusammenfassen und fortsetzen wollte.

Die Frühaufklärer des 17. Jahrhunderts konnten freilich den Absolutismus noch nicht in Frage stellen. Sie begründeten zwar die staatliche Legitimation aus einem gedachten Staatsvertrag, dem jeder seine Zustimmung erteilen konnte, weil er ein Minimum an Rechtsfrieden gewährleistete. Dieser Staatsvertrag begründete das Gewaltmonopol des Territorialherrn, das Fehde und Bürgerkrieg zu überwinden vermochte.[24] Innerhalb des so begründeten Staates aber gab es nur einseitige Pflichten des Fürsten gegenüber seinen Untertanen, denen keine ihnen entsprechenden Rechte des Untertanen gegenüberstanden.

Nachdem sich im kontinentalen Europa des 17. Jahrhunderts der territoriale Fürstenstaat auf der Grundlage absolutistischer Herrschaftsmacht durchgesetzt hatte, gab es zunächst keinen Raum für ein zweiseitiges Rechtsverhältnis zwischen Bürger und Staat, sondern nur für Rechte, die der Fürst einseitig gewähren oder zurücknehmen konnte, die ihn selbst aber nicht banden, ja über die er im Einzelfall auch hinweggehen konnte. Der Kern der absolutistischen Lehre war, daß der Fürst die Quelle allen Rechts sei: er konnte das Recht setzen, gestalten, umgestalten, aufheben oder durchbrechen. Er herrschte „legibus absolutus", vom Recht unabhängig.[25] Er stand nicht unter, sondern über dem Recht. Die Rechtsphilosophie des Absolutismus war die des Rechtspositivismus, am konsequentesten zu Ende gedacht im 16. Jahrhundert bei Thomas Hobbes (1588 – 1679).[26] In einem solchen Rechtsdenken verlor das Naturrecht seine Funktion als Korrektiv und Interpretationsferment. Es wurde von Hobbes nur noch zu dem Versuch herangezogen, um eben diesen positivistischen Absolutismus als die einzige dem Naturrecht gemäße Staatsform zu legitimieren.

Das in der Völkerrechtslehre entwickelte rationale Naturrecht der Anerkennung des Menschen als Menschen lebte aber in der rudimentären Form moralischer Appelle fort. Der Fürst konnte dem Untertan gegenüber wenigstens Pflichten haben. Zwar waren es nur unvollständige Pflichten, denen keine ihnen entsprechenden Rechte gegenüberstanden, die der Untertan dem Fürsten gegenüber hätte geltend machen können, aber doch einseitige moralische Pflichten, die aus Tradition, Sittlichkeit, Religion oder aber auch aus der Vernunft begründet werden konnten. Man konnte sie z. B. in „Fürstenspiegeln" zusammenfassen und dem Fürsten ins Gewissen reden. Solche Pflichtenkataloge konnten sich auf das Überlieferte beschränken, es war aber auch möglich, diesen Rahmen zu sprengen und Überlegungen einzubauen, die auf der Vernunftnatur des Menschen aufbauten.

Die rationale Naturrechtslehre, die im Völkerrecht gegenseitige, einander entsprechende Pflichten und Rechte begründet hatte, konnte sich im Staatsrecht im

---

[24] Vgl. *M. Kriele,* Einführung in die Staatslehre, 2. Aufl. 1981, §§ 9 ff.   •

[25] Hierzu *Dieter Wyduckel,* Princeps Legibus Solutus, Eine Untersuchung zur frühmodernen Rechts- Staatslehre, Berlin 1979.

[26] Hierzu vgl. *Martin Kriele,* Die Herausforderung des Verfassungsstaats, Hobbes und englische Juristen, Neuwied 1970, auch Einführung in die Staatslehre, 5. Aufl. 1994, §§ 9 – 14 und 30 – 36.

Laufe des 17. Jahrhunderts nur in dieser deformierten Gestalt in Europa ausbreiten. Man beschränkte sich auf die Pflichtenseite und sah sich genötigt, die Rechte wegzulassen. So hatte man das Naturrecht zwar formal halbiert, konnte aber seine materialen Gehalte dennoch zur Geltung bringen und diese auf die Bedürfnisse des innerstaatlichen Rechts hin umgestalten und erweitern.

Obwohl dieses Naturrecht den Absolutismus formell anerkannte, höhlte es ihn gleichzeitig aus und bereitete in seinem Inneren – zunächst kaum bemerkt und nicht einmal bewußt beabsichtigt – eine Architektur vor, die später, als die Fassade des Absolutismus einstürzte, den Staat stabil zu tragen imstande war. Besonders nachhaltige Wirkung hatte die Ausarbeitung des Naturrechts bei Pufendorf (1632 – 1694)[27], und hier vor allem in der Lehre, daß der Fürst die Pflicht habe, die Würde des Menschen zu achten.

Der Idee der Würde des Menschen wohnte die Dynamik einer Eichel inne, die zur Eiche wird.[28] Erstens haftete die Würde jetzt nicht mehr an Stand oder Verdienst, sondern am Menschsein des Menschen schlechthin. Ist sie zu achten Pflicht, so sind insofern alle Menschen *gleich* zu achten.

Zweitens gehört zur Würde des Menschen, daß er im Rahmen seiner Pflichten und äußeren Gegebenheiten einen Spielraum *freier* Selbstbestimmung hat, in dem er seine besten individuellen Anlagen und Möglichkeiten zur Entfaltung bringen kann. Die Pflicht des Fürsten, seine Würde zu achten, bedeutete für das 17. Jahrhundert vor allem, ihn im Kernbereich seines Gewissens zu achten und seine Konfession zu tolerieren, darüber hinaus aber die allgemeine Beachtung des damaligen Standards judizieller Rechte, insbesondere der Verschonung von willkürlicher Verhaftung und Verfolgung.

Nachdem auf diese Weise die Rechtsidee von Gleichheit und Freiheit in die absolutistische Pflichtenlehre eingedrungen war, folgte drittens, daß die Würde des Menschen die Anerkennung einer Rechtsstellung des Menschen verlangt: der Mensch wurde vom Objekt der Fürstenpflicht zum *Rechtssubjekt*. Die Aufklärung des 18. Jahrhunderts zog diese Schlußfolgerung als eine zwingende Konsequenz aus der Würde des Menschen. Pufendorfs Anerkennung des Absolutismus und seine Einkleidung des Naturrechts in seine Pflichtenlehre erwies sich als ein Schleier, der eine ausgearbeitete Rechtslehre verhüllt hatte. Zog man den Schleier weg, wurde eine Naturrechtslehre sichtbar, in der den Pflichten des Fürsten Rechte des Menschen entsprachen: die Menschenrechte auf Gleichberechtigung, Freiheit und Selbstbestimmung. Und dieses Naturrecht verlangte seine Konsequenz im Staatsrecht der Gewaltenteilung und der Demokratie.

---

27 Zu Samuel Pufendorf vgl. vor allem: *Hans Welzel,* Die Naturrechtslehre Samuel Pufendorfs. Ein Beitrag zur Ideengeschichte des 17. und 18. Jahrhunderts, Berlin 1958.

28 Zu den Ursprüngen der Idee von der Würde des Menschen aus der hermetischen Tradition, vor allem bei Pico de Mirandola, vgl. *Hubert Cancik,* Die Würde des Menschen ist unantastbar. Religions- und philosophiegeschichtliche Bemerkungen zu Art. 1 S. 1 GG, in: Hermann Funke (Hrsg.), Utopie und Tradition, 1987.

§ 5 Von der „Toleranz" zum „Menschenrecht"

Dem Unterschied zwischen absolutistischer Pflichtenlehre und republikanischer Rechtslehre entspricht der Unterschied zwischen Toleranz und Menschenrecht. Toleranzen kann der Machthaber gewähren oder zurücknehmen, sie liegen in seinem Belieben. Ob er sie überhaupt gewährt und wie weit er dabei gehen will, ist eine Frage der politischen Klugheit, des Kalküls seiner Machtinteressen, der außenpolitischen Rücksicht, vielleicht auch der moralischen Großmut. Das Menschenrecht hingegen erhebt den Anspruch, ein juristisch vollgültiges Recht zu werden, dem eine Pflicht des Machthabers zu seiner Respektierung entspricht. Ist es juristisch gewährleistet, so hängt seine Geltung nicht von politischen Opportunitätserwägungen ab, es gilt auf Dauer und verläßlich. Wo nur Toleranzen gewährt sind, muß der Mensch sich jederzeit auf die Möglichkeit ihrer Rücknahme oder Einschränkung einstellen, er lebt im Zustand der Angst. Erst wo an die Stelle der Toleranz der Rechtszustand getreten ist, der das Menschenrecht institutionell gewährleistet, kann der Mensch aufrecht gehen und genießt die Sicherheit, daß der Machthaber ihn in der Ausübung dieses Rechts nicht beugen kann und wird.

Politische Begriffe erhalten ihr Relief vor dem Hintergrund des Gegenbegriffs, gegen den sie sich abgrenzen. „Menschenrecht" wurde in der Sprache der Aufklärung geradezu zum Gegenbegriff von „Toleranz". Das erscheint uns auf den ersten Blick befremdlich; denn für unsere Ohren unterscheidet sich z. B. „religiöse Toleranz" nicht wesentlich von „Religionsfreiheit". Für das 18. Jahrhundert war aber die Unterscheidung zwischen beiden Begiffen wesentlich. Sie wurde zum Sprengsatz für die Welt der absolutistischen Monarchien und zum Ausgangspunkt der Verfassungsentwicklung des 19. und 20. Jahrhunderts. Kant z. B. stellte dem „hochmütigen Namen der Toleranz" die Freiheit gegenüber.[29] Und Goethe meinte: „Toleranz sollte eigentlich nur eine vorübergehende Gesinnung sein; sie muß zur Anerkennung führen. Dulden heißt beleidigen."[30]

Die Bedeutung, die der Unterschied zwischen Menschenrecht und Toleranz für die Aufklärer des 18. Jahrhunderts hatte, wird verständlich vor dem Hintergrund der Gewährung und der Aufhebung der religiösen Toleranz, insbesondere in der französischen Geschichte des 18. Jahrhunderts. Die Toleranz, die das Edikt von Nantes (1598) den französischen Protestanten, den Hugenotten, gewährte, galt zunächst als Bedingung des inneren Friedens, dann als gewährte Gnade aus religiöser Einsicht, aber schon unter Mazarin nur noch als Frage außenpolitischer Klugheit. In dem Maße, in dem die innen- und außenpolitischen Rücksichten an Dringlichkeit verloren, erschien die Gewährung der Toleranz zunehmend als überflüssige Torheit. Schließlich galt sie als Beleidigung Gottes. Das Edikt von Fontainebleau im Jahre 1685 hob das Edikt von Nantes wieder auf, kriminalisierte die evangelische Konfession, verfügte die Zerstörung evangelischer Kirchen, stellte häusliche

---

[29] *Kant,* Beantwortung der Frage: Was ist Aufklärung?, XI, S. 60.

[30] *Goethe,* Maximen und Reflexionen, Nr. 875.

Gottesdienste unter Strafe und verwies die Geistlichen außer Landes. Emigration stand unter Galeerenstrafe – die Hugenotten, die ins Ausland flüchteten, taten dies in nächtlichen Fluchtmärschen, bedroht von äußerster Gefahr. Auf Fluchthilfe stand Todesstrafe. Die Flucht, die Morde, die Strafen führten dazu, daß ein Viertel Frankreichs entvölkert, seine Wirtschaft ruiniert und unzählige Familien ins Elend gestürzt wurden. Das königliche Edikt trug die Unterschrift: „Car tel est notre plaisir" – „Denn solches ist unser Belieben".[31]

Vor dem Hintergrund der Erfahrung, daß der absolute Monarch Toleranzen gewähren und auch wieder zurücknehmen kann, forderten die Aufklärer des 18. Jahrhunderts eine Überwindung des Absolutismus. Der Mensch sollte nicht der Willkür des Herrschers ausgeliefert sein, sondern in Freiheit leben. In Freiheit leben aber hieß zu allererst: in einem Rechtszustand leben. Dies ist, so lehrte z. B. Immanuel Kant, das „jedem Menschen kraft seiner Menschheit zustehende Recht".[32] Kant sprach nicht von Menschenrechten im Plural, sondern von diesem einen Menschenrecht – dem Keim zu dem ganzen weitverzweigten Baum des demokratischen Verfassungsstaates. Nicht von der Gnade, der Moralität, dem Wohlwollen oder der Aufgeklärtheit des Herrschers abhängig zu sein, sondern im Rechtszustand zu leben – darauf kommt es an.

Der neuzeitliche Staat Europas hat sich vor allem auf den rationalen Gedanken gestützt, daß er mit seinem Gewaltmonopol die Menschen zur Gewaltlosigkeit zwang, insbesondere, daß er die konfessionellen Bürgerkriege überwand. Dieses Minimum an innerem Frieden ließ seinen Absolutismus als das „kleinere Übel" erscheinen – ein rationaler Gesichtspunkt, der anfangs genügte, um seine allgemeine Akzeptanz zu gewährleisten.[33]

Indem der absolute Fürst die Feudalmächte mit ihren Eigenrechten zur Ohnmacht verurteilte, die Fehde und den Fanatismus des konfessionell motivierten Blutvergießens beendete, schuf er den Lebensraum, in dem man säen und ernsten, produzieren, wirtschaften und im Rahmen der gewährten Toleranzen Wissenschaft treiben und die zugelassene Konfession ausüben konnte. Zugleich ebnete er die feudale Adelspyramide ein: die Gleichheit in der Ohnmacht vor der absolutistischen Staatsgewalt unterstützte das Bewußtsein der Gleichheit des Menschen als Menschen.[34]

Indes konnte der absolutistische Territorialstaat seine auf den Rechtsfrieden gegründete rationale Legitimation nur behaupten, solange er sich nicht selbst zum Instrument einer Bürgerkriegspartei mit Polizeimitteln machte, wie etwa in Frankreich nach 1685, als der konfessionelle Terror gegen die Hugenotten den Absolutismus zum Totalitarismus steigerte, ohne diesen indes zur technischen Perfektion zu

---

[31] Näher dazu: *Kriele,* Die Herausforderung des Verfassungsstaats, a. a. O., S. 35 ff., 50 ff.

[32] *Kant,* Metaphysik der Sitten: Einteilung der Rechtslehre, Bd. VIII, S. 345.

[33] Eingehender hierzu: M. *Kriele,* Einführung in die Staatslehre, a. a. O., §§ 9 ff.

[34] Diesen Gesichtspunkt betonte vor allem Alexis de Tocqueville (1805 – 1859), Über die Demokratie in Amerika, 1835, 3. Teil, 2. Kap., § 1.

bringen.[35] Ein Totalitarismus kann sich nur behaupten, wenn er die Mittel der Propaganda und Gewalt so konsequent und permanent einsetzt, daß jede Aufklärung und Opposition im Keim erstickt wird. Dazu fehlten im 17. und 18. Jahrhundert noch die Erfahrung und die technischen Mittel. Der Absolutismus vertraute auf seine Beständigkeit trotz des gewissen Maßes an geistiger Toleranz, das er gewährte und das die politische Aufklärung in seinem Schoße entstehen und sich ausbreiten ließ. Seine Mittel der Zensur waren, an heutigen Maßstäben gemessen, vergleichsweise milde und hilflos. So konnten sich die Ideale von Freiheit, Gleichheit und Brüderlichkeit dem öffentlichen Bewußtsein einprägen und die französische Revolution geistig und politisch vorbereiten.

Es ging darum, den Monarchen ans Recht zu binden, damit er auch an Menschenrechte gebunden war. Im gesetzgebenden Organ aber sollte sich der Gemeinwille repräsentieren. So wurden Menschenrechte, Gewaltenteilung und demokratische Repräsentation zu einer institutionellen Einheit, die den Kern des demokratischen Verfassungsstaates ausmachten. Dieser läßt mancherlei Varianten zu: z.B. monarchische, präsidiale oder parlamentarische Regierungsform, föderalistische oder unitarische Gestaltung, entsprechend verschiedene Formen einer zweiten Kammer, stärkere Betonung von repräsentativen oder plebiszitären Elementen usw. Allen diesen Gestaltungsformen liegt jedoch die Einheit von Gewaltenteilung, Menschenrechten und Demokratie zugrunde. Dieser demokratische Verfassungsstaat hat sich über Europa, Amerika und einen Teil der übrigen Welt verbreitet.

§ 6 Gewaltenteilung – Grundlage des Rechtszustands

Der Rechtszustand setzt Gewaltenteilung voraus. Gewaltenteilung meint im letzten Kern: Bindung der ausführenden Staatsgewalt an Verfassung und Gesetze, über die sie selbst nicht verfügen und die sie nicht durchbrechen kann, die ihr also von einem anderen Organ verbindlich vorgegeben sind. Nur wenn die Staatsgewalt überhaupt ans Recht gebunden ist, kann sie auch an Menschenrechte gebunden sein. Im Sprachgebrauch der Aufklärung heißt ein gewaltenteilender Staat „Republik". Republik war also nicht, wie heute üblich, der Gegenbegriff zur Monarchie, sondern zur Gewaltenkonzentration, die die Aufklärer als „Despotie" bezeichneten.[36] Despotie ist also nicht gekennzeichnet durch Grausamkeit, sondern durch Unabhängigkeit des obersten Machthabers von rechtlicher Bindung.

Republik (als Gewaltenteilung) ist nach Kant die erste und unerläßliche Voraussetzung dafür, daß überhaupt ein Rechtszustand entstehen kann und nicht Willkür

---

35 Vgl. *M. Kriele*, Einführung in die Staatslehre, a. a. O., §§ 32f.

36 *Kant*, Über den Gemeinspruch: Vom Verhältnis der Theorie zur Praxis im Staatsrecht, Bd. XI, S. 146. Zu dieser verfassungstheoretischen Grundkonzeption Republikanismus-Despotismus eingehend: *Wolfgang Kersting*, Die wohlgeordnete Freiheit, 1983, S. 279 ff.; *Richard Saage*, Eigentum, Staat und Gesellschaft, 1973, S. 118 ff.

herrscht.[37] Kants Definition der Freiheit war: „Unabhängigkeit von eines anderen nötigender Willkür".[38] Freiheit ist also nur vereinbar mit Freiheitsbeschränkungen, die nicht auf Willkür beruhen. Es komme darauf an, daß „die Freiheit mit jedes anderen Freiheit nach allgemeinen Gesetzen zusammen bestehen kann".[39] Diese Freiheit, sagt Kant, ist das „jedem Menschen kraft seiner Menschheit zustehende Recht".[40] Deshalb ist Despotie die „Verfassung, die alle Freiheit der Untertanen, die alsdann gar keine Rechte haben, aufhebt".[41] Auch wenn sie milde, tolerant und in Gesetzesform ausgeübt wird, so kann sie doch jederzeit in Grausamkeit und Intoleranz umschlagen. Toleranz ist also nur eine Form der Willkür; sie wird gegeben und genommen. Das Menschenrecht hingegen setzt die Bindung der Staatsgewalt durch Gewaltenteilung voraus.[42]

Man kann sich die aktuelle Bedeutung dieses Satzes an einem Beispiel anschaulich machen. Das politische System Großbritanniens kommt ohne geschriebene Verfassung aus und folglich auch ohne einen Grundrechtskatalog auf Verfassungsebene, der den Gesetzgeber selbst binden könnte. Die verschiedenen „bill of rights" haben lediglich Gesetzesrang und können folglich vom Gesetzgeber aufgehoben oder geändert werden. Dennoch herrscht in Großbritannien ein verhältnismäßig hoher Grad an Freiheit; denn das politische Gesamtsystem beruht auf dem Grundsatz der Gewaltenteilung: der Gesetzesbindung der Exekutive und der Unabhängigkeit der Richter.

Hingegen hat die ehemalige Verfassung der Sowjetunion von 1936 die wichtigsten damals anerkannten Bürgerrechte in einem Grundrechtskatalog positiviert.[43]

---

[37] Vgl. zur Gewaltenteilungskonzeption Kants: *Wolfgang Kersting,* Die wohlgeordnete Freiheit, 1983, S. 285 ff.; *Christian Ritter,* Der Rechtsgedanke Kants nach den frühen Quellen, 1971, S. 251 ff., 306 ff.; *Peter Burg,* Kant und die französische Revolution, 1974, S. 185 ff.

[38] *Kant,* Metaphysik der Sitten: Einteilung der Rechtslehre, VIII, S. 345.

[39] Ebd.; vgl. auch a. a. O., S. 337.

[40] *Kant,* Metaphysik der Sitten, a. a. O., S. 345.

[41] *Ders.,* Über den Gemeinspruch, a. a. O., S. 146.

[42] Dieser Gedanke gehörte zum Kern der politischen Aufklärung des 18. Jahrhunderts. Vgl. z. B. *Montesquieu,* Charles-Souis Secondat Baron de la Brède de (1689 – 1755): „Alles wäre verloren, wenn derselbe Mensch oder dieselbe Körperschaft ... diese drei Gewalten ausüben würde: die Gesetze zu geben, die öffentlichen Beschlüsse zu vollstrecken und die Streitsachen zu richten." (De la constitution d'Angleterre, in: De L'esprit Des Loix, Livre Onzième, Chapitre VI, hrsg. v. Jean Brethe de la Gressaye, Paris 1955, Bd. 2, S. 64.) Und *Dennis Diderot,* (1713 – 1784): „Es gibt kein Gesetz in den Staaten, in denen legislative und exekutive Gewalt in der gleichen Hand liegen; erst recht dort nicht, wo die richterliche Gewalt mit der legislativen und exekutiven verbunden ist." (Liberté naturelle (1765), in: Euvres complètes, hrsg. v. J. Assézat und M. Tourneux, Paris 1975 – 1977, 20 Bände, Bd. IX, S. 472.) Selbst *Jean-Jacques Rousseau,* (1712 – 1778), der Theoretiker der unmittelbaren Demokratie, sah ein: Es könne nur schaden, wenn die Gesetzgeber auch regieren wollen: das bedeute Tyrannis. (De la Démocratie, in: Du Contrat social (1762), Livre III, Chapitre IV.)

[43] Kap. X der Verfassung der Union der Sozialistischen Sowjetrepubliken vom 5. Dezember 1936, abgedruckt in: Staatsverfassungen, hrsg. von Günter Franz, 3. Aufl. München 1975.

Bekanntlich bildete das Jahr 1937 den Höhepunkt des stalinistischen Terrors. Damals wurden in zwei Jahren sieben Millionen sowjetische Bürger willkürlich verhaftet – das sind im Durchschnitt täglich 10.000. Ohne Gewaltenteilung bedeuten Grundrechte überhaupt nichts.

Wenn heute die Menschenrechtsverletzungen in den Ostblockstaaten nicht mehr dieses extensive Ausmaß haben, so nicht, weil Menschenrechte als Rechte gälten, sondern weil eine etwas moderatere Machtausübung zweckmäßiger erscheint: sie dient sowohl der inneren Stabilität als auch den imperialistischen Expansionschancen nach außen besser. Es handelt sich nicht um Achtung von Menschenrechten, sondern um etwas mehr Gewährung von Toleranzen. Eine Rückkehr zu stalinistischen Verfolgungsmethoden wäre jederzeit ohne weiteres möglich.

Das politische Kampfziel der Aufklärer war die Schaffung von gewaltenteilenden Verfassungen. Die Verfassung von Virginia aus dem Jahre 1776 enthielt nicht nur einen Katalog der damals besonders dringlich geforderten besonderen Menschenrechte, sondern auch ein Menschenrecht auf „Leben unter einer gewaltenteilenden Verfassung" (Art. 5).[44] Demgemäß war sie und waren auch alle weiteren Verfassungen, die unter dem Einfluß der Aufklärung geschaffen wurden, schon in ihrem Aufbau am Modell der organisatorischen Teilung der Gewalten orientiert: die Verfassungen der amerikanischen Einzelstaaten und die Verfassung der USA von 1787. Die französische Revolution von 1789 begann mit einer Erklärung der Menschen- und Bürgerrechte und mit der Umwandlung der Ständeversammlung in eine verfassungsgebende Nationalversammlung, die die Aufgabe hatte, eine gewaltenteilende Verfassung zu schaffen, die im Jahre 1791 auch in Kraft trat und die erst im August 1792 suspendiert wurde, um einem neuen Absolutismus Raum zu geben, der folgerichtig wieder in den Terror führte.[45]

Die Geschichte des demokratischen Verfassungsstaates ist eine Geschichte der Fortentwicklung dieses Ansatzes. Mit der Teilung der gesetzgebenden und gesetzesanwendenden Gewalt allein konnte man sich nicht begnügen: diese war ja ursprünglich sogar mit Sklaverei vereinbar. Es kam weiter darauf an, daß diese Gesetze gerecht sind und jedem gleiches Recht gewähren und daß ihre Einhaltung richterlich kontrolliert werden kann. Die Gewaltenteilung ist also zwar keine hinreichende, aber doch eine notwendige Bedingung des Rechtszustandes, seine erste und unverläßliche Voraussetzung.

---

[44] Virginia bill of rights vom 12. Juni 1776, abgedruckt in: Staatsverfassungen. Eine Sammlung wichtiger Verfassungen der Vergangenheit und Gegenwart in Urtext und Übersetzung, hrsg. von Günther Franz, 3. Aufl. München 1975, S. 6 ff.

[45] Näher hierzu: *Kriele,* Einführung in die Staatslehre, 5. Aufl. 1994, §§ 37 – 43.

Kapitel 2: Menschenrechte und Demokratie

§ 7 Der Rechtszustand als Grundlage der Demokratie

Der aufgeklärte Begriff der Demokratie setzt den Rechtszustand voraus. Demokratie kann es nur in dem Maße geben, in dem die bürgerlichen und politischen Freiheiten des Volkes gewährleistet sind. Denn der Fortschritt in Richtung auf Gerechtigkeit hängt davon ab, daß sich die im Volk gemachten Unrechtserfahrungen frei und öffentlich artikulieren können. Erst dann besteht die Chance, daß sich aus diesen Erfahrungen heraus neue Gesetzesvorschläge bilden, daß sie an den Gesetzgeber herangetragen werden, daß sie politische Unterstützung finden und sich schließlich in Gesetzen niederschlagen, die das Unrecht überwinden und das Recht an die Gerechtigkeit annähern. Im Verständnis der Aufklärung war dies der eigentliche naturrechtliche Hintergrund der Demokratie: die Chance für die Annäherung des Rechts an die Gerechtigkeit zu erhöhen. Diese Chance aber hat die Freiheit zur Voraussetzung, die Freiheit den Rechtszustand und der Rechtszustand der Gewaltenteilung. Menschenrechte, Gewaltenteilung und Demokratie bilden deshalb eine institutionelle Einheit. Wo es keine Gewaltenteilung gibt, ist es sinnlos, von Demokratie zu sprechen. Denn wenn das Volk nicht im Rechtszustand und folglich nicht in Freiheit lebt, kann es seinen Willen nicht politisch zur Geltung bringen, sondern lebt in Unsicherheit und Furcht. Der Machthaber ist nicht vom Volk abhängig, sondern das Volk muß sich der Willkür des Machthabers fügen. Jeder muß jederzeit mit der Möglichkeit willkürlicher Verhaftung, Verschleppung, Ausweisung, Folter oder Ermordung rechnen.

Aber selbst wenn ein großer Teil des Volkes den despotischen Herrschern zujubelt und ihren Maßnahmen akklamiert, so geschieht das nicht aufgrund von freier Selbstbestimmung, die sich für ein „Ja" oder „Nein" hätte entscheiden können und sich aufgrund eigener Urteilsbildung zum „Ja „entschließt, sondern aufgrund der Akzeptanz der Fremdbestimmung.

Diese Akzeptanz mag der einzelne mit allerlei Gründen erklären – z. B.: der Herr kämpfe gegen Feinde, die auch seine Feinde seien, oder: er sei ein genialer Führer, der schon wisse, was er tue, oder: es gehe sozial und wirtschaftlich aufwärts. Was im Verzicht auf demokratische Selbstbestimmung zum Ausdruck kommt, ist trotzdem nicht die dem Menschen eigene Vernunftnatur, sondern der Durchbruch der dem Menschen freilich auch zugehörigen tierischen Natur, also nicht die menschliche Würde des aufrechten Ganges, sondern die hündische Unterwürfigkeit unter den Herrn. Je freudiger die Identifikation mit dem Herrn, desto eindeutiger die Würdelosigkeit des Verzichts auf freie Selbstbestimmung, und desto eindeutiger auch die Mißachtung der Würde der anderen, die an dieser Identifikation nicht teilhaben und rechtlos sind.

Moderne Despotien geben sich als „wahre Demokratien" aus: sie betrachten sich als Repräsentanten des Volkes – teils, indem sie den Begriff des Volkes auf den akklamierenden Teil begrenzen, teils, indem sie die wahren Interessen des ganzen

Volkes, das dieses infolge falschen Bewußtseins nur nicht erkenne, wahrzunehmen beanspruchen. Auf diese Weise, heißt es, sei an die Stelle der sog. „Freiheit" des Bürgers die „Befreiung" des Volkes getreten. Indessen tritt das Volk hier gar nicht in seiner Wirklichkeit in Erscheinung, sondern nur als ideologisch erdachte Einheit. Ein Volk besteht aus Menschen. Zur Menschlichkeit des Menschen gehört, daß er sich zum aufrechten Gang der Freiheit erhebt und als Freier zu Freien in Beziehungen tritt. Sie schlägt sich zuallererst in der Achtung vor der Würde des anderen nieder. Sie kann nur zu universaler Menschlichkeit werden, indem sie über die individuellen Beziehungen von Person zu Person hinaus zu politischem Engagement für das Recht des Menschen als Menschen führt.

Dies setzt die Selbstachtung des Menschen in seiner eigenen Würde voraus; denn erst von hier aus wird er zur Achtung vor der Würde des anderen fähig. Wo jemand nicht den Rechtszustand will, schlummern Vernunft und Moral noch: er nimmt die Wirklichkeit seiner Mitmenschen, die des Rechtszustandes beraubt sind, gar nicht wahr. Er nimmt sie in dem Augenblick wahr, in dem er sich über die Verletzung der Menschenrechte anderer empört, weil er sich mit dem Mitmenschen zu identifizieren vermag. Dann erkennt er die Unvernunft des despotischen Zustands und will die Vernunft des Rechtszustands: er will die Achtung vor den Menschenrechten, und in dem Maße, in dem er die Bedingungen ihrer Verwirklichung realistisch zu erkennen vermag, will er Gewaltenteilung und Demokratie.

Die in der UNO vereinigten Staaten haben sowohl die bürgerlichen und politischen Freiheitsrechte des Menschen als auch das Selbstbestimmungsrecht der Völker im Prinzip anerkannt – sowohl in der allgemeinen Erklärung der Menschenrechte von 1948 als auch in der Menschenrechtskonvention von 1966 – und dies mit ausdrücklicher Zustimmung der despotischen Staaten. Diese müssen seither alle Kunst der Rabulistik auf den Nachweis verwenden, daß diese Rechte eigentlich gar keine Rechte des Menschen und der Völker seien, daß sie vielmehr im Gegenteil die despotischen Regierungen zu unumschränkter Herrschaftsausübung ermächtigen. Warum aber sehen sie sich dann zu dem Lippendienst an diesen Rechten genötigt? Der Grund dafür ist, daß es keine andere Legitimität mehr gibt als nur noch die auf der Grundlage der Menschenrechte und der Selbstbestimmung.

Vor allem die sozialistische Gegenrevolution schöpft aus keiner eigenen Kraftquelle, die ihr eine originäre Legitimation verschaffen könnte. Ihre Ideen der Befreiung und der sozialen Gerechtigkeit sind die Ideen der *demokratischen* Weltrevolution, die sie sich entleihen muß, indem sie verspricht, sie auch oder besser, schneller, gründlicher zu verwirklichen, während sie sie ins Gegenteil verkehrt. Sie gewinnt ihre Dynamik aus dem Traditionsstrom der demokratischen Weltrevolution, von dem sie einen Teil auf ihre Gewässer umgeleitet hat. Aller Idealismus, der sie antreibt, stammt aus fremden Quellen. All ihre Propaganda ist darauf gerichtet, die heimliche Anerkennung zu verschleiern, die sie dem verhaßten Feinde zollt. All ihre Gewalt ist unerläßlich, weil die von diesem Feinde ausgeliehenen Legitimitätsprinzipien ihre Konsequenz – den demokratischen Verfassungsstaat – fordern und weil diese Konsequenz nur mit eisernen Unterdrückungstechniken niedergehalten werden kann.

Wir finden also folgenden Stufenbau: Das Gewaltmonopol ist die Grundlage des Territorialstaats. Die Gewaltenteilung ist die Grundlage der Rechtsbindung des Staates. Die Rechtsbindung des Staates ist die Grundlage der juristischen Geltung bürgerlicher und politischer Menschenrechte. Diese Menschenrechte sind die Grundlage der Demokratie.

§ 8 Demokratie als Grundlage der wirtschaftlichen, sozialen und kulturellen Entwicklung

Wie aber steht es mit den wirtschaftlichen, sozialen und kulturellen Menschenrechten? Sind sie nicht die eigentlichen Basisrechte? Müssen nicht erst sie verwirklicht sein, ehe man über Gewaltenteilung, Rechtszustand und Demokratie reden kann? Muß man nicht den ganzen Stufenbau des demokratischen Verfassungsstaates umstoßen oder zumindest für die Dritte Welt verwerfen zugunsten eines aufgeklärten Absolutismus in neuer Gestalt, nämlich eines Sozialismus, der erst einmal mittels Willkürherrschaft die wirtschaftlichen, sozialen und kulturellen Grundlagen für die Demokratie erzwingt? Was bedeuten schon Rechtszustand, Unparteilichkeit, bürgerliche und politische Menschenrechte angesichts von Armut, Krankheit und Analphabetismus?

Die Staaten, die die Konvention über die bürgerlichen und politischen Menschenrechte[46] unterzeichnet haben, haben diese ergänzt um die Konvention über die wirtschaftlichen, sozialen und kulturellen Menschenrechte[47], und auch dies gemeinsam mit Ost und West. Diese Konvention *verpflichtet* gemäß Art. 2 I den Staat, „einzeln und durch internationale Hilfe und Zusammenarbeit, insbesondere wirtschaftlicher und technischer Art, unter Ausschöpfung aller seiner *Möglichkeiten* Maßnahmen zu treffen, um *nach und nach* mit allen *geeigneten Mitteln,* vor allem durch gesetzgeberische Maßnahmen, die volle Verwirklichung der in diesem Pakt anerkannten Rechte zu erreichen." Dieser Pflicht des Staates steht – anders als bei den bürgerlichen und politischen Freiheitsrechten – naturgemäß kein subjektives Recht des Bürgers gegenüber. Es handelt sich, wie im Absolutismus, um einseitige Staatspflichten. Diese Staatspflichten sind bedingt: der Staat kann immer einwenden, er habe internationale Hilfe nur in beschränktem Umfang erhalten, habe seine Möglichkeiten ausgeschöpft, tue das Nötige „nach und nach".

Auch solche bedingten Pflichten können Pflichten sein, und so sah es auch Immanuel Kant: „Beides, die Menschenliebe und die Achtung fürs Recht der Men-

---

[46] Internationaler Pakt vom 19. 12. 1966 über bürgerliche und politische Rechte, UN-Doc. 2200/A (XXI), abgedruckt bei *M. Kriele,* Die Menschenrechte zwischen Ost und West, Köln 1977, S. 96 – 116.

[47] Internationaler Pakt vom 19. 12. 1966 über wirtschaftliche, soziale und kulturelle Rechte, UN-Doc. 2200/A (XXI), a. a. O., S. 117 – 128.

schen, ist Pflicht; jene aber nur bedingte, diese dagegen unbedingte, schlechthin gebietende Pflicht, welche nicht übertreten zu haben derjenige zuerst völlig versichert sein muß, der sich dem süßen Gefühl des Wohltuns überlassen will." [48]

Die sozialistischen sog. „Befreiungsbewegungen" in der Dritten Welt kehren dieses Argument um: die soziale Tätigkeit des Staates sei unbedingte Pflicht, die Achtung vor den bürgerlichen und politischen Rechten allenfalls eine bedingte. Diese Bedingtheit läuft praktisch darauf hinaus, daß man diese Rechte auch ganz mißachten könne. In gemäßigter Form lautet das Argument: beide Kategorien von Menschenrechten seien ranggleich und gegeneinander abzuwägen – was im Effekt aber ebenfalls auf Unwirksamkeit der bürgerlichen und politischen Menschenrechte hinausläuft.

Diese Rechte werden uns als ein individualistischer Luxus vorgestellt, der letztlich nur den kapitalistischen Interessen diene. Im Geschichtsbild, das die sozialistische Gegenrevolution von der politischen Aufklärung entworfen hat, dienen die bürgerlichen und politischen Rechte in erster Linie dem Besitzindividualismus des egoistischen Eigentümers, und die demokratische Revolution erscheint als Überbau über die kapitalistischen Produktionsverhältnisse. Wenn das so wäre, müßte in den frühen Menschenrechtskatalogen die Sicherung von Eigentum und wirtschaftlicher Vertragsfreiheit eine zentrale Stellung einnehmen. In Wirklichkeit ist das nicht der Fall: es ging in erster Linie um das habeas corpus-Prinzip und andere judizielle und prozessuale Grundrechte.[49]

Die UNO-Konvention über bürgerliche und politische Rechte enthält kein Wort über das Eigentum, sondern zählt eine Reihe anderer grundlegender Menschenrechte auf: z. B. über gerichtlichen Rechtsschutz, Gleichberechtigung von Mann und Frau, Recht auf Leben, Verbot der Folter, Verbot des Arbeitszwangs, habeas corpus, Rechte der Gefangenen, Freizügigkeit, Rechte der Ausländer, Rechte der Angeklagten, Schutz der Privatsphäre, Religionsfreiheit, Elternrecht, Meinungsfreiheit, Versammlungs- und Vereinigungsfreiheit, Schutz von Ehe und Familie, staatsbürgerliche Grundrechte, Gleichheit vor dem Gesetz und Minderheitenschutz. Wieso soll die Außerkraftsetzung dieser Rechte erforderlich sein, um Not, Krankheit und Unbildung zu überwinden? Muß man die Menschen entrechten, um ihnen Brot zu geben?

So rechtfertigen z. B. die Kommandanten Nicaraguas ihren Verrat an den demokratischen Zielen der sandinistischen Revolution mit der Errichtung von Schulen und Krankenhäusern. Dies hat die Bevölkerung bei der Revolution von 1979 in der Tat von ihnen erwartet. Aber um diese zu errichten, bedurfte es keiner Massenumsiedlungen, willkürlicher Verhaftungen, Religionsverfolgungen, Zwangskollekti-

---

[48] *Kant,* Zum ewigen Frieden, Anhang: Von der Unhelligkeit der Politik mit der Moral, Bd. XI, S. 250.

[49] Dies hat der Verfasser im einzelnen belegt und historisch erklärt in: Einführung in die Staatslehre, 5. Aufl. 1994, §§ 34 ff.

vierungen usw. Hätten die Kommandanten die bürgerlichen und politischen Menschenrechte respektiert, dann hätten sie das Land nicht aus der Armut ins Elend heruntergewirtschaftet, es nicht in den Bürgerkrieg getrieben, seine Freunde nicht in Feinde verwandelt, und dann könnten sie sich auch zuversichtlich demokratischen Wahlen stellen.

In Wirklichkeit sind die bürgerlichen und politischen Menschenrechte der Verwirklichung der wirtschaftlichen, sozialen und kulturellen Menschenrechte nicht hinderlich, sondern förderlich. Denn die bürgerlichen und politischen Freiheiten sind die Voraussetzung dafür, daß Verletzungen von Menschenrechten aller Art öffentlich zur Sprache kommen, daß sie politische Kritik und Kontrolle auslösen, daß unfähige Regierungen abgewählt werden und daß demokratische Initiativen sich in Regierungsprogrammen und Gesetzen niederschlagen können.[50]

Wo hingegen die Institutionen des demokratischen Verfassungsstaates abgeschafft oder nicht eingeführt sind, gibt es weder öffentliche Kritik am Versagen der Regierung noch deren Abwahl und demokratische Ersetzung. Damit aber entfällt für die Regierung jegliche Effizienzkontrolle. Die absoluten Machthaber der Zweiten und Dritten Welt legitimieren sich allein aus ihren Absichten, nicht aus ihren Erfolgen. Die Absicht, für die wirtschaftlichen, sozialen und kulturellen Menschenrechte einzutreten, soziale Gerechtigkeit für die Armen zu wollen, dient als Legitimation nicht nur für die Einführung der sozialistischen Zwangswirtschaft, sondern auch für die Mißachtung der bürgerlichen und politischen Menschenrechte und der Demokratie. Die Absicht scheitert erfahrungsgemäß: Das Land wird aus der Armut in größeres Elend, in Repression, in Krieg und Bürgerkrieg geführt – die dafür Verantwortlichen aber brauchen für nichts, was sie anrichten, einzustehen. Erfahrungen werden nicht verarbeitet, der demokratische Lernprozeß ist unterbunden. Zum Ausgleich dafür wird eine riesige Propagandawelle in Gang gesetzt, für die naive westliche Intellektuelle den Resonanzboden bieten. Die einheimische Bevölkerung, die es besser weiß, wird zum Schweigen gebracht, eingeschüchtert, bedroht und, wenn es sein muß, niedergemacht. Das ist allenthalben in der Welt das Ergebnis der Lehre, daß die wirtschaftlichen, sozialen und kulturellen Menschenrechte Vorrang vor den bürgerlichen und politischen hätten. Hingegen finden sich die am weitesten fortgeschrittenen sozialstaatlichen Lebensbedingungen in den demokratischen Verfassungsstaaten.

Die sozialistische Gegenrevolution hat viel tiefere und hintergründigere Motive als die, die sie vorgibt. Aber sie kann sie nicht offen verkünden, weil sie mit der Natur des Menschen nicht vereinbar sind und deshalb eine Legitimation nicht begründen können. Sie entnimmt deshalb ihre Legitimationsprinzipien den Ideen der demokratischen Revolution, indem sie diese zugleich ins Gegenteil verkehrt. Indem sie das tut, vermag sie sich aber nicht aus sich selbst heraus zu tragen und kann immer und überall nur mit Propaganda und Gewalt an die Macht gelangen

---

[50] Vgl. *Kriele*, Befreiung und politische Aufklärung – Plädoyer für die Würde des Menschen, 2. Aufl., Freiburg 1986, § 12.

und sich an der Macht halten. Sie kann vor allem keine geistige Freiheit dulden, weil diese die Chance mit sich bringt, daß sich die Wahrheit durchsetzen könnte.

So sah es auch schon Immanuel Kant: „Warum hat es noch nie ein Herrscher gewagt, frei heraus zu sagen, daß er gar kein Recht des Volkes gegen ihn anerkenne; daß dieses seine Glückseligkeit bloß der *Wohltätigkeit* einer Regierung, die diese ihm angedeihen läßt, verdanke ...? Die Ursache ist: weil eine solche öffentliche Erklärung alle Untertanen gegen ihn empören würde; ob sie gleich, wie folgsame Schafe, von einem gütigen und verständigen Herrn geleitet, wohlgefüttert und kräftig beschützt, über nichts, was ihrer Wohlfahrt abginge, zu klagen hätten ... Das Recht der Menschen, welche gehorchen sollen, muß notwendig vor aller Rücksicht auf Wohlbefinden vorhergehen, und dieses ist ein Heiligtum, das über allen Preis (der Nützlichkeit) erhaben ist, und welches keine Regierung, so wohltätig sie auch immer sein mag, antasten darf.“[51] Dies gilt selbst dann, wenn die sozialistische Diktatur die wirtschaftliche, soziale und kulturelle Wohlfahrt des Volkes fördern würde. Es gilt erst recht, wenn sie sie noch weiter ruiniert.

Wenn wir aus Erfahrungen lernen und die Nebelwolke aus Propaganda durchdringen wollen, dann ergibt sich für den modernen, auf dem Gewaltmonopol beruhenden Staat, wenn dieser nicht absolutistisch, sondern an den Menschenrechten ausgerichtet sein soll, die Notwendigkeit, die Bedingungen für die Achtung der Menschenrechte zu erkennen. Ihr Bedingungsverhältnis liegt in folgendem Stufenbau: Die Gewaltenteilung ist die Grundlage des Rechtszustandes, dieser die Grundlage für bürgerliche und politische Rechte, diese sind die Grundlage für die Demokratie, und diese bildet die Grundlage auch für die Verwirklichung wirtschaftlicher, sozialer und kultureller Menschenrechte.

§ 9 Demokratie als Grundlage des Umweltschutzes

Entsprechendes gilt für die sog. „dritte Generation“ der Menschenrechte: Entwicklung, Frieden und Umweltschutz. Auch hier handelt es sich um Staatspflichten, auf deren Erfüllung die Menschen einen sittlich-moralischen, nicht aber einen juristisch einklagbaren Anspruch erheben können. Ein Rechtsanspruch kann sich in Einzelfällen aus dem Völkerrecht ergeben: er steht dann anderen Staaten oder der Staatengemeinschaft, nicht aber den Bürgern zu. Die Verwendung des Begriffs „Menschenrechte“ für reine Staatspflichten dient wiederum nur dem Zweck, ihn für Despotien verfügbar zu machen, die unter Berufung auf die „Menschenrechte der 2. und 3. Generation“ beanspruchen, den Menschen die bürgerlichen und politischen Freiheitsrechte vorenthalten zu dürfen.

Immerhin: Entwicklung, Frieden und Umweltschutz sind ohne Zweifel naturrechtlich begründete Pflichten jedes Staates, des despotischen ebenso wie des de-

---

[51] *Kant,* Der Streit der Fakultäten: Der Streit der Philosophischen Fakultät mit der juristischen, Bd. XI, S. 359 f.

mokratischen. Es stellt sich deshalb auch hier die Frage: Ist der despotische Staat besser zur Erfüllung dieser Pflichten geeignet als der demokratische?

Dem sog. „Menschenrecht auf Entwicklung" wird Genüge getan durch die Erfüllung der wirtschaftlichen, sozialen und kulturellen Menschenrechte; es ist mit ihnen identisch und geht darin auf; wir haben im vorigen Abschnitt erörtert, warum die Demokratien in der Entwicklung wesentlich erfolgreicher sind als die Despotien. Dem sog. „Menschenrecht auf Frieden" wollen wir ein eigenes Kapitel widmen (unten Kap. 8). Für unseren Zusammenhang bleibt die Frage, wie es mit den ökologischen Problemen steht: kann die Notwendigkeit des Umweltschutzes den Verzicht auf die bürgerlichen und politischen Menschenrechte rechtfertigen? Das könnte er selbst dann nicht, wenn der Umweltschutz in der Despotie erfolgversprechender wäre als in den Demokratien, weil der Anspruch des Menschen, im Rechtszustand zu leben, ein absoluter und unbedingter ist. Jedoch wird in Kreisen, die diesen Anspruch des Menschen nicht anerkennen, die Despotie u. a. auch mit dem Argument begründet, daß sie die ökologischen Probleme besser in den Griff zu bekommen vermöge als die Demokratien. Zugunsten dieser Annahme werden vor allem zwei Argumente geltend gemacht[52]:

Erstens heißt es, die ökologischen Probleme seien Folge des Kapitalismus. Indem der sozialistische Staat die Wirtschaft in die Hand nehme, sei er zugleich in der Lage, die Schrecken des Kapitalismus einschließlich der ökologischen Probleme zu überwinden.

Gewiß: Wäre der Kapitalismus das Problem, so wäre der Sozialismus die Lösung. Die ökologischen Probleme haben indes ihre Wurzel in der Industrialisierung, die der Sozialismus nicht überwindet, sondern fortsetzt. Die sozialistischen Staaten haben an der Industrialisierung nicht weniger teil als die „kapitalistischen", ja sie haben sich zum Ziel gesetzt, durch Perfektionierung der Industrialisierung den Überfluß zu schaffen, der den Übergang zur kommunistischen Gesellschaft ermöglichen soll. Zu den Zielen des Sozialismus gehört die Überwindung der Güterknappheit: diese sei Voraussetzung für die kommunistische Verteilungsgerechtigkeit, die „jedem nach seinen Bedürfnissen" zuzuteilen vermöge. Ob dieses Ziel erreichbar ist oder nicht: mit dem Anstreben dieses Ziels durch das Vorantreiben der Industrialisierung steht und fällt die Selbstlegitimierung der sozialistischen Partei und damit des sozialistischen Staates. Die Industrialisierung ging zwar geschichtlich mit dem Kapitalismus Hand in Hand, wird aber durch den Übergang in den Sozialismus nicht überwunden.

Zwar hat sich der Sozialismus, anders als Marx erwartete, nicht in den am höchsten industrialisierten Ländern durchgesetzt, sondern in Ländern mit zunächst überwiegend agrarischer Struktur und z.T. geringer Bevölkerungsdichte. Man fin-

---

52 Vgl. für viele: *Wolfgang Harich,* Kommunismus ohne Wachstum? Babeuf und der „Club of Rome". Sechs Interviews mit Freimut Duve und Briefe an ihn, Reinbeck 1975; kritisch dazu: *M. Kriele,* Befreiung und politische Aufklärung, S. 180; vgl. auch Hermann Lübbe: Umweltschutz nicht ohne Marktwirtschaft, FAZ v. 31. 5. 1986, S. 15.

det in ihnen deshalb noch große, verhältnismäßig unbeschädigte ländliche Gebiete – die dort bei kapitalistischer Wirtschaftsweise allerdings ebenso bestünden. Dadurch entsteht bei manchen Besuchern der optische Schein, als seien die Umweltprobleme im Sozialismus geringer als im Kapitalismus, während es sich in Wirklichkeit um „Rückständigkeit" in der Industrialisierung handelt. Tatsache ist, daß überall, wo die Industrialisierung vorangetrieben wird – und das geschieht im Sozialismus nicht weniger als im „Kapitalismus" – dieselben ökologischen Probleme entstehen – ganz unabhängig von der Staats- und Wirtschaftsform.

Ein zweites Argument lautet: Die Grundrechte und Freiheiten der Demokratien verschafften den kapitalistischen Industrieunternehmen so viel Spielraum und Einflußmöglichkeiten und beschränkten die Macht des Staates so stark, daß dieser das Allgemeininteresse des Umweltschutzes nicht wirksam durchsetzen könne. Folglich bedürfe es des von diesen Rechtsbindungen befreiten starken Staates.

Die Logik dieses Arguments erscheint auf den ersten Blick so zwingend, daß es bei vielen ökologisch engagierten Bürgern Zweifel an der Demokratie und zunehmende Neigung zur sozialistischen Gegenrevolution ausgelöst hat. Es gewinnt zusätzliche Evidenz aus der Tatsache, daß Umweltschutzgesetzgebung und effizienter Verwaltungsvollzug in den Demokratien trotz intensiver gewordener Bemühungen weit hinter dem Erforderlichen zurückbleiben. So unbestreitbar das ist – die Logik des Arguments setzt voraus, daß der Umweltschutz in den sozialistischen Staaten besser funktionieren könnte als in den Demokratien.

Tatsächlich ist das nicht der Fall. Zwar gibt es auch in den sozialistischen Staaten Bemühungen um Luft- und Wasserreinhaltung, um Sicherheit industrieller Anlagen, um Kontrolle chemischer Gifte und Abgabe, um Abfallverarbeitung usw. Aber die angewandten Standards bleiben im allgemeinen weit hinter den unsrigen zurück. So mangelhaft der Umweltschutz in den Demokratien noch ist – in den sozialistischen Staaten ist er auf keinem einzigen Gebiet weiter vorangetrieben als hier, ja auf den meisten Gebieten liegt er erheblich unter den hier gültigen Maßstäben.

Gelegentlich hört man deshalb das Zusatzargument: dies erkläre sich nur daraus, daß der Sozialismus unter dem Druck der Rivalität mit dem Westen seine Möglichkeiten zu effizientem Umweltschutz noch nicht ausschöpfen könne; werde er sich einmal weltweit durchgesetzt haben und von diesem Druck befreit sein, so könne er die ökologischen Probleme in den Griff bekommen. Indes ist die Unfähigkeit des Sozialismus zu wirksamem Umweltschutz nicht nur situationsbedingt, sondern strukturbedingt und deshalb unaufhebbar.

Diese Unfähigkeit beruht auf der Identität von Staat und Wirtschaft. Wirksamer Umweltschutz setzt eine Gewaltenteilung zwischen Staat und Wirtschaft voraus. Er funktioniert in dem Maße, in dem der Staat das Allgemeininteresse gegenüber wirtschaftlichen Sonderinteressen zur Geltung bringen kann. Diese Möglichkeit verliert er, wo die Wirtschaft selbst zum Inhalt staatlicher Planung wird. Das gilt um so mehr, wenn der Staat die Produktionssteigerung und damit die zunehmende

Industrialisierung zum vorrangigen Ziel erklärt. Diese Vorrangigkeit ist für den Sozialismus aus seinen ideologischen Voraussetzungen heraus unaufgebbar. Infolge
dieser Vorrangentscheidung können Gesichtspunkte des Umweltschutzes stets nur
so weit zur Geltung kommen, als sie sich nicht hemmend und hindernd auf die Industrialisierung auswirken; sie müssen also im Konfliktfall stets zurücktreten.

Zwar haben sich auch die Demokratien in der Regel das Ziel eines „stetigen und
angemessenen Wirtschaftswachstums" gesetzt, so z. B. die Bundesrepublik in § 1
des Stabilitätsgesetzes,[53] wenn auch dieses Ziel nicht unbedingten Vorrang genießt, sondern als gleichrangig mit den Zielen eines stabilen Preisniveaus, eines
hohen Beschäftigungsstands und des außenwirtschaftlichen Gleichgewichts ausba-
lanciert werden soll. Daß der Umweltschutz in den Demokratien dennoch erheblich größere Fortschritte macht als in den sozialistischen Staaten, liegt nicht nur an
dem höheren Stand der Industrialisierung, in dem man sich Beschränkungen eher
leisten kann. Es liegt vor allem daran, daß das Allgemeininteresse des Umweltschutzes machtvolle Fürsprecher hat, die frei agieren und ihm Nachdruck verleihen
können: in den Parteien, in Funk, Fernsehen und Presse, in Kirchen, Gewerkschaften, zahlreichen Vereinigungen und Bürgerinitiativen, auf öffentlichen Versamm-
lungen und Demonstrationen, in den gesetzlich vorgesehenen Mitsprachemöglich-
keiten bei kommunalen und staatlichen Planungsvorhaben und, soweit individuelle
Rechte berührt sind, im gerichtlichen Rechtsschutz. All dies konnte zwar noch
nicht dazu führen, daß wir die übermächtigen ökologischen Probleme wirksam in
den Griff bekommen hätten, wohl aber zu einem öffentlichen Problembewußtsein,
dem Gesetzgeber und Verwaltung in zunehmendem Maße Rechnung tragen und
das auch die Industrie selbst zur Entwicklung neuer ökologischer Techniken veranlaßt hat.

Die bürgerlichen und politischen Freiheitsrechte ermöglichen die Ausbreitung
dieser ökologischen Bewußtseinsbildung und zwingen Gesetzgeber und Regierung, die von demokratischen Wahlen abhängen, hieraus Schritt für Schritt die erforderlichen Konsequenzen zu ziehen. Die sozialistische Gegenrevolution, die dem
Interesse an der Industrialisierung unbedingten Vorrang verleiht, zerstört zugleich
die Möglichkeiten, dieser im Einzelfall entgegenzuwirken oder sie gegen das Allgemeininteresse des Umweltschutzes auszubalancieren. Wie das Beispiel des Umweltschutzes zeigt, haben auch die sog. „Menschenrechte der dritten Generation"
die Demokratie zur Grundlage.

Es war ein langer Weg bis zur Entwicklung der verschiedenen bürgerlichen und
politischen Reche und ihrer Ausdehnung auf alle Bürger und ihrer Ergänzung
durch die wirtschaftlichen, sozialen und kulturellen Menschenrechte, die den Staat
verpflichten, nach seinen Möglichkeiten auch Not, Elend und Unwissenheit zu
überwinden, und der Menschenrechte der „dritten Generation". Der Prozeß der
Entwicklung der Menschenrechte ist nicht abgeschlossen. Wir stehen mitten darin.
Aber alle Rechte und Pflichten sind Äste eines Baumes, der aus einer Eichel her-

---

[53] Vom 8. Juni 1967 (BGBl. I, S. 582) i. d. F. vom 18. März 1975 (BGBl. I, S. 705).

vorgewachsen ist: der Überwindung des Absolutismus durch Gewaltenteilung zwischen Exekutive, einer auf demokratischer Repräsentation beruhenden Legislative und einer unabhängigen Rechtsprechung.

§ 10 „Freiheit, Gleichheit, Brüderlichkeit"

Die drei Ideale der französischen Revolution, „Freiheit, Gleichheit, Brüderlichkeit" treten mit jeder jungen Generation neu in die Welt und prägen sich immer klarer aus: Freiheit des Geistes, Gleichheit im Recht, Brüderlichkeit im Wirtschaftsleben. Sie haben sich in der Demokratie in unterschiedlichem Grade und nirgends vollkommen entwickelt: der Geist wird mittels Medien, staatlicher Erziehung und Bildungspolitik gelenkt und bevormundet. Die Wirtschaft pendelt zwischen den Polen ungezügelter Freiheit und staatlicher Knebelung, obschon die Pendelschläge kleiner werden und sich auf eine mittlere Position zubewegen: auf einen sozial orientierten Ordnungsrahmen bei Erhaltung der Marktwirtschaft, um so dem Anspruch auf Befriedigung der Grundbedürfnisse aller am besten zu genügen und dem Ideal der Brüderlichkeit näher zu kommen. Am weitesten ist die Rechtsgleichheit fortgeschritten, doch kommt sie nur in dem Maße zur vollen Wirksamkeit, in dem sich auch die beiden anderen Ideale der Verwirklichung annähern.

Die drei Ideale sind leuchtende Fernziele, die die Orientierung bestimmen. Sie sind miteinander verbunden und lassen sich nur gemeinsam der Verwirklichung näherführen. Die Komplikationen und Rückschläge in der Geschichte der Demokratie entstehen entweder aus der Verwirrung der Ideale, z. B. aus der Übertragung des Freiheitsideals ins Wirtschaftsleben, des Gleichheitsideals ins Geistesleben, des Brüderlichkeitsideals ins Rechtsleben.

Oder sie entstehen aus der Akzentuierung des einen Ideals auf Kosten der anderen mit der Folge, daß es sich aus dem Zusammenhang mit den anderen löst und daß folglich jedes von ihnen degeneriert. Viele Idealisten, die diese Ideale aufrichtig vertreten, dennoch aber ihre institutionellen Voraussetzungen bekämpfen und die sozialistische Gegenrevolution unterstützen, glauben, daß die demokratische Revolution die Freiheit akzentuiere, die Gleichheit nur halb verstehe – als „formale Rechtsgleichheit" – und die Brüderlichkeit vergesse. Sie wollen die Waage ausgleichen, indem sie ihr Gewicht auf die Seite der „Brüderlichkeit" werfen und damit zugleich die formale Rechtsgleichheit um die soziale Gleichheit ergänzen. Sie hoffen, so entstehe ein Zusammenklang der Ideale, durch den auch die Rechtsgleichheit ihren Sinn erfülle und die Freiheit vom Konkurrenzkampf der Egoisten zur Freiheit von Brüdern werde. Daher die Leuchtkraft des Wortes „sozial", das für „brüderlich" steht und das als Wortkern auch im Wort „sozialistisch" steckt.

Brüderlichkeit als Ideal (nicht in seiner Perversion wie bei Kain und Abel) bedeutet aber das Verhältnis von Freien und Gleichen, die friedlich und freundlich zusammenwirken und sich dadurch gegenseitig helfen und stützen. Es gibt keine

Brüderlichkeit ohne Freiheit und Gleichheit. Man kann zwar auch in der sozialistischen Despotie die wirtschaftlichen Grundbedürfnisse befriedigen, Gesundheitsfürsorge treiben und Schulen errichten, zwar nicht so erfolgreich wie in der Demokratie, aber immerhin läßt sich diese Seite des „sozialen" Lebens von Freiheit und Gleichheit ablösen. Aber damit erfüllt man dann nicht das Ideal der Brüderlichkeit, sondern des Paternalismus. Die Sozialstaatlichkeit gewinnt ihren Charakter der Brüderlichkeit erst unter den Voraussetzungen von Freiheit und Gleichheit. Denn um im Mitmenschen den Bruder zu sehen, muß man ihn zunächst in seiner Menschenwürde achten. Das Ideal der Brüderlichkeit degeneriert, wenn man es aus dem Zusammenhang mit den beiden anderen Idealen herauslöst. Und alle drei haben für ihre Verwirklichung die institutionelle Einheit von Menschenrechten, Gewaltenteilung und Demokratie zur Voraussetzung.[54]

Die sozialistische Gegenrevolution macht sich die Ideale von Freiheit, Gleichheit und Brüderlichkeit zu eigen, nicht aber ihre institutionellen Voraussetzungen von Menschenrechten, Gewaltenteilung und Demokratie, die ihre „Basis" bilden. Sie lenkt den Strom der aus ihnen fließenden Energie um in einen Kampf um die „Produktionsverhältnisse", die nunmehr als die reale Basis gelten. So führt sie die Menschen in die Sackgasse eines irreversiblen Despotismus, in dem es weder Freiheit noch Gleichheit noch Brüderlichkeit geben kann. Sie ist die List der Unvernunft. Alle Anstrengungen ihrer Propaganda sind darauf gerichtet, diesen Sachverhalt in einem komplizierten Geflecht von theoretischem Durcheinander unerkennbar zu machen, das Denken in Auseinandersetzungen um ihre Theorien zu verstricken, Klarheit zu vernebeln, die Geister zu verwirren. Wo ihr das gelingt, vermag sie den Idealismus der demokratischen Weltrevolution in die Bahnen der Gegenrevolution zu lenken, die die Verwirklichung ihrer Ideale unmöglich machen.

Die Ideale „Freiheit, Gleichheit, Brüderlichkeit", die sich in der politischen Aufklärung aussprachen und die zur Parole der französischen Revolution wurden, lassen sich nur in der institutionellen Einheit von Menschenrechten, Gewaltenteilung und Demokratie verwirklichen. Lösen sie sich von dieser Grundlage ab, so wird ihre Realisierung unmöglich, ja die Ideale verkehren sich in ihr Gegenteil: an die Stelle der Freiheit tritt die Willkürherrschaft, an die Stelle der Gleichheit das Ver-

---

[54] Dies ist ein Umstand, der gelegentlich in Kreisen der von Rudolf Steiner geprägten Anthroposophen übersehen wird. Steiner lehrte, daß sich der Staat überhaupt auf das Rechtsleben begrenzen solle. Daneben solle es freie Selbstverwaltungsorganisationen geben, in denen die Institutionen des Geisteslebens (einschließlich der Bildung und Erziehung) und des Wirtschaftslebens (einschließlich der Gewerkschaften) ihre gemeinsamen Angelegenheiten regeln – freilich im Rahmen der Gesetze, die aber nur die Gleichberechtigung sichern, nicht darüber hinaus in ihre Freiheit eingreifen sollen: die sog. „Dreigliederung des sozialen Organismus". Da der demokratische Verfassungsstaat diese Konzeption nicht aus sich heraus verwirklicht hat, treten ihm manche Anthroposophen mit Distanz und Indifferenz gegenüber, nicht bedenkend, daß seine Alternative die Despotie ist, die alle Freiheit und Rechtsgleichheit aufhebt, und daß eine Annäherung an die Dreigliederung nur durch demokratische Gesetzgebung und durch verstehende Auslegung der Grundrechte und des Sozialstaatsprinzips erreichbar ist. S. hierzu den Beitrag: Der Sinn des Staates im Zeitalter der Freien Individualität, hier S. 367.

hältnis von unumschränkten Machthabern und Machtunterworfenen, von Erziehern und Unmündigen, von „Befreiern" und „zu Befreienden", an die Stelle der Brüderlichkeit der Terror. Diese Konsequenz trat schon in der 2. Phase der französischen Revolution von August 1972 ab hervor, die die gewaltenteilende demokratische Verfassung von 1791 außer Kraft setzte, und bestätigte sich seither immer von neuem.[55]

Von diesem Zeitpunkt an steht die demokratische Revolution in einem ständigen Zwei-Fronten-Kampf: einerseits gegen „rechts" – also zunächst gegen die Verteidigung des Absolutismus, später gegen andere Formen der Reaktion, wie Militärdiktatur und Faschismus; andererseits gegen „links" – also gegen die Versuche, die Ideale von Freiheit, Gleichheit und Brüderlichkeit ohne ihre institutionellen Voraussetzungen unmittelbar zu verwirklichen und damit ins Gegenteil zu pervertieren. Für den „Rechten" gilt der Demokrat als „links", für den „Linken" als „rechts": diese Attribute sagen also nichts aus über den Demokraten; sie enthüllen vielmehr nur den Standort dessen, der sie auf den Demokraten anwendet.

Kapitel 3: Die sozialistische Gegenrevolution

§ 11 Der neue Despotismus

Das absolutistische Modell bildet in einer neuen Variante wiederum das Grundprinzip des östlichen Staatsaufbaus. Alle staatliche und gesellschaftliche Tätigkeit steht unter der Führung und Leitung der kommunistischen Partei, und das heißt, unter Führung und Leitung der obersten Gremien dieser Partner. Diese entscheiden über Recht und Unrecht nach ihrem Dafürhalten und ihrer, wie sie es verstehen, wissenschaftlichen Meinung. Sie sind die Quelle allen Rechts, und sie gestalten es so, daß der Führungsanspruch stabilisiert bleibt.

Zwar unterscheiden auch die östlichen Verfassungen gesetzgebende, vollziehende und richterliche Gewalt, aber es handelt sich nicht um Gewaltenteilung, sondern um organisatorische Untergliederung eines der zentralen Führung unterworfenen Staatsapparates, wie es sie selbstverständlich auch in den absolutistischen Fürstentümern gab; d.h. alle Gewalten stehen wiederum unter einer übergeordneten Gewalt, die kein sie selbst bindendes Recht anerkennt. Die Herrschaft ist „legibus absolutus" – vom Recht unabhängig.

Gewiß gibt es wesentliche Unterschiede zur absolutistischen Monarchie: Die Herrschaft gründete sich damals auf dynastische Legitimität oder auf Gottesgnadentum, heute auf den Theoriefanatismus der Partei. Die Macht lag damals beim Fürsten, heute bei einem Führungsgremium, in dem Abberufung und Ersetzung des Vorsitzenden möglich ist. Sie kannte damals die Gewissensbindung an eine religiös geprägte Sittlichkeit, heute ist sie an funktionalen Zwecken orientiert. Zu

---

[55] Eine Darstellung der beiden Französischen Revolutionen in ihrer Gegensätzlichkeit, in: *Martin Kriele,* Einführung in die Staatslehre, 5. Aufl., §§ 37 – 43.

den Stützen der Macht gehörten damals Landbesitz und die Treuebindung von Beamten und Heer, heute sind es Parteiapparat und Geheimpolizei. Der Staatsapparat
respektierte damals meistens die Eigenständigkeit traditionaler Institutionen und
begnügte sich mit der Aufrechterhaltung von Ruhe und Ordnung, heute nimmt er
das gesamte geistige, wirtschaftliche und gesellschaftliche Leben in den Griff. Damals kannte er noch die gewisse Toleranz, mit der die absolutistischen Monarchien
die politische Aufklärung und den internationalen Verkehr zwar behindert, aber
nicht konsequent unterdrückt haben. Heute besitzt er die modernen Techniken der
totalen Beherrschung alles Denkens, Glaubens, Redens, Schreibens und Reisens
und macht davon rigorosen Gebrauch. Aber alle diese Unterschiede, so gewichtig
sie sind, verblassen unter dem Gesichtspunkt der Menschenrechte doch vor der einen entscheidenden Gemeinsamkeit: Der Machthaber ist nicht in eine ihm vorgegebene Ordnung der Kompetenzen und Verfahren und unverfügbarer Rechte eingebunden, er steht nicht im Recht, sondern über dem Recht. Ist er aber an Recht nicht
gebunden, so kann er auch an Menschenrechte nicht gebunden sein.

Mit anderen Worten: Es kann in den Staaten des Ostblocks überhaupt keine
Menschenrechte geben, sondern nur Toleranzen, nur mehr oder weniger brutale
oder milde despotische Herrschaftsausübung. Wenn wir von den Ostblockstaaten
menschliche Erleichterungen fordern, so verlangen wir nicht Menschenrechte, sondern Toleranzen, also das Gebrauchmachen von der an sich unumschränkten Souveränität im Sinne von Milde und Duldung. Wir begründen das folglich nicht mit
Rechtsprinzipien, sondern mit dem eigenen Machtinteresse, das die Regime an ihrem Kredit und ihren politischen Einflußmöglichkeiten in der Welt haben – ein Argument, das freilich nur schlüssig ist, wenn wir ihren Kredit und ihre Einflußmöglichkeiten auch wirklich von ihrer Milde und Duldung abhängig machen. Wir handeln nicht anders als seinerzeit der Kurfürst von Brandenburg, der nach der Aufhebung des Edikts von Nantes in einem Schreiben den französischen König bat, die
protestantische Konfession zu tolerieren. Der französische König konnte dies ebenso gut beachten wie zurückweisen; dies richtete sich nach seinen eigenen Vorstellungen und seinen politischen Interessen: Da dem Kurfürsten von Brandenburg
keine wirksamen Sanktionsmöglichkeiten zur Verfügung standen, scherte er sich
um dessen Bitte nicht.

Wenn heute die Menschenrechtsverletzungen in den Ostblockstaaten nicht mehr
das extensive Ausmaß haben wie unter Lenin und Stalin, so nicht, weil Menschenrechte als Rechte gälten, sondern weil eine etwas moderatere Machtausübung
zweckmäßiger erscheint: sie dient sowohl der inneren Stabilität als auch den imperialistischen Expansionschancen nach außen besser. Eine Rückkehr zu stalinistischen Verfolgungsmethoden wäre ohne weiteres möglich, ohne daß dadurch die
UN-Pakte als verletzt gelten dürften. Die Ostblock-Juristen würden uns erklären:
Das willkürliche Verhaften, Verbannen, Mißhandeln, Verschwindenlassen, Psychi-
atrisieren und Quälen von Menschen möge vielleicht die sozialistische Gesetzlichkeit verletzen, nicht jedoch die Menschenrechtskonventionen, denn diese stünden
unter dem Vorbehalt des politischen Systems und damit der Allmacht der Partei-

führung. Diese allein besitze das Monopol, alles Recht, auch internationale Pakte, in ihrem Herrschaftsgebiet souverän auszulegen und die Erfordernisse der nationalen Sicherheit und Ordnung zu bestimmen, die den Menschenrechten nach diesen Pakten Grenzen zögen. Das westliche Eintreten für Menschenrechte beruhe auf einer „Parteinahme für das Monopolkapital und seine Rüstungsinteressen".

Diese beschränkte Sichtweise ist freilich folgerichtig, wo die Frage nach Wahrheit und Unwahrheit, Recht und Unrecht durch die Frage nach Beschlüssen des Parteitags und des Politbüros ersetzt wird.[56] Wir sollten mit den östlichen Intellektuellen, die das System absoluter Parteiherrschaft zu Lakaien deformiert hat, Mitleid haben, uns aber vor dem Relativismus hüten, der meint, solche Argumentationsweisen hätten Anspruch auf Anerkennung als eine gleichberechtigte „andere" Sicht der Dinge.

§ 12 Die sog. „östliche Menschenrechtskonzeption"

Es wäre an sich konsequent, wenn Vertreter des östlichen Systems die Idee der Menschenrechte prinzipiell zurückwiesen: als eine westliche, bürgerliche, idealistische, illusionäre Idee. So haben sie bis um die Mitte der sechziger Jahre auch argumentiert: Sie sprachen nur von Bürgerrechten, die dank der sozialistischen Gesetzlichkeit gewährt würden. Seither ziehen sie es vor, von einer eigenen „Menschenrechtskonzeption" zu reden. Die Sache hat sich damit nicht geändert, sondern nur der Sprachgebrauch. Dieser soll offenkundig dem weltweiten Anspruch der Menschenrechtsidee propagandistisch Rechnung tragen, diese aber zugleich unterlaufen, indem er sie ins Gegenteil verkehrt.

Wie das geschieht, möge ein Beispiel anschaulich machen: Der Ostberliner Vertreter beim Menschenrechtskomitee der Vereinten Nationen, der Völkerrechtler Bernhard Graefrath, verweist auf den „universellen Charakter" der Menschenrechtskonventionen und meint: „Vereinbart sind Bestimmungen, von denen die UN-Vollversammlung und die einzelnen Staaten annehmen, daß sie innerhalb des jeweiligen Verfassungssystems realisierbar sind."[57] Indessen haben die Vertreter der demokratischen Verfassungsstaaten keineswegs angenommen, daß Menschenrechte systemunabhängig realisierbar seien. Sie hatten vielmehr die Vorstellung, der Abschluß der Menschenrechtskonventionen solle in den Diktaturen einen geistigen und politischen Prozeß auslösen oder begünstigen, der auf eine allmähliche Umwandlung in einen menschrechtsachtenden Rechtsstaat hintendiert.

---

56 So ist z. B. für Rainer Arlt „Ausgangspunkt jeder rechtswissenschaftlichen Forschungsarbeit das allseitige Studium der Beschlüsse der Partei der Arbeiterklasse": Zu einigen Grundfragen der marxistisch-leninistischen Rechtstheorie in der DDR, in: Staat und Recht 18, Potsdam-Babelsberg 1969, S. 1429.

57 Über die Verwirklichung internationaler Menschenrechtsbestimmungen, in: Schriften und Informationen des DDR-Komitees für Menschenrechte, Ost-Berlin 1983, Heft 3, 1983, S. 6.

Diese westliche Hoffnung konterkariert die Ostblocktheorie von den angeblichen „zwei Menschenrechtskonzeptionen". Noch einmal Graefrath: „Als die Staaten diesen Verträgen zustimmten, taten sie es in voller Kenntnis der verschiedenen Konzeptionen über den Inhalt und die Funktionen der Menschenrechte innerhalb ihres Systems", und er fügt drohend hinzu: „Jeglicher Versuch, eine dieser verschiedenen Menschenrechtskonzeptionen als die einzig mögliche Interpretation der vereinbarten Verträge einzuführen, würde das Ende der Zusammenarbeit bedeuten."[58]

Der Systemvorbehalt der östlichen sog. „Menschenrechtskonzeption" bedeutet, daß die Menschenrechte der absoluten Herrschaftsmacht der Parteiführung weder Schranken setzen noch Verpflichtungen auferlegen. Wo aber die Herrschaftsmacht nicht an Pflichten gebunden ist, kann der Mensch ihr gegenüber keine Rechte haben. Die östliche sog. „Menschenrechtskonzeption" läuft also auf die Nichtexistenz von Menschenrechten hinaus und nicht etwa auf eine andere, „auch mögliche Konzeption" von Menschenrechten.

Die Ostblock-Juristen, die auch ihr Denken und Wollen dieser absoluten Herrschaftsmacht unterworfen haben und sich zu Apologeten dieser „Menschenrechtskonzeption" hergeben – und andere werden nicht gedruckt –, gehen aber noch einen Schritt weiter: Die Menschenrechte begrenzen nicht nur nicht die Staatsgewalt, sie dienen auch noch dazu, die unumschränkte Herrschaft der Parteiführung zu legitimieren. Zur Begründung verwenden sie verschiedene Formeln:

Zum Beispiel lesen wir, Menschenrechte seien Klassenrechte, und zwar werde die Klasse der Arbeiter und Bauern repräsentiert durch die kommunistische Partei und diese durch ihre Führung. Auf die wirklichen Meinungen und den wirklichen Willen der Arbeiter und Bauern komme es nicht an, auch nicht, wenn diese sich, wie in Polen, in Gewerkschaften organisieren. Sie sollen weder das Recht haben, eine Gewerkschaft noch eine politische Partei zu bilden, sondern der Parteiführung unterworfen bleiben, die über das Monopol verfügt, die Menschenrechtspakte zu interpretieren und zu konkretisieren. So verwandeln sich die Menschenrechte in ein Legitimationsinstrument absoluter Herrschaft.

Eine andere Formel lautet: Der Westen verstehe Menschenrechte als Individualrechte, der Osten als Kollektivrechte. Das erscheint auf den ersten Blick kaum verständlich, denn auch hier gibt es Menschenrechte als Kollektivrechte, z. B. kann sich auf die Religionsfreiheit nicht nur das Individuum, sondern auch die Kirche berufen, auf die Vereinigungsfreiheit auch der Verein, auf die Tarifautonomie auch die Gewerkschaft usw. Soll mit dem Begriff „Kollektivrecht" aber gesagt sein, er beziehe sich nicht nur auf Kollektive innerhalb einer pluralistischen Gesellschaft, sondern auf das Volk als Ganzes, so läuft diese Aussage auf das Selbstbestimmungsrecht der Völker hinaus. Solches ist vom Westen nicht nur ausdrücklich als Menschenrecht anerkannt, sondern es ist dies auch in einem Sinne, das ihm Leben

---

[58] *Graefrath*, a. a. O., S. 7.

verleiht: nämlich innerstaatlich als Recht auf demokratische Verfassungs- und Gesetzgebung, völkerrechtlich als Prinzip der Nichteinmischung in die inneren Angelegenheiten anderer Völker. Wie diese beiden Prinzipien in der östlichen Interpretation umgedeutet werden, erkennt man am deutlichsten dort, wo die kommunistische Partei an der Macht ist: von einem demokratischen Recht der Völker, die kommunistische Herrschaft abzuwählen, kann keine Rede sein; und wie das Prinzip der Nichteinmischung in die inneren Angelegenheiten anderer Völker verstanden wird, ist uns durch viele Beispiele eindringlich vor Augen geführt worden, z. B. 1968 in der Tschechoslowakei, 1979 in Afghanistan, 1980 durch militärischen Aufmarsch an den Grenzen Polens und durch Konferenzen der Führungsgremien des Warschauer Paktes zum Thema der inneren Entwicklung in Polen. Menschenrechte seien Kollektivrechte heißt wiederum nur, daß die Führung der kommunistischen Partei das Kollektiv des gesellschaftlichen Ganzen repräsentiert und deshalb zu unumschränkter Macht legitimiert sei.

Dieselbe Funktion haben auch andere Definitionen der „östlichen Menschenrechtskonvention", wenn sie etwa die Menschenrechte als Sozialrechte oder gesellschaftliche Rechte definieren, wenn sie auf Gleichheit im Gegensatz zur Freiheit abstellen oder wenn sie zwar auf Freiheit abstellen, dieser aber „gesellschaftlich" definieren, oder wenn sie unter Freiheit einen ständigen revolutionären Prozeß der „Befreiung" verstehen. Bei all diesen Definitionen fragt sich: Wer bestimmt den Inhalt der Begriffe des Sozialen, des Gesellschaftlichen, der Gleichheit, der Freiheit oder der „Befreiung"? Immer ist es die Parteiführung. Immer handelt es sich um Variationen desselben Themas: Es läuft auf unumschränkte Macht der Parteiführung hinaus.

Die klassische marxistisch-leninistische Theorie war da redlicher: Sie legitimierte die Diktatur des Proletariats aus einer prognostischen Zielvorstellung: Der globale Sieg dieses Absolutismus vermöge den Kapitalismus auszurotten und damit die Voraussetzung für das Absterben des Staates zu schaffen. Dann erst würden Freiheit und Gleichheit wirklich. In diesem Kontext wird zunächst auf tatsächlich bestehendes, z. T. himmelschreiendes Unrecht in der Geschichte der westlichen Verfassungsstaaten bis zur Gegenwart hingewiesen, gleichzeitig aber zweierlei verschwiegen: Einmal der seit dem 18. Jahrhundert schon erreichte Fortschritt, zum anderen die Bedingungen dieses und jeden weiteren Fortschritts, nämlich die institutionelle Einheit von Menschenrechten, Gewaltenteilung und Demokratie. Karl Marx hat über die Menschenrechte der französischen Revolution gespottet:

> „Der Mensch wurde daher nicht von der Religion befreit, er erhielt die Religionsfreiheit. Er wurde nicht vom Eigentum befreit. Er erhielt die Freiheit des Eigentums. Er wurde nicht vom Egoismus des Gewerbes befreit. Er erhielt die Gewerbefreiheit." [59]

---

[59] Zur Judenfrage, 1843, in: *Marx / Engels,* Werke Bd. 1, S. 369, Ost-Berlin 1978. Vgl. hierzu: *M. Kriele,* Befreiung und politische Aufklärung. Plädoyer für die Würde des Menschen, 2. Aufl. 1986, S. 19, 24 ff.

Mag Karl Marx auch noch gemeint haben, mit der „Befreiung" von Eigentum und Gewerbe werde der Mensch automatisch von der Religion befreit, so haben 67 Jahre Erfahrung gelehrt, daß diese „Befreiung" die dauernde und alles durchdringende Totalherrschaft über den menschlichen Geist voraussetzt.[60] Auch das Festhalten an diesem Befreiungskonzept kann also zu nichts anderem dienen, als zur Legitimierung der Erlangung, Stabilisierung und Erweiterung unumschränkter Herrschaft.

Es gibt noch eine dritte Linie der Argumentation, die darauf hinweist, daß die östlichen Staaten manche sozialen Programme verwirklichen: Sie halten mit ihren schwerfälligen Methoden immerhin die wirtschaftliche Produktion in Gang, schaffen Arbeitsplätze, Bildungssysteme, Gesundheitsfürsorgesysteme. Damit realisierten sie die Menschenrechte, wie sie etwa in dem internationalen Pakt über wirtschaftliche, soziale und kulturelle Menschenrechte festgelegt sind. Dies ist in gewissem Umfang richtig, nur muß man dabei im Auge behalten, daß die hier infrage kommenden Menschenrechte des Sozialrechtspakts als Pflichten der Staaten definiert sind, denen keine rechtlichen Ansprüche des Menschen gegenüberstehen. Wenn die Erfüllung dieser staatlichen Pflichten den Menschen zugute kommt, so haben wir es im Sprachgebrauch unseres Staatsrechts mit einem Reflex des öffentlichen Rechts, nicht mit subjektiv-öffentlichen Rechten der Menschen zu tun.

Diese Verpflichtung sind nicht nur die östlichen, sondern auch die westlichen Staaten eingegangen. Doch sind Menschenrechte mehr als Staatspflichten. Sie erschöpfen sich nicht in Staatszielen und Programmen, sondern enthalten erstens konkretisierbare und unbedingte Verbindlichkeiten, denen zweitens Rechte einzelner entsprechen. Die Vorliebe östlicher Menschenrechtsapologeten für die wirtschaftlichen, sozialen und kulturellen Menschenrechte im Unterschied zu den bürgerlichen und politischen beruht eben darauf, daß diese Rechte überwiegend keine Rechte, sondern nur Staatspflichten sind, und zwar solche, die sich in juristisch nicht konkretisierbaren Programmsätzen erschöpfen.[61]

Die internationale Konvention über soziale, wirtschaftliche und kulturelle Menschenrechte enthält allerdings auch eine Reihe von wirklichen Menschenrechten, z. B. das Recht auf die Gründung freier Gewerkschaften (Art. 8), das Recht auf nichtstaatliche Schulen und nichtstaatliche Bildungseinrichtungen und das Elternrecht (Art. 12), das Recht auf die „zu wissenschaftlicher Forschung und schöpferischer Tätigkeit unerläßlicher Freiheit" (Art. 15). Diese werden in den Ostblockstaaten einfach nicht beachtet, ebensowenig wie die Rechte des Paktes über bürgerliche und politische Rechte.

Ihre Nichtbeachtung der einklagbaren Menschenrechte haben die Ostblockstaaten auf einfache Weise abgesichert: nämlich durch Verweigerung des gerichtlichen Rechtsschutzes. Der gerichtliche Rechtsschutz ist zwar eine Verpflichtung, die auch die Ostblockstaaten in Art. 2 III und 14 I des Paktes über bürgerliche und

---

[60] Vgl. näher *Kriele*, Befreiung und politische Aufklärung, S. 29 ff.

[61] Vgl. oben § 8.

politische Rechte eingegangen sind.[62] Aber da sie behaupten, die in diesen Pakten völkerrechtlich eingegangenen Verpflichtungen stünden unter dem Vorbehalt ihres Systems, fühlen sie sich auch völkerrechtlich nicht gebunden, diese Pflicht zu erfüllen. Die für gewaltenteilende Rechtssysteme typische Institution von persönlich und sachlich unabhängigen Richtern gibt es nicht, und schon gar nicht eine ausgebaute Verwaltungsgerichtsbarkeit, die in der DDR schon 1952 abgeschafft wurde.

Der Bericht der DDR an das Menschenrechtskomitee der Vereinten Nationen vom Oktober 1983 geht die einzelnen Artikel der Konvention über bürgerliche und politische Rechte durch, überspringt aber Art. 2 im ganzen und aus Art. 14 den Anspruch auf ein unabhängiges und unparteiisches Gericht. Zu diesen Verpflichtungen äußert sich aber Bernhard Graefrath in dem zitierten Aufsatz, und zwar so: Art. 2 Abs. II der Konvention „enthält zwar eine allgemeine Empfehlung, die Möglichkeit gerichtlichen Rechtsschutzes zu entwickeln; dieser wird aber mit allen anderen Durchsetzungsmöglichkeiten gleichgestellt." Indessen heißt es im Text der Konvention:

> Jeder Vertragsstaat *verpflichtet* sich,
> a) Dafür Sorge zu tragen, daß *jeder,* der in *seinen* in diesem Pakt anerkannten Rechten und Freiheiten verletzt worden ist, das *Recht* hat, eine *wirksame Beschwerde* einzulegen
> ...
> b) dafür Sorge zu tragen, daß jeder, der eine solche Beschwerde erhebt, sein Recht durch das zuständige Gerichts-, Verwaltungs- oder Gesetzgebungsorgan oder durch eine andere, nach den Rechtsvorschriften des Staates zuständige Stelle feststellen lassen kann, *und den gerichtlichen Rechtsschutz auszubauen* ...

Es handelt sich also erstens nicht um eine Empfehlung, sondern um eine Verpflichtung, und zwar, zweitens, dahingehend, daß das Individuum sich selbst über Verletzungen der Menschenrechte wirksam beschweren kann; drittens soll der Ausbau des gerichtlichen Rechtsschutzes zu anderen Formen der Beschwerde selbständig hinzutreten und keineswegs durch sie ersetzbar sein. Bei seiner Zitierung dieser Konventionsbestimmung läßt Graefrath die Verpflichtung zum Ausbau des gerichtlichen Rechtsschutzes einfach weg, ohne daß diese Auslassung für den Leser erkennbar wird.[63]

Auch dieses falsche und selektive Zitieren erklärt sich zwanglos durch den Systemvorbehalt, der also nicht nur die verfälschende Auslegung der Konvention und die eigenwillige Schwerpunktsetzung rechtfertigen soll, sondern sogar die Umdeutung von Verpflichtungen in Empfehlungen und die Teilung der Konvention in gültige und nicht gültige Partien. Dazu noch einmal Bernhard Graefrath:

> „Die verbreitete Vorstellung, nur die vor Gericht durchsetzbaren Rechte wären wirkliche Grundrechte, ist offenbar ein bürgerliches Vorurteil".[64] Und er erläutert: „In den sozialistischen Ländern obliegt der Staatsanwaltschaft die allgemeine Aufsicht über die Ge-

---

[62] Ebd.

[63] *Graefrath,* a. a. O., S. 17.

[64] Ebd.

setzlichkeit. Sie hat das Recht einzugreifen, wenn Organe oder Einrichtungen nicht oder nicht in Übereinstimmung mit den Gesetzen handeln. Daneben bestehen Kontrollkommissionen, eine Arbeiter- und Bauern-Inspektion, Beschwerdeausschüsse beim Parlament, und auch die zuständigen Kommissionen bei den örtlichen Volksvertretungen können Kontrollfunktionen ausüben."[65]

Mit anderen Worten: Der Machthaber kontrolliert sich selbst, und der in seinen Rechten und Freiheiten verletzte Bürger hat nicht das Recht, eine wirksame Beschwerde einzulegen und schon gar nicht, den Richter anzurufen.

Soweit sich der einzelne wenigstens in zivil- oder strafgerichtlichen Zusammenhängen auf die innerstaatlich gewährten Grundrechte berufen kann, stehen diese unter dem „Vorbehalt der Grundsätze und Ziele der Verfassung". Deren oberstes Grundprinzip aber ist die unumschränkte Herrschaft der Parteiführung, so daß es schon deshalb einen Grundrechtsschutz gegen die Führung nicht geben kann. Darüber hinaus sind die Richter weder persönlich noch sachlich unabhängig. Schließlich stehen die Grundrechte zwar wie überall unter einem Gesetzesvorbehalt, der jedoch, den Grundsätzen und Zielen der Verfassung gemäß, die Regel-Ausnahme-Vermutung umkehrt: Nicht die Einschränkung des Grundrechts ist begründungsbedürftig, sondern seine Realisierung, nicht z. B. das Verbot der Ausreise, sondern ganz im Gegenteil die Erlaubnis der Ausreise. Es gilt nicht der Grundsatz der Erlaubnis mit Verbotsvorbehalt, sondern des Verbots mit Erlaubnisvorbehalt. Das aber ist gerade das Gegenteil dessen, was die Menschenrechtskonventionen fordern.

Ihrer Berichtspflicht vor der UN-Menschenrechtskommission genügen die Ostblockstaaten zwar, wenn auch nur selektiv, aber sie behelfen sich damit, daß sie die Kommission in großem Stile einfach belügen. Wenn es z. B. in Art. 12 Ziffer 2 der Konvention heißt: „Jedermann steht es frei, jedes Land einschließlich seines eigenen zu verlassen", so berichtet die DDR wie folgt:

> „In Übereinstimmung mit Art. 12 der Konvention gewährleistet die Deutsche Demokratische Republik den Ausreiseverkehr aus beruflichen und persönlichen Gründen sowie die Ausreise aus Gründen der Familienzusammenführung und Eheschließung. Hierfür stehen eindeutige Zahlen. Jährlich reisen ca. 12 Mio. Bürger ins Ausland".[66]

Solche Lügen sind heute (1987) noch möglich, weil die große Mehrzahl der UN-Mitglieder die Menschenrechte ebenfalls nicht ernst nimmt und ihre Vertreter deshalb die Augen zudrücken und sich lieber über Mängel in den demokratischen Verfassungsstaaten verbreiten.

---

[65] A.a. O., S. 33 f.

[66] Da die Bevölkerungszahl der DDR ca. 17 Millionen beträgt, müßten demnach mehr als zwei Drittel der Bevölkerung Auslandsreisen unternehmen. Zu diesen Zahlen kommt der Bericht, indem er die jährlich rd. 300 Grenzübertritte pro Person zwischen Wohnsitz und Arbeitsplatz im sog. „kleinen Grenzverkehr" – vor allem in den von den Grenzen zu Polen und der ČSSR geteilten Städten – sowie die Freikäufe von Menschen durch die Bundesregierung – als „Auslandsreisen" qualifiziert.

Kurz: Die Eingehung der internationalen Verpflichtungen erfolgte nur zum Schein, offenkundig aus Motiven der Agitation und Propaganda in weltpolitischen Zusammenhängen. Es ist also schlechterdings unrichtig, überhaupt von einer östlichen Menschenrechtskonzeption zu sprechen und zu behaupten, diese pflege einen „anderen Menschenrechtsbegriff".

§ 13 Anarchismus auf einem Umweg

Die maßgebliche Theorie der sozialistischen Gegenrevolution, der Marxismus-Leninismus, versteht sich selbst als „Zweite Aufklärung", die die Aufklärung des 18. Jahrhunderts zugleich fortsetzt und überbietet, und die sozialistische Revolution als eine weitere, und zwar die letzte und entscheidende Stufe des geschichtlichen Fortschritts nach Urgesellschaft, Feudalismus und Kapitalismus. Freiheit, Gleichheit und Brüderlichkeit könnten erst wirklich werden, wenn auch die bürgerliche Demokratie überwunden sei. Denn diese bringe nicht nur die Klassengesellschaft hervor, sondern halte zum Schutz der Ausbeuter noch immer am Staat fest.

Der Marxismus-Leninismus versteht sich selbst als Anarchismus auf einem Umweg: als Befreiung von Recht und Staat auf dem Umweg über die Diktatur des Proletariats. Er gibt zu, daß die bloße Abschaffung des Staates nicht schon von sich aus Freiheit und Gleichheit herstellen würde. Dazu müsse erst der Egoismus überwunden sein. Dieser liege nicht in der unaufhebbaren Natur des Menschen, sondern sei gesellschaftlich bedingt und werde erst durch die Aufhebung des Kapitalismus überwunden. Der Kapitalismus stelle zwar im Verhältnis zum Feudalismus eine Zwischenstufe des geschichtlichen Fortschritts dar, habe aber bloß die Revolution des bürgerlichen Rechtsstaats hervorgebracht.

Der Sozialismus beansprucht die geschichtliche Aufgabe, den Menschen „von Religion, Eigentum und dem Egoismus des Gewerbes zu befreien" (vgl. oben S. 41), indem er den Klassenunterschied aufhebt und einen „neuen Menschen" schafft, der den Menschen, „wie er geht und steht" (Marx), ablöst. Diese gewaltige Aufgabe setzt voraus, daß das Proletariat, repräsentiert durch die Arbeiterpartei, diese repräsentiert durch ihre Führung, welche die Gesetze der Geschichte wissenschaftlich durchschaut und beherrscht, auf unbestimmte Zeit eine Diktatur ausübt. Ist die Aufgabe gelöst, so kann alsdann der Staat absterben: „An die Stelle der Regierung von Menschen über Menschen tritt die Verwaltung von Sachen und die Leitung des Produktionsprozesses. Der Staat wird nicht ‚abgeschafft', er stirbt ab."[67] Erst dann würden Freiheit und Gleichheit vollendet, die kommunistische Gesellschaft wird eine „Assoziation, worin die freie Entwicklung eines jeden Bedingung für die freie Entwicklung aller ist."[68]

---

[67] *Friedrich Engels,* Zur Entwicklung des Sozialismus von der Utopie zur Wissenschaft, in: Marx / Engels, a. a. O., Bd. 19, S. 224.

[68] Kommunistisches Manifest, in: Marx / Engels, a. a. O., Bd. 4, S. 482.

So leiht sich der Marxismus-Leninismus zwar seinen Legitimitätsanspruch von der politischen Aufklärung, verspricht aber etwas Besseres als die bürgerliche Rechtsverfassung mit Menschenrechten, Gewaltenteilung und Demokratie, die den Staat bestehen läßt und bloß rechtlich einbindet.

Mit dem Kommunismus werde der Staat entbehrlich. „In ihm werden" – nach Lenin – „die elementaren, vor alters her bekannten und seit Jahrtausenden in allen Vorschriften gepredigten Regeln des Zusammenlebens" von allein befolgt werden, da sich die „befreiten Menschen nach und nach gewöhnen werden ..., sie ohne Gewalt, ohne Zwang, ohne Unterwerfung, ohne den besonderen Zwangsapparat, der sich Staat nennt, einzuhalten."[69] Um dieses Zieles willen gelten die „elementaren Regeln des Zusammenlebens" einstweilen als suspendiert: „Wir sagen, daß unsere Sittlichkeit völlig den Interessen des proletarischen Klassenkampfes untergeordnet ist ... Wir sagen: Sittlich ist, was ... die neue kommunistische Gesellschaft errichtet."[70] Der Zweck rechtfertigt jedes Mittel.

So schritt Lenin zur Revolution gegen die russische parlamentarische Demokratie, indem er, nach der Niederlage der Bolschewisten bei den Wahlen zur konstituierenden Nationalversammlung vom 8. Dezember 1917 mit 23,5 %, diese bei ihrem ersten Zusammentritt am 18. Januar 1918 mit Waffengewalt auseinandertreiben ließ (daß er den Zaren gestürzt hätte, ist eine Geschichtslegende, die auch westdeutschen Schulkindern vermittelt wird. Der Zar war am 15. März 1917 zurückgetreten, Lenin am 16. April in Rußland eingetroffen). Er errichtete unmittelbar nach der Oktoberrevolution ein Terrorsystem, das er im Januar 1918 mit den Worten rechtfertigte, es gehe um „Wege zur Ausrottung und Unschädlichmachung der Parasiten (der Reichen und Gauner, der Tagediebe und Hysteriker unter der Intelligenz und so weiter und so fort)".[71] Am 5. September 1918 führte das Dekret über den Roten Terror formell das System der Konzentrationslager ein[72] (das wird unseren Schulkindern meist verschwiegen). Er führte Rußland in ein von der Geheimpolizei kontrolliertes System, in dem die wirtschaftliche und soziale Entwicklung (die das Land in der Demokratie hätte nehmen können), stagnierte und in dem es mehr Hungertote gegeben hat als jemals zuvor in der Geschichte (das erfahren unsere Schulkinder so gut wie nie[73]).

---

69 *Lenin,* Staat und Revolution (1917), in: Lenins ausgewählte Werke, Bd, 2, Stuttgart 1952, S. 226.

70 *Lenin,* a. a. O., S. 788 – 790.

71 In: Wie soll man den Wettbewerb organisieren?, hierzu: *Andrzej J. Kaminski:* Konzentrationslager 1896 bis heute – eine Analyse, Verlag Kohlhammer 1982, S. 74.

72 Es gebot – neben Massenerschießungen – „die Sowjetische Republik gegen Klassenfeinde mittels der Isolierung in Konzentrationslagern abzusichern". Am 17. 2. 1919 verfügte ein weiteres Gesetz, daß fremde Klassenelemente in Konzentrationslagern", am 15. 4. 1919 ein Gesetz, daß feindliche Klassenelemente in Zwangsarbeitslagern zu inhaftieren seien.

73 Der Verfasser spricht aus Erfahrung: Er hält von Zeit zu Zeit Vorlesungen über Verfassungsgeschichte für Anfangssemester und vermag dabei ein Bild über den historischen Bildungsstand unserer Schulabgänger zu gewinnen. Diese haben von Geschichte und Legitimi-

Der Stalinismus war nicht ein Abweichen von Lenins System (wie man unseren Schulkindern oft beibringt), sondern seine konsequente Fortentwicklung. Der Nationalsozialismus hat dieses politische System in seinen Grundzügen kopiert (auch diese Tatsache wird unseren Schulkindern meist vorenthalten). Er hat die Möglichkeiten, die die totalitäre Staatsstruktur bietet, im technisch perfektionierten Ethnozid bis zum Äußersten ausgeschöpft. Während Konzentrationslager sonst den beiden Zwecken: Terror und Sklavenarbeit dienen, hat er sie durch den Typus der Vernichtungslager ergänzt und überboten.[74] Die Ungeheuerlichkeit dieses Menschheitsverbrechens ist etwas historisch einmaliges. Den Unterschied zwischen Konzentrationslagern und Vernichtungslagern einebnen zu wollen, ist ein untauglicher Versuch, die Einzigartigkeit dieses deutschen Verbrechens herunterzuspielen – ein Versuch, der uns nicht zur Versöhnung mit unserer Geschichte führt, sondern zu ihrer Verdrängung – mit all den verhängnisvollen Folgen, die sich daraus ergeben müssen. Dieser Versuch bedeutet aber zugleich eine Verharmlosung der totalitären Staatsstruktur, so als ob die „bloßen" Konzentrationslager an sich, also ohne Vernichtungslager, nichts besonders Schlimmes wären, sondern etwas, was schließlich der Bolschewismus eingeführt hat und was deshalb als ein Unfall der Geschichte gelten mag, mit dem man sich innerlich versöhnen könnte.

Dieselbe Verharmlosung ist freilich auch eine Gefahr derer, die den Begriff des Totalitarismus in Frage stellen und aus diesem Motiv heraus die Einmaligkeit der nationalsozialistischen Vernichtungslager akzentuieren: wiederum so, als ob die „bloßen" Konzentrationslager an sich nichts besonders Schlimmes wären. Die einen verharmlosen das System Hitlers, die anderen das System Lenins. Es ist aber die Staatsstruktur, die das System der Konzentrationslager und der Vernichtungslager ermöglicht. Das Konzentrationslager ist das Symbol für die Allmacht des Staates und die Rechtlosigkeit des Menschen, die durch die despotische Staatsform ohne Gewaltenteilung und Rechtsbindung des Staates bedingt ist. Die Staatsstruktur des sozialistischen und des nationalsozialistischen Systems ist in ihren wesentlichen Grundzügen die gleiche. Ihre Unterschiede betreffen Einzelheiten, die sich auf die entscheidende Frage – Rechtszustand oder Despotie? – nicht auswirken. Der wesentliche Unterschied beider Systeme liegt lediglich im ideologischen Überbau. Die Machtansprüche des arischen Herrenmenschen sprachen einen anderen, anspruchsloseren Menschentypus an, der sich freute, durch kollektives Mitläufertum am „Recht des Stärkeren" teilhaben zu dürfen. Lenins System hingegen legitimiert sich aus den Zielvorstellungen der politischen Aufklärung selbst, die es zwar suspendiert und ins Gegenteil pervertiert, aber realistisch herbeizuführen verspricht. Es fand und findet deshalb auch „idealistische" Fürsprecher und Bundesgenossen vor allem unter den Intellektuellen in Ost und West.

---

tätsgrundlagen der Demokratie nicht etwa nur unzureichende Vorstellungen, sondern scheinen nicht selten mit marxistischer Propaganda indoktriniert zu sein; die Irreführung über die leninsche Revolution dient offenkundig der Abstützung dieser Indoktrination.

[74] Hierzu *Andrej Kaminski*, Konzentrationslager 1896 bis heute – eine Analyse, Stuttgart 1982.

§ 14 Warum der Staat nicht absterben kann

Die sozialistische Gegenrevolution legitimiert sich also nicht aus einem „anderen Wertsystem", sondern aus dem Ideal der demokratischen Revolution selbst. Die Außerkraftsetzung von Menschenrechten, Gewaltenteilung und Demokratie soll dem Ziel dienen, das Absterben des Staates vorzubereiten und den Idealen von Freiheit, Gleichheit und Brüderlichkeit endgültig zum Durchbruch zu verhelfen. Diese Legitimierung ist an die Bedingung gebunden, daß der Staat nach der Überwindung von Kapitalismus und Imperialismus tatsächlich absterben kann. Stellt man die Frage, ob das überhaupt möglich ist, so bedeutet das nicht, dem sozialistischen Wertsystem ein demokratisches Wertsystem entgegenzuhalten. Es geht nicht um die Pluralität von zwei einander ausschließenden Wertsystemen. (Ein solcher „Pluralismus" wird oft behauptet, um einen Relativismus der Wertsysteme zu begründen, der angeblich Grundlage der Entspannung und des Friedens sein soll.[75]) Es geht vielmehr um eine immanente Auseinandersetzung auf der Grundlage der gemeinsamen aufklärerischen Tradition von „Freiheit, Gleichheit, Brüderlichkeit". Es geht nicht um Werte, sondern um die Einschätzung tatsächlicher Gegebenheiten und Möglichkeiten.

Die Gründe, aus denen der Staat unmöglich absterben kann, liegen auf der Hand.

1. Der Mensch ist zwischen zwei Pole gespannt – zwischen Freundlichkeit und Selbstbezogenheit, Brüderlichkeit und Egoismus. Diese Spannung hat ihre Wurzeln nicht in den Produktionsverhältnissen, sondern in der menschlichen Natur. Der Sozialismus trägt zur Überwindung des Egoismus nicht bei, im Gegenteil: er schneidet den Menschen von den Quellen ab, die den Strom der Sittlichkeit in jeder Generation neu erfrischen können: Achtung vor den moralischen Traditionen, den Eltern, der Religion, der klassischen Literatur und Philosophie, kurz: von der Bildung des Geistes und des Herzens. Zur Bedingung der Karriere wird Anpassung, Fügsamkeit, Teilhabe an Propaganda, Bespitzelung und Denunziation. Was als die Brüderlichkeit des „neuen Menschen" ausgegeben wird, ist Mitläufertum aus Opportunismus oder Verblendung.

2. Aber selbst einmal angenommen, alle Menschen würden guten Willens und jederzeit bereit sein, das Recht jedes anderen zu achten. Dann bedarf es dennoch gesetzgeberischer und gerichtlicher Entscheidungsinstanzen. Denn auch wenn man im großen und ganzen weiß, was Recht und Unrecht ist, so weiß man es doch nicht im konkreten Detail (wie jedes juristische Problem zeigt), und überdies haben die Menschen verschiedene Versionen desselben Sachverhalts. Diese Streitfragen sind auch bei eingehender Diskussion und Beweisaufnahme meist unüberwindlich, und deshalb müssen das Gesetzgebungsverfahren und das Gerichtsverfahren mit einer

---

[75] So z. B. Altbundespräsident Walter Scheel in seiner Rede zum 17. Juni 1986 vor dem Deutschen Bundestag, abgedruckt in: Bulletin der Bundesregierung 1986, S. 613 ff., 614.

Entscheidung abgeschlossen werden, die Verbindlichkeit unabhängig von Konsens und Gewißheit herstellt.[76]

3. Es bedarf des staatlichen Zwangsapparates zur Durchsetzung getroffener Entscheidungen selbst bei allseits gutem Willen. Dieser muß für alle Fälle bereitstehen, selbst wenn er nicht eingesetzt zu werden braucht. Indem er jedermann garantiert, daß er sich auf die Achtung seiner Rechte verlassen kann, schafft er die Grundlage für Vertrauen, Rechtsfrieden und Legitimität.

4. Die marxistisch-leninistische Theorie nimmt an, daß rechtlich unschlichtbare, „antagonistische" Konflikte nur aus dem Klassenkampf um das Privateigentum an Produktionsmitteln entstünden und mit dessen Aufhebung überwunden sein würden. Aber selbst einmal angenommen, solche Konflikte entstünden nur um materielle Güter, so bedürfte es zu ihrem Ausschluß mehr als nur der „gesellschaftlichen Produktion", nämlich des Überflusses. Die marxistisch-leninistische Theorie mußte deshalb ein Hilfsargument hinzufügen: das Versprechen, Überfluß herzustellen, um daraus jedem nach seinen Bedürfnissen Güter zuteilen zu können. Dieses Versprechen hat sich längst als illusorisch erwiesen. Materielle Güter bleiben, selbst wenn man allen Reichtum gleichmäßig verteilt, angesichts des Verhältnisses von Bevölkerungszahl und Güterproduktion knapp. Sie bleiben es erst recht bei einer nicht-marktwirtschaftlichen Produktionsweise: die Schlangen vor den Läden, die Wartezeiten bei Anträgen auf Wohnung, auf Installationsarbeiten und andere handwerkliche Dienstleistungen in den sozialistischen Ländern machen es anschaulich.

5. Ferner gibt es stets Konflikte um Güter, die nicht Gattungsware sind („ein Auto"), sondern deren Wert von ihrer individuellen Lage oder Beschaffenheit abhängt. Es ist nicht gleichgültig, wo eine Wohnung liegt, welcher Art ein Arbeitsplatz ist usw. Gibt es aber weiterhin Rechtskonflikte um materielle Güter, so bedarf es der Konfliktregelung durch Gesetze, Behörden, Gerichte und ihres Zwangsapparates.

6. Überdies entstehen Rechtskonflikte keineswegs nur um materielle Güter, sondern auch aus zahlreichen anderen Motiven: aus Eifersucht, Ehrgeiz, Zorn, Haß, Mißverständnissen, Rivalität und Machtstreben, darüber hinaus aus gruppenpsychologischen Motiven, aus verschiedenen Moralvorstellungen, politischen und sozialen Ideen, Religionen und Konfessionen. Auch diesem Umstand hat die marxistisch-leninistische Theorie durch ein Zusatzargument Rechnung tragen müssen: es bedürfe der Herstellung eines neuen Menschen, in welchem der Antagonismus zwischen homme naturel und bourgeois (im Rousseauschen Sinn) aufgehoben und alle Entfremdung überwunden sein wird. Zu diesem Zweck bedarf es der totalen Kontrolle aller geistigen und psychischen Regungen, der unumschränkten Verfügung über Erziehung, Bildung, Medien, Kultur usw. – solange, bis alle Wurzeln, aus denen solche Konflikte entstehen können, radikal ausgerottet sind. Gelänge

---

[76] Eingehender: *Kriele*, Recht und praktische Vernunft, S. 110 ff.

das, hätte man es nicht mehr mit Menschen, sondern mit Menschenstummeln zu tun; die Vielfalt der geistigen, seelischen, religiösen und moralischen Anlagen wäre eingeebnet, die freie Entfaltung der Persönlichkeit ausgeschlossen, der bunt blühende Garten der Menschheit gliche einem geschnittenen Rasen. Doch es kann nicht gelingen, weil es mit der menschlichen Natur, die sich mit jeder Generation regeneriert, unvereinbar ist. Andressierte Eigenschaften sind nicht vererblich: die marxistisch-leninistische Theorie ist auch in diesem Punkte widerlegt. Wenn man Kaninchen, deren Vorfahren seit unzähligen Generationen in Käfigen gehalten werden, in die Freiheit entläßt, so verhalten sie sich gemäß ihrer ursprünglichen Natur: sie graben unterirdische Bauten, springen herum usw. Bei den Menschen gilt nichts anderes: zu seiner Natur gehört die Vielgestaltigkeit der persönlichen Veranlagungen, die auf freie Entfaltung drängt, damit aber auch seine Differenzierung und Gegensätzlichkeit, die Rechtskonflikte unvermeidlich macht. Will man sie dennoch vermeiden, so muß man die Käfighaltung des Menschen in der Diktatur des Proletariats perpetuieren, und der Staat kann nicht absterben.

7. Die „Verwaltung von Sachen und die Leitung der Produktionsprozesse" vermögen die „Herrschaft von Menschen über Menschen" keineswegs abzulösen, sondern ist selbst eine gesteigerte Form solcher Herrschaft. Was im Sozialismus verwaltet und geleitet wird, sind vor allem die ökonomischen Großorganisationen der Güterproduktion und -verteilung. Sie können nur funktionieren, wenn die Menschen funktionieren, d.h., wenn sie sich als funktionale Bestandteile in die Großorganisation reibungslos einfügen. Sie können weder kündigen und die Stelle wechseln, noch sich selbständig machen, noch gar emigrieren. Sie werden mit den Sachen mitverwaltet und bleiben Objekte des planenden und verwaltenden Staates, von dessen Absterben keine Rede sein kann. An die Stelle des Endes der Herrschaft tritt die Einsicht in die Notwendigkeit der total gewordenen Herrschaft, die den Menschen bei Strafe erheblicher Diskriminierung abverlangt wird.

8. Selbst einmal hypothetisch angenommen, ein Absterben des Staates wäre möglich, so würde dies voraussetzen, daß die Herrschenden bereit wären, daran mitzuwirken und die Macht aus den Händen gleiten zu lassen. Dazu müßten sie den erstrebten Typus des „neuen Menschen" der Brüderlichkeit und Selbstlosigkeit in sich selbst verwirklicht haben. Indes: Wer innerhalb eines totalitären Systems in führende Machtpositionen gelangt ist, muß notwendigerweise von anderen Eigenschaften geprägt sein: z. B. von Schläue, Anpassungsbereitschaft und Skrupellosigkeit – wie hätte er sonst seine Karriere machen können? Machtmenschen aber lieben vor allem sich und ihre Macht. Sie sind keine „neuen Menschen", sondern haben noch nicht einmal die zivilisatorische Stufe der demokratischen Aufklärung erreicht. Wiederum wartet die marxistisch-leninistische Theorie mit einem Hilfsargument auf (sie bedarf ständig der Hilfsargumente, die die Absurditäten ihrer Theorie abmildern sollen, diese aber meist nur noch offenkundiger machen): Die intellektuelle Einsicht in die wissenschaftlichen Zusammenhänge des Fortschritts erlaube die „Antizipation" des neuen Menschen. So werde erklärbar, daß sich die Idee der sozialistischen Revolution inmitten der alten Produktionsverhältnisse aus-

breiten könne, obschon diese an sich ein „falsches Bewußtsein", die „bürgerliche Ideologie" erzeugten. Indes bleibt die „Antizipation" auf die Sphäre der intellektuellen Vorstellung begrenzt: der Sozialist kann sie noch nicht auf sein ethisches und politisches Sein und Handeln erstrecken, sonst könnte er weder den revolutionären Kampf bestehen noch, nach dessen Erfolg, die Diktatur des Proletariats ausüben. Denn beides setzt – von der marxistisch-leninistischen Theorie ausdrücklich zuzugeben – die Disposition zum rücksichtslosen Durchgreifen voraus. So disponierte Menschen haben aber nicht gleichzeitig die Disposition zum freiwilligen Machtverzicht.

§ 15 Der „Affe Gottes"

So bleibt es also bei der sog. Diktatur des Proletariats, d.h. der Parteiführung. Diese bildet kein Übergangsstadium in die befreite Gesellschaft, sondern etabliert sich notwendigerweise auf Dauer. Sie unterscheidet sich von den absolutistischen Monarchien vor allem in einem Punkt: auch diese waren zwar despotisch, aber doch im ganzen so tolerant und milde, daß die politische Aufklärung in ihrem Schoß entstehen und sich ausbreiten konnte. Die neuen Despoten hingegen kennen ihre eigene Illegitimität; sie wissen, wie demokratische Revolutionen sich vorbereiten, und sie beherrschen die Machttechniken, um sie im Keim zu ersticken. Sie verstehen es, sich irreversibel zu machen.

So treibt die sozialistische Gegenrevolution die Menschheit zurück in den Despotismus, aus dem sie sich durch die demokratische Revolution endgültig zu befreien glaubte. Die sog. „zweite Aufklärung" ist die Gegenaufklärung schlechthin. Sie führt nicht auf eine neue Stufe des Fortschritts, sondern hinter den schon erreichten Fortschritt zurück. Sie ist keine vorantreibende Revolution, sondern die reaktionäre Gegenrevolution, die Menschenrechte, Gewaltenteilung und Demokratie wieder beseitigt. Sie schafft nicht die realen Grundlagen für Freiheit, Gleichheit und Brüderlichkeit, sondern schafft sie ab. Denn diese Grundlagen bestehen in den demokratischen Verfassungsinstitutionen, die erst die Annäherung an diese Ideale möglich gemacht haben. Die Bedingungen, unter denen die Menschen friedlich und freundlich zusammenwirken können, werden erneut ersetzt durch das Verhältnis von Herr und Knecht, durch das „Recht des Stärkeren". Wenn man die wahre Natur des Menschen, seine geistige und moralische Natur, in dieser Weise vergewaltigt, so wird die Welt nicht menschlicher, sondern unmenschlich.

Aber die sozialistische Gegenrevolution tritt nicht unmittelbar als das auf, was sie ist – wie es Faschismus und Nationalsozialismus taten –, sondern leitet ihre Legitimität aus den Idealen der Aufklärung selbst her. Sie setzt Punkt für Punkt den Schein, das Gegenteil ihrer selbst zu sein. Sie schuf ein faszinierendes Gedankengebäude, das für die Menschen, die hineingelockt und darin gefangen sind, stärker ist als jede Vernunft. Selbst heute, nach 70 Jahren realer Erfahrung, die es in jeder Einzelheit widerlegt, bezaubert es die Phantasie, verwirrt die Intelligenz, lenkt das Prinzip Hoffnung in seine Bahnen, bezwingt selbst die Vernunftnatur des Menschen: die Fähigkeit zum Denken. Man beruft sich statt auf Sachargumente auf Autoritäten, so wie die Gegner Galileis, die es ablehnten, sich mit einem Blick durchs Fernrohr von der Existenz der Jupitermonde zu überzeugen. Als Autorität aber gilt nur, wer „dazugehört", wer links, progressiv, sozialistisch orientiert ist: das Kollektiv von „Meinungen" trägt sich selbst und schirmt gegen den Sachbezug des Denkens ab. Die sozialistische Weltrevolution erzeugt den Glauben, im Einklang mit der Geschichte zu handeln und deshalb in einem höheren Sinne immer im Recht zu sein.

Sie hat heute dazu geführt, daß bereits ein Drittel der Menschheit durch die sozialistische Weltrevolution unterjocht wird und hat in der übrigen Welt große Sektoren des intellektuellen Lebens, der Medien, der Literatur, der Bildung, der Erziehung, ja selbst der Theologie und der Kirchen dazu verführt, sich der „reaktionären", zum Untergang verurteilten demokratischen Weltrevolution entgegenzustellen und der sozialistischen Gegenrevolution, wenn auch widerwillig, moralische Unterstützung zu gewähren.

Man pflegt von alters her zu sagen, der Teufel sei der „Affe Gottes" : Er äfft ihn nach, er imitiert ihn. Jeder tiefen Weisheit fügt er ein groteskes Zerrbild hinzu, damit man dieses für jene halten solle. So wie im alten Theater nach dem Helden der Clown auftrat, der ihn auf die lächerlichste Weise nachäffte, so äfft die sozialistische Weltrevolution die demokratische Weltrevolution nach, alles dabei ins Groteske verzerrend. So folgt der Fortschrittsidee, wonach das, was recht ist, sich durchsetzt, die Gegenidee, wonach das, was sich durchsetze – die sozialistische Gegenrevolution –, schon deshalb recht sei. So folgt der Aufklärung über die rechtlichen Bedingungen freundlichen und friedlichen Zusammenlebens die „zweite Aufklärung", derzufolge es nicht auf das Recht, sondern auf die Produktionsverhältnisse ankomme. Der Idee der Freiheit folgt die Idee der „Befreiung von Religion, Eigentum und Gewerbe", der Idee der Rechtsgleichheit die Gleichheit in der Rechtlosigkeit, der Idee der Brüderlichkeit die Zentralverwaltungswirtschaft, der Idee der Menschenrechte die absolute Herrschersouveränität, der Idee der Gerechtigkeit des Staates die Vision der Anarchie, der Idee der Befreiung durch Recht die Idee der Befreiung vom Recht, der Rechtsidee unparteilichen Urteilens die Parteilichkeit, der Rechtsbindung des Staates die Ermächtigung der Parteiführung, der Gewaltenteilung die Gewaltenkonzentration, der Demokratie der „demokratische Zentralismus", kurz der demokratischen Revolution die sozialistische Gegenrevolution, aus deren Sicht die demokratische Revolution als „Konterrevolution" erscheint.

Und das alles wird ernst genommen und als durchaus vertretbare Position in Ehren gehalten bei hochangesehenen Gelehrten, Schriftstellern, Künstlern, Medienmachern und Erziehern, ja selbst bei Priestern, Ordensleuten und Theologen, deren Religion die sozialistische Weltrevolution mit Stumpf und Stiel auszurotten zu ihrem Ziel erklärt. Die künftige Menschheit wird mit kopfschüttelndem Staunen auf diesen geistigen Fieberwahn zurückblicken, der 200 Jahre nach der Aufklärung alles durch sie Erreichte aufhebt und ins Gegenteil verkehrt.

II. Teil: Auf dem Weg zur demokratischen Weltrevolution

Kapitel 4: Die Fortschrittshoffnung der politischen Aufklärung

§ 16 Kant: Das Recht wird sich durchsetzen

Kant behauptete, nach den „Aspekten und Vorzeichen unserer Tage" (er meinte damit die Französische Revolution) könne er auch „ohne Sehergeist" ein „nicht mehr gänzlich rückgängig werdende(s) Fortschreiten"[77] in der Ausbreitung der demokratischen Revolution vorhersagen. (Kant nennt sie „republikanisch", denn unter „Demokratie" verstand er die rechtlich ungebundene, also despotische unmittelbare Volksherrschaft.[78] Sein Begriff der Republik deckt sich mit dem, was wir heute unter dem gewaltenteilenden demokratischen Verfassungsstaat verstehen.) Wenn er mit moralischem Enthusiasmus von der Französischen Revolution sprach, so bezog er sich auf deren erstes Stadium, das zur Verfassung von 1791 führte, und nicht etwa auf das im August 1792 einsetzende Stadium des Terrors.[79]

In dieser ersten Französischen Revolution sah er den Beginn der „Evolution einer naturrechtlichen Verfassung".[80] „Denn ein solches Phänomen vergißt sich nicht mehr, weil es eine Anlage und ein Vermögen in der menschlichen Natur zum Besseren aufgedeckt hat."[81] Das gelte ungeachtet des Scheiterns der Französischen Revolution. „Denn jene Begebenheit ist zu groß, zu sehr mit dem Interesse der Menschheit verwebt, und ihrem Einflusse nach auf die Welt in allen ihren Teilen zu ausgebreitet, als daß sie nicht den Völkern, bei irgendeiner Veranlassung günstiger Umstände, in Erinnerung gebracht und zur Wiederholung neuer Versuche dieser Art erweckt werden sollte."[82] Kant wendet den Gedanken ins Allgemeine und meint, „daß das menschliche Geschlecht im Fortschreiten zum Besseren immer gewesen sei und so fernerhin fortgehen werde".[83] Dieser Satz sei „ein nicht bloß in praktischer Absicht empfehlungswürdiger, sondern allen Ungläubigen zum Trotz auch für die strengste Theorie haltbarer"[84], wenngleich Kant zugesteht, er verfolge

---

[77] *Kant,* Der Streit der Fakultäten. Der Streit der Philosophischen Fakultät mit der Juristischen, Bd. XI, S. 361.

[78] *Ders.,* Zum ewigen Frieden, Bd. XI, S. 204 f.

[79] Vgl. zu den beiden Stadien der französischen Revolution: *M. Kriele,* Einführung in die Staatslehre, 2. Aufl. 1981, §§ 66 – 72. Über Kants Verhältnis zu den beiden französischen Revolutionen vgl. *Peter Burg,* Kant und die französische Revolution, 1974, insbes. S. 185 ff.; vgl. zu Kant als Philosoph des politischen Fortschritts *Gerhard Funke,* Von der Aktualität Kants, 1979, S. 145 ff.; *Walter Euchner,* in: Swi Batscha (Hrsg.), Materialien zu Kants Rechtsphilosophie, 1976, S. 390 ff.

[80] *Kant,* Der Streit der Fakultäten. Der Streit der Philosophischen mit der Juristischen, XI, S. 360.

[81] A.a. O., S. 361.

[82] Ebd.

[83] A.a. O., S. 362.

[84] Ebd.

mit seiner Behauptung zugleich auch praktische Zwecke. Es sei nämlich „von der
größten Wichtigkeit: mit der Vorsehung zufrieden zu sein (ob sie uns gleich auf
unserer Erdenwelt eine so mühsame Bahn vorgezeichnet hat): teils, um unter den
Mühseligkeiten immer noch Mut zu fassen, teils, um ... nicht ... in der Selbst-
besserung die Hülfe dagegen zu versäumen."[85] An anderer Stelle fügt er hinzu,
daß eine pessimistische Theorie „das Übel wohl gar selbst bewirkt, was sie vorhersagt"[86], also, wie man heute sagt, als „self-fulfilling prophecy" wirke: sie müsse
„unter dem Vorwand einer des Guten ... nicht fähigen menschlichen Natur ... das
Besserwerden unmöglich machen, und die Rechtsverletzung verewigen".[87] Es sei
nur nötig, gewissermaßen die geschichtliche Vogelperspektive einzunehmen, um
zu erkennen, daß „das Fortschreiten zum Besseren ... zwar bisweilen unterbrochen, aber nie abgebrochen sein werde".[88] Kant setzt auf einen „regelmäßigen
Gang der Verbesserung der Staatsverfassungen in unserem Weltteil (der wahrscheinlicherweise allen anderen dereinst Gesetze geben wird)".[89] Er hat also die
Kühnheit, anders als Hegel, nicht bloß im Rückblick festzustellen, daß es Fortschritt gegeben habe, sondern ihn auch für die Zukunft vorauszusagen, wobei er
lediglich den Vorbehalt globaler Katastrophen anbringt.[90]

Kant geht, wie alle Naturrechtslehre und Anthropologie seiner Zeit, davon aus,
daß sich der Mensch vom Tier vor allem durch die Vernunft unterscheidet. Was die
Vernunft ihn lehre, was er aber zu tun unterlasse, werde ihm von der Natur schließlich aufgenötigt: Die Ungeselligkeit wird „durch sich selbst genötigt, sich zu disziplinieren, und so, durch abgedrungene Kunst, die Keime der Natur vollständig zu
entwickeln."[91]

Zwar schließe die Freiheit des Menschen aus, vorherzusagen, was sie tun werden.[92] Aber der Fortschritt in der Rechtsentwicklung hänge nicht so sehr davon ab,
„was wir tun ...; sondern von dem, was die menschliche Natur in und mit uns tun
wird, um uns in ein Gleis zu nötigen, in welches wir uns von selbst nicht leicht
fügen würden".[93] Hier meint Kant nicht die Vernunftnatur, sondern die tierhafte
Natur, die die Menschen zur Ungeselligkeit und zur Gewalttätigkeit gegeneinander
treibt. Aber gerade die „allseitige Gewalttätigkeit und daraus entspringende Not"
mußte „endlich ein Volk zur Entschließung bringen ..., sich dem Zwange, die ihm
die Vernunft selbst als Mittel vorschreibt, nämlich sich dem öffentlichen Gesetze
zu unterwerfen, und in eine staatsbürgerliche Verfassung zu treten".[94]

---

[85] *Ders.,* Mutmaßlicher Anfang der Menschengeschichte, XI, S. 99.

[86] *Ders.,* Zum ewigen Frieden, XI, S. 241.

[87] *Ders.,* Zum ewigen Frieden, XI, S. 234 f.

[88] *Ders.,* Über den Gemeinspruch: Das mag in der Theorie ..., XI, S. 167.

[89] *Ders.,* Idee zu einer allgemeinen Geschichte in weltbürgerlicher Absicht, XI, S. 48.

[90] *Ders.,* Der Streit der Fakultäten, XI, S. 361 f.

[91] *Ders.,* Idee ..., XI, S. 40.

[92] *Ders.,* Der Streit der Fakultäten, XI, S. 355.

[93] *Ders.,* Über den Gemeinspruch: Das mag in der Theorie ..., XI, S. 169.

Kant beschreibt einen Mechanismus, den Hegel später als „die List der Vernunft" bezeichnete und damit kennzeichnete, daß die Vernunft „die Leidenschaften für sich wirken läßt".[95] So im Ansatz auch schon Kant: „Das moralisch Böse hat die von seiner Natur unabtrennliche Eigenschaft, daß es in seinen Absichten (vornehmlich im Verhältnis gegen andere Gleichgesinnte) sich selbst zuwider und zerstörend ist, und so dem (moralischen) Prinzip des Guten, wenngleich durch langsame Fortschritte Platz macht."[96] Aber dieser Fortschritt bestehe nicht in einem Zuwachs an Moralität, sondern an Legalität.[97] Er sei folglich nicht durch Erziehung zu bewirken[98], sondern nur durch die allmähliche Annäherung des Rechts an die Rechtsidee von Freiheit und Gleichheit. Dies vermöge die Vernunft uns zu lehren, aber sie sei zu ohnmächtig, um sich unmittelbar durchzusetzen. Erst die Erfahrung der Not bringe den Menschen mit der Zeit Schritt für Schritt dazu, sich der Notwendigkeit eines gerechten Rechts anzubequemen: „So muß, was guter Wille hätte tun sollen, aber nicht tat, endlich die Ohnmacht bewirken."[99] Denn: „Die Natur will unwiderstehlich, daß das Recht zuletzt die Obergewalt erhalte. Was man nun hier verabsäumt zu tun, das macht sich zuletzt selbst, obzwar mit sehr viel Ungemächlichkeit."[100]

§ 17 Empirische Beweisgründe

Zur Überzeugungskraft einer solchen optimistischen Betrachtungsweise gehört freilich, daß sie sich in der Erfahrung bewährt. Gegen Ende des 18. Jahrhunderts schien es offenkundig, daß sich selbst die absolutistischen Staaten, wie Kant sagt, „im äußeren Verhalten dem, was die Rechtsidee vorschreibt, schon sehr nähern, obgleich das Innere der Moralität davon sicher nicht die Ursache ist".[101] Die Fortschritte im Recht lagen auf der Hand: etwa die Anerkennung der Religionsfreiheit, die Überwindung der Hexenverfolgung, die Öffnung der Beweisregeln im Strafprozeß, die Abschaffung der Tortur als Beweismittel, die Mäßigung der Strafen, die Kodifizierung des Rechts, die Selbsteinschränkung monarchischer Willkür durch freiwillige Rechtsbindung. Kant, der Republikaner, meinte, wenn auch spürbar seufzend: „Ein Staat kann sich auch schon republikanisch regieren, wenngleich er noch, der vorliegenden Konstitution nach, despotische Herrschermacht besitzt."[102] Dann bestehe eine „dem Geiste eines repräsentativen Systems gemäße

---

94 *Ders.,* Über den Gemeinspruch, XI, S. 169.

95 *G. W. F. Hegel,* Vorlesungen über die Philosophie der Geschichte, in: G. W. F. Hegel, Werke in zwanzig Bänden, Frankfurt / M. 1986, Bd. 12, S. 49.

96 *Kant,* Zum ewigen Frieden, XI, S. 242.

97 *Ders.,* Der Streit der Fakultäten, XI, S. 365.

98 A.a. O., S. 366.

99 *Ders.,* Über den Gemeinspruch, XI, S. 170.

100 *Ders.,* Zum ewigen Frieden, XI, S. 225.

101 *Ders.,* Zum ewigen Frieden, XI, S. 224.

102 A.a. O., S. 233.

Regierungsart"[103], wie unter Friedrich II. in Preußen: Das Jahrhundert Friedrichs sei zwar nicht ein aufgeklärtes Zeitalter, aber ein Zeitalter der Aufklärung.[104]

Kant erkannte darin „schwache Spuren der Annäherung" an die Rechtsidee.[105] Der „kleine Teil, den die Menschheit in dieser Absicht zurückgelegt hat"[106], erlaube aber schon, Schlußfolgerungen auf den weiteren Fortschritt zu ziehen, ähnlich wie die Astronomen nach Beobachtung eines Teils der Bahn der Gestirne auf ihren gesamten Umlauf schließen könnten.[107]

Für Kant genügten diese Ansätze, um die Beweislast für die empirische Tatsächlichkeit des Fortschritts von sich zu weisen: „Der Gegner derselben muß beweisen"[108], könne aber mit empirischen Beweisgründen nichts ausrichten. „Denn: daß dasjenige, was bisher noch nicht gelungen ist, darum auch nie gelingen werde, berechtigt nicht einmal, eine pragmatische oder technische Absicht (wie z. B. die Luftfahrten mit aerostatischen Bällen) aufzugeben; noch weniger aber eine moralische, welche, wenn ihre Bewirkung nur nicht demonstrativ-unmöglich ist, Pflicht wird."[109]

Gleichwohl führt Kant eine Reihe von empirischen Gründen dafür an, daß selbst absolutistische Staaten gezwungen sind, ihren Despotismus zu mäßigen und sich der Rechtsidee anzunähern. Dazu zwinge sie sogar ihre „selbstsüchtige Vergrößerungsabsicht", „wenn sie nur ihren eigenen Vorteil verstehen."[110] Das tatsächliche Ausmaß der Macht der Staaten hänge nämlich davon ab, „daß keiner in der inneren Kultur nachlassen kann, ohne gegen die andere Macht an Einfluß zu verlieren."[111] Bürgerliche Freiheit sei die Voraussetzung für das Blühen von Gewerbe und Handel, somit für Steuereinkünfte und Minderung der Schuldenlast.[112] Aus diesen Sachzwängen heraus aber, meint Kant, geht diese Freiheit „allmählich weiter. Wenn man den Bürger hindert, seine Wohlfahrt auf alle ihm selbst beliebige Art, die nur mit der Freiheit anderer zusammen bestehen kann, zu suchen: so hemmt man die Lebhaftigkeit des durchgängigen Betriebs, und hiermit wiederum die Kräfte des Ganzen. Daher wird die persönliche Einschränkung in seinem Tun und Lassen immer mehr aufgehoben, die allgemeine Freiheit der Religion nachgegeben."[113] Vor allem die Kriegsgefahr mäßige den Despotismus aus zwei Gründen:

---

103 A.a. O., S. 207.

104 *Ders.,* Beantwortung der Frage: Was ist Aufklärung?, XI, S. 59.

105 *Ders.,* Idee zu einer allgemeinen Geschichte . . ., XI, S. 46.

106 A.a. O., S. 45.

107 Ebd.

108 *Ders.,* Über den Gemeinspruch, XI, S. 167.

109 A.a. O., S. 168.

110 *Ders.,* Idee zu einer allgemeinen Geschichte . . ., XI, S. 46.

111 Ebd.

112 Ebd., S. 46 f.

113 Ebd., S. 46.

einmal, „weil Reichtum dazu erfordert wird, daß ein Staat jetzt eine Macht sei, ohne Freiheit aber keine Betriebsamkeit, die Reichtum hervorbringen könnte, statt-findet"[114], zum anderen, weil die staatsbürgerliche Loyalität des Volks „große Teil-nehmung an der Erhaltung des gemeinen Wesens" voraussetze, welche „nicht an-ders, als wenn es sich darin frei fühlt, möglich ist"[115].

§ 18 Der geschichtsphilosophische Hintergrund

Im Hintergrund dieses Fortschrittsoptimismus steht die klassische Teleologie: „Alle Naturanlagen eines Geschöpfs sind bestimmt, sich einmal vollständig und zweckmäßig auszuentwickeln."[116] Die den Menschen kennzeichnende Vernunft könne sich freilich „nur in der Gattung, nicht aber im Individuum vollständig ent-wickeln".[117] Die Natur verfahre, „selbst im Spiel menschlicher Freiheit, nicht ohne Plan und Endabsicht".[118] Denn man könne vernünftigerweise nicht „Zweckmäßig-keit der Naturanstalt in Teilen und doch Zwecklosigkeit im Ganzen" annehmen.[119] Die moralische Pflicht werde durch diesen Zwang der Natur nicht aufgehoben oder relativiert, sondern bestätigt und gewissermaßen sanktioniert: auf die Mißachtung des Naturrechts setzt die Natur die Strafe des Unfriedens.

Deshalb könne man die „Geschichte der Menschengattung im großen als die Vollziehung des verborgenen Naturplans ansehen, um eine ... vollkommene Staatsverfassung zustande zu bringen, als den einzigen Zustand, in welchem sie alle Anlagen in der Menschheit völlig entwickeln kann."[120] Diesen Naturplan vor-ausgesetzt, eröffne sich „die Aussicht in die Zukunft ..., in welcher die Menschen-gattung in weiter Ferne vorgestellt wird, wie sie sich doch zu dem Zustande empor-arbeitet, in welchem alle Keime, die die Natur in sie legte, völlig von ihnen ent-wickelt und ihre Bestimmung hier auf Erden kann erfüllet werden."[121] Dieser Na-turplan aber verrate „die Anordnung eines weisen Schöpfers".[122] Er schaffe „dem Zwecke der Menschheit im Ganzen ihrer Gattung zur Erreichung ihrer endlichen Bestimmung durch freien Gebrauch ihrer Kräfte, soweit sie reichen, einen Aus-gang ..., welchem die Zwecke der Menschen, abgesondert betrachtet, gerade ent-gegenwirken. Denn eben die Entgegenwirkung der Neigungen, aus welchen das

---

114 *Ders.*, Mutmaßlicher Anfang ..., XI, S. 98.

115 Ebd.

116 *Ders.*, Idee zu einer allgemeinen Geschichte ..., XI, S. 35.

117 Ebd.

118 A.a. O., S. 48.

119 A.a. O., S. 43 f.

120 A.a. O., S. 45.

121 A.a. O., S. 49.

122 A.a. O., S. 39. Kant spricht in diesem Sinne von der „Vorsehung" – ein Begriff, der durch Mißbrauch inzwischen in Verruf geraten ist.

Böse entspringt, untereinander, verschafft der Vernunft ein freies Spiel, sie insgesamt zu unterjochen; und, statt des Bösen, was sich selbst zerstört, das Gute, welches, wenn es einmal da ist, sich fernerhin von selbst erhält, herrschend zu machen."[123]

Kant erläutert: „Wenn ich von der Natur sage: sie will, daß dies und jenes geschehe, so heißt das nicht ..., sie legt uns eine Pflicht auf, es zu tun (denn das kann nur die zwangsfreie praktische Vernunft), sondern sie tut es selbst, wir mögen es wollen oder nicht."[124] Und Kant fügt den römischen Spruch hinzu: Fata volentem ducunt, nolentem trahunt: Die Schicksalsgötter führen den Bereitwilligen, und zwingen den Widerstrebenden. Sie zwingen ihn dazu, dem allgemeinen Willen, den volonté général Rousseaus im Unterschied zur volonté des tous, also der Rechtsidee im Unterschied zu der Summe partikularer Eigenwillen, Geltung zu verschaffen, „und zwar gerade durch jene selbstsüchtigen Neigungen, ... so, daß es nur auf eine gute Organisation des Staates ankommt ..., jener ihre Kräfte so gegeneinander zu richten, daß eine die anderen in ihrer zerstörenden Wirkung aufhält, oder diese aufhebt: so daß der Erfolg für die Vernunft so ausfällt, als wenn beide gar nicht da wären, und so der Mensch, wenngleich nicht ein moralisch-guter Mensch, dennoch ein guter Bürger zu sein gezwungen wird."[125] Sie zwingen ihn also zu dem, was aus freien Stücken hätte geschehen können und sollen. „Wenn es keine Freiheit und darauf gegründetes moralisches Gesetz gibt, sondern alles, was geschieht oder geschehen kann, bloß ein Mechanismus der Natur ist, so ist ... der Rechtsbegriff ein sachleerer Gedanke."[126]

Die Moralität aber, die uns bewege, dem Recht zum Recht verhelfen zu wollen, habe die Hoffnung auf das Besserwerden zur „notwendigen Voraussetzung"[127]. „Der gute Mendelssohn mußte doch auch darauf vertraut haben, wenn er für die Aufklärung und Wohlfahrt ... so eifrig bemüht war"[128], wendet Kant gegen Moses Mendelssohns historischen Skeptizismus ein. Damit unterscheidet Kant das, was man zu meinen meint, von dem, was man im Grunde wirklich meint, und was daran erkennbar ist, daß man es in seinen Handlungen voraussetzt.

So verschmelzen Gottvertrauen, Moralität und Fortschrittshoffnung zu einer Einheit und werden zur Quelle einer neuen Theodizee, die sich auf die Betrachtung der Geschichte gründet. Diese könne nicht nur ein „Possenspiel"[129], eine „Sisyphustätigkeit"[130] sein: „Was hilft's, die Herrlichkeit und Weisheit der Schöpfung im vernunftlosen Naturreich zu preisen und der Betrachtung zu empfehlen, wenn

---

123 *Ders.,* Über den Gemeinspruch, XI, S. 171.
124 *Ders.,* Zum ewigen Frieden, XI, S. 223.
125 *Ders.,* Zum ewigen Frieden, XI, S. 223 f.
126 *Ders.,* a. a. O., S. 232.
127 *Ders.,* Über den Gemeinspruch ..., XI, S. 167.
128 A.a.O., S. 168.
129 A.a.O., S. 166.
130 *Ders.,* Der Streit der Fakultäten, XI, S. 354.

der Teil des großen Schauplatzes der obersten Weisheit, der von allem diesen den Zweck enthält – die Geschichte des menschlichen Geschlechts –, ein unaufhörlicher Einwurf dagegen bleiben soll . . .?"[131]

So sah es später auch Hegel: daß die Weltgeschichte das Werden des Geistes in der Idee der Freiheit und des Bewußtseins der Freiheit ist, dies, sagt er, „ist die wahrhafte Theodizee, die Rechtfertigung Gottes in der Geschichte".[132] Diese Rechtfertigung liegt für Kant wie für Hegel nicht darin, daß das, was geschieht, an sich Gottes Wille und deshalb gut ist, sondern daß das Gute eine dem Bösen überlegene Kraft besitzt – zwar nicht im einzelnen, wo das Böse wieder und wieder seine Überlegenheit behauptet, aber doch aufs Ganze der Welt und ihrer Geschichte gesehen. Denn Gott habe dem Bösen, das untereinander in ständigem Widerstreit liege, die Kraft beigelegt, sich selbst zu zerstören und dem Fortschritt des Guten Raum zu geben.

Den Kräften der Degeneration stehen die Kräfte der Regeneration gegenüber, der Krankheit die Kräfte der Genesung, dem Winter der Frühling, dem „Stirb" das „Werde", dem Unrecht das Recht, dem Krieg der Friede, dem Tod die Auferstehung. Kant entwarf bereits die Dialektik, die Hegel später ausarbeitete und zur Grundlage der Geschichtsphilosophie machte. Die Vorsehung, sagt er, geht „auf's Ganze und von da an auf die Teile", während die Menschen „mit ihren Entwürfen nur von den Teilen ausgehen, wohl gar nur bei ihnen stehenbleiben und auf's Ganze . . . zwar ihre Ideen, aber nicht ihren Einfluß erstrecken können: vornehmlich da sie, in ihren Entwürfen einander widerwärtig, sich aus eigenem freien Vorsatz schwerlich dazu vereinigen würden".[133]

Der Fortschritt des Rechts beruhe also auf einem Zusammenspiel von Zwang der Natur und Überzeugungskraft der Aufklärung, mittels der auch noch der Besiegte auf die ihn unterwerfenden Mächte prägend und verwandelnd wirke. Kant erwähnt den Einfluß der Griechen „auf die Bildung und Mißbildung des Staatskörpers des römischen Volkes, das den griechischen Staat verschlang", und den Einfluß der Römer „auf die Barbaren, die jenen wiederum zerstörten".[134] Der Auf- und Niedergang der Eroberungen und der Revolutionen geschah so, „daß immer ein Keim der Aufklärung übrig blieb, der, durch jede Revolution mehr entwickelt, eine folgende, noch höhere Stufe der Verbesserung vorbereitete."[135] Dieser Gedanke sei ein „Leitfaden" der Weltgeschichte, der freilich noch der Ausführung bedürfe – eine Leistung, die später Hegel in Angriff nahm.

Für Hegel wie für Kant hat die Weltgeschichte vor allem unter dem Aspekt Interesse, wie die Sittlichkeit des Allgemeinen in Recht und Staat Fuß zu fassen und

---

131 *Ders.,* Idee zu einer allgemeinen Geschichte . . ., XI, S. 49.
132 *Hegel,* Vorlesungen über die Philosophie der Geschichte, a. a. O., S. 540.
133 *Kant,* Über den Gemeinspruch . . ., XI, S. 169.
134 *Ders.,* Idee zu einer allgemeinen Geschichte . . ., XI, S. 48.
135 A.a. O., S. 49.

sich auszubreiten beginnt. Hegel begreift die Sittlichkeit weniger formal als Kant. Zwar unterscheidet auch er staatlich erzwingbare Legalität und nicht erzwingbare Moralität. Indem er aber die Sittlichkeit in den gesellschaftlichen Institutionen lebendig sah, die Recht und Moral übergreifen und deshalb eine legale und eine moralische Seite haben, gelang es ihm, die Wirklichkeit der Sittlichkeit viel konkreter zu erfassen als Kant und gewissermaßen dem Gerippe seiner Fortschrittslehre Fleisch zuzusetzen. Aber für ihn wie für Kant war die Weltgeschichte eine Geschichte des Fortschritts der Freiheit und des Bewußtseins der Freiheit.

Die Geschichte des 19. Jahrhunderts gibt Kant bis zu einem gewissen Grade recht. In ganz Europa haben sich die absolutistischen Monarchien zu demokratischen Verfassungsstaaten umgebildet, und zwar in der Regel, ohne daß es des Blutvergießens einer gewaltsamen Revolution bedurft hätte.

Die Geschichte des 20. Jahrhunderts hat uns freilich neue Erfahrungen vermittelt. Kants Voraussetzung, daß eine Monarchie, selbst wenn sie absolutistisch strukturiert ist, im Kern immer noch einen Rechtsstaat bildet, ist in den totalitären Systemen, wie sie unser Jahrhundert hervorgebracht hat, nicht mehr gegeben. Das Wesen des Totalitarismus ist die Parteilichkeit der Parteidiktatur, also die prinzipielle Ersetzung der Rechtsidee durch ihr genaues Gegenteil. Der Totalitarismus ist der institutionalisierte Bürgerkrieg, der auf der Seite der Machthaber mit Polizeimitteln geführt wird. Sein Gewaltmonopol dient nicht nur der Eindämmung des Verbrechens, sondern vor allem der machtvollen Institutionalisierung des Verbrechens durch den Staat selbst.

Hölderlins Satz „Wo aber Gefahr ist, wächst das Rettende auch"[136] gilt auch umgekehrt: Wo das Rettende ist, wächst auch die Gefahr. Je weiter der Fortschritt der Rechtsentwicklung, desto größer die Gefahr des Absturzes und desto tiefer der mögliche Fall. Der Fortschritt ist nicht etwas, was sich von allein, gewissermaßen entwicklungsmäßig wachsend vollzieht, sondern eine Aufgabe, die in unsere Freiheit gegeben ist, eine Chance, die wir zu erkämpfen und zu erhalten haben. Wir wollen im folgenden erwägen, worauf sich diese Chance gründet.

§ 19 Die Ausbreitung des Territorialstaates

Heute gibt es keine Legitimität mehr, außer der des Rechts und der Demokratie. In fast der ganzen Welt hat sich der moderne Territorialstaat durchgesetzt. Seine innere Legitimation leitet sich entweder aus dem Recht ab oder sie besteht überhaupt nicht. Der Territorialstaat ist entweder ein gewaltenteilender demokratischer Verfassungsstaat oder die Despotie einer rechtlich unumschränkt herrschenden Clique von Militärs, Parteiideologen, Theokraten oder Revolutionsführern. Die ver-

---

[136] *Johann Christian Friedrich Hölderlin,* „Patmos", in: Hölderlin – Gesammelte Werke in zwei Bänden, hrsg. von Rudolf Bach, Bd. I, Heidelberg 1949, S. 170.

schiedenen Despotien bestehen nur kraft Propaganda und Gewalt. Die Tatsache, daß sie dieser Techniken bedürfen, beweist aber zugleich, daß sie keine innere Legitimation haben. Sie beweist damit indirekt die Gültigkeit der einzigen heute wirksamen Legitimationsgrundlage.

Legitimität bedeutet: Akzeptanz des Staates und seines Rechts nicht nur aus Furcht vor seiner Gewalt, sondern aus der Überzeugung heraus, daß sie berechtigt sind. Diese Überzeugung setzt als erstes voraus, daß der Staat und sein Recht ein Mindestmaß an Unparteilichkeit gewährleistet: Macht sich der Staat zum parteilichen Instrument eines Volksstammes (wie in manchen Staaten Afrikas), einer Rasse (wie in Südafrika), einer bürgerlichen Oberschicht (wie in manchen Staaten Lateinamerikas), einer Konfession (wie heute noch in Nordirland und in Staaten der „islamischen Revolution") oder einer ideologischen Partei (wie in den sozialistischen Staaten), so kann er sich nur behaupten, wenn er die Benachteiligten mit aller Konsequenz niederhält. Unparteilichkeit ist der Kern der Gerechtigkeit – mit ihr steht und fällt die Möglichkeit rationaler Legitimität.

In traditional und charismatisch begründeten politischen Systemen war es anders: dort wurde die feudale oder religiöse Bevorzugung oder Benachteiligung als selbstverständlich erlebt und nicht in Frage gestellt. Wo sich der Staat rational, also mit einsehbaren Gründen, legitimieren muß, wird hingegen Parteilichkeit erlebt wie eine Verurteilung durch einen gekauften Richter: als unerhörte Beleidigung des elementarsten Rechtsgefühls.

Gegenüber dem Anspruch der demokratischen Revolution, Weltrevolution zu sein, erhebt sich zwar der naheliegende Einwand, die Demokratie sei europäischen Ursprungs, an europäische Voraussetzungen geschichtlicher, philosophischer, theologischer Art gebunden. Ihre Übertragung auf andere Teile der Welt sei weder möglich und zu erwarten noch wünschenswert: wir sollten vielmehr die eigentümlichen Traditionen der außereuropäischen Völker respektieren und ihnen nicht unsere Staatsform empfehlen, die zu ihren Traditionen und Lebensformen nicht passe – ein Argument, in dem „Linke" und „Rechte" übereinstimmen.

Dieses Argument hätte viel für sich, wenn die Völker in ihren Traditionen und Volkszusammenhänge lebten. Aber wo, außer in einigen Regionen des südlichen Asiens und Vorderen Orients und in einzelnen Inselstaaten ist das noch der Fall? Fast überall sonst in der Welt hat sich der moderne Flächenstaat neuzeitlich-europäischer Prägung mit Gebietshoheit und Gewaltmonopol durchgesetzt. Er hat die traditionalen und charismatischen Herrschaftsstrukturen abgebrochen, die Autorität der Priester, Zauberer, Könige oder Häuptlinge unterminiert, die Feudalverhältnisse zerstört.[137]

---

[137] *Max Weber,* Die Entstehung des rationalen Staates, in: Max Weber, Staatssoziologie, hrsg. v. Johannes Winckelmann, Berlin 1956, S. 17 ff.; *ders.,* Der rationale Staat als anstaltsmäßiger Herrschaftsverband mit dem Monopol legitimer Gewaltsamkeit, a. a. O., S. 27. Zum Unterschied von traditionaler, charismatischer und rationaler Legitimität: Max Weber, Die drei Typen der legitimen Herrschaft, in: Staatssoziologie, 2. Aufl., Berlin 1966.

Traditionale und charismatische Legitimitätsgrundlagen waren an die Identität von ethnischer und politischer Einheit gebunden. Mit dieser Identität steht und fällt die rechtsbegründende Kraft des überlieferten Ethos, des Ahnenkults, des magischen Zeremoniells, des Priesterkönigs, des feudalen Systems, der religiösen und gewohnheitsrechtlichen Tradition und ihrer Ableitung aus sakralen Ursprüngen usw.

Die Grenzen der Flächenstaaten durchschneiden aber die Lebensbereiche der ethnischen Gruppen und fassen verschiedene zusammen. In Lateinamerika leben Indianer, Spanier, Schwarze, Mestizen, Kreolen in Staaten, deren Hoheitsgebiete wenig Rücksicht auf Volkszusammenhänge und Traditionen nehmen. In Schwarz-Afrika orientieren sich die Staatsgrenzen an den ehemaligen Kolonialgrenzen. Sie trennen zusammengehörige Völker und fassen nicht selten Stämme zusammen, die einander in traditioneller Feindschaft gegenüberstehen und sich nun in blutigen Bürgerkriegen bekämpfen. Eines der Hauptanliegen der Regierungen ist, ein staatsgebundenes, neues Nationalbewußtsein zu schaffen. Dies schließt ein, daß die traditionalen Zusammenhänge bewußt eingeebnet oder zumindest bedeutungslos gemacht werden. Wenn aber der moderne Territorialstaat mit seinen Grenzen die ethnischen durchschneidet und verschiedene Stämme, Völker und Rassen zusammenfaßt, so kann er seinen Geltungsanspruch nur entweder auf Gewalt stützen und besitzt dann überhaupt keine Legitimation, oder er vermag mit einsichtigen Gründen von seiner Berechtigung zu überzeugen, d.h. seine Legitimität durch die Rechtsidee begründen.

Der moderne Territorialstaat beansprucht das Gewaltmonopol in seinem Hoheitsgebiet. Ist seine Gewalt aus den traditionellen Bindungen gelöst und damit aus der ihnen eigenen Sittlichkeit, dem Respekt vor Göttern, Ahnen oder Ältesten, der Achtung der Gewohnheiten und der eingespielten Regeln, so bedarf sie neuer rechtlicher Bindungen. Ohne solche Bindungen wird die Staatsgewalt despotisch, grausam, willkürlich. Sie wird dies um so mehr, wenn sich die Staatsgewalt bei den Angehörigen eines Volksstammes konzentriert, der mit anderen Stämmen in Feindschaft und Fehde liegt. Es gibt nicht einmal das Staatsethos, das selbst die absolutistischen Monarchien des 17. Jahrhunderts noch gemäßigt hat: weder die naturrechtlichen Vorstellungen von Pflichten des Herrschers, noch die religiösen Bindungen, noch die eingelebte Sittlichkeit, die aus den traditionellen gegenseitigen Treueverhältnissen von Schutz und Gehorsam stammte, noch die paternalistischen Erwartungen an die Obrigkeit, noch das Ethos der Neutralität und Toleranz, noch gar das Ethos einer an Recht, Unparteilichkeit und Gemeinwohl orientierten Beamtenschaft. Nicht selten betrachten die jeweiligen Inhaber der Staatsgewalt ihr Amt weniger als Pflicht denn als Gelegenheit zur Machtausübung, zur Bekämpfung ihrer Feinde mit Polizeimitteln und zur Bereicherung der eigenen Familie und des weiteren Volksverbands. Oft gilt es geradezu als moralisches Gebot, diesen Verband zu begünstigen, während unparteiische Amtsausübung als schändlicher Verrat angesehen würde. Staatsmänner, die in besonderem Maße die Fahne der „afrikanischen Authentizität" schwangen, entwickelten sich zu gewöhnlichen Militärdiktatoren, wie Mobuto, oder zu grausamen, massenweise mordenden und folternden Tyrannen, wie Sekou Touré. Der Wechsel der Regierungen erfolgt durch Staatsstreiche und die Ermordung der Machthaber, sobald sie in ihrer Wachsamkeit nachlassen und ihre Feinde nicht mehr durch genügend harten Terror im Griff haben. Wenn eine Regierung wirtschaftlich und ökonomisch versagt und das Land in Elend und Bürgerkrieg führt, so hat das Volk keine Möglichkeit, sie abzuwählen und durch eine bessere zu ersetzen, sondern nur die, zur Gewalt zu greifen: und eben diese Möglichkeit zwingt die Machthaber geradezu zum Ausbau eines Spitzel- und Terrorsystems.

Die Verfechter der sozialistischen Gegenrevolution wissen keinen Ausweg: ihre „Befreiungskämpfe" sind nichts anderes als Bestandteile dieses Systems des Wechsels von Diktatur zu Diktatur. Sie unterscheiden sich von den anderen nur durch die Verwendung sozialistischer Propagandaphrasen und durch den Rückhalt der osteuropäischen Staaten, die sie mit Waffen versorgen und ihnen beim Ausbau des Terrorapparates behilflich sind. Sie haben bisher noch in keinem einzigen Fall die Lebenssituation der Menschen in irgendeiner Hinsicht verbessert, sondern im Gegenteil die Verelendung verschlimmert: durch törichte Wirtschaftskonzeptionen, Kollektivierung der Landwirtschaft, Zwangsumsiedlungen, Ostorientierung des Außenhandels usw.

Unsere Konservativen wissen freilich mitunter auch keinen Rat. Ein kluger Mann wie Peter Scholl-Latour meint, die Menschenrechte seien für Afrika beinahe schon ein Luxus, was wir versuchen sollten zu retten, sei die Menschenwürde.[138] Wie aber kann die Menschenwürde ohne Menschenrechte gerettet werden? Menschenrechte schützen den Menschen vor willkürlicher Vertreibung, Verhaftung, Folterung und Ermordung, und erst in diesem Schutz liegt die Achtung vor der Menschenwürde.

Der moderne Territorialstaat ist europäischen Ursprungs. Wir haben ihn, zusammen mit der in Europa gewachsenen Wissenschaft, Technik und z. T. auch mit unseren Konfessionen und den durch sie geprägten Denkweisen über die Welt verbreitet. Ein Zurück zu den traditionellen Lebensformen ist ausgeschlossen. Schon allein die Mobilität der Bevölkerung, Vermengung der Stämme und Herkommen in den Großstädten, die Bedürfnisse und Verflochtenheiten der Wirtschaft, die Verbreitung der christlichen Konfession, die neuen Denkformen und Gewohnheiten, die modernen Kommunikationsmittel usw. machen ein Zurück unmöglich. Und wo es Versuche zur ethnischen Sezession gab, wie in Katanga oder Biafra, wurden sie blutig niedergeworfen. Die Staaten hüten die aus der Kolonialzeit hervorgegangenen Grenzen als einen zu respektierenden status quo, dessen Nichtanerkennung nur zu Krieg und Blutvergießen führen könne. Also gibt es zum Territorialstaat keine Alternative, und es bleibt nur der Blick nach vorn.

---

138 Interview im Deutschlandfunk, Feature: Politische Literatur im Ost-West-Magazin vom 12. 6. 1986 (unkorrigiertes Manuskript, S. 30).

Der Territorialstaat aber ist entweder in ein Rechtssystem eingebunden oder er ist eine Despotie, deren Härte und Grausamkeit von puren Zweckmäßigkeitserwägungen der Herrschaftserhaltung abhängen. Tertium non datur. Wir haben in Europa gelernt, wie sich in einem modernen Territorialstaat menschlich leben läßt: nämlich indem sich die Staatsgewalt allen Gruppen der Bevölkerung gegenüber neutral verhält, allen, auch den Minderheiten, gleiches Recht zubilligt und auf diese Weise inneren Frieden stiftet. Das setzt voraus, daß sich der Staat an allgemeine Rechtsprinzipien bindet. Das aber kann nur gelingen, wenn der Inhaber der Staatsgewalt nicht willkürlich über das Recht verfügen, es aufheben oder durchbrechen kann, sondern wenn es ihm durch einen von ihm unabhängigen Verfassungs- und Gesetzgeber vorgegeben wird und unabhängige Richter seine Einhaltung kontrollieren, also durch Gewaltenteilung. Stabilität vermag ein solcher Staat erst zu erlangen, wenn Unrechtserfahrungen öffentlich zur Geltung gebracht und in Gesetzen ihren Niederschlag finden können und die Regierungen sich verantworten und zur Disposition stellen müssen: also erst in der Demokratie.

Wir Europäer haben dies erst nach jahrhundertelangen Mühen und Kämpfen auf einem von vielen Rückfällen erschütterten Weg gelernt. Die Lateinamerikaner, Ost- und Südasiaten haben sich ebenfalls davon überzeugt. In Afrika wird der Weg wiederum ein langer und mühsamer sein. Die Afrikaner werden sich diese Erfahrung in dem Maße aufschließen, in dem sie es müde werden, dem Bürgerkrieg, der Verelendung, dem Terror, der Korruption, den Wahnvorstellungen ihrer Herrscher schutzlos ausgeliefert zu sein. Sie können den Weg abkürzen, wenn sie sich an europäischen Erfahrungen orientieren, sie können ihn aber auch verlängern, wenn sie es für einen Ausdruck ihrer Eigenständigkeit halten, ihre Erfahrungen selber zu machen und die Einsichten der europäischen Staatslehre zu verachten. Der demokratischen Revolution steht in Afrika kein einfacher und geradliniger Weg bevor. Doch ist es die Verantwortung aller vernünftigen Europäer, die sich den Menschen verpflichtet fühlen, insbesondere der Kirchen, die Afrikaner auf diesem Weg zu unterstützen, wo immer das möglich ist.

Der Vorwurf, dies sei eurozentrisch gedacht, kehrt sich gegen seine Urheber: die Meinung, die rechtliche Einbindung des Staates sei für uns sensible Europäer zwar unerläßlich, für die Dritte Welt aber entbehrlich, ist eine subtile Form weißen Hochmuts und moralischer Indifferenz gegenüber den andersfarbigen Völkern. Am sonderbarsten klingt dieser Vorwurf aus dem Munde von Marxisten, die ihn verwenden, um ihrerseits den Export ihrer rein europäischen Doktrin in die Dritte Welt zu rechtfertigen, denn der Marxismus ist bekanntlich eine rein europäische Ideologie.

§ 20 Natürlichkeit und Universalität der Rechtsidee

Um die Chance der demokratischen Weltrevolution von ihren Wurzeln her zu verstehen, muß man sich die Natürlichkeit und Universalität des ihr zugrunde liegenden Rechtsgedankens der Unparteilichkeit vergegenwärtigen, die im modernen Territorialstaat allein noch Legitimität zu begründen vermag.

Die Chance von Moral und Vernunft hängt von einer Voraussetzung ab, nämlich von der, daß Kant mit seiner Analyse des Rechtsprinzip recht hat. Er hat dann recht, wenn auch der Rechtsbrecher im Grunde selber weiß, daß es Unrecht ist, andere Menschen und Staaten bloß als Mittel zu eigenen Zwecken zu benutzen, sie nötigender Willkür zu unterwerfen. Die Frage ist: Wissen es auch die Despoten und Hegemonialmächte, die die Menschenrechte und das Völkerrecht nicht achten?

Offenkundig haben sie ein leidenschaftliches Interesse daran, daß ihre Rechtsverachtung wenn möglich nicht bekannt werde, weder die Tatsachen ihres Handelns im Innern und Äußern, noch die Unmöglichkeit ihrer Rechtfertigung. Wenigstens in dieser Verheimlichungstendenz huldigen sie dem Rechtsprinzip. Auch sie wissen, was Kant mit seiner „transzendentalen Formel des öffentlichen Rechts" so ausgedrückt hat: „Alle auf das Recht anderer Menschen bezogene Handlungen, deren Maxime sich nicht mit der Publizität verträgt, sind unrecht."[139]

Selbst in der Unterdrückung der geistigen Freiheit liegt noch eine Huldigung an das Rechtsprinzip, nämlich die heimliche Anerkennung, daß die Machthaber die geistige Freiheit zu fürchten haben, weil sie dazu führte, daß Unrecht öffentlich zur Sprache käme, daß also das ganze ideologische Legitimierungssystem zusammenbräche.

Die Natürlichkeit des Rechtsprinzips offenbart sich aber auch sonst in verschiedener Weise. So haben z. B. die sozialistischen Staaten ihre ursprüngliche Zurückweisung der Menschenrechte als bürgerliche, idealistische Idee aufgegeben und versuchen statt dessen, sie zu pervertieren und für ihre propagandistischen Zwecke nutzbar zu machen.[140] Auch die empörten Hinweise auf Unrecht im Westen, etwa in Lateinamerika, enthüllen – je berechtigter, desto mehr – daß man durchaus weiß, was Recht und Unrecht ist. Wer z. B. meint, die Amerikaner hätten kein Recht, Mittelamerika als ihren „Hinterhof" anzusehen, weiß offenkundig erst recht, daß die Sowjetunion kein Recht hat, ganz Osteuropa militärisch besetzt und unter der Zwangsherrschaft von Quisling-Regimen zu halten. Wer sich über Menschenrechtsverletzungen der Militärdiktaturen empört, kennt die Menschenrechte und weiß also die Nichtachtung der Menschenrechtspakte oder des Helsinki-Abkommens im Ostblock zu beurteilen. Daß seine Entrüstung mit zweierlei Maß mißt, läßt sich dann nur psychologisch erklären, etwa damit, daß sich die Äußerungen seines moralischen Urteils den Machtverhältnissen und ihren Entwicklungstendenzen geschmeidig anpassen.[141]

---

[139] *Kant*, Zum ewigen Frieden, XI, S. 245. Zur Publizität als Prinzip der Vermittlung von Politik und Moral bei Kant vgl. *Jürgen Habermas*, in: Swi Batscha (Hrsg.), Materialien zu Kants Rechtsphilosophie, 1976, S. 175 ff.

[140] Vgl. oben § 12.

[141] *M. Kriele*, „Der Sozialismus siegt" in: Recht, Vernunft, Wirklichkeit, 1990, S. 51 ff.

Wie unentbehrlich das Kantische Rechtsprinzip geworden ist, um Herrschaft zu rechtfertigen, zeigt sich am eindrucksvollsten darin, daß sich selbst noch der Marxismus-Leninismus aus dem Rechtsprinzip legitimieren muß: Sein totaler und globaler Sieg soll die Voraussetzung für das Absterben des Staates schaffen, so daß alsdann Freiheit und Gleichheit der Menschen und Völker – also das Rechtsprinzip – ohne Staat bestehen können.[142] Jeder weiß, daß daraus nichts werden kann. Und dennoch muß die offizielle Propaganda eisern daran festhalten. Denn eine Staatsgewalt kann sich heute nun einmal nicht mehr anders legitimieren als durch das Rechtsprinzip, und legitimiert sie sich nicht, indem sie es achtet, so damit, daß ihre Mißachtung dem Fernziel diene, die allgemeine Achtung des Rechtsprinzips herbeizuführen.

Auch wenn das Rechtsgefühl entwicklungs- und differenzierungsfähig ist, so ist es doch als Anlage dem Menschen natürlich und besitzt einen Kern, der allen Menschen auf allen Kontinenten und allen Kulturstufen gemeinsam ist und universale Gültigkeit beansprucht. Fragen wir positiv, was Gerechtigkeit ist, so geraten wir in den Streit verschiedener Konzeptionen – und daraus schließen manche, die Frage lasse sich nur relativ und subjektiv beantworten. Fragen wir aber negativ, was jedenfalls ungerecht ist, so finden wir schnell einen gemeinsamen Nenner, der sich nicht ernsthaft in Frage stellen läßt: z. B. jemand für eine Tat bestrafen, die er gar nicht begangen hat, um den wahren Täter zu entlasten, oder jemand zu einer Leistung zugunsten eines anderen zu zwingen – ohne anderen Grund als den, daß der andere einen Vorteil erlange usw.[143]

Daß die Unparteilichkeit den Kern einer universal verbreiteten Rechtsidee ausmacht, wird evident, wenn etwa bei einem internationalen Fußballspiel der Schiedsrichter aus Voreingenommenheit für eine Seite offenkundig falsche Entscheidungen trifft: in der Entrüstung werden Asiaten, Afrikaner, Amerikaner, Ost- und Westeuropäer zusammenstimmen. Der Sport ist das populäre Training des Rechtsgedankens: die Spielregeln bilden die Rechtsnormen, die für die beteiligten Parteien unparteilich vorgegeben sind und allen gleiche Chancen einräumen. Die schiedsrichterliche Entscheidung bildet den Rechtsspruch, ihre Verbindlichkeit – auch im Falle eines Irrtums – entspricht der Rechtskraft.

Kapitel 5: Chancenvergleich zwischen Ost und West

§ 21 Die sanfte Kraft der Wahrheit

Manch einer meint, sich der Verführungskraft der pervertierten Fortschrittsidee durch die sozialistische Gegenrevolution nur dadurch entziehen zu können, daß er den Gedanken an die Möglichkeit eines Fortschritts überhaupt aufgibt, auch des

---

[142] Vgl. oben § 13.

[143] Vgl. hierzu des näheren: *M. Kriele*, Kriterien der Gerechtigkeit, 1963.

Fortschritts im innerstaatlichen und internationalen Recht. Damit aber verliert man Mut und Tatkraft, sich für diesen Fortschritt einzusetzen. Ehe wir in lähmende Resignation verfallen, sollten wir versuchen, die Chancen des rechtlichen Fortschritts langfristig einzuschätzen.

Propaganda und Gewalt sind freilich sehr wirksame Mittel, zumal wenn ihnen die Instrumente moderner Technik zur Verfügung stehen. Sie vermögen einen Totalitarismus auf lange Zeit irreversibel und uns oft mutlos zu machen. Indes geht Pessimismus im allgemeinen aus der Enttäuschung eines übertriebenen Optimismus hervor. Immanuel Kant meinte, der Zukunftspessimismus komme daher, daß das Menschengeschlecht, „wenn es auf einer höheren Stufe der Moralität steht, es noch weiter vor sich sieht, und sein Urteil über das, was man ist, in Vergleichung mit dem, was man sein sollte, mithin unser Selbsttadel um so strenger wird, je mehr Stufen der Sittlichkeit wir im Ganzen des uns bekannt gewordenen Weltlaufs schon erstiegen haben."[144]

Moral und Vernunft in unserem Rechtsleben sind uns schon so sehr zur Selbstverständlichkeit und Lebensluft geworden, daß wir überall bei uns und in der Welt ihre Mängel, ihre Unvollständigkeit, die ihnen entgegenwirkenden Kräfte bemerken. Es ist erhellend, wenn man statt dessen einmal die gegenteilige Perspektive einnimmt und sich statt über das Fehlen von Moral und Vernunft darüber wundert, wieviel Moral und Vernunft in unserem Rechtsleben schon wirklich geworden sind. Wie erstaunlich dies ist, drängt sich mit jedem Blick in die Geschichte auf: Die Willkür antiker Despotien, die Sklaverei, das Fehlen jeglichen Völkerrechts, die Gladiatorenspiele, die grausamen Körperstrafen, die primitiven Prozeßregeln, das Fehdesystem, der Absolutismus, die Hexenverfolgungen, die Leibeigenschaft, der Kolonialimperialismus: all dies ist verschwunden. Es gibt im 20. Jahrhundert zwar Rückfälle in die Barbarei, die wir aber eben als *Rückfall* hinter einen schon erreichten Stand der Rechtskultur erleben. Eine Befreiung aus der Barbarei früherer Zeiten hätten die jeweiligen Zeitgenossen schwerlich für möglich gehalten. Was sie erlebten, war die ungehemmte Macht von Propaganda und Gewalt, deren Instrumente in den Zeiten der Despotie, der Sklaverei, der Galeere, der Tortur nicht weniger furchterregend waren als die heutigen.

Wenn sich die Stimme der Vernunft und Moral überhaupt irgendwo erhob, dann leise, einsam und scheinbar wirkungslos – und meist noch rigoros zum Schweigen gebracht. Sokrates wurde hingerichtet, Cicero ermordet, Christus gekreuzigt, seine Missionare wurden zu Tode gemartert, die Ketzer verbrannt, Galilei wurde zum Widerruf gezwungen, Hugo Grotius konnte sich der lebenslangen Gefängnisstrafe nur durch die Flucht aus Holland entziehen, Graf Spee wurde zwangsversetzt, Kant gemaßregelt, Sophie Scholl geköpft, Solschenizyn exiliert, Bukowski psychiatrisiert, Sacharow verbannt, Kardinal Obando seiner engsten Mitarbeiter beraubt – um nur einige exemplarische Beispiel für die Ohnmacht von Vernunft und Moral zu nennen.

---

[144] *Kant,* Über den Gemeinspruch . . ., XI, S. 168 f.

5*

So gesehen, sollten wir uns weniger darüber wundern, daß „erst" ein Drittel der Staaten der Welt den Rechtszustand gewährleisten, als vielmehr darüber, daß es „schon" ein Drittel ist. Wie ist das in einer Welt der Propaganda und Gewalt möglich geworden? Wie konnte die leise und einsame Stimme der Vernunft und Moral eine so gewaltige weltgeschichtliche Kraft entfalten?

Das Geheimnis dieser verwandelnden Kraft liegt in der sanften, aber langfristigen Tiefenwirkung der Wahrheit, die auf einem Überschuß an Überzeugungskraft beruht. Wo sie den Menschen einmal „eingeleuchtet" hat, beginnt sie sich in einem langsamen inneren Erkenntnisprozeß zum vollen Bewußtsein durchzuarbeiten; wo sie einmal bewußt erkannt ist, ist sie nicht ohne weiteres wieder verlierbar; wo sie einmal Fuß gefaßt hat, beginnt sie sich auszubreiten.

Wir durchlaufen einen ständigen Prozeß des Lernens. Man kann zwar das Gelernte vergessen, im großen und ganzen aber lernt man immer mehr hinzu. Jeder von uns macht folgende Erfahrung: man diskutiert, vertritt eine Meinung, bestreitet eine gegnerische Position und geht auseinander, ohne sich überzeugt zu haben. Monate später trägt ein anderer die Meinung vor, die man damals vertreten hat, und jetzt widerspricht man ihr und entdeckt, daß einiges an den gegnerischen Argumenten doch eingeleuchtet oder zumindest Zweifel an der eigenen Position geweckt hat. Der intellektuelle Reifungsprozeß entwickelt sich in immer neuen dialektischen Auseinandersetzungen. Ein erwachsener Mensch hat sich meist weit von den Positionen entfernt, die er in seiner Jugend verfochten hat. Der Mensch wird im Normalfall erfahrener, reifer, vernünftiger, in seltenen Idealfällen sogar weise. Und wie im Individuellen, so entwickeln sich auch die Rechtsinstitutionen, die Parteiprogramme, die Soziallehren der Kirchen fort: Irrtümer werden eingesehen, Erfahrungen verarbeitet, übersehene Probleme einbezogen, neu auftauchende bedacht usw.

Der individuelle Reifungsprozeß muß zwar im Wechsel der Generationen immer von vorn begonnen werden, nicht aber der Prozeß des Reifens der Institutionen, der Verfassung, des Strafprozeßrechts usw. Was sich in ihnen an Erfahrungsweisheit niedergeschlagen hat, vermag sich auch über den Wechsel der Generationen hinweg zu erhalten. Man muß diese Institutionen nur bewahren und auf ihnen weiterbauen.

Das Wachstum der Vernunft im individuellen Menschen und in den Institutionen ist das Normale und Gesunde. Wie aber in der Natur Krankheiten, Erdbeben, Überflutungen, Vulkanausbrüche das Normale und Gesunde immer wieder zurückwerfen – ohne es freilich ganz zu zerstören –, so im Geistigen die Eruptionen des Irrationalen, der Verblendung, der Verwirrung, des Hasses, des Fanatismus, der Ideologiebildung. Diese Eruptionen vermögen sowohl den individuellen als auch den institutionellen Wachstumsprozeß zu stören, zu hemmen, zurückzuwerfen.

Diejenigen Menschen, die sich in den Dienst dieser Eruptionen stellen, verfügen über zwei in der Tat machtvolle Techniken: die Propaganda und die Gewalt. Propaganda vermag selbst in den freiheitlichen Demokratien erheblichen Einfluß zu gewinnen, wenn sie nur erst tief genug in die Medien der Information, der Erziehung, der Kultur und womöglich sogar in die Kirchen eingedrungen ist. Sie bedarf der technischen Instrumente wie der Repetition, der Diffamierung, des sozialen Druckes, der Bemächtigung der Kinder und Jugendlichen. Dennoch ist es bisher noch nie gelungen, ganze Generationen auf Dauer in ihren Bann zu schlagen. Am eindringlichsten zeigte sich ihre Macht im Sieg der nationalsozialistischen Gegenrevolution. Es gibt aber bisher kein einziges Beispiel dafür, daß sich ein Volk mit Mehrheit freiwillig für die sozialistische Revolution entschieden hätte. Wo dieser Anschein entstanden ist, hat – von Rußland bis Nicaragua – das Volk in Wirklichkeit für die demokratische Revolution gekämpft und wurde nachträglich von Verfechtern der sozialistischen Revolution, die sich an die Spitze durcharbeiteten und ihre demokratischen Rivalen aus dem Feld schlugen, hereingelegt. Die sozialistische Revolution mußte die Propaganda immer und überall durch Gewalt ergänzen. Denn, wie Abraham Lincoln es formulierte: „Man kann alle Menschen für einige Zeit und einige Menschen für alle Zeit, nicht aber alle Menschen für alle Zeit zum Narren halten."[145]

Zum Menschsein des Menschen gehört die wunderbare Kraft der Katharsis – der Einsicht, der Scham und der Wiedergutmachung. Sie bewirkt die tiefen Wandlungen in der Biographie des einzelnen, und aufs ganze gesehen auch die großen Wandlungen in der Geschichte. Sie machte es möglich, daß z. B. Ketzerverbrennungen, die Hexenverfolgung, die grausamen Körperstrafen, die Sklaverei, die Konzentrationslagersysteme, die von der jeweiligen Gesellschaft lange Zeit getragen und geduldet wurden, plötzlich in ihrer moralischen Abscheulichkeit durchschaut und überwunden wurden. Wenn wir angesichts der Erfolge der sozialistischen Propaganda mutlos werden, haben wir einen dem Menschen eigentümlichen Wesenszug vergessen. Er tut zwar immer Unrecht oder billigt und duldet es. Aber es gehört zu seiner Natur, zu wissen, was Unrecht ist. Er verdrängt dieses Wissen, er schaut nicht hin, er versperrt sich der Information oder glaubt sie nicht. Aber von Zeit zu Zeit bricht die Erkenntnis auf und bewirkt die Wandlung. Und diese Natur des Menschen ist unveränderlich: auf sie dürfen wir auch in Zukunft unsere Hoffnung setzen.

§ 22 Der Zweifel an der sozialistischen Legitimation

Deshalb wachsen die Bäume der sozialistischen Gegenrevolution nicht in den Himmel. Wer hätte noch vor 35 Jahren darauf gesetzt, daß der Terror des Despotismus in der Sowjetunion und in China sich etwas mäßigen und insgesamt einer bedachteren Politik weichen würde? Diese Staaten sind um ihrer internationalen Glaubwürdigkeit darauf angewiesen, Rechtlichkeit wenigstens vorzuspiegeln, politisch und wirtschaftlich als vertragsfähig zu gelten, den finanziellen Druck der Rü-

---

[145] *Abraham Lincoln* (1809 – 1865), in: Complete Works of Abraham Lincoln, hrsg. v. John G. Nicolay und John Hay, New York 1905, Bd. XI, S. 105.

stung durch Rüstungsbegrenzungsverhandlungen zu mindern und der wirtschaftlichen Entfaltung begrenzten Spielraum zu verschaffen – Notwendigkeiten, die schon Kant für die Staaten seiner Zeit beschrieb. An eine Konvergenz von Ost und West ist nicht zu denken, aber die Rivalität mit dem Westen zwingt die Ostblockstaaten zu Kompromissen und zum Lavieren zwischen Doktrin und Pragmatismus.

Und wer hätte erwartet, daß in den Kernländern des Sozialismus selbst das von Lenin begründete und von Stalin ausgebaute System der Konzentrationslager zumindest stark reduziert werden würde? Die „Entstalinisierung" Ende der 50er Jahre hat zwar nicht zum Durchbruch von Recht und Freiheit, aber immerhin zu einer Mäßigung der Willkür geführt, ja vorübergehend so weit, daß Werke Solschenizyns in Moskau erscheinen durften. Sie hat die despotischen Grundlagen des Systems nicht angetastet – auch Chruschtschow war ein Zögling des Systems, der dies nicht wollte und nach Lage der Dinge auch gar nicht gekonnt hätte. Ein despotisches System kann, je nach seinen Zwecken, härter oder milder werden. Seither ist es zwar wieder härter geworden und hat neue, subtilere Methoden des Terrors, z. B. der Zwangspsychiatrisierung der Demokraten, entwickelt. Aber es zeigt sich doch, daß Moral und Vernunft der ausgeliehenen Legitimitätsgrundlagen eine sanfte, aufweichende Wirkung entwickeln können, auf die wir auch für die Zukunft unsere Hoffnung setzen dürfen. Ein ähnlicher Fortschritt, systemimmanent und deshalb bloß relativ, hat sich auch in China vollzogen. Die revolutionäre Phase mit ihren 25 Millionen Toten und die Barbareien der Kulturrevolution scheinen durch erste Ansätze für gewissen politischen und wirtschaftlichen Pragmatismus mit Öffnung nach Westen und Mäßigung im Innern abgelöst zu werden.

Die Propaganda der sozialistischen Weltrevolution büßt ihre bezaubernde Verführungskraft ein, wenn sie an die Macht kommt und sich in der Wirklichkeit bewähren muß. Bei allem Bemühen, wegzusehen und die Wirklichkeit nicht wahrzunehmen, kann man sich der Wahrheit auf Dauer doch nicht entziehen. Man hatte erwartet, daß die sozialistische Revolution die Dinge bessert, und lernt, daß sie alles nur viel schlimmer macht. Mit rhetorischer Kunst allein kommt man gegen konkrete Erfahrungen vielleicht längere Zeit, auf Dauer aber nicht an.

Was viele Demokraten bedrückt und mitunter verzagen läßt, ist weniger der Sowjetimperialismus als solcher, als vielmehr die Dekadenz in den Demokratien selbst, das Mitläufertum mancher Intellektueller mit dem sozialistischen Totalitarismus. Die Zentren der sozialistischen Gegenrevolution finden wir heute inmitten der Demokratien, freilich nicht dort, wo sie hingehören: in den Fabriken, sondern in den Universitäten und Hochschulen, Rundfunk- und Fernsehanstalten, Volkshochschulen und Theatern, bei Schriftstellern und Künstlern, Erziehern und Bildungspolitikern, Befreiungstheologen und Studentenseelsorgern, auf Kirchentagen und in Kirchenleitungen bis hinauf zum ökumenischen Weltrat der Kirchen. Nicht wenige Intellektuelle, die auf jede Art von Unrecht in den Demokratien oder gar in rechts gerichteten Diktaturen empfindlich reagieren und dadurch zeigen, daß sie Recht und Unrecht zu unterscheiden wissen und zur mitmenschlichen Solidarität fähig sind, setzen sich dennoch für die sozialistische Gegenrevolution ein. Die totalitäre Aufhebung des Rechtszustands scheint ihnen geschichtlich notwendig und sinnvoll oder mindestens hinnehmbar, wenn nur der ideologische Überbau „links" und nicht „rechts" ist. Verelendung, Unterdrückung und Verfolgung in den sozialistischen Staaten berühren sie nicht, sie wollen sie möglichst nicht wahrnehmen, sondern stellen sich erklärend, entschuldigend, rechtfertigend oder leugnend vor die verantwortlichen Machthaber und propagandistischen Betrüger. Sie bestimmen die Opfer der rechtsgerichteten Systeme für die Solidarität, die der linsgerichteten für das Vergessen. „Ich war durstig, und ihr habt mir nicht zu trinken gegeben, ich war krank und im Gefängnis, und ihr habt mich nicht besucht." (Matth. 25, 42 f.).[146]

Das Eigentümliche und Erklärungsbedürftige ist, daß die meisten dieser Mitläufer an sich Demokraten sind und für sich selbst das Leben in einer Demokratie vorziehen, ja daß sie als Intellektuelle noch mehr als andere auf Freiheit angewiesen sind, daß sie aber gleichwohl alles daransetzen, der demokratischen Weltrevolution Hindernisse in den Weg zu legen und die sozialistische Gegenrevolution zu unterstützen. Sie sind infolge ihres überproportionalen Einflusses in den Medien, den Kirchen, in Bildung und Erziehung durchaus einflußreich und haben zur Schwächung der Demokratie und zur Stärkung der sozialistischen Gegenrevolution in vielen Fällen schon entscheidend beigetragen.

Dennoch ist ihr Einfluß nicht groß genug, um die demokratische Weltrevolution aufzuhalten und die geschichtlichen Grundtendenzen umzukehren. Immerhin ist es ihnen bisher noch niemals irgendwo gelungen, Mehrheiten herzustellen: Es gibt kein einziges Beispiel dafür, daß die Wähler in freier Zustimmung der sozialistischen Gegenrevolution zum Sieg verholfen und sie darin bestätigt hätten. Auch entzieht sich die nachwachsende Jugend ihrem Einfluß offenbar in zunehmendem Maße. Unter den Jugendlichen aber, die ihr erliegen, erwachen die meisten im Laufe ihres Lebens doch zu Vernunft und Moral und werden zuverlässige Verteidiger der Demokratie.

Denn was sie verleitet hat, ist meist keineswegs Zynismus, sondern ganz im Gegenteil der Idealismus ihrer Ideale von Freiheit, Gleichheit und Brüderlichkeit, die die sozialistische Revolution von der demokratischen entliehen und pervertiert hat. Der sozialistische Idealist hat also gewissermaßen – juristisch gesprochen – die Normen richtig erkannt, aber auf den falschen Sachverhalt angewendet.

Zwar spielt nicht nur die Verwirrung des Realitätsurteils – die mit aufrichtigem Idealismus vereinbar ist – eine Rolle, sondern durchaus auch eine Verwirrung des moralischen Urteils. Diese wird vor allem durch die normative Kraft des Faktischen – nämlich der imponierenden und siegreichen Sowjetmacht – ausgelöst, und

---

146 Der Versuch einer geistesgeschichtlichen und politischen Analyse, in: *M. Kriele*, Befreiung und politische Aufklärung. Plädoyer für die Würde des Menschen, 2. Aufl., Freiburg 1986. Vgl. auch den Abschnitt „Der Fächer der Königin" in: Freiheit und „Befreiung", abgedruckt in: Recht, Vernunft, Wirklichkeit, Berlin 1990, S. 204, 226 ff.

damit verbunden durch die wertbestimmende Zukunftserwartung: „Der Sozialismus siegt". Wie es zu dieser Verwirrung des moralischen Urteils kommt und welche psychologischen, philosophischen und theologischen Faktoren dafür bestimmend sind, bedarf einer eingehenderen Analyse, die nicht Gegenstand dieses Buches sein kann, sondern einer besonderen Abhandlung vorbehalten bleibt.[147] Die Verwirrung des moralischen Urteils bedarf der Tarnung: sie muß sich als aufrichtiger Idealismus ausgeben und vermag nur so ihre verzaubernde Verführungskraft zu entfalten.

Die Verführungskraft, die die sozialistische Propaganda auf aufrichtige Idealisten auszuüben vermag, beruht nicht auf einer alternativen Legitimitätskonzeption, sondern auf Schwäche der Urteilskraft und damit der Einschätzung komplexer Realitäten. Mit der Lebenserfahrung wachsen Urteilskraft und Realitätssinn, und so wendet sich der gleichbleibende Idealismus mehr und mehr von den Illusionen der sozialistischen Weltrevolution ab und der Demokratie zu. Wo das nicht geschieht, fehlt es entweder an intellektuellen Fähigkeiten, oder aber die berufliche Situation – etwa als Künstler oder Journalist – beschränkt den persönlichen Lebenskreis auf ideologisch Gleichgesinnte und vermittelt zu wenig unmittelbaren Kontakt mit der Lebenswirklichkeit, so daß sich die Ideologie nicht korrigieren und eine reife Lebenserfahrung nicht entwickeln können. Aus diesem Grunde gibt es in den freiheitlichen Demokratien viel mehr überzeugte Verfechter der sozialistischen Revolution als in den Ländern des realen Sozialismus selbst, wo sich der Idealismus an der Erfahrung bricht und wo die Phrasen der Propaganda nur noch um der Machtstabilisierung willen repetiert und aus Notwendigkeit der Anpassung dahergeredet werden.

Zahllosen ehemaligen idealistischen Streitern für die sozialistische Gegenrevolution ist im Laufe ihres Lebens gedämmert, daß sie einem reaktionären Despotismus zugearbeitet haben. Schriftsteller unter ihnen haben oft ein erschütterndes Zeugnis von ihren intellektuellen Wegen des Irrtums und des Erwachens abgelegt und ihre Scham und den moralischen Willen zur Wiedergutmachung bekannt, unter ihnen bedeutende Autoren wie Arthur Koestler[148], André Gide[149], Margarete Buber-Neumann[150], George Orwell[151], Ignaz Lepp[152], Wolfgang Leonhardt[153], Richard Löwenthal[154], Lew Kopelew[155].

---

[147] *M. Kriele*, „Der Sozialismus siegt"; Die normative Kraft der Zukunftserwartung und der Friede, in: Recht, Vernunft, Wirklichkeit, Berlin 1990, S. 51 ff.

[148] Sonnenfinsternis, 1979.

[149] Retour de l U.R.S.S., Paris 1937.

[150] Als Gefangene bei Stalin und Hitler, 4. Aufl., Stuttgart 1982.

[151] Im Innern des Wals – Ausgewählte Essays, 1. Ausg. d. Engl. F. Gasbarra, P. Naujak, C. Schmölders, 1975, Animal Farm (1952); Nineteen Eighty-Four (1949).

[152] Von Marx zu Christus, Graz 1957.

[153] Die Revolution entläßt ihre Kinder, 1955.

[154] Weltpolitische Betrachtungen, Göttingen 1983.

[155] Und schuf mir einen Götzen. Lehrjahre eines Kommunisten, 1981.

Und grenzt es nicht fast an ein Wunder, wie die Intellektuellen Frankreichs und der anderen romanischen Länder, nach jahrzehntelanger Propagandaarbeit für die sozialistische Gegenrevolution in großer Zahl plötzlich zur Einsicht, Scham und dem Willen zur Wiedergutmachung gekommen sind – durch die karthartische Wirkung der Werke eines einzigen Autors, Alexander Solschenizyns[156]?

§ 23 Bilanz der sozialistischen Gegenrevolution seit 1945

Die Sowjetunion konnte die ihrem Imperium einverleibten oder angegliederten Völker nur mit eiserner Disziplin in ihrem Machtbereich festhalten: z. B. mit Zwangsumsiedlungen (Baltikum), der Niederwerfung von Aufständen (Ungarn), der Einmauerung der Bevölkerung (DDR), mit militärischem Einmarsch (Tschechoslowakei), mit vollständiger, Lethargie auslösender Verelendung (Bulgarien), marionettenhafter Militärdiktatur (Polen), Entvölkerung ganzer Landstriche durch Vertreibung oder Ausrottung der Bevölkerung (Afghanistan).

Ein derart brüchiges Legitimationssystem, das sich nur mit Propaganda und Gewalt erhalten kann, ist eine „faule Existenz" im Sinne Hegels.[157] Es vermag sich gewiß mit seinen Techniken lange Zeit zu behaupten und gegen den Fortgang der Weltgeschichte zu stemmen, ohne indes je zur Ruhe, zu innerer Stabilität, zu freier Anerkennung durch seine Bürger gelangen zu können.

In der Dritten Welt ist es der sozialistischen Revolution gelungen, einige Staaten zu erobern. Diese sollten den Anfang bilden, Brückenköpfe sein, beispielhafte Modelle, Zentren, von denen eine begeisternde Ausstrahlungswirkung ausgeht, die den revolutionären Funken um sie herum entzündet. Doch ihre Wirkung ist enttäuschend, deprimierend, niederschmetternd.

In Asien: Auf die Erfahrungen mit dem Sozialismus Pol Pots, der in einen der entsetzlichsten Ethnozide der Geschichte mündete, folgte die Erfahrung mit Vietnam: ein militaristischer Imperialismus, der seine Nachbarn Laos und Kambodscha unterwarf und gegen den sich die Völker mit endlosen Guerillakämpfen auflehnen, und der weitere Nachbarn (Thailand) bedroht. Im Inneren ein System der Konzentrationslager („Umerziehungslager" genannt) und eine Unterdrückung, die zahllose Vietnamesen auf seeuntüchtigen Booten in die Flucht trieb – mit einer Überlebenschance von 20 % bei höchst ungewisser Zukunft irgendwo in Flüchtlingslagern. Das Argument, diese Menschen suchten nur wirtschaftliche Vorteile, verfängt höchstens noch bei westeuropäischen Intellektuellen. Der Anschauungsunterricht hält die Begeisterung der Asiaten zur Nachahmung offenkundig in engen Grenzen – und Afghanistan besorgt den Rest. Die Revolution auf den Philippinen

---

[156] Der Archipel Gulag (1973), 3 Bände (aus dem Russischen von Anna Peturnig), Bern 1974.

[157] *Hegel*, Vorlesungen über die Philosophie der Geschichte, in: G. W. F. Hegel, Werke in 20 Bänden, Frankfurt a. M. , 1986, Bd. 12, S.53.

war eine demokratische: der Versuch, aus ihr eine sozialistische zu machen, fand so gut wie keinen Rückhalt in der Bevölkerung.

Die beiden Brückenköpfe in Lateinamerika – Kuba und Nicaragua – gelangen nur, indem die von einer breiten Bevölkerung getragene, als demokratisch gewollte Revolution nachträglich in eine sozialistische umfunktioniert wurde: die demokratischen Revolutionäre wurden ausmanövriert, in Kuba zu 30 Jahren Gefängnis verurteilt, die übrigen flohen – jeder neunte Kubaner ist Flüchtling. Aufmüpfige Christen wurden erschossen, die Zeugen Jehovas ausgerottet, Homosexuelle in Konzentrationslager gesperrt. Die kubanische Revolution stabilisierte sich vor allem dank des Charismas des sog. „Führers" und trägt auch sonst stark faschistische Züge. Doch ist sie wirtschaftlich und politisch völlig von der Sowjetunion abhängig. Sie exportiert zwar die Revolution, z. B. nach Angola, aber nicht mit Überzeugungskraft, sondern mit Waffengewalt, während sie sich daheim nicht aus eigener Kraft zu tragen vermag.

Nicht anders die nicaraguanische Revolution, die mit ihrer wirtschaftspolitischen Unfähigkeit und ihrer rücksichtslosen Repression jeden fünften Nicaraguaner in die Flucht und viele in den aktiven Widerstand getrieben hat. Obwohl sie die Kunst der Propaganda zu äußerster Perfektion gesteigert hat und die antiamerikanische Solidarität der Lateinamerikaner zu mobilisieren vermochte, gerät sie doch in Lateinamerika mehr und mehr in Isolation und findet weder wirtschaftliche noch politische noch militärische Unterstützung. Die Wirkung dieses „Vorbilds" ist nach den gemachten Erfahrungen nicht anziehend, sondern abstoßend.[158] Je länger sie sich mit Hilfe des Ostblocks und Kubas an der Macht zu halten vermag, um so tiefer führt sie das Volk in Verelendung, Terror und Religionsverfolgung. Die diesem „Vorbild" nacheifernden Guerillakämpfer in Peru, El Salvador und anderen lateinamerikanischen Staaten finden schon heute so gut wie keinen Rückhalt mehr in der Bevölkerung, sondern werden von dieser der Polizei angezeigt.

In Afrika, auf das die sozialistische Revolution ihre größte Hoffnung gesetzt hat, steht es nicht besser. Äthiopien erteilt einen Anschauungsunterricht, wie er furchtbarer nicht sein kann: endlose Bürgerkriege, Zwangsumsiedlungen, Flüchtlingsströme, Landwirtschaftskollektivierungen, Verfolgung von Christen und Moslems, Hungerkatastrophen, in denen nur der Westen hilft, während das Regime die Hilfsgüter auf sowjetischen Lastwagen verteilt, um über ihre Quelle zu täuschen. In Angola kann sich das sozialistische Regime nur dank des unmittelbaren Eingreifens kubanischer und sowjetischer Truppen an der Macht halten. In Moçambique und Simbabwe herrschen ebenfalls Bürgerkrieg und Hunger, viele Menschen suchen Arbeit und Brot ausgerechnet im benachbarten Südafrika.

Vor diesem Hintergrund ist die Selbstgewißheit, daß „der Sozialismus siegt", keineswegs mehr so überzeugend, wie sie sich gibt: sie scheint eher den Charakter

---

[158] s. hierzu *M. Kriele*, Nicaragua, Das blutende Herz Amerikas, Ein Bericht, Serie Piper 584, München 1985, 4. Aufl. 1986.

einer sich selbst ermutigenden Kampfparole zu haben, die vor Resignation bewahren soll. Die sozialistische Revolution ist nach wie vor präsent und kräftig, aber doch nicht so imponierend und erfolgverheißend, daß für Demokraten Grund zur Entmutigung und Resignation bestünde.

§ 24 Bilanz der demokratischen Revolution seit 1945

Stellen wir den Erfolgen, die die sozialistische Revolution seit 1945 errungen hat, diejenigen der demokratischen Revolution gegenüber, die ja auch ihren Fortgang genommen hat: Die letzten faschistischen Systeme auf europäischem Boden (Griechenland, Spanien, Portugal) sind verschwunden, die neuen Demokratien kaum von der sozialistischen Revolution bedroht, da die „Sozialisten" dort selbst überwiegend Demokraten sind.

Die ehemaligen Kolonien sind in die Unabhängigkeit entlassen, die britischen fügen sich freiwillig unter Anerkennung der Krone dem Commonwealth ein.

In Lateinamerika, das noch vor 20 Jahren ganz überwiegend diktatorisch beherrscht war, zeigt sich die demokratische Revolution auf breiter Front im Vormarsch: z. B. in Argentinien, Uruguay, Peru, El Salvador, Guatemala, Haiti. In anderen Ländern, wie z. B. in Mexiko, gibt es zumindest eine demokratische Fassade. Intakte Demokratien, wie etwa Costa Rica, habe geradezu Modellcharakter gewonnen. Heute (1987) sind nur noch vier reine Diktaturen übriggeblieben: Chile und Paraguay, Kuba und Nicaragua. Die übrigen Staaten sind zumindest der äußeren Form und Tendenz nach Demokratien. Auch wenn sie mit schwersten wirtschaftlichen, sozialen und politischen Problemen zu ringen haben und z. T. von dem rivalisierenden Terror der Guerilla und des Militärs bedroht bleiben, wie El Salvador und Guatemala, so wird die Demokratie doch von einer tief im Volke, und zwar heute gerade auch in seinen sozial benachteiligten Schichten verwurzelten Bewegungen getragen. Die Menschen sind der Alternative: rechte oder linke Diktatur, ebenso müde wie des Terrors durch ihre rechten oder linken Verfechter. Der Anschauungsunterricht Kubas und Nicaraguas belehrt die Menschen weiterhin intensiv darüber, daß die sozialen und politischen Probleme nach der Ablösung der rechten Diktaturen keineswegs in linken Diktaturen lösbar werden. Was die Menschen wollen, ist die soziale Demokratie.

Ein wesentlicher, ja geschichtlich tief bedeutsamer Faktor kommt hinzu: Die katholische Kirche hat einen tiefgreifenden Wandel ihres politischen Denkens durchgemacht. Sie, die im 18. Jahrhundert die entschiedendste Gegnerin der politischen Aufklärung war, ist heute zu ihrem zuverlässigen Bundesgenossen geworden. Sie gibt ihr, soweit ihr Einfluß reicht, moralischen und politischen Rückhalt in ihrer Soziallehre und ihrer Unterstützung der sozial orientierten christlich-demokratischen Parteien.

Die Kirche hat die Konsequenz aus der Tatsache gezogen, daß die Universalität des Rechts heute nicht mehr auf die Idee von Reich und Kirche gestützt werden kann, sondern nur noch auf die Würde des Menschen. Sie trägt den Kampf für ihre rechtlichen Bedingungen, also für Menschenrechte, Gewaltenteilung und Demokratie, mit der ganzen Kraft ihres Einflusses, soweit dieser reicht. Die Überzeugungskraft einer Wahrheit läßt sich nicht eindrucksvoller erweisen, als wenn es ihr gelingt, Feinde in Freunde zu verwandeln.

In Lateinamerika ist es vor allem diesem Einfluß zu verdanken, daß die demokratische Opposition von einer breiten, im christlichen Glauben verwurzelten Volksbewegung getragen wird. Die sozialen und politischen Probleme des Kontinents sind im öffentlichen Bewußtsein lebendig geworden, und das Erwachen des Verantwortungsbewußtseins macht zwar langsame, aber stetige Fortschritte. In den vier Diktaturen findet die demokratische Opposition ihren stärksten Rückhalt in der Kirche. Der demokratischen Standfestigkeit der Kirche ist es weitgehend gelungen, die sog. „Befreiungstheologie", die ursprünglich als intellektuelle Speerspitze der sozialistischen Gegenrevolution gemeint war, in einen Impuls für die demokratische Revolution umzuwandeln und die hartnäckigen Kollaborateure des Sowjetimperialismus auf den Status einer innerkirchlichen Opposition zurückzudrängen.

In Asien hat die Kirche nennenswerten Einfluß nur auf den Philippinen, und dort wurde die katholische Mehrheit der Bevölkerung zum Träger der demokratischen Revolution. In Afrika ist die demokratische Bewegung allenthalben noch schwach und hat nirgends einen entscheidenden Durchbruch errungen. Immerhin aber ist die demokratische Opposition am ausgeprägtesten in den ehemals portugiesischen, belgischen und französischen Kolonien und hat sich in Angola und Moçambique sogar zu aktivem Widerstand formiert.

In Europa hat die Kirche ihre Bindungen an reaktionäre oder gar faschistische Kreise längst gelöst und zum Sturz der Diktaturen in Spanien und Portugal nicht unwesentlich beigetragen. Sie unterstützt allenthalben demokratisch orientierte Kräfte. Im Ostblock ist der demokratische Widerstands nirgends so unerschütterlich wie im katholischen Polen. Auch in anderen Ländern stützt er sich wesentlich auf den katholischen Teil der Bevölkerung.

Schließlich ist ein weiterer gewichtiger Machtfaktor in Rechnung zu stellen: Die Amerikaner sind dabei, ihr Vietnamtrauma aufzuarbeiten: sowohl die in Vietnam erlittene Niederlage als auch die dort begangenen Kriegsverbrechen haben Amerika zwar moralisch tief erschüttert, aber ihnen doch nicht das Bewußtsein nehmen können, daß ihr Kampf für „freedom and democracy" keineswegs imperialistischen Kapitalinteressen, sondern aufrichtig gemeinten Menschheitsidealen dienen sollte. Die Erfahrung, wohin der sog. „Befreiungskampf" des Vietkong die Menschen geführt hat, hat ihnen ihr moralisches Selbstvertrauen zurückgegeben. Die Greuel des Vietnam-Krieges auf beiden Seiten hatten ein Ausmaß angenommen, das jede Form des Friedens als das kleinere Übel erscheinen ließ, einschließlich der Auslieferung des vietnamesischen Volkes an den Vietkong, und es ehrt die

Amerikaner, daß sie – statt die Intensität des Krieges noch weiter zu steigern und den Sieg zu erzwingen, wie sie es vermocht hätten – den Rückzug vorzogen. Aber es ehrt sie auch, daß sie – abgesehen von einigen Intellektuellen – in ihrer politisch-moralischen Urteilskraft nicht wankend wurden. Sie sind, anders als viele Europäer, überzeugt, daß Sieg oder Niederlage nicht über Recht und Unrecht entscheiden.

Sie haben darüber hinaus dazugelernt, daß die Unterstützung rechtsgerichteter Diktaturen, wenn diese bloß antikommunistisch sind, kontraproduktiv sein kann, und sind dazu übergegangen, der demokratischen Revolution auch gegen solche Diktaturen Unterstützung zu gewähren – Haiti und die Philippinen sind jüngste Beispiele. Damit haben sie sich die Legitimation verschafft, die demokratische Revolution auch gegen sozialistische Diktaturen zu unterstützen. Auch wenn sie dabei vorsichtig zu Werke gehen und eine unmittelbare militärische Verstrickung vermeiden, und auch, wenn ihre Unterstützung nicht ausreicht, dem Widerstand zum Sieg zu verhelfen, so ist diese Unterstützung dennoch eine moralische Kraft, deren Wirkung nicht unterschätzt werden darf. Sie gibt den Demokraten in der Welt die Überzeugung, nicht mehr im Stich gelassen zu sein, sie gibt ihnen Rückhalt und Ermutigung.

Stellt man alle diese Faktoren einander gegenüber und legt die Erfolge der sozialistischen Revolution auf die eine Waagschale, die der demokratischen auf die andere, so beweist das zwar noch nicht, daß die demokratische unbedingt stärker ist und siegen wird, aber doch, daß kein Grund zur Entmutigung besteht, sondern Anlaß zum Vertrauen, daß Moral und Vernunft gegen Gewalt und Propaganda ihre Chance haben, wenn man sich nur für sie einsetzt.

PS 1997: 10 Jahre nach dem ersten Erscheinen dieses Textes 1987 hat die demokratische Weltrevolution zwar erhebliche weitere Fortschritte gemacht (nicht nur in Osteuropa, sondern auch in Südafrika, Chile, Nicaragua und anderen Regionen). Doch stellt uns die ausgeweitete und verhärtete Gegnerschaft der islamischen Theokratien vor neue, schwierige Probleme. Dazu Stellung zu nehmen, kann nicht mehr Gegenstand dieses Nachdruckes sein.

Kapitel 6: Das Recht auf Widerstand und Revolution

§ 25 Die klassische Lehre

Der Widerstand der Bevölkerung gegen die Diktaturen stellt uns vor die Frage, ob und unter welchen Umständen Widerstand prinzipiell gerechtfertigt ist. Denn davon hängt ab, ob es überhaupt eine Rechtfertigung dafür geben kann, dem Widerstand moralische, politische, finanzielle oder gar militärische Unterstützung zu gewähren, oder ob wir verpflichtet sind, ihn im Stich zu lassen und zuzusehen, wie der Totalitarismus ihn erstickt.

Nach klassischer Lehre[159] ist in Despotien, also in Diktaturen, Fremdherrschaften, Rassenregimen, totalitären Systemen *erstens* selbst der Tyrannenmord naturrechtlich gerechtfertigt, vorausgesetzt, er beschwört nicht ein noch größeres Übel herauf, sondern ist darauf gerichtet, einen Rechtszustand herbeizuführen. Ist das System im ganzen ein Unrechtssystem, so vermag es aus sich heraus auch nicht einzelne Gesetze oder Rechtsakte zu legitimieren. Was diese allenfalls zu legitimieren vermag, ist zweierlei: einmal der Gedanke, daß, solange das Unrechtssystem nicht umgestürzt werden kann, ein Leben in der relativen Ordnung des Systems ein kleineres Übel sein kann als erfolgloser Widerstand, zum anderen, daß auch in der Despotie manche Regeln gelten, die es in vergleichbarer Gestalt auch in Rechtssystemen gibt, z.B. Regeln des Eherechts oder des unpolitischen Strafrechts. Deren Legitimität folgt aus ihrer immanenten Vernunft, aber nicht aus ihrer Ableitung aus dem politischen System.

Zweitens kommt es darauf an, ob das Ziel des Widerstands die Herstellung eines Rechtszustandes ist. Für die Ablösung einer Despotie durch eine andere – etwa einer „rechten" Diktatur durch eine „linke" oder umgekehrt – kann es keine naturrechtliche Rechtfertigung geben.

Drittens kommt es auf die angewandten Mittel an. Auch im Bürgerkrieg sind die völkerrechtlichen Regeln der Kriegführung strikt einzuhalten, insbesondere Schonung der Zivilbevölkerung, humane Behandlung der Gefangenen, Respektierung des Roten Kreuzes. Eine Verletzung solcher Regeln mit Billigung der Führung des Widerstandes delegitimiert den Widerstand im ganzen. Exzesse Einzelner, die gegen die von der Führung ausgegebenen und sanktionierten Richtlinien gehandelt haben, sind, wenn die Führung im großen und ganzen eine effiziente Kontrolle über ihre Mannschaft ausübt, zwar zu verurteilen, delegitimieren aber den Widerstand im ganzen ebensowenig wie rechtswidrige Übergriffe einzelner Polizeibeamter den Rechtsstaat. Man billigt die Notwehr und verurteilt den Notwehrexzess.

Viertens kommt es darauf an, ob der Widerstand das einzig verbliebene Mittel zur Überwindung des Unrechtszustands ist, nachdem alle anderen Möglichkeiten vergeblich ausgeschöpft sind.

Fünftens kommt es auf eine Abwägung von Schaden und Nutzen an, insbesondere darauf, ob der Widerstand eine gewisse Erfolgschance in sich birgt. Es muß sich nicht unbedingt um eine militärische Siegeschance handeln, aber doch wenigstens um die Chance, durch das Offenbarmachen der Verzweiflung des Volkes über den Unrechtszustand die Demokraten in der internationalen Öffentlichkeit zur Solidarität zu bewegen und so mittelbar auf das Regime einzuwirken.

Dies sind die Maßstäbe, die jedenfalls im großen und ganzen in der Naturrechtslehre einschließlich der katholischen Soziallehre Anerkennung gefunden haben,

---

[159] Vgl. vor allem Kurt Wolzendorff, Staatsrecht und Naturrecht in der Lehre vom Widerstandsrecht gegen rechtswidrige Ansätze der Staatsgewalt, 2. Neudruck der Ausgabe 1916, 1968.

wenn sie auch in den Einzelfragen Grenzfragen offenlassen und umstritten sind. Diese Maßstäbe liegen auch dem Widerstandsrecht im Grundgesetz (Art. 20 IV) und ähnlichen Regeln einiger Landesverfassungen zugrunde.

§ 26 Kants Verneinung des Widerstandsrechts

Es gab in der Geschichte der Naturrechtslehre freilich auch Widerspruch gegen die Annahme eines Widerstandsrechts überhaupt. Einige nahmen an, daß sich aus der Abwägung von Schaden und Nutzen eine Rechtfertigung des Widerstands grundsätzlich verbiete. Dazu gehören nicht nur Verfechter des Absolutismus, wie Hobbes, sondern auch einige Verfechter des Verfassungsstaats. Der hervorragendste unter ihnen ist Immanuel Kant. Da er in unseren Betrachtungen als wichtigster Zeuge der politischen Aufklärung herangezogen worden ist, erscheint es fair, ihn in diesem Zusammenhang ebenso ernst zu nehmen wie sonst auch.

Kant verneint ein Widerstandsrecht im Hinblick auf die absoluten Monarchien, und er verneint es grundsätzlich. Die Frage ist, ob seine Gründe so weit reichen und so durchschlagend sind, daß sie auch ein Widerstandsrecht gegen ein totalitäres Regime ausschließen würden, also etwa den inneren Widerstand gegen Hitler, den ungarischen Widerstand gegen die Sowjetunion, den Widerstand der Schwarzen gegen das rassistische Südafrika.

Kants Plädoyer für die demokratische Revolution ist im Grunde ein Plädoyer für die friedliche Selbstumwandlung der absoluten Monarchien in konstitutionelle Monarchien mit einer demokratischen Repräsentation als Gesetzgeber. Diese Revolution, die eigentliche Evolution ist, soll sich in zwei Schritten vollziehen: zunächst in der Annäherung an republikanische Staatsprinzipien unter Beibehaltung der Staatsstruktur im aufgeklärten Absolutismus, sodann im Übergang zum republikanischen Konstitutionalismus. Alles, was erforderlich sei, um diesen Fortschritt zu bewegen, sei die Freiheit des Geistes, die Kant vom preußischen Staat erwartete.[160] Deshalb konnte er die erste Phase der Französischen Revolution auf einen moralischen Impuls zurückführen und seinen Wunsch äußern, er hätte an ihr teilnehmen wollen: „Diese Revolution ... findet doch in den Gemütern aller Zuschauer ... eine Teilnehmung dem Wunsche nach, die nahe an Enthusiasmus grenzt, und deren Äußerung selbst mit Gefahr verbunden war, die also keine andere als eine moralische Anlage im Menschengeschlecht zur Ursache haben kann."[161]

Obwohl Kant also den „Wunsch" äußert, an einer demokratischen Revolution teilzunehmen, und der Gedanke daran ihn mit Enthusiasmus erfüllt, verwirft er dennoch ein Widerstandsrecht. Wie erklärt sich dieser Widerspruch? Sein Fortschrittsoptimismus beflügelte Kant zu der Hoffnung, die demokratische Weltrevolution sei angesichts der relativen Aufgeklärtheit des Absolutismus durch dessen

---

[160] *Kant,* Über die Beantwortung der Frage: Was ist Aufklärung?, XI, S. 59 f.

[161] *Ders.,* Der Streit der Fakultäten, XI, S. 358.

friedliche Evolution zu bewerkstelligen. Widerstand und Revolution seien Ausdruck einer Ungeduld, wo Reformen möglich und wahrscheinlich seien. Die Vernunft erlaube, „den Stand eines mit Ungerechtigkeiten behafteten öffentlichen
Rechts noch so lange beharren zu lassen, bis zur völligen Umwälzung alles entweder von selbst gereift, oder durch friedliche Mittel der Reife nahegebracht worden".[162]

Den Monarchen rät Kant im Blick auf die Französische Revolution, diese als
warnenden „Ruf der Natur" zu Reformen zu verstehen: „Die Staatsweisheit wird
sich also in dem Zustand, worin die Dinge jetzt sind, Reformen, dem Ideal des öffentlichen Rechts angemessen, zur Pflicht machen: Revolutionen aber, wo die Natur sie von selbst herbeiführt, nicht zur Beschönigung einer noch größeren Unterdrückung, sondern als Ruf der Natur benutzen, eine auf Freiheitsprinzipien gegründete gesetzliche Verfassung, als die einzig dauerhafte, durch gründliche Reform zu
Stande zu bringen."[163]

Den Untertanen aber rät Kant an, nicht sofort und mit Ungestüm „einen fehlerhaft und rechtswidrig eingerichteten Staat durch Revolution umformen zu wollen,
bei welcher gewaltsamen Operation derselbe gänzlich in Anarchie aufgelöst zu
werden Gefahr läuft."[164] Aus diesem Grunde sei es für den Untertanen Pflicht, zu
warten, „bis die Herrschergewalt sich selbst allmählich zu Reformen durch die Natur der Sachen und die Vorstellungen der Untertanen bewegen wird."[165] Wer diese
Reformbereitschaft oder Reformfähigkeit bestreite, sage „mehr als er beweisen
kann".[166]

Für Kant gilt das Verbot des Widerstands „unbedingt".[167] Es stützt sich nicht
nur auf pragmatische, sondern auch auf prinzipielle Argumente, d.h. es ist nicht
nur eine Frage der praktischen Klugheit, sondern der moralischen Pflicht. Dafür
gibt Kant zwei Gründe an: Das Entscheidungsmonopol und den Publizitätsgrundsatz.

Das Argument des Entscheidungsmonopols bildet den Kern jedes Rechtspositivismus – nicht als Gegenbegriff zum Relativismus, sondern zur unmittelbaren Na-
turrechtsgeltung. Das Naturrecht gilt nicht als Recht; es bedarf, um Recht zu werden, erst der rechtspolitischen Umsetzung, insbesondere der Verfassungsgesetzge-
bung. In der Widerstandssituation ist zwischen Volk und Staatsoberhaupt umstritten, was Recht und Unrecht ist. Kant stellt die Frage: „Wer soll entscheiden, auf
wessen Seite das Recht ist?" und antwortet: „Keiner von beiden kann es, als Richter in seiner eigenen Sache, tun. Also müßte es noch ein Oberhaupt über dem Ober-

---

162 *Ders.,* Zum ewigen Frieden, XI, S. 234.
163 Ebd.
164 *Ders.,* Zum ewigen Frieden, XI, S. 230.
165 Ebd.
166 Ebd.
167 *Ders.,* Gemeinspruch, XI, S. 156.

haupt geben, welches zwischen diesem und dem Volk entschiede, welches sich widerspricht."[168] An die Möglichkeit eines Verfassungsgerichts hat Kant noch nicht denken können. Das Entscheidungsmonopol müsse beim Staate konzentriert sein, und folglich das Gewaltmonopol. Eine Maxime des Widerstands würde, allgemein gemacht, „alle bürgerliche Verfassung zernichten und den Zustand, worin allein Menschen im Besitz der Rechte überhaupt sein können, vertilgen."[169]

Der Publizitätsgrundsatz lautet: „Alle auf das Recht anderer Menschen bezogenen Handlungen, deren Maxime sich nicht mit der Publizität verträgt, sind Unrecht."[170] Diesen Grundsatz nennt Kant „die transzendentale Formel des öffentlichen Rechts"[171], d.h., er ist das formale Prinzip, das nach Abstraktion von aller Materie des öffentlichen Rechts und allem Empirischen ein „a priori in der Vernunft anzutreffendes Kriterium" abgebe, durch welches „die Falschheit (Rechtswidrigkeit) eines gedachten Anspruchs ... zu ersehen" sei.[172] Gerechtigkeit könne „nur als öffentlich kundbar gedacht werden".[173] Beim Abschluß des bürgerlichen Vertrages könne man sich aber nicht getrauen, „die Maxime des Vorsatzes einer gelegentlichen Empörung öffentlich bekannt zu machen."[174] Denn sonst – damit nimmt das Argument der Publizität auf das Argument des Entscheidungsmonopols bezug – würde das Volk sich zum Oberhaupt über das Oberhaupt bestellen und eine Staatseinrichtung wäre gar nicht möglich. „Das Unrecht des Aufruhrs leuchtet also dadurch ein, daß die Maxime desselben dadurch, daß man sich öffentlich dazu bekennte, seine eigene Absicht unmöglich machen würde. Man müßte sie also notwendig verheimlichen."[175]

§ 27 Absolutismus und Totalitarismus

Beide Argumente stehen ausdrücklich unter der Voraussetzung des gedachten Staatsvertrages: Es muß also denkbar sein, daß das Volk der Einrichtung des Staates als solcher seine Zustimmung hätte geben können. Ein solcher gedachter Staatsvertrag liegt nach Kant nicht nur einer republikanischen Verfassung zugrunde, sondern auch der absolutistischen Monarchie, obwohl Kant selbst sie als „Despotie" kennzeichnet, weil selbst das mißbrauchte Gewaltmonopol besser ist als die Alternative: Raub, Mord und Bürgerkrieg. Das Oberhaupt hat dann, wie Kant sagt, „die Idee des ursprünglichen Vertrages zum unfehlbaren Richtmaße, und zwar

---

168 *Ders.,* Gemeinspruch, XI, S. 156.

169 Ebd.

170 *Ders.,* Zum ewigen Frieden, XI, S. 245.

171 *Ders.,* Zum ewigen Frieden, XI, S. 244.

172 Ebd.

173 Ebd.

174 Ebd.

175 *Ders.,* Zum ewigen Frieden, XI, S. 246.

a priori."[176] Er fährt fort: „Ist aber ein öffentliches Gesetz diesem gemäß, folglich in Rücksicht auf das Recht untadelig (irreprehensibel): so ist damit auch die Befugnis zu zwingen, und auf der anderen Seite das Verbot, sich dem Willen des Gesetzgebers ja nicht tätlich zu widersetzen, verbunden: d.i. die Macht im Staate, die dem Gesetz Effect gibt, ist auch unwiderstehlich (irrestisibel)."[177]

Diese Auffassung ist in der Naturrechtslehre allerdings umstritten. Die klassische Auffassung lehrt: Loyalität im Rechtszustand, Widerstandsrecht in der Despotie.[178] Diesen Grundsatz hat man für den Fall der Entartung des Staates zur Despotie unbedenklich als einen Vorbehalt gedacht, der dem Staatsvertrag beigefügt sei, und hat ihn als solchen ebenso unbedenklich öffentlich ausgesprochen. Kant hält dem entgegen, daß auch der Absolutismus schon ein Rechtszustand ist, weil „irgendein obgleich durch viel willkürliche Gewalt verkümmertes Recht besser ist als gar keines."[179]

Die Geschichte des 20. Jahrhunderts hat uns neue Erfahrungen vermittelt. Kants Voraussetzung, daß eine Monarchie, selbst wenn sie absolutistisch strukturiert ist, im Kern immer noch einen Rechtsstaat bildet und der Aufklärung die erforderliche Freiheit gewährt, ist in den totalitären Systemen, wie sie unser Jahrhundert hervorgebracht hat, nicht mehr gegeben. Das Wesen des Totalitarismus ist die Parteilichkeit der Parteidiktatur, also die prinzipielle Ersetzung der Rechtsidee durch ihr genaues Gegenteil. Der Totalitarismus ist der institutionalisierte Bürgerkrieg, der auf der Seite der Machthaber mit Polizeimitteln geführt wird. Sein Gewaltmonopol dient nicht nur der Eindämmung des Verbrechens, sondern vor allem der machtvollen Institutionalisierung des Verbrechens durch den Staat selbst.

Wo man Unrecht grundsätzlich nicht öffentlich zur Sprache bringen kann, wo die Bürger von Konzentrationslagern und Folter bedroht sind, wo selbst noch die Emigration unterbunden ist und das Volk buchstäblich eingemauert wird, da besteht der Unrechtszustand schlechthin. Ein wie immer gedachter Staatsvertrag, dem der Gemeinwille des Volkes, wenn auch zähneknirschend, seine Zustimmung hätte geben können, ist unmöglich: ein Zustand, in dem ein Teil des Volkes über andere Teile vom „Recht des Stärkeren" Gebrauch macht, kann schlechterdings nicht als auf dem Gemeinwillen gegründet gedacht werden. Die Bedingung jeden Staatsvertrages, wie immer dieser in der Geschichte der Staatsphilosophie gedacht worden ist, war zumindest, daß dieser ein Minimum an Rechtsfrieden herstellt. Eine Zustimmung dazu, sich zum Objekt fremder Willkür zu degradieren, ist undenkbar und niemals auch nur erwogen worden – auch nicht von Kant.

Mit seinen Argumenten läßt sich also nicht begründen, daß die Versuche, sich etwa der Gewalt eines Lenin oder Hitler zu entledigen, Unrecht gewesen wäre. Der

---

[176] *Ders.,* Über den Gemeinspruch . . ., XI, S. 155.

[177] *Ders.,* a. a. O., S. 155 f.

[178] Vgl. *Kurt Wolzendorff,* a. a. O.

[179] *Kant,* Zum ewigen Frieden, XI, X. 230.

Totalitarismus ist ein Phänomen, das völlig außerhalb der Reichweite des Denkens der Aufklärer des 18. Jahrhunderts gelegen hat. Für ihn entsprang der Staatsvertrag der „Idee der Vernunft, die aber ihre unbezweifelte (praktische) Realität hat: nämlich jeden Gesetzgeber zu verbinden, daß er seine Gesetze so gebe, als sie aus dem vereinigten Willen eines ganzen Volkes haben entspringen *können* und jeden Untertan, sofern er Bürger sein will, so anzusehen, als ob er zu einem solchen Willen mit zusammengestimmet habe. Denn das ist der Probierstein der Rechtmäßigkeit eines jeden öffentlichen Gesetzes. Ist nämlich dieses so beschaffen, daß ein ganzes Volk *unmöglich* dazu seine Zustimmung geben *könnte* …, so ist es nicht gerecht; ist es aber *nur möglich,* daß ein Volk dazu zusammenstimme, so ist es Pflicht, das Gesetz für gerecht zu halten."[180] Da die denkbare Zustimmung des Volkes zu einem totalitären System unmöglich ist, folgt, daß in ihm die Voraussetzungen für den Loyalitätsanspruch entfallen.

Kant ging wie selbstverständlich davon aus, daß Revolutionen von einer „schlechten Verfassung erzeugt" würden, um eine „gesetzmäßigere" zu erringen.[181] Revolution bedeutete für ihn: Ablösung der Despotie durch die Republik; an die Möglichkeit einer Gegenrevolution, die in die Despotie zurückführt und sich selbst irreversibel zu machen versucht, dachte er nicht. Deshalb sagt er: Fortschrittliche Revolutionen geschähen zwar „unrechtmäßigerweise", erzeugten aber im Falle ihres Gelingens neue Legitimität. Es würde „alsdann nicht mehr für erlaubt gehalten werden müssen, das Volk wieder auf die alte zurückzuführen".[182] Für die Monarchie setzte Kant das Bestehen eines gewissen Rechtszustandes voraus. Die Frage des Widerstands gegen den absoluten Unrechtszustand stellte sich ihm nicht.

Im totalitären System ist Widerstand zwar in der Regel äußerst schwierig, weil die Techniken der Unterdrückung zur Perfektion gebracht sind. Der Widerstand ist dann eine praktische Frage der Durchführbarkeit und der Aussicht auf Erfolg, die zwar für seine moralische Beurteilung nicht ohne Relevanz ist. Läßt sich diese Frage im Einzelfall aber ausnahmsweise bejahen, so gelten auch von Kants Voraussetzungen her keine naturrechtlichen Grundsätze, die die Moralität und naturrechtliche Rechtfertigung dieses Widerstands in Frage stellen könnten.

§ 28 Unterstützung des Widerstands?

Legt man also die Maßstäbe der klassischen Widerstandslehre zugrunde, so sind folgende Gesichtspunkte zu bedenken.

1. Eine Unterstützung des Widerstands kommt nur in Betracht, wenn dieser selbst ein legitimer ist, wenn er sich also gegen die Etablierung einer Despotie mit

---

[180] *Ders.,* Über den Gemeinspruch …, XI, S. 153.
[181] *Ders.,* Zum ewigen Frieden, XI, S. 234.
[182] Ebd.

dem Ziel der Herstellung oder Wiederherstellung des Rechtszustands richtet, sich auf erlaubte Mittel beschränkt, „letzter Ausweg" und nicht ohne Erfolgschance ist.

Die Unterstützung einer kommunistischen „Befreiungsbewegung" kann niemals gerechtfertigt sein, aber nicht, weil die Gegengewalt an sich unter allen Umständen naturrechtswidrig wäre, sondern weil der Widerstand nicht die Herstellung des Rechtszustandes, sondern einer Despotie zum Ziel hat. Dies ist selbst dann Unrecht, wenn das bekämpfte Regime selbst eine Despotie ist, erst recht aber, wenn sich der Widerstand, wie im heutigen El Salvador oder Peru, auf die Überwindung der demokratischen Verfassungsstrukturen richtet oder wenn er versucht, einen ebenfalls rechtswidrigen Militärterror zu provozieren, um aus der Eskalation von Terror und Gegenterror als Sieger hervorzugehen. Wenn sich solche „Befreiungsbewegungen" illegitimer Mittel bedienen – insbesondere des Terrors gegen die Zivilbevölkerung –, so ist dies nur ein zusätzlicher Grund für ihre Unrechtmäßigkeit. Die Unterstützung, die solchen Bewegungen gewährt wird, ist unverantwortlich. Es gilt, Dokumentationen darüber „aufzubewahren für alle Zeit", damit sie späteren Generationen als Lehrbeispiel dafür dienen, wohin Leichtfertigkeit und Naivität, verknüpft mit idealistischer Selbstüberhebung, führen können.

Hingegen ist die Unterstützung des Widerstands prinzipiell gerechtfertigt, wenn dieser die Überwindung des Totalitarismus durch einen demokratischen Rechtszustand zum Ziel hat und keine illegitimen Kampfmittel aus seinen Reihen duldet.

2. Der völkerrechtliche Grundsatz der Nichteinmischung in innere Angelegenheiten[183] ist unter drei Aspekten zu bedenken.

a) Einmal verbietet dieser Grundsatz die gewaltsame Einmischung, nicht aber die Gewährung moralischen, publizistischen, politischen Rückhalts.

b) Zum anderen ist die Einhaltung dieses Grundsatzes, wie jedes universalverbindlichen Rechtssatzes, auf Gegenseitigkeit angewiesen. Soweit die Sowjetunion ihn anerkennt, soweit sie also etwa in der Region Europa auf die Unterstützung von Terroristen und kommunistischen Umsturzbestrebungen verzichtet, verpflichtet das Völkerrecht auch den Westen, auf die Unterstützung von Gegengewalt im Ostblock zu verzichten. Soweit jedoch die Sowjetunion kommunistische „Befreiungsbewegungen" in der Dritten Welt unterstützt und dies ausdrücklich für berechtigt erklärt (vgl. Art. 28 der Verfassung der Sowjetunion vom 7. 10. 1977)[184], braucht auch der Westen nicht auf die Unterstützung wirklicher, also demokratischer Befreiungsbewegungen zu verzichten. Eine bloß einseitige Respektierung des Grundsatzes der Nichteinmischung durch den Westen zerstört von vornherein die Chance, die gegenseitige Respektierung zum Gegenstand von Verhandlungen

---

[183] Dazu genauer § 36.

[184] Die Außenpolitik der UdSSR ist gerichtet ... auf die Stärkung der Positionen des Weltsozialismus, auf die Unterstützung des Kampfes der Völker um nationale Befreiung ... Abgedruckt in: Verfassungen der kommunistischen Staaten, hrsg. von Georg Brunner und Boris Meissner, Paderborn 1980, S. 385 ff.

und Vereinbarungen mit der Sowjetunion zu machen und verewigt somit die Völkerrechtswidrigkeit.

c) Schließlich macht es zwar keinen juristischen, aber einen moralischen Unterschied, ob eine völkerrechtswidrige Intervention zur Vernichtung oder zur Herstellung der demokratischen Selbstbestimmung eines Volkes führt. Dieses Problem kann man sich am Beispiel des Vergleichs von Afghanistan und Grenada anschaulich machen. Ob die amerikanische Intervention in Grenada überhaupt völkerrechtlich gerechtfertigt war, ist zweifelhaft und umstritten und braucht hier nicht erörtert zu werden. Angenommen, sie sei völkerrechtswidrig gewesen, so müßte sich die dann berechtigte Entrüstung darüber mit der Genugtuung über die Herstellung der demokratischen Selbstbestimmung des grenadischen Volkes verknüpfen, während in Afghanistan zur Entrüstung über die Intervention noch die Empörung über die Vernichtung des Selbstbestimmungsrechts sowie über zahllose Kriegsverbrechen und Menschenrechtsverletzungen hinzutreten müßte. Wer Grenada als „Afghanistan-West" bezeichnet, um damit Ost und West auf die gleiche Stufe zu stellen, macht in Wirklichkeit gerade den Unterschied deutlich:

Die Bevölkerung Grenadas hat die Amerikaner dankbar als Befreier begrüßt (anstatt in den Kubanern Befreier und in den Amerikanern Imperialisten zu sehen, wie es die Mitläufer der sozialistischen Gegenrevolution gehofft hatten). Amerikanische Soldaten bewegten sich frei unter der Bevölkerung, wurden mit Freudenfesten gefeiert, umarmt und zu Gast geladen. In Grenada herrschen Frieden und Demokratie, die Amerikaner haben sich zurückgezogen, und die Bevölkerung ist für die Befreiung dankbar. Für Afghanistan gilt nichts von alledem.

3. Entwicklungshilfe für Despotien ist nur dann gerechtfertigt, wenn sichergestellt ist, daß sie dem Volk und nicht den Machthabern zukommt. Das ist nur dann der Fall, wenn man das Geld nicht dem Staat oder seinen Organisationen zur Verfügung stellt oder überläßt, sondern konkrete Projekte kirchlicher oder anderer humanitärer Organisationen unterstützt und die Verwendung der Mittel bis zum letzten Pfennig in der Hand behält.

Wir tragen eine Mitverantwortung für die Überwindung von Armut und Unterdrückung in der ganzen Dritten Welt. Die Menschen dort konnten häufig die Erfahrung einer hochentwickelten Rechtskultur noch nicht machen und ihr Rechtsgefühl nicht an ihr schulen und ausdifferenzieren. Das bedeutet nicht, daß ihnen der Anspruch der Unparteilichkeit an sich fremd wäre, wohl aber, daß sie eher geneigt sind, sich lethargisch und fatalistisch in den Unrechtszustand der Parteilichkeit zu ergeben. Manche wissen nicht, daß dieser keineswegs unvermeidlich, sondern überwindbar ist.

Aber die natürliche Universalität des Kerns der Rechtsidee bewirkt, daß sie die Niederträchtigkeit des ihnen angetanen Unrechts und die Unwahrhaftigkeit der despotischen Propaganda zu durchschauen lernen. Wo immer es praktisch möglich ist, versuchen sie, sich zu wehren. Sie vertrauen – wenn auch oft vergeblich – auf die Solidarität des Teils der Menschheit, der selbst im Rechtszustand lebt und sich mit seiner mitmenschlichen Verantwortung bewußt ist. Sie nehmen jede Chance zum Widerstand und zur Befreiung durch Teilhabe an der demokratischen Weltrevolution wahr – oder warten auf diese Chance. Und sie werden niemals und unter keinen Umständen aufhören, auf diese irgendwann doch eintretende Chance zu hoffen. Die Tendenz, sie im Stich zu lassen, ist eine Erscheinungsform des Pazifismus als einer servilen Variante des Rechts des Stärkeren.

Ehe man den Widerstand unterstützt, ist gewiß sorgfältige Prüfung am Platze. Es mag immer gute pragmatische Gründe dafür geben, behutsam und zurückhaltend vorzugehen, Risiken und Erfolgschancen zu kalkulieren, Bedingungen für die Unterstützung des Widerstands zu stellen usw. Aber die prinzipielle Indifferenz gegenüber der Gegenrevolution in der Dritten Welt, als ginge sie uns nichts an, ist nicht nur im Hinblick auf unser Eigeninteresse kurzsichtig. Sie korrumpiert uns auch moralisch, zwingt uns zur Unwahrhaftigkeit uns selbst gegenüber, um das schlechte Gewissen zu beschwichtigen, lähmt Mut und Tatkraft, zerstört unsere demokratische Selbstachtung und Solidarität und bringt uns in die Gefahren, die die Natur denen bestimmt hat, die statt für Recht und Freiheit einzutreten, dem momentan Stärkeren durch Passivität zu Diensten sind.

III. Teil: Die demokratische Weltrevolution und der Friede

Kapitel 7: Menschenrechte und Friedenspolitik – Die Lehre der Aufklärung

§ 29 Der Zusammenhang von Menschenrechten und Friedenspolitik und seine Auflösung

Nach der Konzeption der Vereinten Nationen ist das Eintreten für die Menschenrechte ein wesentliches Element des Friedens. Die Allgemeine Erklärung der Menschenrechte vom 10. Dezember 1948 beginnt mit der Feststellung, daß „die Anerkennung der allen Mitgliedern der menschlichen Familie innewohnende Würde und ihrer gleichen und unveräußerlichen Rechte die Grundlage der Freiheit, der Gerechtigkeit *und des Friedens* in der Welt bildet". Ebenso wird in den Präambeln der beiden Menschenrechtspakte der UNO von 1966 die Anerkennung der Menschenrechte als „Grundlage des Friedens" bezeichnet.

Auch im Grundgesetz heißt es in Art. 1 II:

> „Das deutsche Volk bekennt sich ... zu unverletzlichen und unveräußerlichen *Menschenrechten als Grundlage* jeder menschlichen Gemeinschaft, *des Friedens* und der Gerechtigkeit in der Welt."

Bundespräsident Richard von Weizsäcker bezog sich in seiner Rede zum 8. Mai 1985 auf diese Verfassungsnorm und nannte sie „die Antwort der Demokraten auf Krieg und Gewaltherrschaft".[185]

Und auch die christlichen Kirche machten sich den Gedanken des Zusammenhangs von Frieden und Menschenrechten zu eigen. Papst Johannes Paul II. faßte ihn lapidar zusammen: „Um dem Frieden zu dienen, achte die Freiheit."[186]

Die Entspannungspolitik war ursprünglich an dem Gedanken der Einheit von Menschenrechtspolitik und Friedenspolitik orientiert. John F. Kennedy schrieb in „Der Weg zum Frieden", es gehe darum, „die Sache der Freiheit der ganzen Menschheit und des Völkerrechts fördern zu helfen, die universelle Sache eines gerechten und dauernden Friedens".[187] Freiheit und Völkerrecht galten als zwei Ausfächerungen desselben Grundgedankens und zusammen als Bedingung eines dauernden Friedens. So war ursprünglich auch die deutsche Ostpolitik konzipiert (jedenfalls soweit es nach außen erkennbar war[188]). Die Schlußakte von Helsinki macht dieses Selbstverständnis deutlich, indem ihr ganzer III. „Korb" menschenrechtlichen Versprechungen gewidmet war und „Korb I", Art. VII proklamierte: „Die Teilnehmerstaaten anerkennen die universelle Bedeutung der Menschenrechte und Grundfreiheiten, deren Achtung ein *wesentlicher Faktor für den Frieden ...* ist." Der sowjetische Atomforscher Andrej Sacharow begründete und erklärte unermüdlich den Zusammenhang von Menschenrechten und Frieden[189] und wurde dafür 1975 mit dem Nobelpreis ausgezeichnet.

Als aber die von ihm unterstützten „Helsinki-Gruppen" sowjetischer Bürgerrechtler mit Straflager, Verbannung und psychiatrischer Behandlung verfolgt wurden und die Sowjetunion damit die westliche Reaktion testete, standen wir vor der Frage: Sollen wir die Testphase geduldig und beharrlich durchstehen oder zurückweichen? Ein großer Teil unserer Öffentlichkeit entschied sich für sofortiges unauffälliges Zurückweichen. Seit Anfang der 70er Jahre wurde der Zusammenhang von Frieden und Menschenrechten immer deutlicher aufgelöst.

Ja, man meinte sogar, die Idee universaler Menschenrechte sei mit einer pragmatischen Friedenspolitik unvereinbar: sie führe in den „Kalten Krieg". Entspannung erfordere eine Selbstrelativierung der Legitimationsgrundlagen der Demokratien: Wir sollten es so ansehen, als seien die sog. Menschenrechte in Wirklichkeit nur Rechte der Westeuropäer und Amerikaner, nicht aber Rechte des Menschen an sich. Denn wir müßten die Fakten nehmen, wie sie seien. Eine kommunistische Partei könne von ihren marxistisch-leninistischen Denkvoraussetzungen her nicht anders, als auf ihrem ungeteilten und unbeschränkten Führungsanspruch zu be-

---

[185] Ansprache aus Anlaß des 40. Jahrestages der Beendigung des Krieges in Europa und der nationalsozialistischen Gewaltherrschaft am 8. 5. 1985 im Plenarsaal des Deutschen Bundestages (Sonderdruck des Bundestages, 1985).

[186] Ansprache zum Weltfriedenstag am 1. 1. 1981, in: Amtsblatt des Erzbistums Köln, Stück 3, 121. Jahrg., 15. 1. 1981, S. 21.

[187] *John F. Kennedy,* Der Weg zum Frieden, 1960, S. 14.

[188] Vgl. aber den Beitrag: Kritischer Rückblick auf Brandts Friedenspolitik, hier S. ???.

[189] *Andrej Sacharow,* Den Frieden retten!, Ausgewählte Aufsätze, Briefe, Aufrufe 1978 – 1983, Stuttgart 1983.

stehen, und die Sowjetunion könne von ihren Hegemonieinteressen her den osteuropäischen Völkern das Selbstbestimmungsrecht nicht gewähren. Faktum sei Faktum, Macht sei Macht, mit deren Ansprüchen wir uns endgültig abzufinden hätten. Das öffentliche moralische Eintreten für Menschenrechte hindere den Pragmatismus der Friedenspolitik. Die Gegenthese lautet: dieses Eintreten sei nicht nur aus moralischen, sondern auch aus pragmatischen Gründen erforderlich, es sei unerläßliche Voraussetzung einer erfolgversprechenden Friedenspolitik.

Blicken wir 200 Jahre zurück – ins Zeitalter der Aufklärung. Europa bestand damals aus absolutistisch regierten Monarchien. Die Aufklärer erhoben dagegen rechtliche und moralische Einwände; sie forderten Gewaltenteilung, Menschenrechte, Demokratie. Ihnen wurde die Antwort zuteil, absolutistische Monarchien könnten von ihrem Selbstverständnis her ihre Souveränität weder teilen noch aufgeben. Sie könnten sich keinen rechtlichen Bindungen unterwerfen. Sie könnten keine Menschenrechte anerkennen, und sie könnten schon gar nicht Gewaltenteilung und Demokratie zulassen. Das sei nun einmal so!

Die Aufklärer antworteten, daß der Mensch von Natur einen Anspruch auf Freiheit und Würde habe. Zum Herrschen sei deshalb nur berechtigt, wer selbst das Rechtsprinzip anerkenne und die Staatsgewalt nach allgemeinen Gesetzen ausübe, nach Gesetzen, die die Freiheit und Würde des Menschen achten und nicht vergewaltigen. Es entspräche der Natur des Menschen, daß er sich auf die Dauer nicht mit der Willkür der Staatsgewalt abfinden könne. Auch das sei nun einmal so!

Einer der größten und in der Welt geachtetsten Repräsentanten der politischen Aufklärung war Immanuel Kant. Manches, was er zu sagen hat, ist von verblüffender Aktualität.

§ 30 Der „ewige" Friede bei Kant

In seiner Schrift „Zum ewigen Frieden"[190] aus dem Jahre 1795 entwickelte Kant sowohl die Bedingungen eines künftigen dauerhaften Weltfriedens als auch einige vorläufige Bedingungen des provisorischen Friedens. Der ewige Friede sei zwar eine „unausführbare Idee", sagt Kant in der Metaphysik der Sitten, nicht aber seien es „die politischen Grundsätze, die zur kontinuierlichen Annäherung zu demselben dienen".[191] Die wichtigste Bedingung des provisorischen Friedens bestehe darin, die Bedingungen des ewigen Friedens anzustreben. Deshalb müssen wir uns zunächst diesem „ewigen Frieden", der im Hintergrund als Fernziel aufleuchtet, zuwenden.

---

[190] *Kant,* Zum ewigen Frieden, XI, S. 195 – 251.

[191] *Ders.,* Metaphysik der Sitten, VIII, S. 474; vgl. auch: Beschluß (S. 478 f.): Wenn auch der Friede ein frommer Wunsch bliebe, so betrügen wir uns doch gewiß nicht mit der Annahme der Maxime, dahin unablässig zu wirken.

Kants sog. „erster Definitivartikel zum ewigen Frieden" lautet so: „Die bürgerliche Verfassung in jedem Staate soll republikanisch sein."[192] Eine republikanische Verfassung ist im Sprachgebrauch Kants gekennzeichnet durch Gewaltenteilung.[193]

Kant lehrt also, daß ein *ewiger* Friede erst dann möglich sein wird, wenn alle Staaten Republiken sind, also eine gewaltenteilende Verfassung haben. Kant verweist zunächst auf die Abhängigkeit der Kriegserklärung von der demokratischen Zustimmung. „Wenn (wie es in dieser Verfassung nicht anders sein kann) die Zustimmung der Staatsbürger dazu erfordert wird, um zu beschließen, ob Krieg sein solle oder nicht", so sei „nichts natürlicher, als daß, da sie alle Drangsale über sich selbst beschließen müßten ..., sie sich sehr bedenken werden, ein so schlimmes Spiel anzufangen".[194]

Nun ist es oft schwierig zu sagen, wer „das schlimme Spiel anfängt". Immerhin hat Kant's Gedanke zumindest einen berechtigten Kern. Offenkundig ist es so gut wie unvorstellbar, daß Demokratien in Westeuropa oder USA, Kanada oder Australien ihre Konflikte mit Krieg austragen. Die Geschichte der europäischen Monarchien hingegen ist eine Geschichte der Kriege. Auch waren fast alle Kriege, in die die Demokratien des 20. Jahrhunderts verstrickt gewesen sind, Kriege mit Nichtdemokratien. Daß Demokratien sich untereinander bekriegen, ist natürlich nicht ausgeschlossen. Aber die entscheidende Weltgefahr liegt heute in Konflikten zwischen Demokratien und Nichtdemokratien oder zwischen Nichtdemokratien untereinander.

Es gibt aber noch einen tieferen Grund dafür, weshalb nur gewaltenteilende Republiken zu einem dauerhaften Frieden fähig sind. Der Frieden wird durch Völkerrecht gewährleistet, das, wie Kant sagt, „jedem Staat sein Recht sichert".[195] An die Stelle des Naturzustands, der zwischen den Staaten herrscht, tritt dann die Achtung eines jeden freien Staates vor dem gleichen Recht eines jeden anderen Staates. Freiheit und Gleichheit jedes Staates, also die gegenseitige Unabhängigkeit von nötigender Willkür auch im zwischenstaatlichen Bereich, ist dasselbe Prinzip, das der republikanischen Verfassung zugrunde liegt, nämlich Freiheit und Gleichheit der Menschen, nur daß an Stelle der Menschen die Staaten getreten sind. Menschenrecht und Völkerrecht sind zwei Ausfächerungen ein und desselben Grundgedankens. Deshalb drängt sich die Schlußfolgerung auf: nur eine Republik, die das Rechtsprinzip im Innern achten wird, wird es auch nach außen achten. Eine Despotie, die es im Innern nicht achtet, verweigert ihm die Anerkennung überhaupt und folglich dann auch im Völkerrecht. Insofern besteht ein innerer Zusammenhang zwischen Menschenrechtsgeltung und Völkerrechtsgeltung. Für das Menschenrecht eintreten heißt, für das Rechtsprinzip eintreten, das auch das allgemeine Völker-

---

192 *Ders.*, Zum ewigen Frieden, XI, S. 204.

193 A.a. O., vgl. oben § 6 m. w. N.

194 A.a. O., S. 205.

195 A.a. O., S. 212.

recht trägt und umgekehrt: Die Idee des Rechts des Menschen bestreiten heißt, das Rechtsprinzip leugnen und damit auch die allgemeine Geltung des Völkerrechts in Frage stellen.

§ 31 Der provisorische Friede bei Kant

Aus der Einsicht, daß ein ewiger Friede erst möglich sein wird, wenn alle Staaten freie Republiken sind, folgt allerdings für Kant keineswegs die Forderung, sie gewaltsam zu Republiken zu machen. Vielmehr gibt Kant eine Reihe von Regeln, die auch schon zur Sicherung eines provisorischen, vorläufigen Friedens gehören. Insbesondere gilt nach Kant: „Kein Staat soll sich in die Verfassung und Regierung eines anderen Staates gewalttätig einmischen".[196] Kant verwarf auch das Recht zu Aufruhr und gewalttätigem Widerstand, auch in der Despotie.[197] Er vertraute auf die Überzeugungskraft der Aufklärung und, wo man dieser nicht die nötige Freiheit lassen oder sich ihr widersetzen will, auf die schlimmen Erfahrungen, die dann unvermeidlich seien, und die auf dem Umweg über zerstörerische Kriege und Bürgerkriege die Achtung des Rechtsprinzips erzwingen werden.

Wenn Kant Befreiung mit Waffengewalt von außen oder innen zurückweist, so bedeutet das nicht, daß er bereit wäre, die Begriffe von Recht und Unrecht zu relativieren. Den Anhang seiner Schrift „Zum ewigen Frieden" widmet er vor allem der Auseinandersetzung mit den zynischen „politischen Moralisten", die sich „eine Moral so schmieden, wie es der Vorteil des Staatsmanns sich zuträglich findet".[198] In dieser „vermeintlichen Staatsklugheit aus gewalttätiger Politik und nachgiebiger Moral, die die Idee der Pflicht selbst vorsätzlich verfälscht oder als Pedanterie verächtlich macht", sieht Kant „eine so ungeheure Verletzung der obersten in uns gesetzgebenden Gewalt, daß sie für die einzige gehalten werden muß, die, soweit wir urteilen können, weder in dieser noch in einer künftigen Welt vergeben werden kann".[199]

So bestehen also das provisorische Arrangement mit dem Unrecht und das aufklärerische Streben nach Herstellung des Rechtszustandes nebeneinander: „Wenn einmal Gebrechen in der Staatsverfassung oder im Staatenverhältnis angetroffen werden, die man nicht hat verhüten können", so sei es Pflicht, „dahin bedacht zu sein, wie sie, sobald wie möglich, gebessert, und dem Naturrecht angemessen gemacht werden könnten: sollte es auch der Selbstsucht Aufopferung kosten".[200] Zwar sei es der Staatsklugheit zuwider, „zu fordern, jenes Gebrechen müsse sofort und mit Ungestüm abgeändert werden, aber daß wenigstens die Maxime der Not-

---

[196] A.a. O., S. 199.
[197] Vgl. oben §§ 30, 31.
[198] *Kant,* Zum ewigen Frieden, XI, S. 233.
[199] A.a. O., S. 232.
[200] A.a. O., S. 233.

wendigkeit einer solchen Abänderung den Machthabern innigst beiwohne, um in beständiger Annäherung zu dem Zwecke (nämlich der nach Rechtsgesetzen besten Verfassung) zu bleiben, das kann doch von ihm gefordert werden".[201]

Will man Kant's Ethik in die Max Weber'sche Unterscheidung von Gesinnungsethik und Verantwortungsethik einordnen, so muß sie nach alledem als Verantwortungsethik gelten. Diese ist freilich etwas anderes als Zynismus, der heute mitunter als Verantwortungsethik ausgegeben wird. Der Gesinnungsethiker handelt aus ethischer Motivation ohne Rücksicht auf die Folgen; der Zyniker aus Folgenkalkül ohne Rücksicht auf ethische Maximen. Kant ist von beiden gleich weit entfernt. Allerdings hegt er für die Gesinnungsethiker eine gewisse Nachsicht. Er nennt sie „in der Ausübung fehlende, despotisierende Moralisten, die wider die Staatsklugheit durch übereilt genommene oder angepriesene Maßregeln mannigfaltig verstoßen".[202] Doch fügt er hinzu, muß sie „die Erfahrung bei diesem Verstoß wider die Natur nach und nach in ein besseres Gleis bringen". Die zynische „Beschönigung rechtswidriger Staatsprinzipien" hingegen müsse „unter dem Vorwand einer des Guten nicht fähigen menschlichen Natur ... das Besserwerden unmöglich machen und die Rechtsverletzung verewigen".[203]

Aber nicht nur das, diese „Beschönigung rechtswidriger Staatsprinzipien" dient auch dem Frieden nicht, sondern gefährdet ihn. Kant kannte bereits das heute wieder aktuelle Argument, wir müßten uns um des Friedens willen mit der Mißachtung des Rechts abfinden, Pragmatismus bedeute Resignation vor dem Unrecht.

Er antwortete darauf: Wer die Absicht habe, „die Politik mit der Moral in Einverständnis zu bringen (z. B. den Frieden zu sichern), vereitelt doch seine eigene Absicht, wenn er die Grundsätze (des Rechts) dem Zweck (des Friedens) unterordnet".[204] Vielmehr gilt, sagt Kant: „Trachtet allererst nach dem Reich der reinen praktischen Vernunft und nach seiner Gerechtigkeit, so wird euch euer Zweck, die Wohltat des ewigen Friedens, von selbst zufallen. Denn das hat die Moral Eigentümliches an sich ..., daß, je weniger sie das Verhalten von dem vorgesetzten Zweck ... abhängig macht, desto mehr sie dennoch zu diesem im allgemeinen zusammenstimmt",[205] während, wer „die Grundsätze dem Zweck unterordnet (das ist, die Pferde hinter den Wagen spannt), so seine eigene Absicht vereitelt".[206]

Es geht also um das Verhältnis von Grundsatz und Zweck, z. B. von Rechtsprinzip als Grundsatz und Friede als Zweck. Was von beiden ist vorrangig? Es gilt als Pragmatismus, den Frieden als unmittelbaren Zweck unter Hintanstellung von

---

201 A.a. O., S. 233.

202 A.a. O., S. 234.

203 A.a. O., S. 234 f.

204 A.a. O., S. 239.

205 A.a. O., S. 240.

206 A.a. O., S. 239.

Rechtsgrundsätzen unmittelbar anzustreben. Darauf antwortet Kant: Dieses auf den ersten Blick so pragmatische Verhalten ist in Wirklichkeit gar nicht pragmatisch, sondern vereitelt die Zweckerreichung des Friedens, sei also, wie man heute zu sagen pflegt, kontraproduktiv. Die Annahme, man müsse sich mit dem Naturzustand nun einmal abfinden, weist Kant zurück, weil, wie er sagt, „eine solche verderbliche Theorie das Übel wohl gar selbst bewirkt, was sie vorhersagt".[207] Heute würde man von „self-fulfilling prophecy" sprechen. Nur das rechtlich vermittelte, politische Handeln sei in der Lage, das Ziel des ewigen Friedens zu erreichen.

Kant unterscheidet also zwei verschiedene Verhaltensweisen in der Politik; die eine orientiert sich am Rechtsprinzip (Freiheit und Gleichheit der Menschen und der Staaten), die andere an der durch Normen weder vermittelten noch begrenzten Zweck-Mittel-Relation. Der alles sich unterordnende Zweck ist entweder die Macht (bei den Mächtigen) oder der Friede (bei den Ohnmächtigen). Ein unmittelbar auf Frieden gerichtetes Zweck-Mittel-Denken läuft hinaus auf Servilität gegenüber der Macht. Diese aber dient dem Frieden nicht, sondern fordert den Mächtigen heraus, nach immer mehr Macht zu streben: Macht so viel wie möglich, nach innen und nach außen. Gegenüber dieser Spirale des Zusammenspiels von Macht-Zweckdenken und Friedens-Zweckdenken gibt es nur eine einzige realistische Chance, den Frieden zu sichern, nämlich die Geltendmachung des Rechtsprinzips im Innern und im Äußern, im Innern also das Menschenrecht der Unbhängigkeit von Willkür, deren erste Voraussetzung die Gewaltenteilung ist, nach außen die Gleichberechtigung und Unabhängigkeit der Staaten. Ist die allgemeine Achtung des Rechtsprinzips im Innern und Äußeren einmal erreicht, dann wird sogar ein ewiger Friede möglich. Bis dahin müssen wir uns mit einem provisorischen, stets gefährdeten Frieden begnügen, der den Verzicht auf gewaltsame Änderung rechtswidriger Zustände erfordert. Aber auch diesem provisorischen Frieden dienen wir nur, indem wir die Bedingungen des ewigen Friedens unverrückbar ansteuern, also das öffentliche Rechtsbewußtsein wachhalten, Rechtsbrüche öffentlich anklagen, unseren Willen sichtbar machen, uns niemals und unter keinen Umständen innerlich mit ihnen abzufinden, auch wenn wir sie äußerlich nicht ändern können.

§ 32 Hegels Einwände gegen Kant

Hegel erhob gegen Kant's Idee des ewigen Friedens zwei Einwände, erstens: der ewige Friede sei gar nicht wünschenswert, und zweitens: er sei auch unerreichbar.

Er sei erstens nicht wünschenswert, weil ein Krieg von Zeit zu Zeit nötig sei, um die Menschen aus dem bürgerlichen Egoismus herauszureißen: „Im Frieden dehnt sich das bürgerliche Leben mehr aus, alle Sphären hausen sich ein, es ist in der Länge ein Versumpfen der Menschen, ihre Partikularitäten werden immer fe-

---

[207] A.a. O., S. 241.

ster und verknöchern."[208] Hegel spricht von der „Fäulnis", in welche „die Völker ein dauernder oder gar ein ewiger Friede versetzen würde".[209]

Demgegenüber bedeute Krieg „die sittliche Gesundheit der Völker",[210] den Zustand, „in welchem mit der Eitelkeit der zeitlichen Güter und Dinge, die sonst eine erbauliche Redensart zu sein pflegt, ernst gemacht wird",[211] er ist „hiermit das Moment, worin die Idealität des Besonderen das Recht erhält und Wirklichkeit wird".[212]

Man wird Hegels Verabscheuung des ewigen Friedens mit Nachsicht zur Kenntnis nehmen, wenn man sich vergegenwärtigt, erstens, daß es sich um einen aus dem Altertum überlieferten Topos handelt, zweitens, daß diesem eine für uns Heutige vergleichsweise idyllische Vorstellung vom Kriege zugrunde lag, in dem es noch das heldenhafte Sichaufopfern einzelner für das Ganze gab, drittens, daß auch Hegel den Krieg nur als einen Ausbruch aus der Normalität des Rechtszustandes verstand, der nach Frieden strebt. Hegel hat das Kriegsvölkerrecht dadurch definiert, „daß darin die Möglichkeiten des Friedens erhalten ... werde",[213] also „daß er nicht gegen die inneren Institutionen des feindlichen Staatslebens, noch gegen Privatpersonen geführt",[214] daß „die Gesandten respektiert"[215] werden und daß man zu erkennen gibt, „daß nicht die Unterwerfung bezweckt wird".[216] Für Hegel ist der Krieg „ein Vorübergehendes"[217].

Dies alles aber ändert nichts daran, daß für uns Heutige die Voraussetzungen entfallen sind, unter denen man die Möglichkeit eines Krieges in Betracht ziehen konnte. Hegels Einwände gegen Kant's Idee des ewigen Friedens beruhen auf der Idee des Opfers. Opfer bedeutet Hingabe eines Teils für das Ganze, z. B. des Einzelnen für das Vaterland. Die Ungeheuerlichkeiten moderner Waffentechnik, die auf Vernichtung ganzer Völker oder gar der Menschheit zielt, entziehen dem Opfergedanken die Grundlage. Während Hegel sagte: „Aus den Kriegen gehen die Völker gestärkt hervor"[218], würden sie aus einem heutigen Krieg weder gestärkt noch überhaupt hervorgehen. Doch ist das ein neuer Einwand, der nicht die eigentliche Differenz zwischen Kant und Hegel betrifft.

---

[208] *Hegel*, IV, S. 733. Die Zitate beruhen auf Georg Wilhelm Friedrich Hegel. Vorlesungen über Rechtsphilosophie 1818 – 1831, Edition und Kommentar in sechs Bänden von Karl-Heinz Ilting, 1973 / 1974; zitiert jeweils nach Band- und Seitenzahl.

[209] *Hegel*, II, S. 793.

[210] Ebd.

[211] Ebd.

[212] Ebd.

[213] *Hegel*, I, S. 340.

[214] A.a. O., S. 341.

[215] Ebd.

[216] Ebd.

[217] *Ders.*, III, S. 836.

[218] *Ders.*, IV, S. 735.

Diese liegt im Verhältnis von moralischer und weltgeschichtlicher Perspektive. Für Kant ist der Krieg etwas Böses, und der Gang der Weltgeschichte besteht darin, daß sich das Böse gegenseitig selbst zerstört „und so dem (moralischen) Prinzip des Guten, wenngleich durch langsame Fortschritte, Platz macht".[219]

Hegel dagegen hält es für „leeres Gerede, keine philosophische Idee, den Krieg für sich als etwas Unrechtes zu halten".[220] Für Hegel ist die Weltgeschichte eine Geschichte des Fortschritts im Bewußtsein der Freiheit, obwohl sie ihren Weg über Morde und Völkermorde, Revolutionen, Unterwerfungen, Eroberungszüge und Grausamkeiten aller Art nimmt. Hegel gerät zumindest nahe an den Gedanken, daß, was weltgeschichtlich notwendig war, dadurch auch gerechtfertigt ist.

Indessen läßt sich das Ziel der Geschichte – das hat Hegel selbst klar ausgesprochen – erst im Rückblick erkennen. Was wir tun sollen, müssen wir aber im voraus wissen. Dieser Gesichtspunkt läßt sich am besten verdeutlichen, wenn man ihn ins Theologische wendet: Auch wenn Juda's Verrat heilsgeschichtlich notwendig und insofern von Gottes Willen umfaßt war, so war er dennoch verwerflich. Moralisch ist nicht, zu wollen, was Gott will, daß es geschehe, sondern das zu wollen, von dem Gott will, daß wir es wollen. Unsere moralische Anstrengung muß sich mit Realitätssinn und Verantwortung auf den Frieden richten, selbst wenn in weltgeschichtlicher Perspektive ein Krieg so notwendig sein sollte, wie dereinst die Sintflut oder der Untergang von Sodom und Gomorrha. In diesem Punkt behält Kant gegen Hegel recht.

Seinen zweiten Einwand – der ewige Friede sei nicht nur nicht wünschenswert, sondern auch unerreichbar – stützt Hegel auf zwei Argumente, einmal: Auch die Kant'sche Weltföderation könne den Frieden nicht sichern, zum anderen könne es niemals zu dieser Weltföderation kommen.

Zunächst: Eine Weltföderation sei kein Staat, der den Frieden zwangsweise durchsetzen könne: „In Kant's Konzeption eines Völkerverbundes ... gibt es keinen Prätor, höchstens Schiedsrichter und Vermittler zwischen Staaten ... Die Kantische Vorstellung eines ewigen Friedens durch einen Staatenbund ... setzt die Einstimmung der Staaten voraus, welche auf moralischen, religiösen oder welchen Gründen und Rücksichten" und also „überhaupt immer auf besonderen souveränen Willen beruhen würde, und dadurch mit Zufälligkeit behaftet bliebe."[221]

Das ist zwar richtig, aber Hegel hat Kant in einem wesentlichen Punkt mißverstanden. Er meinte, die „Heilige Allianz sei ungefähr so ein Institut wie Kants Völkerbund".[222] Damit verkannte er, daß für Kant nur gewaltenteilende Republiken an diesem Völkerbund teilhaben können. Denn der ewige Friede ist geknüpft an die Bedingung der Ausbreitung einer politischen Weltzivilisation auf der Grundlage

---

[219] *Kant,* Zum ewigen Frieden, XI, S. 242.
[220] *Hegel,* IV, S. 734.
[221] *Ders.,* II, S. 800.
[222] *Ders.* IV, S. 734 f.

des Rechts im Innern und Äußeren. Ein Krieg wäre dann ein Ausbruch aus der Normalität, ebenso wie das Verbrechen in einer Rechtsgemeinschaft: immer möglich, aber doch erheblich unwahrscheinlicher als im Naturzustand des Faustrechts.

Um so mehr Gewicht erhält Hegels zweites Argument, eine Weltföderation sei nicht erreichbar. Denn, so sagt er, „der Staat ist Individuum und in der Individualität ist die Negation wesentlich enthalten. Wenn also auch eine Anzahl von Staaten sich zu einer Familie macht, so muß sich dieser Verein als Individualität einen Gegensatz kreieren ... sich einen Feind erzeugen."[223]

Die Unerreichbarkeit des ewigen Friedens gesteht Kant zwar zu[224]. Ihn anzustreben aber ermögliche, daß sich die politischen, moralischen, religiösen und anderen Elemente, die Feindschaft erzeugen könnten, durch eine übergreifende Rechtsordnung relativieren und entschärfen ließen. Dadurch würden Individualität und Gegensätzlichkeit der Staaten nicht eingeebnet, aber aus dem Naturzustand der kriegerischen Feindschaft in den Rechtszustand des friedlichen Wettbewerbs übergeleitet.

Anschauliche Modelle sind z. B. die Befriedung der jahrhundertelangen Konflikte zwischen der katholischen und der protestantischen Konfession, zwischen Monarchien und Demokratien, zwischen Nationalstaaten oder zwischen sozialen Gegensätzen. Die Befriedung gelang stets nur durch die beiderseitige Achtung eines beide Parteien übergreifenden, unparteilichen Rechts. Hegel hat zwar darin recht, daß es keine Garantie für die Achtung des Rechts und deshalb keine Garantie für den ewigen Frieden gibt. Kant aber hat darin recht, daß die allgemeine Bewußtwerdung des Rechtsprinzips und seine Niederlegung in einer föderativen Verfassung den Frieden zumindest wahrscheinlicher macht und daß es jedenfalls keine Alternative dazu gibt, diesen Weg wenigstens zu versuchen. Heute wäre die einzige Alternative zum ewigen Frieden auf der Grundlage des Kantischen Rechtsprinzips die ewige Unsicherheit der atomaren, bakteriologischen und chemischen Abschreckung, die alles Leben auf der Erde bedroht und zugleich Mittel bindet, die für die Entwicklung dringend benötigt würden.

Aber es bleibt die Frage: Behält Hegel gegen Kant nicht darin recht, daß eine universale Anerkennung des Rechtsprinzips unerreichbar bleibt – zumindest so lange, als die „sozialistischen" Staaten das Lenin'sche Prinzip der Parteilichkeit nicht hinter sich gelassen haben?

---

[223] A.a. O., S. 735.
[224] Vgl. oben S. 86, bei Fn. 191.

Kapitel 8: Relativistische und realistische Entspannungspolitik

§ 33 Die „sozialistische" Rechtsauffassung

Mit dieser Frage rühren wir an das Dilemma der Entspannungspolitik. Diese beruht auf der Hoffnung, daß der Weltkonflikt zwischen Ost und West auf der Grundlage des Rechts befriedet werden kann. In der Tat gibt es ja keinen anderen Weg zum Frieden als den der Achtung der Grundsätze und Normen des Völkerrechts. Das Dilemma der Enspannungspolitik besteht darin, daß diese Achtung an die Anerkennung der Verpflichtungskraft des Rechts überhaupt gebunden ist, daß aber der Streit um diese Anerkennung oder Nichtanerkennung den Kern des Weltkonflikts ausmacht. Es geht zwischen Ost und West weder um bloße Machtinteressen, noch um wirtschaftliche Interessen, noch um religiöse, moralische, weltanschauliche, ethnische oder soziale Gegensätze und auch nicht, entgegen dem Anschein, um den Gegensatz zwischen sozialistischer und kapitalistischer Wirtschaftsform. Alle solche Konflikte ließen sich prinzipiell durch ein unparteiliches Recht befrieden. Es ist aber gerade die Geltung des Rechtsprinzips selbst, die Idee der Unparteilichkeit an sich, die umstritten ist und um die es in der Auseinandersetzung zwischen Ost und West letztlich geht.

Der alle Staatsgewalt sich unterordnende Führungsanspruch der kommunistischen Parteien in den sogenannten sozialistischen Staaten bedeutet im Kant'schen Sprachgebrauch, daß die Staaten nicht gewaltenteilende Republiken, sondern gewaltenkonzentrierende Despotien sind, daß folglich die Menschen nicht im Rechtszustand der Freiheit leben, sondern eines anderen nötigender Willkür ausgeliefert sind. Versucht man den letztlich entscheidenden Unterschied zwischen West und Ost herauszuschälen, so ist es der zwischen einem auf Recht und einem auf Willkür gegründeten politischen System. Was man auch vorbringen mag, um die Unterschiede an Freiheit und Wohlstand, an wirtschaftlichen, sozialen, kulturellen Lebensbedingungen einzuebnen, also Schwächen des Westens herauszustellen und solche des Ostens zu beschönigen oder herunterzuspielen, dieser fundamentale Gegensatz ist nicht wegzuleugnen (oder jedenfalls nur mit sehr groben Mitteln polemischer Verdrehungskunst). Es geht nicht darum, ob das Recht auch im Westen in vielfältiger Weise gebrochen wird, sondern um die Anerkennung des Rechtsprinzips als Grundlage des politischen Systems und damit auch um die Anerkennung des Rechtsbruchs als eines Rechtsbruchs, der aufgedeckt, bereinigt und überwunden werden muß. Demgegenüber verfügt die Parteiführung in den sozialistischen Staaten über das Recht, ohne selbst an ein ihr von außen irgendwie vorgegebenes Recht gebunden zu sein. Ist sie aber an Recht nicht gebunden, kann sie auch nicht an Menschenrechte gebunden sein.

Ihre Nichtachtung der Menschenrechte haben die sozialistischen Staaten ausdrücklich abgesichert, und zwar in doppelter Weise, einmal innerstaatlich, einmal völkerrechtlich: Innerstaatlich durch Verweigerung des gerichtlichen Rechtsschutzes, international durch den Vorbehalt staatlicher Souveränität.[225]

So stellt sich die Frage: Wie wirkt sich diese prinzipielle Nichtanerkennung des Rechtsprinzips auf das Völkerrecht aus? Die Sowjetunion hat sich ein eigenes Völkerrecht des „proletarisch-sozialistischen Internationalismus" zurechtgelegt.[226] Dieses unterscheidet zwei Typen von Völkerrecht. Eines gilt innerhalb der sozialistischen Staatengemeinschaft, ein anderes nach außen, also im Verhältnis zu westlichen und anderen Ländern.

Im Bereich der sozialistischen Staatengemeinschaft werden Grundsätze und Normen des allgemeinen Völkerrechts durch ein besonderes, sozialistisches Völkerrecht verdrängt. Insbesondere seien Souveränität und Gleichberechtigung der Staaten, das Selbstbestimmungsrecht der Völker und auch das Gewaltverbot durch ein hegemoniales Interventionsrecht ersetzt (die sogenannte Breschnew-Doktrin). So sagt z. B. der bekannte sowjetische Völkerrechtler Tunkin: „Das Prinzip des Nichtangriffs wird in den sozialistischen Staaten vom umfassenden Grundsatz des sozialistischen Internationalismus überdeckt."[227] Und: „Zu behaupten, daß die Beziehungen zwischen den sozialistischen Ländern nur von den Grundsätzen des allgemeinen Völkerrechts realisiert werden müßten, heißt, auf die Linie der Uparteilichkeit herabgleiten und in den Sumpf des bürgerlichen Normativismus geraten."[228]

Zum andern: Die friedliche Koexistenz zwischen sozialistischen und westlichen Staaten beruhe zwar auf der Grundlage des allgemeinen Völkerrechts. Dieses aber habe nur provisorischen Charakter für eine Übergangszeit. Das proletarisch-sozialistische Völkerrecht, das einstweilen nur zwischen den sozialistischen Staaten gelte, sei das vorweggenommene Völkerrecht der Zukunft. Es erhebe auf Dauer gesehen universalen Geltungsanspruch und dürfe und müsse schrittweise ausgedehnt werden, bis es zu einem sozialistischen Weltrecht geworden sei.

Hier bestätigt sich also die These Kant's, daß Despotien das Völkerrecht nicht anerkennen können. Denn Staaten, die im Innern das Rechtsprinzip nicht gelten lassen, haben es überhaupt nicht akzeptiert und können es folglich auch im Äußeren nicht anerkennen. Sofern sie nach dem Völkerrecht handeln, tun sie das, wenn und soweit sie sich dazu genötigt sehen, insbesondere, weil sich die Rücksicht auf das Völkerrecht für sie als nützlich in ihrem gegenwärtigen Zweck-Mittel-Kalkül erweist. Dieser Gesichtspunkt trägt zwar verhältnismäßig weit: Auch die Sowjetunion hat Interesse daran, als vertragsfähig zu gelten und hält deshalb nicht nur Handelsverträge, sondern bis zu einem gewissen Grade auch politische Verträge, aber stets unter dem Vorbehalt des Provisorischen und letztlich Unverbindlichen.

Es stehen sich also zwei schlechterdings unvereinbare Vorstellungen gegenüber, einerseits das Rechtsprinzip: Freiheit und Gleichheit der Menschen im Innern und

---

225 Vgl. oben § 11, S. 39 ff.
226 Hierzu *Theodor Schweisfurth*, Sozialistisches Völkerrecht?, 1979, S. 365 ff., 542 ff.
227 *Grigorij I. Tunkin*, Völkerrechtstheorie, 1972, S. 489.
228 Ebd.

Freiheit und Gleichheit der Staaten im Äußeren. Andererseits der Machtzynismus: Despotie im Innern – Hegemonie im Äußern.

Kants These vom kriegerischen Charakter des Despotismus erweist seine Richtigkeit nicht nur am Imperialismus des nationalsozialistischen Deutschland, sondern auch an dem der kommunistischen Staaten. Beispiele bieten die sowjetische Einverleibung der baltischen Staaten und von Teilen Rumäniens, der Krieg gegen Finnland, der sowjetische Einmarsch in Polen im September 1939, die Annektierung der polnischen Ostgebiete, die Weigerung, sich nach dem 2. Weltkrieg aus den osteuropäischen Staaten zurückzuziehen, die chinesische Eroberung Tibets, der Angriff Nordkoreas auf Südkorea, der Angriff Nordvietnams auf Südvietnam, der chinesische Angriff auf Indien 1962, die militärische Niederwerfung der Volkserhebungen in der DDR 1953, in Ungarn und Polen 1956, der chinesisch-vietnamesische Krieg, die sowjetisch-chinesischen Bedrohungen, der vietnamesische Eroberungskrieg gegen Kambodscha und Laos, die Übergriffe auf thailändisches Territorium, die Kriege in Äthiopien, in Angola, in Afghanistan. Der einzige kriegerische Angriff, der nach dem 2. Weltkrieg auf europäischem Boden geführt worden ist, war der der Warschauer-Pakt-Staaten gegen die Tschechoslowakei 1968. Er führte zwar nicht zu einer militärischen Gegenwehr, war aber im Rechtssinne ebenso eine kriegerische Aggression wie etwa der Einmarsch Hitlers in Dänemark, der auch nicht zu einer Gegenwehr geführt hat. Die Phrase: „Von deutschem Boden soll nie wieder Krieg ausgehen", in der Bundesrepublik und DDR „übereinstimmen", ist tief unwahrhaftig: Es ist schon Krieg ausgegangen; 1968 sind die Truppen u. a. von deutschem Boden aus in die Tschechoslowakei einmarschiert. Auch die militärischen Drohungen gegen Polen 1979 schlossen einen von deutschem Boden ausgehenden Grenzübertritt ein.

Hingegen ist es schwer, Beispiele dafür zu finden, daß Republiken im Kant'schen Sinne – also die westlichen Demokratien – einen Krieg ausgelöst hätten. Es gibt zwar Beispiele – insbesondere den 1. Weltkrieg –, die zeigen, daß dies nicht völlig ausgeschlossen ist, aber es ist erheblich unwahrscheinlicher.[229]

Kants Argument ist also nicht etwa das der „Homogenität", d.h. der Überwindung des Gegensatzes zwischen Demokratie und Despotie. Dieser Gegensatz wäre auch dann überwunden, wenn alle Staaten Despotien wären. Selbst wenn sie alle ideologisch gleichgerichtete, z. B. sozialistische Despotien wären, wäre an Frieden nicht zu denken: die Hoffnung auf eine „pax Sowjetica", die der „pax Romana" vergleichbar wäre, ist illusorisch.

Kant meinte, daß „ein seelenloser Despotismus, nachdem er die Keime des Guten ausgerottet hat, zuletzt doch in Anarchie verfällt".[230] Homogenität als solche gewährleistet noch keinen Frieden; das tut vielmehr erst die Homogenität auf der

---

[229] *Werner Becker,* Der Streit um den Frieden, 1984, S. 35 f., macht die Gründe dafür an Beispielen anschaulich.

[230] *Kant,* Über den Gemeinspruch . . ., XI, S. 225.

Grundlage des Rechts. Ein Weltfriede auf der Grundlage eines Weltdespotismus kann also aus demselben Grunde nicht stabil sein, aus dem Despotien überhaupt nur durch Terror und Propaganda Bestand haben können: Stabilität gibt es nur auf der Grundlage rechtlicher Legitimität[231], und diese gibt es nur auf der Grundlage von Gewaltenteilung, Menschenrechten und Demokratie.

§ 34 Die relativistische Entspannungskonzeption

Die Bedingungen des ewigen Friedens liegen in weiter Ferne; einstweilen müssen wir uns mit einem provisorischen Frieden, jedenfalls zwischen Ost und West, begnügen. So fragt sich: Sollen wir das Ziel des ewigen Friedens dennoch anstreben oder uns diese Hoffnung als illusorische Utopie aus dem Kopf schlagen? Kants Annahme war, daß wir den provisorischen Frieden in dem Maße sicherer machen, in dem wir die Bedingungen des ewigen Friedens, also die Verbindlichkeit des Rechtsprinzips im Innern und Äußern, unverrückbar ansteuern.

Die dem entgegengesetzte Annahme läßt sich etwa so zusammenfassen: Entspannung setze voraus, daß man den Streitgegenstand neutralisiere. Wenn es im Ost-West-Konflikt gerade um die Verbindlichkeit des Rechtsprinzips gehe, müsse man also diesen Streitgegenstand neutralisieren, d.h. sich unparteilich über ihn erheben, einen Metastandpunkt jenseits von Recht und Unrecht, jenseits des Gegensatzes von Demokratie und Despotismus einnehmen, also einen dritten, übergeordneten Gesichtspunkt, der die beiden einander entgegengesetzten konfliktträchtigen Ideologien relativiere, entschärfe, ihrer Dynamik entledige und dadurch „entspanne". Wenn die Bedingungen des ewigen Friedens nur durch die demokratische Weltrevolution herbeizuführen seien und wenn die Dynamik dieser Revolution Spannungen auslöse, so müßten wir dieses Fernziel und diese Dynamik eben aufgeben. Die Koexistenz von Demokratien und Despotien sollten wir nicht nur als provisorischen Frieden, sondern als Endstufe des je erreichbaren ewigen Friedens akzeptieren.

Die Verfechter der relativistischen Entspannungskonzeption fordern deshalb, der Westen solle dem Osten gegenüber Vertrauen entwickeln, unabhängig davon, ob es begründet oder unbegründet ist und ob von einer Vorleistung an Vertrauen positive Resonanz zu erwarten ist – Vertrauen sei gut an sich. Damit verhindert man, daß die Bedingungen entstehen können, unter denen Vertrauen wirklich begründet wäre. Man verändert statt der Wirklichkeit seine Innerlichkeit: man will in sich selbst „Feindbilder abbauen", ein psychologischer Prozeß der Selbstdisziplinierung. Mit

---

[231] Kant hatte freilich noch nicht die modernen Formen des totalitären Despotismus vor Augen. Sie verzögern den Verfall in Anarchie, indem sie den Zynismus des Machtprinzips bis zum Äußersten treiben. Wir sind Zeugen eines welthistorischen Experiments, das zeigen wird, wie lange ein System ohne Bindung an Recht und Ethos, gegründet nur auf Nötigung, Einschüchterung und Lüge wird bestehen können.

dessen Gelingen ist das Bewußtsein der uns entgegengebrachten Feindschaft überwunden; diese selbst besteht freilich fort wie zuvor.

In dem Maße, in dem uns diese Selbstmanipulation des Bewußtseins gelingt, werden die Feindbilder auf die Regierungen unserer westlichen Verbündeten projiziert, wie wenn eine Wippe umschlägt: Der Freund steht in Moskau, der Feind in Washington. Anscheinend gilt in der politischen Psychologie ein Gesetz, demzufolge man Feindbilder nicht abbauen, sondern nur verschieben kann. Diese Verschiebung polarisiert zugleich die Innenpolitik in den Demokratien: diejenigen, die sich der Drehung der Freund-Feind-Achse um 180 Grad widersetzen, werden aus einem geachteten demokratischen Gegner zum gehaßten Feind.

Die Weisen aller Zeiten lehrten: Die Grundlage des Friedens ist die Gerechtigkeit, die Grundlage der Gerechtigkeit ist die Wahrheit, und zu ihr gehören die Klärung moralischer Begriffe und die wahrheitsgemäße Information über alle relevanten Sachverhalte. Seit der Mitte der 70er Jahre soll das nicht mehr gelten. An die Stelle der Klärung des Rechtsbegriffs tritt die Relativität zwischen Recht und Willkür, zwischen demokratischem Verfassungsstaat und Parteidiktatur, zwischen West und Ost, die als prinzipiell gleichwertig gelten sollen.

Selektive Information und selektive Entrüstung stützen diesen Relativismus: Unrecht und Mißstände im Westen werden so intensiv wie möglich ins öffentliche Bewußtsein gehoben und mit Zorn und Hohn kommentiert; solche im Osten weniger zur Sprache gebracht und als eine Gegebenheit dargestellt, die wir rational zu verarbeiten, d.h. mit der wir uns abzufinden hätten. Der Sinn dieses Verfahrens ist, das moralische Gefälle zwischen West und Ost im Bewußtsein unserer Öffentlichkeit einzuebnen. Es soll der Eindruck entstehen, als ob Achtung oder Mißachtung von Menschenrecht und Völkerrecht „systemunabhängig" seien.

Dieser Meta-Standpunkt jenseits von Recht und Unrecht soll aus folgendem Grund um des Friedens willen erforderlich sein: Die Anerkennung der völkerrechtlichen Gleichberechtigung der Staaten und des territorialen status quo genügten nicht, um den Frieden durch Verhandlungen zu fördern; hinzutreten müsse ein Verhandlungsklima des Respekts und des Vertrauens, möglichst sogar der Herzlichkeit und Freundschaft. Zu diesem Zweck müsse man „Feindbilder abbauen" und eine „Vertrauenskultur" entwickeln, die sich unabhängig von Enttäuschungen und Rückschlägen, von praktischen Erfahrungen und theoretischer Einsicht verselbständigen und ohne Bedingung und Vorbehalt stabilisieren müsse. Dies aber könne nur gelingen, wenn zwei Voraussetzungen gegeben seien:

Erstens müsse die neue Entspannungsmentalität aufrichtig sein und nicht nur als praktische Handlungsmaxime gelten, vielmehr auch unser theoretisches Verständnis der politischen Gegebenheiten in Ost und West durchdringen.

Zweitens genüge es nicht, daß die politisch verantwortlichen Staatsmänner allein von dieser neuen Entspannungsmentalität erfaßt seien; diese müsse auf die gesamte Gesellschaft ausgedehnt werden. Vor allem müßten sich Kirchen, Wissenschaft, Parteien, Gewerkschaften, Jugendverbände, vor allem aber die Intellektuellen und die Medien dafür engagieren. Auf diese Weise könne man die Spirale des gegenseitigen Mißtrauens, der Rüstung und der Spannungen zwischen Ost und West durchbrechen. Alles andere müsse zurückstehen: Negative Rückwirkungen auf die Orientierung der Dritten Welt, auf das Legitimitätsbewußtsein unserer Jugend, auf Wahrhaftigkeit und Menschlichkeit. Selbst das moralische und christliche Gewissen sollen sich künftig nicht mehr in erster Linie an Recht und Wahrheit orientieren, sondern an der funktionalen Frage, ob eine Aussage oder Handlung der Entspannung diene oder nicht.

Wer an der prinzipiellen Menschenrechts- und Völkerrechtsverachtung der sozialistischen Staaten Anstoß nimmt und sich innerlich statt mit den Machthabern mit den Opfern solidarisiert, vertrete noch die überholte Idee des gleichen Rechts der Menschen und Staaten, die aus sich heraus so wenig verständlich sei, daß sie nur noch durch psychologische Analyse zu erklären sei.[232]

Unsere Philosophen, die in den 70er Jahren den Jahrtausende alten Zusammenhang von Friede, Recht und Wahrheit als Irrtum entlarvt und den Meta-Standpunkt jenseits von Recht und Unrecht als Bedingung des Friedens vorgedacht haben, haben sich selbst so viel Distanz bewahrt, daß sie gelegentlich durchaus zugeben, es handele sich um eine Strategie der Lüge um des Friedens willen. So meint z. B. Carl Friedrich von Weizsäcker: „Eine Politik, welche die Welt in Gut und Böse einteilt und welche die größte Macht, mit der zusammenzuleben unser Schicksal ist, als Haupt der Bösen ansieht, ist selbst dann keine Friedenspolitik, wenn ihre moralischen Urteile richtig sind."[233]

Müssen wir uns wirklich um des Friedens willen vor richtigen moralischen Urteilen hüten? Es geht natürlich zwischen Ost und West nicht um Gut und Böse, aber doch um die prinzipielle Anerkennung oder Nichtanerkennung des Rechtsprinzips. Sollen wir uns also vor dem Urteil hüten, daß die Ostblockmächte das Rechtsprinzip gleicher Freiheit der Menschen und Staaten nicht gelten lassen, son-

---

[232] So meint z. B. *Horst-Eberhard Richter*, Anti-Kommunismus erkläre sich aus denselben Motiven wie Hexenverfolgung und Antisemitismus, nämlich aus Leidensabwehr durch projektiven Haß und archaisch-magische Phantasien (Der Gotteskomplex, Reinbek 1979, 7. Kap.) Indes: Die Menschheitsbedrohung durch Hexen oder durch das Weltjudentum waren Wahnideen. Ist die Menschheitsbedrohung durch die Mißachtung von Völkerrecht und Menschenrecht auch nur eine Wahnidee? Die sowjetischen Psychiater nehmen das an und erklären sich gegenüber den sowjetischen Bürgerrechtlern für zuständig, so z. B. Dr. Vartanjan, der zu den diesjährigen Friedensnobelpreisträgern gehört. Dieser Preis wurde u. a. von Dr. Tschasow entgegengenommen, stellvertretender Gesundheitsminister der Sowjetunion, als solcher mitverantwortlich für den Mißbrauch der Psychiatrie, und Mitglied des ZK der KPdSU, als solcher mitverantwortlich für den Krieg in Afghanistan. Dr. Tschasow hat den Träger des Friedensnobelpreises von 1975, Sacharow, wegen der von diesem vertretenen These des Zusammenhangs von Menschenrechten und Friedenspolitik öffentlich diffamiert. Die Anhänger der relativistischen Entspannungskonzeption haben an der Verleihung des Friedensnobelpreises an Leute dieser Art nichts Anstößiges finden können.

[233] Die Zeit , Nr. 13 vom 26. 3. 1982, S. 10.

dern vom Machtzynismus der Parteilichkeit ausgehen, obwohl dieses Urteil richtig ist? Wenn wir Falsches zur Grundlage unserer Erwartungen und unseres politischen Kalküls machen, kann das nur in Enttäuschung und Rückschläge führen.

Offenkundig ist dies, was Präsident Reagan mit dem Satz hat zum Ausdruck bringen wollen, „the focus of the evil", das Zentrum des Übels – er meinte in diesem Zusammenhang die kommunistische Weltrevolution – liege in Moskau. Es stiftet nur Verwirrung, wenn man diesen Satz so kommentiert, als habe er gesagt, der Westen sei gut, der Osten sei böse. So lehrt z. B. Franz Alt: Wer meine, der Westen sei gut, der Osten sei schlecht, der leide an „moralischer Überheblichkeit gegenüber Andersdenkenden", ihm „fehlt jede Selbsterkenntnis".[234] Natürlich ist der Westen nicht „gut": Wir sind normale Menschen, eingespannt in den ewigen Kampf zwischen Gut und Böse. Zu unserer Normalität gehört freilich auch, daß sich der Unterschied zwischen Gut und Böse, zwischen Recht und Unrecht in den Maßstäben unserer Rechts- und Verfassungsordnung und unseres moralischen Urteilens niedergeschlagen haben. Niemand hat die Meinung vertreten, der Westen sei „gut" an sich. Indem man dies aber unterstellt und als absurd anprangert, soll es zugleich als absurd erscheinen, wenn man den Machtzynismus der Parteilichkeit als „böse" bezeichnet. Die Technik der geistigen und moralischen Verwirrung besteht darin, das Falsche, das man dem Bewußtsein einträufeln will, so mit Richtigem zu mischen, daß man sich die Zustimmung, die dem Richtigen gewährt wird, für das Falsche erschleicht.

§ 35 Drei Grundregeln

So stehen sich gegenwärtig zwei Grundkonzeptionen der Friedenspolitik gegenüber: Friede durch Relativierung oder im Gegenteil durch Betonung der Rechtsidee. Im polemischen Sprachgebrauch der Relativisten ist es der Streit zwischen „Kaltem Krieg" und „Entspannung", zwischen „Falken" und „Tauben", in dem der anderen Seite hingegen zwischen realistischer und relativistischer Entspannungspolitik. Um diese beiden Konzeptionen geht der Streit nicht nur in der Innenpolitik, sondern auch innerhalb der westlichen Gemeinschaft. Diese ist sich zwar einig im Ziel der Entspannung, nicht aber immer in der Frage, ob Entspannung mit dem Eintreten für die Rechtsidee der demokratischen Weltrevolution oder im Gegenteil mit ihrer Relativierung einhergehen müsse. Die Spannungen haben mitunter das atlantische Bündnis ernstlich belastet.

Beide Konzeptionen gehen von der völkerrechtlichen Gleichberechtigung der Staaten aus. Die Wege trennen sich bei der Frage, ob daraus der Schluß auf die politisch-moralische Gleichwertigkeit der Systeme zu ziehen ist. Die klassische westliche Friedenspolitik verneint dies, nicht nur, weil dieser Schluß logisch unbegründet ist, sondern auch, weil er die Chancen einer Stabilisierung des Friedens be-

---

[234] *Franz Alt,* Frieden ist möglich, 1982, S. 65 u. 78.

einträchtigt. Die relativistische Entspannungskonzeption meint hingegen, wir müßten es so ansehen oder uns zumindest so verhalten, als ob die Mißachtung der Menschenrechte eine gleichwertige „andere" Auffassung von Politik sei.

Beide Konzeptionen gehen von dem Grundsatz aus, daß wir Frieden halten müssen mit dem Gegner, den wir haben und wie er sei. Die relativistische Konzeption folgert dann aber: Wenn der Gegner das Rechtsprinzip verleugne, so dürften wir gar nicht mehr versuchen, ihn davon abzubringen, sondern müßten Unparteilichkeit walten lassen auch noch zwischen dem „westlichen" Rechtsprinzip der Unparteilichkeit und dem östlichen Prinzip der Parteilichkeit: wir müßten ganz unparteilich einen Standpunkt jenseits von Unparteilichkeit und Parteilichkeit einnehmen. Das ist jedoch unmöglich, denn damit hebt sich der Anspruch der Unparteilichkeit selbst auf und weicht der Anerkennung der Parteilichkeit – also der Unterwerfung unter das „Recht des Stärkeren". Diese Dialektik ist unentrinnbar, darin liegt das Dilemma der relativistischen Entspannungsmentalität. Mit der Idee eines überparteilichen Rechts kann man sich über alle politischen Gegensätze erheben – über konfessionelle, wirtschaftliche, soziale, nationale, ideologische, und diese dadurch neutralisieren, nur über einen Gegensatz nicht: den der Geltung oder Nichtgeltung eines überparteilichen Rechts selbst. Gleichwertigkeit von Anerkennung und Nichtanerkennung des Rechtsprinzips heißt, das Rechtsprinzip eben nicht anzuerkennen.

Man kann logischerweise nicht sagen: Jeder Staat ist völkerrechtlich gleichberechtigt, ausgenommen Polen, Bulgarien, Afghanistan usw. Immanuel Kant sagt: „Man kann hier nicht das Mittelding eines pragmatisch bedingten Rechts (zwischen Recht und Nutzen) aussinnen"[235] und „das Verschlingen eines kleinen Staates, wenn dadurch ein viel größerer, zum vermeintlich größeren Weltbesten, gewinnt, für eine leicht verzeihliche Kleinigkeit ... halten" (1795)[236]. Tut man das doch, so beeinträchtigt man die Chance, daß die Grundsätze und Normen des Völkerrechts allmählich universale Anerkennung finden und zerstört damit nicht nur die Hoffnung auf den „ewigen Frieden", sondern auch die Bedingung des provisorischen Friedens.

Eine vernünftige Friedenspolitik erfordert deshalb, von der Verstiegenheit des Meta-Standpunktes jenseits von Recht und Unrecht zurückzukehren und sich einiger Grundsätze der politischen Aufklärung zu erinnern, wie sie uns Immanuel Kant gelehrt hat.

Erstens müssen wir unterscheiden zwischen theoretischer und praktischer Vernunft, zwischen der Frage nach dem, was wahr ist, und der, was vernünftigerweise zu tun ist. Der Friede erfordert weder die Selbstvernebelung des theoretischen Denkens noch des moralischen Gewissens und schon gar nicht die systematische, pädagogische und publizistische Irreführung der jungen Generation. Die theoreti-

---

[235] *Kant,* Zum ewigen Frieden, XI, S. 244.
[236] *Ders.,* a. a. O., S. 249.

sche Vernunft wieder in ihr Recht einzusetzen, bedeutet als erstes die Bewußtmachung des Gegensatzes zwischen Rechtsprinzip und Machtzynismus, zwischen Demokratien und Parteidiktaturen, zwischen Menschenrechten und ihrer Funktionali-
sierung im Dienst unumschränkter Herrschaft, zwischen Anerkennung und Nichtanerkennung der Grundsätze und Normen des Völkerrechts.

Zweitens müssen wir innerhalb der praktischen Verhaltenslehre unterscheiden
zwischen den in der Außen- und Deutschlandpolitik verantwortlichen Staatsmän-
nern und der übrigen Gesellschaft. Die ersteren müssen Zurückhaltung walten lassen. Sie wahren diplomatische Formen und Gepflogenheiten, sie verhandeln in ent-
spannter Atmosphäre, sie brauchen dem anderen nicht „die Wahrheit zu sagen", sie
schlucken herunter, was sie empfinden, wenn sie Tyrannen und Usurpatoren die
Hand geben; das verlangt ihr Amt. Die Bevölkerung ist intelligent genug, die Notwendigkeit dessen zu verstehen, sie bedarf dazu nicht der künstlichen Indoktrinie-
rung mit der neuen Entspannungsmentalität.

Wenn indessen Publizisten, Pädagogen, Wissenschaftler, Prediger, Gewerkschaf-
ter, Parteipolitiker, Literaten usw. sich wie kleine Außenminister gebärden, so ist
dies nicht nur Ausdruck von Unwahrhaftigkeit und Immoralität, sondern auch Ausdruck einer politischen Unklugheit von katastrophalem Ausmaß. Was soll dann sowjetische Machthaber noch zu zivilisiertem Verhalten motivieren?[237]

In Frankreich ist es heute fast selbstverständlich, daß, wenn der sozialistische
Staatspräsident einen sowjetischen Staatsmann empfängt, Mitlieder der demokratischen sozialistischen Partei vor der sowjetischen Botschaft für Menschenrechte demonstrieren. Sie machen damit offenbar, daß friedliche Entspannungspolitik nicht
Servilität des Geistes voraussetzt, sondern mit Würde und aufrechtem Gang vereinbar ist.

Drittens: Aber auch was die diplomatische Zurückhaltung der Staatsmänner an-
geht, so gilt es, den Despoten gegenüber die Würde zu wahren, die aus dem Be-
wußtsein erwächst, anders als jene von einem freien Volk in freien Wahlen in ihr
Amt berufen zu sein und kein Blut an den Händen kleben zu haben. Gesten inniger
Freundschaft und Herzlichkeit sind nicht nur ein Stilfehler, sondern ein politischer
Fehler, und zwar in doppelter Hinsicht: Einmal lassen uns diese Gesten als naive
und leicht zu manipulierende Partner erscheinen, denen man keine substantiellen
Zugeständnisse zu machen braucht, die im Gegenteil bei genügender Festigkeit zu

---

[237] Ein Beispiel: Beim Tode Andropows mußte der Bundespräsident die Bundesrepublik
mit allen Formen des Beileids repräsentieren. Wenn aber die westliche Presse Andropows
Vernunft und Mäßigung lobte und kaum erwähnte, daß er das ungarische Volk niedergeworfen, seine politischen Führer überlistet und ermordet, in seiner Heimat den Mißbrauch
psychiatrischer Anstalten zur Knechtung des Geistes erfunden, das polnische Volk mit Krieg
bedroht, das afghanische mit Krieg überzogen und dabei völkerrechtswidrige Kampfmittel
eingesetzt hat, und mutmaßlich hinter dem Attentat auf den Papst stand, so mußte das in
Moskau als Ermutigung wirken, in gleichem Geiste fortfahren zu dürfen, ohne sich international zu diskreditieren.

immer neuen Nachgiebigkeiten zu gewinnen sind. Zum anderen haben diese Gesten Rückwirkungen auf das öffentliche Bewußtsein im Inneren: Sie tragen dazu bei, vergessen zu machen, mit wem wir es zu tun haben und wer unsere wahren Freunde sind. Das gilt um so mehr bei Politikern, die in westlichen Hauptstädten mit auftrumpfendem Protest auftreten, anstatt als kritische Freunde, in östlichen hingegen mit servilen Vertrauensbekundungen anstatt in Zurückhaltung und Würde. Was auf den ersten Blick nur als Stilfehler erscheint, vermag in seinen Konsequenzen das gesamte innen- und außenpolitische Koordinatensystem der Bundesrepublik in ihrem Verhältnis zu West und Ost zu verschieben und die Chancen des Weltfriedens ernstlich zu beeinträchtigen.

§ 36 Menschenrechte und Einmischung in innere Angelegenheiten

Beide Konzeptionen der Friedenspolitik stimmen überein im Gewaltverzicht und der Anerkennung des territorialen status quo. Außenpolitik muß – auch nach Kant – die Souveränität der Staaten auch dann respektieren, wenn die Herrschaft despotischen Charakter hat und die Menschenrechte mißachtet. Denn die erste Bedingung des Friedens – auch des provisorischen Friedens – ist die Universalität des Völkerrechts, das jeden Staat, der effiziente Herrschaft ausübt, einschließen muß.

Die Wege trennen sich bei der Frage, ob deshalb auch die politische und moralische Forderung nach Respektierung des Menschenrechts und des Völkerrechts preiszugeben ist.

1. Im Hinblick auf die Forderung nach Menschenrechten ist die Grenze des völkerrechtlich Zulässigen die _Einmischung in innere Angelegenheiten". Dieser Begriff wird in Art. 6 der Schlußakte von Helsinki genau umschrieben. Danach verpflichten sich die Teilnehmerstaaten, sich wechselseitig jeder „bewaffneten Intervention oder ihrer Androhung, jeder militärischen, politischen, wirtschaftlichen oder sonstigen Zwangsmaßnahmen sowie der direkten oder indirekten Unterstützung terroristischer, subversiver oder anderer auf den gewaltsamen Umsturz des Regimes gerichteter Tätigkeiten zu enthalten".[238] Wesentlich daran ist dreierlei.

Erstens: Verpflichtete sind die *Staaten* (also nicht freie gesellschaftliche Kräfte, Presse, Medien, Gewerkschaften, Verbände).

Zweitens sind sie verpflichtet, sich zu enthalten der Gewalt oder der *Zwangsmaßnahmen* (also nicht der Informationen, öffentlichen Meinungsäußerungen, Verbreitung durch Rundfunk und andere Publikationsmittel oder dergleichen).

Und drittens ist *subversive Tätigkeit* und ihre Unterstützung verboten. Subversive Tätigkeit ist eine solche, die auf den *gewaltsamen* Umsturz des Regimes gerichtet ist. Das betrifft also nicht eine Bürgerrechtsbewegung, die von ihrem Regime

---

238 Schlußakte der Konferenz über Sicherheit und Zusammenarbeit in Europa vom 1. August 1975 (BTDr. 7/3867).

die Einhaltung der Menschenrechte oder der Schlußakte von Helsinki verlangt (hingegen ist die östliche Unterstützung westlicher kommunistischer Parteien, solange diese ihrerseits den gewaltsamen Umsturz der Demokratie zum Ziele haben, eine völkerrechtliche Einmischung in unsere inneren Angelegenheiten). Das Gewaltsamkeitskriterium ist entscheidend.

Danach ist es keine Einmischung in innere Angelegenheiten, wenn unsere Medien über die Zustände in der Sowjetunion und den von ihr unterjochten Ländern wahrheitsgemäß und ohne Beschönigung berichten, wenn unsere Kirchen ihre Solidarität mit den Armen und Unterdrückten auf die im Sozialismus Verfolgten erstrecken, wenn unsere Pädagogen die Jugend über die staatsrechtlichen Bedingungen eines menschenwürdigen Lebens unterrichten, wenn unsere Rundfunkanstalten den Menschen im Ostblock Informationen vermitteln, wenn Politiker im diplomatischen Umgang mit despotischen Machthabern ein gewisses Maß an Würde und Distanz bewahren, wenn Demonstranten vor sowjetischen Einrichtungen auf die Verletzung von Menschenrechten hinweisen, kurz: wenn Demokraten demokratische Selbstachtung zeigen und sich die moralische Forderung zu eigen machen, daß der Mensch als Mensch in seiner Würde und Freiheit zu respektieren ist. Der Verzicht auf diese Selbstachtung ist weder eine Forderung des Völkerrechts noch ein Erfordernis aktiver Friedenspolitik, sondern freiwillige Selbstzensur westlicher Demokraten und damit Ausdehnung der Herrschaftsmacht sowjetischer Zensur über ihr Staatsgebiet hinaus.

2. Im Hinblick auf die Forderung nach Einhaltung des Völkerrechts ist die Grenze des Zulässigen ebenfalls die Gewalt. Sowjetische Völkerrechtsbrüche – wie der militärische Einmarsch in Ungarn 1956, in die Tschechoslowakei 1968, oder in Afghanistan 1979 – erlauben uns nicht, den unterjochten Völkern mit militärischen Mitteln zu Hilfe zu kommen. Wir sind jedoch nicht verpflichtet, auf solche Völkerrechtsverbrechen mit Gleichgültigkeit zu reagieren, als seien sie keine Menschheitssache, sondern eine Angelegenheit der jeweils betroffenen Staaten, die uns nichts angehe.

Denn wenn die Anerkennung des Rechts die Grundlage des Friedens ist, dann bedeutet das, daß sich diejenigen, die das Rechtsprinzip nicht anerkennen wollen, doch dazu werden bequemen müssen. Wenn jemand das Recht anderer Menschen und Völker offen mißachtet und verletzt, so ist die an und für sich natürliche Reaktion, daß er sich moralisch und politisch unmöglich macht, sich diskreditiert und international isoliert, während Akte der Respektierung des Rechts, seien sie auch taktisch bedingt, Ermutigung und Bestärkung erfahren. Alles, was erforderlich wäre, ist, diese dem Menschen natürliche und moralisch an sich selbstverständliche Reaktion nicht künstlich in sich zu unterdrücken, sondern wohlüberlegt und wohldosiert zum Ausdruck zu bringen und diplomatisch zu nutzen.

Die Verfechter des Meta-Standpunkts jenseits von Recht und Unrecht hingegen lehren, daß wir Unrecht „rational verarbeiten" müßten, und verstehen darunter, daß wir jedes Aufflackern moralischer Reaktion in uns zum Schweigen zu bringen hätten. Es gibt indes keinen anderen Weg, die sowjetischen Machthaber allmählich daran zu gewöhnen, daß sie sich ebenso wie alle anderen auch in das Recht einzufügen haben, als den der Ausnutzung ihres Bedürfnisses nach gesellschaftlicher und moralischer Achtung in der internationalen Öffentlichkeit. Wenn diese Achtung von keinerlei Bedingungen mehr abhängt, so können sie nicht die Erfahrung machen, daß das Rechtsbewußtsein zur Natur des Menschen gehört und unaufgebbar ist, und daß man ihm auf Dauer Rechnung tragen muß, wenn man ein moralisch voll anerkanntes Mitglied der Menschen- und Staatengemeinschaft werden will.

3. Menschenrechtsgeltung und Völkerrechtsgeltung begegnen sich, wo die Menschenrechte zum Inhalt völkerrechtlicher Verträge, Grundsätze und Normen geworden sind. Sie sind Gegenstand z. B. der Menschenrechtspakte der UNO von 1966, die auch die Ostblockstaaten ratifiziert haben. Sie sind Gegenstand der Schlußakte von Helsinki; diese enthält zwar keine unmittelbar verbindlichen Vereinbarungen, sondern nur Absichtserklärungen, die sich aber gegenseitig bedingen: Den Zusagen der westlichen Staaten im Hinblick auf Fragen der Sicherheit und der wirtschaftlichen und wissenschaftlichen Zusammenarbeit entsprechen die Zusagen der Ostblockstaaten im Hinblick auf Menschenrechte in Korb I, Art. 8, und auf menschliche Erleichterungen in Korb III.

Die Menschenrechte sind ferner zum Gegenstand völkerrechtlicher Grundsätze und Normen geworden, insbesondere durch die Allgemeine Erklärung der Menschenrechte der UNO vom 10. Dezember 1948. Die Achtung vor den Menschenrechten ist heute nicht mehr nur eine innere Angelegenheit von Staaten, sondern eine durch das Völkerrecht international verbindlich gemachte Menschheitssache.

Wenn wir internationale Verträge schließen, nachher aber nicht darauf pochen, daß sie auch eingehalten werden, so entziehen wir einer Vertragspolitik die Grundlage und zerstören die Möglichkeiten wirklicher Entspannung. Wir können aber nicht darauf vertrauen, daß unser Vertragspartner die Verbindlichkeit der Verträge achtet, wenn wir ihm den Vertragsbruch als eine gleichwertige „andere Möglichkeit" zugestehen. Entsprechendes gilt für alle anderen Grundsätze und Normen des Völkerrechts: Wenn auf ihrer Verletzung überhaupt keine Sanktion ruht – weder politisch noch wirtschaftlich noch wenigstens symbolhaft-moralisch, wenn sich keinerlei internationale Entrüstung über den Vertragsbruch offenbart und auch am Ende gar nicht mehr vorhanden ist –, was soll dann denjenigen, der die Verbindlichkeit des Rechts für sich selbst prinzipiell nicht gelten läßt, noch motivieren, sich allmählich doch zur Respektierung des Rechts zu bequemen?

Kapitel 9: Die kontraproduktive Wirkung der Friedensbewegung

§ 37 Wie die Friedensbewegung die Nachrüstung herbeizwang

Der Friede ist wesentlich eine Sache des Völkerrechts, welches, wie Jürgen Habermas sagt, „innovativer Anstöße",[239] ja eines „unerhörten evolutionären Schubs" bedarf, „um jenem internationalen Rechtsfrieden, der Kant vorgeschwebt hatte, näherzukommen".[240] Und: „Gegenüber der pubertären Phantasie, Freund-Feind-Verhältnisse außerrechtlich zu ritualisieren, ist der energische Versuch eines ersten Schritts zur effektiven Verrechtlichung des Naturzustandes zwischen den Staaten der pure Realismus. Was sonst?"[241] Besser kann man nicht ausdrücken, worum es heute geht.

Völkerrecht entsteht durch die gemeinsame Rechtsüberzeugung der Staatengemeinschaft, die sich niederschlägt in internationalen Übereinkünften, in der allgemein als Recht anerkannten Übung und in den allgemein anerkannten Rechtsgrundsätzen. So kann es z. B. zu einer völkerrechtlichen Ächtung der Atomwaffen und ihrer Kontrolle nur kommen, wenn sich die Nuklearmächte darauf einigen.

In eigentümlichem Gegensatz dazu meint Jürgen Habermas aber, „daß die Ächtung von Massenvernichtungswaffen als ein erster Schritt zur Abschaffung des skandalösen Naturzustandes auch dann ein legitimes Ziel ist, wenn es zunächst durch einseitige Schritte angestrebt werden muß".[242] Was heißt „erster Schritt" und „zunächst"? Wenn ich diesen Satz nicht völlig mißverstehe, so besagt er: Der erste Schritt werde gerade nicht beidseitig aufgrund von völkerrechtlichen Vereinbarungen getan; er bestehe vielmehr darin, daß der Westen einseitig seine Vernichtungswaffen ächtet. Den zweiten Schritt müßte dann, ebenso einseitig, die Sowjetunion tun. Und wenn sie ihn nicht tut?

Unsere offizielle Politik geht von der Annahme aus, daß einseitige Abrüstungsschritte ohne völkerrechtlich gesicherte Gegenseitigkeit das atomare Drohpotential der Sowjetunion irreversibel macht. Die einzige Chance, es abzubauen, besteht darin, daß die Sowjetunion irgendwann einmal die ausgestreckte Hand der Verhandlungsbereitschaft ergreift und sich auf substantielle, die gegenseitige Sicherheit wirklich gewährleistende Vereinbarungen einläßt. Das wird sie aber erst tun, wenn sie sich endgültig davon überzeugt hat, daß die erhoffte Alternative aussichtslos ist und es in ihrem eigenen Interesse liegt, sich in eine völkerrechtlich gesicherte Weltfriedensordnung einzufügen.

Die Option einseitiger Schritte und die Option beiderseitiger Vereinbarungen, die der Philosoph in seiner Brust vereinigt, schließen sich in der politischen Wirk-

---

[239] *Jürgen Habermas,* Recht und Gewalt – ein deutsches Trauma, Merkur Nr. 423, 1984, S. 27.

[240] A.a. O., S. 28.

[241] A.a. O., S. 27.

[242] A.a. O., S. 26.

lichkeit gegenseitig aus. Wir stehen am Scheideweg und müssen wählen. Wer auf Frieden und Sicherheit durch völkerrechtliche Vereinbarungen setzt, für den gibt es zwar Spielraum für einseitige Durchforstung seines militärischen Potentials, er kann auch im Rahmen der Verhandlungen einmal kalkulierte Vorleistungen erbringen, nicht aber vorab einseitige Schritte tun oder in Aussicht stellen, die der Sowjetunion das Motiv zu Zugeständnissen nehmen oder ihr gar die Hoffnung auf atomar gestützte Weltherrschaft eröffnen. Und umgekehrt: Wer auf einseitige Schritte setzt, für den können verdorbene Verhandlungschancen kein überzeugendes Gegenargument sein; er muß sie in Kauf nehmen. Diese beiden westlichen Optionen blockieren sich aber nicht nur gegenseitig: Ihre Rivalität ist der Motor, der zugleich die Rüstungsrivalität zwischen Ost und West antreibt und unaufhaltsam macht und so die Gefahr zugleich erhöht und perpetuiert.

Einseitige Schritte würden die Kriegsgefahr allenfalls dann vermindern, wenn sie radikal und konsequent zur einseitigen atomaren Totalabrüstung und damit zur politischen Kapitulation des Westens führten. Dieser Möglichkeit mag man in Holland und der Bundesrepublik Chancen geben – für England, Frankreich, die USA ist sie auszuschließen. Diese Option kann also, politisch gesehen, nur zur Spaltung und Schwächung des Westens führen. Diese aber provozieren sehr leicht politische Fehlkalküls, mehr oder weniger offene ultimative Drohungen, Prestigeverstrickungen oder die Versuchung, vollendete Tatsachen zu schaffen – also die typischen Kriegsursachen, wie sie den 2. Weltkrieg, den Korea-, Vietnam-, den Falkland-Krieg und viele andere Kriege ausgelöst haben.

Auf beiderseitige Schritte aber läßt sich die Sowjetunion nicht ein, solange sich ihre Doppelstrategie aus Drohung und Propaganda bewährt und ihr sogar die Aussicht auf „einseitige Schritte" eröffnet. Solange es aber nicht zu effizienten Vereinbarungen über bessere Kontrolle oder womöglich den Abbau der Atomwaffen kommt, bleibt die Gefahr des unabsichtlichen Raketenabschusses bestehen – durch Radar- oder Computerfehler, Mißverständnisse, menschliches Versagen usw. Dieses von der Friedensbewegung gegen die Nachrüstung eingewandte Argument gilt für das gesamte atomare Weltpotential einschließlich des sowjetischen und spricht deshalb eher gegen als für einseitige Schritte, die dieses irreversibel machen.

Während die „einseitige Option" also in eine ausweglose Sackgasse führt, hat die „Völkerrechtsoption" wenigstens reelle Chancen. Sie wird aber erst dann realisierbar, wenn sich – für die Sowjetunion überzeugend – erwiesen hat, daß sie sich innenpolitisch endgültig durchzusetzen vermag.

Um die Gesichtspunkte, die für die eine oder die andere Option sprechen, weiter aufzuhellen, blicken wir zunächst noch einmal auf das Jahr 1983 zurück. Hätte die Friedensbewegung mit etwas Glück erstens die Nachrüstung abwenden und zweitens dadurch den Rüstungswettlauf durchbrechen oder gar in einen „Abrüstungswettlauf" umkehren können? Denn man kann ihr fairerweise nicht das Scheitern eines Versuchs zurechnen, wenn dieser ernsthafte Chancen hatte und andere ihn zunichte gemacht haben.

Es war immerhin denkbar, daß sich im Bundestag unter dem Eindruck von Großdemonstrationen, Meinungsumfragen und Widerstandsaktionen keine Mehrheit für die Nachrüstung gefunden hätte. Von daher erscheint es folgerichtig, daß die Friedensbewegung alles daransetzte, die Wahrscheinlichkeit dieser Chance zu erhöhen.

Wenn diese Chance bestand, war sie freilich auch ein Chance für die Sowjetunion und eröffnete ihr die Aussicht, daß der Westen die angedrohte Nachrüstung möglicherweise gar nicht werde realisieren können. Je wahrscheinlicher dies dank der Initiativen der Friedensbewegung erschien, desto geringer ihr Interesse an den Genfer Verhandlungen. Sie hat sich immerhin erst unter dem Eindruck des Nato-Doppelbeschlusses – und nur unter seinem Druck – zu Verhandlungen über ihr Mittelstreckenpotential bereitgefunden. Also hätte der Westen auch mit seinem Versuch, durch Festigkeit ein möglichst günstiges Kompromißangebot herbeizuführen, Erfolg haben können. Nunmehr aber mußte sich die Sowjetunion fragen: Warum einen Preis für etwas bezahlen, was man vielleicht umsonst bekommt? Also verweigerte sie substantielle Zugeständnisse, steigerte die atomare Bedrohung West-Europas weiter und machte folgende Erfahrung: Je dreister sie den Anspruch erhob, West-Europa einseitig mit Mittelstrecken-Raketen bedrohen zu dürfen, desto mehr wuchs bei uns der Druck auf die Amerikaner, ihrerseits nachzugeben. Also sah sie sich zu völliger Unnachgiebigkeit ermuntert.

Eben damit aber zwang sie die Verantwortlichen im Westen, die für den Fall sowjetischer Unnachgiebigkeit angedrohte Nachrüstung zu vollziehen. Denn die Alternative wäre gewesen, sich zum Spielball sowjetischer Drohung und Propaganda und inneroppositionellen Drucks zu machen und sich für die Zukunft aller Glaubwürdigkeit und Verhandlungsfähigkeit zu begeben – mit katastrophalen Folgen für die weitere Friedens- und Abrüstungspolitik auf allen Ebenen. So erwies sich die Strategie der Friedensbewegung als kontraproduktiv: sie zwang die Nachrüstung, die sie abwenden wollte, geradezu herbei.

§ 38 Die Strategie der Vorleistungen

War das nötig? Daß es vorhersehbar war, ergibt sich schon aus der Tatsache, daß es vorhergesagt worden ist. Jürgen Habermas zufolge konnte es freilich realistischerweise gar nicht darum gehen, „die Aufstellung der geplanten Raketen zu verhindern, sondern der konservativen Regierung klarzumachen, daß eine Nach-Nachrüstung in der Bundesrepublik nicht mehr durchzusetzen ist."[243] Daß man dies zugleich der Sowjetregierung klarmacht, versteht sich von selbst und brauchte von Habermas in der Tat nicht erwähnt zu werden, obschon dieser Nebeneffekt natürlich, politisch gesehen, der entscheidende ist.

---

243 *J. Habermas,* a. a. O., S. 15.

Wenn dies das Selbstverständnis der Friedensbewegung aussagt, so schickt diese sich an, das Ritual zu wiederholen und die Verhandlungschancen auch für die Zukunft zu verderben. Sie findet sich nicht nur mit Vorrüstung und Nachrüstung ab, sondern ermuntert die Sowjetunion geradezu zu einer weiteren Runde der Vorrüstung. Und warum? Nach Habermas, um erst dann, wenn all dieses atomare Drohpotential stabilisiert ist, durch einen einseitigen Nach-Nachrüstungsverzicht „den Ausbruch aus der fatalen Logik des Rüstungswettlaufs" zu versuchen.[244]

Eine Aussage in die politische Sprache übersetzen, heißt, nicht auf die erklärten Absichten, sondern auf die voraussehbaren Wirkungen blicken. Solange die Sowjetunion aus Friedensaktionen, Manöverbehinderungen und Sabotage in der Bundesrepublik den Schluß zieht, daß eine Nach-Nachrüstung möglicherweise nicht mehr durchsetzbar sein könnte, wird sie ihre Rüstung steigern und sich Verhandlungen entziehen.

Warum schiebt die Friedensbewegung Argumente dieser Art, die ja so schwer nicht einzusehen sind, beiseite? Sie argumentiert: Die Stützung der westlichen Verhandlungsposition hätte zwar möglicherweise die Nachrüstung abgewendet, die sowjetische Bedrohung reduziert und die Bahn frei gemacht für die kleinen Schritte weiterer mühsamer Ost-West-Verhandlungen, wie sie seit Jahrzehnten geführt werden, ohne aber bisher den Rüstungswettlauf wirklich aufhalten oder umkehren zu können. Vielleicht könnte aber ein moralischer Akt der Vorleistung ein Vertrauensklima ohne Bedrohungsvorstellungen und Feindbilder schaffen und die Sowjetunion zum einseitigen Abbau auch ihrer Atomrüstung bewegen. Daß eine solche positive Wirkung großmütiger Vorleistungen möglich sei, sei nicht nur christliche Lehre, sondern eine allgemeine Erfahrung, durch Psychologie und Pädagogik vielfältig bestätigt. Es gelte, diese Erfahrung auch in der Weltpolitik fruchtbar werden zu lassen, auf die Menschlichkeit der Menschen, die schließlich auch das Sowjetsystem regierten, zu setzen, die Jahrtausende alte Gewöhnung an eine rein politische Denkweise angesichts der apokalyptischen Atomdrohung endlich hinter uns zu lassen und auf die alles verwandelnde Wirkung des Moralischen zu vertrauen.

In der Tat: Sobald die westlichen Regierungen ihre Handlungsfähigkeit und damit ihre Verhandlungsfähigkeit endgültig erwiesen haben, kann es u.U. politischen Sinn haben, wenn sie der Sowjetunion eine überraschende Vorleistung erbringen, vorausgesetzt, daß sie weder von innen noch von außen dazu genötigt sind und es nur aus dem Grunde tun, um die Spirale des Mißtrauens und der Abschreckung zu durchbrechen. Ein moralischer Akt, der in Freiheit aus moralischen Gründen erfolgt, kann jedenfalls prinzipiell und unter bestimmten Umständen moralische Reaktionen auslösen. Solange aber der Eindruck bestehen muß, der Rüstungsverzicht sei das Ergebnis einer Nötigung von innen und außen, kann dieser Verzicht unmöglich als moralischer Akt wirken. Die Sowjetunion hätte ihn unausweichlich als Zeichen der Schwäche und Erpreßbarkeit der westlichen Regierungen gedeutet und

---

244 Ebd.

sich in ihrer Ansicht bestätigt gesehen, sie könne durch ihre Doppelstrategie von atomarer Drohung und Friedenspropaganda die innenpolitische Opposition in den Demokratien manipulieren und auf diese Weise die westlichen Regierungen indirekt in den Griff kriegen. Diese sind gezwungen, sich erst einmal an dieser zweiten, inneren Front als handlungsfähig zu erweisen, um die Voraussetzungen für äußere Verhandlungserfolge herzustellen.

Wie aber, wenn der Nachrüstungsverzicht den westlichen Regierungen nicht abgenötigt, sondern von ihnen selbst freiwillig beschlossen wird? Sollen wir darauf setzen, daß eine von der Friedensbewegung beeinflußte Bundesregierung, ein von ihr beeinflußter Präsident der USA gewählt werden? Die sowjetische Verweigerung von Verhandlungen, die Verschlechterung der Menschenrechtslage und der deutsch-deutschen Kontakte, die Revanchismus- und Militarismus-Kampagnen mögen vielleicht auch dem Zweck dienen, die politische Großwetterlage zwischen Ost und West bewußt zu verschlechtern, um im Westen ein innenpolitisches Klima neuer Nachgiebigkeit langfristig und gründlich vorzubereiten. So erwies sich die bloße Aussicht auf eine „neue Stufe der Entspannung" schon vorab als kontraproduktiv.

Um die Chancen einer neuen Stufe der Entspannung richtig einzuschätzen, müssen wir uns zunächst erinnern, daß ein moralischer Impuls der Vorleistung in unserer Ost-Politik – vor allem in der Aera Brandt – behutsam zwar, aber doch deutlich lebendig gewesen ist. Er hat der damaligen Bundesregierung oft genug den Vorwurf mangelnder Geduld und Verhandlungshärte und einseitiger Zugeständnisse ohne adäquate Gegenleistungen eingebracht. Die Bundesregierung wollte aber bewußt ein Klima des Vertrauens in unsere Friedfertigkeit und damit eine Vorbedingung für erfolgversprechende Einzelverhandlungen schaffen. Sie wollte dem Osten die Überzeugung vermitteln, daß wir wirklich und aufrichtig „andere Deutsche", ein „Volk der guten Nachbarn" (Brandt) geworden sind.

Tatsächlich ist es bei den Völkern Ost-Europas, insbesondere den Polen, gelungen, ein neues Vertrauensklima zu schaffen. Die ost-europäischen Machthaber hingegen haben in nüchternem Kalkül die sich bietenden politischen und wirtschaftlichen Vorteile akzeptiert, unsere Hoffnungen auf menschliche Erleichterungen aber weitgehend enttäuscht, Kurz- und Mittelstrecken-Raketen mit atomaren Mehrfachsprengköpfen auf uns gerichtet und ein gewaltiges weiteres atomares Drohpotential in Auftrag gegeben. Die Produktionszeit von Atomraketen beläuft sich nach einer Faustregel der Experten auf 10 bis 12 Jahre. Die in den Jahren 1984 – 86 gegen uns in Stellung gebrachten Waffen sind also weder die Antwort auf die Nachrüstung noch auf die Friedensbewegung, sondern auf die Ost-Verträge und auf Helsinki.

Offenkundig ist die Sowjetunion damals zu der Einschätzung gelangt, wir hätten das politische Denken verlernt und seien reif für die Einschüchterung, die uns gefügig machen und vom Westen abkoppeln werde: der weltpolitisch entscheidende Durchbruch im Kräfteverhältnis zwischen Ost und West. Unser Fehler lag nicht in den Vorleistungen an sich, sondern in den sie begleitenden politischen und psychologischen Fehleinschätzungen von Mentalität und Strategie der sowjetischen Außenpolitik.

Was wäre gewesen, wenn die Sowjetunion stets überzeugt gewesen wäre, daß sie sich von ihrem neuen atomaren Drohpotential politisch gar nichts versprechen kann, sondern sich lediglich zu den gewaltigen Kosten unnötige politische Schwierigkeiten einhandelt? Dann hätte sie sich wahrscheinlich in die unvermeidlichen machtpolitischen Realitäten gefügt und sich jedenfalls eher zu einer Politik des Vertrauens und der Zusammenarbeit bereitgefunden. Hätten wir (der Verfasser eingeschlossen) dies rechtzeitig und radikal genug durchdacht, so hätten wir schon Anfang und nicht erst Mitte der 70er Jahre die Konsequenz gezogen, daß unsere ausgestreckte Hand nur Chancen hat, angenommen zu werden, wenn wir auf Drohung und Dreistigkeit empfindlich und mit Würde und Festigkeit reagieren. Vielleicht wären wir dann in der Entspannung erheblich weiter fortgeschritten. Daß wir statt dessen zu einseitig auf die moralische Wirkung unseres aufrichtig guten Willens vertraut haben, hat sich als kontraproduktiv erwiesen.

Die Erfahrung hat bestätigt, was wir früher schon einmal gewußt, aber in den 70er Jahren vor lauter Friedfertigkeit vergessen oder verdrängt haben: daß die sowjetischen Führer Gefangene einer beschränkten Ideologie und eines entsprechenden politischen Systems und zu zynischen Reaktionen verurteilt sind. So, wie sie sich im Innern nicht auf freie Wahlen, also auf das Vertrauen der Bevölkerung stützen, sondern auf Mittel der Einschüchterung und des Zwangs, so verlassen sie sich auch nach außen – soweit es ihnen irgend möglich erscheint – nicht auf Vertrauen und Zusammenarbeit mit friedliebenden Nachbarn, sondern auf militärisches Drohpotential und Propaganda. Das Drohpotential wird gewaltiger und die begleitende Propaganda dreister, als sie geworden wären, wenn wir von vornherein einen klaren Kopf behalten und unseren Willen zur politischen Selbstbehauptung deutlicher sichtbar gemacht hätten.

§ 39 Eine „neue Stufe der Entspannung"?

Worin könnte die „neue Stufe der Entspannung" bestehen? Zur Diskussion stehen einseitige westliche Rüstungsverzichte und die Aufkündigung der atlantischen Solidarität. Ferner könnten wir den Ostdeutschen und den Berlinern die deutsche Staatsbürgerschaft aberkennen (im polemischen Sprachgebrauch heißt das: „die DDR-Staatsbürgerschaft anerkennen", was wir aber schon im Grundlagenvertrag getan haben), und die Fürsorgepflicht für die in Ost-Europa lebenden Deutschen aufgeben. Wir könnten die Fernperspektive der offenen „deutschen Frage" preisgeben und den Westmächten zu verstehen geben, daß wir auf ihren Schutz Berlins keinen Wert mehr legen. Wir könnten die Ansprüche der Sowjetunion in Ost-Europa nicht nur rechtlich, sondern auch moralisch anerkennen, auf jede Solidarität mit den Verfolgten in Ost-Europa verzichten, auf Berichte über ihre Schicksale noch konsequenter verzichten und, wie die Finnen, Flüchtlinge ausliefern.

Wir könnten unsere Verfassungsprinzipien weiter relativieren, zu einer „westlichen Ideologie" herabstufen und der Sowjetunion ein „anderes" Demokratie- und Menschenrechtsverständnis zubilligen, welches allein zu ideologischer Offensive berechtige. Wir könnten noch mehr Vertrauen entwickeln, noch gründlicher Feindbilder abbauen, Kritik am sowjetischen System, seiner Geschichte und Strategie noch radikaler aus Medien und Schulbüchern verbannen.

Zugleich könnten wir noch konsequenter Feindbilder im Westen aufbauen, den Briten, Franzosen und Amerikanern noch undankbarer und mißtrauischer begegnen. Unsere Medien könnten über östliche Staatsmänner noch respektvoller, über westliche noch höhnischer berichten. In der Dritten Welt könnten wir alle Not dem Westen anlasten und die Etablierung irreversibler leninistischer Diktaturen unterstützen. Wir könnten jegliche Anspielung auf etwaige Unvollkommenheiten kommunistischer Machtausübung mit sofortigem Themenwechsel beantworten und uns die Lehre zu eigen machen, daß imperiales Vorherrschaftsstreben und Menschenrechtsmißachtung hauptsächlich westliche Probleme seien.

Haben wir dann endlich Entspannung und Frieden? Erfordert ein konsequenter Pragmatismus die bewußte Hintanstellung von Wahrheitsliebe und von demokratischer Würde und Selbstachtung? Letztere haben wir als ehemaliges Herrenmenschenvolk ohnehin gründlich eingebüßt. Befähigt uns nicht eben dieser Verlust, unsere Friedensinteressen nun ohne jeden Einschlag so naiver und antiquierter Emotionswerte rational zu kalkulieren? So gesehen, könnte uns der westliche Vorwurf der Servilität gegenüber der Sowjetmacht statt mit Scham mit Überlegenheitsgefühl erfüllen: Wenn konsequente Servilität der Weg zum Frieden ist, könnten wir in ihr nicht einen ganz neuartigen Ansatz für unser nationales Selbstbewußtsein finden, ja, der übrigen Welt darin Vorbild und Lehrmeister sein?

Die Sowjetunion wird zu der Überzeugung kommen, daß sich ihre Doppelstrategie aus Drohung und Propaganda bewährt hat und daß sie auf demselben Wege weiterschreiten muß, um das Kräfteverhältnis zwischen Ost und West endgültig zu ihren Gunsten zu wenden. Folgende Effekte sind vorhersehbar:

1. Die Sowjetunion verliert endgültig ihr Interesse an Verhandlungen, die Fortschritte auf dem Wege zu einem effizienten Friedensvölkerrecht bringen könnten.

2. Die atomare Bedrohung West-Europas durch die Sowjetunion mit allen ihren Gefahren wird irreversibel.

3. Das Kriegsrisiko durch politisches Fehlkalkül wächst und wird ebenfalls irreversibel.

Blicken wir noch weiter voraus: Wir könnten alsdann auf die Idee verfallen, uns auf einer „dritten Entspannungsstufe" der sowjetischen Atomdrohung dadurch zu entziehen, daß wir uns in irgendeiner Form dem Schirm der Pax Sowjetica unterstellen. Doch dann droht eine neue Gefahr. Der Westen könnte über unseren Verrat so empört sein und darin eine so entscheidende Verschlechterung des Kräfteverhältnisses zwischen Ost und West erblicken, daß er nicht bereit ist, diese Entwicklung hinzunehmen. Entweder übernehmen die USA die Macht oder, noch gefährlicher, sie machen ihre drohenden Andeutungen wahr, ziehen sich zurück und überlassen uns schutzlos dem Expansionsstreben des Sowjetimperialismus. Die Anhänger der Friedensbewegung fürchten das nicht, weil sie davon ausgehen, daß die Sowjetunion in den letzten Jahrzehnten keinen Expansionsdrang nach Westeuropa gezeigt hätten. Sie lassen freilich außer acht, daß diese Tatsache in der amerikanischen Präsenz begründet sein könnte. Beide Weltmächte, die Sowjetunion und die USA, drohen uns mit ihrem militärischen Potential. Der Unterschied liegt darin: Die Sowjetunion droht, daß sie es gegen uns einsetzen und kommen könnte. Die Amerikaner drohen, daß sie es abziehen und gehen könnten.

Es bleibt für den Frieden kein anderer Weg als die völkerrechtlich immer gründlicher durchgeregelte Koexistenz zwischen Ost und West. Eine auf dieses Ziel hin gerichtete pragmatische Politik aber erfordert auch Festigkeit, Würde, Wahrheitsliebe, Rechtsgesinnung, demokratische Selbstachtung, Solidarität und Loyalität gegenüber den Freunden. Wirklicher Pragmatismus verträgt sich nicht mit Servilität gegenüber den Despotien.

§ 40 Schluß

Heute stellt uns die Atombombe vor die Aufgabe, daß die Galgenfrist, die uns das Provisorium der Entspannung, wenn wir Glück haben, gewährt, zu nutzen, um eine stabile Weltfriedensordnung zu errichten. Eine solche läßt sich, wie Kant klar erkannte, nicht anders begründen als auf den Fortschritt des Rechts, das sowohl die innere Ordnung der Staaten als auch ihr äußeres Miteinanderleben gestaltet. Das Naturrechtsdenken der Aufklärung nahm von der Völkerrechtslehre Vitorias seinen Ausgang und mündete bei Kant wieder in die Völkerrechtslehre ein. Das Kernproblem des Friedens ist nicht die Abrüstung oder Rüstungsbegrenzung. Denn selbst einmal den Idealfall angenommen, alle weltzerstörerischen Waffen würden total abgerüstet, sie könnten innerhalb kurzer Zeit wieder da sein; das technische know-how ist unverlierbar. Deshalb kommt es nicht darauf an, „Feindbilder abzubauen" und „Vertrauen zu entwickeln", sondern darauf, am Fortschritt des Rechts zu arbeiten, der dazu führt, daß die uns entgegengebrachte Feindschaft tatsächlich überwunden wird und daß das Vertrauen ein wirklich begründetes Vertrauen werden kann.

Dies wird in dem Maße der Fall sein, in dem die Anerkennung der Verbindlichkeit des Rechts im Inneren und Äußeren zur Selbstverständlichkeit geworden ist. Dieses Ziel ist uns vor Augen gestellt. Solange es nicht erreicht ist, müssen wir uns mit dem provisorischen Frieden einer labilen Entspannung begnügen. Aber auch diesem dienen wir am besten, wenn wir das Fernziel eines stabilen Weltfriedens

unverrückbar ansteuern und keinen Zweifel daran lassen, daß wir uns mit dem Unrecht niemals abfinden werden. Wir können uns ihm nur nähern, wenn wir moralisch unerschütterlich dafür eintreten. Und dafür bedarf es des Vertrauens, daß der
seit Jahrtausenden erreichte Fortschritt nicht von heute auf morgen plötzlich am
Ende ist, sondern sich fortsetzen wird – unter einer Voraussetzung: daß wir uns
nicht entmutigen lassen, sondern die Verpflichtung erkennen, uns tatkräftig dafür
einzusetzen.

Alle Anzeichen deuten darauf hin, daß Kant recht hatte und daß zur Friedenspolitik das Eintreten für das Recht des Menschen gehört. Auch der provisorische
Friedenszustand ist relativ sicherer, wenn wir unbedingt am Rechtsprinzip und seiner auf Universalität gerichteten Dynamik festhalten. Nur dann besteht ein Gleichgewicht der demokratischen Weltrevolution gegenüber der sozialistischen Gegenrevolution, deren Dynamik mit verstärkter Kraft zu entfalten zur Definition der
friedlichen Koexistenz im sowjetischen Verständnis gehört. Nur auf der Grundlage
dieses Gleichgewichts sind wir kompromißfähig und gewinnen wir realistische
Verhandlungschancen. Darüber hinaus sind wir nur dann berechenbar, wenn die
andere Seite weiß, was wir hinnehmen und worauf wir empfindlich reagieren. Nur
dann besteht die Chance, daß sie sich aus der Risikozone heraushält und ein Fehlkalkül vermeidet. Ohne dem machen wir uns erpreßbar und verlocken den anderen,
die Grenze unserer Erpreßbarkeit zu testen und in riskante Situationen hineinzu-
stolpern. Deshalb kann Friedenspolitik immer nur Akzidenz einer substantiellen
Politik sein, sie kann unmöglich selbst zur Substanz der Politik werden. Der Versuch, sie dazu zu machen, ist unpolitischer Pazifismus, der bei Rückschlägen zu-
rückweicht, das störende Rechtsbewußtsein relativiert oder preisgibt, unberechen-
bar macht und Aggressionen geradezu herausfordert.

Das Ziel eines „dauerhaften Friedens" mag utopisch erscheinen. Es anzusteuern
hilft aber nicht nur den provisorischen Frieden sichern, sondern ist auch in sich
selbst ein unaufgebbares Ziel, und ist es heute mehr denn je. Das Risiko eines glo-
balen Selbstmords bleibt ja auf unbestimmte Zeit bestehen. Auf die Dauer gibt es
Sicherheit nur auf der Grundlage eines wirklich stabilen Weltfriedens, und diesen
kann es nun einmal nicht anders geben, als durch die universale Geltung des
Rechtsprinzips, das nach Innen und Außen Anerkennung gefunden haben wird, als
Menschenrecht und als Völkerrecht. Die Idee des Rechts hat indessen ihre zwingende Logik, die Konsequenz fordert und eine unaufhaltsame weltgeschichtliche
Dynamik entfaltet, der auch die despotischen und hegemonialen Systeme auf die
Dauer nicht werden Stand halten können. Wo sich der im Namen des Rechtsprinzips geübte Widerstand am unnachgiebigsten erweist – heute z. B. in Polen –, dort
ist derzeit der Hegel'sche Weltgeist.

Soweit wir in die Geschichte zurückblicken können, wurde gegen das Rechtsprinzip eingewandt: Friede erfordere, sich mit dem Unrecht abzufinden. Niemals
hat sich das als richtig erwiesen. In Wirklichkeit sind nicht nur Freiheit und Würde
des Menschen, sondern auch die Bewahrung des Friedens auf rechtliche Sicherung

angewiesen. Alle Freiheit und aller Friede waren Frucht des Kampfes ums Recht. Dieser mußte immer an zwei Fronten geführt werden: Nach außen gegen das Unrecht, nach innen gegen die Bereitschaft, sich mit dem Unrecht zu arrangieren, vor allem mit dem Unrecht, das andere erleiden.

Die Alternative, vor der wir stehen, lautet deshalb nicht: Menschenrecht oder Völkerrecht, sondern Recht oder Hinnahme des Unrechts, und im letzten Falle Hinnahme der Mißachtung sowohl der Menschenrechte als auch des Völkerrechts. Und deshalb lautet die weitere Alternative nicht „Recht oder Friede", sondern entweder: Friede durch Recht, oder: weder Recht noch Friede.

Teil II: Zum demokratischen Aufbruch in Osteuropa

Kritischer Rückblick auf Brandts Friedenskonzeption

(FAZ v. 13. 1. 1990)

Als Egon Krenz die Mauer öffnen ließ, erklärte Willy Brandt: „Jetzt wächst zusammen, was zusammengehört." Seither gilt er manchen als der Vater der demokratischen Revolution in Osteuropa und Bahnbrecher der nationalen Einheit: jetzt ernteten wir die Früchte seiner Ostpolitik.

Diese hat in der Tat das Vertrauen der Völker Osteuropas in unsere Friedfertigkeit erhöht. Sie ging bei seinen Nachfolgern Schmidt und Kohl, die sie weiterentwickelten, parallel mit einer Rückenstärkung der demokratischen Kräfte in Osteuropa und hatte dafür eine günstige Rahmenbedingung geschaffen. Dem aber trat Willy Brandt entschieden entgegen. Er betonte immer wieder: der Friede erfordere unsere Entschlossenheit, an der Dauerhaftigkeit der kommunistischen Monopolherrschaft in Osteuropa nicht zu rütteln, uns auch innerlich mit ihr abzufinden und den demokratischen Kräften im Osten die Unterstützung zu versagen. Die Erwartung einer auf Menschenrechte, Gewaltenteilung und Parlamentarismus gerichteten demokratischen Revolution bedeute Antikommunismus, führe in den kalten Krieg zurück und sei ein Mißverständnis seiner Ostpolitik.

Am ausführlichsten ging er auf dieses Thema im September 1977 in der „Zeit" ein – mit Seitenhieben gegen die Regierung Schmidt / Genscher, die zuvor eine Initiative für einen Menschenrechtsgerichtshof der Vereinten Nationen ergriffen hatte. Schon die Überschrift stellte dem „Gerede über Menschenrechte" den „Kampf um den Frieden" gegenüber. Brandt führte aus: Die Entspannungspolitik könne nicht „die tiefen Gegensätze zwischen den politischen Ordnungen in Ost und West zum Verschwinden bringen. Im Gegenteil." Sie sei deshalb auch nicht „erfunden" worden als eine Strategie zur Abschaffung kommunistischer Regime. Vielmehr wurde die Friedenssicherung „zum eigenen, hochrangigen Wert. In der Begründung unserer Vertragspolitik und in den heftigen Auseinandersetzungen, die darum geführt wurden, haben wir diesen Wert und die aus ihm realistisch abzuleitenden Möglichkeiten höher gesetzt als alle noch so wichtigen nationalen Ambitionen."

Der genaue Sinn dieser Darlegung wird noch deutlicher, wenn man in Betracht zieht, worauf sie antwortete. Da ich zu denen gehörte, die seine Ostpolitik falsch

interpretiert hatten, und deshalb zu den Adressaten dieser Philippika, sei mir gestattet, als Beispiel meine eigenen Mißverständnisse seiner Ostpolitik zu zitieren:
„Diejenigen, die für die außenpolitische Verhandlungsführung verantwortlich sind,
sollten der Diplomatie den Vorzug vor ineffizienten öffentlichen Anklagen geben.
Die Organe der öffentlichen Meinung hingegen brauchen sich nicht wie kleine Außenminister zu gebärden; im Gegenteil kann ihre Berichterstattung über Menschenrechtsverletzungen hilfreich sein." (Die Zeit vom 20. August 1976.) „Auch
in Beziehung zu den Menschen im Ostblock, denen wir nicht wie denen im Süden
Afrikas unmittelbar helfen können, ist die moralische Solidarität auf der Grundlage
der Menschenrechte ein politischer Faktor: Für die Dissidenten ist sie ein Rückhalt,
aus dem sie Kraft und Mut schöpfen und die Chance schrittweisen Erfolges gewinnen; für uns ist sie die Voraussetzung unserer politischen Selbstachtung." (Die Zeit
vom 17. Juni 1977.) Ich glaubte, als Rechtsgutachter und Prozeßvertreter der Regierung Brandt im Streit um die Ostpolitik die ihr innewohnenden Tendenzen und
Möglichkeiten richtig zu interpretieren und wollte sie in zwei Richtungen verteidigen: nach links gegen die relativistische Indifferenz gegenüber Menschenrechten,
nach rechts gegen den Verdacht solcher Indifferenz.

Brandt widersprach. Er teilte die Dissidenten des Ostens in zwei Flügel ein, einen sozialistischen und einen nichtsozialistischen. Die, die einen verbesserten Sozialismus anstreben, „können sicher sein, daß wir sie verstanden haben" (die Formel, mit der de Gaulle 1956 die Algerien-Franzosen täuschte). „Dieses Verständnis
ist jedoch etwas anderes als die kritiklose Hinnahme all dessen, was unter dem
Stichwort ‚Dissidenten' von sich reden macht. Wer etwa den Standpunkt bezieht,
es gehe ihm heute nicht um das Schicksal einzelner Menschen, sondern um die
Zerschlagung eines Regimes, kann nicht damit rechnen, daß dies zu einem Orien-
tierungspunkt unserer Politik werden könnte. Die sozialistische Opposition in einem Land wie der CSSR, die wir sehr wohl einzuschätzen wissen . . ., ist eine Sache, Mystiker in der säkularen Gestalt rückwärtsgewandter Nationalisten sind eine
andere."

In diese zweite Kategorie gehören alle nichtsozialistischen Dissidenten wie etwa
Sacharow, zugleich aber auch ihre Sympathisanten im Westen. Brandt sparte nicht
mit Spott: „Vom sicheren Hort unserer demokratischen Ordnung läßt's sich treff-
lich streiten für Menschenrechte anderswo." Er sprach von „alten Kreuzrittern"
und „Propaganda". Denn: „Wir dürfen nicht so tun, als könnten wir europäisch-
westliche Maßstäbe an die ganze übrige Welt anlegen" oder als könnte die Menschenrechtsdiskussion „zum Vehikel der Politik des Westens werden".

Sein Artikel war von zwei Grundgedanken durchzogen. Einmal: Zwar erhöbe
die Idee der Menschenrechte einen universalen Anspruch – das bestritt er nicht.
Aber für die Menschen in den sozialistischen Staaten bleibe dieser Anspruch ein
abstrakter. Er lasse sich nicht verwirklichen, und wir sollten das auch nicht wünschen, sondern uns mit menschlichen Erleichterungen innerhalb des fortbestehen-
den Systems begnügen. Wer für Menschenrechte eintreten wolle, solle sein Betäti-

gungsfeld nicht in Osteuropa suchen, sondern in der Dritten Welt oder bei uns im Westen, wo noch viel zu tun bleibe.

Zum anderen: die individuellen und die sozialen Menschenrechte gehörten nicht nur zusammen, vielmehr seien die sozialen insofern wichtiger, als ihre Verwirklichung Voraussetzung der individuellen sei: „Die den einzelnen zugestandenen Rechte bleiben so lange nur eine gut klingende Absichtserklärung, als die sozialen Voraussetzungen für ein menschenwürdiges Leben nicht errungen sind." Er plädierte deshalb für „die Vorstellung von Entwicklungspolitik als Verwirklichung von Menschenrechten – auch für die SPD relatives Neuland". Er spottete: „In den armen Ländern hat man wenig Verständnis, wenn wir die Menschenrechtsdiskussion etwa allein auf Fragen der Organisations- und der Pressefreiheit zuspitzen." Das hatte niemand getan; es ging vor allem um den Schutz vor willkürlicher Verhaftung. Allerdings aber waren diejenigen, die er hier angriff, der Meinung, daß auch die Abwählbarkeit der Regierung und die Kontrolle durch eine freie Presse zu den Voraussetzungen einer effizienten Entwicklungspolitik gehören.

Man muß Brandt gerechterweise zugute halten, daß 1977 die Annahme, diese Rechte seien für die soziale Entwicklung entbehrlich und der Sozialismus sei ein Weg zur Lösung sozialer Probleme, in der Sozialistischen Internationalen, deren Präsident er war, weit verbreitet war. Man wußte noch nicht, daß und warum die sozialistischen Regime des Ostens und der Dritten Welt auch wirtschaftlich, sozial und ökologisch scheitern und das Elend verschlimmern würden. Wer das theoretisch im voraus erklärte, stand im Verdacht, nur Besitz- und Machtinteressen zu verteidigen und fand wenig Gehör. Man mußte es erst aus Erfahrung lernen, und der Lernprozeß dauert bei manchen länger als bei anderen.

1987 bekräftigte Brandt seine Distanz zu der grundsätzlichen demokratischen Opposition in sozialistischen Staaten in einem Buch „Menschenrechte mißhandelt und mißbraucht". Sein Grundgedanke war: sie werden von Leuten mißhandelt und mißbraucht, die sich des Themas bemächtigen, ohne zugleich Sozialisten zu sein, und sie gar noch zur Grundsatzkritik an sozialistischen Regimen verwenden. Solchen Leuten unterstellte Brandt, daß sie „Menschenrechte vorschieben, wo Besitz- oder Machtinteressen gemeint sind". Sie „handeln nicht nur zynisch und heuchlerisch, sie gefährden auch die Lösung großer sozialer Probleme". Sie wollten nämlich solche Regime überwinden, anstatt sich damit zu begnügen, durch freundschaftlichen Zuspruch in kritischer Solidarität menschliche Erleichterungen zu erreichen.

Von daher ist es auch konsequent, daß er sich auf Demonstrationen der Friedensbewegung gegen die von Helmut Schmidt begründete und von Kohl und Genscher durchgesetzte Nachrüstung aussprach. Diese aber ermöglichte erst die Abrüstungsvereinbarungen. Sie nahm den Mächtigen im Osten die Hoffnung, durch Hochrüstungs- und Drohpolitik den Westen gefügig machen zu können. Das bereitete den Weg für Gorbatschows Wende und seine Tolerierung der osteuropäischen Demokratiebewegung. Fragt man, welchen westdeutschen Politikern am ehesten das Verdienst zukommt, diese mittelbar mitverursacht zu haben, so muß die Antwort gerechterweise lauten: denen, die in der Nachrüstungsfrage standfest geblieben sind. Brandts Verständnis von Friedenspolitik hingegen hätte die alten Machtstrukturen stabilisiert.

Adenauer hat oft betont: die Überlegenheit des Westens an Freiheit und Wohlstand werde eine solche Strahlkraft auf Osteuropa ausüben, daß eines Tages sogar eine deutsche Wiedervereinigung auf demokratischer Grundlage möglich werde. Brandt hielt die Wiedervereinigung noch im Sommer 1989 für die „spezifische Lebenslüge der zweiten deutschen Republik". Jetzt will er diese Polemik nur auf das „Wieder" bezogen haben. In Wirklichkeit war er von der Vorstellung beherrscht: Stabilisierung der sozialistischen Regime sei ein Erfordernis der Friedenssicherung und der sozialen Entwicklung in der Welt.

Diese Vorstellung war höchst einflußreich. Sie erklärt, warum die SPD die demokratischen Freiheitsbewegungen in den sozialistischen Ländern links liegen ließ. Sie erklärt, warum die SPD-geführten Landesregierungen der Erfassungsstelle Salzgitter für Menschenrechtsverbrechen in der DDR die Unterstützung entzogen. Sie bestimmte vielerorts den Geist sozialdemokratischer Medienpolitik und erklärt, warum sozialdemokratisch beeinflußte Redaktionen viele Jahre lang die sozialistische Wirklichkeit beschönigt und unsere westlichen Verbündeten herabgesetzt haben. Sie bestimmte den Geist sozialdemokratischer Bildungspolitik und erklärt, warum deren Zöglinge, die sozialdemokratischen Studenten, in den Hochschulgremien lieber mit Kommunisten als mit Christlichen Demokraten koalierten. Sie erklärt die verbreitete Schwärmerei für Kuba und Nicaragua. Und sie erklärt das Unbehagen an der SPD bei all denen, die es mit Menschenrechten, Gewaltenteilung und Demokratie ernst meinten und die Zusammenhänge überblickten.

Kurz: Brandts Verständnis von Friedenspolitik hat die demokratische Revolution in den sozialistischen Ländern weder subjektiv beabsichtigt noch objektiv begünstigt. Jetzt muß man auch auseinanderhalten, was nicht zusammengehört.

Gewiß kann man sich über Umorientierungen nur freuen. Dazu gehören der Abbruch der Sonderbeziehungen zur SED, die Unterstützung der SPD-Ost und die Bejahung von Helmut Kohls Zehnpunkte-Plan. Nun aber kommt es darauf an, daß die aufklärerischen Grundsätze der demokratischen Weltrevolution über momentane Parteitaktik hinaus verinnerlicht werden und auf die Anhängerschaft der SPD ausstrahlen. Neue Lebenslügen, wie „wir haben das schon immer so gesagt", können den Lernprozeß nicht fördern, sondern nur blockieren. Es gibt da eine unbewältigte Vergangenheit, die auf ihre ehrliche Aufarbeitung wartet.

Warum der Sozialismus scheiterte

(München 1990)

Die demokratische Revolution in Osteuropa hat auch bei uns im Westen einen Lernprozeß ausgelöst. Die siebziger und achtziger Jahre waren geprägt von einer Grundhaltung, die man als „Relativismus der Systeme" bezeichnen kann. Das bedeutet: der Westen und der Osten, die Demokratie und der Sozialismus hätten ungefähr gleichviel gute und schlechte Seiten; wenn man sie gegeneinander verrechne und Bilanz ziehe, so seien sie im großen und ganzen gleichwertig. Hier gebe es zwar mehr Freiheit und Demokratie, dafür aber mehr soziale Ungerechtigkeit, größere ökologische Probleme, mehr Materialismus und eine Ausbeutung der Dritten Welt, die zu ihrer Verarmung führe. Im Osten gebe es zwar weniger Freiheit und Demokratie, dafür aber mehr soziale Sicherheit und Gleichheit, mehr Idealismus, mehr Frauenemanzipation, mehr Solidarität mit der Dritten Welt, die sich in der militärischen und politischen Unterstützung der Befreiungsbewegungen ausdrücke.

I. Der „Relativismus der Systeme"

Auch wenn wir persönlich durch unser individuelles Leben dem Westen den Vorzug geben mögen, so müßten wir doch zu einem unparteiischen Urteil, gewissermaßen aus der Vogelperspektive, fähig werden und gerechterweise anerkennen, daß beide Systeme gleich gut seien und sich deshalb gegenseitig nicht nur als völkerrechtlich gleichberechtigt, sondern auch als moralisch gleichwertig anerkennen sollten. Selbst wenn es uns schwerfalle, diese Gleichsetzung nachzuvollziehen, so sei es doch zumindest geboten, so zu tun, als seien beide Systeme gleichwertig, und diese Fiktion zur Grundlage unseres politischen Denkens zu machen. Denn nur auf diese Weise könnten wir Frieden und Entspannung gewährleisten, uns im Wettkampf der Systeme wechselseitig mit unseren jeweiligen Vorzügen durchdringen und zu Kooperation und Abrüstung finden.

So etwa läßt sich der Grundgedanke zusammenfassen, der unsere Medien und unsere Bildungssysteme beherrschte und der vor allem unserer Jugend eingeprägt wurde. Um diesem Grundgedanken Überzeugungskraft zu verleihen, war es üblich, Mißstände in den sozialistischen Systemen, wenn nicht zu verschweigen, so doch zumindest teilweise zu beschönigen und herunterzuspielen, hingegen uns Mißstände im Westen so nachdrücklich vor Augen zu führen, daß die Legitimität der demokratischen Staaten in weiten Kreisen, vor allem der Jugend, in Frage gestellt wurde. Wer versuchte, diese Legitimität zu begründen und zu verteidigen, sah sich in der Öffentlichkeit weitgehend im Stich gelassen: dies galt als eine „konservative" Position.

Die neuen Reisemöglichkeiten haben den Menschen in West und Ost eindringlich vor Augen geführt, daß westliche Demokratie und östlicher Sozialismus in Wirklichkeit keineswegs gleichwertig waren. Vielmehr beruht die westliche Demokratie auf den Erkenntnissen der politischen Aufklärung über die Bedingungen, unter denen die Menschen friedlich und freundlich miteinander leben und den Staat vernünftig gestalten können. Der Sozialismus hingegen beruhte auf einer prinzipiellen Verkennung der Natur des Menschen und konnte deshalb zwangsläufig nur in Unglück und Elend führen. Es gibt zwar eine völkerrechtliche Gleichberechtigung der Staaten unabhängig von ihrem politischen System; und das ist um des Friedens willen unentbehrlich. Es gibt aber keine Gleichwertigkeit von Erkenntnis und Torheit, von Wahrheit und Irrtum, von politischer Aufklärung und sozialistischer Propaganda oder gar von Redlichkeit und Verlogenheit und deshalb auch keine Gleichwertigkeit von westlicher Demokratie und östlichem Sozialismus.

Was die politischen Aufklärer der Gegenwart seit langem wissen, ist mit einem Mal zur allgemeinen Erkenntnis geworden, nämlich in welch unvorstellbarem Ausmaß die Menschen seit der Leninschen Oktoberrevolution, also seit mehr als siebzig Jahren, irregeführt worden sind. Das sozialistische System beruhte von seinen Wurzeln her auf Wahnideen, die die Wirklichkeit verstellten. Jetzt dämmert allmählich die Erkenntnis herauf, daß die Ideale von Freiheit, sozialer Gerechtigkeit und mitmenschlicher Solidarität, die man für die Ideale der sozialistischen Weltrevolution hielt, in Wirklichkeit die Ideale der Demokratischen Weltrevolution sind. Der Sozialismus führte uns der Verwirklichung dieser Ideale nicht näher, er machte sie vollends unerreichbar. Er war nicht die Menschheitsrevolution, sondern die Reaktion, die Gegenrevolution schlechthin. Er wollte, mit einem Wort von Karl Marx, Zustände überwinden, „in denen der Mensch ein erniedrigtes, geknechtetes, verlassenes, verächtliches Wesen ist". Er führte jedoch zwangsläufig in Zustände, in denen der Mensch als ein erniedrigtes, geknechtetes, verlassenes, verächtliches Wesen behandelt wurde. Nur die demokratische Revolution kann ihn daraus befreien.

Wir wissen das aus siebzig Jahren Erfahrung. Aber es kommt darauf an, den Grund dafür auch theoretisch zu verstehen. Denn wenn man ihn nicht versteht, gerät man in die Gefahr, sich einer neuen Illusion hinzugeben: der Illusion, nicht der Sozialismus sei gescheitert, sondern nur eine Form seiner Ausgestaltung, nicht der Marxismus-Leninismus, sondern nur der Stalinismus; jetzt gälte es, den wahren Sozialismus zu finden und durchzusetzen. Wenn man dieser Illusion verfällt, kann das nur dazu führen, mit den Menschen abermals Experimente zu machen, die vielleicht nicht so schlimm ausgehen, die aber jedenfalls die Annäherung an Freiheit, Gerechtigkeit und Solidarität nur wieder weiter hinauszögern.

Erfahrungen macht man nur, wenn man Erlebnisse und Beobachtungen auch richtig interpretiert. Dazu bedarf es des theoretischen Rahmens, der sie sachgerecht zu erklären vermag.

II. Zum Öko-Sozialismus

Zwei Beispiele mögen das verdeutlichen: Zunächst das Problem der Ökologie. In den letzten Jahren hat sich zunehmend die Vorstellung verbreitet, der Sozialismus biete eine günstigere Bedingung für die Lösung ökologischer Probleme als der westliche „Kapitalismus". Dieser habe nämlich die ökologischen Probleme erst herbeigeführt und könne sie also nicht beheben: Die Wirtschaftsmächte seien so stark, daß sie den Gesetzgeber „kaufen" könnten, um umweltschützende Auflagen abzuwenden. Sei aber der Kapitalismus das Problem, so sei folglich der Sozialismus die Lösung. – Erst die neuen Reisemöglichkeiten haben vielen die höchst unterschiedliche ökologische Situation in Ost und West vor Augen geführt. In den sozialistischen Staaten ist sie nicht nur wesentlich schlimmer als im Westen, sie ist geradezu katastrophal: die Luftbelastung, die Wasserverschmutzung, das Waldsterben, die chemische Vergiftung, die Gefährdung durch Atomkraftwerke und andere Industrieanlagen haben ein für westliche Begriffe völlig unvorstellbares Ausmaß. Im Vergleich dazu funktioniert der Umweltschutz im Westen, obschon zwar gewiß unzulänglich, so doch ganz erheblich viel besser. Viele, die sich idealistisch für ökologische Fragen engagieren, fallen aus allen Wolken.

Es wäre eine neue Illusion, wenn man sich nun einreden wollte, die katastrophale Umweltsituation in den sozialistischen Staaten beruhe darauf, daß der Sozialismus inkonsequent oder lasch gehandhabt worden wäre. Sie ist vielmehr eine zwangsläufige Folge des Sozialismus, und zwar aus mehreren Gründen, von denen zwei hervorzuheben sind. Einmal: im Sozialismus sind Staat und Wirtschaft identisch. Unter diesen Umständen gibt es keine Kontrolle des Staates über die Wirtschaft. Die Umwelterfordernisse treten fast immer zurück. Sodann: Der Sozialismus produziert nicht Wohlstand, sondern Armut. Wohlstand ist aber eine Voraussetzung zur Lösung von Umweltproblemen: er erlaubt den Unternehmen, den zum Teil sehr kostspieligen Anforderungen Rechnung zu tragen, und er verschafft dem Staat die Steuermittel, die ihn zu eigenen Umweltinvestitionen befähigen. Nur wenn man dies verstanden hat, steht man nicht nur staunend vor einer unbegreiflichen Wirklichkeit, sondern lernt, daß schon allein aus ökologischen Gründen die westliche Demokratie dem östlichen Sozialismus vorzuziehen ist.

Die ökosozialistische Illusion hätte sich nicht in diesem Maße ausbreiten können, wenn wenigstens die westlichen Medien ihre Informationspflicht wahrgenommen hätten. Voraussetzung für diese Ausbreitung war, daß sie durch die Berichterstattung gewissermaßen abgeschirmt wurde. Zwar kannten die Fachleute den Unterschied der Umweltsituation in Ost und West, aber einer breiteren Öffentlichkeit wurde diese Erkenntnis vorenthalten, einfach indem über die wirkliche Situation in den sozialistischen Staaten, wenn überhaupt, dann nur spärlich und beschönigend berichtet worden ist.

III. Der Sozialismus löst keine sozialen Probleme

Ähnlich wie mit den ökologischen ist es mit den sozialen Problemen. Jahrelang wurde den Menschen von westlichen Medien und Bildungseinrichtungen eingeredet, es gehöre zu den Vorzügen der sozialistischen Systeme, daß sie mehr soziale Gleichheit und Sicherheit gewährleisteten. Sozialismus galt, trotz all seiner Schattenseiten, als ein Weg zur Lösung sozialer Probleme. Das sollte vor allem für die Länder der Dritten Welt gelten. Eine realistische Analyse der Armut in der Dritten Welt unterblieb im allgemeinen, sei es aus Unfähigkeit, sei es in politischer Absicht, nämlich, um den sozialistischen sogenannten Befreiungsbewegungen der Dritten Welt Unterstützung zuzuführen. Die Tatsache, daß die sozialistischen Systeme etwa in Afrika oder Lateinamerika nichts dazu beigetragen haben, die Armut zu beheben, ja daß sie diese im Gegenteil schlimmer gemacht und die Menschen in ein unvorstellbares Elend geführt haben, wurde uns im allgemeinen ebenfalls vorenthalten. Ebensowenig wurde uns über die unterschiedliche soziale Situation etwa in der DDR und der Bundesrepublik berichtet.

Erst durch die neuen Reisemöglichkeiten wurde weiteren Kreisen in der Bundesrepublik bekannt, wie katastrophal die soziale Situation in den sozialistischen Ländern ist, und in der DDR, wie vergleichsweise günstiger sie in den westlichen Demokratien ist. Die Menschen lernen z. B., daß in der Bundesrepublik die ärmsten Sozialhilfeempfänger, Rentner und Arbeitslose mehr Realeinkommen haben, als ein Facharbeiter in der DDR hatte. Gewiß, es gibt in der DDR einige soziale Errungenschaften. Diese pflegte man stark herauszustellen, da sie die Unzuträglichkeiten des sozialistischen Systems ausgleichen sollten. Doch die wirkliche soziale Situation, z. B. die eines Rentners in der DDR, wurde den Westbürgern vorenthalten. Umgekehrt meinten die DDR-Bürger, im Westen lebe ein Drittel der Bevölkerung im bittersten Elend. Sie hatten das zwar ihrer eigenen Propaganda nicht geglaubt, wohl aber den westlichen Medien, die ihnen diesen Eindruck mit ihrem Gerede von „Zweidrittel-Gesellschaft", „Sozialabbau", „Ellenbogengesellschaft" und „Umverteilung von unten nach oben" vermittelt hatten. Auch hier fallen die Menschen jetzt in Ost und West aus allen Wolken. Sie lernen, daß sie nicht nur durch den Propagandaapparat in den sozialistischen Staaten irregeführt worden sind, sondern auch durch die westlichen Medien.

Wiederum kommt es darauf an, die Tatsachen nicht nur zur Kenntnis zu nehmen, sondern zu verstehen und auch theoretisch erklären zu können. Eine Erkenntnis, an der sich viele gerne vorbeimogeln wollten, drängt sich unabweisbar auf: nämlich, daß eine gesunde Wirtschaft Voraussetzung für einen funktionierenden Sozialstaat ist. Sie erwirtschaftet die Steuern und die Beiträge, mit deren Hilfe das Sozialsystem finanziert werden kann. Marktwirtschaft steht nicht in einem Gegensatz zum Sozialstaat, sondern ist seine Grundlage und Voraussetzung. Das Sozialsystem der Bundesrepublik wurde in den fünfziger und sechziger Jahren von demselben Gesetzgeber aufgebaut, der auch die Grundlagen für die Marktwirtschaft geschaffen hat.

Es ist ja nicht etwa so, daß zwar die damals regierenden Parteien CDU und FDP das Wirtschaftswunder herbeigeführt hätten, jedoch ohne Rücksicht auf die sozialen Folgen, während die SPD das Sozialsystem errichtet hätte. Dazu hatte sie gar keine Mehrheit. Wenn sie es dennoch für sich in Anspruch nimmt, schmückt sie sich mit fremden Federn. Sie hat in den Parlamentsberatungen verdienstvolle Beiträge geleistet, hat aber keinen Anlaß, der CDU das Engagement und die Kompetenz in sozialpolitischen Fragen zu bestreiten. Für diese gehört das moderne Sozialsystem von Anfang an zu den Zwecken der sozialen Marktwirtschaft. Sie hat es geschaffen und danach kontinuierlich fortentwickelt. Auch die SPD hat zur Fortentwicklung, insbesondere des Mitbestimmungsrechts, beigetragen. Da jedoch unter ihrer Regierung die Wirtschaft in Bund und Land im allgemeinen weit weniger floriert, fehlen ihr entsprechend auch Mittel für soziale Aufgaben.

Es gibt nichts Unsozialeres als einen Sozialismus, der die Marktwirtschaft hemmt oder gar grundsätzlich in Frage stellt. Er zerstört die Grundlage und Voraussetzung des Sozialstaates. Er verhindert zwar zugleich, daß die Reichen reicher werden. Wem es wichtig ist, das zu verhindern, der mag am Sozialismus seinen Gefallen finden. Wem der Reichtum der Reichen aber gleichgültig ist, wer es sich vielmehr zum Problem macht, die Armut der Armen zu beheben, der kann nicht Sozialist sein, es sei denn, daß er in Unkenntnis über die elementarsten Zusammenhänge von Wirtschaft und Sozialstaat verharrt.

Die Erkenntnis, daß die Menschen über die ökologischen und die sozialen Zusammenhänge nicht nur im Osten, sondern auch im Westen in die Irre geführt worden sind, ist so erschütternd, daß viele geneigt sind, diese Erkenntnis im Augenblick ihrer Gewinnung sogleich wieder zu verdrängen. Wir müssen uns ihr aber stellen, weil wir nur so die Chance gewinnen, daß die Ereignisse der osteuropäischen Revolution nicht nur Erlebnis bleiben, sondern Erfahrung werden, aus der wir für die Zukunft Lehren ziehen können.

IV. Die „Basis" liegt im Recht

Wir müssen deshalb über diese beiden Beispiele – Ökologie und Sozialstaat – hinausgehen und die Frage ins Grundsätzliche wenden. Zu den Grundannahmen des sozialistischen Denkens gehört die Lehre von Basis und Überbau: die Produktionsverhältnisse bildeten die Basis, Recht und Verfassungen seien nur ihr „ideologischer Überbau". Die politischen Institutionen des demokratischen Verfassungsstaates bildeten nur gewissermaßen einen Ausschuß der bürgerlichen Klasse und dienten ihrem Vorteil auf Kosten der ärmeren Schichten der Gesellschaft. Diese Annahme hat sich als ein fundamentaler Irrtum mit verhängnisvollen Konsequenzen erwiesen.

In Wirklichkeit ist es umgekehrt: die Bedingungen eines menschenwürdigen Lebens hängen entscheidend von Recht und Verfassung ab. Diese bilden die Basis auch für die materiellen Lebensbedingungen. Sie sind die Grundlage für die Freiheit und das demokratische Leben, in dem Unrechtserfahrungen öffentlich zur Geltung gebracht und durch politische und soziale Gestaltung überwunden werden können. Damit sind sie auch Grundlage für den Wohlstand, der wiederum Voraussetzung für Umweltschutz und Sozialstaat ist. Die Menschen in Polen, Ungarn, der Tschechoslowakei und der DDR treten nicht deshalb für den demokratischen Verfassungsstaat ein, damit Kapitalisten Profit erwirtschaften können, sondern deshalb, weil sie die Erfahrung gemacht haben, daß nur auf seiner Grundlage ein menschenwürdiges, freiheitliches, gerechtes und soziales Miteinanderleben aller möglich wird. Wenn sie den Investoren Gewinn gönnen, so deshalb, weil auf diese Weise Wohlstand geschaffen wird, der allen zugute kommt und der auch die Mittel für höhere Sozialleistungen und besseren Umweltschutz erwirtschaftet.

Die Grunderfahrung lautet, daß heute nur dann ein Staat Legitimität besitzt, wenn er Demokratie, Menschenrechte und Gewaltenteilung gewährleistet. Diese drei Elemente gehören zusammen: ein Gesetzgeber und eine Regierung, die ihre Macht nicht auf Demokratie, also auf freie Wahlen gründen, werden von der Bevölkerung nicht akzeptiert. Freie Wahlen aber setzen voraus, daß Menschenrechte gelten, so daß man sich frei und ohne Angst öffentlich äußern und zusammenschließen kann, ohne durch willkürliche Verhaftung, Unterdrückung und Verfolgung bedroht zu sein. Dies aber setzt voraus, daß die Staatsgewalt an die Menschenrechte wirklich gebunden ist. Das ist sie nur in einem gewaltenteilenden Rechtssystem, wo der Exekutivgewalt Verfassung und Gesetze vorgegeben sind, die sie nicht selbst ändern, aufheben oder durchbrechen kann, und wo unabhängige Richter über ihre Einhaltung wachen. Nur wo so der Staat ans Recht gebunden ist, kann er auch an Menschenrechte gebunden sein. Ohne Gewaltenteilung keine Menschenrechtsgeltung, und ohne sie keine Demokratie.

Das ist nicht eine politische Ideologie, die so gut und so schlecht ist wie jede andere, sondern es ist die der Natur des heutigen Menschen mit seiner Ich-Entwicklung und seiner Rationalität allein angemessene Staatsform. Die sozialistische Alternative war die Diktatur durch eine führende Partei. Das ist keineswegs eine Möglichkeit, die ebenfalls Legitimität zu begründen vermöchte, auch nicht, wenn sie den Menschen durch den Propagandaapparat eingehämmert wird. Sie kann sich vielmehr nur angesichts eines brutalen Gewaltapparates durchsetzen, mit dem sich die Menschen, wenn ihnen keine andere Möglichkeit bleibt, irgendwie arrangieren müssen. Jahrzehnte systematischer Propaganda und Erziehung haben wenig genützt: im ersten Augenblick der Lockerung dieses Zwangsapparates zeigt sich, daß die sozialistischen Systeme nur bei der Herrschaftsklasse und im übrigen nur bei Menschen Akzeptanz gefunden haben, die durch Propaganda leicht beeinflußbar waren.

Ein solches System kann sich nur erhalten, wenn es im Zwangsapparat, also in Militär, Polizei und Staatssicherheitsdienst eine „innere Legitimität" gibt, d. h. wenn wenigstens ihre Mitarbeiter bis zu einem gewissen Grad davon überzeugt sind, daß sie einer guten Sache dienen. Was den demokratischen Aufbruch möglich gemacht hat, war, daß sich die Zweifel an der marxistisch-leninistischen Herrschaftsideologie selbst in diesen Apparat hineingefressen hatten. Die Betriebskampfgruppen waren nicht bereit, Demonstranten niederzuschießen, die sowjetische Armee war nicht mehr bereit, sie mit Panzern niederzuwalzen, in Partei, Polizei und Volksarmee gab es eine Hinhaltetechnik. Selbst Gorbatschow, der Generalsekretär der KPdSU, glaubt nicht mehr an die Parteiideologie. Diese hat sich angesichts der gemachten Erfahrungen in ganz Osteuropa selbst zersetzt. Ich vermute, daß es zuletzt unter den naiven Intellektuellen in der Bundesrepublik zahlenmäßig mehr Sozialisten gab als in ganz Osteuropa zusammengenommen.

V. Entstalinisierung – und Lenin?

In der Sowjetunion tagt allerdings der Oberste Sowjet noch immer (1990) unter einem großen Porträt Lenins. Dessen Bild wird ebenso wie das von Marx und Engels nach wie vor in Ehren gehalten, und sein Mausoleum in Moskau ist eine Kultstätte. Auch Gorbatschow beruft sich auf Lenin, während er sich von Stalin distanziert. Dies mag sich vielleicht nur taktisch erklären. In unserem Zusammenhang geht es nur darum, daß die politische und moralische Akzeptanz Lenins nur noch mit Hilfe von Legenden aufrechterhalten werden kann. Diese Legenden lauten etwa so:

Unter dem Zaren habe eine schreckliche Despotie und Armut geherrscht. Deshalb habe Lenin den Zaren gestürzt und den Menschen mehr Freiheit und Wohlstand gebracht. Dann habe Stalin diese Revolution verraten. Nichts von alledem ist wahr.

Zunächst einmal: die Verhältnisse unter dem Zaren genügen zwar bei weitem nicht unseren Maßstäben. Aber sie kamen ihnen weitaus näher als das ihnen nachfolgende Sowjetsystem in allen seinen Phasen. Seit den Reformen in den 1860er Jahren war nicht nur die Leibeigenschaft abgeschafft, sondern es galt auch ein verhältnismäßig rechtsstaatliches System. Zum Beispiel wurde kein Untertan mehr einfach nach Sibirien verschleppt, es sei denn, er sei in einem ordentlichen Schwurgerichtsverfahren wegen eines nachgewiesenen Verbrechens dazu verurteilt worden. Der Lebensstandard war zwar für die Armen sehr niedrig, aber bei weitem höher als in den Zeiten Lenins, unter dem sich Hungersnot und Verelendung ausbreiteten, und höher als zu allen Zeiten seither. Die Zahl der Hungeropfer des Sowjetsystems ist um ein Vielfaches größer als die der ganzen vorherigen russischen Geschichte zusammengenommen.

Sodann hat Lenin den Zaren nicht gestürzt, sondern er hielt sich zur Zeit seines Sturzes in Zürich auf und reiste erst danach nach Petersburg. Er ließ später den längst zurückgetretenen Zaren mit seiner Familie umbringen und nahm den Kampf gegen Versuche auf, eine parlamentarische Demokratie nach westlichem Vorbild zu errichten. Diese hat er durch seine Revolution gestürzt und durch eine Diktatur

ersetzt. Seine Partei hat bei den Wahlen zur verfassunggebenden Nationalversammlung 23,5 % der Stimmen erlangt. Diese Nationalversammlung ließ er bei ihrem ersten Zusammentritt mit Maschinenpistolen sprengen und begründete seine
alleinige Macht auf Gewalt. Da dies naturgemäß zu Protesten und Widerstand
führte, griff er zu Terror. Im Jahr 1918 erklärte er, es gehe jetzt um „Wege zur Ausrottung und Unschädlichmachung der Parasiten, der Reichen und Gauner, der Tagediebe und Hysteriker unter der Intelligenz und so weiter und so fort ... Kein einziger Gauner, aber auch keiner von denen, die sich vor der Arbeit drücken, darf frei
herumspazieren, sondern muß im Gefängnis sitzen oder schwerste Zwangsarbeit
verrichten." Es gehe um die „Säuberung der russischen Erde von allem Ungeziefer,
von den Flöhen – den Gaunern, von den Wanzen – den Reichen usw."

Am 17. Februar 1918 verfügte ein Gesetz, daß fremde Klassenelemente in
„Konzentrationslager" zu sperren seien. Am 5. September 1918 wurde vom Rat
der Volkskommissare unter seiner Leitung das „Dekret über den Roten Terror" erlassen. Neben Massenerschießungen gebot es auch, „die Sowjetische Republik gegen Klassenfeinde mittels deren Isolierung in Konzentrationslagern abzusichern":
Dieses System der Konzentrationslager wurde von Stalin nur übernommen und
weiter ausgebaut. Es liegt in der Natur des Leninschen Despotismus selbst begründet und ist nicht etwa erst durch eine stalinistische Entartung eingeführt worden.
Die Distanzierung von Stalin bedeutet deshalb nicht zugleich eine Distanzierung
vom Terrorsystem der Konzentrationslager. In Lenin wird vielmehr deren Begründer geehrt.

Das Konzentrationslager ist in unserem Jahrhundert zum Symbol für den Un-
rechtsstaat schlechthin geworden. Was in der sozialistischen Bewegung im allgemeinen und in der Sowjetunion im besonderen ansteht, ist die vollständige Überwindung des Leninismus. Wenn man von der Überwindung des Stalinismus
spricht, so ist dies eine Redeweise mit Hintergedanken: sie bedeutet nämlich zugleich Akzeptanz des Leninismus und damit eines Systems der Konzentrationslager. Das aber bedeutet, daß Menschenrechte, Gewaltenteilung und Demokratie
keine Anerkennung gefunden haben. Die Despotie wird in der Zeit der Perestrojka
wesentlich sanfter und rationaler ausgeübt, aber sie ist noch nicht restlos überwunden. Ihre völlige Überwindung wird eines Tages in einem symbolischen Akt sichtbar werden: in der Umbenennung der Stadt Leningrad, die dann wieder den Namen
St. Petersburg führen wird. An diesem Tage wird einer der furchtbarsten Irrwege
der Menschheitsgeschichte an sein Ende gekommen sein.

VI. Entlenisierung – und Marx?

Um an die politische Aufklärung wieder anknüpfen zu können, genügt es noch
nicht, der Entstalinisierung die Entlenisierung folgen zu lassen. Man muß radikaler
ansetzen, also an der Wurzel, die wir bei Karl Marx finden. Gewiß kann man bei
Karl Marx manches Interessante und Lehrreiche lesen. Aber der Grundgedanke

seiner politischen Konzeption ist ein schrecklicher Irrtum, der in logischer Konsequenz zu Lenin und Stalin geführt hat. Lenin hat Marx im wesentlichen nicht mißverstanden, sondern eine marxistische Revolution durchgeführt, wenn auch die besonderen Umstände nicht den Erwartungen von Karl Marx entsprachen. Es ist gleichwohl durchaus berechtigt, im Leninismus eine Fortentwicklung und Anpassung des Marxismus zu sehen. Beide sind im Marxismus-Leninismus zu einer Einheit verschmolzen. Lenin fußte auf Marx, er hat seine Lehre nicht mißbraucht, ebenso wie Stalin auf Marx und Lenin fußt und ihre Lehren nicht mißbraucht, sondern Konsequenzen gezogen hat, die in ihnen selbst angelegt sind.

Zwar war für Marx die Diktatur des Proletariats nicht Endziel, sondern Durchgangsstadium auf dem Wege zum Absterben des Staates. Er wußte nicht, daß und warum der Staat nicht absterben kann und daß sich die Diktatur dauerhaft etablieren würde. Aber jedenfalls war die Diktatur für ihn unvermeidlich: sie war nicht eine Abweichung von seiner Lehre, sondern eine zwingende Schlußfolgerung aus seinen Prämissen und wurde deshalb von ihm ausdrücklich gefordert.

Deshalb hat Karl Marx auch von einem demokratischen Verfassungsstaat mit seinen drei Grundelementen – Menschenrechte, Gewaltenteilung und Demokratie – nichts gehalten. Sie sind mit der angestrebten Diktatur nicht vereinbar. Nach dem zukünftigen Absterben des Staates aber gebe es eben keinen Staat mehr, den man durch sie binden und organisieren müßte.

Idealistische Sozialisten, die das einsehen, versuchen sich zu retten, indem sie sich auf den jungen Marx berufen. Im Alter sei Marx zwar zu einem zynischen Realpolitiker geworden, aber aus seinen Frühschriften leuchteten die Ideale hervor, an denen es unbedingt festzuhalten gelte. Indessen hat auch der junge Marx schon seine Ideale in einen sozialistischen Kontext gestellt, der zwischen zwei Pole gespannt war: zwischen einen utopischen Anarchismus „befreiter" Individuen und eine terroristische Diktatur zur Erzwingung dieser „Befreiung". Über die Menschenrechte in der Verfassung der Französischen Revolution spottete Marx: „Der Mensch wurde nicht von der Religion befreit, er erhielt die Religionsfreiheit. Er wurde nicht vom Eigentum befreit, er erhielt die Freiheit des Eigentums. Er wurde nicht vom Egoismus des Gewerbes befreit, er erhielt die Gewerbefreiheit." Dieser Satz findet sich in der Schrift „Zur Judenfrage" aus dem Jahre 1843, also in einer Frühschrift. Wer den Menschen von Religion, Eigentum und Gewerbe befreien will, muß eine herrschende Klasse etablieren, die ihn unterwirft und entmündigt und die die Macht hat, nicht nur seine Betätigungen, sondern auch sein Denken, Fühlen und Wollen bis in die letzten Fasern hinein zu lenken. Das ist die Idee, die Lenin im Ansatz und Stalin in letzter Konsequenz verwirklichen wollten. Solange man nur entstalinisiert, aber die Wurzel des Übels bei Marx und Lenin nicht ausreißt, kann diese Wurzel immer neue Triebe der Barbarei hervorbringen. Solange gilt auch hier: der Schoß ist fruchtbar noch, aus dem das kroch.

Das sozialistische Theoriegebäude wurde zwar kaum studiert und intellektuell durchdrungen. Gleichwohl bildete es mit einigen Grundbegriffen und elementaren

9*

Klischees ein Gerüst, in dem sich das politische Denken weiter Kreise auch im Westen bewegte. Der Versuch, diesen Rahmen grundsätzlich in Frage zu stellen, löst als Reaktion ein geradezu verzweifeltes Umsichschlagen aus. Man ist nicht bereit, sich alle Ideale, alles mitmenschliche Engagement rauben zu lassen, so als sei Idealismus außerhalb des sozialistischen Denkgebäudes unmöglich, als sei man entweder Sozialist – oder Individualist und Zyniker. Infolgedessen vermag man nicht zu erkennen, daß der vollständige Ausbruch aus den Denkschemata des Sozialismus ein Akt der geistigen Befreiung wäre, der ein humanes Engagement überhaupt erst sinnvoll und fruchtbar macht.

Eines dieser Denkschemata ist die ideologiekritische Grundhaltung, also die Überzeugung, daß, wer nicht Sozialist sei, eine geistig manipulierte Marionette von fremden Kapitalinteressen sei und daß in ihm unaufgeklärt gebliebene Vorurteile nachwirkten, die ihn veranlaßten, an ungerechtfertigten Herrschaftsstrukturen festzuhalten. Dieses ideologiekritische Denkmuster reicht weit über den Kreis versierter sozialistischer Intellektueller hinaus: es prägt weithin die Lebensluft, in der ein großer Teil der politischen Öffentlichkeiten lebt und atmet. Diese Gefangenschaft des Denkens erzeugt das Selektionsschema, das darüber entscheidet, welche Tatsachen in das Bewußtsein aufgenommen oder von ihm abgewiesen werden. Sie blockiert infolgedessen die Fähigkeit, Probleme und Zusammenhänge realistisch zu erkennen. Auf diese Weise versteinern sich Dogmen, die ihren Ursprung im sozialistischen Denken haben, auch noch über den Zusammenbruch des Sozialismus hinaus.

Ein Beispiel: In zahllosen Köpfen hat sich die Vorstellung festgesetzt, der Westen halte die Dritte Welt durch eine ungerechte Weltwirtschaftsordnung künstlich in Armut und beute sie aus; Entwicklungshilfe sei nur Bluff, es bedürfe einer sozialistischen Weltwirtschaft. Ob es sich wirklich so verhält, läßt sich unter vernünftigen Menschen an und für sich rational erörtern. Tatsächlich ist ja die Frage, wie man den armen Völkern am wirksamsten helfen kann, Gegenstand sachlicher wissenschaftlicher und politischer Diskussion. Doch wer sich an dieser Diskussion mit rationalen Argumenten beteiligt, macht sich verdächtig, er gilt als „konservativ" und damit als ideologiebefangen.

Jeder von uns macht häufig folgende Erfahrung: Man bringt in irgendwelchen Sachzusammenhängen ein Argument und stellt es zur Diskussion, in der Meinung, durch Argument und Gegenargument werde sich klären, ob es richtig oder falsch sei. Die Antwort darauf ist aber nicht etwa ein Gegenargument, sondern eine Einordnung der Person des Sprechenden: Z. B. „Sie sind nach rechts gerückt und konservativ geworden" – oder dergleichen. Das vorgegebene sozialistische Denkschema macht unfähig zur Erörterung von Sachargumenten; es läßt den darin Gefangenen nur die Möglichkeit, die Person des Argumentierenden in das politische Spektrum von links bis rechts einzuordnen und damit zu qualifizieren: je linker desto besser, je konservativer desto schlechter. Durch diese Borniertheit schließen sich große Gruppen von an und für sich intelligenten und idealistisch engagierten Menschen aus der öffentlichen Diskussion entscheidender politischer Grundfragen selbst aus.

Mit dem Ende des Sozialismus beginnt dieses geistige Gefängnis hier und da gelegentlich zu bröckeln. Zusammengebrochen ist es noch nicht.

VII. Marktwirtschaft und persönliche Freiheiten

Die demokratische Revolution in Osteuropa hat uns nicht nur mit eindringlicher Wucht vor Augen geführt, daß der Mensch Menschenrechte, Gewaltenteilung und Demokratie erstrebt, weil dies die der menschlichen Natur angemessene Verfassungsform ist. Er strebt, wenn sein Denken nicht durch Neid und Ideologie beeinflußt ist, auch außerhalb dieses Rahmens nach einer marktwirtschaftlich orientierten Wirtschaftsform und deshalb nach den besonderen Freiheiten, die für sie die Voraussetzung bilden: Privateigentum auch an Produktionsmitteln, Gewerbefreiheit, Berufsfreiheit, Vertragsfreiheit, Unternehmensfreiheit usw. Diese Freiheiten haben zwar nicht dieselbe fundamentale Bedeutung wie etwa das Menschenrecht auf Schutz vor willkürlicher Verhaftung. Aber wirklich frei ist ein Land erst dann, wenn auch diese Freiheiten gewährleistet sind. Der Grund für die marktwirtschaftliche Freiheit ist gewiß in erster Linie, daß auf diese Weise Wohlstand geschaffen wird und daß auf dessen Grundlage die Lösung ökologischer und sozialer Probleme möglich wird. Aber die Marktwirtschaft hat darüber hinaus noch einen weiteren Grund. Sie ist auch ein wesentlicher Faktor für die persönliche Freiheit, und zwar nicht nur für die Freiheit des Unternehmers und Gewerbetreibenden, sondern für die Freiheit von jedermann. Diese Tatsache ist in unserm öffentlichen Bewußtsein wenig lebendig. Man kann sie aber verstehen, wenn man sich die Gründe dafür vergegenwärtigt.

Der erste und wichtigste Grund ist, daß die Marktwirtschaft ein wesentliches Element der Gewaltenteilung ist. So groß auch die Marktmacht einzelner Großunternehmer sein mag, es gibt, wie man in jedem Branchenverzeichnis des Telefonbuchs sehen kann, eine große Zahl von ökonomischen Entscheidungszentren und eine riesige Zahl von kleinen und mittleren Unternehmen. Allein die Tatsache der unendlichen Zersplitterung des Eigentums an Produktionsmitteln gewährleistet, daß keines von ihnen den Menschen ganz beherrschen kann. Wo aber, wie im Sozialismus, die Verfügungsmacht über die Produktionsmittel bei einer Herrschaftsklasse konzentriert ist, gewinnt diese damit weit mehr Macht über die Menschen, als die vielen konkurrierenden Privatunternehmer je ausüben könnten. Auch aus diesem Grunde haben die Lehrer der Marktwirtschaft stets großen Wert darauf gelegt, daß es nicht zur Bildung von Monopolen und Oligopolen kommt, sondern daß der Marktwirtschaft ein Ordnungsrahmen vorgegeben ist, der die Aufrechterhaltung des Wettbewerbs sicherstellt.

Hinzu kommt, daß die zersplitterte Macht, die den Unternehmern immerhin verbleibt, auch in ihren Inhalten sehr beschränkt ist, während die zentralistische Macht in der sozialistischen Wirtschaft umfassend ist. Die Macht des Unternehmers über die Preisbildung ist durch den Wettbewerb beschränkt, die Macht über

seine Angestellten und Arbeiter durch Arbeitsrecht, Betriebsverfassung und Mitbestimmung. Die politische Macht des Einflusses auf Gesetzgeber und Regierung besteht zwar, aber bei weitem nicht in dem Maße, wie es die sozialistischen Legenden uns einreden wollen. Hiernach soll diese Macht darauf gerichtet sein, die Entwicklung des Sozialstaats, des Arbeitsrechts, der Mitbestimmung, der Umwelt-
schutzgesetze usw. zu verhindern. Wenn diese Macht tatsächlich so groß wäre –
wie hätte es dann zu allen diesen Gesetzen kommen können? Sie sind doch eine
Wirklichkeit, und diese zeigt, daß der demokratische Gesetzgeber, der sich über
solche Einflüsse hinweggesetzt hat, dazu in der Lage gewesen sein muß. Wenn er
trotzdem den Unternehmensverbänden und den Arbeitgeberverbänden Gelegenheit
zur Anhörung gibt, dann muß auch das nicht unbedingt dazu führen, daß der soziale und ökologische Fortschritt gehemmt wird. Die Anhörung kann vielmehr
auch die Bedeutung haben, daß der Gesetzgeber Sachzusammenhänge kennenlernt,
damit er keine Fehler macht, die den Wohlstand, den Sozialstaat und den Umweltschutz gefährden könnten. Das Mißtrauen gegen den demokratischen Gesetzgeber,
der von der Wirtschaft gekauft werde, kann hier und da einmal berechtigt sein. Im
großen und ganzen aber zeugt es eher von ideologischer Befangenheit als von Realitätssinn.

Darüber hinaus gibt es eine Reihe von weiteren Freiheiten, die wir der Marktwirtschaft verdanken. Die hunderte privaten Verlagsunternehmen, die die verschiedensten geistigen, politischen, religiösen und weltanschaulichen Strömungen und
Interessen repräsentieren, gewährleisten den geistigen Pluralismus. Im Sozialismus
hingegen wird das Verlagswesen bürokratisch verwaltet und ist von der Papierzu-
teilung der zentralen Planungsbehörde abhängig. Ohne geistige Freiheit, ohne eigene Verlage und Zeitungen gibt es auch keine politische Freiheit und keinen demokratischen Pluralismus.

Ferner hat auch der Arbeiter in der Marktwirtschaft das Recht, seinen Arbeitsplatz zu wechseln – ein Freiheitselement, das seinen Aktionsradius unter Umständen erheblich erweitern kann. Ferner gehören zu den marktwirtschaftlichen Freiheiten auch die Gewerkschaftsrechte, insbesondere das Streikrecht, das es in einem
konsequenten Sozialismus nicht geben kann. Schließlich wären auch die Rechte
eines demokratischen Parlaments und damit der politischen Parteien in einem konsequenten Sozialismus erheblich beschränkt: was durch den Plan festgelegt ist,
kann nicht durch politische Entscheidungen geändert werden, ohne daß das ganze
Wirtschaftsgefüge in Konfusion und möglicherweise in Katastrophen stürzen würde. Schließlich gehören zu den Freiheiten, die wir der Marktwirtschaft verdanken,
auch die Rechte des Konsumenten. Er entscheidet, welche Bedürfnisse für ihn welche Rangfolge haben, was ihm wichtig und wünschenswert erscheint. Seine Bedürfnisse werden weder durch die Planungsbehörde noch durch Arbeiterselbstver-
waltung der Produzenten definiert, sondern das Angebot des Marktes orientiert
sich an der Nachfrage des Bürgers und gewährleistet auch damit seine Freiheit.

VIII. Die drei Grundwahrheiten

Wir stehen am Anfang eines großen Lernprozesses. Denkgewohnheiten lassen sich wie alle Gewohnheiten nur langsam überwinden. Das gilt um so mehr, wenn sich mit ihnen sowohl Parteiinteressen als auch Prestigefragen verbinden. Es gibt Abwehrmechanismen und psychologische Blockaden, die den Lernprozeß hemmen und verzögern. Erkenntnisse setzen sich nicht von heute auf morgen, aber auf längere Sicht meistens doch durch. Abraham Lincoln sagte: Man kann alle Leute für begrenzte Zeit zum Narren machen und einige auch auf Dauer, aber nicht alle auf Dauer. Die politischen Aufklärer vertrauten stets auf die sanfte Kraft der Wahrheit, die sich stärker erweist als die gegenläufigen Macht- und Prestigeinteressen, und sie lehrten: die Wahrheit wird sich durchsetzen.

Eine der Wahrheiten, die sich durchsetzen wird, lautet: Legitimität gibt es heute nur noch auf der Grundlage von Menschenrechten, Gewaltenteilung und Demokratie. Eine andere Wahrheit lautet: zu den Voraussetzungen der Freiheit gehört auch die soziale Marktwirtschaft. Eine dritte Wahrheit lautet: die soziale Marktwirtschaft ist darüber hinaus eine Mindestvoraussetzung des Wohlstands, und damit die Grundlage für die Lösung sozialer und ökologischer Probleme. Der Sozialismus wollte zu diesen drei Wahrheiten oder wenigstens zu einer oder zu zweien von ihnen Alternativen anbieten. Die Alternative zur Wahrheit aber ist die Unwahrheit. Macht man die Unwahrheit zur Grundlage des politischen und wirtschaftlichen Handelns, so führt dies zwangsläufig ins Unglück. Wenn es der Aufklärung gelingt, daß die Ursachen dieses Unglücks wirklich verstanden und nie mehr vergessen werden, dann ist der Sozialismus in der Welt endgültig und unwiederbringlich überwunden.

Geistige Nachwirkungen des Sozialismus

(Unna 1990)

Es gibt Nachwirkungen des Terrors in den Ländern der ehemaligen DDR, die mit Demokratie, Rechtsstaatlichkeit und freiem Wirtschaften mit der Zeit von alleine schwinden.

Es gibt aber auch die geistig-moralischen Nachwirkungen, die nicht Folge des Terrors, sondern der Faszination durch die Idee des Sozialismus sind. In den ehemals sozialistischen Ländern wirkten Terror und Faszination gleichzeitig, so daß wir die beiden Motive nur schwer trennen und unterscheiden konnten. Im Westen aber wirkte die Faszination allein und ist deshalb beobachtbar.

I. Die entchristlichende Wirkung

Seinen durchschlagensten Erfolg hat der Sozialismus in der „Befreiung" von der Religion, besonders vom Christentum – ein Erfolg von langfristiger Tiefenwirkung in Ost und West.

Um sie durchzusetzen, brauchte das totalitäre Herrschaftssystem verhältnismäßig wenig Terror: Wo solcher angewandt wurde, erzeugte er eher Widerstand und Märtyrertum. Die sozialistische Religionskritik hat die Menschen auch im Machtbereich des Sozialismus wirklich überzeugt. In der DDR sind in den letzten 40 Jahren 90 % der Kinder nicht mehr getauft worden, und fast 100 % der 14jährigen haben an dem heidnischen Zeremoniell der Jugendweihe teilgenommen. Daß dies nicht nur unter Druck geschah, zeigt sich darin, daß die Jugendweihe zu einem Familienfest geworden ist, noch Ostern 1990 gefeiert wurde und weiterhin begangen werden soll. Auch Trauungen wurden in immer geringerem Maße kirchlich vollzogen. Auf Beerdigungen reden bestallte Begräbnisredner ihre trostlosen Phrasen daher („. . . im Herbst fallen die Blätter"). Nach der Wende hat die Austrittswelle aus der Kirche nicht ab-, sondern zugenommen. Die antichristliche Propaganda schürt Angst vor der Kirchensteuer und verbreitet die Lüge, selbst Rentner müßten sie zahlen.

Aber auch im Westen hat der Sozialismus die Entchristlichung kräftig gefördert. Allerdings verbreitete sich in den letzten 20 Jahren eine breit angelegte theologische Strömung, die Sozialismus und Christentum verschmelzen und miteinander identifizieren wollte. Das Reich Gottes, um dessen Kommen man betete, sollte eben das irdische Reich des Sozialismus sein: ubi Lenin, ibi Jerusalem (Ernst Bloch). Die Befreiung des Menschen, von der Paulus spricht, verwandelte sich in die Befreiung der Völker aus der Unterdrückung durch die westlich-demokratisch-kapitalistischen reichen Nationen, insbesondere die USA.

Die sogenannte Befreiungstheologie hat eine religiöse und eine politische Komponente. Ihre Varianten unterscheiden sich vor allem darin, in welchem Grade der Abstufung die eine oder die andere vorherrscht. Für die stärker religiös Motivierten handelt es sich um den Versuch, das Christentum in die künftige sozialistische Welt hinüberzuretten. Indem man mit der sozialistischen Bewegung verschmilzt, hofft man, sie gewissermaßen zu taufen und in ihr für die Zukunft Einfluß zu gewinnen. Für die anderen steht im Vordergrund der Versuch, den unter Christen lebendigen sozialen Idealismus für den Sozialismus zu vereinnahmen – und gleich dazu die den Kirchen zur Verfügung stehenden Institutionen und finanziellen Mittel. So wie die Schlupfwespe ihre Eier in fremde Raupen legt, damit der Nachwuchs sie von innen leerfrißt, so sollten die Kirchen benutzt und entleert werden, damit der Sozialismus sich ihrer für seine Zwecke bedienen kann. Welche der beiden Komponenten im Einzelfall auch vorherrschend sein mag – auf Dauer läuft es darauf hinaus, daß die letztere Strategie sich als die stärkere erweist. Ganze Synoden, Landeskirchen oder Diözesen sind auf diese Weise umgedreht und dem Sozialismus zugespielt worden. Wie erfolgreich die Strategie war, wird vor allem daran anschaulich, daß der Ökumenische Weltrat der Kirchen sich freiwillig in den Dienst der sozialistischen Weltpropaganda stellte und die im Sozialismus unterdrückten Menschen, die um solidarische Unterstützung flehten, gnadenlos im Stich ließ, gerade auch die verfolgten Christen.

Heute sind nur zaghafte Ansätze für Schuldbekenntnis und Umkehr zu hören. Deutlich vernehmbar sind hingegen mancherlei Selbstrechtfertigungen, die meist eher Mitleid auslösen als Überzeugungskraft entfalten. Die entchristlichende Wirkung des Sozialismus war so tiefgreifend, daß mit langfristigen Nachwirkungen zu rechnen ist.

II. Die entsittlichende Wirkung

Die Sittlichkeit kann zwar unabhängig von den geistig-religiösen Quellen, die sie ursprünglich inspiriert hat, einige Jahrhunderte lang fortbestehen, so wie ein Baum, den man von seinen Wurzeln abschneidet, noch eine Weile grünt. Man findet unter nicht-religiösen Menschen oft einen hohen Standard an Moralität und Opfermut und unter religiösen Menschen moralischen Irrtum, aber auch Zynismus oder Heuchelei. Wenn man also auch einen unmittelbaren Zusammenhang zwischen Religion und Sittlichkeit bezweifeln muß, so war der Sozialismus doch bestrebt, die Moral von ihren inspirierenden Quellen zu trennen und autonom zu begründen. An die Stelle lebendiger Sittlichkeit sollte ein konsequentes Zweck-Mittel-Denken treten.

In einem geistigen Milieu, das vom Sozialismus geprägt ist, lassen sich Recht und Moral, wenn überhaupt, nur noch utilitaristisch begründen, also nur durch rational aufgeklärtes langfristiges Interessenkalkül. In der Tat lassen sich auf diese Weise zahlreiche Regeln einsichtig machen, indem an ihrer Geltung ein gegenseitiges Interesse aufzeigbar ist. Der Utilitarismus trägt bis zu einer gewissen Grenze, vermag jedoch nicht zu erklären, warum man sich für Menschengruppen einsetzen sollte, zu denen man unter keinen denkbaren Umständen je gehören kann, oder um die Regelung von Situationen, in die man niemals geraten kann. Utilitaristisch denkende Deutsche prüften nach, ob sich unter ihren Vorfahren Juden befanden. War das erweislich nicht der Fall, so hatten sie gegen den antisemitischen Rassismus keine moralischen Einwände. Englische Utilitaristen konnten keine überzeugenden Einwände gegen Sklavenhandel, Indianerverfolgung oder Kinderarbeit vorbringen: Mit „dem größten Glück der größten Zahl" erschien das vereinbar. Der Sozialismus hat die Infragestellung der Sittlichkeit nicht hervorgebracht, aber aufgegriffen und bewußt verstärkt.

Es ist kein Zufall, daß mit der deutschen Vereinigung die Frage des Abtreibungsrechts in den Vordergrund rückt: soziale Hilfen sollen die rechtliche Regelung ersetzen; die Pflicht zur Beratung, die unter anderem auch über sie aufklären würde, soll aber unbedingt entfallen. Man kann mit vernünftigen Gründen darüber diskutieren, ob die Strafbarkeit der Abtreibung zum Schutz des Lebens beiträgt, ob sie eine Rückwirkung auf das Rechtsbewußtsein hat, ob eine Regelung sinnvoll ist, die weder beachtet noch angewendet wird. Was an den Befürwortern der Freigabe der Abtreibung aber häufig auffällt, ist die völlige Verständnislosigkeit gegenüber dem nur sittlich, nicht utilitaristisch begründbaren Argument, daß es um den Schutz des Embryo gehe. Die Ritterlichkeit dieses Arguments wird verdächtigt, es handele sich um „zynischen Konservativismus", um die Aufdringlichkeit religiösweltanschaulicher Irrationalität, um männliche Fremdbestimmung über die Frau, um den Durchsetzungswillen einer Minderheit gegenüber der Mehrheit usw. Solche und ähnliche Argumente sind ein deutliches Indiz dafür, daß sittliche Erwägungen durch das Zweck-Mittel-Denken vollständig ersetzt sind: Alle Diskussionsteilnehmer sind geboren – was kann es also für ein Interesse am Schutz des Embryo geben?

Mit der deutschen Wiedervereinigung vereinigt sich auch die bürgerlich-hedonistische Lebenswelt des Westens mit der sozialistisch geprägten Lebenswelt in West und Ost. Man sollte sich keiner Illusion darüber hingeben, daß diese zusammen eine Mehrheit bilden. Diese wird zwar Rechtsregeln beibehalten und fortentwickeln, die sich aus langfristigem Eigeninteresse begründen lassen: dazu gehören große Teile unseres öffentlichen und privaten Rechts und auch Demokratie, Sozialstaat und Umweltschutz. Man muß aber damit rechnen, daß Rechtsregeln, die nur durch das ritterlich-selbstlose Eintreten für den Hilfsbedürftigen begründbar sind, über kurz oder lang in Frage gestellt werden.

Wie machtvoll die sozialistische Bewußtseinsprägung auch im Westen seit Jahrzehnten entsittlichend gewirkt hat, zeigte sich in der Indifferenz gegenüber den Opfern der Menschenrechtsmißachtung in den sozialistischen Staaten. Solange man glaubte, der Sozialismus werde stabil bleiben und auf Dauer die Oberhand gewinnen, erschien Solidarität mit den Opfern des Sozialismus vielen unverständlich. Zwar hätten Solidarität und Empörung, wären sie in der ganzen aufgeklärten Welt einhellig artikuliert worden, moralische Rückenstärkung und praktische Hilfe für die leidenden Menschen mit sich bringen können. Aber vom Standpunkt des eigenen langfristigen Interessenkalküls aus erschien das rational nicht begründbar. Infolgedessen fanden wir in einem unvorstellbaren Ausmaß Anbiederung an das System, Anpassung, Kollaboration, Mitläufertum, propagandistische Unterstützung: in Literatur, Kunst und Philosophie, in Presse, Funk und Fernsehen, in Theologie und kirchlichen Organisationen, in Schulbüchern und Volksbildungseinrichtungen. Es ist nicht übertrieben, zu sagen, daß die große Mehrheit der intellektuellen Elite des zwanzigsten Jahrhunderts versagt hat.

Heute ist sie bedacht auf Wahrung des Gesichts. Die moralische Aufarbeitung der jeweils eigenen korrumpierten Vergangenheit unterbleibt weitgehend. Man sieht dazu keinen Anlaß, sondern erwartet Verständnis für die frühere Haltung, die der damaligen Interessenlage entsprochen habe. Es gibt einige hochachtenswerte Ausnahmen: klare Worte, wie wir sie auch von den ehemaligen Nazi-Mitläufern erwartet haben: „Wir tragen Mitschuld". Einige Medien tragen wenigstens nachträglich zur Aufklärung bei. Sie erfahren allerdings viel Widerstand aus den Kreisen ihrer Abnehmer, wie man den Leserbriefseiten entnehmen kann, und sehen sich unter der Drohung der Abonnementskündigung zu Kompromissen und Zurückhaltung genötigt. Denn die moralische Korrumpierung ist nicht auf die Elite beschränkt, sondern hat sehr weite Kreise des lesenden Bürgertums erfaßt.

III. Die bornierende Wirkung

Zu den sozialistischen Denkschemata gehört die ideologiekritische Grundhaltung, also die Überzeugung, daß, wer nicht Sozialist sei, eine geistig manipulierte Marionette von Kapitalinteressen sei und daß in ihm unaufgeklärt gebliebene Vorurteile nachwirkten, die ihn veranlaßten, an ungerechtfertigten Herrschaftsstrukturen festzuhalten. Dieses ideologiekritische Denkmuster reicht weit über den Kreis versierter sozialistischer Intellektueller hinaus: es prägt weithin die Lebensluft, in der ein großer Teil der politischen Öffentlichkeit lebt und atmet. Diese Gefangenschaft des Denkens erzeugt das Selektionsschema, das darüber entscheidet, welche Tatsachen in das Bewußtsein aufgenommen oder von ihm abgewiesen werden. Sie blockiert infolgedessen die Fähigkeit, Probleme und Zusammenhänge realistisch zu erkennen. Auf diese Weise versteinern sich Dogmen, die ihren Ursprung im sozialistischen Denken haben, auch noch über den Zusammenbruch des Sozialismus hinaus.

Ein Beispiel: In zahllosen Köpfen hat sich die Vorstellung festgesetzt, der Westen halte die Dritte Welt durch eine ungerechte Weltwirtschaftsordnung künstlich in Armut und beute sie aus; Entwicklungshilfe sei nur Bluff, es bedürfe einer sozialistischen Weltwirtschaft. Ob es sich wirklich so verhält, läßt sich unter vernünftigen Menschen an und für sich rational erörtern. Tatsächlich ist ja die Frage, wie man den armen Völkern am wirksamsten helfen kann, Gegenstand sachlicher wissenschaftlicher und politischer Diskussion. Doch wer sich daran mit rationalen Argumenten beteiligt, macht sich verdächtig. Die Antwort darauf ist nicht etwa ein Gegenargument, sondern die Einstufung seiner Person als „konservativ". Das vorgegebene sozialistische Denkschema macht unfähig zur Erörterung von Sachargumenten; es läßt den darin Gefangenen nur die Möglichkeit, die Person des Argumentierenden in das politische Spektrum von links bis rechts einzuordnen und damit zu qualifizieren: je linker desto besser, je konservativer desto schlechter.

Durch diese Bornierung schließen sich große Gruppen von an und für sich intelligenten und idealistisch engagierten Menschen aus der öffentlichen Diskussion entscheidender politischer Grundfragen selbst aus. Mit dem Ende des Sozialismus beginnt dieses geistige Gefängnis hier und da gelegentlich zu bröckeln. Zusammengebrochen ist es noch nicht.

IV. Die Desinformationswirkung

Die Faszination so vieler Intellektueller durch den Sozialismus erklärt sich zwanglos daraus, daß die Herrschaftsklasse im Sozialismus aus Intellektuellen bestand. Auch wer dem Sozialismus nicht unkritisch gegenüberstand, konnte sich oft nur schwer der verständnisvollen Sympathie für ein System entziehen, das nicht demokratisch, sondern elitär regiert war und in dem man als Intellektueller die Chance gehabt hätte, bei einigem Wohlverhalten zur Elite zu gehören. – Auch im Westen genießt, wer in den Institutionen des Geistes, der Bildung und der Medien maßgeblichen Einfluß hat, wenigstens ein wenig von der Macht, die Bürger zu lenken und zu manipulieren, und zwar desto mehr, je unredlicher er agiert. Die Verführung durch diese doppelte Faszination hat zu geradezu unglaublichen Desinformationsstrategien geführt.

Erstens wurden die Tatsachen über die Zustände im Sozialismus entweder verschwiegen oder heruntergespielt und beschönigt. Weder das Ausmaß des Terrors noch das Ausmaß des sozialen Elends noch das Ausmaß der ökologischen Folgen des Sozialismus wurden den Zeitschriftenlesern, Rundfunkhörern, Fernsehzuschauern und Schülern vermittelt. Zweitens unterblieb infolgedessen auch die analytische Erklärung der Ursachen und Zusammenhänge. Die Frage, warum der Sozialismus so furchtbare Mißstände produziert, kommt ja erst auf, wenn man die Tatsachen kennt. Volkswirtschaftslehre, die die Mißstände erklärte, blieb Expertensache und erlangte keine Breitenwirkung. Gleiches gilt für die Staatslehre: z. B. war die Gewaltenteilung als unerläßliche Voraussetzung des Rechtsstaats im öffentlichen Bewußtsein kaum lebendig. Die Frage, warum Umweltschutz im demokratischen Westen, wenngleich unzulänglich, so doch unvergleichlich viel besser funktioniert als im Sozialismus, wurde fast nirgendwo diskutiert, da ja die Tatsachen kaum bekannt waren. Ebensowenig wurde die Frage analysiert, wie es zu Aufrüstung und Ost-West-Spannung gekommen ist und welchen Anteil daran die sowjetische Hochrüstungs- und Drohpolitik hatte.

Das Ausmaß der Desinformation in westlichen Medien kann man gar nicht verheerend genug einschätzen. Jean-Francois Revel hat in seinem Buch „La Connaissance Inutile" – das unnütze Wissen –, das auf deutsch unter dem Titel „die Herrschaft der Lüge" erschienen ist, eine Fülle von Beispielen dafür vorgelegt, wie in den westlichen Medien Tatsachen verschwiegen wurden, deren Mitteilung dem Ansehen des Sozialismus abträglich gewesen wäre. Die westdeutschen Medien hat er nicht einbezogen, aber nur, weil er nicht Deutsch kann. Es wäre ein Leichtes, seiner Darstellung einen ebenso dicken Band über Irreführung durch westdeutsche Medien an die Seite zu stellen.

Seit der osteuropäischen Wende von 1989 ist uns im Laufe des letzten Jahres dankenswerterweise eine Reihe von Tatsachen, die bisher verschwiegen wurden, vermittelt worden. Viele Menschen fallen aus allen Wolken, wenn sie zum ersten Mal etwas über die wirkliche ökologische Situation in den osteuropäischen Staaten erfahren, oder etwas über Einkommen, Renten und Wohnverhältnissen, oder wenn sie sogar im Spiegel lesen können, daß das System der Konzentrationslager nicht etwa erst von Stalin, sondern von Lenin begründet worden ist. Man kann sich freilich oft des Eindrucks nicht erwehren, daß viele Menschen diese Informationen, an die sie nicht gewöhnt sind, nur mit großer Reserve an sich herankommen lassen und alsbald wieder verdrängen, so daß die analytischen Fragen nach Ursachen und Zusammenhängen etwa volkswirtschaftlicher oder staatstheoretischer Art noch immer nicht ernst genommen werden und keinen Lerneifer auslösen. Man hängt mit einer gewissen Trägheit an lieb gewordenen Vorstellungen und läßt die neuen Erkenntnisse mehr oder weniger stumpf und traurig an sich abgleiten.

Noch bedenklicher erscheint, daß in unseren Medien die Konsequenz, von nun an korrekt über die relevanten Tatsachen zu informieren, keineswegs überall gezogen worden ist. Im Gegenteil wird die Desinformation auf neuen Feldern fortgesetzt. Ein Lieblingsthema unserer Medien ist z. B. die wirtschaftliche und soziale Katastrophe in der DDR. Oft wird der Eindruck erweckt, die Schwierigkeiten seien nicht etwa die Folge des ehemaligen Sozialismus, sondern der Währungs-, Wirtschafts- und Sozialunion. Es unterbleibt die Erörterung, wieviel schwieriger sich die Entwicklung ohne diese Union gestalten würde: es unterbleibt z. B. der Vergleich mit der Entwicklung in Polen und anderen osteuropäischen Ländern. Die Urheber dieser Desinformation wissen sicherlich, daß sich die Verbreitung von Pessimismus in der Marktwirtschaft hemmend und kontraproduktiv auswirkt. In Mertons Analyse der „Self-ful-filling prophecy" ist das Hauptbeispiel die Erzeugung der Weltwirtschaftskrise von 1928 durch pessimistische Prognosen. Aber manche Medienmacher sind an ihre Desinformationspraxis und ihre politisch-moralische Verantwortungslosigkeit so gewöhnt, daß sie sich zu ehrlicher Berichterstattung nach wie vor nicht aufraffen können.

V. Die delegitimierende Wirkung

Die Legitimitätsgrundlagen des demokratischen Verfassungsstaates können von denen leicht in Frage gestellt werden, die glauben, eine Alternative zu kennen. Die unglaubliche Leichtfertigkeit, mit der die Rechtsinstitutionen des demokratischen Verfassungsstaats in Zweifel gezogen und Widerstand gegen demokratische legitimierte Gesetze, Gerichtsbeschlüsse und Polizeiverfügungen angefeuert und organisiert wurden, hatte ein Freund-Feinddenken zur Voraussetzung, das von den Begriffen Sozialismus / Kapitalismus geprägt war.

Solidarität mit den westlichen Demokratien konnte allenfalls nur eine kritische sein, und zwar um so kritischer, je näher man sich dem Sozialismus fühlte. So erfolgte die Infragestellung der demokratischen Legitimität durch die großen, einflußreichen Medien und Bildungsinstitutionen in unverantwortlicher Gedankenlosigkeit. Selbst in den Schulbüchern wurde den Kindern beigebracht, daß westliche Demokratie und östlicher Sozialismus zwei im Prinzip gleichwertige Systeme darstellten, wenn auch mit unterschiedlichen Vorzügen und Nachteilen. Kinder wurden belehrt, sie sollten die von den Parlamenten beschlossenen Gesetze kritisch überprüfen und ihnen, wenn sie ihrer Prüfung nicht standhielten, Widerstand entgegensetzen. Auf diese Weise wurde breiten Kreisen der Bevölkerung, vor allem der Jugend, eine Distanz zu unserer Demokratie anerzogen, eine Staatsverdrossenheit und Verfassungsfremdheit, die auch bei denen ihre Wirkung tat, die nicht unmittelbar für den Sozialismus engagiert waren. Auch manche, die mit der sozialistischen Wirklichkeit Erfahrungen gemacht hatten und von ihr nichts hielten, waren doch überzeugt, daß das, was der Westen zu bieten habe, ebenfalls nicht der Anerkennung wert sei.

Der Zusammenbruch des Sozialismus in Osteuropa und seine ziemlich vollständige Diskreditierung nehmen diesen delegitimierenden Leichtfertigkeiten das mehr oder weniger positive Gegenbild und damit den Rückhalt, bewirken aber keineswegs überall eine Besinnung darauf, daß man den westlichen Demokratien unrecht getan hat und daß man sich nun mit seinem Verfassungstypus, seinem Recht, seinem Wirtschaftssystem und seinem politischen Denken und Handeln versöhnen sollte. Die Folge ist nörglerische Unzufriedenheit mit aller Politik, Argwohn, Ressentiment und Ungerechtigkeit des Urteils.

VI. Die den Idealismus absorbierende Wirkung

Alle diese geistig-moralischen Nachwirkungen des Sozialismus zusammen haben eine ganz besonders schlimme Folgewirkung: Sie lenken die an sich sittlich (und oft auch religiös) motivierten Menschen von einem fruchtbaren Engagement ab. Die Demokratie ist aber auf eine Schicht von Bürgern angewiesen, die nicht nur ihre jeweiligen Interessen, sondern die Ideale des Gemeinwohls zum Gegenstand ihres Engagements machen. Würden sie diese Aufgaben in aufgeklärter Weise anpacken, so könnten sie viel mehr erreichen, als es tatsächlich der Fall ist. Viele resignieren schließlich in bitterer Enttäuschung und Trauer. Der Grund dafür, daß soviel nobles Engagement gescheitert ist, liegt in der Faszination durch den Sozialismus. Die meisten glaubten nämlich, er sei ein Weg zur Lösung der ökologischen und der sozialen Probleme – Folge gezielter Desinformation. Da sie das nicht durchschauen, verstehen sie nicht, warum ihr Bemühen so wenig Erfolg bringt und oft geradezu kontraproduktiv wirkt.

Ein Beispiel bilden die ökologischen Probleme. Es hat sich eine machtvolle ökologische Bewegung gebildet, sich sogar eine verhältnismäßig erfolgreiche Partei geschaffen. Mit Kenntnisreichtum, Sachlichkeit, Redlichkeit könnte sie eine viel größere Breitenwirkung entfalten und weltweite Erfolge erzielen. Indessen ist sie durchsetzt von sozialistischen Vorstellungen. Sie geht von der Annahme aus, der Kapitalismus habe die Industrialisierung und damit die ökologischen Verheerungen geschaffen. Da der Kapitalismus das Problem sei, sei folglich der Sozialismus die Lösung. Im Umweltausschuß des Bundestages arbeitet sie nur unzureichend mit und machte kaum praktikable Vorschläge. Statt dessen steht sie in vorderster Front, wenn es darum geht, das demokratische System der Bundesrepublik in Mißkredit zu bringen.

Ein anderes Beispiel bildet die Armut in der Dritten Welt. Viele idealistische junge Leute sind bereit, mitzuhelfen, die Armen aus ihrem Elend zu befreien. Aber wiederum hatte der Sozialismus die Kraft, ihr idealistisches Engagement aufzusaugen. Er hat sie überzeugt, daß der Sozialismus einen Weg zur Lösung der Probleme in der Dritten Welt biete. Aller Idealismus, alles edle und opferbereite Engagement verzettelt sich nicht nur in sinnlosen Aktivitäten, sondern trägt dazu bei, vernünftige Schritte, die den Menschen wirklich helfen könnten, zu blockieren.

Ein drittes Beispiel bildet der Frieden. Sozialistische Denkmuster haben die friedensbewegten Menschen z. B. davon überzeugt, Nachrüstung oder SDI hätten ihre Ursache in mangelndem Friedenswillen westlicher Politiker und in Profitinteressen der Rüstungsindustrie. Es gehe darum, den westlichen Regierungen in den Arm zu fallen. Das große Potential der Friedensbewegung wurde abgelenkt, absorbiert, verzettelt und hätte sich beinahe kontraproduktiv ausgewirkt.

Auf allen drei Feldern – Ökologie, Dritte Welt, Frieden – hat die Faszination durch den Sozialismus fatale Nachwirkungen. Viele engagierte Leute resignieren, werden ratlos, depressiv und inaktiv, andere agieren in törichter, ineffektiver oder kontraproduktiver Weise. Sie alle verstehen nach wie vor weder Fakten noch Zusammenhänge. Erst wenn die sozialistische Faszination endgültig und radikal aus Köpfen und Herzen verbannt sein wird, besteht die Chance, daß sich dieses Engagement auf vernünftige Wege begeben und fruchtbar werden kann.

*

Die verheerenden Wirkungen, die der Sozialismus im geistigen und moralischen Bereich angerichtet hat, lassen sich nicht so schnell beheben wie die im wirtschaftlichen und rechtlichen Bereich. Kräfte der Regeneration und der Heilung sind da, aber sie sind wie zarte Blumen, die sich durch ein Trümmerfeld durcharbeiten. Man kann ihr Wachstum nicht beschleunigen, man kann es nur pflegen und im übrigen die Hindernisse Stück für Stück wegräumen. Sie müssen von alleine wachsen und zum Blühen kommen. Es liegt an unserer geistigen Wachheit und Aktivität, ob der demokratische Aufbruch Osteuropas auch auf geistigem, moralischem und kulturellem Gebiet zur Erneuerung führt.

Souveränität und Weltverantwortung

(Würzburg 1991)

Die deutsche Vereinigung hat nicht nur staatsrechtliche, sondern auch völkerrechtliche Bedeutung: Die letzten Souveränitätsvorbehalte aus dem Besatzungsrecht der Nachkriegszeit sind entfallen. Sie betrafen die Rechte und Verantwortlichkeiten der Vier Mächte in bezug auf Deutschland als Ganzes und Berlin. Die Vereinigung Deutschlands und damit auch die Vereinigung der Stadt Berlin bedurfte deshalb der Zustimmung der Vier Mächte. Diese haben sie im sogenannten Zwei + Vier-Vertrag vom 12. September 1990 erteilt. In Artikel 7 heißt es, die Vier Mächte werden diese Rechte und Verantwortlichkeiten „beenden", so daß das vereinte Deutschland demgemäß „volle Souveränität über seine inneren und äußeren Angelegenheiten" hat. Mit der vollen, uneingeschränkten Souveränität stellt sich die Frage der weltpolitischen Verantwortung Deutschlands neu. Nach dem Ende des Zweiten Weltkriegs herrschte begreiflicherweise viel Mißtrauen gegen Deutschland, das sich z. B. in der Feindstaatenklausel der UNO-Charta (Art. 53, 107) niedergeschlagen hat: Internationale Abmachungen dürfen zu Zwangsmaßnahmen nicht ohne Ermächtigung des Sicherheitsrats getroffen werden, ausgenommen Maßnahmen zur Verhütung neuer Angriffe der ehemaligen Achsenmächte. Diese Klauseln gelten zwar formell fort, sind aber praktisch gegenstandslos geworden.

Das wichtigste außenpolitische Ziel aller bundesdeutschen Regierungen seit 1949 war es, das Mißtrauen gegen Deutschland Schritt für Schritt abzubauen und durch eine Zusammenarbeit auf der Grundlage des Vertrauens und der Freundschaft zu ersetzen. Diesem Ziel diente es unter anderem, die neu entstehende Bundeswehr in ein westliches Verteidigungsbündnis zu integrieren, ursprünglich in die geplante Europäische Verteidigungsgemeinschaft, dann in die NATO. Zahlreiche Vereinbarungen stellten sicher, daß die Bundesrepublik ihr Ziel der deutschen Vereinigung nur auf friedlichem Wege und nur in Zusammenarbeit mit den westlichen Partnern verfolgte und auch nur verfolgen konnte.

Diese Festlegungen nach außen fanden nach innen Ausdruck in den verfassungsrechtlichen Geboten, die uns auf eine friedliche Politik festlegten, insbesondere das Verbot des Angriffskriegs in Art. 26 und die innerstaatliche Bindung in die allgemeinen Regeln des Völkerrechts in Art. 25.

Mit dem Beitritt zu den Vereinten Nationen unter der Regierung Brandt haben sich beide Staaten darüber hinaus die Ziele und Grundsätze der Vereinten Nationen verbindlich zu eigen gemacht, deren Wichtigstes die Wahrung des Weltfriedens und der internationalen Sicherheit ist.

Keine Bundesregierung und keine Bundestagsmehrheit, welcher parteipoliti-schen Couleur auch immer, haben jemals die geringsten Zweifel daran aufkommen lassen, daß diese Ziele und Grundsätze für die deutsche Politik gelten. Lediglich die Regierung der DDR hat gegen diese Grundsätze verstoßen, vor allem, in dem sie sich 1968 am Einmarsch in die Tschechoslowakei beteiligte, sodann 1979, als sie an dem drohenden Aufmarsch der Truppen des Warschauer Paktes an den pol-nischen Grenzen teilnahm.

Die Bundesrepublik hat sich nicht nur aller Maßnahmen enthalten, die auch nur den geringsten Verdacht auf Kriegsbereitschaft hätten erwecken können. Sie ist noch darüber hinaus gegangen und hat sich jeglicher Beteiligung an militärischen Maßnahmen der UNO selbst enthalten, und nicht nur, wie im Golfkrieg, an Maß-nahmen, zu denen der Sicherheitsrat der UNO die nationalen Armeen ermächtigte. Sie weigerte sich auch, an den friedensstiftenden Maßnahmen von UNO-eigenen Truppen, den sogenannten Blauhelmen, teilzunehmen.

Das politische Argument dafür lautete: Wir wollen lieber ein Übermaß an Fried-lichkeit und an Abscheu gegen militärische Aktionen demonstrieren, als irgendwo in der Welt den Gedanken aufkommen zu lassen, die Deutschen seien nach wie vor eine militaristische Nation. Friedensliebe werde also durch unsere Enthaltsamkeit überzeugend demonstriert und uns Sympathie und Vertrauen einbringen. Dies sei nach der Vereinigung um so nötiger, als das größer und mächtiger gewordene Deutschland auf dieses Vertrauen in besonderem Maße angewiesen sei.

Bis zum Golfkrieg wurde dies allenthalben hingenommen: es sei aus der beson-deren deutschen Geschichte verständlich oder vielleicht sogar lobenswert. Um so überraschter war man, als sich während des Golfkriegs vielerorts Kritik gerade an dieser Enthaltsamkeit der Deutschen meldete, die sich zum Teil bis zu erheblicher Entrüstung steigerte, so vor allem im amerikanischen Kongreß. Dort hieß es z. B.: Die Deutschen haben die Bundesrepublik und Berlin jahrzehntelang durch unsere Truppen schützen lassen. Wir sind damit erhebliche Risiken eingegangen und ha-ben große Lasten auf uns genommen. Nun, da wir einmal auf die Mithilfe der Deutschen bei friedensverteidigenden Maßnahmen angewiesen sind, drücken sie sich auf klägliche Weise. Ähnliche Vorwürfe hörte man aus England und Frank-reich, zum Teil auch aus den Niederlanden. Auch aus Saudiarabien, aus kuwaiti-schen Kreisen und zum Teil auch aus Israel vernahm man Äußerungen des Be-fremdens über die deutsche Zurückhaltung. Beschwichtigungsreisen deutscher Po-litiker und großzügige Hilfen mit dem Scheckbuch vermochten die Wogen der Em-pörung nur einigermaßen zu dämpfen. Kühle Reaktionen auf Hilfsangebote aus Kuwait nach der Befreiung und auch aus Saudiarabien machen deutlich, daß die deutsche Zurückhaltung keineswegs die Sympathie und Begeisterung auslösten, die man sich erhofft hatte.

So zurechtgeschüttelt stellt sich uns die Frage, wie wir es mit unserer Beteili-gung an friedenssichernden Maßnahmen der Vereinten Nationen in Zukunft halten wollen. Im parteipolitischen Spektrum zeigen sich, grob gesprochen, folgende Positionen: In den Unions-Parteien ist man der Überzeugung, daß wir nicht nur die Rechte eines Mitglieds der Vereinten Nationen genießen, sondern auch bereit sein sollten, die Pflichten mitzutragen. Die FDP hat sich nach einigem Zögern und Schwanken mehrheitlich dieser Überzeugung angeschlossen. Die SPD ist in dieser Frage zerstritten und hat sich auf ihrem Parteitag in Bremen zur Kompromißformel durchgerungen: Wir sollten uns in Zukunft an Blauhelm-Aktionen beteiligen, nicht aber an darüber hinausgehenden Maßnahmen der Vereinten Nationen. Den Grünen geht mehrheitlich auch dieser Kompromiß zu weit: Sie sind (1991) für grundsätzliche Nichtbeteiligung an militärischen Maßnahmen.

Der Streit ist von grundsätzlicher und exemplarischer Bedeutung für die Art und Weise, in die wir uns künftig in die Weltgemeinschaft einfügen wollen. Nach wie vor ist es das Hauptziel der deutschen Politik, ein möglichst breites Fundament des Vertrauens zu schaffen und zu bewahren. Gerade dieses Ziel aber erfordert nunmehr nicht eine Sonderrolle innerhalb der Vereinten Nationen, sondern im Gegenteil die Dokumentation unserer vollen und uneingeschränkten Mitverantwortung für die Völkerrechtsgeltung als Grundlage des Friedens in der Welt.

Die Frage kann nicht in der Schwebe bleiben, sondern sie muß ausdiskutiert und entschieden werden. Die Koalition fordert nunmehr im Rahmen der anstehenden Beratungen über Grundgesetzänderungen eine klarstellende Regelung, daß unsere Beteiligung an friedenssichernden Maßnahmen der UNO durch das Grundgesetz nicht verboten sei. Der Bundeskanzler beharrt auf einer solchen Grundgesetzergänzung mit dem Argument, daß eine solche Beteiligung einen breiten Konsens im Volke voraussetzte. Es müsse vermieden werden, daß bei einer gegebenen Situation dieser Beteiligung nicht nur aus politischen Gründen widersprochen werde, sondern sogar noch mit dem Argument, sie wäre verfassungswidrig.

Denn die Bundesregierung, vor allem das Außenministerium, hat seit den 70er Jahren die These in den Raum gestellt, das Grundgesetz stehe einer UNO-Beteiligung im Wege. Es hat dieses Argument noch während des Golfkrieges ins Feld geführt, um bei unseren westlichen Freunden Verständnis für unsere Zurückhaltung zu erlangen, und es hat ihm auch innenpolitisch dazu gedient, für diese Zurückhaltung Zustimmung zu suchen.

Inzwischen hat sich herumgesprochen, daß das Grundgesetz ein solches Verbot keineswegs enthält.

Täte es das, so wäre schon unser Beitritt zur UNO verfassungswidrig gewesen oder hätte zumindest mit einem Vorbehalt versehen werden müssen. Wir haben es bisher für klug gehalten, ein solches nicht existentes Verfassungsverbot vor der Weltöffentlichkeit zu behaupten, weil es uns ermöglichte, zwar die Rechte eines Mitglieds der Vereinten Nationen zu genießen, uns aber den Pflichten, die damit verbunden sind, zu entziehen. Aus dieser selbst gebauten Falle befreien wir uns unter Wahrung des Gesichts am besten durch eine Grundgesetzänderung. Diese hat zugleich den Vorteil, die Neuorientierung auf eine breite Basis zu stellen. Ein Konsens darüber läßt sich vielleicht durch das Angebot herbeiführen, zugleich im

Grundgesetz zu regeln, daß die Entscheidung der Bundesregierung über eine Beteiligung an Truppeneinsätzen im Ausland der Zustimmung des Bundestages bedarf. Denn es leuchtet ein, daß eine Entscheidung von solcher Tragweite nicht der Exekutive überlassen bleiben, sondern parlamentarisch legitimiert sein sollte. Allerdings darf man nicht so weit gehen, eine Zweidrittelmehrheit oder die Zustimmung des Bundesrates zu verlangen. Die Erfüllung völkerrechtlicher Vertragspflichten von qualifizierten Mehrheiten abhängig zu machen, wäre eine Treuwidrigkeit gegenüber unseren Vertragspartnern.

Für den Fall allerdings, daß es auch mit diesem Zugeständnis nicht zu einem Konsens über die Grundgesetzergänzung kommen sollte, müssen wir uns bewußt bleiben, daß es in Wirklichkeit dieser Verfassungsänderung gar nicht bedarf. Der auf dem SPD-Parteitag in Bremen beschlossene Vorschlag, eine Ermächtigung zur Beteiligung an Blauhelm-Einsätzen ins Grundgesetz einzufügen, würde den Umkehrschluß nahelegen, daß darüber hinausgehende Einsätze verfassungswidrig wären. Damit würden wir die Erfüllung unserer durch den UNO-Beitritt übernommenen Pflichten unmöglich machen. Es wäre ein Völkerrechtsbruch.

Das angebliche Verbot deutscher Beteiligung an UNO-Einsätzen soll sich in Art. 87a II GG finden: „Außer zur Verteidigung dürfen die Streitkräfte nur eingesetzt werden, soweit dieses Grundgesetz es ausdrücklich zuläßt." Die UNO-Aktionen dienten nicht der „Verteidigung" im Sinne des Grundgesetzes. Denn dieses spreche vom „Verteidigungsfall" nur an einer Stelle, an der es nämlich den verfassungsrechtlichen Notstand regele, und dieser werde nur durch einen „Angriff auf das Bundesgebiet" ausgelöst (Art. 115a).

Indes ist der Sinn des Verbots in Art. 87a II zweierlei: Nach innen dürfen Streitkräfte nur in den ausdrücklich geregelten Fällen eingesetzt werden, z. B. im Staatsnotstand (Art. 87a IV), nach außen niemals zu Angriffskriegen, sondern nur zur Verteidigung, wie es auch schon Art. 26 GG sagt. Die Schlußfolgerung, es gebe keinen anderen Verteidigungsfall als den eines Angriffs aufs Bundesgebiet, ist durch keine Logik und keine juristische Interpretationsmethode gedeckt. Sie steht im Gegenteil in Widerspruch zu Art. 24 II GG, wonach sich der Bund „zur Wahrung des Friedens einem System kollektiver Sicherheit einordnen kann". Diese Ermächtigung, völkerrechtliche Verpflichtungen zu Verteidigungsmaßnahmen innerhalb eines solchen Systems zu übernehmen, impliziert die Erlaubnis, sie im Ernstfall auch zu erfüllen.

Man hat in Zweifel gezogen, daß die UNO ein „kollektives Sicherheitssystem" darstellt. Dahinter steckt die Überlegung, daß es uns nicht unmittelbar schützen kann, denn es funktioniert nicht gegen die Sowjetunion mit ihrem Vetorecht im Sicherheitsrat, und diese ist der einzig denkbare Angreifer. Wir haben durch unseren UNO-Beitritt aber Pflichten übernommen, denen kein unmittelbarer eigener Nutzen gegenübersteht, mit denen wir viel mehr ausschließlich Weltverantwortung mittragen. Was uns in der gegenwärtigen Situation zugemutet wird, ist, solche Pflichten ernst zu nehmen.

Die UNO-Maßnahmen dienen nach ihrem Selbstverständnis der „Unterdrückung einer Angriffshandlung" (Art. 1 und 39 der UNO-Charta) und deshalb der „Wiederherstellung des Weltfriedens und der internationalen Sicherheit" (Art. 42). Die Frage, an der sich die Geister scheiden, lautet: Sind das Maßnahmen des Angriffs oder der Verteidigung? Im ersten Fall ist unsere Beteiligung durch das Grundgesetz verboten, im zweiten nicht. Die juristische Auslegungsfrage läßt sich nur im Rahmen der Klärung der Grundsatzfrage beantworten: Wie stehen wir Deutschen zur Verteidigungsbedürftigkeit des Völkerrechts, zur UNO und zu unserer Mitverantwortung für den Weltfrieden?

Diese Frage ist freilich nicht nur eine juristische, sondern eine politische. Es geht um das Verständnis für das, was man als die „Philosophie der Vereinten Nationen" bezeichnen kann: nämlich die Verhinderung von Kriegen durch die Vereinten Nationen, die dann allerdings in der Lage sein müssen, kriegerische Aggressionen zu verhindern oder notfalls mit Gewalt zu unterdrücken und erfolgte Annexionen rückgängig zu machen. Es ist die Philosophie, die mit besonderem Nachdruck Immanuel Kant in seinem Werk „Metaphysik der Sitten" entwickelt hat: es sei ein Völkerbund notwendig, der sich zwar nicht in die einheimischen Mißhelligkeiten der Staaten mischen, aber sie doch gegen Angriffe von außen schützen solle. Dieser Völkerbund solle keineswegs die souveräne Gewalt eines Weltstaats haben, sondern nur eine, wie Kant sagt, eine „Genossenschaft" sein, die im Prinzip von Zeit zu Zeit aufkündbar und erneuerungsfähig sein solle (§ 54). In seiner Schrift zum ewigen Frieden knüpfte Kant daran die Erwartung, daß auf diesem Wege eines Tages Kriege überhaupt überwunden werden könnten. Jedenfalls aber, ob diese Erwartung nun realistisch sei oder nicht, so meinte Kant, müßten wir diese Ziele unbeirrt anstreben, weil wir nur auf diese Weise unserer Pflicht nachkommen könnten, dem Recht auch auf internationaler Ebene zur Durchsetzung zu verhelfen.

Der Versuch, dieser Konzeption im Völkerbund zum Siege zu verhelfen, ist aus vielerlei Gründen gescheitert, auf die ich hier nicht eingehen will.

Bei der Gründung der Vereinten Nationen im Jahre 1945 ging es wesentlich darum, einen neuen und besser organisierten Anlauf zu machen, um dem Ziele näher zu kommen. Er zerbrach allerdings schon bald am aufkommenden Ost-West-Konflikt und dem Kalten Krieg. Doch die außenpolitische Wende der Sowjetunion unter Gorbatschow und Schewadnarze ließ die Hoffnung aufkeimen, daß nun in Zukunft die Ziele der Vereinten Nationen durchsetzbar sein könnten. In diesem Sinne sprach Präsident Bush von einer „neuen Weltordnung", in der Brutalität nicht mehr belohnt wurde und Aggression auf kollektiven Widerstand treffe. Es werde die „Herrschaft des Rechts gelten und nicht mehr das Gesetz des Dschungels". Robert Gates ergänzte: es gehe „nicht um eine Pax Amerikana, sondern um die Verwirklichung der Vision der Gründungsväter der Vereinten Nationen und um die gemeinsame Verantwortung ihrer Mitglieder".

Nach der Charta der Vereinten Nationen setzen Beschlüsse des Sicherheitsrats voraus, daß neun von fünfzehn Mitgliedern zustimmen, unter ihnen die fünf ständigen Mitglieder, die somit praktisch ein Vetorecht haben. Da zu diesen die USA und die Sowjetunion gehören, hängt alles von ihrem einverständigen Zusammenwirken ab. Sollte sich die neue völkerrechtlich orientierte Außenpolitik der Sowjetunion auf Dauer stabilisieren und sich auch China nicht verweigern, so könnte das in amerikanischer Sicht die Gefahr kriegerischer Aggressionen zumindest verringern.

Der Kern dieser Vision besteht darin, daß künftig Beschlüsse des Sicherheitsrates zustande kommen, befolgt und notfalls durchgesetzt werden. Im Golfkrieg ging es um einen Präzedenzfall. Die Durchsetzung der Resolutionen wirkt in die Zukunft hinein: schwere und evidente Völkerrechtsbrüche werden für den Aggressor riskant. Die Tatsache, daß im Fall Irak Resolutionen des Sicherheitsrats gefaßt und schlagkräftig durchgesetzt wurden, gibt Anlaß, damit zu rechnen, daß das wieder so geschehen könnte. Dies begründet die Chance, erstens, daß Aggressoren die Resolutionen nicht mehr als unbeachtlich abtun, sondern ihnen Folge leisten und begangene Völkerrechtsbrüche von sich aus rückgängig machen, oder zweitens, daß sie solche von vornherein vermeiden werden. Und damit wächst drittens zugleich der gestaltende Einfluß, den der Sicherheitsrat künftig schon im Vorfeld auf die friedliche Beilegung von internationalen Streitigkeiten nehmen kann. Die militärischen Sanktionen am Golf dienten also aus amerikanischer Sicht über die besonderen Gründe hinaus zugleich dem Respekt vor dem Völkerrecht allgemein und in die Zukunft hinein.

Den Anknüpfungspunkt bilden die friedensichernden Kernpunkte der Charta der Vereinten Nationen. Diese Kernpunkte sind: Alle Mitglieder haben durch ihren Beitritt die Beschlüsse des Sicherheitsrates als für sich verbindlich anerkannt (Art. 25 der UNO-Charta). Zu dessen in der UNO-Charta vorgesehenen Kompetenzen gehören zunächst Untersuchungen, Vermittlungen und Empfehlungen an die Streitparteien (Art. 33–38). Diese sind zwar nicht verbindlich, können aber erhebliches politisches Gewicht haben, wenn sich der Sicherheitsrat als einig und handlungsfähig erweist. Zumindest ermöglichen seine Empfehlungen den streitbeteiligten Regierungen, ohne Gesichtsverlust Nachgiebigkeit zu zeigen.

Im Fall einer Bedrohung oder eines Friedensbruches oder eines Angriffs hat der Sicherheitsrat darüber hinaus weitgehende Kompetenzen. Zunächst kann er die Parteien auffordern, vorläufigen Maßnahmen Folge zu leisten. Geschieht das nicht, so trägt er „diesem Versagen gebührend Rechnung" (Art. 40). Er kann zunächst gewaltlose Maßnahmen ergreifen, „um seinen Beschlüssen Wirksamkeit zu verleihen" und die Mitglieder der Vereinten Nationen zu ihrer Durchführung auffordern: also Blockade von Wirtschaft, Verkehr und Kommunikation sowie Abbruch diplomatischer Beziehungen (Art. 41). Notfalls kann er militärische Sanktionen beschließen und diese durch eigene Truppen oder mittelbar durch die Streitkräfte der Mitglieder durchführen lassen (Art. 42). Das Recht auf Selbstverteidigung der Staaten gilt zwar fort, aber nur, „bis der Sicherheitsrat die zur Wahrung des Weltfriedens und der internationalen Sicherheit erforderlichen Maßnahmen getroffen hat" (Art. 51).

Darüber hinaus hat der Sicherheitsrat den Auftrag, Pläne für ein System der Rüstungsregelung vorzulegen (Art. 26). Es wäre also denkbar, daß er in Zukunft auch auf die Verhandlungen über Rüstungsbegrenzung Einfluß nimmt.

Für die Mitgliedstaaten der Vereinten Nationen besteht ferner die Verpflichtung, sich an militärischen Maßnahmen zu beteiligen, die der Sicherheitsrat zur Niederwerfung des völkerrechtswidrigen Angreifers beschließt. Dieser Verpflichtung hätten wir uns nur entziehen können, wenn wir bei unserer Aufnahme in die Vereinten Nationen einen dahingehenden Vorbehalt gemacht hätten und dieser akzeptiert worden wäre. Es ist völkerrechtswidrig, wenn sich ein Staat einer übernommenen Verpflichtung mit Berufung auf das innerstaatliche Recht zu entziehen versucht (Art. 27 der Wiener Vertragsrechtskonvention). Das gilt um so mehr, wenn das entgegenstehende innerstaatliche Recht erst nachträglich in die Verfassung hineininterpretiert oder gar hineingeschrieben werden soll.

Es geht nicht um eine Art Weltregierung oder Weltpolizei, die zu anderen als friedenssichernden Maßnahmen mißbraucht werden könnten. Dergleichen wäre auch nicht wünschenswert, weil man nicht weiß, unter wessen Einfluß und Vorherrschaft sie geraten und wohin man notfalls emigrieren könnte. Es geht lediglich darum, daß der Bund der Vereinten Nationen zur Verhütung oder Abwehr von besonders schweren Verletzungen des Völkerfriedens wirksam beitragen kann.

Das alles bedeutet nun generell nicht, daß Friedensregelungen auf globaler Ebene getroffen werden: solche bleiben in erster Linie Sache der jeweiligen Regionen und der bilateralen Abmachungen. So wird sich das auf tragische Weise verknotete Problem, wie man zugleich Israel und den Palästinensern gerecht werden und zu einer stabilen Friedensordnung im Nahen Osten gelangen kann, nur durch mühsame Kleinarbeit der unmittelbar Beteiligen lösen lassen. Darüber sollte man aber nicht verkennen, daß die Abwehr der irakischen Annexion Kuwaits, soviel Bitterkeit sie auch bei vielen Arabern ausgelöst haben mag, die erste Voraussetzung für eine stabile Friedensregelung geschaffen hat. Denn sie hat bis auf weiteres die Hoffnung auf die Vernichtung Israels zerstört. In dem Maße, in dem diese Hoffnung schwindet, wächst die Chance einer Regelung auf der Grundlage gegenseitiger Anerkennung, und umgekehrt.

Diese Vision einer „neuen Weltordnung" war ein wesentlicher Grund für die Entschlossenheit, den moralischen Ernst und die Opferbereitschaft der Alliierten im Golfkonflikt. Diejenigen verstehen ihre Motive nicht, die nicht ernst nehmen, was sie sagen: es gehe ihnen um den Versuch, eine „rule of law" zur Sicherung des Weltfriedens wenigstens im Ansatz zu verwirklichen.

In Deutschland gibt es viel skeptische Reserve gegenüber diesem Konzept. Zwar haben wir die UNO-Sanktionen trotz unserer militärischen Zurückhaltung mit finanziellen und anderen Mitteln unterstützt. Doch entstand der Eindruck, dafür sei weniger unsere eigene Überzeugung von ihrer Berechtigung und Notwendigkeit ausschlaggebend gewesen als vielmehr der Wunsch, die guten Beziehungen zu unseren Freunden nicht mehr als nötig zu trüben. Diese Distanz zeigt sich nun auch in den Diskussionen um eine Grundgesetzänderung, die uns in Zukunft die Beteiligung an vergleichbaren Aktionen ermöglichen soll und die nach dem Wunsch maßgeblicher Politiker (nicht nur der SPD), wenn sie nicht überhaupt vermieden werden kann, möglichst eng gefaßt werden soll.

Gegen die klarstellende Grundgesetzänderung ist eingewandt worden, bei den militärischen Sanktionen der UNO habe es sich in erster Linie um einen Krieg der USA gehandelt, die sich des Weltsicherheitsrates nur bedient und die UNO für ihre Zwecke instrumentalisiert hätten. Diese Sicht der Dinge stützt sich auf die beiden Tatsachen, daß die USA im Weltsicherheitsrat im besonderen Maß initiativ waren und daß sie die militärische Hauptlast trugen. Sie verkennt jedoch, daß die Amerikaner sowohl die Verantwortung als auch die Lasten und Opfer gern auf möglichst viele Mitglieder der Vereinten Nationen verteilt gesehen hätten. Die Führungsrolle ist ihnen in Folge der Zurückhaltung anderer zugefallen. Daraus nun die Schlußfolgerung abzuleiten, daß wir uns weiterhin der vollen Teilhabe an der Weltverantwortung entziehen sollten, ist ein listiges Schwejk-Argument, das der politischen Bedeutung Deutschlands nicht angemessen ist.

Es wird argumentiert: Die „neue Weltordnung" bedeute, daß man Kriege „um des Friedens willen" führe; eine an diesem Ideal anstatt an nüchternen nationalen Interessen orientierte Kriegsrechtfertigung führe zwangsläufig zu einer Entgrenzung des Krieges, zu seiner Fanatisierung und Totalisierung. Dieses auf Carl Schmitt zurückgehende, damals gegen Völkerbund und alliierte Kriegsziele gerichtete Argument wäre berechtigt, wenn ihm nicht die Mechanismen der UNO-Charta die Grundlage entzögen. Für die Legitimierung militärischer Sanktionen bedarf es eines breiten Einklangs im UNO-Sicherheitsrat. Dieser läßt sich nur unter drei Voraussetzungen finden und aufrechterhalten. Erstens kann es nur um die Zurückweisung einer Annexion oder eines vergleichbar schweren und evidenten Völkerrechtsbruchs gehen und bleibt deshalb die Ausnahme. Zweitens kann das Kriegsziel nur ein begrenztes sein: die Zurückweisung dieses bestimmten Rechtsbruchs und nicht etwa die „Vernichtung eines Menschheitsfeindes". Deshalb mußten die Alliierten die Sanktionen nach der Befreiung Kuwaits beenden und konnten nicht nach Bagdad marschieren. Rein politisch gesehen wäre es gewiß zweckmäßig gewesen, Saddam Hussein niederzuwerfen und auszuschalten. Bushs Entscheidung, diesen Schritt zu unterlassen, wird man nur gerecht, wenn man ihr Motiv würdigt: Eine Aktion zur Etablierung eines neuen Völkerrechts konnte man nicht mit einem Völkerrechtsbruch krönen.

Drittens müssen sich die Methoden an den Regeln des Kriegsvölkerrechts orientieren. Dazu gehört die Begrenzung militärischer Angriffe auf militärische Ziele unter weitestmöglicher Schonung der Zivilbevölkerung. Diese wird zwar in Mitleidenschaft gezogen: teils durch Verfehlung der Ziele, teils mittelbar durch die Beschädigung von Versorgungsanlagen, vielleicht auch durch Täuschungsaktionen des Gegners. Vergleicht man dies aber mit dem planmäßigen Flächenbombardement von Wohngebieten im Zweiten Weltkrieg oder gar mit dem Einsatz von

Atombomben, wird deutlich, daß die Einbindung von Militäraktionen in die UNO die Kriegsführung keineswegs entgrenzt, sondern im Gegenteil eingrenzt.

Es wird argumentiert: Auch ein panarabisches Großreich könne seinen Ölreichtum nur durch Verkauf nutzbringend verwenden und könne die Preise nicht beliebig festsetzen. Es könne allenfalls die Ölförderung kontingentieren und die Ölpreise steigen lassen. Doch der wirtschaftliche Verlust sei mit den kriegsbedingten Verlusten zu verrechnen und stünde in keinem Verhältnis zum Gewinn. Dieses Argument unterstellt, es gehe den Alliierten nur um wirtschaftliche Interessen, in erster Linie um den Ölpreis. Manche Leute können sich gar kein anderes Motiv vorstellen, sie polemisierten: „Kein Blut für Öl". Es sind paradoxerweise dieselben, die andererseits den Briten im Falklandkrieg vorwarfen, sie kämpften nur ums Prinzip ohne reale Wirtschaftsinteressen. Sie verstehen weder die grundsätzliche Bedeutung der Aktionen für die „rule of law" im allgemeinen noch ihre besondere Notwendigkeit für die Bewahrung der Region vor einem panarabischen Führer, der sich anschickt, die Nachbarstaaten zu unterwerfen und Israel atomar oder chemisch auszurotten.

Es wird argumentiert, die Politik habe versagt, insbesondere habe sich die UNO als unfähig zur Friedenssicherung erwiesen. Man hätte den Wirtschaftssanktionen Gelegenheit zu mehr Wirksamkeit geben, mit Saddam Hussein geduldig verhandeln und zu diesem Zweck Waffenstillstand anbieten sollen. Dann hätte man nicht nur die militärischen und zivilen Opfer und die durch den Gegner ausgelösten ökologischen Katastrophen am Golf vermieden. Man wäre überdies auch ein Freund der Araber geblieben und hätte auf eine Friedensregelung, die Israel eingebunden hätte, wirksamen Einfluß nehmen können. Die Alliierten gewännen zwar den Krieg, verlören aber die Region. – Wären die Alliierten diesen Ratschlägen gefolgt, so hätten sie erstens Hussein Gelegenheit gegeben, sich militärisch zu reorganisieren und seine Vorbereitungen zum Giftgaseinsatz zu Ende zu führen. Damit hätten sie zweitens den UNO-Sicherheitsrat jetzt und für die Zukunft aller Autorität beraubt.

Hinter dem Argument steht ein Verständnis von Politik, das auf einem Wegschauen vor der Möglichkeit des Bösen beruht und die Lehren der Geschichte nicht ernst nimmt. Wie immer man den Vergleich Husseins mit Hitler und Stalin im einzelnen beurteilen mag: gemeinsam ist ihnen ein fanatischer Durchsetzungswille und eine prinzipielle Mißachtung von Recht und Vernunft, die sich durch noch so vertrauensvolles Zureden nicht besänftigen läßt. Die Kränkungen, die die westliche Zivilisation der arabischen Seele zugefügt hat, haben offenbar ein Massenressentiment ausgelöst, das in dem fanatischen Rachefeldzug eines finster-charismatischen Führers Erlösung sucht. Verständnis, Bekenntnisse historischer Schuld, Dialoge zwischen den Religionen und Bereitschaft zu Zugeständnissen können auf Dauer zur Heilung der entstandenen Probleme beitragen, aber nur unter der Voraussetzung der Entschlossenheit, sich nicht alles gefallen zu lassen. Nur dann gewinnen Verhandlungen eine Chance. Der Versuch, Politik ohne diese Voraussetzungen zu treiben, wäre das wirkliche und endgültige „Versagen der Politik".

Am erstaunlichsten ist die Breitenwirkung eines grundsätzlichen Pazifismus in Deutschland mit der Tendenz zu massenhafter Kriegsdienstverweigerung. Es wird argumentiert, Kriege vermiede man, indem man sie einfach unterließe. Wenn die Großen dieser Welt das nicht verstünden, so müsse man die Mitwirkung einfach verweigern. Bemerkenswert an diesem Argument ist, daß es implizit auch die Verteidigung der westlichen Welt gegen Hitler verurteilt. Der Pazifismus bildet das dialektische Gegenstück zum Nazi-Imperialismus und gehört mit ihm zusammen, mag er sich auch als sein Gegenteil verstehen. Denn er läuft hinaus auf eine Anerkennung des Rechts des Stärkeren, Brutaleren, Schlaueren, Skrupelloseren: diesem mag die Welt gehören. Die Alternative zu beiden deutschen Mißverständnissen der Politik ist eine Weltordnung des Friedens auf der Grundlage des Rechts, die allerdings nur um den Preis der Bereitschaft zur Kriegsführung in Grenzfällen zu haben ist. Die Ausbreitung des Pazifismus ist keineswegs, wie man häufig hört, eine Folge der „Umerziehung" der Deutschen durch Besatzungsmächte und Emigranten, sondern im Gegenteil Zeichen ihres nur teilweisen Erfolges. Das Ziel war die Eingliederung der Deutschen in die Gemeinschaft des Westens und damit in die Tradition der Rechtskultur. Im Pazifismus grummeln alte deutsche Ressentiments gegen die westliche Wertegemeinschaft fort.

Aus solchen und ähnlichen Vorstellungen erwuchs der Vorwurf an die Amerikaner, sie handelten fahrlässig oder naiv aus dem Geiste eines „Weltsheriffs". Die so denken, wehren sich zwar gegen den Vorwurf des Antiamerikanismus. Die Amerikaner aber sehen darin einen Geist des Unverständnisses für die Abhängigkeit dauerhafter Friedenslösungen von ihren rechtlichen Voraussetzungen, und zugleich einen Geist der Undankbarkeit für die Opfer, die sie für die Befreiung Europas von Hitler und für den Schutz gegen die sowjetische Bedrohung gebracht haben. Da prallen Welten aufeinander.

Es lohnt sich vielleicht, daran zu erinnern, daß diese sogenannte „amerikanische Ideologie" ihre wesentliche philosophische Entfaltung bei deutschen Denkern, allen voran bei Immanuel Kant gefunden hat, ferner daß das öffentliche Bewußtsein in Deutschland erst nach dem Scheitern der Verfassungsrevolution von 1848 langsam aus dem Konsens mit der westlichen Zivilisation gefallen ist – mit den bekannten Folgen. Auch gilt es zu bedenken, daß wir jetzt Mitglieder der Vereinten Nationen sind und daß wir uns durch unseren Beitritt ihre Ziele zu eigen gemacht haben. Was nach unserem Pendelschlag von Nazi-Imperialisten zu Friedensfreunden jetzt fällig wird, ist, den letzten Schritt zur Versöhnung mit der Weltgemeinschaft zu tun und zur vollen Mitverantwortung bereit zu sein.

Eine gewisse Plausibilität hat der Einwand, daß in der UNO mit zweierlei Maß gemessen wird. Macht sich eines der ständigen Mitglieder des Sicherheitsrates einer Annexion schuldig, so kann es wegen seines Veto-Rechts nicht verurteilt werden. China hat trotz seiner Annexion Tibets an den Resolutionen gegen den Irak mitgewirkt. Das verletzt das Rechtsgefühl verständlicherweise. Doch sollte man aus dieser Tatsache nicht einem Grundsatz der Gleichberechtigung zum Unrechttun herleiten: Alle Staaten sollten ihre Nachbarn annektieren dürfen. Vielmehr ist es schon ein Fortschritt, daß wenigstens in einigen Fällen Annexionen Einhalt geboten wird: so kommen wir dem Ziel einer Völkerrechtsordnung wenigstens näher. Überdies ergibt sich aus der Mitwirkung Chinas eine politisch nicht zu unterschätzende zusätzliche Stützung für den Anspruch auf Freigabe Tibets.

Was die Mitwirkung der Sowjetunion trotz ihrer Annexion der baltischen Staaten betrifft, so ist zu berücksichtigen, daß diese 50 Jahre zurückliegt. Das Völkerrecht kann nur aktuelle, nicht aber längst vollzogene Annexionen korrigieren, wenn es den Weltfrieden nicht gefährden, sondern sichern soll. Da die baltischen Völker aber ihre Annexion offensichtlich nie anerkannt haben, läßt sich auch für sie aus der Mitwirkung der Sowjetunion an den Resolutionen gegen den Irak ein zusätzliches politisch-moralisches Argument zugunsten ihrer Unabhängigkeit herleiten.

Am wenigsten schlüssig ist der Vergleich Kuwaits mit Grenada. Mag auch die völkerrechtliche Rechtfertigung des militärischen Einmarschs der USA zweifelhaft gewesen sein: er war keineswegs mit einer Annexion verbunden. Überdies sollten gerade wir Deutschen uns nicht so unsensibel für den Unterschied zeigen, der darin liegt, daß die Bevölkerung von Grenada ihre Befreiung vom Diktator durch die Amerikaner einhellig mit Jubel und Dankbarkeit begrüßte, während der Irak die Kuwaiter auf grauenhafte Weise mißhandelt hat. Auch wenn das Völkerrecht diesen Unterschied nicht gelten läßt – Friede hat Vorrang vor Menschenrechten –, so wirkt es doch bedrückend, wenn die moralische Beurteilung über diesen Unterschied einfach hinwegsehen will.

In der arabischen Welt spielt das Argument „zweierlei Maß" im Vergleich Kuwaits mit der Palästinenser-Frage eine Rolle. Die künftige Glaubwürdigkeit der UNO-Politik wird in dieser Region in der Tat von der Regelung dieser Frage abhängen, allerdings Zug um Zug gegen eine Anerkennung der Existenzberechtigung Israels und eine Grenzziehung, die seine Sicherheit gewährleistet. Diejenigen, die sich auf den Grundsatz „gleiches Recht für alle" berufen, wären allerdings zu fragen, ob sie mit gleicher Vehemenz für einen eigenen Staat der Kurden eintreten oder ob sie die jeweilige Geltendmachung dieses Grundsatzes von Opportunitätserwägungen abhängig machen.

Vor allem kann man nicht außer acht lassen, daß es starke Kräfte gibt, die den Israelis, die nun seit Jahrzehnten in diesem Lande leben und meist dort geboren sind, das Recht auf ihren Staat aberkennen, ja ihnen buchstäblich nach dem Leben trachten. Gleiches Recht für alle kann nur bedeuten, daß jeder jeden in seinen Rechten und Freiheiten achtet. Hingegen waren die Kuwaiter weder willens noch wären sie in der Lage gewesen, den Irak auszulöschen. Deshalb liegen hier keine Ungleichheiten vor, die es erlauben würden, die Glaubwürdigkeit der UNO-Aktion prinzipiell in Frage zu stellen. Diese liefert vielmehr die Rahmenbedingungen, unter denen allein die Probleme des Nahen Ostens dauerhaft und friedlich gelöst werden können.

Wir Deutschen sollten also die Distanz zur UNO aufgeben und uns zur Mitverantwortung bereit finden.

Rechtssicherheit und Verjährung

(Budapest 1992)

Der Beschluß des Verfassungsgerichts der Republik Ungarn vom 3. März 1992 erklärt das Gesetz vom 4. November 1991 für verfassungswidrig, weil es den Prinzipien des Rechtsstaats widerspreche. In diesem Gesetz ging es um die Verjährung der Strafbarkeit von Hochverrat, vorsätzlicher Tötung und Körperverletzung mit Todesfolge aus der Zeit zwischen Dezember 1944 und Mai 1990. Das Gesetz regelte, daß die Verjährung am 2. Mai 1990 „erneut beginnt, wenn der Staat seinen Strafanspruch aus politischen Gründen nicht geltend machte". Die dann fällige Strafe könne aber uneingeschränkt gemildert werden.

Ich habe den Beschluß des ungarischen Verfassungsgerichts weder positiv noch kritisch zu beurteilen. Das steht mir nicht zu. Vielmehr möchte ich einfach berichten, wie ein vergleichbares Gesetz in der Bundesrepublik Deutschland verfassungsrechtlich beurteilt worden wäre. Denn wir standen nach dem Erlaß des Grundgesetzes von 1949 in einer vergleichbaren Situation bei der Verfolgung von typisch nationalsozialistischen Verbrechen. Zwar hatten diese Verbrechen sowohl qualitativ als auch quantitativ ein Ausmaß, das sie einzigartig macht. Gleichwohl ist die Rechtsfrage, wie Mord und Folter mit Todesfolge im totalitären System rückblickend zu beurteilen sind, etwas im Prinzip Vergleichbares. Die Schwierigkeiten, die sich bei der Abwägung zwischen Rechtssicherheit und dem Anspruch auf Strafverfolgung für uns ergaben, mögen deshalb als Anschauungsmaterial auch für die ungarische Gesetzgebung und Rechtsprechung von einem gewissen Interesse sein.

Ich will das Ergebnis vorwegnehmen: Die deutsche Verfassungsrechtsprechung würde mit dem Beschluß des ungarischen Verfassungsgerichts nicht übereinstimmen. Sie hätte vielmehr die Verfassungsmäßigkeit des fraglichen Gesetzes festgestellt.

Auch das Grundgesetz erklärt die Bundesrepublik Deutschland zu einem Rechtsstaat (Art. 20, 28 GG). Insofern entsprechen die Verfassungstexte beider Länder einander. Auch ist anerkannt, daß zu den Prinzipien des Rechtsstaates die Rechtssicherheit gehört. Das Bundesverfassungsgericht würde sicherlich auch den Satz unterschreiben, der sich im Beschluß des Verfassungsgerichts befindet: „Die rechtsstaatliche Forderung nach materieller Gerechtigkeit darf nur innerhalb der der Rechtssicherheit dienenden Einrichtungen und Garantien verwirklicht werden." Und: die Verfassung enthalte kein subjektives Recht auf Durchsetzung der materiellen Gerechtigkeit.

Auch ist in der deutschen Verfassungsrechtsprechung anerkannt, daß zu den Prinzipien der Rechtssicherheit der Grundsatz der Bestimmtheit der Gesetze gehört, und daß der Grundsatz besonders streng zu handhaben ist bei Gesetzen, die in die Rechtsstellung des Bürgers eingreifen. Der Bestimmtheit sind jedoch natürliche Grenzen gesetzt, einmal weil sich der Gesetzgeber in der Regel der Alltagssprache bedient, zum anderen, weil er Gesetze formulieren muß, die generelle Tatbestände beschreiben und sich an einen unbestimmten Adressatenkreis in die Zukunft hinein wenden. Es genügt deshalb für die Bestimmtheit, daß der gebildete Durchschnittsbürger im großen und ganzen vorhersehen kann, in welchen Fällen das Gesetz Anwendung finden wird. So wird z. B. der Satz in Art. 16 I GG als bestimmt genug angesehen: „Politisch Verfolgte genießen Asylrecht". Auch die meisten Normen des Strafgesetzbuchs enthalten Begriffe von einer gewissen Unbestimmtheit. Es genügt, daß im Kernbereich des Begriffs Klarheit besteht, wenn auch in den Randzonen des Begriffs gewisse Unsicherheiten unvermeidlich sind. Diese werden dann durch die Präjudizien der höchstrichterlichen Rechtsprechung geklärt.

Was die Formulierung des strittigen Gesetzes betrifft: „Wenn der Staat seinen Strafanspruch aus politischen Gründen nicht geltend machte", so würde sie von der deutschen Verfassungsgerichtsbarkeit ohne weiteres als bestimmt genug angesehen. Gewiß mag es in einzelnen Fällen zweifelhaft sein, ob die Strafverfolgung wirklich aus politischen Gründen unterblieben ist. In solchen Grenzfällen würde man den Grundsatz „in dubio pro reo" anwenden. Im großen und ganzen aber ist es zweifelsfrei, daß vorsätzliche Tötung oder Körperverletzung mit Todesfolge dann nicht verfolgt wurden, wenn sie vom kommunistischen System aus Gründen sozialistischer Ideologie geduldet, gebilligt oder gar befohlen worden sind. Auf die Frage, ob die Strafverfolgung gar nicht eingeleitet oder ob sie eingestellt wurde, kommt es nicht an. Das Gesetz würde also als hinreichend bestimmt angesehen.

Was den Grundsatz des Rückwirkungsverbots betrifft, so ist ebenfalls anerkannt, daß er ein elementarer Bestandteil der Rechtssicherheit ist. Er hat im Grundgesetz darüber hinaus seinen ausdrücklichen Niederschlag gefunden. In Artikel 103 Abs. 2 GG heißt es: „Eine Tat kann nur bestraft werden, wenn die Strafbarkeit gesetzlich bestimmt war, bevor die Tat begangen wurde."

Der gleiche Grundsatz findet sich übrigens auch in der Europäischen Menschenrechtskonvention. In Artikel 7 I heißt es: „Niemand kann wegen einer Handlung oder Unterlassung verurteilt werden, die zur Zeit ihrer Begehung nach inländischem oder internationalem Recht nicht strafbar war. Ebenso darf keine höhere Strafe als die im Zeitpunkt der Begehung der strafbaren Handlung angedrohte Strafe verhängt werden."

Die Europäische Menschenrechtskonvention macht allerdings eine Ausnahme für Verbrechen gegen die Menschlichkeit. Sie hat Art. 7 einen Absatz 2 hinzugefügt, der lautet: „Durch diesen Artikel darf die Verurteilung oder Bestrafung einer Person nicht ausgeschlossen werden, die sich einer Handlung oder Unterlassung schuldig gemacht hat, welche im Zeitpunkt ihrer Begehung nach den allgemeinen von den zivilisierten Völkern anerkannten Rechtsgrundsätzen strafbar war." Hiernach können also Verbrechen bestraft werden, auch wenn sie in dem betreffenden Land nicht gesetzlich strafbar gewesen sind. Abgestellt wird nicht auf das Gesetz, sondern auf die „allgemeinen von den zivilisierten Völkern anerkannten Rechtsgrundsätze."

Diese Normierung stellte die Bundesrepublik Deutschland vor ein Dilemma. Einerseits wollte sie, ebenso wie der ungarische Verfassungsgerichtshof, die Verbrechen der Vergangenheit konsequent rechtsstaatlich behandeln und sich gerade dadurch von der totalitären Vergangenheit unterscheiden. Andererseits aber wollte sie aus eben denselben Gründen nicht die Europäische Menschenrechtskonvention in Frage stellen. Sie hat sich geholfen, indem sie bei der Ratifikation im Dezember 1952 den Vorbehalt anbrachte, „daß sie die Bestimmung des Artikels 7 II der Konvention nur in den Grenzen des Artikels 103 Abs. 2 des Grundgesetzes anwenden wird." Aufgrund dieses Vorbehalts blieb es also dabei, daß Naziverbrecher nur dann und insoweit verfolgt wurden, als sie die Normen des Strafgesetzbuches verletzt haben. Nach dem Strafgesetzbuch galt aber selbstverständlich wie überall in der Welt die Strafbarkeit von Mord und Totschlag, Körperverletzung und Freiheitsberaubung. Die einschlägigen Paragraphen galten auch während der Nazizeit fort. Insofern gab es keine Kollision mit dem Grundsatz „Nulla poena sine lege".

Die einzige Frage war, ob sich das Rückwirkungsverbot auch auf Rechtfertigungsgründe erstreckt. Diese Frage wird für die allgemeinen, nicht aber für die typisch nationalsozialistischen Rechtfertigungen bejaht, z. B. Juden seien eine minderwertige Rasse, Behinderte seien lebensunwertes Leben, der Wille des Führers gehe dem Strafgesetz vor, selbst dann, wenn Führerbefehle geheimgehalten wurden. Derartige Rechtfertigungsgründe waren zwar von dem sogenannten „Staatsrecht des Großdeutschen Reiches" anerkannt, aber es handelte sich um das Staatsrecht eines in sich selbst prinzipiell verbrecherischen Systems.

Hierüber hat es eine heftige rechtsphilosophische Diskussion gegeben. Einigkeit bestand zwar darüber, daß materielle Gerechtigkeit nur innerhalb der Institutionen der Rechtssicherheit verwirklicht werden soll. Die Frage war aber: Können und sollen Gesichtspunkte der Rechtssicherheit völlig unabhängig von Fragen der Gerechtigkeit gelten, oder sind sie nicht umgekehrt gerade dazu da, der Gerechtigkeit zu dienen?

Einer der führenden deutschen Rechtsphilosophen der Weimarer Republik (und zeitweise sozialdemokratischer Reichsjustizminister), Gustav Radbruch, war in seiner Rechtsphilosophie ein überzeugter Rechtspositivist auf der Grundlage eines prinzipiellen Relativismus. Er war der Überzeugung, daß richterliche Entscheidungen mit logischen Mitteln aus dem Gesetz abzuleiten seien und alle Gerechtigkeitsfragen unberücksichtigt bleiben müßten: Gesetz ist Gesetz. 1945 stand er vor der Frage, ob er diese Position noch aufrechterhalten könne. Sollte man also sagen, das nationalsozialistische Unrecht könne gar nicht als Unrecht gelten, da es dem

Recht des nationalsozialistischen Staates entsprach? Diese Konsequenz mochte er nicht ziehen. Er sagte 1945: „Es kann Gesetze mit einem solchen Maße von Ungerechtigkeit und Gemeinschädlichkeit geben, daß ihnen die Geltung, ja der Rechtscharakter abgesprochen werden muß." Das war die sogenannte „Radbruchsche Formel", auf die sich die deutschen Gerichte beriefen. Sie bezogen sie nicht nur auf Gesetze der nationalsozialistischen Epoche, sondern erst recht auf typisch nationalsozialistische Rechtfertigungs- und Entschuldigungsgründe, die nicht gesetzlich geregelt waren. Auf dieser Grundlage haben sie die KZ-Schergen und Mörder nach dem Strafgesetzbuch verurteilt.

Die deutsche Verfassungsrechtsprechung hat auch Bestimmungen über die Hemmung der Strafverfolgungsverjährung nicht beanstandet. Das Bundesverfassungsgericht hat schon in seinem ersten Jahr ausgeführt, daß die Hemmung der Verjährung aufgehoben werden kann, und zwar selbst in Fällen, in denen die Verjährung bereits eingetreten war (BVfG 1, 418, 423). Erst recht gilt das natürlich für Fälle, in denen die Verjährung noch nicht eingetreten ist, sondern in denen lediglich der Ablauf der Verjährung hinausgeschoben wird. Dies ist seither ständige Rechtsprechung des Bundesverfassungsgerichts. So sagte es 1969: Art. 103 II GG (das Rückwirkungsverbot) besagt „nichts über die Dauer des Zeitraums, währenddessen eine in verfassungsmäßiger Weise für strafbar erklärte Tat verfolgt und durch Verhängung der angedrohten Strafe geahndet werden darf. Er verhält sich nur über das ‚von wann an', nicht über das ‚wielange' der Strafverfolgung" (BVfG 25, 286). Es begründete diese Feststellung des Näheren aus Sinn und Zweck des Rückwirkungsverbots und aus der Entstehungsgeschichte der Verfassungsnorm. Diese Rechtsprechung führte dazu, daß auch das Gesetz von 1979, das die dreißigjährige Verjährung für Mord aufhob, so daß seither Mord zeitlich unbegrenzt verfolgt werden kann, verfassungsrechtlich nicht beanstandet wurde.

Denn die Verjährungsfrist regelt weder die Strafbarkeit als solche noch die Strafhöhe. Sie bezieht sich vielmehr auf das Verfahren bei der Ermittlung eines Verhaltens, dessen Strafbarkeit bereits vor der Tat gesetzlich bestimmt war. Sie hat folglich nur prozeßrechtlichen und keinen materiellrechtlichen Charakter. Deshalb sind auch ganz generell Regelungen über die Unterbrechung der Verjährung zulässig. Deshalb wird ein Täter, dessen Tat verjährt ist, nicht freigesprochen, vielmehr wird das Verfahren eingestellt.

Die europäischen Staaten haben im Jahr 1974 ein Übereinkommen über die Unverjährbarkeit von Verbrechen gegen die Menschlichkeit und Kriegsverbrechen geschlossen. Als in Deutschland die Verlängerung der Verjährung für Mord beraten wurde, hat das Europäische Parlament eine Entschließung zur Unverjährbarkeit von Völkermord und Mord gefaßt. Darin heißt es u. a.:

Das Europäische Parlament „hält es für unerträglich, daß Kriegsverbrechen und solche Verbrechen, die während der Schreckensherrschaft des Nationalsozialismus begangen wurden, bei Eintritt der Verjährung, soweit diese bisher nicht durch eine richterliche Entscheidung unterbrochen wurde, ohne Bestrafung bleiben sollen".

Es fordert in Übereinstimmung mit der Entschließung der parlamentarischen Versammlung des Europarats die Mitgliedsstaaten auf, „alle politischen und juristischen Vorkehrungen zu treffen, um eine Verjährung in diesen Fällen nicht eintreten zu lassen" (vgl. Drucksachen des Deutschen Bundestages Band 250, Drucks. 8 / 2616 vom 5. März 1979).

Im deutschen Bundestag wurden das Für und Wider der Verjährung dieser Verbrechen eingehend diskutiert. Die ganz überwiegende Meinung ging dahin, daß die Aufhebung der Verjährungsfrist keineswegs mit der Rechtsstaatlichkeit in Widerspruch steht, daß sie vielmehr gerade ein Gebot der Rechtsstaatlichkeit ist. Der Aufhebungsbeschluß wurde einstimmig gefaßt, und das Bundesverfassungsgericht hat daran keinen Anstoß genommen.

Das ungarische Verfassungsgericht leitet aus dem Rechtstaatsprinzip zwei Grundsätze ab: nämlich „Nulla poena sine lege" und „Nullum crimen sine lege". Diese beiden Grundsätze sind etwas Grundverschiedenes. Der erste besagt, daß ein Verbrechen nicht bestraft wird, wenn dies nicht gesetzlich bestimmt war. Der zweite Grundsatz besagt, daß Taten überhaupt kein Verbrechen darstellen, wenn sie nicht gesetzlich als solche definiert waren. Der Grundsatz „Nulla poena sine lege" ist ein selbstverständliches Prinzip der Rechtsstaatlichkeit. Den Grundsatz „Nullum poena sine lege" ist ein selbstverständliches Prinzip der Rechtsstaatlichkeit. Den Grundsatz „Nullum crimen sine lege" hingegen gibt es gar nicht. Er steht in keiner Verfassung und in keiner Menschenrechtskonvention, und er findet auch in der Rechtsprechung der zivilisierten Staaten im allgemeinen keinen Niederschlag. Er ist die Erfindung eines konsequenten Rechtspositivismus, der sich seinerseits auf einen rechtsphilosophischen Relativismus gründet: es gebe gar keine Gerechtigkeit. Nach dem Grundsatz „Nullum crimen sine lege" könnte man willkürlich regeln, daß Mord und Folter generell oder unter bestimmten Voraussetzungen nichts Unrechtes und Schändliches seien. Das ist aber nicht der Inhalt des rechtsstaatlichen Rückwirkungsverbots.

Aus diesen Gründen würde die deutsche Rechtsprechung dem ungarischen Verfassungsgericht auch nicht in der Annahme folgen, daß das strittige Gesetz den verfassungsmäßigen Vorschriften über die Unabwendbarkeit, Notwendigkeit und Angemessenheit des staatlichen Eingreifens widerspreche. Es erschiene ihr selbstverständlich, daß die Bestrafung von Mord und Körperverletzung mit Todesfolge notwendig, angemessen und unabwendbar ist, vorausgesetzt, daß sie sich in den formalen Regeln der Rechtssicherheit hält. Zu diesen Regeln gehört nicht, daß Mord nach Eintritt der Verjährung rückblickend kein Verbrechen sei, sondern lediglich, daß er nicht mehr strafrechtlich verfolgt werden kann. Ebensowenig gehört dazu, daß Verjährung nicht verlängert werden dürfte, zumal wenn die Strafverfolgung aus politischen Gründen unterblieben ist.

Zu den Ausführungen des ungarischen Verfassungsgerichts über Hochverrat: hier entstünde tatsächlich ein materiellrechtliches Rückwirkungsproblem, wenn Handlungen, die der Etablierung und Unterstützung des kommunistischen Systems

11*

dienten, unter Zugrundelegung heutiger Maßstäbe rückwirkend als Hochverrat angesehen würden. Hierüber enthält das beanstandete Gesetz aber gar keine Regelung. Es regelt lediglich den Neubeginn der Verjährung für solche Fälle. Diese Regelung wäre nach europäischen Maßstäben als solche nicht zu beanstanden. Die
Rückwirkungsfrage würde erst relevant bei einer gesetzlichen Neudefinition des
Hochverrats. Auch insofern ist die Entscheidung des ungarischen Verfassungsgerichts für einen Außenstehenden schwer nachvollziehbar.

Schließlich sieht das ungarische Verfassungsgericht die Bestimmung des Gesetzes als verfassungswidrig an, wonach die „unter Anwendung des Gesetzes ver-
hängte" Strafe uneingeschränkt gemildert werden kann. Es sieht hierin ein den Gerichten zugewiesenes Gnadenrecht, welches nach der Verfassung jedoch nur dem
Präsidenten der Republik obliege. Diese Auslegung ist dem Außenstehenden ebenfalls schwer verständlich. Der verabschiedete Gesetzestext ermächtigt die Gerichte
lediglich zu einer Milderung der Strafe im Rahmen der Strafzumessung.

Dem Beschluß des Verfassungsgerichts scheint eine politische Meinungsver-
schiedenheit zwischen Verfassungsgericht und Parlament zugrunde zu liegen. Das
Parlament wünscht die Bestrafung der einschlägigen Taten und wollte Rechtsklar-
heit darüber herstellen, daß sie nicht verjährt sind. Das Verfassungsgericht scheint
es vorzuziehen, daß die Taten amnestiert werden. Für ein Amnestiegesetz mögen
gute politische Gründe sprechen, obwohl ich nicht recht verstehe, wieso es sich auf
Mord und Folter mit Todesfolge erstrecken sollte. Wenn man das aber annimmt, so
wäre das rechtsstaatlich korrekte Verfahren, daß das Parlament ein Amnestiegesetz
erlassen würde. Kann man aber eine Teilamnestie für länger zurückliegende Taten
mittelbar dadurch herbeiführen, daß man annimmt, während der kommunistischen
Herrschaft sei die Verjährungsfrist gelaufen, es sei also zum Teil die Verjährung
bereits eingetreten? Ich bezweifle nicht, daß das Verfassungsgericht sich von dem
Gedanken leiten ließ, der Rechtsstaatlichkeit dienen zu wollen. Ob das indes wirklich gelungen ist, diese Frage muß sich dem Außenstehenden aufdrängen.

Das Parlament kann natürlich nicht ein gleiches oder ähnliches Gesetz erneut erlassen, ohne die Autorität des Verfassungsgerichts in Frage zu stellen. Es könnte also
nicht erneut regeln, daß die Verjährung am 2. Mai 1990 „erneut beginnt". Gleichwohl bleibt die Frage offen, ob die Verjährung bis zu diesem Zeitpunkt geruht hat.
Das wäre nach allgemeinen rechtsstaatlichen Grundsätzen der Fall, da ja keine
Strafverfolgung stattgefunden hat. Daran ändert der Beschluß des Verfassungsgerichts nichts. Denn er bezieht sich nur auf das Gesetz über den „Neubeginn" der
Verjährung. Seine Rechtskraft und seine präjudizielle Verbindlichkeit beschränken
sich auf die Verfassungswidrigkeit des Gesetzes vom 4. November 1991. Alle Feststellungen des Verfassungsgerichts, die darüber hinausgehen, sind „obiter dicta"
und haben an der Verbindlichkeit nicht teil. Allerdings könnten Zweifel daran
bestehen, ob die Verjährung bis zum 2. Mai 1990 geruht hat oder nicht. Das Parlament könnte eine klarstellende Regelung dahingehend erlassen, daß sie geruht hat.
Das wäre eine ganz andere Regelung, als sie das Gesetz vom 4. November 1991 enthielt. Dem stünde der Beschluß des Verfassungsgerichts nicht im Wege.

Neue Verfassung – eine andere Republik

(Rheinischer Merkur 1992)

Das Grundgesetz gilt weiterhin nur provisorisch. Sein Schlußartikel 146 hätte eigentlich im Zuge der deutschen Vereinigung aufgehoben werden müssen. Statt dessen wurde er ergänzt und aktualisiert:

> „Dieses Grundgesetz, ‚das nach Vollendung der Einheit und Freiheit Deutschlands für das gesamte Deutsche Volk gilt‘, verliert seine Gültigkeit an dem Tage, an dem eine Verfassung in Kraft tritt, die von dem Deutschen Volke in freier Entscheidung beschlossen worden ist.“

Eine solche Provisoriumsklausel enthält mehr als eine staatstheoretische Selbstverständlichkeit. Sie besagt: das Grundgesetz wartet auf seine Ablösung durch eine neue Verfassung, legt sie nahe, fordert zu ihr auf. Die Verfassungsablösung kann nicht als revolutionäre Preisgabe des bewährten Grundgesetzes verstanden werden, wenn das Grundgesetz selbst sie vorsieht.

Die Klausel wurde durch den Einigungsvertrag ins Grundgesetz eingefügt, aber nicht auf Verlangen der damaligen DDR-Regierung de Maizière, sondern einiger westdeutscher SPD-geführten Länder, auf deren Zustimmung zum Einigungsvertrag man angewiesen war. Sie trugen damit zugleich Wünschen aus der damaligen DDR-Opposition (Bündnis 90 und PDS) Rechnung.

Der wesentliche Unterschied zwischen Grundgesetzänderung und Grundgesetzablösung besteht in den anderen Mehrheitserfordernissen. Für eine Grundgesetzänderung bedarf es der Mehrheiten von zwei Dritteln der Mitglieder des Bundestages und der Stimmen des Bundesrates. Damit ist gewährleistet, daß das Grundgesetz nur im Einverständnis der großen Parteien geändert werden kann. Nur so bleibt es die gemeinsame Konsensgrundlage der verschiedenen politischen Richtungen und bildet den unangefochtenen Rahmen der demokratischen Auseinandersetzung.

Für eine neue Verfassung hingegen bedarf es nur einfacher Mehrheiten. Das Verfahren für die Erarbeitung eines Verfassungsentwurfs ist an keine Vorgaben der alten Verfassung, die ja gerade überwunden werden soll, gebunden. Ein künftiger Bundestag kann mit einfacher Mehrheit einen Entwurf beschließen und das Volk mit einfacher Mehrheit darüber entscheiden lassen.

Im Fall einer künftigen rot-grünen Bundestagsmehrheit mit Tolerierung durch die PDS ist also mit der Möglichkeit zu rechnen, daß es zu einer neuen Verfassung ohne Mitwirkung der Unionsparteien kommt. Ein Entwurf dafür wurde von einem „Kuratorium für einen demokratisch verfaßten Bund Deutscher Länder“ vorgelegt.

(Eine Verfassung für Deutschland. Manifest, Text, Plädoyers, hrsg. von B. Guggenberger, U. Preuß, W. Ullmann, München 1991.) Er wird von Politikern, Staatsrechtlern und Intellektuellen verfochten, die im politischen Spektrum vor allem bei SPD und Grünen, zum Teil auch bei der PDS angesiedelt sind.

Das Bemerkenswerte an diesem Verfassungsentwurf sind nicht nur die drei Hauptthemen: Plebiszite, Staatsziele und Reform des Föderalismus, die im Vordergrund der öffentlichen Diskussion stehen und auch im Rahmen der anstehenden Grundgesetzänderungen verhandelt werden. Diese drei Themen „verdecken" gewissermaßen Zielsetzungen von wesentlich größerer Tragweite. Trotz äußerer Anlehnung an Aufbau und Wortlaut des Grundgesetzes würde eine völlig andere Republik entstehen.

Was in erster Linie auffällt, ist die explosionsartige Ausweitung der Macht der Gewerkschaften und ihres ideologischen Umfelds. Ein Verbot der Aussperrung (Art. 9 b III) beseitigt das Gleichgewicht der Tarifpartner, auf dem das bisherige Arbeitsrecht beruht. Das Fehlen jeglicher Gegenmacht wird den Gewerkschaften die schrittweise Durchsetzung beliebiger wirtschaftlicher und politischer Ziele erlauben.

Eine ähnliche Wirkung wird die Abschaffung des Beamtentums haben. Im Grundgesetz heißt es noch:

> „Die Ausübung hoheitsrechtlicher Befugnisse ist als ständige Aufgabe in der Regel Angehörigen des Öffentlichen Dienstes zu übertragen, die in einem öffentlich-rechtlichen Dienst- und Treueverhältnis stehen" (Art. 33 IV).

Diese Vorschrift entfällt nach dem Entwurf. Statt dessen ist das Recht des Öffentlichen Dienstes

> „nach einheitlichen Grundsätzen bis zum 1. Mai 1995 zu regeln" (Art. 33 V).

Das bedeutet im Klartext: Im öffentlichen Dienst gibt es keine Beamten mehr, sondern nur noch Angestellte und Arbeiter. Diese tun ihren Job ohne statusgebundenes Amtsethos und haben in allen Zweigen der Verwaltung und bis in die höchsten Ränge hinauf das Streikrecht, denn das Streikrecht ist verfassungsrechtlich gewährleistet (Art. 9 b III). Streik ist im Öffentlichen Dienst nicht dasselbe wie in der Privatwirtschaft: es erlaubt den Gewerkschaften, Forderungen auf dem Rücken der Bevölkerung durchzusetzen. Wir kennen das Problem aus den Bereichen Müllabfuhr oder Nahverkehr. Wie wird sich ein Streik bei der Polizei auswirken?

Ferner heißt es:

> „Die Beschäftigten und ihre Vereinigungen haben das Recht auf Mitbestimmung" (Art. 9 b II).

Die Beschäftigten des Öffentlichen Dienstes sind auch davon nicht ausgenommen. Eine ursprüngliche Fassung des Entwurfs sprach ganz offen von der Mitbestimmung in Betrieben „und Dienststellen". Die Konsequenz einer Mitbestimmung in den Dienststellen wäre die entsprechende Einschränkung der Weisungsbefugnis der Verwaltungsspitzen und damit ihrer parlamentarischen Verantwortlichkeit. Aus diesem Grunde ist Mitbestimmung im Öffentlichen Dienst mit dem Demokratieprinzip unvereinbar. Der Verfassungsentwurf verwandelt die Demokratie des Grundgesetzes in einen Gewerkschaftsstaat.

Diese Tendenz zeigt sich auch in der Umwandlung der Pressefreiheit:

> „Die innere Ordnung von Presse und Rundfunk muß demokratischen Grundsätzen entsprechen" (Art. 5 III).

Im Klartext: Der Tendenzschutz der Verlage und die Weisungsbefugnisse der Chefredakteure entfallen, und damit weitgehend auch der Pluralismus des Pressemarktes. In folge dessen entscheiden die Journalisten-Gewerkschaften über die einheitliche Grundtendenz in sämtlichen Medien und gewinnen auf diese Weise mittelbaren Einfluß auf die gesetzgebenden Körperschaften, auf Wahlen und Plebiszite.

Auch in der dritten Gewalt, der Rechtsprechung, wird der Einfluß der „linken Ideologien" zunehmen. Die sozialen und ökologischen „Staatsziele" ohne Gesetzesvorbehalt können zu Einfaltstoren für willkürliche und ungleiche Entscheidungen nicht nur der Verwaltung, sondern auch der Gerichte werden und zu einer Mißachtung demokratisch beschlossener Gesetze aus sozialer oder ökologischer Gesinnungsethik und ökonomischem Unverstand führen, stets legitimiert durch die höherrangige Verfassung. Denn

> „Grundrechte und Staatsziele binden Gesetzgebung, vollziehende Gewalt und Rechtsprechung als unmittelbar geltendes Recht" (Art. 1 III).

Über die Berufung der Bundesrichter entscheidet ein Bundesminister mit einem Richterwahlausschuß, der aus 16 Landesministern und 16 weiteren Mitgliedern besteht, die „vom Bundestage aus seiner Mitte gewählt werden" (Art. 95 II) – anscheinend soll damit die proportionale Zusammensetzung nach der Fraktionsstärke ausgeschlossen werden. Die Entscheidung fällt „nach einer öffentlichen Anhörung der Kandidatinnen und Kandidaten" – was nur den Sinn haben kann, ihre politische Fügsamkeit zu prüfen.

Während bisher die Grundrechte die drei Gewalten binden, entfalten nach dem Entwurf

> „Grundrechte und Staatsziele" auch „gegenüber Dritten im Rahmen der verfassungsmäßigen Rechtsordnung verpflichtende Wirkung" (Art. 1 III),

also unmittelbare „Drittwirkung", d. h. Geltung im Zivilrechtsverkehr. An die Stelle der Vertragsfreiheit treten Kontrahierungspflichten, während Kündigungsrechte entfallen: Eine Umgestaltung des Zivilrechts von unabsehbarer Tragweite.

Zugleich ist ein umfassendes Recht auf Verweigerung des Gesetzesgehorsams vorgesehen:

„Wer aus Gewissensgründen Rechtspflichten nicht erfüllen kann, muß die Möglichkeit erhalten, gleichbelastende oder gleichwertige Leistungen zu erbringen" (Art. 4 III).

Nach dem Modell ‚Zivildienst statt Kriegsdienst' zahlt er z. B. statt Steuern und Abgaben Beiträge für Greenpeace, oder leistet Sozialdienste als Ersatz für die Erfüllung gesetzlicher oder vertraglicher Pflichten. Auch Wehrdienstverweigerer brauchen sich künftig nicht mehr auf Gewissensgründe berufen:

„Jeder Mann hat zu jeder Zeit das Recht, den Wehrdienst zu verweigern" (Art. 12 c II).

Eine Stärkung von Bürgerrechten ist auf vielfältige Weise vorgesehen. Manches davon ist diskutabel. Sehr merkwürdig aber ist die Vorschrift:

„Bürgerinnen und Bürger sind berechtigt, in amtliche Akten Einsicht zu nehmen. Das Nähere regelt ein Bundesgesetz" (Art. 5 IV).

Diese Regel bezieht sich also nicht nur auf Akten, die den Bürger betreffen oder an deren Einsicht er ein besonderes rechtliches Interesse hat, sondern jeder kann jederzeit in jede Akte Einblick nehmen.

Großen Wert legt der Entwurf auf die Schaffung einer multikulturellen Gesellschaft. Deutsche Aussiedler verlieren die privilegierte Stellung als „Deutsche", die ihnen Art. 116 I GG bisher gewährte. Statt dessen heißt es:

„Bürgerin und Bürger im Sinne dieser Verfassung ist, wer die deutsche Staatsangehörigkeit besitzt oder die Rechtsstellung einer Bürgerin oder eines Bürgers erlangt hat. Auf diese Rechtsstellung hat Anspruch, wer als Ausländerin oder Ausländer seit mindestens 5 Jahren rechtmäßig ihren oder seinen ständigen Wohnsitz im Bund Deutscher Länder genommen hat. Angehörige der Mitgliedstaaten der Europäischen Gemeinschaft können deutschen Staatsangehörigen gleichgestellt werden. Die Gesamtheit aller Bürgerinnen und Bürger bildet das Volk im Sinne dieser Verfassung" (Art. 116 I und II).

Im Klartext: aktives und passives Wahlrecht auch ohne deutsche Staatsangehörigkeit, und zwar nicht nur auf kommunaler, sondern auch auf Landtags- und Bundestagsebene, Mitentscheidungsrecht bei Plebisziten einschließlich der Volksabstimmung über die Verfassung.

Für Ausländer, die noch nicht „Bürger" geworden sind, entfällt das besondere Ausländerrecht:

„Niemand darf wegen seiner Nationalität benachteiligt oder bevorzugt werden" (Art. 3 III).

Einzige Ausnahme: Die Grundrechte auf Freizügigkeit und freie Berufswahl gelten nur für „alle Bürgerinnen und Bürger". Alle übrigen Grundrechte gelten für „alle Menschen". Das Asylrecht wird neu gefaßt:

„Politisch, auch aus rassischen oder geschlechtlichen Gründen Verfolgte genießen Asylrecht" (Art. 16 III).

Letzteres bezieht sich vermutlich auf die orientalischen Frauen.

Frauen gelten als erheblich diskriminiert. Deshalb sieht der Verfassungsentwurf vor:

„Bei der Vergabe öffentlicher Ämter tragen Bund, Länder und Gemeinden Sorge dafür, daß Frauen und Männer zu gleichen Anteilen vertreten sind" (Art. 33 II).

Auch in die Wahlvorschlagslisten der Parteien

„sollen Frauen und Männer zu gleichen Anteilen und chancengleich aufgenommen werden" (Art. 21 I 3).

Darüber hinaus ist der Staat

„verpflichtet, die gleichberechtigte Teilhabe der Geschlechter in allen gesellschaftlichen Bereichen herzustellen und zu sichern" (Art. 3 II 2).

Der bisherige Verfassungssatz

„Niemand darf wegen seines Geschlechts benachteiligt oder bevorzugt werden" (Art. 3 III)

wird so ergänzt:

„Maßnahmen zur Förderung von Frauen zum Ausgleich bestehender Nachteile sind keine Bevorzugung wegen des Geschlechtes" (Art. 3 IV):

die sogenannte „kompensatorische Diskriminierung" von Männern.

Das Thema „Abtreibung" regelt den Entwurf in drei Alternativen. Alle drei sehen vor, daß die Abtreibung – ohne Frist – rechtmäßig oder zumindest nicht strafbar ist – (Art. 3 a).

Obwohl ursprünglich gestrichen, ist in die Endfassung des Entwurfs doch noch die Verfassungsgarantie aufgenommen worden:

„Familien und Lebensgemeinschaften mit Kindern oder Hilfsbedürftigen stehen unter dem besonderen Schutz der staatlichen Ordnung" (Art. 6 I).

Im Grundgesetz bezog sich die Garantie noch auf „Ehe und Familie". Die Streichung der Ehe ermöglicht die rechtliche Gleichstellung der eheähnlichen Lebensgemeinschaften, auch unter Homosexuellen. Denn

„niemand darf wegen seiner sexuellen Orientierung bevorzugt oder benachteiligt werden" (Art. 3 III).

Gilt das auch für Sadisten, Exhibitionisten und Verführer Minderjähriger?

Was die Kirchen betrifft, so bleibt zwar die Religionsfreiheit geschützt (Art. 4 I u. II), doch entfällt weitgehend der staatskirchenrechtliche Kompromiß der Weimarer Reichsverfassung, der über Artikel 140 Eingang ins Grundgesetz gefunden hat. Erhalten bleibt zwar die Stellung der Kirchen als öffentlich-rechtliche Körperschaften (Art. 9 c V), nicht jedoch die Verfassungsvorschrift, die daran das Recht auf Kirchensteuererhebung geknüpft hat. Vielmehr heißt es lapidar:

„Kirche und Staat sind getrennt" (Art. 9 II).

Es wird eine schwierige Auslegungsfrage sein, wie weit unter dieser Voraussetzung die Fortgeltung der Konkordate verfassungsmäßig wäre. Kann es z. B. noch Theologische Fakultäten an Staatlichen Hochschulen geben? Jedenfalls zieht der Verfassungsentwurf aus der Trennung von Staat und Kirche Konsequenzen. Der Sonderstatus etwa von Priestern entfällt:

> „Für Arbeitnehmerinnen und Arbeitnehmer in Kirchen- und Religionsgesellschaften gilt das allgemeine Arbeits- und Sozialrecht" (Art. 9 c I).

Diese Vorschrift richtet sich zugleich gegen das Recht der Kirchen, Dienstverträge an Bedingungen wie Glaubensüberzeugung und Lebensführung zu binden und gegebenenfalls zu kündigen.

Ebenfalls entfällt der Verfassungsanspruch auf Gottesdienst und Seelsorge im Heer, in Krankenhäusern, Strafanstalten und sonstigen öffentlichen Anstalten (Art. 140 GG, 141 WRV). Noch bedeutsamer ist, daß die Vorschriften des Grundgesetzes, die den Religionsunterricht an öffentlichen Schulen vorsehen (Art. 7 II, III), gestrichen werden.

Der Verfassungsschutz entfällt. Gestrichen sind im Katalog der Gesetzgebungszuständigkeit des Bundes der bisherige Artikel 73 Ziff. 10 b GG, der den Verfassungsschutz regelt, in Artikel 87 I die Verwaltungskompetenz für den Verfassungsschutz.

Auch entfällt der bisherige Art. 87 a IV GG, der die Heranziehbarkeit der Streitkräfte

> „bei der Bekämpfung organisierter und bewaffneter Aufständischer"

vorsieht.

Das Widerstandsrecht des Art. 20 IV richtet sich nicht mehr „gegen jeden", der es unternimmt, die Verfassungsordnung zu beseitigen, sondern nur noch

> „gegen eine verfassungswidrig ausgeübte öffentliche Gewalt",

die dies unternimmt, also nicht gegen revolutionären Aufstand, sondern nur nur gegen Putsch „von oben".

Vereinigungen konnten bisher verboten werden, wenn sie sich

> „gegen die verfassungsmäßige Ordnung richten" (Art. 9 II GG);

diese Vorschrift entfällt. Ferner entfallen Verwirkung (Art. 18 GG) und der Satz:

> „die Freiheit der Lehre entbindet nicht von der Treue zur Verfassung" (Art. 5 III GG).

Die pazifistische Wehrlosmachung zeigt sich auch im Äußern. Der Bund kann künftig nur noch solchen Systemen kollektiver Sicherheit und Zusammenarbeit angehören, deren Mitgliedstaaten

> „voreinander Schutz suchen" (Art. 24 III),

also keinem Verteidigungsbündnis mehr wie der Nato. Er ist

> „zur Abrüstung verpflichtet" (Art. 26). „Für jeden militärischen Einsatz deutscher Streit-
> kräfte ist nach Art. 115 a I zu verfahren" (Art. 87 a III),

d. h. nur auf Grund eines Bundestagsbeschlusses mit zwei Drittel Mehrheit, mindestens der Mehrheit der Mitglieder des Bundestages.

Dies ist nur eine kleine Auswahl aus den Regelungen des Entwurfs. Über manche weitere Einzelheiten wird man, auch im Rahmen von Grundgesetzänderungen, ernstlich diskutieren können. Hier kam es darauf an, einen Eindruck von dem „Geist" des Verfassungsentwurfs, von seiner Orientierung im großen und ganzen zu vermitteln. Denn so oder so ähnlich kann die künftige deutsche Verfassung aussehen, die in einigen Jahren eine rot-grüne Mehrheit zur Volksabstimmung stellen wird, wie es Art. 146 des Grundgesetzes vorsieht.

Man erkennt daran, wie weise es ist, daß Grundgesetzänderungen der Zweidrittelmehrheiten bedürfen: Nur so bleibt das Grundgesetz die Konsensgrundlage für alle politischen Richtungen und bildet den Rahmen für die demokratische Auseinandersetzung. Man erkennt daran aber auch, wie bedenklich es ist, daß das Gleiche nicht auch für die Ablösung des Grundgesetzes durch eine neue Verfassung gemäß Artikel 146 gilt. Wenn die Streichung dieses Artikels weiterhin nicht zu erreichen ist, bedarf er einer Ergänzung, etwa so:

> „Über den Entwurf einer neuen Verfassung und über eine Volksabstimmung kann nur in
> dem Verfahren und mit den Mehrheiten beschlossen werden, die das Grundgesetz für
> Grundgesetzänderungen vorsieht."

Ist auch diese Ergänzung nicht durchsetzbar, so empfiehlt es sich, den Artikel 146 gewissermaßen zu „verbrauchen", indem das Grundgesetz nach vollzogenen Änderungen ohne den Artikel 146 zur Volksabstimmung gestellt wird.

Teil III: Wandlungen des Rechtsbewußtseins

„Wahrheit" in Funk und Fernsehen

I. Die neue Medienphilosophie des „Konstruktivismus"

„Wahrheit und Objektivität" seien „Fiktionen, die für die journalistische Tätigkeit keine Relevanz" hätten. Es komme nur darauf an, daß der Journalist „seine Subjektivität ehrlich ausweise".[1] Dieser sich gegenwärtig mehr und mehr ausbreitende Standpunkt stützt sich auf den sogenannten „Konstruktivismus", der derzeit zur modischen Grundlagenphilosophie avanciert ist, vor allem für die Bereiche Gesellschaft und Öffentlichkeit. Wie in seinem Geiste der journalistische Nachwuchs ausgebildet wird, zeigt das Beispiel des von maßgeblichen Medienwissenschaftlern gestalteten Funkkollegs der ARD „Medien und Kommunikation, Konstruktionen von Wirklichkeit (1990 – 91)". Den roten Faden bilden folgende Hauptgedanken:

1. Es gebe keine Möglichkeit, wahre von falschen Informationen zu unterscheiden. Die „Grundannahme einer mittelbaren oder unmittelbaren Abhängigkeit der Erlebniswirklichkeit von der Realität" werde als „selbstverständliches Glaubenssystem vorausgesetzt", sei aber zu überwinden.[2] „Wir konstruieren die Außenwelt. Es gibt keine Wirklichkeit unabhängig von unserem Zutun".[3] „Der Mensch kann nur das erkennen, was er selbst gemacht hat".[4] Zwar „sitzen Journalisten, die an Wahrheit und Wirklichkeit als berufliche Maßstäbe glauben, oft in den oberen Etagen der Medieninstitutionen, besitzen also Macht und Einfluß". Auch in der Öffentlichkeit werde oft über Manipulation und Tendenzjournalismus geklagt. Doch der „konstruktivistische Ansatz" entlarve die dafür vorgebrachten Wahrheitsbeweise als „unsinnig".[5]

2. Ebenso wie der Begriff der Wahrheit sei der der Objektivität aufzugeben: „Die Vorstellung einer objektiven Wirklichkeit ist eine zunächst befriedigende Täuschung – und deswegen sehr verbreitet. Die durch Kommunikation konstruierten Wirklichkeiten sind ... nicht objektiv, sondern subjektiv, durch die Art ihrer Auswahl (Selektivität), bestimmt."[6]

---

[1] Vgl. Medienkritik vom 13. 5. 1991, S. 13.

[2] Studienbrief II, S. 20.

[3] II, S. 47.

[4] II, S. 49.

[5] Einführungsbrief, S. 39.

3. „Im Zeitalter der ‚Mediengesellschaft' werden die Konstruktionen von Wirklichkeit immer stärker von Medien beeinflußt"[7], und zwar so sehr, daß „unsere Lebenswelt zu großen Teilen eine durch Medien repräsentierte, ja konstruierte Welt ist".[8]

Das alles sei nun einmal so, und zwar unausweichlich, so wird am Leitfaden neurobiologischer, psychologischer, soziologischer und philosophischer Literatur erläutert. Die Schlußfolgerung legt sich nahe, es mache also keinen Sinn, sich wegen Manipulationen ein schlechtes Gewissen zu machen oder gar, etwas richtigstellen oder grundsätzlich verbessern zu wollen. Vor allem seien ethische Forderungen nach Wahrheit und Objektivität abzuweisen, erst recht auf sie gestützte rechtliche Ansprüche und rechtspolitische Forderungen.

Denn Versionen der Wirklichkeit ließen sich nicht korrigieren, sondern allenfalls durch andere ersetzen, die ebensowenig Anspruch auf Wahrheit und Objektivität erheben könnten. So gebe es keinen Anlaß, auf Korrekturwünsche einzugehen oder gar, andere selbst und unmittelbar zu Wort kommen zu lassen. Im Gegenteil müßten noch die letzten Reste von Weisungs- und Rügerechten abgebaut werden, und der Bürger müßte jede Beschwerdemöglichkeit verlieren. Die Rundfunkfreiheit müsse vielmehr den Redakteuren und anderen Mitarbeitern unmittelbar zustehen, zumindest durch „innere Mitbestimmung". Intendant und Rundfunkrat seien in ihrer Kontrollfunktion darauf beschränkt, diese Freiheit gegen von außen kommende Korrekturansprüche zu verteidigen. Das alles entspricht der Rundfunkideologie der IG-Medien.[9] Der 1. Senat des Bundesverfassungsgerichts ist dem insofern entgegengekommen, als er in der „Redakteursbeteiligung an der Programmverantwortung" eine „interne Mitsprache bei der Wahrnehmung der von Art. 5 I 2 GG geschützten Funktion" (der Pressefreiheit) sah.[10] Soweit dieses Mitspracherecht reicht, sind die Kontrollbefugnisse und damit die Rechte der Bürger entsprechend eingeschränkt.

Wenn zudem unsere öffentlich-rechtlichen Rundfunkanstalten ihren Nachwuchs in diesem Geiste bilden, hat die demokratische Öffentlichkeit Grund, aufmerksam zu werden. Die Verfasser des Funkkollegs wehren sich zwar gegen den Vorwurf, für Beliebigkeit und Willkür zu plädieren[11], aber mit sehr merkwürdigen Argumenten:

Erstens werde auch der radikale Konstruktivismus ein wenig eingeschränkt: Er unterstelle noch immer, daß die Realität „für die Wirklichkeitskonstruktion die Funktion einer unspezifischen Randbedingung" habe. Seine Anhänger versuch-

---

6 Einführungsbrief, S. 11.

7 Einführungsbrief, S. 17.

8 Einführungsbrief, S. 7.

9 Hierzu: *Wilke/Otto*, Der Kampf um die Köpfe, Mediengewerkschaft im DGB, 1986; *Gärtner/Klemm*, Der Griff nach der Öffentlichkeit, Grundsätze und Ziele der neuen IG-Medien im DGB, 1989.

10 Urteil vom 5. Februar 1991, BVerfG 83, 238, 321.

11 II, S. 48 f.

ten deshalb „für gewöhnlich nicht, über das Wasser oder durch die Wände zu gehen"[12]. Zweitens wird der Unterschied zwischen unvermeidlicher Versionenbil-
dung und bewußter Täuschung zugestanden, vergleichbar dem Unterschied zwischen „psychosomatischen Krankheitserscheinungen und Simulantentum"[13].

Drittens bedeute die Preisgabe der „eindimensionalen Wertigkeit wahr-unwahr"
nicht die Preisgabe aller ethischen Anforderungen. An ihre Stelle träten vielmehr
die „Aufdeckung individueller oder gesellschaftlicher Maßstäbe und die offene
Auseinandersetzung mit ihnen" sowie die „autonome Übernahme der Verantwortung" für sie. So „entsteht eine Form der Wertschätzung der Wirklichkeit des anderen": „der Weltbildimperialismus einer naiv verstandenen ‚Entwicklungs'-hilfe
verliert ebenso seine Berechtigung wie die abqualifizierende Unterscheidung zwischen einer ‚normalen' und einer ‚verrückten' Erlebniswirklichkeit. Von einer ‚primitiven Kultur' zu sprechen, erscheint problematisch, und für die Psychotherapie
wird ein trivialisierter Krankheitsbegriff unhaltbar."[14] Warum also nicht die Pro-
grammgestaltung in Funk und Fernsehen einseitig engagierten Journalisten einschließlich Querulanten, Psychopathen, Anarchisten, Extremisten und Religions-
hetzern anvertrauen? Jedenfalls sei alles besser, als am Anspruch auf Orientierung
an der Wahrheit festzuhalten. Denn „mit keiner Bewertung ist in der Geschichte
der Menschheit mehr Elend verantwortet worden als mit der Wahrheit"[15].

II. Wahrheit im Gerichtsverfahren

Man muß hoffen, daß den Medien-Wissenschaftlern nicht das Mißgeschick wi-
derfährt, durch irreführende Indizien in den Verdacht eines Mordes zu geraten und
angeklagt zu werden. Sollte das aber geschehen, darf man sicher sein, daß sie sich
auf das klassische Wahrheitskriterium besinnen werden: Die Aussage, A hat den B
ermordet, ist wahr genau dann, wenn A den B ermordet hat, und unwahr, wenn das
nicht der Fall ist.

Nehmen wir weiter an, das deutsche Strafprozeßrecht sei inzwischen der konstruktivistischen Medienpraxis angepaßt worden und habe den Grundsatz „man
muß auch die andere Seite hören" entsprechend abgeschwächt. Die Angeklagten
und ihre Verteidiger kämen also nicht unmittelbar zu Wort, sondern würden lediglich vom Staatsanwalt verhört, und dieser teile dem Gericht daraus selektiv ein
oder zwei unglückliche Wendungen mit, nicht aber gerade das, was den Angeklagten als das Wichtigste erschien. Dann würden den Angeklagten plötzlich auch die
Verfahrensbedingungen der Wahrheit einleuchten. Es würde ihnen nicht mehr genügen, daß Staatsanwalt und Richter „ihre Subjektivität ehrlich ausweisen".

---

12 II, S. 44.
13 Ebd.
14 Ebd.
15 II, S. 44.

Das Problematische am „Konstruktivismus" ist nicht die Annahme, daß wir die
Wirklichkeit in Versionen wahrnehmen. Für den Juristen ist es alltägliche Erfahrung, daß dem Sachvortrag des Klägers meist eine völlig andere Version des Beklagten gegenübersteht, und zwar auch dann, wenn die Parteien nicht lügen. Sie
sehen tatsächlich dieselben Vorgänge ganz verschieden. Das ist aber kein Anlaß
zur Resignation vor dem Unvermeidlichen, sondern zur Aufklärung durch Beweiserhebung.

Problematisch ist vielmehr die Schlußfolgerung, das Bemühen um Wahrheitssu-
che sei deshalb sinnlos und überholt. Es gibt zwar Theoretiker eines „radikalen
Konstruktivismus", die diese Schlußfolgerung ziehen. Aber es handelt sich offensichtlich um eine verstiegene Theorie, die man in abstrakt-akademischen Diskussionen, nicht aber in der Lebenswelt ernst nehmen kann.

Die Suche nach Wahrheit ist auch unabhängig davon, daß man ihrer nie mit letzter Gewißheit sicher sein kann: es gibt auch bei sorgfältigster Beweiserhebung
Fehlurteile. Deshalb sind z. B. die Bestrafung meineidiger Zeugen, Rechtsmittel
und sogar Wiederaufnahme rechtskräftig abgeschlossener Verfahren vorgesehen.
Und es gibt Beweislastregelungen für den Fall, daß sich die Wahrheit nicht ermitteln läßt, und im Zivilrecht entsprechende Regeln darüber, wer beweisführungs-
pflichtig ist. Die grundsätzliche Annahme, daß es auf Wahrheit ankommt, wird
nicht einmal dadurch in Frage gestellt, daß mitunter auf ihre Suche bewußt verzichtet wird, z. B. wenn sie in Bagatellsachen unverhältnismäßig aufwendig wäre
und man deshalb das Verfahren einstellt.

Gerade weil sich die Parteien Versionen machen, weil sie also „Wirklichkeit
konstruieren", bedarf es der kritischen Prüfung der Versionen im formalisierten
Gerichtsverfahren, auch wenn es nur Grade der Wahrscheinlichkeit gibt. Indem
wir annehmen, daß auch die Erkenntnis des Richters falsch sein könnte, haben wir
die Möglichkeit des Kriteriums wahr / falsch vorausgesetzt. Wir schwimmen nicht
in einem Meer widersprüchlicher und unaufklärbarer Versionen, sondern führen
Prozesse zum Zweck ihrer Überprüfung, um so die höchstmögliche Annäherung
an die Wahrheit zu erreichen.

Deshalb leistet der Zeuge den Eid, nach bestem Wissen die reine Wahrheit gesagt und nichts verschwiegen zu haben. Deshalb verbieten die Standesregeln dem
Anwalt, das Gericht anzulügen und beschränken ihn darauf, die für seine Mandanten günstigen Gesichtspunkte hervorzuheben: auch dies dient der Wahrheitsfindung, weil und soweit nämlich dem Gegenanwalt dasselbe Recht zusteht. Und deshalb schwört der Richter bei Amtsantritt unter anderem, „nur der Wahrheit und Gerechtigkeit zu dienen".

Die konstruktivistische Erkenntnislehre hebt also die Gültigkeit des Wahrheitskriteriums zumindest im Rechtsleben nicht auf. Sie ist aber deshalb nicht konse-
quenzlos, sondern bestätigt im Gegenteil das Erfordernis von Verfahrensregeln der
Wahrheitsermittlung.

III. Wahrheit in den empirischen Wissenschaften

Ebensowenig hebt sie die Gültigkeit des Wahrheitskriteriums in den empirischen Wissenschaften auf, sondern bestätigt das Erfordernis wissenschaftlicher Erkenntnismethoden. Die Annahme, der Wahrheitsbegriff sei wissenschaftstheoretisch überholt, wird zwar durch die klassischen Definitionen des Wahrheitsbegriffes nahegelegt: Übereinstimmung einer Erkenntnis mit ihrem Gegenstand, Entsprechung zwischen Aussage und Wirklichkeit, adaequatio intellectus et rei. Wird der Gegenstand, die Wirklichkeit erst durch unser Bewußtsein konstruiert, so scheinen auf den ersten Blick Gegenstand und Erkenntnis identisch zu sein, so daß die Rede von „Entsprechung" oder „Übereinstimmung" sinnlos erscheint.

Das war indes nicht die Auffassung des Stammvaters des modernen Konstruktivismus, Immanuel Kant. Er lehrte zwar, daß man niemals den Gegenstand, die Wirklichkeit, das „Ding an sich", sondern stets nur dessen Erscheinung erfassen kann. Zwischen den Dingen und uns steht der Intellekt, der die Bedingungen setzt, unter denen die Dinge erscheinen, wie Raum, Zeit, Kausalität. „Was die Gegenstände an sich sein mögen", bleibt uns verschlossen. „Die Welt ist unsere Vorstellung": in diese Formel faßte Schopenhauer den Gedanken später zusammen und schlug die Brücke zu den uralten Lehren, daß der Schleier der Maja die Wirklichkeit verbirgt oder daß wir nur deren Schatten wahrnehmen.

Aber daraus ergibt sich nicht, daß empirische Aussagen nicht wahr oder falsch sein können; sonst gäbe es weder den Begriff der Lüge, noch den des Irrtums, und für empirische Wissenschaft wäre kein Raum. Niemand hat die Pflicht, die Wahrheit zu sagen, rigoristischer vertreten als Kant. Und er hielt unbeirrt an der Begriffsbestimmung der Wahrheit fest: Übereinstimmung einer Erkenntnis mit ihrem Gegenstand[16]. Empirische Aussagen können nämlich von vornherein nicht „das Ding an sich" erfassen; sie brauchen nur dem Gegenstand in seiner Erscheinung zu entsprechen. Denn „alle Objekte sind zugleich in uns, ein Objekt außer uns ist transzendent, d. i. uns gänzlich unbekannt und zum Kriterium der Wahrheit unbrauchbar".[17] Die Frage, ob A „wirklich" der Mörder war, erübrigt sich dadurch ebensowenig wie die historische Frage, ob Echnaton wirklich ermordet wurde oder wie die physikalische Frage nach dem Lauf der Gestirne.

Die zeitgenössischen Konstruktivisten – Psychiater, Psychologen, Biologen, Gehirnphysiologen, Soziologen und andere – modifizieren, ergänzen, erweitern und radikalisieren die von Kant definierten Bedingungen der Wirklichkeitswahrnehmung und damit den Gedanken, daß wir die Dinge nur in ihrer zweifelhaften Erscheinung erfassen und daß wir dabei vielfältigen Täuschungen unterliegen. Doch damit setzen auch sie die Gültigkeit des Wahrheitskriteriums auf doppelte Weise voraus: Schon in der Annahme von „Täuschung" und „Zweifelhaftigkeit der Erscheinung" liegt die Voraussetzung ihrer prinzipiellen Korrigierbarkeit, sei es auch

---

[16] *Kant,* Kritik der Reinen Vernunft, B 82, 83.

[17] Nachlaß, 5642.

nur durch Widerlegung falscher Annahmen. Zum andern betrachten sich die Konstruktivisten als empirische Wissenschaftler: sie wollen ihre Fachkollegen davon überzeugen, daß sich ältere Wahrnehmungslehren als „irrig" erweisen, und sich zumindest auf diese Weise der Wahrheit annähern. Ohne die Selbstverständlichkeit dieser Voraussetzung wären sie nicht Wissenschaftler, sondern vielleicht dadaistische Künstler oder leninistische Politiker geworden.

Und in der Tat: je radikaler ein Konstruktivist, desto mehr ist er geneigt, in seinen Schriften hauptsächlich als Witzbold aufzutreten; Watzlawick ist das gelungenste Beispiel. Auch hier bleibt festzuhalten, daß seine Witze nur deshalb so köstlich sind, weil sie die Erlebniswirklichkeit geistreich verfremden. Sie leben davon, daß hinter der Ironie die Wirklichkeit als erkennbar wahrgenommen und vorausgesetzt wird.

Watzlawick wendet sich in seinem Buch „Wie wirklich ist die Wirklichkeit?" gegen die Annahme, die Wirklichkeit sei „doch offensichtlich das, was wirklich der Fall ist, und Kommunikation nur die Art und Weise, sie zu beschreiben und mitzuteilen. Es soll gezeigt werden, daß dies nicht so ist; daß das wacklige Gerüst unserer Alltagsauffassungen der Wirklichkeit wahnhaft ist."[18] Alsdann führt er aus, daß unsere Wirklichkeitskonstruktionen ständig in Gefahr stehen, „Tatsachen verdrehen zu müssen" – was ja nur denkbar ist, wenn man voraussetzt, daß Tatsachen das sind, was wirklich der Fall ist. Er übernimmt die Verantwortung für alle „Irrtümer und Fehler" seines Buches, macht Ausführungen über „Verzerrungen" und „Desinformationen" und spricht ständig von „Wahn" und „Täuschung" – Begriffe, die alle nur durch Abweichung von einer vorausgesetzten Wirklichkeit Sinn und Bedeutung haben. Der logische Fehler steckt in der Paradoxie des Ansatzes: man kann auf keine Weise von der Wahrheit der Theorie überzeugen, daß Wahrheit eine wahnhafte Idee sei.

Die Konzeptionen des Konstruktivismus sind in den Varianten, die wissenschaftlich ernst zu nehmen sind, für den Wahrheitsbegriff als solchen völlig irrelevant. Nur in mißverstehenden und selbstwidersprüchlichen Varianten eignen sie sich als scheinphilosophische Begründung für die Kampfideologie der IG-Medien.

IV. Wahrheit in der politischen Diskussion

Möge auch die Gültigkeit des Wahrheitsbegriffs für den juristischen Prozeß und für die empirischen Wissenschaften unaufgebbar sein – so könnte man einwenden –: im Bereich des Allgemeinpolitischen, Gesellschaftlichen, Öffentlichen gebe es jeweils nur eine Pluralität von ideologischen Orientierungen in einem breiten Spektrum von „links" bis „rechts". Irgendwo darin stecke auch der Journalist und beziehe – zumindest auch – von daher die Maßstäbe für die Relevanz von Nach-

---

[18] *Paul Watzlawick*, Wie wirklich ist die Wirklichkeit? Wahn, Täuschung, Verstehen, 19. Aufl. 1991, Serie Piper Nr. 174, S. 7.

richten, für ihre Selektion, Hervorhebung und Weglassung. Hier handele es sich um letztlich subjektive oder gruppen- und parteibezogene Wertungen. In bezug auf diese könne man unmöglich von wahr oder falsch reden. Selbst aber wenn man es könnte, dürfe man es aus Gründen der Meinungsfreiheit nicht tun. Deshalb sei der Rundfunk- und Fernsehjournalist gegen Bürgerbeschwerden und jede Art von Weisungs- und Kontrollbefugnissen seiner Vorgesetzten institutionell abzusichern.

Es ist zunächst eine große Frage, wie weit politische Ideologien nur durch Interessen oder subjektive Wertungen bestimmt werden, die der Wahrheitsfrage prinzipiell unzugänglich sind, und wie weit durch Tatsachenannahmen, die nur wegen der Unsicherheit langfristiger und höchst komplexer Folgenkalküls auf den ersten Blick unüberprüfbar erscheinen, sich im dialektischen Erfahrungsprozeß aber korrigieren. Stünden sich nur Interessen oder Werte gegenüber, könnte es keine sachliche Diskussion über moralische und rechtspolitische Fragen geben. Es gibt sie aber. Im parlamentarischen Gesetzgebungsverfahren führen sie meist sogar zu Einstimmigkeit. Wenn man die rechtspolitischen Diskussionen aus der Vogelperspektive in größeren Zusammenhängen überschaut, lassen sich eindeutige Erkenntnisfortschritte feststellen. Dies zu beschreiben und zu erklären, würde über den Rahmen des Themas hinausführen.[19]

Setzen wir aber einmal den konstruktivistischen Ansatz – es gebe nur Versionen, aber keine Erkenntnisse der Wirklichkeit – als zugestanden voraus. Dann ergeben sich keineswegs die erwünschten, sondern ganz andere rechtspolitische Schlußfolgerungen.

Die Konsequenz kann eben gerade nicht sein, daß der Funk- und Fernsehjournalist mit seinen Voreingenommenheiten, politischen Zielen und vielleicht auch Beschränktheiten einfach, immer und überall zum „Herrn der Version", die dem Volk vermittelt wird, werden darf. Vielmehr ist, wie im Gerichtsverfahren, die andere Seite zu hören und der einen Version die Gegenversion gegenüberzustellen. Nur dann kann sich der Bürger selbst ein Bild machen und eigenständig urteilen. Andernfalls wird er unbewußt zur geistigen Marionette, deren Schnüre der Manipulator bewegt.

Das ist jedenfalls dann nicht hinnehmbar, wenn es um Sachverhalte von unmittelbarer rechtlicher und politischer Erheblichkeit geht. Dies ist erstens der Fall, wenn die Ehre, das Ansehen, der gute Ruf von Personen oder Institutionen auf dem Spiel steht, und zweitens, wenn die einseitige Version geeignet ist, Wahlentscheidungen zu beeinflussen.

---

[19] Dazu der *Verf.* in: Einführung in die Staatslehre, 5. Auflage 1994, §§ 62–67. (In früheren Auflagen: §§ 44–49.)

V. Der doppelte Grund der Pressefreiheit

Um das einsichtig zu machen, muß man sich auf den doppelten Grund für die verfassungsrechtliche Garantie der Pressefreiheit besinnen: Die Pressefreiheit ist zwar auch, aber nicht nur ein subjektives Recht des Journalisten, das ihm in seinem Freiheitsinteresse gewährt wird. Sie ist zugleich eine Institutionsgarantie von grundlegender Bedeutung für die Demokratie und im Interesse aller Bürger gewährleistet. Das entspricht der ständigen Rechtsprechung nicht nur des Bundesverfassungsgerichts, sondern auch schon des amerikanischen Supreme Court.

Ginge es nur um das Freiheitsrecht des Journalisten, dann wären alle rechtlichen Bedingungen und Kontrollen so weit wie möglich zurückzudrängen. Geht es aber auch um Grundprinzipien der Demokratie, so können Korrektive notwendig sein, die die subjektive Freiheit von Mißbrauch und Perversion und damit die Demokratie vor Aushöhlung bewahren. Die Doppelfunktion der Pressefreiheit erzeugt ein Spannungsverhältnis, das im Einzelfall durch Akzentuierung des einen oder anderen Gesichtspunktes zu lösen ist. Die Tendenz der Journalisten geht naturgemäß dahin, den ersten Gesichtspunkt zu betonen und den zweiten zu vernachlässigen. Leider zeigt der zuständige Erste Senat des Bundesverfassungsgerichts Tendenzen zur Nachgiebigkeit[20] – mit unabsehbar gefährlichen Folgen für das gesamte Verfassungsgefüge. Deshalb ist noch einmal grundsätzlich in Erinnerung zu rufen, wieso und inwiefern die Pressefreiheit grundlegende Bedeutung für die Demokratie hat.

In der Demokratie müssen sich Regierung und Gesetzgeber in Einklang mit den Meinungen des Volkes halten. Sie können zwar durch ihre Überzeugungskraft die Meinungen mitprägen, mißlingt das aber, so fallen sie der Mißbilligung und damit der Wahlniederlage anheim. Im großen und ganzen geschieht letztlich das, was das Volk in seiner Mehrheit meint und will.

Was es aber meint und will, hängt von den Informationen ab, die ihm vermittelt oder vorenthalten werden. Einmal hypothetisch angenommen, Informationen würden manipuliert, so geschähe zwar immer noch, was das Volk meinte und wollte, es aber bewegte sich dann wie Marionetten an den Fäden der Manipulateure. Diese wären die Mächtigsten im Lande: indem sie die Meinungen des Volkes lenkten, steuerten sie zugleich die Richtung von Parlament und Regierung.

Die aufklärerischen Väter der Philosophie des demokratischen Verfassungsstaats waren sich dieser Gefahr bewußt, wußten aber auch ein Abwehrmittel: die Pressefreiheit. Sie vertrauten auf den Selbstregulierungsmechanismus des Marktes, der gewährleistet, daß die Meinungen in ihrer pluralistischen Vielfalt öffentlich repräsentiert sein würden. Jede politisch relevante Meinung bedeute auf dem Zeitungsmarkt eine Nachfrage, die alsbald durch ein entsprechendes Angebot bedient wer-

---

[20] s. o. Fn. 9., s. ferner den Beitrag: Ehrenschutz und Meinungsfreiheit, u. S. 313.

de. Der Leser könne wählen, was er lesen wolle, er könne sich auch über das gesamte Meinungsspektrum durch vielseitige Lektüre umfassend orientieren.[21]

Der Markt funktionierte zwar von Anfang an nicht ganz so glatt wie im Modell: regionale Meinungsmonopole und Pressekonzerne vermochten die Meinungen zu beeinflussen. Aber aufs Große und Ganze gesehen bewährte er sich doch mehr recht als schlecht. Er begleitete die Geschichte der Demokratien im 19. und 20. Jahrhundert mit all ihren neuen Problemen, Bewegungen, Parteien und wechselnden Mehrheiten. Ein besseres Modell hat sich nicht gefunden. Staatliche Eingriffe zur Herstellung einer gerechteren Meinungsrepräsentation hätten mehr Probleme geschaffen als gelöst. So stellt sich auch der Pressemarkt der Bundesrepublik im großen und ganzen als ein Spiegel des Meinungsspektrums dar.

Ursprünglich war die Pressefreiheit also ein demokratisches Bürgerrecht. Auch wenn sie unmittelbar nur Autoren und Verlegern zukam, so garantierte sie im Markt der Medien doch zugleich, daß auch die Meinungen des nichtschreibenden Bürgers in der Öffentlichkeit zur Geltung kommen können.

VI. Pressefreiheit in Funk und Fernsehen

Der Mechanismus des Marktes kann aber von der Natur der Sache her bei Funk und Fernsehen nicht funktionieren. Hier verwandelt sich die Pressefreiheit unter der Hand in das Recht eines verhältnismäßig kleinen Berufsstandes, Nachrichten nach eigenem Dafürhalten und ohne Rücksicht auf die pluralistischen Erwartungen der Bürger zu sortieren und Meinungen zu bevorzugen oder zu benachteiligen. Das Freiheitsrecht des Bürgers gegen Zensur und Eingriffe des Staates gleitet hinüber in das Privileg der Funkjournalisten, gegen die demokratischen und pluralistischen Interessen der Bürger abgeschirmt zu sein und „frei", d. h. fast unbegrenzt und ungehindert nach willkürlichem Belieben manipulieren zu können. Aus dem bürgerlichen Dienstleistungsgewerbe Presse wird eine vierte Gewalt. Ihre Einflußmacht kann, wenn sie sich nicht an den Grundsätzen eines journalistischen Ethos orientiert, so groß werden, daß die Volkssouveränität ernstlich in Frage steht. Es gilt dann immer noch: alle Staatsgewalt geht vom Volke aus. Was das Volk aber meint und will, darauf hat ein von demokratischer Abhängigkeit und Legitimität abgekoppelter Berufsstand maßgeblichen Einfluß.

Deshalb hat das Bundesverfassungsgericht aus der Pressefreiheit besondere Verfassungsgrundsätze für Funk und Fernsehen abgeleitet: Ihre Organe müssen „so organisiert werden, daß alle in Betracht kommenden Kräfte in ihren Organen Einfluß haben und im Gesamtprogramm zu Wort kommen können, und daß für den Inhalt des Gesamtprogramms Leitgrundsätze verbindlich sind, die ein Mindestmaß an in-

---

[21] Vgl. *Habermas,* Strukturwandel der Öffentlichkeit, Neuauflage Frankfurt 1990, S. 161 ff.

haltlicher Ausgewogenheit, Sachlichkeit und gegenseitiger Achtung gewährleisten".[22] Mit „zu Worte kommen lassen" war gemeint: selbst und unmittelbar – und
nicht nur mit möglicherweise tendenziellen und entstellenden Berichten über das,
was sie zu sagen haben. Das Bundesverfassungsgericht sieht zwar „materielle, organisatorische und prozedurale Regelungen" als „notwendig" an, verzichtet aber
darauf, normative Vorgaben zu formulieren und überläßt alles dem Gesetzgeber.[23]
Das läuft darauf hinaus, die Regelung oder Nichtregelung und den Inhalt der Regelungen ganz weitgehend den parteipolitischen Interessen der jeweiligen Landtags-
mehrheit auszuliefern.

Die Rechtsprechung hat bisher keine Gelegenheit gehabt, den Verfassungsgrundsatz zu interpretieren und mit Inhalt zu füllen. Der Grundsatz enthält aber
eine Reihe auslegungsbedürftiger unbestimmter Rechtsbegriffe. Was sind z. B.
„alle in Betracht kommenden Kräfte?" Sind die Landesgesetzgeber auch darin frei,
diese je nach ihren Vorstellungen zu bestimmen? Wenn dazu die Parteien gehören,
sind sie entsprechend ihrer Wählerschaft zu gewichten? Welche gesellschaftliche
Gruppe darf oder muß man einbeziehen, welche darf man außer Betracht lassen?
Ist darauf Rücksicht zu nehmen, ob die Gruppe einer Partei nahesteht und ihr Gewicht verstärkt? In welchen Organen müssen die in Betracht kommenden Kräfte
Einfluß haben – nur in den Aufsichtsgremien oder auch in den Redaktionen? Ist
ein Proporz erforderlich, etwa zwischen rechten und linken Parteien, Katholiken
und Protestanten, Gewerkschaften und Arbeitgebern? Muß man den Proporz auch
auf verschiedene Strömungen innerhalb dieser Gruppen erstrecken, z. B. auf kir-
chenkritische und kirchentreue Christen? Muß dieser Proporz auch bei Auslands-
korrespondenten oder bei Experteninterviews beachtet werden? Wenn das Erfordernis der Ausgewogenheit nur für das „Gesamtprogramm" gilt, wieweit darf die
engagierte Einseitigkeit in Einzelsendungen gehen? Muß jedem linksorientierten
Magazin oder Kabarett ein rechtsorientiertes gegenübergestellt werden? Sind auch
Unterhaltungssendungen, Krimis, Spielfilme, Schlagersendungen auf etwaige Tendenzen zu prüfen und in den Proporz einzubeziehen? Und da von den Tugenden
nicht mehr als ein „Mindestmaß" gefordert wird, wieviel Unausgewogenheit, Un-
sachlichkeit und gegenseitige Mißachtung sind zulässig?

Prozesse, die zur näheren Definition Anlaß geben, entstünden nur in Verfahren,
in denen der Grundsatz anzuwenden wäre. Zu einem Verfahren käme es nur dann,
wenn Aufsichtsmaßnahmen der Intendanten oder Rundfunkräte von den betroffenen Journalisten mit der Anfechtungsklage vor den Verwaltungsgerichten oder mit
der Verfassungsbeschwerde angegriffen würden. Gibt es keine Aufsichtsmaßnahmen, so hat niemand Anlaß zur Klage. Das Fehlen von Klagen deutet also darauf
hin, daß die zuständigen Instanzen keine Entscheidungen im Dienste der Verfassung und der Bürger getroffen haben, durch die sich Journalisten in ihrer subjekti-

---

[22]　BVerfGE 12, 262 f.; 31, 326.
[23]　BVerfG 83, 296.

ven Freiheit eingegrenzt fühlten. Die realen Machtverhältnisse sind offenbar so, daß die Aufsichtsorgane in Funk und Fernsehen nicht riskieren können, ihre Pflicht zu erfüllen, oder daß sie personell so besetzt sind, daß sie das auch gar nicht wollen. Wir haben es mit einem eklatanten Fall des Vollzugsdefizits und insofern mit einer Enklave im Rechtsstaat zu tun.

Aber auch als Appell an das Berufsethos des Journalisten entfalten die Grundsätze nur wenig Wirksamkeit. Die Sendeanstalten sind von der Kommunikation mit dem Hörer und Zuschauer weitgehend abgekoppelt und entwickeln die Tendenz, sich zu verselbständigen und vorzugsweise die Meinungen und Wertungen zur Geltung zu bringen, die im Journalistenmilieu selbst vorherrschen. Während in der Druckpresse das Bewußtsein, im Dienste des Lesers zu stehen, darin anschaulich wird, daß dieser die Dienstleistung bezahlt und man auf seine Kaufbereitschaft angewiesen ist, kommt in den Rundfunkgebühren der Zusammenhang von Leistung und Gegenleistung nur sehr abgeschwächt zum Ausdruck. Wer ein Empfangsgerät angeschlossen hat, ist zahlungspflichtig. Auf ein solches aber kann man aus vielerlei Gründen nicht verzichten; die Anstalten brauchen deshalb auf die Zahlenden keine Rücksicht zu nehmen. Nicht einmal das Korrektiv durch Hörerzuschriften gibt es, solche werden nicht gesendet.

Die personelle Besetzung der Redaktion erfolgt nicht, wie in der Presse, im rücksichtsvollen Blick auf Wünsche der Abonnenten, sondern ausschließlich nach internen Gesichtspunkten. Es gibt weder ein demokratisch legitimiertes Wahlverfahren, noch die Möglichkeit der Abwahl durch Hörer und Zuschauer. Ihnen bleibt das Bestellungsverfahren undurchsichtig. Sie erfahren nachträglich, daß dieser und jener auf diesen und jenen Posten berufen worden ist. Sie erraten wohl, daß dabei nicht nur Gesichtspunkte fachlicher Qualifikation ausschlaggebend sind, daß vielmehr mit der personellen Entscheidung auch politische Weichen gestellt werden.

Der Bürger hat zwar das Recht, sich zu beschweren, wenn die Grundsätze von Pluralismus, Sachlichkeit und Ausgewogenheit im Einzelfall nicht eingehalten wurden. Wer davon Gebrauch machte, geriete aber in eine ausweglose Situation wie in Kafkas „Prozeß". Seine Beschwerde würde mit Entrüstung zurückgewiesen, Chefredakteur und Programmdirektor würden dem beipflichten, bestenfalls würden Intendant und Rundfunkrat die Beschwerde „zur Kenntnis" nehmen und untätig bleiben. Denn sie nehmen im allgemeinen ihre Kontrollaufgaben, wenn überhaupt, nur sehr zurückhaltend wahr; andernfalls würden sie riskieren, in den Medien einer Kampagne wegen angeblicher „Zensur" ausgesetzt zu sein. Es gibt sogar Beispiele dafür, daß ein Rundfunkrat, statt die demokratischen Interesse der Bürger zu vertreten, zu ihrer Mißachtung geradezu anstachelt. Im Laufe der Monate verlöre die Beschwerde ihre Relevanz. Gelängen aber Beweis und öffentliches Aufsehen, so gälte der Fall als völlig atypisch.

Das Grundrecht aus Art. 5 Abs. I GG steht dem Bürger nur in Gestalt des Rechts zu, sich aus allgemein zugänglichen Quellen ungehindert zu unterrichten, und dieses Recht wird nach der Rechtsprechung des Bundesverfassungsgerichts durch Manipulationen in Funk und Fernsehen nicht berührt.[24] Auch die verschiedenen Medien kritisieren sich i. d. R. untereinander, wenn überhaupt, nur behutsam und vermeiden damit Gegenkritik.

Überdies scheint Kritik an Medien auch etwas anderes zu sein als Kritik an allen anderen Teilnehmern des öffentlichen Lebens: sie wäre „Medienschelte", und das gilt als etwas ganz Schlimmes: als respektlose Herausforderung des Inhabers der obersten Kritikgewalt. Einem Politiker, der sich so etwas herausnähme, würde man vorwerfen: anstatt Mißstände zu beseitigen, schelte er die, die sie aufdecken. Er bekäme eine schlechte Presse oder würde mit der Verbannung seines Namens aus der Berichterstattung bestraft. In unserem gewaltenteilenden Staat unterliegen alle Organe einem verflochtenen System der Kritik und Kontrolle, und alle miteinander der Kritik durch die Medien. Nur diese selbst sind davon praktisch ausgenommen.[25]

VII. Zum Ehrenschutz

Das erste Reformziel muß deshalb lauten: Wer Gegenstand rufschädigender Anschuldigungen in Funk und Fernsehen ist, hat Anspruch auf faire Verteidigung. Er muß, so wie der Angeklagte nach dem Staatsanwalt, umfassend zu Wort kommen, Behauptungen widerlegen, Gegenbeweise antreten, und sogar Wertungen in Frage ziehen können. Nur so kann der Richter und nur so können die Bürger, die letztlich urteilen sollen, zu einem der Wahrheit möglichst angenäherten Bild von der Berechtigung der Vorwürfe finden.

Und nur so bleibt der Angegriffene davor geschützt, in menschenunwürdiger Weise wehrlos „an den Pranger gestellt" und damit in seinem persönlichen Lebensumfeld diskreditiert und isoliert zu werden. Hier steht nicht nur Version gegen Version, wie das Funkkolleg lehrt: „Bei einer Beleidigung z. B. kann man selbst entscheiden, ob man beleidigt sein will oder nicht"[26]. Vielmehr geht es um die Frage, ob es den Prinzipien unserer Verfassung entspricht, daß die Macht des einen ausreicht, die Rechte des anderen völlig zu überwältigen.

Früher hat man angenommen, auch der „investigative Journalismus" sei zu Wahrheit und Objektivität verpflichtet – wie der Staatsanwalt, der auch alle für den Angeklagten sprechenden Gesichtspunkte zu würdigen hat. Dieses Ethos ist längst aufgegeben.[27] Wie nach dem Staatsanwalt der Verteidiger zu Wort kommt,

---

[24] Vgl. NJW 1990, 311; dazu *Goerlich / Radek,* NJW 1990, 302 ff. und *Bethge,* JZ 1989, 399.

[25] Vgl. hierzu die Diskussion bei *W. Ockenfels* (Hrsg.), Macht und Moral der Medien, 1989.

[26] II, S. 64.

[27] „Meine Meinung ändert sich nicht" erklärte z. B. ein Mitarbeiter von „Monitor", der im Begriff war, ungeprüft querulatorische Anschuldigungen zu verbreiten, die bereits Gegenstand gerichtlicher Überprüfung gewesen und als eindeutig haltlos erwiesen waren. Er war

so muß in Funk und Fernsehen nach dem Angreifer der Angegriffene zu Wort kommen, und zwar erst recht dann, wenn der Anspruch auf Wahrheit und Objektivität verworfen wird. Kann der Journalist von vornherein nur eine Version der Wirklichkeit konstruieren, so muß dieser eine fundierte Gegenversion gegenübergestellt werden dürfen. Die bisherigen Instrumente der Gegendarstellung und der Klage auf Unterlassung der Wiederholung werden diesen Erfordernissen nicht von ferne gerecht.

Zunächst greifen diese Instrumente nicht gegenüber wahren, aber dennoch irreführenden und rufschädigenden Tatsachenbehauptungen, z. B.: „die Staatsanwaltschaft hat gegen A ein Ermittlungsverfahren wegen Bestechung eingeleitet". Angenommen, sie hat anonyme Hinweise erhalten, die sie mit Recht dazu veranlassen, die aber auf eine falsche Anschuldigung hinauslaufen, die eigens zu dem Zweck erhoben wurde, den A öffentlich zu diskreditieren und deshalb den Medien zugespielt wurde. Dann hat man es mit einer Perfidie zu tun, gegen die der A völlig schutzlos ist.[28]

Aber auch, wenn nicht feindselige Bosheit, sondern ein Irrtum vorliegt, bleibt, auch wenn das Verfahren später eingestellt wird, an dem Betreffenden etwas hängen („vielleicht fehlte es nur an Beweisen", „wer weiß, mit welchen Mitteln die Einstellung herbeigeführt wurde", „die Großen kriegt man nie und will es auch gar nicht"). Es bedarf deshalb erstens einer Vorschrift, wonach über ein Ermittlungsverfahren nur mit ausdrücklicher Genehmigung der Staatsanwaltschaft berichtet werden und diese nur im Fall hinreichender Verdichtung des Tatverdachts erteilt werden darf. Zweitens bedarf es eines Rechtsanspruchs darauf, daß mit gleicher Publizität und Wirksamkeit über die Einstellung des Verfahrens berichtet wird – eine Rechtspflicht aus vorangegangenem Tun. Drittens muß dem Betroffenen, wenn nötig, Gelegenheit zu einer Erwiderung gegeben werden, die ausführlich genug ist, um die Haltlosigkeit des Verdachts plausibel zu machen.

Auch wenn öffentliche Vorwürfe erhoben werden, die sich nicht zu einem Straftatbestand verdichten, aber den Angeschuldigten moralisch oder politisch diskreditieren, bedarf dieser eines besseren Schutzes. Gegen den „investigativen Journalismus" ist nichts Prinzipielles einzuwenden; er ist ein notwendiges Instrument der politischen Kontrolle und gehört zu den legitimen Aufgaben der Presse. Dies rechtfertigt aber nicht, nach Belieben und ohne sachliche Rechtfertigung mißliebige Personen öffentlich „hinzurichten" und sie der Möglichkeit zur Verteidigung zu berauben. Der publizistische Ankläger hat dazu aber die fast unbeschränkte Macht.

---

sehr unwillig über die Vorlage der rechtskräftigen Urteile und zog es vor, sie unbeachtet zu lassen und den Fernsehzuschauern eine falsche Wirklichkeit zu konstruieren: Ein Beispiel für tausende. Die öffentliche Dokumentation der Manipulation (Rheinischer Merkur vom 30. 5. 1980) veranlaßte ihn nicht zu Entschuldigung und Richtigstellung. Auch hatte sie für ihn keine nachteiligen Konsequenzen: er wirkt noch heute als bewährter wirklichkeitskonstruierender Mitarbeiter bei „Monitor".

[28] *Karl Heinz Koch,* Publizistischer Mißbrauch staatsanwaltschaftlicher Ermittlungsverfahren, in: Zeitschrift für Rechtspolitik, 1989, S. 401 ff.

Er kann beliebig ausführlich sein, er kann werten, andeuten, unterstellen, Verdächtigungen in Frageform kleiden, Feinde des Betroffenen zu Wort kommen lassen und sich ähnlicher rhetorischer Mittel bedienen.

Er kann dem „Angeklagten" Gelegenheit zu einer Stellungnahme geben, aus dieser aber nur einen kurzen Ausschnitt senden, der gerade nicht die Gesichtspunkte enthält, auf die es ihm zur Verteidigung besonders angekommen wäre. Er kann vielleicht sogar eine Stelle aussuchen, die, aus dem Zusammenhang gelöst, eher noch als Bestätigung der Anklage wirken muß. Für den Zuschauer erweckt er damit den Anschein unparteilicher Objektivität, und gerade dies kann zu einem besonders perfiden Instrument der Manipulation werden. Der Journalist ist dann nicht nur Ankläger und Richter in einer Person, sondern er täuscht den Bürger, der eigentlich zum Richter berufen wäre, auch über den Inhalt der Verteidigung. Was würde man von einem Gerichtsverfahren sagen, in dem es dem Staatsanwalt überlassen bleibt, den Angeklagten zu vernehmen, und der nach Belieben auswählen darf, was er das Gericht wissen zu lassen wünscht?

Was kann der Betroffene unternehmen? Der Gegendarstellungsanspruch beschränkt ihn auf knappe Tatsachenaussagen. Dem erweckten falschen Eindruck könnte er aber oft nur entgegenwirken, wenn er das Recht hätte, mit der erforderlichen Ausführlichkeit darzulegen, was er selbst für relevant hält, und sich dabei, wie der Ankläger, wertender Aussagen zu bedienen.

Ferner wird der Gegendarstellungsanspruch durch den sogenannten „Redaktionsschwanz" entwertet und mitunter sogar kontraproduktiv gemacht: Wer sich wehrt, steht obendrein noch als Lügner und „Prozeßhansel" da. Seine Glaubwürdigkeit wird schon durch die rechtlich zutreffende Feststellung in Frage gezogen: „Wir sind zur Veröffentlichung unabhängig von ihrem Wahrheitsgehalt verpflichtet".

Bei zivil- und strafrechtlichen Klagen zwingt das BVerfG die Gerichte in der Abwägung zwischen Pressefreiheit und Ehrenschutz meistens zur Hintanstellung des Ehrenschutzes um der Meinungsfreiheit willen. Pauschale Tatsachenbehauptungen (z. B. „fehlendes Umweltbewußtsein", „Profitgier", „rücksichtslose Interessenverfolgung") werden als Werturteile und damit als zulässige Meinungsäußerungen angesehen. Wird dann gemeldet: „A, über den man laut Gerichtsurteil vom ... sagen darf ...", so nimmt das Publikum an, das Gericht habe die Wahrheit einer Tatsachenaussage festgestellt. Es fehlt für solche Fälle die Verpflichtung zu einer juristischen Erläuterung wie etwa: „Das Gericht sah die Aussage nicht als Tatsachenbehauptung, sondern als ein Werturteil an, das im Interesse eines polemischen Meinungskampfes hingenommen werden müsse". Ferner bedürfte es zu einem wirksamen Ehrenschutz verbesserter Regeln zur Beweislast, zur journalistischen Sorgfaltspflicht, zum Schmerzensgeld und Ähnlichem.[29]

---

[29] Vorschläge des *Verf.* hierzu in „Schweigen und Ertragen, Pressefreiheit und Ehrenschutz", in: Recht, Vernunft, Wirklichkeit, 1990, S. 730 ff. S. ferner den Beitrag: Ehrenschutz und Meinungsfreiheit, u. S. 313 ff.

Die Übermacht von Funk und Fernsehen, die es durch faire Regeln auszuglei-
chen gilt, scheiterten bisher an eben dieser Übermacht. Gesetzgeber, aber auch unabhängige Richter ziehen es vor, den einseitigen Interessen der Journalisten entgegenzukommen, sei es auch auf Kosten des Persönlichkeitsrechts, obwohl dieses in
der Menschenwürde verankert ist und Verfassungsrang hat. So ist der Mensch.
Gleichwohl darf man nicht müde werden, auf die unerträgliche Unfairness und
Brutalität der bestehenden Rechtslage – genauer: Unrechtslage – hinzuweisen und
Abhilfe zu fordern.

VIII. Pluralität und Ausgewogenheit

Es geht aber nicht nur um Ehrenschutz, sondern auch um die institutionelle Sicherung von politischer Pluralität und Ausgewogenheit durch Organisations- und
Verfahrensregeln. Es muß sichergestellt werden, daß die verschiedenen gesellschaftlichen Gruppen und Parteien selbst und unmittelbar darlegen können, was
sie für wichtig halten, wie es das Bundesverfassungsgericht als Verfassungserfor-
dernis formulierte, aber nicht konkretisierte.

Pluralität und Ausgewogenheit folgen aus dem Demokratieprinzip des Grundgesetzes. Denn der demokratische Verfassungsstaat beruht – mutatis mutandis – auf
einer Übertragung des Gedankens des gerichtlichen Prozesses auf den politischen
Prozeß der Gesetzgebung[30]: es treten „Parteien" auf, die aus Anlaß von Unrechtserfahrungen darüber streiten, ob und wie die Gesetze zu verbessern sind.

Der Bürger als Wähler ist in gewisser Weise Richter. Deshalb muß er stets auch
die andere Seite hören können. Die Parteien treten vor ihn und plädieren für politische Gestaltungsgrundsätze. Sie legen ihm ihre Programme und Absichten vor. Sie
präsentieren ihre Persönlichkeiten, sie verweisen auf Leistungen, sie setzen sich
kritisch mit den anderen Parteien auseinander. Der Bürger mißt ihre Plädoyers an
seinen Erfahrungen und Überzeugungen und trifft auf dieser Grundlage seine
Wahlentscheidung. Auf diese Weise halten sich die Entwicklung von Politik und
Gesetzgebung in Einklang mit dem common sense, dem Gerechtigkeitssinn des
Volkes, und beziehen von daher ihre Legitimation. Die Volkssouveränität – alle
Staatsgewalt geht vom Volke aus – hat den Wähler als urteilsfähigen und mündigen
Bürger anerkannt und vorausgesetzt.

Es kommt für das Wahlrecht des erwachsenen Bürgers nicht darauf an, ob diese
Voraussetzung in jedem einzelnen Fall zu recht gemacht wird: niemandem steht es
zu, die Zuteilung des Wahlrechts von der empirischen Überprüfung dieser Voraussetzung abhängig zu machen. Dasselbe muß für das Informationsrecht des Bürgers
gelten. Die Befürchtung, pluralistische, sachliche, ausgewogene Information

---

[30] Eine historische Begründung für diese These gibt der *Verf.* in: Einführung in die Staatslehre, 5. Aufl. 1994, § 60 (frühere Auflagen § 26).

könnte ihn veranlassen, eine andere Partei zu wählen als der Journalistenstand wünscht, rechtfertigt nicht die Vorenthaltung der Informationen.

Der erste und wichtigste Grundsatz eines demokratischen Ethos für Journalisten muß deshalb lauten: die Mündigkeit des Bürgers achten und ihn so sachlich und umfassend zu informieren, daß er zu eigener Urteilsbildung instandgesetzt wird. Die Verfassungsgrundsätze von Pluralismus, Sachlichkeit, Ausgewogenheit und Achtung vor dem anderen sind nicht willkürlich aufgestellt worden, um Journalisten zu gängeln. Sie haben ihren gemeinsamen Grund in dem Grundgedanken der Demokratie, nämlich in der Anerkennung der Volkssouveränität. Medien stehen im Dienste des Bürgers und nicht umgekehrt. Der Bürger ist auf ihre Dienste angewiesen, und es gibt kein Recht, diese Angewiesenheit zu mißbrauchen. Er hat einen Anspruch darauf, während der gesamten Dauer der Legislaturperiode gut unterrichtet zu werden. Der Wahlkampf kann nur kurz vor der Wahl die werbewirksamsten Gesichtspunkte zusammenfassen, aber nicht die ständige und umfassende Information ersetzen.

Damit der Bürger zu einer fundierten Urteilsbildung kommen kann, muß er vor allen Dingen zweierlei wissen. Erstens: Was tun Regierung und Gesetzgeber, und warum tun sie es so und nicht anders? Welche politischen Probleme wollen sie lösen und wie, welche Erwartungen, welche Konzeptionen, z. B. wirtschaftspolitischer Art, stehen dahinter? Wie begründen sie sie? Zweitens, was sagt die Opposition dazu, welche kritischen Einwände erhebt sie, welche Gegenvorschläge macht sie, worin unterscheiden sich ihre Konzepte und wie begründet sie sie?

Um diese Informationen zu gewährleisten, bedürfen wir vor allem ausführlicher Berichte aus Bonn und den Landeshauptstädten, in denen das Wesentliche zusammengefaßt vermittelt wird. Denn der Bürger hat im allgemeinen nicht die Zeit, Parlamentsdebatten anzuhören, offizielle Verlautbarungen zu studieren und selbst zu recherchieren; vielmehr haben Journalisten die Aufgabe, ihm diese Informationen aufzubereiten.

Wenn sie dies nicht in der gebotenen Unparteilichkeit tun können oder wollen, so sollten sie wenigstens die maßgeblichen Politiker ausreichend zu Worte kommen lassen. Jedenfalls muß dem Bürger klar werden können, welche Gesichtspunkte den Politikern selbst besonders relevant und hervorhebenswert erscheinen. Dürften diese nur auf Fragen des Interviewenden knapp und präzise antworten, so entschiede dieser, was als relevant zu gelten habe. Er würde seine politische Konzeption maßgeblich machen und nur das zu sagen erlauben, was ihm in seinen Meinungszusammenhängen positiv oder kritisch hervorhebenswert erscheint.

Was der Bürger in erster Linie wissen muß, ist, in welchen Zusammenhängen die maßgeblichen Politiker die Fakten interpretieren. Die Nachrichtensendung als solche kann ihm dies nicht vermitteln, sie muß sich auf eine kleine Auswahl aus der Vielzahl der Ereignisse bescheiden. Dieser Auswahl liegt zwangsläufig eine Entscheidung darüber zugrunde, was als besonders relevant und hervorhebenswert gilt. Es gibt Ereignisse, bei denen sich dies von selbst aufdrängt und keinen Zweifel zuläßt. Es gibt aber andere, deren Relevanz vom vorgegebenen Interpretations-schema der Welt abhängt, z. B. von ökonomischen Theorien, ideologischen Konzeptionen, politischen Befürchtungen und Hoffnungen, Trendeinschätzungen und Erwartungen, kurz, von Meinungen. Eine Nachrichtenredaktion muß in kurzer Frist Entscheidungen über die Auswahl des Relevanten treffen, und kann gar nicht anders handeln, als diese von ihren vorgegebenen Meinungen abhängig zu machen. Indessen müssen die maßgeblichen Politiker in Regierung und Opposition Gelegenheit finden, dem Bürger mitzuteilen, was ihnen relevant erscheint und wie sie ihre Meinungen begründen. Wiederherstellung der Souveränität des Bürgers bedeutet deshalb in erster Linie, daß er die Meinungen der maßgeblichen Politiker in Regierung und Opposition zwar nur in ihren Grundzügen, aber doch so ausführlich kennenlernen kann, daß er sie zu beurteilen vermag.

Für seine Urteilsbildung braucht der Bürger hingegen nicht zu wissen, was für Meinungen der interviewende Journalist hat, und er will diese auch nicht durch dessen Frageweise suggeriert bekommen. Lediglich für den Journalisten selbst bringt es größeren Lustgewinn, wenn er sich mit seinen Meinungen und Perspektiven in den Vordergrund spielt. Journalisten haben zwar die faktische Macht, auch die Politiker, die sie zu Wort kommen lassen, auszuwählen und ihnen Themen vorzuschreiben, je nach dem, was sie für relevant halten. Ihrer demokratischen Aufgabe aber werden sie nur gerecht, wenn sie diese Macht zurückhaltend ausüben.

IX. Journalistisches Ethos oder Gesetz?

In der juristischen Diskussion um das Ethos des Richters spielt der aus dem amerikanischen Verfassungsrecht übernommene Begriff des „judical self-restraint" eine zentrale Rolle, also der Selbstzügelung und Selbstbescheidung. Der Richter soll nicht die Gelegenheit eines Rechtsurteils dazu gebrauchen, Politik zu machen und mehr zu entscheiden, als vom Fall her unvermeidlich geboten ist. Er würde sonst die Macht, die seine Unabhängigkeit ihm verleiht, mißbrauchen. Entsprechendes gilt auch für den Journalisten. Wie beim Richter ist die faktische Möglichkeit der Einflußmacht größer als die rechtliche Kompetenz. Wie bei ihm fordert deshalb das Ethos, diesen Überschuß an Macht nicht auszunützen, sondern sich zurückzuhalten und in seiner Dienstleistungsfunktion zu bescheiden.

Welche Tatsachen jeweils relevant sind, ergibt sich im juristischen Prozeß aus den vorgegebenen Rechtsnormen. Im politischen Prozeß der Gesetzgebung liegt es insofern komplexer, als über Normen selbst erst ein Urteil herbeigeführt werden muß. Der Maßstab dafür ist nicht so einfach an vorgegebenen übergeordneten Normen, etwa an der Verfassung, festzumachen. Gesetzgebung als Normenfindung ist ja nicht einfach Verfassungsvollzug, sondern Suche nach Problemlösungen, also das Aufdecken von Ungerechtigkeiten und Mißständen und das Erwägen von Wegen zu ihrer Überwindung, die sich an den jeweiligen Sachzusammenhängen orientieren müssen. Welche Tatsachen in der politischen Diskussion jeweils relevant sind, tritt erst mit der Zeit in einer offenen politischen Diskussion zutage, gewissermaßen in einem dialektischen Prozeß des Versuchs der Annäherung an das Vernünftige und Gerechte, der niemals ans Ziel kommen kann. Er nimmt seinen Weg durch immer neue Herausforderungen, auf die er die Antwort sucht – challenge and answer –, er tastet sich experimentierend an die Problemlösung heran – trial and error –, er schafft, indem er Probleme löst, neue Probleme, die wiederum der Lösung bedürfen und so fort. Zum Sinn der Demokratie gehört, daß dieser Prozeß sich nicht durch Meinungsunterdrückung, sondern soweit wie möglich durch freie und offene Diskussion vollzieht.

Letzter Maßstab ist der Gerechtigkeitssinn des Volkes, der common sense, der sich aber nur zur Geltung bringen kann, wenn jemandem, der sich an der politischen Diskussion beteiligen will, das Wort nicht abgeschnitten wird. Denn gerade das, was er zu sagen hat, könnte sich als das Relevante erweisen und überzeugend wirken. Ob es das tut oder nicht, muß der common sense der Bürger beurteilen. Die Entscheidung darüber steht in der Demokratie nicht dem Berufsstand des Journalisten zu, obwohl er die Macht besitzt, diese Entscheidung maßgeblich zu beeinflussen. So wie ein Zeuge durch Weglassen des Relevanten das Gericht irreführen kann, kann der Journalistenstand uns, die Bürger, durch Weglassen des Relevanten manipulieren.

Aus all dem folgt nicht, daß der Journalist verpflichtet wäre, etwas zu sagen, was seiner Überzeugung nicht entspricht, oder etwas für relevant zu halten, was es nach seiner subjektiven Meinung nicht ist. Was das journalistische Ethos aber erfordert, ist, genügend Raum zu geben für die pluralistische, sachliche, ausgewogene Darlegung von Meinungen, deren Kenntnis für die Urteilsbildung des Bürgers unerläßlich ist. Das bedeutet Selbstbescheidung des Journalistenstandes und Anerkennung seiner Dienstfunktion gegenüber dem Volkssouverän. Wir, die Bürger, haben nämlich Anspruch auf umfassende Information. Wir wollen nicht das Objekt volkspädagogischer Beeinflussung durch den Journalistenstand sein, dieser ist vielmehr zu unseren Diensten bestellt. *Wir* sind das Volk. Wird der Bürger durch einseitige Informationen manipuliert, so gewinnt die „vierte Gewalt", die aus einigen hundert maßgeblichen Journalisten besteht, einen durch nichts legitimierten Einfluß auf die „Wirklichkeitskonstruktionen" des Volkes, damit auf seine Wahlentscheidungen, damit mittelbar auf den Gesetzgeber und damit auf Exekutive und Rechtsprechung.

Das ist ja der Grund, weshalb das Bundesverfassungsgericht verlangt hat, die verschiedenen Gruppen und Parteien müßten in Funk und Fernsehen durch ihre Repräsentanten ausgewogen „zu Worte kommen". Die Quintessenz des journalistischen „Konstruktivismus" ist, daß Pluralität und Ausgewogenheit nicht durch ein Berufsethos der Wahrheit und Objektivität, nicht durch Selbstdisziplin und Fairneß herstellbar sind. Auch der Vorschlag der freiwilligen Selbstkontrolle durch eine Journalistenkammer, die wenigstens die Mindeststandards des Presserates auch für Funk und Fernsehen verbindlich machen könnte, fand bisher nur Widerspruch.

Wenn aber das Ethos nicht trägt, bedarf es gesetzlicher Organisations- und Verfahrensregeln für die regelmäßige und ausführliche politische Selbstdarstellung von Regierung, Opposition und Parteien.

Solche und ähnliche Forderungen werden im „Funkkolleg" erstens mit dem Argument abgewehrt, ein politischer Einfluß der Medien sei wissenschaftlich nicht nachgewiesen. Die Anforderungen an den Beweis werden so hochgeschraubt, daß kein Mensch ihnen je genügen kann. Damit geraten die Verfasser in einen doppelten Widerspruch zu sich selbst: Einmal haben sie selbst ausführlich dargelegt, daß „unsere Lebenswelt zu großen Teilen eine durch Medien konstruierte Welt" sei[31]. Dies haben sie mit vielen Beispielen einleuchtend belegt. Zum andern verlangen sie Wahrheitsbeweise, die sie doch sonst für unmöglich halten: Ihre Maßstäbe und Annahmen variieren je nach Interesse und Streitgegenstand.

Daß die Meinungen des Bürgers z. B. über einen Minister davon beeinflußt werden, ob man seine Leistungen oder seine Fehlgriffe hervorhebt oder verschweigt und ob man ihn zu Worte kommen läßt oder nicht – das ist ein Erfahrungssatz, der keines Beweises bedarf. Von ihm gehen ja gerade diejenigen aus, die die journalistische Manipulationsfreiheit so interessiert verteidigen.[32]

Ein zweiter Einwand, den auch das Funkkolleg erhebt, ist der „konstruktivistische Standpunkt einer allgegenwärtigen Offenlegung von Zielen und Wertigkeiten"[33]. Abgesehen davon, daß das nicht ausreicht und daß es faktisch nicht geschieht: wie könnte es geschehen? Zunächst ist eines der Hauptprobleme der Medienmanipulation das Verschweigen des Relevanten. Wenn man z. B. die wirtschaftspolitischen oder außenpolitischen Erwägungen nicht vermittelt, die die Regierung zu ihren Handlungen bestimmt, wohl aber verdächtigende Unterstellungen der Opposition, so läuft die Forderung nach der Offenlegung der Ziele dieser Manipulation auf die Forderung nach Selbstdenunziation und Korrektur hinaus. Diese Forderung ist nicht nur lebensfremd, sondern ein Bluff, und verhilft zur Rechtfertigung einer Praxis, die den Manipulateuren weite Spielräume eröffnet.

Das Problem zeigt sich aber nicht nur beim Verschweigen, sondern auch beim Berichten, z. B. bei der hervorhebenden Selektion negativer Aspekte.[34] Es bedarf also institutioneller Regelungen der Organisation und des Verfahrens, damit den Erfordernissen des demokratischen Prinzips auch in Funk und Fernsehen Rechnung getragen wird. In die bevorstehenden Verhandlungen über Grundgesetzergänzungen sollte ein ausdrücklicher Verfassungsauftrag dazu eingebracht werden.

Diese rechtspolitischen Konsequenzen aus dem Konstruktivismus sind nicht die, die das Funkkolleg ziehen oder nahelegen möchte. Aber sie ergeben sich zwingend

---

31 Einführungsbrief, S. 11.

32 Vgl. hierzu *Kepplinger / Gotto / Brosius / Haak,* Der Einfluß der Fernsehnachrichten auf die politische Meinungsbildung, 1989.

33 II, S. 44.

34 Beispiele i. Fn. 32.

aus den konstruktivistischen Voraussetzungen in ihrem berechtigten Kern: wir sä-
hen die Welt unvermeidlich in ideologisch geprägten Versionen, und Funk und
Fernsehen hätten in besonderem Maße die Macht, dem demokratischen Souverän
seine Wirklichkeit zu konstruieren.

Rechtsverständnis und Bürgergesinnung
vor dem Hintergrund der Konfessionen
(Weimar 1992)

I.

Rechtsverständnis und Bürgergesinnung in der deutschen Demokratie sind bekanntlich bei Protestanten und Katholiken unterschiedlich ausgeprägt. Dies zeigt sich z. B. in verschiedenen Einstellungen zu Gewaltmonopol und Gesetzesloyalität einerseits, zu Widerstand und zivilem Ungehorsam andererseits, in der Akzeptanz von Diktaturen und in unterschiedlichem Wählerverhalten bei verfassungsfeindlichen Parteien. Wir verdanken vor allem den religionssoziologischen Untersuchungen von Gerhard Schmidtchen erhellende Gesichtspunkte, die das Phänomen erklären. Diese möchte ich nicht in Frage stellen, aber einen ergänzenden Gesichtspunkt hervorheben: nämlich die traditionsbedingt unterschiedliche Einstellung zum Naturrechtsdenken. Dieser Gesichtspunkt erlaubt zugleich, Unterschiede zu erklären, die sich zwischen lutherisch und calvinistisch geprägten Protestanten und zwischen glaubensnahen und glaubensfernen Angehörigen aller Konfessionen zeigen.

Der Gesichtspunkt der Nähe oder Ferne zur Tradition des Naturrechtsdenkens ist deshalb bedeutsam, weil die gedanklichen Wurzeln des demokratischen Verfassungsstaates der Neuzeit tief in die europäische Naturrechtstradition zurückreichen. Naturrechtlich geprägt sind z. B. die Prinzipien von Menschenrechten und Menschenwürde, von Freiheit und Gleichberechtigung, das faire Prozeßverfahren, die demokratischen Verfahren, die Rechtsbindung aller staatlichen Gewalt, die Grundrechtsbindung des Gesetzgebers, überhaupt die Gewaltenteilung – um nur das Wichtigste zu nennen. Verfolgt man diese Rechtsgedanken auf ihre Quellen zurück, so findet man sie in der Rechtsgeschichte seit der griechisch-römischen Zeit in ihrem Wechselverhältnis mit der philosophischen Tradition der Naturrechtslehre bis hin zur politischen Aufklärung, vor allem des 18. Jahrhunderts.

Das Naturrechtsdenken hat zwar viele Irrungen und Wirrungen durchgemacht und sich immer wieder korrigieren müssen: in den theoretischen Grundlagen, in der Erkenntnismethode und in den Ergebnissen. Es gab konservative, reformerische und revolutionäre Ausprägungen, und gegensätzliche Positionen wurden naturrechtlich legitimiert. Man hat daraus geschlossen, naturrechtliche Argumente seien beliebig, subjektiv, nicht vermittelbar und deshalb sinnlos. Wollte man das ernst nehmen, so stünden Sklaverei, Folter, Ketzerverfolgung, KZ-Systeme und staatlich organisierter Völkermord völlig gleichwertig neben den „sogenannten" Errungenschaften des demokratischen Verfassungsstaates. Das ist absurd. Das Naturrechtsdenken hat wie jede Disziplin seine Fortschrittsgeschichte. Es hat Irrtümer überwunden, aus Fehlern gelernt, übersehene Gesichtspunkte aufgenommen, neuen tatsächlichen Verhältnissen Rechnung getragen. Die Überzeugungskraft seiner Argumente braucht oft Jahrzehnte oder Jahrhunderte und beruht auf reflektierter Erfahrung.

Es ist hier nicht der Ort, dies alles auszuführen. Worauf es in unserem Zusammenhang ankommt, ist folgendes: Die drei großen in Deutschland vorherrschenden christlichen Konfessionen – die katholische, die lutherische und die calvinistische – haben ihre spezifischen Schwierigkeiten mit der Akzeptanz der Grundgedanken des demokratischen Verfassungsstaats gehabt, und diese Schwierigkeiten wirken zum Teil noch nach. Aus ihnen erklären sich Unterschiede im Rechtsverständnis und in der Bürgergesinnung bei den Angehörigen der verschiedenen Konfessionen. Es geht darum, sich die historischen Bedingungen zu vergegenwärtigen, die hinter diesen Unterschieden stehen.

II.

1. Zunächst zum Katholizismus. Er hat sich mit der Akzeptanz des demokratischen Verfassungsstaats lange Zeit schwerer getan als der Protestantismus. Im 18. und 19. Jahrhundert entwickelte sich die moderne Demokratie vorzugsweise in den dominant protestantischen Ländern Amerikas und Nord- und Westeuropas. In den dominant katholischen Ländern wie Frankreich, Italien, Spanien, Südamerika wurde sie vorzugsweise von den nicht-katholischen Bevölkerungsgruppen gestützt. Erst in der zweiten Hälfte des 19. Jahrhunderts entwickelten sich demokratische Parteien katholischer Prägung, die loyal mitarbeiteten. In der Weimarer Republik gehörten Zentrum und Bayerische Volkspartei zu ihren zuverlässigsten Stützen. Diese Parteien verloren bemerkenswerterweise gegen Ende der Republik, als die NSDAP anschwoll, so gut wie keine Wähler. Hitler fand seine Wähler in erster Linie in den vorherrschend protestantischen Gebieten Deutschlands, und zwar bemerkenswerterweise vor allem unter den Liberalen: deren drei Parteien verloren rund sechs Siebentel ihrer Wähler. Die katholischen Parteien hingegen führten noch Anfang März 1933 in voller Stärke einen entschieden gegen Hitler gerichteten Wahlkampf.

Ihr Sündenfall begann erst, als sie Seite an Seite mit den Deutsch-Nationalen und den restlichen Liberalen dem Ermächtigungsgesetz zustimmten. Alsdann arrangierten sie sich mit der neuen Macht, die das ersehnte Konkordat gewährte. In Österreich, Italien, Spanien, Polen, Kroatien und anderen katholischen Ländern gab es starke Verquickungen mit dem Faschismus. Mit dem deutschen Nationalsozialismus hingegen hat sich der Katholizismus im Großen und Ganzen nie identifiziert, sondern Distanz gehalten, wie später auch zur DDR und anderen kommunistischen Regionen in Osteuropa und anderswo.

Erst seit 1943 aber gelten die Menschenrechte mit ausdrücklicher päpstlicher Anerkennung als Naturrechtsforderungen. In den Jahrzehnten nach dem 2. Weltkrieg stellte sich die katholische Kirche Schritt für Schritt auf den Boden des demokratischen Verfassungsstaats, unterstützte christdemokratische Parteien und entwickelte sich in zahlreichen Ländern Südamerikas, Afrikas, aber auch in den katholischen Ländern des Ostblocks zu einem Promoter des demokratischen Verfassungsstaats. Ihre Verläßlichkeit stößt infolge dieser Verzögerung mitunter noch auf Mißtrauen. Betrachtet man die Tendenzen jedoch im Großen und Ganzen, so erscheint die Bekehrung der katholischen Kirche zum demokratischen Verfassungsstaat zuverlässig und stabil. Sie bedeutet mehr als nur ein Arrangement mit den modernen Machtverhältnissen, vielmehr nach den gemachten Erfahrungen eine Akzeptanz und Bestätigung der naturrechtlichen Grundlagen des demokratischen Verfassungsstaats.

Denn die katholische Kirche hat immer in naturrechtlichen Kategorien gedacht. Womit sie sich schwertat, waren spezifische Inhalte wie Demokratie und Menschenrechte, weil und insofern sie sich von ihnen bedroht sah. Nachdem die Einheit von Kirche und Reich zerfallen und der Kaiser delegitimiert war, wurden nun die katholischen Könige und Fürsten mitsamt ihren traditionalen Legitimitätsgrundlagen prinzipiell in Frage gestellt, ein Vorgang, von dem die Kirche eine Infragestellung ihrer eigenen traditionalen Legitimität der apostolischen Sukzession befürchtete. Die führenden Theoretiker der politischen Aufklärung waren meist nicht christlich, zum Teil – wie Voltaire – dezidiert antichristlich. Die Erfahrungen mit der französischen Revolution, insbesondere ihrer terroristischen Phase bestätigten die schlimmsten Befürchtungen. Während des ganzen 19. Jahrhunderts sah sich die Kirche einem heftigen Kulturkampf ausgesetzt, regierte mit Abgrenzung und Einigelung, forderte eben damit neue Feindseligkeit heraus, betrachtete sich erst recht als Hort der Sittlichkeit und sah sich schließlich durch die Entsetzlichkeiten der bolschewistischen Herrschaft in Rußland wiederum in ihren schlimmsten Befürchtungen bestätigt.

Erst die Erfahrungen mit dem Nationalsozialismus haben sie endgültig davon überzeugt, daß eine friedliche und gerechte Ordnung jetzt nur noch im demokratischen Verfassungsstaat möglich ist. Nachdem sie diesen in seinen naturrechtlichen Grundlagen anerkannt hat, ist für sie nunmehr auch die Loyalität ihm gegenüber ein naturrechtliches Gebot. Das erklärt zwanglos den überdurchschnittlich hohen Grad an demokratischem Rechtsverständnis und Bürgergesinnung im glaubensnahen katholischen Teil der Bevölkerung.

2. Anders liegen die Probleme bei den beiden großen protestantischen Konfessionen. Hier geht es nicht um die spezifischen Inhalte des Naturrechts, sondern um die Anerkennung des Naturrechts an sich. Luther stand ihm bekanntlich distanziert gegenüber, Calvin sogar dezidiert ablehnend, und das wirkte sich auf die von den Reformatoren geprägten Strömungen langfristig aus.

Luthers Denken in bezug auf Recht und Obrigkeit war an rationalen Zweckmäßigkeiten orientiert: es ging um das, was „nutz und not" ist. In der Zwei-Regimenten-Lehre war vor allem der unbedingte Gehorsam gegenüber der Obrigkeit „nutz und not": Denn da sich Müntzer und andere Schwärmer auf die Reformation beriefen und in den Bauernkriegen die Fürstenlegitimität in Frage stellten, bestand die elementare Gefahr der Diskreditierung der Reformation bei den Fürsten, auf deren Unterstützung sie jedoch angewiesen war. Die vorbehaltlose Parteinahme für die Fürsten war geradezu die Überlebensbedingung der Reformation. Luthers Berufung auf Römer 13 – „sei Untertan der Obrigkeit, denn sie ist von Gott" – wollte freilich nicht die Unterwerfung unter jede beliebige Tyrannei legitimieren – diese stand für ihn so wenig zur Diskussion wie für Paulus –, sondern setzte voraus, daß die Christen die Obrigkeit im Regelfall nicht zu fürchten brauchen; denn sie ist „nicht bei den guten Werken, sondern bei den bösen zu fürchten". Wie, wenn es sich einmal anders verhält?

Dazu haben sich weder Paulus noch Luther geäußert. Sie hätten vermutlich weder den „Deutschen Christen" von 1933 unter ihrem Reichsbischof in deren Annahme zugestimmt, Hitler sei „von Gott", noch der Annahme einiger Vertreter der „Kirche im Sozialismus", Honecker sei „von Gott", noch der Annahme einiger „religiöser Sozialisten", Lenin und Stalin seien „von Gott". Doch hat Luther auch kein Widerstandsrecht gegen Herrscher solchen Typs legitimiert. Die Frage hat sich ihm nach den geschichtlichen Gegebenheiten nicht gestellt. Sie wäre auch nur naturrechtlich zu beantworten gewesen – und die dazu erforderlichen theoretischen Grundlagenerwägungen waren ihm fremd.

Luther sprach zum Thema Recht und Obrigkeit aus konkreten Anlässen heraus und situationsbezogen, nicht in systematischen Zusammenhängen. Schon deshalb gibt es bei Luther keine naturrechtlich begründete Rechtslehre, die für die Entwicklung eines demokratischen Verfassungsstaates hätte fruchtbar werden können. Weder die Drei-Ständelehre noch die moralischen Appelle an die Obrigkeit waren dazu geeignet. Nicht einmal die Forderung nach religiöser Gewissensfreiheit des einzelnen wirkte irgendwie institutionenbegründend. Sie verschwand später unter dem Grundsatz cuis regio, eius religio und unter der reformatorischen Staatskirchenlehre der Einheit von Thron und Altar. Nur das ius emigrandi blieb von ihr übrig.

Daß im reformatorisch geprägten Deutschland gleichwohl naturrechtliche Gedankengänge wieder aufleben konnten, die den Rechtsstaat des aufgeklärten Absolutismus vorbereiteten und schließlich dem demokratischen Verfassungsstaat den Weg bereiteten, lag nicht nur an Melanchthons mäßigendem Einfluß, sondern wohl auch an Luthers eigener Inkonsequenz. Denn es finden sich bei ihm viele überraschende Sentenzen naturrechtlicher Prägung, wenn auch nur ad hoc und ohne theoretische Einordnung, wunderbare Sätze wie z. B.: „Brauchst du die Obrigkeit nicht, so braucht sie doch dein kranker Nachbar" oder: „Wer Schaden verhüten kann und tut's nicht, ist an dem Schaden schuld", oder: „Niemand kann in eigener Sache Richter sein", oder: „Man muß Frau und Kinder ernähren". Und er ermahnte die Richter, nicht starr am Buchstaben zu haften: „Darum soll man das geschriebene Recht unter die Vernunft halten, daraus sie doch gequollen sind als aus dem Rechtsbrunnen und nicht den Brunnen an seine floßlin (= Bächlein) binden und die

Vernunft mit Buchstaben gefangen führen". In der konkreten Anschauung des Einzelfalls werde das Recht überhaupt erst verstanden: „Die Richter sind lebendige Gesetze oder die Seele des Gesetzes". Und wie später Portalis erkannte Luther, daß es Richter gab, ehe es Gesetze gab. Ja Luther ging in seinem Mißtrauen gegen das positive Recht seiner Zeit so weit, daß er geradezu freirechtliche Forderungen erhob: „Ein recht gut Urteil, das muß und kann nicht aus Büchern gesprochen werden, sondern aus freiem Sinn daher, als wäre kein Buch. Ein solch frei Urteil gibt die Liebe und natürlich Recht, das aller Vernunft voll ist."

Zwar heben solche Stellen die Verwerfung des Naturrechts nicht auf, aber mäßigen ihre Rigorosität. Wenn unter dem weltlichen Regiment gilt, was „nutz und not" ist, so ist die Frage offen, was im einzelnen nutz und not ist. Dies ist gewissermaßen eine Leerstelle im reformatorischen Denken, in die das aufgeklärte Naturrecht später eindringen und das sie ausfüllen konnte, ohne in prinzipiellen Widerspruch zum reformatorischen Glauben zu geraten.

3. Erstaunlich und erklärungsbedürftig sind die calvinistischen Beiträge zur demokratischen Freiheitstradition. Denn die Ordnung, die Calvin in Genf errichtete, kann man mit heutigen Begriffen nur als totalitär kennzeichnen. Und in seiner „Institutio" legte Calvin in strenger Konsequenz dar, alle Obrigkeit sei als „Vikar Gottes" anzusehen. Die Untertanen schuldeten ihr unbedingten Gehorsam. Im Falle der Tyrannei sollten sie diese als Strafe für eigene Sünden ansehen. Sie dürften lediglich Gottes Hilfe im Gebet anflehen und allenfalls auf äußere Feinde des Tyrannen hoffen. Für Rechtsinstitutionen der Freiheit blieb weder theoretisch noch praktisch Raum. Wie erklären sich die historisch offenkundigen Beiträge calvinistischer Strömungen zur Entwicklung des demokratischen Verfassungsstaats? Es gibt drei Ansätze, um dies begreiflich zu machen.

Erstens das Widerstandsrecht. Calvin hat dies zwar den Ständen vorbehalten und an die Bedingung geknüpft, daß der König die reformierte Religion unterdrückt. Er hatte französische Grausamkeiten des 16. Jahrhunderts vor Augen (Bartholomäusnacht). Darauf berief sich aber auch der holländische Widerstand gegen Spanien, später der schottische und englische Widerstand gegen die absolutistischen Bestrebungen des Stuarts. Mit der zunehmenden Bedeutungslosigkeit der Stände wurde das Widerstandsrecht – entgegen Calvins Lehre – auch von den Bürgern unmittelbar in Anspruch genommen. Im Laufe des 18. Jahrhunderts verwandelte es sich in Amerika – wie vor allem Stourzh nachgewiesen hat – in die Forderung nach der Grundrechtsbindung der staatlichen Gewalt.

Zweitens. Dies geschah unter dem Einfluß der englischen Rechtsvorstellung von Gewaltenteilung und rule of law, die die englischen Dissenters mit nach Amerika nahmen. Hier liegt die meines Erachtens wichtigste Erklärung für die freiheitlichen Auswirkungen des Calvinismus: Die englischen Puritaner des 17. Jahrhunderts machten die Erfahrung, daß die Freiheitsgarantien des englischen Rechts, insbesondere das habeas-corpus-Prinzip, ihnen Schutz boten und daß die absolutistischen Ansprüche des Stuarts sie unmittelbar bedrohten. In den amerikanischen Kolonien gewährten sie zwar ihrerseits zunächst keine Religionsfreiheit, orientierten ihre Rechtsvorstellungen aber im übrigen an den englischen Überlieferungen. Die Verschmelzung des Puritanismus mit englischem Rechtsdenken begründete seine Tendenzen zu Parlamentarismus und rule of law.

Drittens mögen die demokratischen Ansätze, die der calvinistischen Kirchenverfassung trotz ihrer totalitären Struktur innewohnten, insbesondere die Pfarrerwahl, den Anstoß gegeben haben, sie ins Politische zu übertragen.

4. Werfen wir schließlich noch einen Blick auf die vierte Hauptgruppe, die Konfessionslosen und die glaubensfernen Kirchenangehörigen. Die geistige Säkularisierung schritt in den protestantischen Gebieten Deutschlands bekanntlich schneller und gründlicher voran als in den katholischen. Das erklärt sich zwanglos aus der zentraleren Bedeutung der Glaubensfreiheit, die auch die Freiheit zum Glaubensabfall legitimiert oder die zumindest so verstanden wurde, und aus der geringeren Bedeutung der kirchlichen Institutionen und des Kultus. Die Konfessionslosen und Kirchenfernen sind für alle möglichen geistigen und politischen Einflüsse offener als andere – manche für naturrechtliche, andere aber auch für allerlei sonstige, z. B. für nationalistische oder sozialistische, oder aber auch für hedonistische, utilitaristische, relativistische usw.

III.

Vor dem Hintergrund dieser verschiedenartigen Einstellungen zum Naturrecht erklären sich die Unterschiede in Rechtsverständnis und Bürgergesinnung zwischen den verschiedenen Konfessionen. a) Die überproportional ausgeprägte Verfassungsloyalität unter Katholiken beruht auf der Akzeptanz der naturrechtlichen Grundlagen des demokratischen Verfassungsstaats. – b) Die geringere Verfassungsloyalität der Lutheraner erklärt sich aus der traditionellen Distanz zum Naturrecht. Die Verfassung wird akzeptiert, weil und insofern sie „nutz und not" ist, doch wird ihr eine eindeutige Überlegenheit über andere Staatsmodelle nur zögernd und bedingt zugestanden. Andererseits wird sie auch nicht verworfen. Das Rechtsgefühl kann sich entfalten, und es gibt viel praktische Mitarbeit. c) Am geringsten ist die Akzeptanz der Verfassung bei calvinistisch geprägten Protestanten. Dem deutschen Calvinismus fehlt die englisch-amerikanische Verquickung mit den Institutionen der „rule of law". Er pflegt demonstrativ seine Distanz zu Fragen der Staatsform zu betonen: für die Königsherrschaft Christi komme es auf sie nicht an.

Die Distanz zu den naturrechtlichen Grundlagen des demokratischen Verfassungsstaats ist desto größer, je voluntaristischer die Gottesvorstellung ist, und sie ist desto voluntaristischer, je ausgeprägter der Prädestinationsgedanke ist. Im theologischen Disput um Voluntarismus und Rationalismus ging es um die Frage: Ist etwas gut, weil Gott es will (Voluntarismus), oder will Gott das Gute (Rationalismus)? M. a. W., erkennen wir das Gute allein aus Gottes Geboten und Offenbarung

– sola scriptura – oder erkennen wir es mit der natürlichen Vernunft und dürfen voraussetzen, Gott wolle selbstverständlich, daß wir ihm Rechnung tragen – auch im öffentlichen Rechtsleben?

Nur unter der rationalistischen Prämisse läßt sich eine Naturrechtslehre entfalten, zumal eine solche, die auch für Nichtchristen einsichtig ist. Nur unter dieser Voraussetzung aber konnte sich das moderne Völkerrecht entwickeln, das christliche und nichtchristliche Völker gleichermaßen umgreift, und ein Verfassungsrecht, das allen Glaubens- und Weltanschauungsrichtungen gleiche Freiheit gewährt.

Unter der voluntaristischen Prämisse ist das Gute nur aus dem Glauben heraus zu erfassen – sola fide. Und da uns Gottes Gerechtigkeit unbegreiflich und undiskutabel ist, insbesondere die Frage, warum die einen erwählt und die anderen von Anfang an verworfen sind, und warum Gott das Böse trotz seiner Allmacht zuläßt, ist alles eine Frage der Gnade – sola gratia.

Die voluntaristische Denkweise macht geneigt zu einem absolutistischen Staatsdenken: Der Fürst setzt das Recht nach seinem Willen und kann nicht in eine ihm vorgegebene naturrechtlich geprägte Rechtsordnung eingebunden sein: eine politische Analogie zur voluntaristischen Gottesvorstellung. In der Demokratie tritt später anstelle der Souveränität des Fürsten die Volkssouveränität. Der gewaltenteilende Verfassungsstaat erscheint dann als defiziente Gestalt der Demokratie, die durch Volksbewegungen zu korrigieren sei.

Hingegen sind Gewaltenteilung, parlamentarisches Gesetzgebungsverfahren, richterliche Normenkontrolle und judizielle Rechtsfortbildung nur auf naturrechtlicher, also – in diesem Sinne des Wortes: – rationalistischer Grundlage begreiflich.

Die rationalistische Denkweise steht in engem Zusammenhang mit der Vorstellung von der zwar gefallenen, aber nicht ganz verdorbenen Natur, einschließlich der Natur des Menschen. Die Natur ist krank, aber nicht durchweg schlecht und böse: natura vulnerata, non deleta. Es gibt also Möglichkeiten, das der Natur innewohnende Gute mit der Vernunft zu erkennen und auch die Möglichkeit eines vernünftigen rechtlichen Fortschritts – wenn auch gewiß nur gegen Widerstände und Rückfälle.

Die voluntaristische Denkweise steht dem skeptisch bis ablehnend gegenüber. Der Sündenfall habe die Natur so gründlich verdorben, daß der Mensch ganz auf die Erlösung durch Gnade und Glaube angewiesen ist; gute Werke vermögen nichts. Das Streben nach einem vernünftigen Fortschritt des Rechts und der Verfassung erscheint dann leicht als Götzendienst (Karl Barth: „Der Götze wackelt").

Vor diesem Hintergrund mag begreiflich werden, warum der Katholizismus heute eine größere Nähe zu den naturrechtlichen Grundlagen des demokratischen Verfassungsstaat hat als der Calvinismus, während der reformatorische Protestantismus eine mittlere Stellung einnimmt.

Ethik, Recht, Gewissen

I. Gewissensfreiheit im pluralistischen Staat

Das Gewissen appelliert an den Willen, indem es eine subjektive Gewißheit über das Gute und Böse zur Geltung bringt. Eine solche Gewißheit setzt die Überzeugung voraus, daß es Wahrheit über das Gute gibt und man sie wissen kann. Nur dann ist es auch sinnvoll, vom „irrenden" Gewissen zu sprechen. Die Verfassung schützt aber die Freiheit des Gewissens (Art. 4 I GG) nicht aus Achtung vor der denkmöglichen Wahrheit der Gewissensurteile, sondern aus humaner Scheu vor demütigender Beugung des Willens eines subjektiv Überzeugten. Die Gewissensfreiheit trägt der sozialen Tatsache Rechnung, daß es religiöse Sektierer und moralische Rigoristen gibt, die in Einzelfällen lieber Sanktionen auf sich nehmen, als Rechtsgehorsam zu leisten. Die Frage, ob das Gewissen irrt oder nicht, ist verfassungsrechtlich ebenso irrelevant wie die Frage, ob es so etwas wie Wißbarkeit des Guten überhaupt geben könne. Denn verschiedene Individuen erleben verschiedene, miteinander unvereinbare Forderungen als Stimme des Gewissens. Diese Tatsache, heißt es, schließe „die Möglichkeit aus", das Phänomen des Gewissens als eine „das Individuum transzendierende Entscheidungsinstanz aufzufassen".[1]

Die Verfassungsauslegung der Gewissensfreiheit orientiert sich deshalb weniger an Prinzip und Eigenart des Gewissens als vielmehr an der pragmatischen Frage: wieviel Gewissensfreiheit ist ohne größeren Schaden hinnehmbar? Können wir demütigende Sanktionen durch lästige Alternativen (analog dem Zivildienst für Wehrdienstverweigerer) ersetzen, und wie weit wäre das opportun?

Von daher erklärt sich das eigentümliche Schwanken der Verfassungsrechtsprechung zwischen extensiver und restriktiver Auslegung der Gewissensfreiheit. Einerseits ist sie sehr großzügig: man darf z. B. den Zeugeneid vor Gericht – auch ohne religiöse Bekräftigung – aus Gewissensgründen verweigern (BVerfG 33, 23). In dieser Entscheidung aus dem Jahre 1972 hieß es noch: der Amtseid könne allerdings nicht verweigert werden, weil die Verpflichtung zu ihm „aus dem freiwillig gefaßten Entschluß", das Amt anzustreben, erwachse (S. 31). Dem Betreffenden wurde also eine andere Berufswahl zugemutet. 1988 wurde diese Auslegung aufgegeben: der in den Kreistag Gewählte dürfe den Amtseid durch die bloße „Beteuerung" der Verfassungsloyalität ersetzen (BVerfG 79, 69).

Andererseits wird die Befreiung von Steuern und anderen Abgaben aus Gewissensgründen (z. B. im Blick auf die Atomrüstung) grundsätzlich nicht anerkannt,

---

[1] So z. B. *G. Patzig,* Ethik ohne Metaphysik, Göttingen 1971, S. 63.

auch nicht, wenn sich die Betreffenden bereiterklären, eine Summe gleicher Höhe in einen Sonderfonds zu zahlen. Denn hier ginge es sonst an die Substanz des Staates und seiner Haushaltshoheit. Im *Handbuch des Staatsrechts* heißt es dazu: die Zwangsbeitreibung sei als „lästige Alternative" zur freiwilligen Steuerzahlung ausreichend. Im übrigen sei die Gewissensfreiheit auch deshalb gewahrt, weil die Betreffenden ja notfalls auswandern könnten.[2]

Noch deutlicher zeigt sich die restriktive Auslegungstendenz im Abtreibungsurteil des Bundesverfassungsgerichts vom 28. Mai 1993.[3] Macht der Klinikarzt von seinem gesetzlichen Recht Gebrauch, die Mitwirkung an rechtswidrigen Abtreibungen zu verweigern, so darf ihm gekündigt werden. Das gilt zwar nur, „wenn der Arbeitgeber keine andere Möglichkeit hat, ihn zu beschäftigen".[4] Aber das wird ja meist der Fall sein, zumal es das Gericht als „Aufgabe des Staates" anerkennt, „für ein ausreichendes Angebot an Abtreibungseinrichtungen ... zu sorgen".[5] Folgerichtig hat das Bundesverfassungsgericht auch zu den Stellenausschreibungen geschwiegen, die die Einstellung als Klinikarzt von der Bereitschaft zu (rechtswidrigen) Abtreibungen abhängig machen. Eigentümlicherweise begründet das Gericht das Weigerungsrecht des Arztes nur mit dem „durch das ärztliche Berufsbild geprägten Persönlichkeitsrecht (Art. 2 I i. V. m. Art. 12 I GG)"[6], so als käme die Gewissensfreiheit des Art. 4 I GG gar nicht in Betracht. Das ärztliche Berufsbild aber ist variabel.

Die Finanzierung rechtswidriger Abtreibungen durch die Krankenkassen hat das Bundesverfassungsgericht zwar ausgeschlossen[7], aber ohne jeden Hinweis darauf, daß die Beitragszahlung für viele Versicherte ein Gewissensproblem war. (Vermutlich wollte es keine Bresche in den Grundsatz schlagen, daß die Gewissensfreiheit keine Abgabenverweigerung zuläßt.) Die Begründung lautet vielmehr nur, daß „der Rechtsstaat" rechtswidrige Tötungshandlungen nicht „zum Gegenstand seiner Finanzierung machen darf"[8] – was er dann allerdings auf dem Umweg über die Sozialhilfe doch darf.[9]

Eine ähnlich schwankende Auslegung zeigt sich in bezug auf das Grundrecht: „Niemand darf gegen sein Gewissen zum Kriegsdienst mit der Waffe gezwungen werden" (Art. 4 III GG). Einerseits gilt dies nur für die prinzipielle, nicht für die situationsbedingte Weigerung (BVerfG 12, 45). Andererseits wird Art. 4 III äußerst großzügig ausgelegt: man darf auch Kriegsdienst ohne Waffe (z. B. im Nachschub-, Funk- oder Sanitätsdienst) verweigern, auch den Wehrdienst in Friedens-

---

2 *H. Bethge,* in: Isensee / Kirchhof (Hrsg.), Handbuch des Staatsrechts VI, S. 459.

3 Abgedruckt in: Neue Juristische Wochenschrift, Heft 28 (1993), S. 1751 ff.

4 Ebd., S. 1763.

5 Ebd., S. 1771.

6 Ebd., S. 1763.

7 Ebd., S. 1767.

8 Ebd., S. 1767 ff., 1768.

9 Ebd., S. 1770.

zeiten, und sogar die Ausbildung dazu, und zwar faktisch auch dann, wenn man die Gewissensgründe nur behauptet, ohne sie wirklich zu haben. Die jungen Leute, die im Zivildienst eine sinnvollere Beschäftigung sehen, werden geradezu verführt, Gewissensgründe vorzuspiegeln oder – noch gravierender – sie sich ideologisch einzureden und selbst an sie zu glauben. Um sich treu zu bleiben, halten viele später am prinzipiellen Pazifismus fest. Dieser wird für ganze Generationen geradezu zum Angelpunkt gewissensbegründeten Denkens. Schon finden sich Theologen, die das Christentum mit seiner Schutzpflicht für die Verfolgten im buddhistischen Sinn weltflüchtiger Verantwortungslosigkeit umdeuten. (Angesichts dieser tiefgreifenden Verwirrung des Gewissensbegriffs wäre es besser, die Wehrpflicht abzuschaffen und durch ein auch für UNO-Einsätze taugliches Freiwilligenheer zu ersetzen.)

II. Der Monopolanspruch des Utilitarismus

Diese bis an die Grenze der Beliebigkeit gehende Orientierungslosigkeit in der Auslegung der Gewissensfreiheit erklärt sich daraus, daß sich die Rechtsethik im säkularen Staat im wesentlichen an den Folgen der Geltung der Rechtsregeln orientiert. Es ist dem Menschen als Gemeinschaftswesen natürlich, daß er politische Zwecke wie Frieden, Sicherheit, Freiheit, Wohlstand, Vertrauen im Geschäftsverkehr, soziale Wohlfahrt usw. anstrebt. Es kommt dann darauf an, daß die Rechtsregeln zur Erreichung dieser Zwecke geeignet und erforderlich sind. Unnütze Regeln werden eliminiert, nützliche eingeführt. Dagegen ist nichts Prinzipielles einzuwenden. In der Tat lassen sich die weitaus meisten Rechtsregeln aus ihrer Nützlichkeit erklären. Man muß ihre möglichen Folgen nur langfristig genug bedenken, vor allem erwägen, in welche unerwarteten Situationen man künftig denkbarerweise geraten kann, und die Gegenseitigkeit berücksichtigen: wir tragen euren Interessen Rechnung und ihr den unsrigen.

Das Problematische ist nicht das Nützlichkeitsdenken an sich, sondern sein Alleinherrschaftsanspruch. Naturrechtliche Rechtsbegründungen und naturrechtlich begründete Schranken und Rahmenbedingungen des Nützlichkeitsdenkens gelten als „metaphysisch" und werden deshalb, da nicht allgemein akzeptiert, als unzulässig abgewiesen: Der pluralistische Staat dürfe sich nur auf eine „diesseitige", von allen geteilte Rechtsbegründung stützen, und diese könne letztlich nur im Nützlichkeitsdenken liegen.

In Wirklichkeit lebt unsere Rechtsethik aus naturrechtlichen Voraussetzungen, die im Laufe der europäischen Geistesgeschichte in das als „selbstverständlich" vorausgesetzte allgemeine Ethos eingeflossen sind. Unsere Rechtsethik kann nur bewahrt werden, wenn sie sich von Generation zu Generation erneuert. Sie kann sich nur in dem Maße erneuern, als ihre naturrechtlichen Grundlagen immer wieder bewußt und akzeptiert werden. Insbesondere steht und fällt unsere Rechtsethik mit der Anerkennung der Menschenwürde und dem Grundsatz, daß Freiheitsbeschränkungen und Ungleichbehandlungen rechtfertigungsbedürftig sind.

In der angelsächsischen Variante des Utilitarismus rechtfertigte „das größte Glück der größten Zahl" (Bentham) das Unglück einer kleinen Zahl: Sklaverei und Indianerausrottung machen sichtbar, wofür dieser Utilitarismus nützlich war. In der marxistischen Variante rechtfertigte das Ziel der künftigen klassenlosen Gesellschaft die Diktatur des Proletariats mit all seinen Konsequenzen. Die nationalistische Variante – „Recht ist, was dem Volke nützt" – diente dem technisch perfektionierten Genozid zur Rechtfertigung. Immerhin galten alle diese unheimlichen Handlungsweisen nicht nur als rechtfertigungsfähig, sondern auch als rechtfertigungsbedürftig; sonst hätte es der utilitaristischen Theorien nicht bedurft. Darin liegt – ebenso wie in der Heimlichkeit von Menschenrechtsverbrechen und der Heuchelei der Diktatoren – die indirekte Anerkennung, daß die naturrechtlichen Grundlagen des Rechts „eigentlich" Geltung haben und daß ihre Verletzung begründungsbedürftig ist.

Die Frage drängt sich auf: Handelte es sich bei jenen Rechtfertigungstheorien um Entartungen oder Unreife des Utilitarismus? Lassen sich solche unheilvollen Auswirkungen vermeiden, indem man den Utilitarismus universalistisch ausweitet, also so, daß das Ziel der Glücksoptimierung aller Menschen ohne Ausnahme zum Weltethos wird? Das ist der Standpunkt des zuerst von John Stewart Mill entwickelten und heute herrschend gewordenen „Universalutilitarismus": Es gehe um das „allgemeine Glück", also um das Glück für alle und nicht nur für einige oder für die Mehrzahl.

Macht dieser Universalutilitarismus alle sonstige – ethische oder naturrechtliche – Rechtsbegründung überflüssig, vermag er sie zu ersetzen? Geht das Gute im Nützlichen auf, wenn man den Nutzen aller zum Ziel setzt? Oder beruht diese Annahme darauf, daß die naturrechtlichen Grundlagen und Schranken der Rechtsethik stillschweigend vorausgesetzt werden und unreflektiert bleiben?

Robert Spaemann hat im Kapitel „Konsequenzialismus" seiner Ethik gezeigt, warum diese Denkweise für das ethische Handeln unbrauchbar ist.[10] In Rechtspolitik und Rechtsauslegung aber ist ein „Regelutilitarismus" – die Orientierung an den Folgen, die aus der Geltung einer Regel erwachsen können – bestimmend, und zwar unvermeidlich.[11] So bleibt die Frage, ob wenigstens im Rechtsdenken das „Glück für alle" den letzten Maßstab bildet und bilden kann oder ob Voraussetzungen und Einschränkungen zu machen sind, die sich nicht – oder nicht nur – regelutilitaristisch begründen lassen.

Die erste sich aufdrängende Frage lautet: Warum sollen eigentlich alle Menschen als prinzipiell gleichberechtigte Rechtssubjekte gelten? Die naturrechtliche Antwort lautet: weil jeder Mensch kraft seines Menschseins Anspruch auf Achtung seiner Menschenwürde und deshalb auf Freiheit und Gleichberechtigung hat. Vom

---

[10] R. *Spaemann*, Glück und Wohlwollen. Versuch über Ethik, Stuttgart 1989, S. 158–185.

[11] Vgl. *M. Kriele*, Theorie der Rechtsgewinnung, 2. Aufl., Berlin 1976; *ders.*, Recht und praktische Vernunft, Göttingen 1979.

Standpunkt des Universalutilitarismus muß dieser Satz entweder unreflektiert vorausgesetzt werden, oder er muß sich als ein nützlicher Satz erweisen lassen.

Zwar läßt sich die Nützlichkeit bis zu einem gewissen Grade dartun. Z. B. kann der Schutz der Menschenwürde in Gestalt des Folterverbots jedem einzelnen zugute kommen. Wie aber, wenn die Verletzung der Menschenwürde nur unter Bedingungen erlaubt ist, die sicherstellen, daß man selbst nicht betroffen ist, wenn z. B. die Rassendiskriminierung nur Angehörige anderer Rassen betrifft? Und wie, wenn man – wie z. B. in Südafrika – annimmt, die Rassendiskriminierung diene dem besten Wohl aller einschließlich dem der Schwarzen? Kommt es dann nur darauf an, ob sich diese Annahme als faktisch richtig oder falsch erweisen läßt? Oder kann man ihr mit Kant entgegenhalten, daß der Mensch niemals nur als Mittel zum Zweck, sondern immer als Zweck in sich selbst zu betrachten ist? Soll der Universalutilitarismus den grundsätzlichen und ausnahmslosen Schutz der Menschenwürde einschließen, so muß er ihn – aus anderen Quellen begründet – voraussetzen. Er kann ihn nicht selbst mit utilitaristischen Argumenten begründen.

Denn er ist nur soweit schlüssig, als er die Rücksicht auf die Interessen anderer aus Zweck-Mittelerwägungen zu begründen vermag. Dies vermag er zwar mit Hilfe des langfristigen, die Gegenseitigkeit einbeziehenden Kalküls des Eigeninteresses weitgehend, aber nicht vollständig, vor allem nicht im Blick auf die Allerschwächsten. Von diesen brauchen wir nicht zu befürchten, daß sie oder ihre Sympathisanten jemals in die Lage kommen werden, uns heimzuzahlen, was wir ihnen antun. Worin soll dann der Nutzen der Respektierung ihrer Interessen liegen?

So meint z. B. Peter Singer, „daß sich die Gründe gegen das Töten nicht auf neugeborene Säuglinge anwenden lassen . . . , weil niemand . . . sich von einer Politik bedroht fühlen könnte, die Neugeborenen weniger Schutz gewährt als Erwachsenen. In dieser Hinsicht hatte Bentham Recht, der den Kindesmord als etwas beschrieb, ‚was seiner Natur nach selbst der ängstlichsten Phantasie nicht die geringste Beunruhigung verschaffen kann‘."[12] Erst recht läßt sich vom utilitaristischen Ansatz her nicht begreifen, wieso z. B. Ungeborene, Schwerbehinderte, Geisteskranke, Mörder, australische Ureinwohner an der Menschenwürde teilhaben und in den Schutz der Rechtsordnung einbezogen werden sollen.

Tatsächlich neigen die Anhänger des Universalutilitarismus dazu, die Universalität doch wenigstens in der einen oder anderen Hinsicht einzuschränken. Es legt sich ihnen sogar nahe, die Interessenberücksichtigung auf diejenigen zu beschränken, die zumindest prinzipiell in der Lage sind, am vernünftigen Diskurs teilzunehmen und ihre Interessen einzubringen. Eine Einbeziehung anderer zeugt zwar von ritterlicher Gesinnung, ist aber weder durch den Diskurs selbst noch utilitaristisch zu begründen.

Die utilitaristische Rechtsethik beruht auf der hedonistischen Einsicht, daß Lustverzichte Bedingung für größere Lustgewinne sein können: Gesetzliche Freiheits-

---

[12] *P. Singer,* Praktische Ethik, Stuttgart 1984, S. 170.

beschränkungen hinzunehmen ist Bedingung für ein Leben, das insgesamt glücklicher verläuft als ein Leben unter anarchischen Verhältnissen. Die Legitimität der Rechtsgeltung hängt dann davon ab, daß dem autonomen, rational kalkulierenden Individuum das Zusammenfallen von Gemeinschaftsnutzen und individuellem Nutzen einsichtig ist. Sie fallen jedoch keineswegs ohne weiteres zusammen.

J. S. Mill erkannte selbst, daß sich der Universalutilitarismus nicht aus dem individuellen Nützlichkeitskalkül ableiten ließ. Er vertraute deshalb auf die natürlichen Gemeinschaftsgefühle, die den Menschen veranlaßten, die Interessen jedes anderen Menschen ebenso berücksichtigen zu wollen wie die eigenen. Diese Gefühle bildeten, meinte er, „das unerschütterliche Fundament" der utilitaristischen Moral, „und das wird die Stärke der utilitaristischen Moral ausmachen".[13]

Erfahrungsgemäß sind aber die natürlichen Gemeinschaftsgefühle nicht menschheitsbezogen, sondern gruppenbezogen: Solidarität der Familie, der ethnischen Verwandtschaft, der Nation, der Glaubensgemeinschaft, der Klasse, der Rasse oder der Partei. Dem Gemeinschaftsgefühl korrespondiert eine Abgrenzung nach außen, die sich nicht selten zu offener Feindschaft steigert. Das war auch zu Mills Zeiten in England nicht anders: die „Wilden" in den Kolonien wurden ebensowenig als gleichberechtigte Rechtssubjekte anerkannt wie die Indianer oder die Sklaven.

Immerhin: es gibt bei vielen auch ein Gefühl der Menschheitssolidarität, wie der Kampf für die Universalität der Menschenrechte anschaulich macht. Gefühle solcher Art sind Erkenntnisse des Herzens. Sie verdichten im Emotionalen, was die Metaphysik rational zu entfalten und zu klären sucht. Ein metaphysisches Argument wäre z. B.: wir sind alle Kinder desselben Vaters und sollten uns deshalb wie Geschwister verhalten. In der säkularen und pluralistischen Welt gilt ein solches Argument als unzulässig. Doch es hat eine Entsprechung „im Gefühl". Es „leuchtet ein", auch wenn es unausgesprochen oder sogar unbewußt bleibt. Mills „Gefühle" sind nichts anderes als unreflektierte, argumentativ nicht analysierte Einsichten solcher Art. Sie bringen zum Ausdruck, daß man „im Grunde" – „eigentlich" – viel mehr weiß, als man sich in der öffentlichen Sprache zu wissen erlaubt.

Über Gefühle kann man nicht reden, man kann nur an sie appellieren, soweit sie ohnehin vorhanden sind. Sie sind also kein zuverlässigeres Fundament der universalistischen Moral als metaphysische Argumente und reichen nicht weiter als diese. Kurz: die ethischen Voraussetzungen und Schranken des Nützlichkeitsdenkens lassen sich nur begründen, wenn man davon ausgeht, daß sich der Mensch der Wahrheit des an sich Guten im Gewissen bewußt werden kann.

---

13 *J. S. Mill*, Der Utilitarismus, Stuttgart 1976, S. 54.

III. Rechtspflicht und Ehre

Das Auseinanderfallen von Gemeinschaftsnutzen und individuellem Nutzen ist nicht nur ein Problem der Rechtsbegründung, sondern auch der Rechtsbefolgung. Wie, wenn es meinem Nutzen im Einzelfall dienlicher ist, den Gemeinschaftsnutzen – und also dem Recht – zuwiderzuhandeln? Woraus könnte ein rein utilitaristisch begründetes Recht eine innerlich erlebbare Verpflichtungskraft gewinnen?

Ein ausschließlich mit Zweckmäßigkeitserwägungen begründetes Recht begünstigt ein geistiges Klima, in dem das Recht auch nur aus (individuellen) Zweckmäßigkeitsgründen befolgt wird. Was das bedeutet, wird besonders anschaulich im Strafrecht, das das „ethische Minimum" zum Gegenstand hat. Gewiß dient es Zwecken wie Spezial- und Generalprävention oder Resozialisierung. Ist es aber nicht auch ethisch begründet und Sühne für Schuld, so wird es nicht als innerlich verpflichtend erlebt. Es wird umgangen, soweit man hoffen kann, unentdeckt zu bleiben oder die Justiz durch Bestechung oder Nötigung von der Strafverfolgung abhalten zu können. Aus diesem Geist entstanden Mafia, Drogenverführung, Frauenhandel, aber auch die Zunahme der nicht-organisierten großen und kleinen Kriminalität überhaupt. So führt der Monopolanspruch des Utilitarismus in einen Krieg aller gegen alle, aus dem die jeweils Stärkeren, Schlaueren, Brutaleren als Sieger hervorgehen.

Und wie kann man Opferbereitschaft utilitaristisch motivieren? Man kann zwar generell plausibel machen, daß der Gemeinschaftsnutzen vom einzelnen den Einsatz seines Lebens – als Soldat, Polizist, Nothelfer – fordert. Aber man muß ihn darüber hinaus davon überzeugen, daß dieser Einsatz seinem individuellen Nutzen dient – und das ist unmöglich. Die Verbindlichkeit eines opferfordernden Rechts läßt sich nicht mit utilitaristischen Argumenten begründen.

Ebensowenig läßt sich mit rein utilitaristischen Argumenten dartun, warum das Ziel des Menschheitsglücks keine an sich schlechten, unehrenhaften Handlungen legitimiert, nicht nur keine Menschenrechtsverletzungen, sondern auch keine Propagandalügen, keine Völkerrechtsbrüche, keine Korruption usw., und zwar auch dann nicht, wenn sie im Einzelfall geeignet erscheinen, uns dem Ziel näherzubringen.

Aus dem Universalutilitarismus lassen sich keine anderen Handlungsmaximen gewinnen als: mitmachen, um Schlimmeres zu verhüten, und: mitmachen, um uns dem Ziel des Menschheitsglücks näherzubringen. Der Zweck heiligt die Mittel. Der Universalutilitarismus mündet ein in den Universalopportunismus. Etwas in sich selbst Schlechtes, durch nichts zu Rechtfertigendes kann es dann nicht geben. Das Prinzip der Ehrenhaftigkeit erscheint ebenso antiquiert wie die Berufung aufs Gewissen.

Diese Entwicklung schlägt sich in unserer Rechtsprechung u. a. darin nieder, daß der Ehrenschutz vor den Interessen des freien Meinungskampfes weiter und weiter zurückweichen mußte.[14] Er erscheint einfach nicht mehr einsichtig, seit Ehrenhaftigkeit zum Fremdkörper im herrschenden Moralsystem geworden ist. Diese einengende Interpretation gilt, obwohl der Ehrenschutz – mit Recht – im Verfassungssatz der Menschenwürde verankert ist. Auch an diesem Beispiel zeigt sich, daß sich das allgemeine Verständnis für den Grundsatz der Menschenwürde auflöst, wenn es nicht neu inspiriert und belebt wird.

IV. Utilitarismus und Materialismus

Der Monopolanspruch des Utilitarismus ist die logische Folge des weltanschaulichen Materialismus: Geist sei nichts als ein Produkt der Evolution des menschlichen Gehirns, es gebe ihn folglich nur in Gestalt menschlicher Rationalität. Ist man gezwungen, Ethik ohne Metaphysik zu begründen, so bleiben nur utilitaristische Begründungsmodelle möglich. Alle anderen Modelle leben aus den Restbeständen eines Ethos, das sich, historisch gesehen, Quellen verdankt, die der weltanschauliche Materialismus zwangsläufig verschütten muß – die Offenbarungsreligion ebenso wie das aus den Mysterien des Altertums inspirierte Naturrechtsdenken in allen seinen Varianten. Schneidet man einen Baum von seinen Wurzeln ab, so grünt er noch eine Zeitlang, und man merkt nicht sogleich, daß er verdorren muß.

In den Kreisen, in denen sich der weltanschauliche Materialismus durchgesetzt hat, wird die Menschenwürde unbegreiflich. Wer sie geltend machen will, muß sie vor den Prinzipien des Utilitarismus rechtfertigen, indem er ihre Nützlichkeit dartut. Das ist aber nur bis zu einem gewissen Grade möglich, weil sie ja gerade ein Bollwerk gegen den Alleinherrschaftsanspruch des reinen Nützlichkeitsdenkens darstellt. Fällt dieses Bollwerk, so ist Raum entweder für einen utilitaristischen Zynismus oder einen wahnsinnigen Irrationalismus oder eine Kombination aus beiden: das ist die Erfahrung des 20. Jahrhunderts. Schon deshalb darf man sich auf diese Rechtfertigung nicht einlassen. Man könnte es aber auch gar nicht, ohne die Menschenwürde zu relativieren und ihren unbedingten Geltungsanspruch in Frage zu stellen.[15]

Der Grundsatz der Menschenwürde wurde in der frühen Neuzeit von Vitoria und den frühen Völkerrechtlern ins Spiel gebracht, um zu begründen, daß alle Menschen Rechtssubjekte sind, auch wenn sie weder Angehörige des Reiches noch der Kirche sind. Er war naturrechtlich und nicht utilitaristisch begründet und mußte später gerade gegen die Utilitaristen durchgesetzt werden. Im Hintergrund stand

---

14 Vgl. *M. Kriele,* Schweigen und ertragen. Pressefreiheit und Ehrenschutz, in: *ders.,* Recht, Vernunft, Wirklichkeit, Berlin 1990, S. 730 ff., s. auch Ehrenschutz und Meinungsfreiheit, u. S. 313 ff.

15 Eingehender: *M. Kriele,* Zur Universalität der Menschenrechte, in: Archiv für Rechts- und Sozialphilosophie, Beiheft 51 (1993), S. 47 ff., s. u. S. 349 ff.

der Gedanke, daß die Besonderheit, die den Menschen vom Tier unterscheidet, ihm besondere Berechtigungen und Pflichten verleiht. Dieser Gedanke hat seine Wurzeln sowohl in antiken Mysterienschulen und Philosophien als auch in der religiösen Überzeugung von der Gotteskindschaft des Menschen.

Die Ethik der politischen Aufklärung von Vitoria bis Kant hat diesem Ethos zu einem erstaunlich praktischen Durchbruch verholfen. Sie hat aber nicht beansprucht, die Pflicht zur Achtung vor der Menschenwürde zu erfinden. Sie hat vielmehr ein zwar nicht in der politischen Wirklichkeit, aber im ethischen Bewußtsein der Gebildeten lebendiges Ethos vorausgesetzt und analytisch erklärt. Dessen Bewußtmachung ermöglichte seine Umsetzung in der gewaltenteilenden Verfassung, die die staatliche Exekutive ans Recht bindet und damit den Schutz auch der Menschenwürde möglich macht. Die Rechtsethik, die unserer Verfassung ebenso wie dem universalen Kampf um die Menschenrechte zugrundeliegt, lebt aus diesem Ethos der Menschenwürde und steht und fällt mit seiner lebendigen Geltung. Dieses Ethos aber bedarf immer wieder erneuernder und verlebendigender Impulse.

Der Universalutilitarismus kann also politisch nur relevant werden, wo die Rechtssubjektivität jedes Menschen schon anerkannt ist, wo die Bedingungen des friedlichen, freien und angstfreien Diskurses gegeben sind, wo rationale Argumente die Chance auf Gehör und Berücksichtigung finden, wo ein Klima der Vernunft herrscht. Die politische Wirksamkeit des rationalen Arguments setzt ein Minimum an Herrschaft des Rechts, die sie begründen will, schon voraus. Die ihn ermöglichenden Verfassungsinstitutionen halten dem Ansturm des Irrationalen nicht stand, wie sich im Untergang der Weimarer Republik eindrücklich gezeigt hat: utilitaristische Argumente vermochten da nichts auszurichten.

Heute sind es die überzeugten, gläubigen Christen, die das Prinzip der Menschenwürde mit besonderem Nachdruck verteidigen. Zwar ist richtig, daß die Aufklärer es häufig gegen die Kirche vertreten mußten. Das hatte historische Gründe: die Verflochtenheit der Kirche mit dem Reich, später mit den Staaten, und dadurch bedingt mit deren z. T. noch primitiven Rechtsvorstellungen. Heute ist der Kampf gegen Inquisition, Hexenverbrennung und Hugenottenverfolgung Geschichte. Aus diesem Kampf nach wie vor polemische Argumente zu beziehen, ist unhistorisch und wirklichkeitsblind. Die Kirche hat sich längst zu eigen gemacht, was an der politischen Aufklärung berechtigt war. Sie hat den rechtsethischen Fortschritt nicht nur mitvollzogen, sondern vermag ihn aus ihren Quellen heraus zu inspirieren und zu legitimieren.

Das Prinzip der Menschenwürde macht die Christen zum natürlichen Verbündeten der ethisch fundierten politischen Aufklärer. Beide stehen im gemeinsamen Abwehrkampf gegen den weltanschaulichen Materialismus, aus dem die Totalitarismen des 20. Jahrhunderts hervorgegangen sind und der heute in den Alleinherrschaftsanspruch des Utilitarismus führt. Zynismus, Verrohung und Inhumanität lassen sich nur in dem Maße aufhalten, in dem es gelingt, diesem Anspruch die Schranke der Menschenwürde und der Menschenrechte entgegenzuhalten.

Man kann zwar die Metaphysik nicht deduktiv aus den schlimmen Folgen ihrer Preisgabe beweisen. Wohl aber ist der folgende induktive Rückschluß logisch zulässig: Wenn der weltanschauliche Materialismus keine andere Ethikbegründung erlaubt als eine utilitaristische und deshalb in Zustände führt, die dem Menschen nicht gemäß sind, so wird er offenbar der vollen Wirklichkeit des Menschen nicht gerecht.

Auch die Materialisten haben stets gefolgert: da inhumane Verhaltensweisen mit Hilfe von Religion und Metaphysik gerechtfertigt wurden, spreche das gegen den Wahrheitsanspruch von Religion und Metaphysik überhaupt. Dieser Schluß war insofern falsch, als jene Inhumanitäten die Folge fehlerhafter Bibelauslegungen oder Naturrechtslehren waren. Diese sind korrigiert worden, und Bibelauslegung und Naturrecht boten selbst die Maßstäbe für die Korrektur.

Der weltanschauliche Materialismus hingegen enthält in sich selbst keine Möglichkeit, die utilitaristische Ethikbegründung so zu ergänzen und zu korrigieren, daß die aus ihr erwachsenden Inhumanitäten vermieden werden könnten, er bedarf dazu der Anleihen aus dem Naturrecht. Man steht also vor der Alternative: entweder beschreibt der weltanschauliche Materialismus die Wirklichkeit des Menschen zutreffend und erschöpfend; dann sind diese Inhumanitäten dem Menschen gemäß. Oder wir sagen: sie können dem Menschen nicht gemäß sein. Dann muß am weltanschaulichen Materialismus etwas prinzipiell falsch sein, und wir haben Grund, ihm den Glaubensgehorsam zu verweigern und der Stimme des Gewissens zu vertrauen. Dieses Signal geben uns die Erfahrungen des Rechtslebens also ebenso wie viele andere Erfahrungen des Lebens.

Zur Wirkung der Gesetzgebung auf das Rechtsbewußtsein

(Rom 1994)

I. Das aktuelle Problem

Dieses Symposium (Rom, November 1994) dient der Erörterung der Frage: Wieweit können, sollen, dürfen katholische Parlamentarier an einem Gesetz mitwirken, das zwar moralisch nicht einwandfrei, aber relativ besser ist als jede praktisch erreichbare Alternative? Das Problem kann in vielen Zusammenhängen auftauchen, z. B. in Fragen der Euthanasie, der Sterbehilfe, der Tötung auf Verlangen, des Selbstmords, der Beihilfe zum Selbstmord, der Organtransplantation, des übergesetzlichen Notstandes, der Nachgiebigkeit gegenüber Erpressern und Geiselnehmern, der Abgrenzung des Erlaubten und des Unerlaubten bei der Bekämpfung der Kriminalität. Von aktueller Bedeutung sind vor allem die Regelungen der Abtreibung, und ich möchte das Problem anhand dieses Beispiels diskutieren.

Dürfen katholische Politiker z. B. einem Gesetz zustimmen, das die Abtreibung unter der Bedingung vorheriger Beratung zwar legalisiert oder straffrei stellt, dadurch aber die Gesamtzahl der Abtreibungen eindämmt? Moralisch einwandfrei wäre nur ein Gesetz, das Abtreibungen grundsätzlich auszuschließen sucht und das damit auch das Unrechtmäßige der Abtreibung im öffentlichen Bewußtsein lebendig erhält. Die Prämisse unserer Frage ist eine faktische Situation, in der sich dafür keine Mehrheiten finden lassen, in der vielmehr bestenfalls die Eindämmung der Zahl der Abtreibungen durch bedingte Legalisierung erreichbar ist: die praktische Alternative wäre die völlige Freigabe der Abtreibung. Die Frage ist m.a.W.: Kann man unter diesen Umständen den Kompromiß, also die Zustimmung zum Gesetz, moralisch vertreten?

Lassen Sie mich zur Veranschaulichung auf die Situation in Deutschland hinweisen; hier ist das Problem von unmittelbarer Aktualität. 1992 wurde in Deutschland ein Gesetz beschlossen, wonach die Abtreibung nach Beratung „nicht rechtswidrig" sei, und zwar von einer Parlamentsmehrheit von Sozialdemokraten, Grünen, einem Teil der Liberalen und einem kleinen Teil der Christlichen Demokraten. Der größere Teil von CDU und CSU widersprach erfolglos und erhob Klage vor dem Bundesverfassungsgericht. Dieses erklärte das Gesetz für verfassungswidrig und nichtig, weil es die Prinzipien der Menschenwürde und das Recht auf Leben verletzte. Das Bundesverfassungsgericht beanstandete nicht, daß abtreibende Frauen straffrei bleiben, wenn vor der Tat eine umfassende Beratung stattgefunden hat. Doch es verlangte erstens, daß die Abtreibung als prinzipiell rechtswidrig und strafwürdig gekennzeichnet werde, und stellte zweitens Bedingungen an die Seriosität der Beratung, die am Ziel des Lebensschutzes orientiert sein müsse. Zur Erfüllung dieser Bedingungen traf es eine Reihe von Übergangsregelungen, die bis zum Erlaß eines neuen Gesetzes gelten.

Ein neues Gesetz ist noch nicht zustandegekommen. Das Gesetzgebungsverfahren wird im kommenden Jahr neu in Angriff genommen werden und hat angesichts der Mehrheitsverhältnisse in Bundestag und Bundesrat nur als Kompromißlösung eine Chance. Wiederum stellt sich für die christlichen Abgeordneten die Frage, ob und wieweit sie einen Kompromiß mittragen können.

Die Mehrheitsverhältnisse sind jetzt so: Sozialdemokraten, Grüne und Kommunisten zusammen verfügen im Bundestag über fast die Hälfte der Stimmen. Sie sind durchweg geneigt, die Abtreibung für rechtmäßig zu erklären. Innerhalb der Koalitionsmehrheit aus christlichen Demokraten und Liberalen teilen einige diese Auffassung. Es gibt also eine Mehrheit für die Legalisierung der Abtreibung. Dasselbe gilt für die zweite Kammer, den Bundesrat, wo Sozialdemokraten und Grüne eine klare Mehrheit haben. Die Befürworter der freien Abtreibung pflegen die jüngste Entscheidung des BVerfG mit allerlei Schlichen und Auslegungstricks zu umgehen und versuchen überdies, die Mehrheitsverhältnisse im BVerfG bei den anstehenden Verfassungsrichterwahlen zu ihren Gunsten zu verändern.

In dieser Lage bleibt der Mehrheit der Unionsfraktion im Bundestag nur eine Möglichkeit: Sie können versuchen, die völlige Freigabe der Abtreibung abzuwenden, indem sie im Kompromißwege eine Beratungslösung durchsetzen, etwa des Inhalts: Die Abtreibung ist zwar rechtswidrig, aber nur für den Arzt strafbar, und dies auch nur dann, wenn eine staatlich vorgeschriebene Pflichtberatung unterlassen wurde. Der positive Effekt ist ein doppelter: Erstens besteht die Chance, im Rahmen der Beratung auf die Fortsetzung der Schwangerschaft hinzuwirken, zweitens kann das grundsätzliche Verbot der Abtreibung, ihre Kennzeichnung als rechtswidrig und im Prinzip strafbar einen günstigen Einfluß auf das Rechtsbewußtsein ausüben.

Die Alternative zu dieser Kompromißlösung wäre die völlige Freigabe der Abtreibung mit ihrer destruierenden Wirkung auf das Rechtsbewußtsein. Eine dritte Alternative gibt es nicht, insbesondere nicht die Ideallösung eines moralisch einwandfreien Abtreibungsverbots. Es bleibt nur die Wahl, entweder ein gewisses, wenn auch im Einzelfall überwindbares Bollwerk gegen die bedenkenlose Abtreibung zu errichten – oder auf dieses Bollwerk ganz zu verzichten.

II. Das moralische Dilemma

Für den Verzicht auf dieses Bollwerk ließe sich folgendes geltend machen: Der Christ kann in ethischen Grundsatzfragen keinen Kompromiß eingehen. Indem er seine Mitwirkung verweigert, setzt er ein Zeichen. Damit prägt er dem öffentlichen

Bewußtsein das Wissen ein, daß die Abtreibung vom christlichen Standpunkt aus unverantwortlich ist. Dies kann über den engeren Kreis der gläubigen Christen hinaus auf die Gewissensbildung einwirken und in manchen Fällen den Verzicht auf die Abtreibung auslösen. Die öffentliche Bekundung, die in der Unnachgiebigkeit liegt, hat vielleicht keine weitreichende und tiefgreifende, aber doch eine gewisse Wirkung auf die säkularisierte Welt.

Der Preis für diese kompromißlose Haltung ist, nach unserer Prämisse, daß es keine Pflichtberatung geben wird, die die Abtreibungsflut eindämmen könnte. Doch dies ist nicht der einzige Preis. Eine weitere Konsequenz ist, daß das staatliche Gesetz auch in diesem Fall auf die Vorstellungen von Recht und Unrecht einwirkt. Ist die Abtreibung bedingungslos legalisiert, so kann die Vorstellung entstehen, sie sei ethisch unbedenklich. Aus beiden Motiven führt die Verweigerung des Kompromisses in der Bilanz zu einer erheblich höheren Zahl der Abtreibungen.

Damit stellt sich die Frage: Kommt es auf diese Zahl an? Trägt der sich verweigernde Christ eine Mitverantwortung für sie? Ist ihm womöglich sogar jede einzelne Abtreibung, die durch das Beratungssystem hätte vermieden werden können, moralisch zuzurechnen? Oder ist es umgekehrt so: Verwischt der Kompromiß, also die Teilhabe am Gesetzgebungsverfahren den Unterschied zwischen dem intrinsice malum, dem absolut Unerlaubten, und dem Bereich, in dem man ein Übel in Kauf nehmen kann, um ein größeres Übel zu verhindern?

Es ist das ewige Dilemma, das mit der Einmischung in die Dinge der Welt unvermeidlich verbunden ist: Man macht sich die Hände schmutzig, auch dann, wenn man sie nur sauber halten kann, indem man ihre Gestaltung anderen überläßt. So oder so ist man mitverantwortlich für das, was geschieht.

Nur wenige können sich aus der Verstrickung befreien, indem sie sich etwa in eine Klostergemeinschaft aus der Welt zurückziehen und ein modellhaftes Vorbild reiner christlicher Moralität vorleben. Sie setzen Zeichen, deren Wirkung auf die Welt sicherlich außerordentlich groß ist. Doch allen anderen, die in der Welt stehen, insbesondere den christlichen Politikern, bleibt nur, auf einem schmalen Grat zwischen dem einen und dem anderen Übel zu wandeln und zu versuchen, wenigstens eine einigermaßen verantwortbare Balance zu halten.

III. Zum Verhältnis von Recht und Moral

Meine Aufgabe besteht nicht darin, eine schlüssige Antwort auf unser Problem zu geben, sondern einige einleitende Erwägungen beizusteuern, die zu einer Lösung vielleicht beitragen könnten. Gewiß nicht der einzige, aber doch ein wesentlicher Gesichtspunkt betrifft die Frage, wie gesetzgeberische Entscheidungen auf die moralischen Vorstellungen der Bevölkerung einwirken. Worin besteht diese Einwirkung, wie weit reicht sie? In unserem Beispielfall: Wie wirkt der Kompromiß, wie wirkt die kompromißlose Haltung?

Um uns diesen Fragen zu nähern, müssen wir uns zunächst das Verhältnis von Recht und Moral im demokratischen Verfassungsstaat vergegenwärtigen. (Die besonderen Probleme, die sich in totalitären Systemen stellen, lasse ich in folgendem außer Betracht.)

Denn zum demokratischen Verfassungsstaat gehört untrennbar die Idee, daß sein Recht in ethisch fundierten Prinzipien verankert ist: in Prinzipien z. B. der Menschenwürde, der Freiheit, der Gleichberechtigung, der sozialen Verantwortung, der Toleranz, der gegenseitigen Achtung, des Amtsethos der Unparteilichkeit und Gerechtigkeit. Es ist wohl unnötig, diese Verankerung hier darzustellen; wir können sie voraussetzen und davon ausgehen. Wichtig erscheint mir jedoch, daß wir uns die Unterschiede zwischen Recht und Moral vergegenwärtigen, die trotz der Verankerung des Rechts in der Moral bestehen.

Die Unterschiede sind erheblich: Das Recht ist in Gesetzen und Richtersprüchen formuliert. Es erlangt durch verfahrensgemäße Entscheidungen, durch Gesetzgebung und Richterspruch, heteronome Verbindlichkeit. Die Moral lebt im sittlichen Bewußtsein des Volkes, in Sprache und Tradition. Sind ihre Regeln unbestimmt, unklar oder umstritten, so gibt es in der pluralistischen Gesellschaft keine für alle verbindliche Entscheidungsinstanz, die ihren Inhalt und ihre Geltung verbindlich machen könnte. Die Moral gelangt zur Wirklichkeit in autonomen Entscheidungen des Gewissens.

Das Recht gilt unabhängig davon, ob man ihm zustimmt oder es für veränderungsbedürftig hält; die Moral ist, wenn ihr genauer Inhalt zweifelhaft ist, auf ethische Reflexion und argumentative Überzeugungskraft angewiesen und muß sich alternativeÜberzeugungen gefallen lassen.

Das Recht besteht in der Regel aus normativen Verboten und Geboten. Zur Ethik gehören auch Ratschläge und unverbindliche Lebensregeln.

Das Recht gilt für jedermann im Staatsgebiet gleich; die Moral kennt abgestufte Anforderungen je nach individuellen Fähigkeiten und Begabungen.

Das Recht ist in der Regel mit Sanktionen versehen und notfalls mit Gewalt erzwingbar. Die Moral kennt keine Sanktionen außer der gesellschaftlichen Mißbilligung und Entrüstung, mit der ihre Verletzungen bedacht werden.

Das Recht bezieht sich auf den Umgang des Menschen mit seiner Mit- und Umwelt, die Moral auch auf seinen Umgang mit Gott, mit der Natur und mit sich selbst.

Das Recht ist an Prinzipien der Gerechtigkeit orientiert, die Moral darüber hinaus am gesamten Kanon der Tugenden und Werte.

Doch selbst im Bereich der Gerechtigkeit erfaßt das Recht nur ihren zentralen Kern: nicht die vielen kleinen Ungerechtigkeiten im Urteilen und Handeln des täglichen Lebens, sondern nur das grobe Unrecht, das zu bekämpfen unerläßlich ist, um ein einigermaßen friedliches menschliches Zusammenleben zu ermöglichen.

Ist also das Recht der demokratischen Verfassungsstaaten auch moralisch fundiert, so ragt doch die Moral nach allen Seiten hin weit über den Bereich des Rechts hinaus. Das Recht normiert, wie Georg Jellinek formuliert hat, nur das „moralische Minimum", doch man muß korrigieren: das Minimum der Gerechtigkeit. Es gibt schwerwiegende Unmoralität, die das Recht nicht erfaßt, weil sie nicht den Bereich des menschlichen Zusammenlebens betrifft, z. B. die Sünde wider den Heiligen Geist. Das Recht bezieht sich nur auf den Ausschnitt aus der Moral, der die Gerechtigkeit betrifft, innerhalb dieses Ausschnitts nur auf schwerwiegende Verletzungen.

Diese Tatsache scheint im öffentlichen Bewußtsein weithin gegenwärtig zu sein. Den Schluß: was das Recht nicht verbietet oder verhütet, sei auch moralisch zulässig, pflegt man in der Regel nicht zu ziehen. Jedermann weiß, daß es gesetzlich nicht verbotene unmoralische Handlungsweisen gibt, und daß sie nur deshalb nicht gesetzlich verboten sind, weil ihr Unrechtsgehalt nicht schwerwiegend ist. Schwerwiegendes Unrecht wird vom Gesetz verboten, und besonders schwerwiegendes sogar unter Strafe gestellt.

Beispiele: Die Lüge wird im öffentlichen Bewußtsein als unmoralisch angesehen, obwohl sie gesetzlich nicht verboten ist. In besonders qualifizierten Fällen aber, in denen sie schwerwiegendes Unrecht darstellt, ist sie gesetzwidrig und sogar strafbar: etwa bei Betrug, Verleumdung oder falscher Zeugenaussage vor Gericht. Vertrauensbruch gilt als unmoralisch, doch nur in schwerwiegenden Fällen ist er auch gesetzwidrig, etwa bei Veruntreuung, Unterschlagung oder geschäftlicher Ausnutzung von Unerfahrenheit und Leichtgläubigkeit. Sexuelle Verletzungen gelten als unmoralisch, gesetzwidrig werden sie erst in schwerwiegenden Fällen, etwa bei Vergewaltigung oder Verführung Minderjähriger. Grobheit, Rücksichtslosigkeit, Frechheit gelten als unmoralisch; gesetzwidrig werden sie nur in besonders qualifizierten Fällen, z. B. bei Beleidigung, Körperverletzung, Hausfriedensbruch oder Nötigung.

IV. Die Wirkung der Gesetze auf die moralischen Vorstellungen der Bevölkerung

Die Sache liegt jedoch nicht so einfach, daß man folgern dürfte: Der Staat könne auf die rechtliche Regelung bestimmter Sachbereiche verzichten, ohne daß dies Einfluß auf die ethischen Vorstellungen und Verhaltensweisen hätte. Im Gegenteil: Der Bürger im demokratischen Verfassungsstaat vertraut darauf, daß das Recht ihn zwar nicht vor unmoralischen Verhaltensweisen, wohl aber vor besonders schwerem Unrecht schützt. Er weiß, daß es Grade und Abstufungen des Unrechts gibt. Und er geht davon aus, daß der Gesetzgeber in schwerwiegenden Fällen regelnd und schützend eingreift, in besonders schwerwiegenden Fällen sogar durch strafrechtliche Regelungen. Daraus ergibt sich von allein der Umkehrschluß: Wenn der Gesetzgeber bestimmte Verhaltensweisen nicht verbietet oder gar ein bestehendes

Verbot abschafft, so scheint es sich bei ihnen nicht um ein schwerwiegendes Unrecht zu handeln. Hält jemand es zunächst für schwerwiegend, so hat er Anlaß, diese Vorstellung zu überdenken: Hat er nicht vielleicht überspannte Vorstellungen, mit denen er aus dem allgemeinen Konsens über Recht und Unrecht herausfällt und sich isoliert? Überhebt er sich nicht, wenn er meint, es besser zu wissen als der demokratische Gesetzgeber und folglich als die Mehrheit der Bevölkerung? Ist die Tat, die er bisher für ein schwerwiegendes Unrecht hielt, nicht im Grunde harmlos – wenn auch vielleicht moralisch nicht einwandfrei, so doch verständlich und leicht zu rechtfertigen?

Es läßt sich in der Tat belegen, daß die Gesetzgebung solche Auswirkungen auf die in der Bevölkerung herrschenden Vorstellungen von Recht und Unrecht hat. Ein Beispiel dafür liefern uns die verschiedenen gesetzlichen Regelungen der Abtreibung. Ihre Auswirkungen auf die moralischen Vorstellungen der Bevölkerung werden anschaulich durch den Vergleich der Abtreibungszahlen in der ehemaligen DDR und der alten Bundesrepublik.

In der DDR galt seit 1972 eine einfache „Fristenlösung": In den ersten drei Monaten der Schwangerschaft galt die Abtreibung als nicht rechtswidrig. Sie war nicht nur erlaubt, der Staat stellte sogar Einrichtungen und finanzielle Hilfen zur Verfügung.

In der alten Bundesrepublik galt seit 1976 eine differenzierte Regelung: die Abtreibung galt als rechtswidrig und strafbar, es sei denn, es lagen bestimmte – in Analogie zur medizinischen Indikation gebildete – Indikationen vor und es hat eine soziale und eine ärztliche Beratung stattgefunden. Der kriminologische Effekt dieser Regelung war zwar minimal: es gab fast keine strafrechtlichen Verfolgungen und Verurteilungen; die Strafdrohung hatte folglich auch keine abschreckende Wirkung. Gleichwohl war die Wirkung dieser Regelung erheblich.

Wenngleich die Zahl der Abtreibungen in der alten Bundesrepublik hoch war, so war sie doch erheblich geringer als in der DDR. Nach Angabe des Deutschen Ärzteblatts vom 21. 12. 1991 war dort die Zahl der Abtreibungen im Verhältnis zur Bevölkerung fast doppelt so hoch wie in der alten Bundesrepublik. Hier kamen auf 1000 Frauen zwischen 15 und 44 Jahren 11,4, in der ehemaligen DDR 21 Abtreibungen. Nach Angabe des Statistischen Bundesamtes lag die Zahl sogar dreimal so hoch wie in der alten Bundesrepublik: Danach gab es in den neuen Ländern ohne Ostberlin über 49.000 gemeldete Abtreibungen, in den alten Ländern über 74.000. Die Bevölkerungszahl der neuen Länder ohne Ostberlin betrug 15,5 Millionen, in den alten Ländern 61 Millionen, also rund das Vierfache. Die Zahl der Abtreibungen überstieg aber die in den alten Ländern nicht um das Vierfache, wie man bei gleichem Abtreibungsverhalten annehmen müßte, auch nicht um das Doppelte, wie nach Angaben des Ärzteblattes zu erwarten wäre, sondern lediglich um das Eineinhalbfache.

Es drängt sich also die Schlußfolgerung auf: Dieses Zahlenverhältnis, das die alte Bundesrepublik in vergleichsweise günstigerem Licht erscheinen läßt, ist offenkundig durch die bewußtseinsprägende Wirkung des Gesetzes bedingt. Man war weithin überzeugt: Was der demokratische Gesetzgeber – zumindest prinzipiell – zu einem strafwürdigen Unrecht erklärt hat, kann keine moralisch harmlose Tat sein.

Hingegen hat das DDR-Gesetz von 1972 das traditionelle Rechtsbewußtsein völlig destruiert. Die Menschen haben einfach vergessen, daß die Abtreibung an sich ein moralisches Problem darstellt.

Den erwähnten Gesetzesbeschluß von 1992 lehnte zwar der größte Teil der christlichen Demokraten ab, doch die Abgeordneten aus der ehemaligen DDR, auch die Christdemokraten, stimmten ihm zu. Dasselbe taten die aus der ehemaligen DDR hervorgegangenen neuen Länder im Bundesrat, obwohl die meisten von ihnen CDU-geführt waren.

Als die Bundestagsabgeordneten der CDU / CSU Normenkontrollklage vor dem Bundesverfassungsgericht erhoben, weigerten sich die aus der ehemaligen DDR stammenden CDU-Abgeordneten, den Klageantrag mitzuunterschreiben. Sie trugen damit der an ihrer Wählerbasis herrschenden Grundstimmung Rechnung.

Gleiches taten die Abgeordneten von Bündnis 90 / Die Grünen, in der sich die jungen Leute organisiert hatten, die in erster Linie Widerstand und Revolution gegen die DDR-Diktatur getragen hatten. Obwohl sie also das Regime keineswegs anerkannt hatten, war doch ihr Rechtsbewußtsein in der Abtreibungsfrage von der alten DDR-Regelung tief geprägt. Sie hatten sich an die „Fristenlösung" gewöhnt und wünschten nicht, daß sie durch eine gesamtdeutsche Regelung auch nur ansatzweise in Frage gestellt würde. Ihnen ging selbst die zunächst beschlossene Neuregelung zu weit, obwohl diese sehr „liberal" und zynisch war.

Ihre Sprecherin im Bundestag plädierte für die vollständige, unbedingte und unbefristete Freigabe der Abtreibung. Denn, so erklärte sie: „Es ist eine absurde Vorstellung, daß ein Schwangerschaftsabbruch grundsätzlich Unrecht sei und mit staatlicher Mißbilligung bedacht werden müsse." Die Entscheidungsfreiheit der Frau verlange vielmehr, daß „sowohl die eine wie die andere Entscheidung als gleichwertig akzeptiert wird". Die gegenteilige Auffassung beruhe „auf einem definitorischen Kunstgriff, der die Leibesfrucht der Frau, die unzweifelhaft Teil des Körpers der Frau ist, zu einem eigenständigen Menschen umdefiniert. Auf der Grundlage dieser Fiktion wird der Fötus zum Rechtsgut, der staatlichen Schutz beanspruchen kann". Dieser Auffassung Rechtsgeltung zu verschaffen, sei „totalitär und nur vor dem Hintergrund des immer noch großen Einflußes der christlichen Religion zu verstehen". Sie folgerte: „Die Frauenbewegung wird das nicht hinnehmen. Der § 218 gehört auf den Müllhaufen der Geschichte, und da wird er auch landen. Das ist absolut sicher." Gegen die Neuregelung sprächen vor allem drei Gründe: Erstens müsse die Schwangere eine „Zwangsberatung über sich ergehen lassen". Zweitens solle diese „dem Lebensschutz dienen". Drittens sei „eine Frist vorgesehen, die nicht notwendig ist".

Es ist offenkundig, daß 20 Jahre Fristenlösung in der DDR selbst bei dortigen Widerstandsgruppen das Rechtsbewußtsein in Fragen der Abtreibung restlos destruiert hat. Ebenso offenkundig ist, daß das in der alten Bundesrepublik geltende prinzipielle Verbot der Abtreibung trotz seiner weitreichenden Einschränkungen und trotz seiner kriminologischen Ineffizienz das Rechtsbewußtsein wachgehalten hat. Meinungsumfragen haben gezeigt, daß die Zahl der Befürworter der reinen Fristenlösung in der alten Bundesrepublik während der achtziger Jahre ständig zurückgegangen ist – sie schrumpfte auf 22 %, und nur 15 % sahen in der Abtreibung einen medizinischen Eingriff „wie jeder andere Eingriff auch". Daß sich diese Minderheit im Gesetzgebungsverfahren von 1992 zunächst hat durchsetzen können, erklärt sich daraus, daß sie in besonders engagierter Weise agitierte und in den Medien, vor allem in Funk und Fernsehen, erheblich überrepräsentiert ist.

V. Menschenwürde und utilitaristische Rechtsbegründung

Müssen wir aus dieser destruktiven Wirkung der sogenannten „Fristenlösung" die Schlußfolgerung ziehen: der Kompromiß, also die Beratungslösung sei der Kompromißverweigerung vorzuziehen? Zunächst müssen wir noch eine grundsätzliche Erwägung anstellen.

Die meisten ethischen Prinzipien des Verfassungsstaates lassen sich utilitaristisch begründen, d. h. sie dienen langfristig den Interessen des einzelnen. Ihre Zweckmäßigkeit läßt sich rational immer wieder einsichtig machen, und diese Einsicht vermag ihre Legitimität und Geltung verhältnismäßig stabil zu sichern. Z.B. stößt der Grundsatz „in dubio pro reo" nicht immer gleich auf spontane Zustimmung, doch leuchtet er den Menschen ein, wenn man ihnen klar macht, daß jedermann unschuldig in Verdacht geraten kann und daß dieses Mißgeschick sie selbst oder ihre nächsten Angehörigen treffen kann.

Andere Prinzipien leuchten erst ein, wenn man die Gegenseitigkeit der Interessen ins Kalkül einbezieht. Wir dulden die Meinungsfreiheit der anderen und gewinnen dadurch unsere eigene Meinungsfreiheit. Wir gewähren der Opposition demokratische Rechte, weil wir selbst in die Opposition geraten könnten. Wir respektieren Minderheiten, weil wir selbst zur Minderheit werden können. Mitunter muß man über die Landesgrenzen hinausblicken: Katholische Länder tolerieren die Protestanten, dafür tolerieren protestantische Länder die Katholiken usw.

Das utilitaristische Folgenkalkül trägt sehr weit, wenn man es erstens langfristig genug anlegt und zweitens den Gesichtspunkt der Gegenseitigkeit einbezieht. Auf diese Weise lassen sich die meisten Rechts- und Verfassungsprinzipien einleuchtend machen. Doch dieser Utilitarismus stößt an Grenzen.

Es gibt Normen, zu deren Begründung ein noch so rational und langfristig angelegtes Interessenkalkül nicht ausreicht. Sie regeln Situationen, in die wir auch bei Berücksichtigung aller denkbaren Eventualitäten nicht geraten können. Sie schützen

Menschengruppen, zu denen wir nicht gehören und die niemals die Macht haben werden, uns um der Gegenseitigkeit willen zur Anerkennung ihrer Interessen zu veranlassen. In solchen Fällen besteht immer eine starke Tendenz, ihre Interessen zu vernachlässigen. Solange z. B. nur die Schwarzen Sklaven waren, wie in den USA im 19. Jahrhundert, hatten die Weißen keinen utilitaristischen Grund, gegen die Sklaverei zu sein. Solange die Indianer entrechtet wurden, sahen die Siedler keinen Grund, dem entgegenzutreten. Solange die Juden diskriminiert und verfolgt wurden – warum sollte man dagegen sein, wenn feststand, daß man kein Jude war?

In Fragen solcher Art versagt das utilitaristische Folgenkalkül. Das Prinzip, das ihm gegenübersteht, ist das der Menschenwürde und der aus ihm abgeleitete Grundsatz, daß jeder Mensch gleichen Anspruch auf Freiheit und den Schutz des Rechts haben soll. Diese Prinzipien sind durch ein noch so langfristig und rational angelegtes Folgenkalkül nicht zu begründen, sondern schaffen rechtliche Rahmenbedingungen, die dem Schutz derer dienen, die im utilitaristischen Folgenkalkül keine Berücksichtigung finden.

Das Konzept des Rechtsgrundsatzes der Menschenwürde war und ist dazu bestimmt, den Schutz derer zu gewährleisten, die sich gegen die Vergewaltigung ihrer Interessen nicht wehren können. Es handelte sich stets um ein Konzept der Noblesse und Ritterlichkeit. Es verweist das Interessenkalkül, so berechtigt es sein mag, in die Schranken eines ihm vorgelagerten, übergeordneten, ihm Grenzen ziehendes Recht. Der Grundsatz der Menschenwürde verpflichtet uns, uns nicht nur als Mittelpunkt unseres Horizonts zu sehen und von da aus unsere Interessen zu kalkulieren, sondern gewissermaßen die Vogelperspektive einzunehmen, aus der heraus prinzipiell alle Menschen Rechtsträger und wir ihnen insofern gleich sind. Der an diesem Grundsatz entwickelte Rechtsbegriff entstand im 18. und frühen 19. Jahrhundert aus der unmittelbaren Konfrontation mit den Versuchen, Ethik nur aus Zweck-Mittelerwägung zu begründen. Diesen Versuchen gegenüber formulierte z. B. Immanuel Kant den Imperativ: „Handle so, daß du die Menschheit, sowohl in deiner Person, als in der Person eines jeden anderen jederzeit zugleich als Zweck, niemals bloß als Mittel brauchst."

Wer den Grundsatz der Menschenwürde ins Spiel bringt, sagt damit, daß er sich auf das Für und Wider des jeweiligen Zweckkalküls nicht einläßt. Er hält ihm vielmehr entgegen: es kommt auf ihre Plausibilität oder Abwegigkeit nicht an. Wie immer die Gründe: „so" kann man mit Menschen nicht umgehen, das ist ein Gebot der Menschenwürde. In erster Linie geht es um willkürliche Tötung, und hieran scheiden sich die Geister. Die einen sagen: Man kann sie in Kauf nehmen, wenn es um Emanzipation, Fortschritt, „Befreiung" geht – in verschiedenen politischen Zusammenhängen; die Ermächtigung zur willkürlichen Tötung des Embryo ist nur ein Fall unter vielen. Die anderen sagen: Dem steht der Grundsatz der Menschenwürde entgegen.

Da das Grundgesetz den Grundsatz der Menschenwürde verankert hat, muß es gerade den Übersehenen, den Schwächsten, den Hilflosen, denen, die sich nicht zur Wehr setzen können, Rechte zubilligen, und zwar aus keinem anderen Grunde als nur dem, daß sie im biologischen Sinne Menschen sind.

Die Gegner des Konzepts der Menschenwürde verspotten das als „Speziesismus": die Bevorzugung des Spezies Mensch. Sie meinen, es gehe in der Ethik nur um Glückmaximierung und um Leidvermeidung aus Mitleid. Deshalb seien Tiere dem Menschen und Menschen den Tieren rechtlich anzunähern. „Das Leben eines Neugeborenen hat also weniger Wert als das Leben eines Schweins, eines Hundes oder eines Schimpansen" (Peter Singer, Praktische Ethik, 1984, S. 169).

Das Lebensrecht des Ungeborenen scheint für manche Menschen schwer begreiflich zu sein. Denn erstens sind wir alle geboren; die Abtreibung kann uns also unter keinen denkbaren Umständen mehr betreffen. Zweitens werden die Abgetriebenen niemals Gelegenheit haben, uns Gleiches mit Gleichem heimzuzahlen.

Warum also die Schutzpflicht auf sie – ja auch auf Kleinkinder – erstrecken? Deshalb meint z. B. Peter Singer, „daß sich die Gründe gegen das Töten von Personen nicht auf neugeborene Säuglinge anwenden lassen ..., weil niemand ... sich von einer Politik bedroht fühlen könnte, die Neugeborenen weniger Schutz gewährt als Erwachsenen. In dieser Hinsicht hatte Bentham recht, der den Kindermord als etwas beschrieb, ‚was seiner Natur nach selbst der ängstlichsten Phantasie nicht die geringste Beunruhigung verschaffen kann'". (a.a.O. S. 170)

Das ist die Sichtweise des Utilitaristen, der das Prinzip der Menschenwürde einfach nicht verstehen kann. Warum kann er es nicht verstehen? Ich vermute, man kann es gar nicht verstehen, wenn man von einer materialistischen Weltanschauung durchdrungen ist in dem folgenden Sinne: Der Geist sei ein Produkt der Materie, nämlich des Gehirns, wie es sich im Laufe von Millionen Jahren nach den Gesetzen der biologischen Evolution entwickelt habe. Es gebe keinen Geist ohne Gehirn. Folglich gebe es auch weder Gott noch Engel, noch ein Leben nach dem Tode. Folglich könne auch der Mensch weder ein Geschöpf Gottes noch Gottes Ebenbild sein; er sei vielmehr ein hochentwickeltes Tier mit Intelligenz und besonderen technischen Fähigkeiten. Folglich könne man im Prinzip Menschen ebenso töten wie Tiere – es sei denn, wir verbieten das aus Gründen des utilitaristischen Folgenkalküls auf der Basis der Gegenseitigkeit. Dieses aber greife nicht bei Ungeborenen und eigentlich auch nicht bei Kleinkindern; denn diese können uns niemals vergelten, was wir ihnen durch die Tötung antun.

Die materialistische Weltanschauung ist eine Krankheit des menschlichen Geistes, die sich im 20. Jahrhundert epidemisch ausgebreitet hat. Immanuel Kant und andere Aufklärer des 18. Jahrhunderts waren ihr trotz ihrer Religionskritik noch nicht verfallen, sonst hätten sie dasPrinzip der Menschenwürde nicht so vehement verteidigen können. Dieses aber konnten sie auch nicht eigentlich begründen. Sie zehrten noch von den Selbstverständlichkeiten der religionsgeprägten Menschheitstradition, die sie in Frage stellten, ohne sich bewußt zu sein, daß sie damit die Destruktion des Gedankens der Menschenwürde vorbereiteten.

VI. Schlußfolgerungen

Wenn wir uns dies vor Augen stellen, ergibt sich folgendes Problem. Das Plädoyer für die Kompromißbereitschaft in der Abtreibungsfrage ist pragmatisch begründet; es besagt: wir wählen von zwei Übeln das kleinere. Indem wir uns zur pragmatischen Denkweise bekennen, nähern wir uns dem utilitaristischen Denken an und bestätigen es in seiner Legitimität. Die kompromißlose Denkweise impliziert demgegenüber unmißverständlich ein Bekenntnis zum Grundsatz der Menschenwürde und bringt ihn öffentlich zum Bewußtsein. Das Zeichen, das man damit setzt, ist zwar vom pragmatischen Standpunkt aus zwecklos, aber eben dieses an der puren Zweckmäßigkeit orientierte Denken will es ja in Frage stellen.

Demgegenüber läßt sich zugunsten der Kompromißbereitschaft einwenden: Mag auch die pragmatische Denkweise eine Annäherung an das rein utilitaristische Denken darstellen – sie ist deshalb noch nicht utilitaristisch. Indem der Kompromiß darauf gerichtet ist, erstens ein gewisses Rechtsbewußtsein aufrechtzuerhalten und zweitens die Zahl der Abtreibungen einzudämmen, dient er dem Schutz des Lebens und der Anerkennung, daß schon dem Embryo Menschenwürde zukommt.

Wie können wir uns dazu stellen? Das Mindeste, was sich sagen läßt, ist: Der Kompromiß ist dann und nur dann zu rechtfertigen, wenn öffentlich sichtbar wird, daß er aus der Not der Verzweiflung, aus der konkreten Zwangslage geboren und moralisch eigentlich nicht zu rechtfertigen ist. Wenn christliche Abgeordnete dem Kompromißgesetz zustimmen, so kommt alles darauf an, daß sie diese Grundhaltung dem öffentlichen Bewußtsein einprägen.

Damit meine ich keineswegs, daß die Kirche selbst Kompromißbereitschaft zeigen sollte. Im Gegenteil, sie muß die Prinzipien der Moralität unbeeinflußt von ihrer praktisch-politischen Durchsetzbarkeit rein und ungetrübt vertreten und das Unrecht, das in der Tötung des werdenden Menschen liegt, kompromißlos als solches bezeichnen.

Das bedeutet aber nicht ohne weiteres, daß sie den Abgeordneten, der in der politischen Zwangssituation die relativ bessere der beiden Alternativen wählt und sich dabei die Hände schmutzig macht, moralisch verurteilen oder sich von ihm distanzieren sollte. Sie wird gerechterweise anerkennen, daß er die Komropmißlösung als solche keineswegs wollte, sondern sich ihr nur anschließt, um eine schlimmere, vollends unverantwortliche Lösung abzuwenden.

Die Kirche braucht seine Entscheidung nicht zu billigen. Sie braucht sie nur hinzunehmen und die Abwägung seines individuellen Gewissens zu respektieren – immer vorausgesetzt, daß er eine ernste und durchdachte Gewissensentscheidung trifft, indem er von zwei unvermeidlichen Übeln das kleinere wählt. Er ist nicht verantwortlich für die Abtreibungen, die auf der Grundlage der Neuregelungen geschehen werden: er hat sie vermeiden wollen, aber nicht vermeiden können. Seine Initiative richtete sich vielmehr auf die Errichtung eines kleinen Bollwerks und auf eine gesetzliche Regelung, die sich auf das Rechtsbewußtsein positiv auswirkt. Die

Kirche respektiert zwar die Gewissensentscheidung des christlichen Abgeordneten, der sich zum Kompromiß gezwungen sieht, aber den Kompromiß als solchen billigt sie nicht.

Deshalb sollte die Kirche m.E. in der Anerkennung dieser politischen Gewissensfreiheit nicht so weit gehen, daß sich der kompromißlos bleibende Abgeordnete von ihr verlassen fühlt. Im Gegenteil: Der christliche Politiker, der sich in Treue zur Moral im allgemeinen und zur kirchlichen Lehre im besonderen dafür entscheidet, daß der Gesetzgeber das Unrecht auch nicht teilweise oder bedingt hinnehmen darf, und der deshalb die Beteiligung am Kompromiß verweigert, muß das Gefühl haben können, daß die Kirche ihn mit Liebe und Achtung umfängt, obwohl sie diejenigen nicht verurteilt, die sich zum Kompromiß entschließen.

Das „Wahre, Schöne, Gute" einst und heute

(Baden-Baden 1994)

An alten Opernhäusern und Theatern, deren Fassaden den Bombenkrieg überdauert haben, z. B. in Frankfurt, finden wir über dem Portal die Inschrift: „Dem Wahren, Schönen, Guten". Das Bürgertum des 19. Jahrhunderts sah es fast als selbstverständlich an, erstens, daß man ganz unbefangen von diesen drei Idealen reden könne, zweitens, daß sie in einem inneren Zusammenhang stehen, ja eine Einheit bilden, drittens, daß dieser Zusammenhang in der Kunst zum Ausdruck kommt oder kommen soll.

Man stelle sich vor, der Erbauer eines modernen Theaters oder Kunstmuseums wollte auch heute noch diese Formel über dem Eingang anbringen. Der Spott bliebe nicht auf Stadtrat und Lokalpresse beschränkt; er würde in allen Feuilletons Europas widerhallen – so sehr will uns Heutigen dieses Verständnis der Kunst als antiquiert erscheinen: als Ausdruck eines illusionären Idealismus des biedermeierlichen Bildungsspießers, der sich ab und an aus der trostlosen Wirklichkeit in eine künstliche Sonntagswelt flüchten und Kunst als Konsumgut genießen will. Erstens ist jeder einzelne dieser drei Begriffe fragwürdig geworden, zweitens hat folglich ihr innerer Zusammenhang seine Überzeugungskraft verloren, und drittens besteht Übereinstimmung darin, daß keiner von ihnen wesentlich zur Kunst gehört. Eine Bezugnahme auf diese drei Begriffe erschiene geradezu als Inbegriff des Kitsches.

Versuchen wir, zu verstehen, was sich da in den letzten rund 150 Jahren so grundlegend verändert hat.

Diese Trias faßte zusammen, wie das Bürgertum die ästhetischen Theorien etwa Lessings und Schillers verstanden und sich zu eigen gemacht hat. Das Wahre mußte auch im fiktiven Stoff zum Ausdruck kommen, in dem Sinne, daß er exemplarische Verwicklungen gestaltet und uns Einsichten in das menschliche Innere und in Probleme des menschlichen Zusammenlebens vermittelt. Auf das Gute warfen auch die Schurken in den Dichtungen ein indirektes Licht: sie dienten als Gegenbild, als Folie, vor dem die edle Gesinnung und heldenhafte Tat um so deutlicher in Erscheinung traten und um so strahlender leuchteten. Das Theater sollte nicht bloß der Unterhaltung und Zerstreuung dienen, sondern zugleich der sittlichen Erziehung des Volkes, der Veredlung seines Charakters.

Schiller schrieb, es gehe darum, das Volk reif zu machen für die freie Selbstbestimmung – zunächst im moralischen und damit dann auch im politischen Sinn.

Selbstbestimmung bedeutete ihm nicht Beliebigkeit, sondern Verantwortung für das Rechte und Gute nach den beiden Gesetzen, die er – in Anlehnung an Kant – so formulierte: „Schone fremde Freiheit" und „zeige selbst Freiheit".

Das Gute war ihm zugleich das Schöne. Kant korrigierend fügte er hinzu: Die Charaktervollkommenheit eines Menschen sei „moralische Schönheit". Doch diese trete erst ein, „wenn ihm die Pflicht zur Natur geworden ist", oder in anderer Wendung: wenn der Mensch seiner Neigung, „dem Affekt die Leitung des Willens ohne Scheu überlassen darf". In diesem Sinne definierte er: Selbstbestimmung sei: „das Wesen der Schönheit" und somit „das gemeinsame Gesetz für Sittlichkeit, Erkenntnis und Kunst". Oder in anderer Wendung: „Diese große Idee der Selbstbestimmung strahlt uns aus gewissen Erscheinungen der Natur zurück, und diese nennen wir Schönheit". Ich betone hier das Wort „Natur". Denn Schiller sprach die Selbstverständlichkeit aus, daß ein Kunstwerk nicht bloß wegen seiner moralischen Absicht als schön gelten könne: Dazu gehört vielmehr die gelungene formale Gestaltung. Seine Balladen und Dramen zeigen ihn ja auch als einen Meister der Form. Aber immerhin: Allein die gelungene Form bei beliebigem Inhalt machte das Kunstwerk für Schiller nicht schön. Dazu gehörte für ihn vielmehr, daß die moralische Schönheit in ihrer Wahrheit direkt oder indirekt aufleuchtet, an Gemüt und Willenskräfte appelliert und unseren Verstand überzeugt.

Die deutsche Klassik verstand sich in vieler Hinsicht als Renaissance der Kultur der Griechen und orientierte sich in Architektur, Skulptur, in Epen und Dramen an ihrem Vorbild. Sie übernahm auch in ihrem Kunstverständnis unausgesprochen vieles aus ihrer Philosophie, insbesondere derjenigen Platos. In dieser finden wir den eigentlichen Ursprung des Zusammenhangs jener Trias: Das Wahre ist, was gut und schön ist, das Gute ist zugleich das Wahre und Schöne, schön ist nur, was zugleich das Wahre und Gute repräsentiert. Während bei Schiller dieser Zusammenhang ein wenig zufällig und konstruiert erscheint, wird er bei Plato aus einem übergeordneten Begriff des Kosmos begreiflich, in dem die Götter walten und aus dem heraus der Nomos seine Verbindlichkeit erlangt. Im Hintergrund standen die Mysterienstätten, z. B. die orphischen, dionysischen, eleusinischen Mysterien. Ihre Autorität galt zwar auch in der großen Kulturepoche des 5. und 4. Jahrhunderts nicht unangefochten. Immerhin aber vermochten ihre Eingeweihten kraftvoll genug die Kultur zu inspirieren. Ohne diesen Einfluß wären Kunst, Dichtung und Philosophie der Griechen unvorstellbar.

Gewiß kannten die Griechen auch eine empirische Naturbetrachtung. Sie verfügten sogar über einen hohen Standard an Empirie und Mathematik und brachten erstaunliche technische Leistungen hervor, von denen ihre Bauten, ihre Waffen, ihre Schiffahrt Zeugnis ablegen. Auch ihnen war bekannt, daß die großen Fische die kleinen fressen, daß in der Natur das Prinzip vom Recht des Stärkeren waltet. Viele folgerten, daß sich ein Naturrecht nicht an den Gesetzen des Kosmos, sondern an denen der empirischen Natur zu orientieren habe, wie Kallikles und Trasymachos in den Sokratischen Dialogen. Tatsächlich haben sich die Griechen im politischen

Machtkampf am Prinzip vom Recht des Stärkeren orientiert: Sie kämpften schonungslos und machten sich die Besiegten zu Sklaven.

Aber ihre Frömmigkeit bewahrte sie im Großen und Ganzen davor, in diesem Naturbegriff mehr als einen Teil der Wahrheit zu sehen. Das Ganze der Wahrheit umfaßte die Wirksamkeit der Götter und die Gesetze des Kosmos, die im Nomos der Tradition überliefert waren, und diese forderten Ehrfurcht und Achtung. Nur vor diesem Hintergrund lassen sich die Werke eines Pindar oder Phidias, eines Äschilos, Sophokles oder Euripides oder der großen Philosophen verstehen.

Und so war es in allen großen Kulturepochen. Wir brauche nur an die Namen der Größten unter den Großen zu erinnern, in der Dichtkunst z. B. an Vergil, Dante, Shakespeare, Cervantez, Goethe, Dostojewski oder Tolstoi, oder in der Bildenden Kunst an Michelangelo, Raffael, Leonardo, oder an die großen Dombaumeister und Maler, oder an Bach, Mozart, Beethoven, der sagte: Musik ist höhere Offenbarung als alle Weisheit und Philosophie. Die einen waren Christen, die anderen Heiden oder, wie in der deutschen Klassik, Neuheiden: Sie dachten theistisch oder auch polythistisch, wie die Griechen. Das ist nicht, worauf es hier ankommt. Gemeinsam ist ihnen in allen eine Grundhaltung der Ehrfurcht gegenüber dem Göttlichen, wie immer sie es verstanden, und dieses betrachteten sie als Ursprung ihrer Inspiration, Genialität und Kreativität. In dieser Ehrfurcht vor allem Göttlichen waren die Begriffe des Wahren, Schönen und Guten begründet, und nur unter dieser Voraussetzung auch läßt sich ihr innerer Zusammenhang verstehen. Gewiß sind nicht alle, die diese Grundhaltung der Ehrfurcht teilen, Genies. Wer sie aber nicht teilt und folglich in dem Zusammenhang des Wahren, Schönen und Guten keinen Sinn erblickt, dessen künstlerische oder philosophische Schöpfungen waren zu allen Zeiten bestenfalls zwei- oder drittrangig.

Und wie mit den großen Meistern, so ist es auch mit den großen Kulturepochen. Die gesamte Kulturentwicklung der Menschheit hat sich in Wellen bewegt. Es gab Epochen der Degeneration und der Regeneration, Epochen der Ermüdung, der Erschlaffung, des Egoismus, des rein materiellen Denkens. In ihnen traten auch in Kunst und Literatur das Unwahre, Schlechte und Banale hervor. Es gab Epochen des Aufbruches, des Blühens, der vitalen Erhebung des menschlichen Geistes. Sie schlugen sich nieder in Werken des Wahren, Guten und Schönen.

Die Epochen lassen sich nicht immer scharf trennen, sie überlappen sich in verschiedenen Zeiten und Völkern. Jedenfalls bringen die großen Kulturepochen immer in irgendeiner Weise eine Ehrfurcht vor dem Göttlichen mit sich oder umgekehrt: Sie gehen aus ihr hervor. Ursache und Wirkung lassen sich nicht klar bestimmen: Man kann vielleicht sagen: Ehrfurcht und Größe gehen Hand in Hand.

Unsere Gegenwart scheint eher eine Epoche der Degeneration zu sein. Man reist nicht, um moderne, sondern um alte Städte zu sehen: Im Zentrum ein Marktplatz mit einem Dom, Rathäuser und Bürgerhäuser mit reich geschmückten Fassaden, ein Brunnen, Stätten der Gastlichkeit. Warum sollte man ein Stadtzentrum besichtigen mit Wolkenkratzern, Kaufhäusern, Garagen und Tankstellen? Wir finden bis in die

erste Hälfte unseres Jahrhunderts hinein herrliche Malerei und große Musik. Zeitgenössische Malerei und Musik sind nicht selten allenfalls interessant, manchmal lä-
cherlich. Auch in Romanliteratur und Lyrik scheint das Jahrhundert einen deutlichen
Abstieg zu zeigen. Die größten Kunstwerke unserer Zeit sind vermutlich Filme.

Die Künstler können auch gar nicht anders: Es gälte als Inbegriff des Kitsches,
den Menschen, wie bei den Griechen, in der Skulptur von seinen edelsten Seiten
zu zeigen, schöne Landschaften zu malen, herzergreifende Musik zu schaffen und
so weiter. Die Menschen suchen deshalb mit Vorliebe Stätten älterer Architektur
auf, hören ältere Musik, besuchen Museen mit alter Malerei, gehen gern in klassische Opern oder Dramen, vorausgesetzt, daß die Regisseure sie nicht „modernisiert" und verfremdet haben.

Zeitgenössische Kunst vermittelt lieber soziales Elend, Depression, Langeweile,
Verzweiflung, allenfalls nüchtern-rationale Utilität, und dies alles in der Regel
nicht, wie in der Klassik, um das Schöne und Edle vor diesem Hintergrund um so
deutlicher hervortreten und leuchten zu lassen, sondern oft, um der puren Hoff-
nungslosigkeit Ausdruck zu geben. Dies gilt in verstärktem Maße nach dem Zusammenbruch der marxistischen Bewegung, die lange Zeit als die einzige und
letzte Hoffnung der Menschheit galt.

Dieser merkwürdige Degenerationsprozeß geht eigentümlicherweise Hand in
Hand mit einer philosophischen Weltbetrachtung, in der die Begriffe des Wahren,
Guten und Schönen ihre Bedeutung verloren haben.

Lassen sie mich das zunächst am Begriff des Guten anschaulich machen, und
zwar, um aus meinem Fachgebiet zu sprechen, an den Begriffen von Recht und
Gerechtigkeit, die ja in der Ästhetik der Klassiker eine zentrale Rolle spielten. In
der heutigen Rechtsphilosophie gelten Begriffe wie Naturrecht und Gerechtigkeit
als antiquiert. Zur absolut herrschenden Lehre sind Relativismus und Positivismus
geworden. Denn, so heißt es, es gebe die verschiedensten Ansichten darüber, was
Recht und Gerechtigkeit seien. Verschiedene Parteien, verschiedene Völker und
Zeiten hätten unterschiedliche, zum Teil entgegengesetzte Auffassungen davon.
Angesichts ihres gleichen Anspruchs auf Geltung gäbe es keine Möglichkeit, aus
dem Meinungsstreit mit wissenschaftlicher Objektivität herauszutreten und ihn kritisch zu beurteilen. Jeder könne nur eine subjektive Meinung dazu haben. Wenn im
Grundgesetz Menschenwürde, Freiheit und Gleichberechtigung zu Grundwerten
erklärt seien, so gelte dies nicht aufgrund von im Laufe der Rechtsgeschichte gewonnenen Einsichten, sondern kraft positiver Setzung. Zu dieser Setzung sei es gekommen, weil sich dahingehende, aber durchaus subjektive und insofern relative
Meinungen zufällig durchgesetzt hätten. Politische Systeme, die die Menschen versklaven, willkürlich verhaften, foltern und morden, seien vom wissenschaftlichen
Standpunkt aus prinzipiell als gleichwertig anzusehen. Man könne in der Rechtsgeschichte weder von Fortschritt noch von Rückfällen reden, sondern nur von einem Gewoge von Machtkämpfen, in dem sich mal die eine, mal die andere An-

schauung durchsetze. Es gäbe hier keine Einsichten, sondern nur relative und prinzipiell gleichwertige Ansichten.

Die Rechtsphilosophie ist ein besonderer Zweig der Ethik, und was für sie gilt, gilt für die Ethik im allgemeinen. Was gut und böse ist, gilt als Sache der subjektiven Auffassung oder der gesellschaftlichen Konventionen. Ethische Theorien könnten allenfalls Vorschläge erarbeiten, über Nützlichkeiten reflektieren und persönliche Meinungen wiedergeben.

Hinter dieser Relativierung des Guten steht eine ebenso grundsätzliche Relativierung des Begriffs des Wahren. Nicht einmal in den empirischen Naturwissenschaften hat der Begriff der Wahrheit unumstrittene Geltung: Es gibt nur bestätigte oder als falsch erwiesene Hypothesen. Die Bestätigung der Hypothese zeigt sich in erster Linie in der technischen Verwendbarkeit der Einsicht: Die Maschine funktioniert, das Arzneimittel zeigt statistische Wirksamkeit usw.

In den geisteswissenschaftlichen Disziplinen hebt die sog. „konstruktivistische" Konzeption den Wahrheitsanspruch auf: Unser Vorverständnis selektiert und gewichtet die Wahrnehmung, ohne daß eine Korrektur möglich ist. Für journalistische und andere Berichte gilt der Anspruch auf Wahrheit und Objektivität als prinzipiell verfehlt, als ein Instrument, die Freiheit der Presse zu knebeln. Die Wirklichkeit werde aus der Subjektivität des Beobachters heraus konstruiert.[1]

Was für die Begriffe des Wahren und Guten gilt, gilt entsprechend für den Begriff des Schönen. Auch dies lassen Sie mich als Juristen mit Beispielen aus der Rechtsprechung erläutern. Das Grundgesetz garantiert die Kunstfreiheit vorbehaltlos. Die Gerichte sagen zwar mit Recht: auch häßliche und niederträchtige Kunstwerke können Kunst sein, dies habe der Staat nicht zu beurteilen, da Kunst auf individuelle Kreativität angewiesen und sich deshalb begrifflich nicht normieren lasse. Aber die Gerichte gehen noch einen Schritt darüber hinaus und erlauben im Rahmen der Kunstfreiheit auch die Verletzung der Rechte anderer und der Gemeinschaft. So ist es z. B. erlaubt, öffentlich darzustellen, wie auf die Bundesflagge uriniert wird; oder die Nationalhymne in verunglimpfender Weise umzudichten oder über dem gekreuzigten Christus die Aufschrift „Inri" durch die Aufschrift „Tünnes" zu ersetzen. Dies alles verletzte zwar Straftatbestände, aber die Kunstfreiheit gehe vor. Zur Frage der Pornographie hat unsere Rechtsprechung judiziert: „Kunstfreiheit geht vor Jugendschutz". Eine Ausnahme von dieser Regel wurde später nur bei sogenannten „schwer jugendgefährdeten Schriften" wie bei Kinderpornographie gemacht. Die Väter des Grundgesetzes wollten die Kunst nach den Erfahrungen der Nazizeit und des Kommunismus vor Zensur schützen, aber sie haben nicht gewollt, daß die Kunst über die elementaren Rechte anderer Menschen einfach hinwegschreiten darf. Doch die Rechtsprechung der Gerichte paßt sich an die Zeitverhältnisse an. Sie ist insofern ein Spiegel dieses eigentümlichen Degenerationsprozesses.

---

[1] Vgl. hierzu den Beitrag: „Wahrheit" in Funk und Fernsehen, oben S. 173 ff.

Dostojewski stellte in der Romanliteratur des 19. Jahrhunderts die des Realismus der des Idealismus gegenüber und verwarf beide. Realisten wollten die Menschen beschreiben, wie sie wirklich seien: egoistisch, eifersüchtig, habsüchtig, heuchlerisch und gemein. Die Idealisten gestalteten schöne Seelen, wie es sie aber in Wirklichkeit gar nicht gebe. In seiner berühmten Puschkin-Rede feierte er Puschkin als großen Dichter mit dem Argument: er sei weder Realist noch Idealist, sondern verbinde beides. Er habe als Realist ideale Gestalten geschaffen. Als Beispiel verweist er auf Tatjana in Eugen Onegin, von der er sagt: sie verzichtet auf ihr Glück, weil sie es nicht auf dem Unglück eines anderen aufbauen wollte. „Diesen Typ", sagt er, „gibt es wirklich, von dem kann niemand sagen, er sei vom Dichter frei erfunden." Suche das Ideale in der Realität! war sein Appell – nicht nur als Maßstab für die Literatur, sondern als allgemeine Lebensmaxime. Und wieso ist diese Opferbereitschaft das Ideale? Kann man denn wissen, was gut und schön ist? Dostojewski antwortet: „Nicht außerhalb deiner ist die Wahrheit, sondern in dir selber, bemächtige dich deiner und du wirst die Wahrheit erleben". Anders gesagt: es kommt nicht auf das an, was wir so mit dem allgemeinen Gerede reden, sondern auf das, was wir im Grunde wirklich wissen, wenn wir in Ruhe in uns hineinhorchen.

Dieser Maxime folgend, habe ich in rechtsphilosophischen Diskussionen die Relativisten oft gefragt: Sind sie im Grunde ihres Herzens wirklich der Überzeugung, daß ein Folterstaat gleichwertig neben einem menschenrechtsachtenden Staat steht? – Antwort: Ja. Ich bin persönlich zwar für den Rechtsstaat, aber das ist nur eine subjektive Meinung wie die entgegengesetzte Meinung auch. – Den Mördern von Auschwitz billigen Sie gleiches Recht zu? Dann beginnt das Zögern: Ja, in gewisser Weise, wenn auch eigentlich nicht, rational ja, emotional nein. – Wie kommen sie zu dieser emotionalen Einstellung? Haben sie vernünftige Gründe dafür, die sich in Worte fassen lassen? Und dann stellt sich heraus, daß die Leute sehr wohl wissen, was gut und böse, Recht und Unrecht, Fortschritt und Rückfall ist. Relativismus und Positivismus waren bloß ein oberflächliches Geschwätz – zwar herrschend auf rechtsphilosophischen Kongressen, aber wider das eigentlich bessere Wissen.

Die Konstruktivisten, die den Wahrheitsbegriff nicht gelten lassen wollen, bitte ich, sich vorzustellen, sie gerieten durch unglückliche Umstände in den Verdacht eines Mordes und würden angeklagt. Ich frage: Würden sie dem Staatsanwalt zubilligen, daß er aus seiner Subjektivität heraus die Wirklichkeit konstruiert? Würden sie sich bereitwillig verurteilen lassen, oder würden sie sagen: die Anklage beruht auf Irrtum und keineswegs auf Wahrheit? Von hier ausgehend kommen wir dann schrittweise zu einer vernünftigen Diskussion über die Begriffe des Wahren und Falschen, und die mit so viel Überzeugungskraft vorgetragene Philosophie des Konstruktivismus bricht zusammen.

Ähnlich ist es im Blick auf das Schöne: die Behauptung, eine Schnulze von Heino sei den Werken von Bach oder Schubert prinzipiell gleichwertig, ist zwar schnell dahergeredet, wird aber im Ernst nicht durchgehalten.

Wir wissen im Grunde alle, daß das Gute, Wahre und Schöne keineswegs überholte Begriffe sind. Und wir machen die Erfahrung, daß eine Epoche, die sie in ihrem Selbstverständnis so einschätzt, nur zu Banalitäten führen kann.

Dostojewski meinte an anderer Stelle: Wo „das geistige Ideal zu verfallen begann, da begann zugleich die Nation zu verfallen ... und verfiel auch das soziale Ideal". Und: „hervorgegangen aber ist die sittliche Idee immer ... aus Überzeugungen, daß der Mensch ewig sei, unsterblich, daß er nicht wie ein gewöhnliches Erdentier nur sein Leben friste, sondern mit anderen Welten und der Ewigkeit verbunden sei." Diese Überzeugung ist zwar keine hinreichende, aber eine notwendige Bedingung aller großen Kulturen – nicht nur in der Kunst, sondern auch im sozialen Leben, im Recht, in Politik und Philosophie.

Es gibt deshalb keinen Grund zur Resignation. Immer schon gab es Epochen der Degeneration, und immer sind ihnen Epochen der Regeneration, des Aufbruchs, der Renaissance, des Aufblühens gefolgt. Inmitten all dieser intellektuellen und künstlerischen Armseligkeit gibt es neue Bemühungen und Anlaß für Hoffnung. Gideon Fontalba hat es einmal so ausgedrückt: „Es kommt darauf an, die Quellen unter den Steinen aufzudecken".

Die neue Weltanschauungskontrolle

(Wittenberg 1994)

Die Aufklärung des 18. und 19. Jahrhunderts hatte ein doppeltes Gesicht: ein theologisches und ein politisches. Theologisch entwickelte sie die „aufgeklärte Weltanschauung" und interpretierte die Religion so, daß sie sich in diese einfügt. Politisch trat sie für die Freiheit ein und hat darin große Verdienste. Wir verdanken ihr z. B. die Rechtsinstitutionen des demokratischen Verfassungsstaats und damit die Überwindung von Absolutismus und Konfessionsunterdrückung, von Folter und Hexenverbrennung, von Sklaverei und Diskriminierungen verschiedener Art. Da der Staat auf allerlei Weise mit den Kirchen verflochten war, gingen theologische und politische Aufklärung Hand in Hand.

Das ist Geschichte. Im Laufe des 20. Jahrhunderts zeigte sich, daß theologische und politische Aufklärung zweierlei sind, ja in Gegensatz zueinander treten können. Die theologische Aufklärung hatte die intellektuellen Voraussetzungen geschaffen, unter denen z. B. die Einordnung der sogenannten „Deutschen Christen" in den Nationalsozialismus möglich wurde. An die Stelle der christlichen Eschatologie traten mythische Surrogate mit den Juden als Antichrist und dem Führer als Heilsbringer. Der Widerstand der Bekennenden Kirche wurde von Christen getragen, die theologisch als „nicht aufgeklärt" galten. Dasselbe Phänomen wiederholte sich im Arrangement mit dem Sozialismus. In der Regel galt: je aufgeklärter die Theologie, desto anpassungsfähiger an die kommunistischen Verhaltenswünsche und Denkweisen.

Die aufgeklärten Theologen erinnern nun, nach dem Zusammenbruch der beiden Totalitarismen, lieber wieder an den historischen Zusammenhang von theologischer und politischer Aufklärung. Sie sind indes nur in dem Maße glaubwürdig, in dem sie die Freiheit der Andersdenkenden respektieren. Nicht selten zeigen sich jedoch Tendenzen zu einem Totalitäts- und Alleinherrschaftsanspruch der aufgeklärten Weltanschauung. Andersdenkende, und vor allem auch gläubige Christen im traditionellen Sinne werden in zunehmendem Maß einer neuen Weltanschauungskontrolle unterworfen, deren Maßstab die aufgeklärte Weltanschauung ist.

Um diesen Vorgang anschaulich zu machen, gilt es zunächst, die aufgeklärte Weltanschauung, die jetzt allgemein-verbindlich gemacht werden soll, in groben Umrissen zu skizzieren. Gewiß wäre jede Einzelheit der Ausführung und Differenzierung bedürftig. Das Allerwesentlichste läßt sich aber vielleicht – in aller Vorsicht – so zusammenfassen.

Die aufgeklärte Weltanschauung setzt sich aus vier Komponenten zusammen. Erstens ist wesentlich die für das Denken des 18. Jahrhunderts kennzeichnende Umkehr der Begründungspflicht und Beweislast. Nicht die Abwendung vom Glauben galt mehr als begründungsbedürftig, sondern der Glaube. Zugleich wurden die Anforderungen an die Begründung so definiert, daß niemand ihnen genügen konnte. Als annehmbar galt nur, was empirisch oder logisch zu beweisen war. Was innerhalb der empirischen Wissenschaften seinen sinnvollen Ort hat, wurde verallgemeinert und auf die alltäglichen Lebensvollzüge übertragen. Christen machen aber ihr Vertrauen in die Göttlichkeit der Offenbarung nicht von ihrer wissenschaftlichen Erweislichkeit abhängig – ebensowenig wie das Vertrauen in die Liebe der Eltern oder die Zuverlässigkeit des Freundes. Gottesbeweise waren nie der Grund des Glaubens, sondern gehörten zur sekundären Apologetik. Doch nachdem Kant die vier klassischen Gottesbeweise als unschlüssig widerlegt hatte, wurden die Christen vor die Alternative gestellt: entweder ihr legt überzeugende Gottesbeweise vor, oder eure Weise der Rede von Gott gilt für vernünftige Menschen fortan als nicht mehr akzeptabel.

Als akzeptabel sollte bisher nur gelten, was mit den Methoden der Wissenschaften – sei es der Naturwissenschaften, sei es die Geschichtswissenschaft – als gesicherte Erkenntnis gewonnen werden kann. So war z. B. für die historisch-kritische Bibelexegese des 19. Jahrhunderts die rationalistische Beweislastverteilung kennzeichnend. Sie suchte nicht, diese oder jene Einzelaussage der Bibel zu widerlegen, sondern wollte umgekehrt nur noch gelten lassen, was historisch als Tatsache feststellbar ist – und das ist so gut wie nichts.

Eine zweite wesentliche Komponente der aufgeklärten Weltanschauung hat ihren Ursprung in der Theodizee-Diskussion des 18. Jahrhunderts. Es hieß: Gott könne nicht gleichzeitig gültig und allmächtig sein. Man könne ihn von dem Vorwurf der Grausamkeit nur entlasten, indem man ihn aus der Welt verbanne oder seine Existenz bestreite. Der Mensch sei für die Überwindung der Übel der Welt selbst verantwortlich. Ohne ein progressistisches Engagement sei er an ihnen schuldig durch Unterlassen. Das Gottvertrauen der Christen – Gottes Gedanken sind nicht unsere Gedanken (Jes. 55,8) – ließ die Christen als quietistische oder reaktionäre Hemmnisse des Fortschritts und folglich als moralisch verächtlich erscheinen.

Manche Christen versuchen sich diesem Vorwurf zu entziehen, indem sie ein Übersoll an progressistischer Gesinnung erfüllen. Sie verstehen nicht, warum sie damit nicht mehr erreichen als ein herablassend-wohlwollendes Schulterklopfen. Die aufgeklärte Weltanschauung verlangt die restlose Preisgabe jeglichen Vertrauens in die Gegenwart eines gültigen und allmächtigen Gottes in der Welt.

Eine dritte wesentliche Komponente ist seit dem 19. Jahrhundert die materialistische Weltanschauung: Geist sei ein Produkt der Materie, nämlich des Gehirns, das sich im Laufe der Evolution herausgebildet habe. Ohne ein materielles Gehirn könne es Geist nicht geben. Folglich gebe es weder den Geist der göttlichen Personen noch die Präexistenz Christi, noch seine Auferstehung und Wiederkunft, noch ein Fortleben nach dem Tode, noch Engel, Erzengel usw.

Die entscheidende Frage, mit der das materialistische Weltbild steht und fällt, ist, ob Geist, individuelles Bewußtsein notwendigerweise an das Funktionieren des leiblichen Gehirns gebunden ist oder unabhängig von ihm bestehen kann. Die extreme, aber gerade dadurch anschaulichste Aussage des Materialismus lautete: Gedanken seien Absonderungen des Gehirns „wie Galle Absonderungen der Leber oder der Urin Absonderung der Nieren". Die Seelentätigkeit sei eine „Funktion der Gehirnsubstanz". Anzunehmen, daß sich die Seele des Gehirns als eines Instrumentes bediene, sei „reiner Unsinn" (Carl Vogt[1]).

Differenzierte Materialisten drücken sich vorsichtiger aus. Da Gedanken ja nicht wie die Galle Materie sind, auch nicht bloß Materie in einem anderen Aggregatzustand, bedürfe es der Klärung, wieso Materie nicht bloß Materie absondere, wie es also zum Übergang von Materie in Geist komme. Sie gestehen zu, daß in diesem Bereich das Wesentliche noch unerforscht sei. Sie beharren aber darauf, daß jedenfalls der Geist durch seine materielle Grundlage im Gehirn bedingt sei, wie immer das im einzelnen zu verstehen sei. Zerstörungen von einzelnen Gehirnpartien geben ja in der Tat Gelegenheit zur Beobachtung von Bewußtseinsveränderungen. Die Bindung unseres Bewußtseins an die physische Grundlage ist erwiesen und evident. Die Schlußfolgerung, daß es deshalb außerhalb des irdisch-biologischen Lebens kein Bewußtsein geben könne, ist zwar nur eine spekulative, weltanschauliche Setzung. Sie scheint aber so nahezuliegen, daß die gegenteilige Annahme als unwahrscheinlich gilt. Unter diesen Prämissen kann eine Religion, die von Inkarnation, einem Leben nach dem Tode, von Auferstehung, Engeln und Teufeln redet, unmöglich Bestand haben.

Das seien alle Ausgeburte menschlicher Phantasie. Damit war die rationalistische Beweislastverteilung überschritten. Es galt nunmehr ein weltanschauliches Dogma, für dessen Gültigkeit weder empirische noch logische Beweise vorgelegt werden konnten. Um so unerbittlicher wurde seither jeder Zweifel daran als Ausweis intellektueller Rückständigkeit gebrandmarkt.

Die vierte Komponente ist die psychologistische: Es lasse sich psychologisch erklären, wie das menschliche Gehirn in einer gewissen Phase der Evolution dazu gekommen sei, religiöse Vorstellungen hervorzubringen, z. B.: der Mensch wolle sich mit seiner Sterblichkeit und Weltverlorenheit nicht abfinden, mache sich illusionäre Hoffnungen, suche den Realitäten des irdischen Jammertals zu entfliehen, kurz: er projiziere seine Wünsche an die Himmelsscheibe.

Der christliche Glaube, wie ihn das Credo zusammenfaßt, muß im materialistischen Weltbild vernünftigerweise uminterpretiert, für den „heutigen Menschen" annehmbar gemacht werden. Die Sichtweise drängt sich auf: vor zweitausend Jahren habe sich der Mensch noch naiv-mythologische Vorstellungen von nicht mate-

---

[1] *Carl Vogt*, Physiologische Briefe für Gebildete aller Stände, 2. Aufl. 1854, S. 323.

riegebundenen Geistern gemacht, von einem Himmel mit Göttern und Engeln, von Präexistenz und einem Leben nach dem Tode, man hielt „Offenbarungen Gottes" und sogar eine Auferstehung von den Toten für möglich. Das hätten vernünftige Menschen schon damals für abwegig gehalten. Nunmehr seien wir angesichts der rationalwissenschaftlichen Entwicklung des modernen Bewußtseins endgültig darüber hinausgewachsen. Es gebe zwar ein „Bedürfnis nach" religiösen Vorstellungen; deshalb hätten die Religionen noch Bestand. Tiefenpsychologie und Soziologie erlaubten uns aber, dieses Bedürfnis aus seinen Funktionen für das praktische Leben zu erklären. Diese Funktionen ließen sich, wenn man wohlwollend ist, positiv werten: z. B. wegen der irrational-gemüthaften oder moralischen Bedeutung der Religionen oder ihrer Eignung zur Bewältigung des Unverfügbaren (Religion als „Kontingenzbewältigungspraxis" – Lübbe), aber auch negativ, z. B. als Flucht vor der Akzeptanz der Realitäten.

Dieser psychologistische Ideologieverdacht ergänzt die materialistische Weltanschauung von einer anderen Seite her und teilt ihren dogmatischen Charakter. Er leidet zudem an elementaren logischen Fehlern. Erstens erhebt er den Verdacht zur Gewißheit, zweitens generalisiert er, was im Einzelfall berechtigt sein mag, drittens zieht er einen Schluß auf die Unwahrheit religiöser Aussagen, was logisch unzulässig ist. Es könnte ja z. B. sein, daß der Mensch ein „religiöses Bedürfnis" deshalb hat, weil er tatsächlich ein Kind Gottes ist und Gott es in ihn hineingelegt hat.

Die aus den vier Komponenten zusammengesetzte aufgeklärte Weltanschauung tritt in mancherlei Varianten auf. Diese unterscheiden sich im wesentlichen in der Hervorhebung oder Ausführung der einen oder anderen Komponente, mitunter auch in der Beschränkung auf zwei oder drei von ihnen. In der Regel schwingen aber alle vier mehr oder weniger unausgesprochen mit.

Vorstellungsweisen solcher Art galten im 18. und vor allem im 19. Jahrhundert als notwendige Konsequenz aus den naturwissenschaftlichen, historischen und psychologischen Erkenntnissen. Halten sie auch der kritischen Reflexion nicht stand und gelten heute selbst bei vielen Wissenschaftlern als überholt, so beherrschen sie doch nach wie vor das „geistige Klima" der breiten Öffentlichkeit.

Christen sind in der argumentativen Auseinandersetzung mit der aufgeklärten Weltanschauung in einer ausweglosen Position, nicht weil diese erweislich wahr wäre, sondern weil sie, ohne es zu sein, mit einer so gut wie unwiderleglichen Vermutung ihrer Berechtigung ausgestattet ist. Die aufgeklärte Weltanschauung gilt gesellschaftlich als das schlechthin Selbstverständliche, gegen das man nicht argumentieren kann, ohne sich zu isolieren und unmöglich zu machen.

Christen können sich nur darauf besinnen, daß ihnen Christus nicht den Auftrag erteilt hat, den Glauben durch Argumente zu verbreiten, sondern durch ihr Zeugnis. Auch er hat seine Jünger schließlich nicht durch rationale Diskussionen gewonnen. Was sie überzeugte, war die unmittelbare Begegnung mit seiner Person, später die Begegnung mit dem Auferstandenen, schließlich die Berührung durch den Heiligen Geist. Daß Christus in dem Menschen Jesus auf Erden gegenwärtig war und daß er auferstanden ist, das wissen wir oder wissen wir nicht. Weder im einen noch im anderen Fall bilden Argumente den ausschlaggebenden Faktor.

Die vier Komponenten der aufgeklärten Weltanschauung präsentieren sich zwar mit Argumenten; diesen als Axiom vorgeschaltet sind jedoch willkürliche Setzungen – Beweislastregeln und dogmatische Ausgangspositionen, zu deren Akzeptierung die Vernunft keinen überzeugenden Anlaß hat. Sie haben ihren Ursprung nicht in der Sphäre des Intellekts, sondern des Willens. Aus diesem heraus sind sie zielorientiert gesetzt, und zwar in allen vier Komponenten so, daß der christliche Glaube keinen Bestand haben kann. Christen haben Anlaß zu der Vermutung, daß diese Willensentscheidung anti-christlich gesteuert ist.

Wie auch immer: dieser Ursprung im Willen macht die Motivation begreiflich, aus der heraus die theologische Aufklärung ihre historische Verknüpfung mit der politischen Aufklärung aufgibt. Die Prinzipien der politischen Aufklärung fordern von den Vertretern der aufgeklärten Weltanschauung eigentlich, die Freiheit der Andersdenkenden unangetastet zu lassen und zu verteidigen und z. B. den gläubigen Christen mit Toleranz und Achtung zu begegnen. Tatsächlich aber sehen die Aufgeklärten in den Gläubigen eine unerträgliche Herausforderung. Es erfüllt sie mit Unverständnis und Entrüstung, daß nach Jahrhunderten der theologischen Aufklärung noch immer Leute herumlaufen, die sich in einer Weise als Christen bekennen, als hätte diese Aufklärung nicht stattgefunden. Soll denn alles umsonst gewesen sein? Ehe sie das anerkennen, suchen sie die Abweichler unter Druck zu setzen, zu isolieren, auszugrenzen, gesellschaftlich zu ächten, kurz: ihrer Weltanschauungskontrolle zu unterwerfen.

Dies geschieht zunächst innerhalb der Großkirchen, sodann mit Hilfe der Medien und schließlich neuerdings unter Inanspruchnahme des Staates. Zur ersten Stufe: In der evangelischen Kirche gibt es evangelikale, pietistische, charismatische Gruppen und Erweckungsbewegungen, in der katholischen Kirche verschiedene traditionale Orden und Vereinigungen, wie die Schönstatt-Bewegung, die Petrus-Bruderschaft, die katholischen Pfadfinder Europas, die Focolarini, die Legio Mariens und ähnliche. Viele stehen sich zwar untereinander oft kritisch gegenüber, aber sie stoßen gemeinsam auf das Mißfallen der theologisch gebildeten, aufgeklärten, modernen, fortschrittlichen, aufgeschlossenen, vernünftigen Leute, die in den Synoden und Kirchenleitungen, in den Verbänden, bei den Kirchentagsorganisatoren, in den theologischen Fakultäten und im ökumenischen Weltrat der Kirchen eine oft maßgebliche Rolle spielen. Sie erscheinen ihnen als ein Fremdkörper in der Gemeinschaft, als Aufwiegler, als Herausforderer, die schon durch ihr bloßes Dasein den stummen Vorwurf erheben: ihr Aufgeklärten habt den christlichen Glauben verraten. Oft auch ist der Vorwurf nicht stumm, sondern artikuliert sich deutlich: „kein anderes Evangelium", „Kirche muß Kirche bleiben", „das Wort sie sollen lassen stan" , „Kirche in Not" usw.

Die Antwort der Herausgeforderten lautet zunächst: das seien alles Fundamentalisten. Der Vorwurf ist für die Betroffenen gefährlich. Fundamentalisten z. B. als

Pfarrer einzusetzen, gilt als unzumutbar für die Gemeinde, vor allem in den Städten, wo die Gemeindemitglieder gebildete Leute sind. Sind sie bereits Pfarrer, muß man sie versetzen, entlassen oder disziplinieren.

Unter „Fundamentalisten" verstand man ursprünglich jene nordamerikanischen Protestanten, die sich erstens unter Berufung auf wörtliche Bibelauslegung gegen naturwissenschaftliche Erkenntnisse sperrten und zweitens mit Hilfe des Staates bibelwidrige Lehren in Unterricht und Schrifttum unterdrücken wollten. Kennzeichen des Fundamentalismus sind also intellektuelle Beschränktheit und politische Intoleranz.

In der Tat besteht ja für Christen kein Grund, sich den Methoden und Ergebnissen der Wissenschaften zu verschließen, sie können im Gegenteil ganz unbefangen an der wissenschaftlichen Arbeit mitwirken. Sie müssen manches aufgeben, was frühere Generationen als Bestandteil des sogenannten christlichen Weltbilds ansahen. Annahmen, die logisch oder empirisch widerlegt sind, waren nicht wahr, und zu glauben, was nicht wahr ist und was man besser weiß, kann nicht im Einklang mit Gottes Willen stehen. Er will uns doch nicht in zeitbedingten Irrtümern gefangen halten!

Weltbildliche Zeit- und Raumvorstellungen, die die Autoren der Bibel voraussetzten, können für uns nicht verbindlich sein, wenn sie widerlegt sind. Wir können weder annehmen, daß die ersten Menschen vor fünf- bis sechstausend Jahren erschaffen wurden, wie der alttestamentliche Generationenbericht nahelegt, noch daß Sonne, Mond und Sterne am Firmament um die Erde kreisen. Die amerikanischen Fundamentalisten hatten Angst, Zugeständnissen dieser Art würden die Preisgabe der gesamten biblischen Botschaft zur Folge haben. Nur die einschränkungslose Akzeptanz des biblischen Wortlauts könne dem Einhalt gebieten. Die Befürchtung war zwar berechtigt, nicht aber der eingeschlagene Weg. Dieser bestärkte die Anhänger der aufgeklärten Weltanschauung in der Tendenz, das Wesentliche und das Unwesentliche, das Wahre und das Unwahre unterschiedslos zu eliminieren.

Für gläubige Christen hier und heute ist sowohl die Möglichkeit als auch die Notwendigkeit theologischer Differenzierung selbstverständlich. Nachdem sie vor der überwältigenden Evidenz naturwissenschaftlicher Erkenntnisse kapitulieren mußten, haben sie erkannt, daß dadurch die eigentliche Botschaft des christlichen Glaubens gar nicht berührt wird, sondern im Gegenteil an Klarheit und Tiefe zu gewinnen vermag. Wer sie als Fundamentalisten bezeichnet, will ihnen wider besseres Wissen die geistige Schlichtheit jener amerikanischen Wortlautrigoristen anhängen – und zudem deren Intoleranz. Die Diffamierung wird noch ärger angesichts des neuen Sprachgebrauchs, die den Begriff Fundamentalisten auf den links-alternativen Flügel der Grünen, ja auf islamische Theokraten und Mordbanden bezieht.

Thomas Meyer, Herausgeber des Sammelbandes „Fundamentalismus in der Welt", 1989, definiert Fundamentalismus als „die unbestimmte Negation der Grundlagen von Aufklärung und Modernisierung", und er ruft dazu auf, „Dämme gegen die fundamentalistische Flut wider die Aufklärung zu errichten". Hier stehen alle, die sich der aufgeklärten Weltanschauung nicht unterwerfen, unterschiedslos auf einer Stufe.

Die Verwendung des Begriffs Fundamentalisten als Kampfformel der aufgeklärten Weltanschauung gegen den „voraufgeklärten" christlichen Glauben ist heute auch im kirchlichen Establishment gängig geworden. Ein Beispiel: Der Leiter der lippischen Landeskirche, Landessuperintendent Haarbeck, erläutert in den Evangelischen Kommentaren, November 1993, Seite 647 ff., „Warum Christen keine Fundamentalisten sein können". Er verwendet diesen Begriff nicht in seiner amerikanischen Ursprungsbedeutung, sondern bezieht ihn auf „evangelikale" Fundamentalisten (Seite 647). Den aus Rußland ausgesiedelten Baptisten und Mennoniten billigt er noch zu, sie hätten „ohne ihr Verschulden in voraufgeklärten Traditionen" gelebt „und die geistliche Auseinandersetzung mit dem Thema ‚Vernunft und Glauben' noch vor sich". Den Evangelikalen hingegen rechnet er als Verschulden an, daß sie noch nicht so weit sind wie er und mitten im aufgeklärten Deutschland den traditionellen Glauben bewahren. Er verspottet sie als „Gurus" und „Eigentlichkeitshüter" und zieht die Konsequenz: sie dürfen „keinen Platz in der Gemeinde finden", ihnen ist „hart zu widerstehen", es „muß zu Trennungen kommen" (Seite 650).

Warum dürfen die Evangelikalen keinen Platz in der Gemeinde finden, warum muß es zu Trennungen kommen? Haarbeck macht ihnen sowohl intellektuelle als auch moralische Vorhaltungen. Intellektuell erklärt er sie für ungeschult, unbeholfen, undifferenziert, kleingläubig (S. 648); sie zögen sich in „gottloser Angst vor der Undurchsichtigkeit, der Komplexität, der verwirrenden Vielfalt und Bedrohung des Lebens in eine sichere Festung des Glaubens zurück" (S. 649).

Kurz: Ihr Glaube an die Wahrheit der christlichen Botschaft sei naiv. Denn: Was ist Wahrheit?

Moralisch erklärt er sie für Menschheitshasser: sie seien lieblos, gehässig, aggressiv (S. 648); sie zeigten Fanatismus, Intoleranz, Rechthaberei, arrogante Selbstsicherheit. Auch dieser Vorwurf hat sein Urbild in der Geschichte. Als Nero die Christen nach dem Brand von Rom im Jahre 64 verfolgen ließ, so berichtet Tacitus, wurden sie „nicht nur des Verbrechens der Brandstiftung, sondern auch des Hasses gegen das Menschengeschlecht für schuldig befunden".

Das Neue ist, daß heute Pilatus und Nero in einer Person auftreten, und zwar nicht von außen, sondern in der Kirchenleitung. Neu ist ferner, daß sich diese mit Rufmord und Ausgrenzung begnügen muß. Vor weitergehenden Verfolgungen werden die Christen durch die Rechtsinstitutionen geschützt, die der politischen Aufklärung zu verdanken sind.

Besonders verübelt Haarbeck den Evangelikalen, daß sie zwischen Gläubigen und Ungläubigen unterscheiden (Seite 649). Berechtigt daran ist, daß wir mehr oder weniger alle Phasen des Schwankens und Zweifelns und auch der Diskrepanz zwischen Glaube und Lebensführung kennen. Es gibt eine breite Zwischenzone der Unbestimmbarkeit, in der wir selbst oft nicht wissen, ob wir uns Christen nennen dürfen. Das Urteil darüber steht nur Gott und nicht anderen Menschen zu, die uns nicht ins Herz blicken können und deren Verdikt „ungläubig" sehr ungerecht sein kann. Aber daraus ergibt sich nicht der Schluß, die Unterscheidung zwischen gläubig und ungläubig sei prinzipiell zu verwerfen. Wer die aufgeklärte Weltanschauung über längere Zeiträume hinweg öffentlich und dezidiert vertritt, ist eben ungläubig. Dieses Urteil aus dem Amt des Leiters einer Landeskirche heraus unter Sanktionsandrohungen verbieten zu wollen, bedeutet den Versuch, Christen dumm und urteilsunfähig zu machen. Haarbeck liest aus der Bibel nichts anderes als die „Botschaft der Freiheit" . Demnach wären alle Liberalen ohne weiteres Christen. Haarbeck wäre allerdings kein Christ. Denn daß er andere Auffassungen des Christentums als seine nicht dulden will, ist illiberal und mit der Botschaft der Freiheit unvereinbar.

So ist es nicht verwunderlich, daß zahlreiche Kirchenmitglieder austreten, und zwar nicht nur solche, die Kirchensteuern sparen wollen oder den Glauben verloren haben, sondern zunehmend auch gerade die Gläubigen, die den Glauben in ihrer Kirche nicht mehr finden. Sie schließen sich dann Sekten oder freikirchlichen Gemeinden an. In Lateinamerika hat es die sogenannte Befreiungstheologie dahin gebracht, daß ein hoher Prozentsatz der dortigen Katholiken diesen Weg gegangen ist. In Deutschland ist eine ähnliche Entwicklung für beide Volkskirchen, vor allem aber für die evangelische, vorhersehbar.

Von daher erklärt sich, daß der Begriff „Sekte" – im freiheitlichen Staat ein wertneutraler Begriff – zum Kampfbegriff geworden ist. Die Kirchen setzen offiziell Beauftragte für Sekten und Weltanschauungsfragen ein, zu deren Aufgaben es gehört, die Sekten verächtlich zu machen und die Abwanderung zu ihnen aufzuhalten. Dies trifft neben allerlei unchristlichen oder halbchristlichen Jugendreligionen oder sonstigen Bewegungen des „New Age" auch die unzweifelhaft christlichen Sekten. Der alternative Weg wäre: ihren Mitgliedern die Kirchen als Heimat zu erhalten und sie liebevoll zur Rückkehr einzuladen. Aber die aufgeklärte Weltanschauung ist so tief in die Kirchen eingedrungen, daß dieser Weg kaum noch in Betracht gezogen wird.

Sekten gelten per se als fundamentalistisch. Einige sind es tatsächlich, die meisten keineswegs. Aber auf diesen Unterschied soll es nun nicht mehr ankommen. In den beiden Kampfbegriffen „Fundamentalismus" und „Sekten" artikuliert sich heute die Bestürzung der Aufgeklärten über die Unbesiegbarkeit des christlichen Glaubens und mitunter – diese psychologische Vermutung sei gestattet – ein tiefbohrender Glaubensneid.

Die Sektenbeauftragten der Kirchen unterhalten beste Verbindungen zu den großen Medien. In den für Kirchenfragen zuständigen Redaktionen und Verlagen haben viele ehemalige Theologiestudenten, die im Studium den Glauben verloren und die aufgeklärte Weltanschauung gewonnen haben, ihr Wirkungsfeld als Journalisten oder Lektoren gefunden. Sie sind immerhin ehrlicher als diejenigen, die trotz ihres Glaubensverlustes ihren Lebensunterhalt unmittelbar im kirchlichen Dienst verdienen. Sie verfügen über enorme Macht. Sie können z. B. in einer Fernsehsendung vor 8 Millionen Zuschauern Christen als Fundamentalisten diffamieren. Diese sind ihnen so gut wie wehrlos ausgeliefert. Auch die Kirchen springen ihnen nicht bei, sondern betätigen sich mitunter sogar als Anstifter und Zulieferer.

Diese Entwicklung findet ihre logische Konsequenz darin, daß nun auch die Länder staatliche Sektenbeauftragte bestellt haben und der Bund die Einrichtung eines solchen plant. Diese hatten ursprünglich die Aufgabe, vor allerlei mehr oder weniger kriminellen Organisationen zu warnen, die sich als Sekte tarnen und sich den Status der Religionsfreiheit erschleichen. Sie informierten z. B. über finanzielle Ausbeutung, Freiheitsberaubung, Jugendprostitution, Aufrufe zur Promiskuität, zum Verlassen von Eltern und Ehepartnern und zur bedenkenlosen Abtreibung. Gegen solche Information ist nichts einzuwenden: es gehört zu den legitimen Aufgaben des Staates, gegen rechtswidriges Handeln vorzugehen, zumal wenn verfassungsrechtlich geschützte Individual- oder Gemeinschaftsgüter gefährdet werden.

Doch nunmehr geht der Staat weiter und prangert Vereinigungen an, denen nichts Rechtswidriges vorzuwerfen ist. Das Bundesministerium für Frauen und Jugend will vor fundamentalistischen Sekten und Psychogruppen warnen. Diese seien durch drei Merkmale gekennzeichnet: 1. eine charismatische Führerpersönlichkeit, 2. eine Heilsbotschaft, 3. dogmatische Überzeugtheit. Das Bundesministerium geht noch einen Schritt darüber hinaus und warnt im Entwurf seiner Sektenbroschüre vor „wissenschaftlich unzutreffenden" Annahmen – als hätte der Staat, wie einst die DDR, die Befugnis, darüber verbindlich zu urteilen. Ein Beispiel:

Die Sache wird derzeit an einem Züricher Psychologen-Verein, dem „VPM", exemplarisch durchgefochten, der eine höchst umstrittene und sicherlich in vieler Hinsicht anfechtbare Richtung in Psychologie und Erziehung vertritt. Dieser hat sich den Unmut der Aufgeklärten durch eine entschiedene Wende von linken zu konservativen Positionen zugezogen. Er tritt z. B. für Drogenprävention, für sexuelle Zurückhaltung und für evangelischen und katholischen Religionsunterricht an den Schulen – statt für allgemeine Religionskunde – ein. Damit hat er sich den Zorn der rot-grün beherrschten Erziehungsdirektion des Kantons Zürich und eine üble Diffamierungskampagne ihrer politischen Sympathisanten zugezogen. Seine führenden Persönlichkeiten und die meisten seiner Mitglieder sind traditional orientierte Christen, doch der Verein als solcher vertritt weltliche Ziele. Deshalb erscheint der Fall vielen als unbedeutend und am Rande liegend. Doch es geht nicht um den Verein, es geht um die Durchsetzung der drei Kriterien in einem zukunftsweisenden Präjudiz. Sind sie einmal durchgesetzt, wird gelten: gleiches Recht für alle. Schließlich haben alle evangelikalen und katholikalen Gruppen und Gemeinden mehr oder weniger charismatische Leiter, eine Heilsbotschaft und eine dogmatische Überzeugtheit. Das hat auch die katholische Kirche, das hatte die Urgemeinde, und das hatte der Jüngerkreis um Jesus Christus.

Das Verwaltungsgericht hat die Anwendung der drei Kriterien einstweilen unter-
sagt, doch hat das Ministerium Berufung eingelegt, obwohl der Staat aus verfassungsrechtlichen Gründen zur weltanschaulichen Neutralität verpflichtet ist und
nach ständiger Rechtsprechung vor einer Vereinigung nur warnen darf, wenn diese
verfassungsrechtlich geschützte Individual- oder Gemeinschaftsgüter gefährdet.
Doch zeigt der Vorgang das geradezu fanatische Bestreben, Gruppen mit diesen
drei Kennzeichen einer staatlichen Weltanschauungskontrolle zu unterwerfen und
offiziell zu ächten. Hätte dies Erfolg, so wären die Folgen weitreichend. Den ange-
prangerten Vereinigungen könnte z. B. die Gemeinnützigkeit aberkannt, die Matri-
kel an den Hochschulen verweigert, die Fähigkeit einer Körperschaft der öffentlichen Rechte abgesprochen und ihren Mitgliedern der Zugang zum öffentlichen
Dienst blockiert werden.

Bedeutsam erscheint folgendes: der Fall wurde auf Wunsch von kirchlichen
Sektenbeauftragten ausgewählt. Er geht sie eigentlich gar nichts an, weil der Verein ja weltliche Ziele verfolgt und es Tausende von ähnlich strukturierten Vereinen
gibt. Man versteht ihre Einmischung nur vor dem Hintergrund weiterreichender
Ziele; es geht um ein Pilotverfahren. Sie nutzten die erste beste Gelegenheit, um
zur Weltanschauungskontrolle mit Hilfe des Staates zurückzukehren. Der Unterschied zu früheren Zeiten ist nur: es geht nicht mehr um die Ausgrenzung von Ungläubigen, sondern im Gegenteil von Menschen, die der Abweichung von der aufgeklärten Weltanschauung schuldig sind, und dazu gehören auch die im traditionellen Sinne gläubigen Christen. Die aufgeklärte Weltanschauung strebt mit Hilfe von
Medien, einigen Kirchenleitungen und nun auch des Staates nach öffentlicher Verbindlichkeit und geistiger Alleinherrschaft. Heute sind es die gläubigen Christen,
die die Prinzipien der politischen Aufklärung verfechten und ihre eigene Freiheit
verteidigen müssen. Doch das Klima für sie wird rauher. Das Evangelium hat es
vorausgesagt.

Ziviler Ungehorsam und Widerstand
am Beispiel des Kurdenproblems in der Türkei
(Istanbul 1992)

In die Diskussion zum zivilen Ungehorsam und Widerstand im Rechtsstaat läßt sich nur Klarheit bringen, wenn man vier verschiedene Typen unterscheidet:

I. Übertretung verfassungswidriger oder verfassungswidrig ausgelegter Gesetze.

II. Übertretung verfassungsmäßiger Gesetze.

III. Widerstand gegen Tyrannei, Putsch und Revolution.

IV. Widerstand gegen Usurpation.

I.

Der Grundtyp des zivilen Ungehorsams läßt sich am Beispiel der von Martin Luther King angeführten Bürgerrechtsbewegung anschaulich machen. Der Ungehorsam richtete sich gegen Gesetze, die – jedenfalls in der Auslegung, die die Gerichte ihnen gaben – rassische Diskriminierung erlaubten. Diese bestand insbesondere in der Reservierung von öffentlichen Einrichtungen für Weiße, z. B. von Schulen, Bussen, Schwimmbädern, der höheren Klassen der Eisenbahn usw. Diese Rechtsregeln waren nicht nur evident ungerecht, sie widersprachen auch den civil rights der US-Verfassung, insbesondere dem 14. Amendment von 1868. Dieser Artikel, der nach dem Sezessionskrieg und der Aufhebung der Sklaverei eingeführt wurde, gewährleistet allen amerikanischen Staatsbürgern Gleichberechtigung. Rassische Diskriminierung durch staatliche Einrichtungen war evident verfassungswidrig. Rassische Diskriminierung durch Private war zwar zivilrechtlich zulässig, aber ein Verstoß gegen Prinzipien der öffentlichen Ordnung, die sich aus der Verfassung ergeben, zumindest dann, wenn es sich um der Öffentlichkeit zugängliche private Einrichtungen handelte wie z. B. Hotels und Restaurants.

Martin Luther King und seine Freunde übertraten die Gesetze in der demonstrativen Absicht, auf die Ungerechtigkeit, ja Verfassungswidrigkeit öffentlich hinzuweisen. Sie nahmen Strafen und andere Sanktionen bewußt auf sich. Damit leiteten sie einen Wandel der Rechtsprechung ein. Der Supreme Court der USA erklärte zunächst die ethnische Diskriminierung durch staatliche, sodann auch durch private, der Öffentlichkeit zugängliche Einrichtungen für verfassungswidrig. Was zunächst als strafbare Handlung erschien, erwies sich bei verfassungskonformer Auslegung des Rechts als rechtmäßiges Handeln. Die bewußte Inkaufnahme der Sanktionen war ein persönliches Opfer im Dienst der Herbeiführung eines verfassungsmäßigen Rechtszustandes. Das ist aus staatsphilosophischer Sicht nicht zu kritisieren.

II.

1. Ein zweiter Typus des zivilen Ungehorsams besteht in der Übertretung von Gesetzen, deren Gerechtigkeit und Verfassungsmäßigkeit außer Zweifel stehen und von den Übertretenden auch gar nicht in Frage gestellt werden. Der Zweck ist, das Einschreiten der Polizei auszulösen, um alsdann der Polizei Widerstand zu leisten und auf diese Weise Aufsehen zu erregen, insbesondere Fernsehen und Presse anzulocken. Dies gibt dann Anlaß zu politischen Erklärungen, die auf diese Weise eine viel größere Breitenwirkung entfalten, als es legale Publikationen und Demonstrationen tun könnten.

In diesem Sinne wurde vor allem in der Bundesrepublik Deutschland ziviler Ungehorsam geübt. Die Verfassungsorgane sollten genötigt werden, zu unterlassen, was sie für richtig hielten, z. B. die Aufstellung der Bundeswehr, den Beitritt zur NATO, die Atombewaffnung, die Regelung des Notstandsrechts in der Verfassung, die Einrichtung von Atomkraftwerken, die Nachrüstung, eine Volkszählung, den Bau einer Flughafenstartbahn, die Neuregelung des Asylrechts usw.

Die Verfechter des zivilen Ungehorsams in diesem Sinne betrachten sich selbst als eine intellektuelle und moralische Elite von so hohem Rang, daß die Regierungspolitik unverzüglich ihren Vorstellungen anzupassen sei. Die Regierung handele illegitim, wenn sie etwas bloß deshalb tue, weil es nach ihrer eigenen Meinung und der Meinung der Mehrheit richtig sei; sie habe vielmehr der Meinung der „Elite" zu folgen.

Um sie dazu zu veranlassen, sei es gerechtfertigt, andere Menschen an der Ausübung ihrer Rechte zu hindern: Soldaten werden in ihre Kasernen eingesperrt, Straßen werden durch Sitzblockaden für andere Verkehrsteilnehmer unbenutzbar gemacht, Flughäfen werden blockiert, Universitäten besetzt, Veranstaltungen gesprengt usw. Der Arzt kann den Kranken nicht rechtzeitig erreichen, die Mutter ihr Kind nicht im Kindergarten abholen, der Geschäftsmann nicht zum verabredeten Termin erscheinen, der Soldat am freien Wochenende die Kaserne nicht verlassen usw. Daß damit Rechte von Mitbürgern verletzt werden, steht außer Zweifel und wird auch nicht bestritten. Die in ihren Rechten verletzten Mitbürger haben den Betreffenden keinerlei Unrecht zugefügt und stehen in überhaupt keiner Beziehung zu ihnen. Sie sind nur Mittel zum Zweck.

Diese Gesetzesverletzung soll sich auf sogenannte „gewaltlose Maßnahmen" beschränken. „Gewaltlos" in diesem Sinne soll heißen: Nicht Mord, Totschlag, Körperverletzung, wohl aber Nötigung, Hausfriedensbruch, Freiheitsberaubung, Steuerverweigerung. Ob Sachbeschädigung als „gewaltlos" und deshalb als gerechtfertigt gilt, ist umstritten.

Darüber hinaus werden auch die verfassungsmäßigen Rechte der Parlamentsmehrheit und der von ihr getragenen Regierung mißachtet, und insofern auch die Rechte aller Staatsbürger, insbesondere der Wähler der Mehrheit. Damit wird zugleich die Demokratie als Staatsform in Frage gestellt: die Verfassungsorgane sollen sich dem Druck von Minderheiten beugen, die aus der Opposition heraus den Staat zu lenken beanspruchen. Das ist nicht nur juristisch, sondern auch moralphilosophisch nicht rechtfertigungsfähig.

2. Es handelt sich um eine Karikatur des zivilen Ungehorsams, um den Mißbrauch des moralischen Ansehens, das er sich in den USA erworben hat. Die Berufung auf Martin Luther King ist Irreführung: der Widerstand ist mit seinem zivilen Ungehorsam in jeder Hinsicht unvergleichbar.

Auffallenderweise kommt dieser Typus des Widerstands nur unter politischen Verhältnissen vor, wo, wie in Deutschland, zweierlei zusammentrifft:

Erstens: der Staat nimmt die Rechtsverletzungen sanktionslos hin, oder die Strafen sind äußerst mild. Zweitens: die Rechtsbrüche ziehen jedoch die Medien, insbesondere das Fernsehen an. Diese begleiten sie mit großem Wohlwollen, teils, weil sich auf diese Weise interessante Bilder ergeben, teils aus politischer Motivation. Die Gesetzesübertreter erhalten Gelegenheit zu öffentlichen Statements. Die Ereignisse gewinnen den Charakter von Volksfesten und machen viel Spaß. Man präsentiert sich der Öffentlichkeit als Märtyrer, ohne ein ernsthaftes Sanktionsrisiko einzugehen. Kurz: der Lustgewinn ist hoch und den geringen Preis wert. In Staaten, wo der Lustgewinn vielleicht nicht so hoch, hingegen das Sanktionsrisiko erheblich ist, pflegt diese Art von zivilem Ungehorsam zu unterbleiben. Es wäre davon auch dringend abzuraten.

Diese Art von zivilem Ungehorsam ist staatsphilosophisch – aus Gründen der Moral, der Sittlichkeit, der Ethik oder des Naturrechts – nicht zu rechtfertigen.

Es gibt Bemühungen, ihn verfassungsrechtlich zu rechtfertigen, vor allem durch eine extensive Auslegung von grundrechtlich geschützten Freiheiten, insbesondere der Freiheit der Meinungsäußerung (Art. 26 der Verfassung der Türkischen Republik) oder der Versammlung (Art. 34). Diese Bemühungen beruhen jedoch auf einem Mißverständnis dessen, um was es sich beim zivilen Ungehorsam handelt. Sind die Handlungen tatsächlich von diesen Grundrechten gedeckt, so sind sie rechtmäßig und stellen keinen zivilen Ungehorsam dar. Das Merkmal des zivilen Ungehorsams ist die bewußte Verletzung des Rechts und die bewußte Inkaufnahme von Sanktionen zum Zweck der politischen Demonstration.

Der Versuch, ihn verfassungsrechtlich zu rechtfertigen, veranlaßt deshalb die Gesetzesübertreter dazu, die Rechtsverletzung durch neue Aktionen soweit zu steigern, daß der Rahmen des verfassungsrechtlich Zulässigen wiederum überschritten wird: es geht ihnen ja gerade um den demonstrativen Rechtsbruch. Wird auch die neue Stufe der Rechtsverletzung wiederum verfassungsrechtlich gerechtfertigt, so sind die Betreffenden dafür keineswegs dankbar, sondern sehen sich veranlaßt, den Rechtsbruch noch weiter zu intensivieren – solange, bis dem Staat nichts anderes mehr übrig bleibt, als Sanktionen zu verhängen.

III.

1. Nach klassischer, schon aus dem Altertum überlieferter Lehre gibt es ein naturrechtlich begründetes Widerstandsrecht gegen Tyrannei. Sowohl die Griechen als auch die Römer kannten z. B. die Rechtfertigung des Tyrannenmordes. In Deutschland wird der Tag der versuchten Tötung Hitlers, der 20. Juli 1944, jährlich feierlich erinnert, ebenso der Tag des Volksaufstands in der DDR (17. Juni 1953).

Die Frage, wann eine Ordnung als tyrannisch angesehen wird, hängt von den Legitimitätsvorstellungen der Zeit ab. Die Ermordung Cäsars galt als gerechtfertigter Tyrannenmord, weil Cäsar die Verfassungsregeln der Römischen Republik mißachtete. Im Fehderecht des europäischen Mittelalters wurde ein Herrscher u. a. dann als Tyrann angesehen, wenn er einen Rechtsstreit rechtswidrig entschied. Ob das der Fall war, beurteilte der Unterlegene nach seiner eigenen (meist sicherlich einseitigen) Rechtsauffassung. Im französischen Bürgerkrieg des 16. Jahrhunderts galt der König auf protestantischer Seite als Tyrann, wenn er die reformierte Konfession unterdrückte, auf katholischer, wenn er sie duldete – beides schloß sich gegenseitig aus.

Heute pflegt man demokratische Verfassungsstaaten und Diktaturen zu unterscheiden. Letztere gelten als Tyrannei, es sei denn, sie sind darauf gerichtet, einen vorübergehenden Staatsnotstand zu überwinden und die demokratische Verfassungsordnung wiederherzustellen (ebenso schon im Staatsrecht der Römischen Republik). Dauerhaft etablierte Diktaturen durch eine Einheitspartei, durch das Militär oder durch theokratische Instanzen besitzen in den Ländern, deren Rechtsbewußtsein von den Grundprinzipien des demokratischen Verfassungsstaats beeinflußt ist, keine Legitimität.

Legitimität bedeutet: die Staatsbürger anerkennen die Rechtsordnung als berechtigt, weil sie im großen Ganzen Recht und nicht Unrecht (im ethischen Sinne) ist und das erforderliche Minimum an innerem Frieden, an Schutz gegen Gewalt und Überlistung, an Freiheit und Gleichberechtigung, kurz: an Gerechtigkeit sichert. Ich betone die Begriffe: „im Großen und Ganzen" und „das erforderliche Minimum": Auch der Rechtsstaat schafft nicht die vollendete Gerechtigkeit, nicht das Paradies auf Erden. Seine Akzeptanz durch den Bürger beruht vielmehr darauf, daß er erträglicher ist als die Alternativen Anarchie oder Tyrannei.

Garantiert der Staat nicht mehr wenigstens im Großen und Ganzen dieses Minimum, wird er also selbst zur Tyrannei, so verliert seine Legalität ihre Legitimität. Seine Gesetze werden nur noch aus Angst befolgt, nicht mehr aus Akzeptanz ihrer

Berechtigung. Wer diese Angst überwindet, zum Widerstand schreitet und das Risiko der Sanktionen bewußt eingeht, ist dann, an überpositiven Normen gemessen, seinerseits gerechtfertigt, allerdings nur unter bestimmten Voraussetzungen, nämlich: erstens, sein Widerstand strebt nach Herstellung des Rechtszustands, zweitens, er besitzt eine gewisse realistische Chance, dieses Ziel zu erreichen, drittens, einen gewaltlosen Weg zu seiner Erreichung gibt es nicht mehr, viertens, der Widerstandleistende nimmt das Risiko der Sanktionen nur auf sich selbst oder, wenn er es zugleich für andere eingehen muß, so hält es sich im Rahmen des Zumutbaren. Konkret gesprochen: besteht das Risiko der Auslösung eines Bürgerkrieges, so sind deren Schrecklichkeiten abzuwägen gegen die konkreten Unerträglichkeiten der fortdauernden Tyrannei.

Unter diesen Voraussetzungen also gibt es eine naturrechtliche Rechtfertigung des illegalen Widerstands.

2. Ist aber Widerstand gegen Tyrannei gerechtfertigt, so erst recht Widerstand gegen Versuche, eine demokratische Verfassungsordnung durch Putsch oder Revolution zu beseitigen und eine Tyrannei zu errichten.

Das deutsche Grundgesetz sieht vor: „Gegen jeden, der es unternimmt, diese Ordnung zu beseitigen, haben alle Deutschen das Recht zum Widerstand, wenn andere Abhilfe nicht möglich ist" (Art. 20 IV). Im Falle von Putsch oder Revolution gelten also die erforderlichen Abwehrmaßnahmen einschließlich des Tötens der Angreifer als gerechtfertigt. Will man diese Sicht in einer Formel zusammenfassen, so lautet sie: Loyalität im Rechtsstaat, Widerstand gegen Tyrannei.

3. Legt man die Maßstäbe zugrunde, die zwischen Rechtsstaat und Tyrannei unterscheiden, so ist die Türkei unter der Geltung und Wirksamkeit der Verfassung vom 9. November 1982 ein Rechtsstaat und keine Tyrannei. Das gilt ungeachtet der Menschenrechtsverletzungen, die der jüngste Jahresbericht von „amnesty international" anprangert. Denn bei ihnen handelt es sich durchweg um Verletzungen nicht nur der Menschenrechte, sondern zugleich des türkischen Rechts. Rechtsverletzungen gibt es – in unterschiedlicher Schwere – in jedem Staat der Erde. Sie machen einen Staat nicht zur Tyrannei, solange seine Rechtsordnung im Großen und Ganzen rechtsstaatlich ist und den Bürgern ausreichende und risikolose Mittel wie Beschwerde, gerichtliche Klage, öffentlicher Protest, Demonstration, Petition und ähnliche Einflußmöglichkeiten bleiben und der Staat die Rechtsverletzungen nicht deckt.

IV.

Usurpation bedeutet im Unterschied zur Tyrannei: die Innehabung der Herrschaftsausübung gilt als nicht legitim, z. B. der König war nicht König im Sinne der tradierten monarchischen Erbfolgeregeln, oder er beanspruchte die Herrschaft über ein Volk, das seiner Herrschaftsgewalt nicht rechtmäßig unterstand. Dann gilt traditionellerweise Widerstand als gerechtfertigt. Die Regeln des Widerstands gegen Tyrannei gelten entsprechend. Der Usurpator kann gleichzeitig tyrannisch regieren und tut es häufig. Dann gibt es einen doppelten Grund zum Widerstand. Die Usurpation ist aber unabhängig davon rechtswidrig, ob die Herrschaft im übrigen tyrannisch ist oder nicht.

Als naturrechtlich gerechtfertigter Widerstand gegen Usurpation galt z. B. der Freiheitskampf der Niederländer gegen die spanischen Statthalter, ebenso der Widerstand Gandhis gegen die britische Kolonialherrschaft in Indien, überhaupt die Erhebung der Kolonialvölker gegen die Kolonialherren, die résistance gegen Besatzungsherrschaft, die ungarische oder tschechische Auflehnung gegen die sowjetische Vorherrschaft 1956 oder 1968.

Heute geht es nicht mehr um monarchische Erbfolgeregeln, Kolonialherrschaft oder militärische Besatzung, sondern um das ethnische Selbstbestimmungsrecht der Völker. In der Zeit der Nationalstaaten hat sich die Rechtsauffassung verbreitet: Jedes Volk habe einen legitimen Anspruch auf einen eigenen Staat. Deshalb wurde nach dem Ersten Weltkrieg die österreichisch-ungarische Monarchie in mehrere kleinere Volksstaaten aufgelöst. Die Tschechen und die Slowaken haben sich erst jüngst friedlich voneinander getrennt. Wo eine friedliche Trennung nicht gelingt, werden mörderische Bürgerkriege entfacht, so im ehemaligen Jugoslawien, in Teilen der ehemaligen Sowjetunion (Georgien, Armenien, Aserbeidschan), in großen Teilen Afrikas. In vielen Fällen gehen mit den ethnischen auch noch religiöse Gegensätze einher und steigern den Fanatismus, so in Jugoslawien, im Süden der ehemaligen Sowjetunion, in Indonesien oder in Nigeria (Biafrakonflikt), im Sudan und anderen Staaten Afrikas. In all diesen Fällen geht es vor allem darum, die Staatsgrenzen so zu ziehen, daß sie mit den Siedlungsgebieten der Völker übereinstimmen, und die ethnische Vorherrschaft des einen Volkes über das andere zu überwinden.

Doch lassen sich die Siedlungsgebiete der Völker meist nicht auf bestimmte Gebiete begrenzen. Die moderne Mobilität, insbesondere die Migration in die Großstädte, hat zu erheblichen Siedlungsmischungen der Völker geführt. Man kann die Staatsgrenzen allenfalls dann neu ziehen, wenn ein Volk zumindest schwerpunktmäßig eigene Siedlungsgebiete hat und überdies groß genug ist, um einen politisch und wirtschaftlich lebensfähigen Staat möglich zu machen. Aber auch wo das gelingt, leben in den neuen Staaten meist Angehörige der anderen ethnischen Gruppierungen, die nun ihrerseits befürchten, dort unterdrückte Minderheit zu werden und sich dagegen auflehnen. Besonders der jugoslawische Konflikt macht diesen Mechanismus anschaulich.

Kurz: wenn man das Selbstbestimmungsrecht der Völker in dem Sinne anerkennt, daß jede ethnische Gruppierung ihren eigenen Staat haben müsse, wenn man in der Verweigerung dessen Usurpation sieht und darauf ein Widerstandsrecht ableitet, dann ist eine ausweglose Situation geschaffen: es kommt zu einer Kette von Bürgerkriegen. Jeder Sieg führt zu neuen Unterdrückungen, die wiederum Bürgerkriege auslösen können und so fort.

Wären die Impulse des ethnischen Selbstbestimmungsrechts weniger vehement, so würde sich als friedensstiftendes Konzept anbieten, auf das Vorbild der Schweiz zu verweisen: Die Angehörigen der vier verschiedensprachigen Bevölkerungsgruppen haben gleiche Rechte und Pflichten. Der kantonale Föderalismus und die proportionale Repräsentation in der Volksvertretung gewährleisten, daß sich keine Bevölkerungsgruppe durch die andere dominiert und unterdrückt fühlt, obwohl sie von Zahl und wirtschaftlichem Gewicht her unterschiedlich stark sind. Niemand spricht hier von Usurpation, und folglich kommt ein aus dem Selbstbestimmungsrecht der Völker abgeleitetes Widerstandsrecht nicht in Betracht.

Doch das Modell Schweiz funktioniert nur unter den besonderen Bedingungen, die hier eine solidarische Staatsnation zusammengeschweißt und einen hohen Grad an Zufriedenheit und Rationalität ermöglicht haben. In den meisten ethnischen Konfliktfeldern der Welt hingegen herrscht ein beträchtlicher Fanatismus. Wie kann sich die Staatsphilosophie dazu stellen? Ein Widerstandsrecht bejahen, würde bedeuten, die Bürgerkriege legitimieren und schüren. Es verneinen, würde bedeuten, den Herrschaftsanspruch der jeweils dominanten ethnischen Gruppen legitimieren und stärken, die Minderheit erst recht in Empörung treiben, also ebenfalls Bürgerkriege provozieren.

V.

Das Problem läßt sich also überhaupt nicht mit der Bejahung oder Verneinung eines Widerstandsrechts lösen. Der Ausweg ist in anderen politischen Strategien zu suchen. Sie zu erwägen, überschreitet das mir gestellte Thema. Doch sei mir gestattet, wenigstens skizzenhaft die denkbaren Möglichkeiten anzudeuten. Denn hier liegt ersichtlich der Schwerpunkt der Probleme in der Türkei. Es geht in erster Linie um die Auseinandersetzung mit den Kurden. Andere Varianten des zivilen Ungehorsams spielen in der Türkei keine nennenswerte politische Rolle. Wenn die inneren Gegner die Türkei als „Tyrannei" bezeichnen und sich dabei auf Menschenrechtsverletzungen berufen, so geht es meist um Verfassungsverletzungen, die sich im Kampf mit kurdischen Widerstandsorganisationen ereignen. Diesen aber geht es um den Anspruch des kurdischen Volkes auf einen eigenen Staat aus dem Gedanken des Selbstbestimmungsrechts, das durch türkische „Usurpation" verweigert werde.

Es steht mir nicht zu, zu diesen Fragen Stellung zu nehmen und Ratschläge zu geben, ich wäre dazu auch gar nicht in der Lage. Ich vermag nur, die in Betracht kommenden Modelle der Problemlösung aufzureihen.

Modell 1: Das der türkischen Verfassung. Sie spricht von der „unteilbaren Integrität von Staatsgebiet und Nation". Zu deren Schutz können Grundrechte eingeschränkt werden (Art. 13). Wer einen Teil des Staatsgebiets abspalten will, mißbraucht die Grundrechte und unterliegt Sanktionen, ohne sich auf Grundrechte berufen zu können (Art. 14). Die Hoffnung richtet sich darauf, daß dieses Modell in

Verbindung mit staatsbürgerlicher Gleichberechtigung auf Dauer zu einer Befriedung führen wird. Wie, wenn die Hoffnung täuscht?

Modell 2: Das von den kurdischen Widerstandsorganisationen angestrebte Modell: In den Hauptsiedlungsgebieten der Kurden in Südostanatolien entsteht ein eigener Staat, wird von der Türkei völkerrechtlich anerkannt und unterhält mit ihr freundschaftliche Beziehungen. Er erweitert sich eventuell um die Hauptsiedlungsgebiete der Kurden im Iran, in Irak und in Syrien. Selbst wenn das gelingen sollte, könnte es nur dann zu einem stabilen Frieden führen, wenn den in Kurdistan siedelnden Nichtkurden und den weiterhin in der Türkei siedelnden Kurden jeweils völlige staatsbürgerliche Gleichberechtigung und das Recht auf Umsiedlung zuerkannt wird.

Modell 3: Die Türkei organisiert sich als föderaler Bundesstaat. Ein in den Hauptsiedlungsgebieten der Kurden in Südostanatolien geschaffener Staat Kurdistan ist sein gleichberechtigtes Mitglied.

Modell 4: Kurdistan wird kein Staat, aber eine Provinz mit gewissen Autonomierechten vor allem im kulturellen und wirtschaftlichen Bereich (Vorbild: die autonomen Provinzen Spaniens).

Modell 5: Die Kurden bilden – unabhängig davon, wo sie siedeln – eine öffentlich-rechtliche Personalkörperschaft, der bestimmte Eigenrechte zuerkannt werden: eigene Schulen, Rundfunkanstalten, Einrichtungen zur Kultur- und Sprachpflege, Zeitungen, vielleicht Quoten in der Großen Türkischen Nationalversammlung (wie sie für Dänen im schleswig-holsteinischen Landtag bestehen) und ähnliche Institutionen, die den Kurden das Gefühl geben, in ihrer ethnischen Eigenart anerkannt und geachtet zu werden. Vor allem könnte sich eine solche Körperschaft, die aus Türken kurdischer Abstammung besteht, einen Vorstand wählen, der ihre Interessen vertritt. Bei einer solchen Wahl würde vermutlich sichtbar werden, daß die kommunistische und terroristische PKK die kurdische Bevölkerungsgruppe keineswegs repräsentiert. Aus deutscher Sicht füge ich hinzu: hoffentlich auch nicht eine zur islamischen „Theokratie" neigende und die Christen verfolgende Gruppierung.

Das Kurdenproblem wird sich auf Dauer nur nach einem solchen oder ähnlichen Modell befrieden lassen. Eine Lösung besteht jedenfalls weder in der Bejahung noch in der Verneinung eines naturrechtlich begründeten Rechts auf Widerstand und zivilen Ungehorsam.

Die Ordnung der Verantwortung –
Rechtsethische Fragen der Immigration

(München 1993)

I.

Brauchen wir ein Einwanderungsgesetz, und wenn ja, wie sollte es aussehen? Hinter dieser rechtspolitischen Frage stehen ethische, moralische, naturrechtliche Fragen. Um uns diesen zu nähern, vergegenwärtigen wir uns zunächst die beiden denkmöglichen Extrem-Positionen: die des puren nationalen Utilitarismus und die des menschheitlichen Universalismus.

Der nationale Utilitarismus erstrebt die Abschaffung nicht nur des Asylrechts als subjektives Grundrecht, sondern auch als objektive Staatsverpflichtung, als Institutionsgarantie. Er erstrebt darüber hinaus, die Aufnahme von Flüchtlingen, z. B. aus Bürgerkriegs- und Katastrophengebieten, soweit wie möglich zu begrenzen. Einwanderung billigt er nur, soweit nationale Eigeninteressen dies fordern. Die Dauer des Anwesenheitsrechts wird begrenzt durch die Dauer dieses Interesses. Auch Gastrechte für Ausländer werden gewährt, soweit Eigeninteressen – z. B. der Tourismusbranche oder der Rücksicht auf Gegenseitigkeit – dafür sprechen. Ausländische Studenten, Lehrlinge oder Praktikanten werden nur soweit aufgenommen und gefördert, als man sich von ihren Kenntnissen der deutschen Sprache und Lebensverhältnisse künftige Vorteile verspricht ... usw.

Kurz: der nationale Eigennutzen ist der allein bestimmende Maßstab. Darüber hinausweisende ethische Gesichtspunkte werden nicht in Betracht gezogen. Das ist ein rechtsextremistischer Standpunkt, der im heutigen Deutschland nur von Randgruppen ernstlich vertreten wird. Er bleibt hinter dem herrschenden sittlichen Common sense zurück. Dieser ist von naturrechtlichen Einsichten in Menschenwürde und Menschenrechte, die in unserer Verfassung Niederschlag gefunden haben, durchaus geprägt.

Die rechtspolitischen Diskussionen über die Neufassung des Asylartikels des Grundgesetzes zeigen dies. Über einen wesentlichen Punkt hat bei allen Meinungsverschiedenheiten Einigkeit geherrscht: Kein Asylbewerber soll abgewiesen werden, wenn die Gefahr besteht, daß er dadurch politischer Verfolgung ausgesetzt würde. Lieber lassen wir einige Scheinasylanten zu, als daß ein einziger Verfolgter irgendwo gefoltert und ermordet wird, weil wir ihn abgewiesen haben. Auch diejenigen, die das Grundrecht auf Asyl durch eine Institutionsgarantie ersetzen wollten, betonten stets, daß sie an diesem Grundsatz nicht rütteln wollten. Dies betonen auch die Befürworter der Begrenzung des Asyrechts, die im neuen Art. 16 a GG vom 28. 6. 93 zum Ausdruck kommt: Sie wollten lediglich dem Mißbrauch des Asylrechts durch Nichtverfolgte begegnen. Übrigens zeigte sich auch in der durchaus großzügigen Bereitschaft, Bürgerkriegsflüchtlinge vor allem aus Jugoslawien aufzunehmen, daß aufs Ganze gesehen keineswegs Engherzigkeit und Egoismus herrschen.

Das Gegenextrem wäre das unbegrenzte Einwanderungsrecht für Ausländer, der Verzicht auf Prüfung der Einwanderungsmotive und auf Erwägung der etwa entgegenstehenden Gesichtspunkte, die Einebnung des rechtlichen Statusunterschieds zwischen Staatsbürgern und Ausländern, der Verzicht auf Ausweisung und Abschiebung selbst bei Straffälligkeit, das unbegrenzte Recht der Eingereisten auf Inanspruchnahme des Gesundheitssystems und des Sozialstaats. Auch dieser Standpunkt wird nur von einigen sogenannten alternativen, autonomen, grünen, linkssozialistischen, linksliberalen Randgruppen ganz konsequent eingenommen und hat derzeit ebensowenig eine realistische Chance auf rechtspolitische Durchsetzung wie der Standpunkt des egoistischen nationalen Utilitarismus.

Offenbar lebt in unserem Common sense das Bewußtsein, daß das rechtspolitisch Richtige irgendwo zwischen diesen beiden Extremen liegt. Strittig ist nur, wie man die rechte Mitte in ethisch und naturrechtlich einwandfreier Weise bestimmen kann.

Wir haben heute in den Medien und Parteien überall die Wächter über die „political correctness" – in Nachahmung eines mächtigen amerikanischen Trends. Die political correctness – kurz „p. c." genannt – verlangt zwar nicht rundweg, in der Ausländerfrage für den menschheitlichen Universalismus einzutreten. Was sie aber verlangt, ist eine Vermutungsregel des Inhalts: im Zweifel für den menschheitlichen Universalismus; Abweichungen nur, soweit es politisch nicht anders geht. Das bedeutet: dieser Universalismus sei die eigentlich moralische Position, vor der sich jede Abweichung zu rechtfertigen habe. Die Abweichung, heißt es, könne nur auf rein pragmatischen, politischen, im Grunde also nur auf nicht-moralischen Gesichtspunkten beruhen, z. B. auf wahlpolitischer Rücksicht auf die Bevölkerungsgruppen, die dem nationalen Nutzen Vorrang vor moralischen Gesichtspunkten einräumten. Diese Vermutungsregel gilt als das unerläßliche moralische Minimum. Diese Vorstellung von political correctness ist zunächst einmal auf ihre moralische Tragfähigkeit zu prüfen.

Angenommen, der menschheitliche Universalismus würde in seiner extremen Form konsequent durchgesetzt, d. h. die Grenzen würden unbegrenzt für Einwanderer geöffnet. Dann würden die Einwanderungsströme aus den Ländern mit großer Armut, insbesondere aus Osteuropa, Asien und Afrika, erheblich anschwellen. Man müßte damit rechnen, daß der Sozialstaat dem auf Dauer nicht mehr gewachsen wäre: die Unterbringung, die Versorgung, die Krankenbetreuung würden immer wachsende Mittel erfordern, Steuern und Sozialversicherungsbeiträge müßten erheblich angehoben werden und würden doch nicht ausreichen, die Knappheit an

Sozialwohnungen stiege ins Unermeßliche. Industrie und Handel könnten die erforderlichen Mittel auf Dauer nicht mehr erwirtschaften; es käme zu ökonomischen Zusammenbrüchen. Theoretisch zu Ende gedacht, würden die Einwanderungsströme so lange fließen, bis sich die Einwanderung nicht mehr lohnt, weil der Lebensstandard in Deutschland den der armen Länder nicht mehr übersteigt.

Da die Moral die Universalisierbarkeit von Regeln verlangt, wäre weiter zu überlegen, was geschähe, wenn das Prinzip unbeschränkter Einwanderung nicht nur in Deutschland, sondern überall auf der Welt gälte. Es liefe hinaus auf die vollständige Einebnung der wirtschaftlichen und sozialen Unterschiede der Staaten, und zwar auf dem niedrigsten Niveau und ohne jede Aussicht auf Erholung: Denn sobald sich ein Land emporarbeiten würde, würde es zum Ziel der Einwanderung und alsbald wieder auf das generelle Niveau hinabgedrückt. An Entwicklung und Entwicklungshilfe wäre nicht mehr zu denken.

So wie nach dem zweiten Hauptsatz der Thermodynamik alles zur Mondlandschaft hintendieren würde, wenn die Wachstumskräfte dem nicht entgegenwirkten, so ist im gesellschaftlichen Bereich ein analoges Prinzip wirksam: die natürlichen Kräfte der Ausbeutung und Destruktion würden die ganze Welt ins Elend führen, wenn nicht die Abgrenzung der Staaten nach außen die schöpferischen Wachstumskräfte gegen sie abschirmten.

Das unbeschränkte Einwanderungsrecht wäre also nützlich nur für eine Übergangszeit und nur für einige, die Immigranten, dies aber auf Kosten des langfristigen Nutzens aller einschließlich der Immigranten selbst. Aufs Ganze gesehen wäre es keineswegs nützlich, sondern kontraproduktiv, und zwar gerade für die Ärmsten der Armen.

Die Vermutungsregel der „political correctness" beruht auf dem Argument: Moralität geht vor Utilität. Dieses Argument hat seine Berechtigung dort, wo eine unter gewissen Aspekten nützliche Handlung in sich selbst schlecht, sittlich unerlaubt und unehrenhaft wäre. In solchen Fällen muß man auf den mit der Handlung erreichbaren Nutzen verzichten, und sei er noch so bedeutsam, und Schaden in Kauf nehmen. Unbeschränkte Grenzöffnung aber wäre nicht von dieser Art: erstens betrifft der in Kauf genommene Schaden zumindest langfristig die Begünstigten selbst, zweitens ist es nicht moralisch, auch nur vorübergehend jemandem nützlich zu sein, wenn dies auf Kosten der Rechte anderer und der Allgemeinheit geht; drittens ist es erst recht nicht moralisch, wenn diese Kosten einen Schaden von unermeßlichem Ausmaß bedeuten.

Der allmenschliche Universalismus ist also keineswegs eine moralische Position, vor der sich die Befürworter von Einwanderungsbegrenzungen rechtfertigen müßten. Er hat vielmehr den typischen Charakter der Scheinmoralität. Wer die in ihm begründete Vermutungsregel als den eigentlichen moralischen Standpunkt anerkennt, macht zwar eine Verbeugung vor den Wächtern der political correctness. Dies aber erlaubt keineswegs den Rückschluß auf besondere Moralität, Sensibilität, Menschenfreundlichkeit, Betroffenheit angesichts der rassistischen Naziverbrechen oder dergleichen. Es erlaubt vielmehr den Rückschluß entweder auf intellektuelle Beschränktheit oder auf opportunistische Mediengefälligkeit.

II.

Wenn wir also die Vermutungsregel des Universalismus vernünftigerweise ebensowenig gelten lassen können wie den nationalen Egoismus, so fragt sich, wie sich ethische Grundsätze zur Beurteilung des Immigrationsproblems gewinnen lassen. Es sind zwei auf den ersten Blick kollidierende Gesichtspunkte miteinander in Einklang zu bringen: Einerseits die Ordnung der Verantwortung, andererseits die universale Geltung von Menschenwürde und Menschenrechten.

Einerseits gibt es eine natürliche Ordnung der Verantwortung. Der Familienvater hat in erster Linie Sorge für seine Familie zu tragen und steuert nur einen kleinen Teil seines Einkommens für die Aufgaben des Rechts- und Sozialstaats bei. Einen Familienvater, der, ergriffen von den Nöten der Dritten Welt, seine Familie im Stich ließe, um sich irgendwo in der Ferne sozial zu engagieren, würden wir mit Recht verantwortungslos nennen. Wer sich politisch in seiner Gemeinde engagiert, trägt in erster Linie Verantwortung für das Wohl seiner Gemeinde und nicht für das aller anderen Gemeinden irgendwo in der Welt. Er kann zwar dafür eintreten, daß ein Teil der finanziellen Mittel der Gemeinde für Hilfszwecke abgezweigt wird, z. B. für Städtepartnerschaften, für ostdeutsche Gemeinden oder für Gemeinden in einem Katastrophengebiet. Geht er aber über einen angemessenen Anteil hinaus und stürzt gar die eigene Gemeinde in Not, so handelt er wiederum verantwortungslos. Nicht anders ist es im Verhältnis zwischen den Bundesstaaten: der in Artikel 107 II GG vorgesehene Länderfinanzausgleich will die unterschiedliche Finanzkraft der Länder ausgleichen, nicht aber das erfolgreich wirtschaftende Bundesland auf das Niveau der Mißwirtschaft betreibenden Länder hinunterbringen. Das Entsprechende gilt im Rahmen der europäischen Gemeinschaft für die Hilfszuwendungen der reicheren an die ärmeren Länder. Und wie im politischen, so auch im gesellschaftlichen Raum: wer z. B. für ein Unternehmen Verantwortung trägt, kann zwar großzügige Spenden geben, darf aber darüber das Unternehmen nicht in den Konkurs treiben.

Den Gesichtspunkt, der hierin zum Ausdruck kommt, können wir die „Ordnung der Verantwortung" nennen: eine besondere Ausprägung des augustinischen „ordo amoris", der in der vorkantischen Ethik als eine Selbstverständlichkeit galt und den Robert Spaemann in seiner Ethik „Glück und Wohlwollen" wieder in Erinnerung gerufen hat. Es handelt sich nicht um Egoismus oder Habsucht. Der Einzelne, der für niemanden Verantwortung trägt, kann alles, was er hat, verkaufen und den Erlös den Armen geben. Das ist heroisch, selbstlos und christlich. Hat er aber Verantwortung für eine Gemeinschaft und meint, es sei heroisch, selbstlos und christlich, diese aus Gründen moralischer Selbstlosigkeit zu ruinieren, so handelt er verantwortungslos und macht sich unter Umständen strafbar, z. B. wegen Veruntreuung, Bankrott oder Verletzung der Sorgepflicht.

Der traditionelle Unterschied zwischen der Ethik der Institution und der Ethik der individuellen Person hat seinen Grund darin, daß der Repräsentant der Institution mit dieser Rolle eine besondere Verantwortung übernommen hat. Die beiden Typen der Ethik können im Einzelfall zu gegenläufigen Rechten und Pflichten führen. Thomas von Aquin macht das an einem Beispiel anschaulich: die Obrigkeit hat das Recht und die Pflicht, den Verbrecher zu suchen, die Ehefrau das Recht und die Pflicht, ihn zu verstecken. Unsere Strafprozeßordnung trägt dem gleichen Gedanken durch Ausnahmen von der allgemeinen Zeugnispflicht Rechnung: Ehegatten, Verwandte, Beichtväter, Anwälte, Abgeordnete haben das Recht auf Zeugnisverweigerung, und moralisch haben sie sogar die Pflicht dazu, soweit mit der Institution, die sie repräsentieren – Ehe, Familie, Kirche, Staat – besondere Verantwortlichkeiten verbunden sind.

Aus der Ordnung der Verantwortung folgt nicht, daß uns das Leiden der Menschen in aller Welt gleichgültig sein könnte und dürfte, um so weniger, als es uns die modernen Medien täglich vergegenwärtigen. Entweder wir stumpfen gegen das Leiden anderer ab, werden gleichgültig und hartherzig oder wehren uns, es zur Kenntnis zu nehmen und an uns herankommen zu lassen, wie jener reiche Mann in den Maghrebinischen Geschichten, der, gerührt von den Klagen des Bettlers, seinen Dienern befiehlt: Werft ihn hinaus, er bricht mir das Herz! Oder wir sagen uns: indem wir das Leiden anderer mit Augen sehen, kommt es uns nahe und geht uns an, und wir versuchen, es in unsere Verantwortung einzubeziehen. Das ist für die Regierenden eine politisch ethische Handlungsweise, aber nur unter der Bedingung, daß die Hilfe nicht zur Vernachlässigkeit der an erster Stelle stehenden Verantwortung für die eigene staatliche Gemeinschaft führt, insbesondere den Rahmen des Möglichen und des den Staatsbürgern Zumutbaren nicht überschreitet.

So stellt sich die Frage, ob es für den Staat – diesen Rahmen vorausgesetzt – ethische Pflichten gegenüber Ausländern im Ausland geben kann. Der Ansatz zur Beantwortung dieser Frage liegt in unserer Anerkennung naturrechtlicher Prinzipien. Wir gehen davon aus, daß in unserer Verfassung rechtsethische Prinzipien von universaler Geltung ihren konkreten Niederschlag gefunden haben: Unsere Grundrechte sind nicht nur positiv gesetzte Gewährungen, die beliebig ersetzbar wären; sie sind vielmehr der Ausdruck von Menschenwürde und Menschenrechten. Gewaltenteilung und demokratische Willensbildung als Grundprinzipien unserer Staatsorganisation sind deren logische Konsequenzen. Das brauche ich hier nicht auszuführen.

Anerkennen wir aber Menschenwürde und Menschenrechte als den Staat unmittelbar verpflichtende Prinzipien, drängt sich die Frage auf, ob der Staat nicht doch allen Menschen gegenüber verpflichtet ist. Einerseits also die Ordnung der Verantwortung, andererseits die universalen Menschenrechte. Wieso soll eine Verpflichtung des Staates nur den eigenen Staatsbürgern gegenüber bestehen oder sich auf

sein Staatsgebiet beschränken? Genügt der Grundsatz von der Ordnung der Verantwortung, eine universale Verpflichtung radikal und vorbehaltlos auszuräumen?
Entbindet der Unterschied zwischen Institutionenethik und Individualethik die
Staatsgewalt restlos von allen Verpflichtungen, die über Staatsvolk und Staatsgebiet hinausgehen? Was wären das für universale Menschenrechte, wenn wir ihnen
in keiner Weise verpflichtet wären?

Offenbar reicht der Grundsatz von der Ordnung der Verantwortung für sich allein nicht aus, um auf diese Frage eine völlig hinreichende und erschöpfende Antwort zu geben. Das Problem liegt vielmehr darin, die Ordnung der Verantwortung
mit dem naturrechtlichen Charakter der Menschenrechte in Einklang zu bringen.

III.

Ich möchte einige Gesichtspunkte, die in dieser Abwägung eine Rolle spielen
können, zu erwägen geben.

1. Zunächst haben wir eine Reihe von Verpflichtungen durch völkerrechtliche
Verträge und Grundsätze übernommen, die einzuhalten sind, z. B. die Genfer
Flüchtlingskonvention, die Haager Landkriegsordnung und andere den Kriegsfall
betreffende Vereinbarungen, Verträge über Hilfe in Seenot, über Hafenrechte und
andere Gastrechte, über diplomatische und konsularische Privilegien und dergleichen mehr. Da es hier um ethische Fragen geht, brauchen wir von den völkerrechtlichen Verträgen und Grundsätzen nicht weiter zu handeln. Es genügt der Hinweis,
daß offenbar im Völkerrecht ebenso wie im Verfassungsrecht naturrechtliche Einsichten ihren Niederschlag finden können und tatsächlich gefunden haben.

2. Der naturrechtliche Charakter der Menschenrechte bedeutet in erster Linie,
daß jeder Mensch einen Anspruch darauf hat, Staatsbürger eines Staates zu sein,
der die Menschenrechte achtet. Daraus folgt völkerrechtlich zunächst die Verpflichtung, die Staatsbürgerschaftsregelungen so aufeinander abzustimmen, daß es
keine Staatenlosen gibt. Gemäß Art. 15 der Allgemeinen Erklärung der Menschenrechte hat jedermann ein Recht auf Staatsangehörigkeit. Internationale Übereinkommen haben Regelungen mit dem Ziel getroffen, die Fälle von Staatenlosigkeit
möglichst zu verringern.[1]

Ferner folgt die ethische Verpflichtung, im Rahmen des außenpolitisch Möglichen darauf hinzuwirken, daß alle Staaten der Erde einen Rechtszustand gewährleisten, z. B. indem man mordenden und folternden Despotien die Anerkennung
verweigert oder sie politisch und wirtschaftlich isoliert, und umgekehrt: indem
man Staaten begünstigt und fördert, wenn sie zum Rechtszustand übergehen.

---

[1] Übereinkommen über die Rechtsstellung der Staatenlosen vom 28. 9. 1954 (Art. 32);
Übereinkommen der Vereinten Nationen zur Vermeidung der Staatenlosigkeit vom 30. 8.
1961; Europäisches Übereinkommen zur Verminderung der Fälle von Staatenlosigkeit vom
13. 9. 1973.

3. Politisch Verfolgten gegenüber besteht die Verpflichtung, sie vor der Verfolgung zu bewahren. Denn es gibt keine intensivere Verletzung der Menschenwürde, als willkürliche Verhaftung, Folter und Mord: hier ist die Schwelle zum naturrechtlich absolut Unzulässigen überschritten. Dieser Verpflichtung entspricht kein subjektiver Anspruch auf Aufnahme in einem bestimmten Staat, wenn nicht dessen positive Rechtsordnung ihn gewährt. Es genügt, daß der Verfolgte irgendwo in einem zivilisierten Land sicheren Aufenthalt findet. So sind z. B. Verteilungsquoten zwischen den europäischen Staaten ebensowenig naturrechtswidrig wie die Zurückweisung in ein sicheres Land, in dem der Verfolgte bereits Aufnahme gefunden hat – immer unter der Voraussetzung, daß er vor der Abschiebung in sein ihn verfolgendes Herkunftsland sicher ist. Der Schutz vor politischer Verfolgung muß in jedem Fall sichergesellt sein.

Dieser Grundsatz gilt absolut und ausnahmslos, und d. h. auch ohne Rücksicht auf die Zahl der politisch Verfolgten in einer konkreten Situation. Jede Zahl ist zumutbar. Wenn während der Epoche des Holocaust manche Juden von Land zu Land irrten und an den Grenzen abgewiesen wurden, weil die Aufnahmequoten erfüllt waren, um dann schließlich irgendwo festgenommen und nach Deutschland abgeschoben zu werden, wo die Mörder sie erwarteten, so war das eine Ungeheuerlichkeit, die der Pflicht zur Achtung von Menschenwürde und Menschenrechten hohnsprach. Gewiß ist die Schande nicht der Schande vergleichbar, die auf Deutschland lastet, aber es bleibt doch die Tatsache, daß das Mögliche zur Rettung der Opfer in vielen Fällen unterlassen wurde.

4. Was die Flüchtlinge aus Kriegs- und Bürgerkriegsgebieten betrifft, so haben wir uns im Genfer Abkommen über die Rechtsstellung der Flüchtlinge, Art. 33, völkerrechtlich verpflichtet, sie nicht an der Grenze abzuweisen, d. h. mit anderen Worten, sie zunächst einmal aufzunehmen. Darin ist impliziert, daß wir sie nicht in das Kriegsgebiet zurückweisen dürfen. Ein Bleiberecht hängt von internationalen Kontingentabsprachen ab. Wichtig ist m. E., daß die Kontingente keine absoluten, sondern nur Prozentzahlen festlegen dürfen, damit sichergestellt ist, daß kein Kriegsflüchtling zurückgeschickt wird.

Wer ein Bleiberecht hat, ist nach den Regeln der Flüchtlingskonvention gerecht zu behandeln und darüber hinaus nach Maßgabe unseres innerstaatlichen Sozialsystems zu versorgen, sofern die Sorge nicht vom UNO-Hochkommissariat für Flüchtlingsfragen übernommen wird. Die Bundesrepublik hat die Verpflichtung übernommen, zu dessen finanzieller Ausstattung einen hohen Beitrag zu leisten.

Die Frage wird diskutiert, ob nicht Kriegsflüchtlinge auch verfassungsrechtlich einen ähnlichen Rechtsstatus erhalten sollten, wie er den politisch Verfolgten zusteht. Ich möchte diese Frage bejahen. Es ist nicht einzusehen, wieso Menschen, die vor der Niedermetzelung durch Bomben, Granaten und Gewehren die Flucht ergreifen, schlechter gestellt sein sollen als politisch Verfolgte. Wie bei diesen handelt es sich um absichtliche Tötung und Körperverletzung – worin soll der relevante Unterschied liegen? Ein Aufnahmerecht für Kriegsflüchtlinge ist um so eher zumutbar, als es des Schutzes in der Regel nur für eine vorübergehende Zeit bedarf.

Wenn sich ferner ein Staat der Beteiligung an friedensschaffenden Maßnahmen der UNO entzieht (vgl. oben S. 147 ff.), mit welchen Argumenten immer, so wäre er erst recht verpflichtet, Kriegsflüchtlinge bei sich aufzunehmen.

5. Ganz anders liegen die Fragen bei den sogenannten Armutsflüchtlingen, die wegen der miserablen wirtschaftlichen Lage ihres Heimatlandes einzuwandern beabsichtigen. Hier kann lediglich eine rechtsethische Verpflichtung zur Hilfe vor Ort bestehen, dies inbesondere bei Hungerkatastrophen z. B. wegen Dürre oder Überschwemmung, darüber hinaus im Rahmen der Wirtschaftsförderung und sonstigen Entwicklungshilfe. Die Gewährung eines allgemeinen Rechtsanspruchs auf Immigration verbietet sich schon angesichts der riesigen Zahl der Betroffenen aus Osteuropa, Asien, Afrika und Lateinamerika. Mit ihrer Aufnahme würde das Maß des Möglichen und Zumutbaren erheblich überschritten und die „Ordnung der Verantwortung" grob mißachtet.

Einen bevorzugten Rechtsstatus genießen nach unserer innerstaatlichen Rechtsordnung allerdings die deutschen Volkszugehörigen sowie deren Ehegatten und Abkömmlinge, die als Flüchtlinge oder Vertriebene im ehemaligen Gebiet des deutschen Reiches Aufnahme gefunden haben. Sie sind gemäß Art. 116 GG den deutschen Staatsangehörigen ohne weiteres gleichgestellt, auch wenn sie die deutsche Staatsangehörigkeit an sich weder besitzen noch von ihrem Einbürgerungsrecht[2] Gebrauch machen. Diesen Sonderstatus für deutsche Volksstämme hat der Bundesgesetzgeber auf die sogenannten Aussiedler (und Spätaussiedler) ausgedehnt, also auf diejenigen, die China, die ehemalige Sowjetunion oder andere Länder Osteuropas verlassen.[3]

Diese Privilegierung der deutschen Volkszugehörigen wird von den Wächtern der political correctness heftig bekämpft. Sie fragen: warum soll jemand bevorzugt sein, bloß weil er von Deutschen abstammt? Sollte man nicht vielmehr auf den Grad der wirtschaftlichen Not abstellen und den Ärmsten der Armen ein Sonderrecht auf Einwanderung einräumen?

Indes gehört es zur Ordnung der Verantwortung, daß sich ein Nationalstaat in erster Linie den Angehörigen der eigenen Nation verpflichtet weiß. Das ist keineswegs Überbleibsel eines besonderen deutschen Blutsmythos oder Nationalismus, sondern überall auf der Welt eine Selbstverständlichkeit. Ein Nationalstaat ist keineswegs nur eine Befehls- und Gehorsamsmaschinerie, sondern vermittelt den Angehörigen der Nation auch Schutz, Geborgenheit und das Gefühl der Heimat. Aus diesem Grunde haben Ausgewanderte überall auf der Welt einen erleichterten Anspruch auf Wiedereinbürgerung in ihrem Heimatstaat (vgl. z. B. § 13 RuStAG). Wenn Deutschland die aus China und Osteuropa heimkehrwilligen Deutschen be-

---

[2] § 6 des 1. Gesetzes zur Regelung von Staatsangehörigkeitsfragen vom 22. 2. 55.

[3] Bundesvertriebenengesetz i. d. F. vom 2. 6. 93 § 1 II Ziff. 3 u. § 4.

sonders privilegiert, so deshalb, weil sie in diesen Ländern besonderer Not und Bedrückung ausgesetzt waren und z. T. noch sind.

6. Häufig wird der rechtspolitische Vorschlag eines Einwanderungsgesetzes diskutiert, das eine sogenannte „geregelte Einwanderung" erlaubt und Quoten festlegt oder zur Quotenfestlegung ermächtigt. Auf diese Weise soll wenigstens einer gewissen Zahl von Armutsflüchtlingen aus den verschiedenen Teilen der Welt die Einwanderung ermöglicht werden. Diese Absicht hat sich bisher nicht durchsetzen lassen, und dies m. E. aus guten Gründen.

Zunächst ist zwischen EG-Ländern und anderen zu unterscheiden. Innerhalb der Europäischen Gemeinschaft bestehen ohnehin Freizügigkeit (Art. 48 ff. EG-Vertrag), Niederlassungsfreiheit (Art. 52 ff.) und nach den Maastrichter Verträgen nun auch ein freies Aufenthaltsrecht überall in der Europäischen Union (Art. 8a), darüber hinaus sogar aktives und passives Wahlrecht in den Gemeinde- und Kreisvertretungen (Art. 8b). Die dem entgegenstehende Grundgesetzauslegung – nur Staatsbürger seien wahlberechtigt – wurde durch den neuen Art. 28 I 3 GG überwunden, der das Kommunalwahlrecht für europäische Ausländer nach Maßgabe des europäischen Rechts eingeführt hat.

Was die nicht zur EG gehörenden Länder betrifft, so ist die Einwanderung von Arbeitskräften, an denen hier Bedarf besteht, auch bisher schon ohne weiteres möglich. Dazu bedarf es keines Einwanderungsgesetzes und keiner Quoten: diese Einwanderung funktionierte bislang ohne Schwierigkeiten und kann weiter funktionieren wie bisher.

Ein Gesetz, das darüber hinausgehende Quoten ermöglicht und eine begrenzte Zahl von Personen zur Einwanderung berechtigt, hätte eine Anreizwirkung: die Quoten würden sicherlich ausgeschöpft. Das brächte verschiedene Probleme mit sich.

Entweder es wandern qualifizierte Arbeitskräfte mit technischer oder wissenschaftlicher Ausbildung ein, ohne daß hier ein Bedarf besteht (denn im Bedarfsfalle könnten sie ohnehin angeworben werden). Dann sind sie hier arbeitslos und auf den Sozialstaat angewiesen. Ihre Fähigkeiten liegen brach. Schlimmer noch ist, daß sie ihrem Heimatland verlorengehen, wo sie Nützliches zur wirtschaftlichen Entwicklung beitragen könnten. Vom Gesichtspunkt unserer rechtsethischen Verpflichtung zur Entwicklungshilfe wäre das völlig unverantwortlich.

Oder es handelt sich nicht um qualifizierte Arbeitskräfte, sondern um Personen, die nichts anderes zur Einwanderung treibt als der vergleichsweise hohe Standard unseres Sozialsystems. Dann gibt es erstens keine unter dem Gesichtspunkt der Gleichbehandlung sachlich rechtfertigenden Auswahlkriterien. Zweitens würden die politischen Bemühungen in den Auswanderungsländern um bessere Wirtschafts- und Sozialverhältnisse geschwächt: die Regierungen der armen Länder veranlassen statt dessen einfach die der Quote entsprechende Zahl von Sozialhilfeempfängern, sich nach Deutschland zu begeben. Drittens ist diese Verfahrensweise den hier Arbeitenden nicht zumutbar, die die Mittel für den Sozialstaat erwirtschaften.

Viertens gibt es ein Problem, daß die Wächter über die political correctness öffentlich zu erörtern verbieten: der prozentuale Anteil der Ausländer an der Kriminalitätsrate ist rund dreimal so hoch, wie es ihrem Anteil an der Wohnbevölkerung entspricht. Zur Entschuldigung oder mindestens zur Erklärung wird geltend gemacht, in den Zahlen seien spezifische Verstöße gegen das Ausländerrecht enthalten, ferner: die Ausländer seien überproportional Männer unter 40, die generell die höchste Kriminalitätsrate aufwiesen, und schließlich: es gebe gewisse Straftaten, die durch den mit der Einwanderung verbundenen Kulturschock verursacht seien. Doch auch wenn man dies gelten läßt, bleibt doch immer noch ein überproportionaler Verbrechensanteil. 1991 waren Ausländer am Heroinhandel mit 39,2 % beteiligt, am Straßenraub mit 40,9 %, am Taschendiebstahl mit 77,3 %. In einer westdeutschen Großstadt wurde jüngst errechnet, daß sie an Eigentumsdelikten derzeit mit 92 % (!) beteiligt sind. Es handelt sich vor allen Dingen um Einbrüche in Wohnungen, Geschäftsräume und Autos, um Straßenraub und in besonders hohem Maße um Autodiebstahl. Täter sind vor allem Osteuropäer aus Polen und Rumänien.

Als diese Zahl von 92 % Ausländeranteil ermittelt wurden, forderten die Wächter der political correctness ultimativ, darüber zu schweigen. Die Kriminologen und ihre Familien wurden für den Fall der Veröffentlichung mit Mordanschlägen bedroht. Deshalb kann ich diese mir zuverlässig bekanntgewordene Zahl nur unter Verzicht auf Quellenangabe mitteilen.

So bleibt das Problem, daß die innere Sicherheit durch einen wachsenden Ausländeranteil erheblich gemindert wird, daß also der deutsche Staat durch eine großzügige Einwanderungsregelung eine seiner wesentlichsten Verantwortungen vernachlässigen würde.

Die Ordnung der Verantwortung verpflichtet den Staat, rechtsethisch gesehen, im Gegenteil dazu, Visumspflichten für diejenigen Länder einzuführen, aufrechtzuerhalten oder zu verschärfen, deren Angehörige in besonders hohem Maße in Deutschland kriminell werden. Sie verpflichtet den Staat darüber hinaus, die unerlaubte Einreise aus diesen Ländern durch effizientere Kontrollmaßnahmen zu verhindern. Die betroffenen osteuropäischen Länder sind aufzufordern, auch ihrerseits alles zu tun, um die in Deutschland begangene Kriminalität einzudämmen. Dies bedeutet keine Diskriminierung. Es schafft im Gegenteil die Grundlage und Voraussetzung dafür, daß sich zwischen den Deutschen und seinen osteuropäischen Nachbarvölkern dasselbe Maß an Freundschaft und gegenseitiger Achtung entwickelt wie im Verhältnis etwa zu den Franzosen oder Dänen. Solange die begründete Furcht vor Kriminalität Abneigungen erzeugt, wird das Klima guter Nachbarschaft getrübt – das vermögen die verheimlichenden und moralisierenden Strategien unserer p.c.-Wächter nicht zu verhindern.

7. Dem rechtsethischen Gesichtspunkt, der aus dem Menschenrechtscharakter auch der sozialen, wirtschaftlichen und kulturellen Rechte entspringt, wäre statt

durch erleichterte Einwanderung durch eine intensivere Wirtschaftsförderung und sonstige Entwicklungshilfe Rechnung zu tragen. Ich möchte einen Vorschlag machen, wie die Entwicklungshilfe – selbst ohne Erhöhung der Aufwendungen – erheblich intensiviert werden könnte.

Was mir vorschwebt, ist ein System von Länderpatenschaften. Jedes der westlichen Industrieländer übernimmt so etwas wie eine Patenschaft für eine bestimmte Zahl von Entwicklungsländern in den verschiedenen Kontinenten und ist für deren Entwicklung dann besonders verantwortlich. Auf einer großen Weltkonferenz, etwa der UNO, wäre nach gründlichen Vorgesprächen festzulegen, welcher Industriestaat für welche Entwicklungsländer verantwortlich sein soll. Man wird dabei, soweit möglich, an historische Verflochtenheiten, z. B. aus der Kolonialzeit, anknüpfen können, ferner an verbreitete Sprachkenntnisse, und kann dann darüber hinaus besondere Beziehungen neu begründen.

Alsdann ist nicht mehr jeder Industriestaat für jedes Entwicklungsland im Gießkannensystem zuständig, sondern nur noch für die Länder, mit denen er vereinbart hat, besondere Verpflichtungen für ihre Entwicklung zu übernehmen. Es ist wichtig, daß die Patenschaften aus der souveränen und freien Entscheidung der Entwicklungsländer hervorgehen und daß ihre Selbstverantwortung auch im weiteren Verlauf der Zusammenarbeit nicht angetastet wird. Keinesfalls darf es einen neuen Protektionismus oder gar Kolonialismus geben, der die Entwicklungsländer in ihrer Selbstachtung treffen oder in ihren politischen Eigenanstrengungen lähmen könnte.

Wenn solche Patenschaften zustande kommen, entstehen zwischen den durch sie verflochtenen Ländern gegenseitige Kenntnisse des anderen Landes und seiner Probleme. Studenten aus den Entwicklungsländern werden vorzugsweise in den Patenländern studieren und deren Sprache und Lebensverhältnisse kennenlernen. Es stellen sich tiefe Verbundenheiten und vor allem ein Gefühl der Verantwortlichkeit ein. Darüber hinaus entsteht ein Wettbewerb zwischen den Industriestaaten mit dem Ziel, die ihnen besonders anvertrauten Länder möglichst rasch und erfolgreich zu fördern.

8. Ein letzter Problemkreis betrifft den Rechtsstatus der eingewanderten Ausländer. Ich beschränke mich in diesem Zusammenhang auf die rechtspolitische Diskussion um den Erwerb der deutschen Staatsangehörigkeit. Die Einbürgerung ist in den vergangenen Jahren bereits erheblich erleichtert worden. Bisher galt nach dem Reichs- und Staatsangehörigkeitsgesetz (§ 8): ein Ausländer kann eingebürgert werden, wenn er hier eine Wohnung hat und seine Familie zu ernähren imstande ist. Er „kann", das heißt den Behörden steht ein Ermessensspielraum zu, der prinzipiell restriktiv gehandhabt wurde. Jetzt hat der Ausländer einen Anspruch auf Einbürgerung, wenn er diese Bedingungen erfüllt und 15 Jahre hier wohnt (§ 86 AuslG). Ist er unter 23 Jahre, genügen 8 Jahre, wenn er hier eine Schule besucht hat (§ 5). Die Preisgabe der bisherigen Staatsangehörigkeit wird nicht verlangt, wenn der Heimatstaat Schwierigkeiten bereitet (§ 87), wie das z. B. der Iran und

verschiedene osteuropäische Staaten tun. In diesen Fällen gewinnt der Eingebürgerte das Privileg der Mehrstaatigkeit, und zwar obwohl die Haager Konvention vom 12. 4. 30 verlangte, daß „jeder Mensch eine Staatsangehörigkeit, und zwar nur eine einzige, besitzen sollte", obwohl das Europaratsabkommen vom 6. 5. 1963 die Verringerung der Mehrstaatigkeit fordert, obwohl das Europäische Parlament am 20. 8. 1984 den „Grundsatz" bekräftigt hat, „den Erwerb mehrerer Staatsangehörigkeiten zu vermeiden"[4], und obwohl auch das Bundesverfassungsgericht die Mehrstaatigkeit als ein Übel ansieht, das „nach Möglichkeit vermieden werden sollte" (BVerfG 37, 254). Unsere Einbürgerungsregeln sind also schon jetzt sehr großzügig und gehen bis hart an die Grenze der Verletzung sowohl des Völkerrechts als auch des Verfassungsrechts.[5]

Gleichwohl sind unsere p.c.-Moralisten unzufrieden: Sie fordern erstens eine noch weitere Erleichterung der Einbürgerung, insbesondere eine Verkürzung der anspruchsbegründenden Aufenthaltsdauer, zweitens den Erwerb der Staatsangehörigkeit durch Geburt auf deutschem Boden, zumindest wenn ein Elternteil schon auf deutschem Boden geboren ist.

Nach der Vorstellung unserer p.c.-Moralisten „soll der Staatsbürgerschaftserwerb nicht mehr – wie bisher – dem Abschluß der Integration" dienen, sondern „als Mittel der Integration verwandt werden. Der Gedanke ist: ein Ausländerproblem existiert nur solange wie es Ausländer gibt. Werden möglichst alle hier seßhaften Ausländer Deutsche, ist das Problem aus der Welt".[6]

Damit würde Deutschland eine Sonderrolle in der Welt einnehmen und beanspruchen, moralisches Vorbild zu sein. Während sich fast überall in der Welt eine klare Tendenz zum jus sanguinis und zur Zurückdämmung des jus soli zeigt, soll die Tendenz hier gegenläufig werden. Andere Staaten gewähren die Einbürgerung oder – ausnahmsweise – das jus soli nur unter dem Vorbehalt des Entzugs, in Spanien z. B. bei Straffälligkeit, in Frankreich, wenn sich der Betreffende „wie ein Angehöriger eines anderen Staates verhält", in England, wenn er sich „disloyal or disaffected towards her Majesty" zeigt, in den USA u. a. bei Abgabe einer „Treueerpflichtung gegenüber einem ausländischen Staat oder einer politischen Untergliederung eines solchen". Ein vergleichbarer Vorbehalt wäre in Deutschland unzulässig, weil gemäß Art. 16 I GG die einmal erworbene Staatsangehörigkeit nicht entzogen werden kann und darf. Dieses Verbot ist durch die Nazigeschichte wohlbegründet und durch die Praxis der Zwangsausbürgerungen der ehemaligen DDR in seiner Notwendigkeit bestätigt. Es sollte aber vernünftigerweise Anlaß zu größerer Zurückhaltung bei der Einbürgerung sein (Ziemske a.a.O.).

Gäbe man den Forderungen der p.c.-Moralisten nach, würde die Mehrstaatigkeit ganz erheblich zunehmen, zu deren Eindämmung wir aber völkerrechtlich ver-

---

4 EuGRZ 1984, S. 167.

5 Vgl. hierzu v. Mangoldt, JZ 1993, S. 965 ff.

6 So gibt Ziemske, ZRP 93, 334, 336, diese Vorstellung wieder.

pflichtet sind. Der Mehrstaater genießt erhebliche Privilegien. Im Zusammenhang mit der gewonnenen Freizügigkeit kann er wählen, welchem Staat er jeweils seine Loyalität zuwendet oder entzieht. Entscheidend wird für ihn z. B., welche Regelungen über Wehrpflicht, über Steuer- und Abgabenpflicht oder welche Ansprüche auf Sozialleistungen für ihn jeweils günstiger sind. Seine politische Mitverantwortung wird entsprechend geschwächt. Es entsteht eine neue Zweiklassen-Gesellschaft von Altbürgern und privilegierten Neubürgern mit all ihren politischen und psychologischen Gefahren.

Eingewanderte werden von der Heimkehr zurückgehalten und angereizt, zunächst solange hierzubleiben, bis der Einbürgerungsanspruch oder das jus soli ihrer Nachkömmlinge entstanden ist und sie in den Genuß des Zweistaaterprivilegs gekommen sind. Je länger sie sich aber hier aufhalten, desto geringer wird die Neigung zur Heimkehr werden. Die sogenannte multikulturelle Gesellschaft wird zum Ziel, die USA werden zum Vorbild. Merkwürdigerweise erstreben gerade diejenigen, die sich durch besonderen Antiamerikanismus hervorgetan haben, nunmehr die Veramerikanisierung Deutschlands. Sie idealisieren die multikulturelle Gesellschaft, während sie doch in den USA vor Augen haben, daß es bei bestimmten Einwanderergruppen so gut wie gar keine wirkliche Integration gibt, daß statt dessen massive politische und soziale Spannungen entstehen, die sich bis zu Aufruhr und bürgerkriegsähnlichen Zuständen steigern können.

Für das Streben nach fast unbegrenzter Ausweitung des Staatsbürgerschaftserwerbs sprechen keinerlei menschenrechtliche Gesichtspunkte. Es handelt sich um eine durch keinen sachlichen Grund gerechtfertigte Verkennung oder Mißachtung der ethischen und naturrechtlichen Prinzipien, die wir unter dem Begriff „Ordnung der Verantwortung" zusammenfassen.

Teil IV: Verfassungsrechtliche Beiträge

Grundrechtsauslegung und demokratischer Gestaltungsspielraum

I. Das Problem

1. Die Balance zwischen Grundrechtsstaat und Demokratie

Grundrechtsfragen sind zugleich Machtfragen. Der Umfang der Grundrechtsgeltung entscheidet über den Gestaltungsspielraum des demokratischen Gesetzgebers, aber auch über den Entscheidungsspielraum der Exekutive im Verhältnis zu den Gerichten und der Gerichte im Verhältnis zum Bundesverfassungsgericht. So würde z. B. eine sehr extensive Grundrechtsauslegung eine Machtverschiebung von der parlamentarischen Demokratie zum Richterstaat mit sich bringen und den Schwerpunkt der rechtspolitischen Kontroverse von der öffentlichen demokratischen Auseinandersetzung auf den juristischen Expertendiskurs verlagern. Eine sehr einengende Grundrechtsauslegung hingegen würde die Grundrechte weitgehend zur Disposition des Gesetzgebers stellen und sie damit entleeren. Ebenso folgenreich wirkt es sich aus, wie wir die Schranken der Grundrechte bestimmen, wie die materielle Beweislast – vor allem im Normenkontrollverfahren – verteilt ist, wie weit wir den Grundrechten Gestaltungsaufträge und Schutzpflichten entnehmen, welcher Grad von Verbindlichkeit den Entscheidungsgründen zukommt, wie weit die Präzedenzwirkung von verfassungsgerichtlichen Entscheidungen reicht und ähnliches.

Indem wir diese Fragen diskutieren, suchen wir die rechte Mitte zwischen zwei Polen. Auf der einen Seite tendiert das Bestreben, den politischen Gestaltungsspielraum offenzuhalten, zur Zurückdrängung der Grundrechte, auf der anderen Seite das Bestreben zur Ausweitung der Grundrechtsgeltung zur Machtverschiebung von der parlamentarischen Demokratie zum Richterstaat. Beide Extreme würden die verfassungspolitischen Grundentscheidungen des Grundgesetzes verfehlen: das eine den grundrechtsbestimmten Rechtsstaat, das andere die Demokratie. Das Verhältnis zwischen Grundrechtsstaat und Demokratie bedarf der ständigen und bewußten Ausbalancierung.

Da Grundrechte den Gestaltungsspielraum des Staates im Dienste der Freiheit des Bürgers begrenzen sollen, drängt sich leicht der Fehlschluß auf: je weiter die Grundrechte und je enger die Grundrechtsschranken ausgelegt werden, desto größer der dem Bürger verbleibende Freiheitsraum, und umgekehrt. Das ist ein Fehl-schluß, weil Freiheit erst durch die staatliche Gestaltungsmacht geschaffen und ge-sichert wird, auch wenn diese zugleich die Freiheit beschränkt. So schützt z. B. die Ermächtigung der Polizei, in unsere Freiheit einzugreifen, wenn sie das rechte Maß nicht überschreitet, zugleich unsere Freiheit gegen Eingriffe durch Dritte: ohne sie wären wir dem „Recht des Stärkeren", Schnelleren, Schlaueren, Brutale-ren ausgeliefert. In der Anarchie gälte das „Gesetz des Stärkeren" umfassend. Auch die soziale Gestaltungsfreiheit des Gesetzgebers sichert – im rechten Maße ausgeübt – Lebensgrundlagen und Freiheitsräume, auch wenn sie uns zugleich frei-heitsbeschränkende Lasten auferlegt. Die sog. „liberale" Auslegungsregel „in du-bio pro libertate" bedeutet also keineswegs notwendigerweise Freiheitssicherung, sie kann auch z. B. Verbrechen begünstigen oder freiheitsbeeinträchtigende Wirt-schaftsmacht fördern.

Die Frage, ob das Grundrecht oder die grundrechtsbeschränkende Staatsmacht den Vorrang verdient, muß von Fall zu Fall entschieden werden, aber nicht nach der jeweiligen Interessenlage der einen oder anderen Seite, sondern nach verallge-meinerungsfähigen Maximen der Grundrechtsauslegung. Nur sie können das Ver-fassungsrecht aus dem Meinungskampf der politischen Ideologien herausheben und zu einer unparteilichen Instanz machen, die der demokratischen Auseinander-setzung Grenzen zieht und Richtpunkte vorgibt.

Ist eine solche Unparteilichkeit überhaupt möglich? Oder ist alle Verfassungs-auslegung letztlich nicht Recht, sondern Politik? Diese Frage drängt sich besonders im Blick auf den Grundrechtsteil der Verfassung auf, weil die Grundrechte größtenteils besonders vage und generalklauselartig formuliert sind. Während die Bestimmungen des organisatorischen Teils des Grundgesetzes ungefähr so ausle-gungsbedürftig und auslegungsfähig sind wie diejenigen etwa des BGB, sind die Grundrechte fast durchgängig generalklauselartig formuliert. Sowohl ihr Umfang als auch ihre Schranken lassen vielfältige Deutungsmöglichkeiten offen. Sie schei-nen deshalb zur Ideologisierung geradezu einzuladen.

Um dem zu begegnen, ist oft die Forderung nach „judicial self-restraint" – nach richterlicher Bescheidung, Selbstzügelung – erhoben worden, und das heißt vor al-lem: nach Respekt vor der Entscheidungskompetenz des demokratischen Gesetz-gebers. Es wurde z. B. kritisiert, wenn die Verfassungsrechtsprechung den Grund-rechten ein „Wertsystem" entnahm und dieses der Auslegung zugrunde legte, wenn sie aus der Zusammenschau mehrerer Grundrechte neue Grundrechte entwickelte (Persönlichkeitsrecht, informationelle Selbstbestimmung), wenn sie Freiheitsver-bürgungen als soziale Gestaltungsaufträge an den Gesetzgeber und als Schutz-pflichten verstand, wenn sie bei Grundrechten, die nur im Rahmen der allgemeinen Gesetze verbürgt sind, diese letzteren „im Lichte des Grundrechts" einschränkend auslegte, wenn sie grundsätzlich keinen allgemein vorauszusetzenden Vorbehalt zugunsten der Rechte anderer oder der öffentlichen Sicherheit und Ordnung gelten lassen wollte und ähnliches – eine teils berechtigte, meist aber fehlgehende Kritik.

In anderen Sachfragen hat das Bundesverfassungsgericht von sich aus der Forderung nach „judicial self-restraint" entsprochen und wurde dann von anderer Seite eben deshalb kritisiert, z. B. wenn es die wirtschaftspolitische Neutralität des Grundgesetzes in gewissen Grenzen anerkannte oder dem Gesetzgeber sonst Beurteilungs- und Prognosespielräume einräumte, wenn es die materielle Beweislast zu Lasten der Unternehmensfreiheit regelte, bei persönlichen Freiheitsrechten aber zu Lasten des Gesetzgebers und ähnliches.

Die Tatsache, daß das Bundesverfassungsgericht in vielen Fällen gegenüber seinen Kritikern im besseren Recht ist, hat seine Ursache darin, daß es in der Regel auf Kontinuität der Rechtsprechung bedacht ist und deshalb seine Entscheidungen immer zugleich als in die Zukunft hineinwirkende Präzedenzien versteht, deren Gründe verallgemeinerbar sind und in Prinzipien zum Ausdruck kommen. Die Kritik geht immer dann fehl, wenn sie sich von ad hoc gewählten Gesichtspunkten leiten läßt und dann natürlich in den Maßstäben schwankt, je nach den zufälligen Interessen, Ideologien oder Solidaritätsbindungen, die den Kritiker nach der einen oder anderen Seite hin Partei ergreifen lassen. Es ist aber auch keineswegs so, daß den ideologischen Parteiungen in sich konsequente Maßstäbe entsprächen, daß etwa „linke" Kritiker des Bundesverfassungsgerichts mehr „judicial self-restraint" forderten als „konservative" oder umgekehrt. Zwar fordern „linke" Kritiker Zurückhaltung bei der Überprüfung von wirtschaftsregulierenden Gesetzen, zugleich aber mehr zupackende Aktivität, wenn es um die Ausweitung der Grundrechtsgeltung zugunsten von mehr Sozialstaatlichkeit geht. Hier fordern dann „konservative" Kritiker mehr Zurückhaltung, zugleich aber mehr Grundrechtsdurchsetzung bei bürgerlichen Freiheiten – einschließlich der unternehmerischen Freiheit. Alle miteinander tun es zwar im allgemeinen nicht unter unmittelbarer Berufung auf die jeweiligen politischen Gesichtspunkte, sondern indem sie allgemeine Regeln der Verfassungsinterpretation behaupten, aus denen sich Zurückhaltung oder Aktivität jeweils ergeben sollen: Regeln, die sie dann aber nicht konsequent durchhalten, wenn ihre Anwendung zu politisch unliebsamen Entscheidungen führen würde.

Ein solches Schwanken der Maßstäbe je nach der jeweiligen Wünschbarkeit bringt das Verfassungsrecht in den Verdacht politischer Manipulierbarkeit und das Bundesverfassungsgericht in den Ruf einer „dritten politischen Kammer" neben Bundestag und Bundesrat. Wenn man das für in der Natur der Sache liegend und deshalb für unausweichlich hält, begegnet die Institution der Bundesverfassungsgerichtsbarkeit als solche prinzipieller Skepsis oder Ablehnung, zumindest sofern über Kompetenz- und Verfahrensfragen hinausgehende materiell-rechtliche, insbesondere Grundrechtsfragen zu entscheiden sind. Einige demokratische Staaten, wie z. B. Schweden, sperren sich mit dem Argument des Politikverdachts noch heute gegen die Einführung einer Verfassungsrechtsprechung überhaupt. Hierzulande sind die praktischen Folgen dieses Politikverdachts weniger schwerwiegend. Er begünstigt aber immerhin die Tendenz zur Politisierung der Richterwahl. Es ist zwar legitim, wenn sich die großen Parteien – durch das Erfordernis der Zwei-Drittel-Mehrheit im zuständigen Bundestagsausschuß bzw. im Bundesrat zur Einigung genötigt – gegenseitig zahlenmäßig proportionale Vorschlagsrechte zuerkennen, nicht aber, wenn die fachliche Qualifikation zugunsten der jeweiligen „parteipolitischen Zuverlässigkeit" zurückgedrängt wird. Eine solche Politisierungstendenz ist aber unvermeidlich, wenn der Eindruck entsteht, unparteiliche Maßstäbe in der Grundrechtsauslegung gäbe es ohnehin nicht und könne es nicht geben, sondern nur ihren täuschenden Schein, Verfassungsrecht sei nur scheinbar Recht, in Wirklichkeit aber nur die Fortsetzung der Parteipolitik mit anderen Mitteln.

2. „Judicial self-restraint"

Ein Blick nach Amerika mag hilfreich sein, um die brisante Bedeutung dieses Problems anschaulicher zu machen. Denn dort steht die machtpolitische Bedeutung der Grundrechte seit über 100 Jahren im Zentrum der Grundrechtsdiskussion. Die Tendenz zur Zurückdrängung der Grundrechte wurde unter dem Stichwort „judicial self-restraint" gelegentlich bis ins Extrem des völligen Leerlaufens der Grundrechte getrieben. So empfahl z. B. der renommierte Verfassungsrechtler Learned Hand, die Civil Rights der Amendments zur US-Verfassung richterlich überhaupt nicht mehr anzuwenden: sie seien so vage formuliert, daß sie sich strenger juristischer Auslegung verschlössen. Ihre Anwendung impliziere deshalb stets eine politische Entscheidung – eine solche stehe aber nicht dem Richter, sondern nur dem Gesetzgeber zu. Politisch umstrittene Grundrechtsentscheidungen des Supreme Court – und sie seien fast alle umstritten – diskreditierten die Institution der Verfassungsrechtsprechung überhaupt. Diese solle sich deshalb auf die formellen Fragen der Bundeskompetenz und des Gesetzgebungsverfahrens beschränken.[1]

Ihre klassische Formulierung fand die Forderung nach „judicial self-restraint" bei dem renommierten Harvard-Professor James B. Thayer im Jahre 1893[2], der

---

[1] *Learned Hand,* The Bill of Rights, Cambridge, Mass. 1958. *Hand* berücksichtigte freilich nicht, daß die Kompetenzklauseln z. T. nicht weniger vage formuliert sind als die Civil Rights, so z. B. die welfare-Klausel, Art. I § 8 Ziff. 1 US-Verfassung, die commerce-Klausel, ebd., Ziff. 3, die necessary and proper-Klausel, ebd., Ziff. 18. Wollte man den Satz „vage Bestimmungen sind nicht anzuwenden" zur allgemeinen Regel der Verfassungsinterpretation erheben, müßten konsequenterweise auch sie unangewendet bleiben. Da die meisten Verfassungsvorschriften interpretationsbedürftig sind, wäre es auch nur eine Frage des Grades und damit der politischen Entscheidung, wann sie unter das Verdikt „zu vage" fallen. – Im gleichen Sinne wie *Hand* auch *Wallace Mendelssohn,* Capitalism, Democracy und der Supreme Court, New York 1960; *ders.,* Justices Black and Frankfurter, Conflict in the Court, Chicago 1961. Eingehender zu diesen Werken und einer Reihe weiterer einschlägiger Literatur *M. Kriele,* Der Supreme Court im Verfassungssystem der USA, Ein kritischer Bericht über neuere amerikanische Literatur, in: Der Staat 1965, S. 195 – 214. Zum folgenden vergleiche auch *Helmut Steinberger,* Konzeption und Grenzen freiheitlicher Demokratie, 1974; *Winfried Brugger,* Grundrechte und Verfassungsgerichtsbarkeit in den Vereinigten Staaten, 1989.

[2] *James B. Thayer,* The Origin and Scope of the American Doctrin of Constitutional Law, Harvard Law Review 129 (1893), abgedruckt in: Robert G. McClosky (Hrsg.), Essays in Constitutional Law, New York 1957.

überzeugt war, damit zur ursprünglichen amerikanischen Verfassungstradition zurückzugehen. Er war der Meinung, der Supreme Court habe mit seiner Grundrechtsrechtsprechung die Balance der Gewaltenteilung, die die Verfassungsväter geschaffen hätten, in einem unguten Sinne durchbrochen und solle davon wieder abrücken. Er fand breite und langfristig zunehmende Zustimmung, die verständlich wird, wenn man sich die Beispiele vergegenwärtigt, die Thayer kritisiert. Diesen war eigentümlich, daß der Supreme Court aus einer eher „konservativen" Grundeinstellung heraus politisch „liberale" Entscheidungen für verfassungswidrig erklärt hat, z. B. den Missouri-Kompromiß. Diesem zufolge wurde ein Sklave, der mit seinem Herrn die Grenze zu den Nordstaaten überschritt, frei. Der Supreme Court urteilte, dadurch werde der Herr seines Eigentums „without due process of law" beraubt, was mit dem 5. Amendment unvereinbar sei – eine Entscheidung, die den Damm niederriß, der die Fluten des Bürgerkriegs noch aufgehalten hatte.[3]

Thayers Meinung, der Supreme Court hätte sich da besser zurückgehalten, fand begreiflicherweise Beifall. Das Prestige der Theorie des self-restraint stieg, als der Supreme Court in den folgenden Jahren eine Reihe sozialstaatlicher Regelungen zunichte machte. Im Jahre 1895 annullierte er die Einführung einer progressiven Einkommensteuer[4] und machte das Anti-Trust-Gesetz, den Sherman Act von 1890, durch eine verfassungskonforme Auslegung praktisch wirkungslos[5]. In ähnlichem Stil ging es fort: ein Gesetz, das die Arbeitszeit der Bäckereiangestellten auf 60-Wochenstunden beschränke, beraube Angestellte wie Ansteller ihrer Freiheit „without due process of law".[6] Ein Gesetz, das den Handel von Waren, die von Kindern unter 14 Jahren in Fabriken oder Bergwerken produziert waren, im zwischenstaatlichen Verkehr verbot, sollte nicht im Rahmen der bundesstaatlichen Kompetenzen liegen[7] – und dergleichen Entscheidungen mehr. Verfechter der Theorie des „judicial self-restraint", wie Justices Holmes und Brandeis, blieben innerhalb des Supreme Court meist in der Minderheit und konnten sich nur im „dissenting vote" zur Geltung bringen.

Nachdem allerdings 1937 die „konservative" Mehrheit im Supreme Court durch eine eher „liberale" Mehrheit abgelöst war, forderte die Theorie ihre Konsequenz. Sie hatte von „konservativen" Richtern gefordert, sozialstaatliche Gesetze im Bereich des Steuerrechts, Arbeitsrechts, Trust-Rechts usw. nicht an Verfassungsklauseln wie Eigentum, Vertragsfreiheit und bundesstaatliche Kompetenzregeln scheitern zu lassen, sondern sich „zurückzuhalten". Nun forderte sie von „liberalen" Richtern, sich in gleicher Weise z. B. mit unfairen Prozeßmethoden, Rassendiskriminierung, ungleicher Wahlkreiseinteilung abzufinden, statt sie durch liberale Grundrechtsanwendung zu korrigieren.

---

3 Dred Scott v. Sandfort, 19 Howard 393 (1857).

4 Pollock v. Farmers Lawn and Trust Co 158 US 601 (1895).

5 US v. Knight Co 156 US 1 (1895).

6 Lochner v. New York 198 US 45 (1905).

7 Hammer v. Dagenhart 247 US 251 (1918).

Diese Konsequenz fand ihren bedeutendsten Verfechter in Justice Felix Frankfurter, der sie teils erfolgreich durchsetzte, teils im Dissent vertrat. In seinem persönlichen politischen Engagement hatte er sich als ein entschiedener „liberal" aus-
gewiesen und verhehlte nicht seine Präferenz für die persönlichen Freiheitsrechte.
Er hielt es aber für ein Gebot der richterlichen Unparteilichkeit und des Respekts
vor dem demokratischen Prozeß, diese Präferenz nicht in gerichtlichen Entscheidungen zur Geltung zu bringen. Er argumentierte: „Gestern ging es um Eigentum,
heute um Bürgerfreiheiten, morgen mag es wieder um Eigentum gehen".[8] Hinter
den persönlichen Präferenzen für die eine oder andere Gruppe von Grundrechten
stünden politische Meinungen, die im demokratischen Prozeß alle gleichberechtigt
seien. Die Verfassung gebe keiner den Vorzug. Auch die von den Grundrechten
ausdrücklich geschützten Interessen seien mit anderen Interessen abzuwägen, so z.
B. das Interesse an freier Rede mit dem Interesse an der öffentlichen Ordnung. Die
Entscheidung eines Interessenkonflikts aber sei nicht Aufgabe des Richters, sondern des Gesetzgebers. Dessen Abwägung sei zu respektieren und „nicht durch unser Urteil zu ersetzen".[9] Er fügte allerdings hinzu: es sei denn, diese Abwägung
läge „außerhalb des Rahmens eines fairen Urteils" oder sei völlig irrational. Mit
diesem Vorbehalt eröffnete er sich die Möglichkeit, ausnahmsweise doch den Freiheitsrechten Geltung zu verschaffen, etwa als es um die Überwindung der Rassendiskriminierung in den Schulen[10] oder um McCarthyistische Übergriffe auf die
Universtäten ging.[11] Doch blieben nach Frankfurter vom ganzen System der
Grundrechte nur noch die Werturteile „unfair" und „irrational" übrig.

3. Gegenpositionen

Diese radikale Position des „judical self-restraint" hat sich in der amerikanischen Verfassungsrechtsprechung nie endgültig durchgesetzt. Sie führte aber zu einer lebhaften Diskussion des Problems der Stellung der Grundrechte im Verfassungssystem. Die Gegenpositionen lassen sich im wesentlichen in drei Gruppen
zusammenfassen:

a) Die klassische Auslegungslehre

Zunächst gibt es die Berufung auf die klassische juristische Interpretationsmethode: der Richter habe „nur einfach" die Bedeutung der in der Verfassung enthaltenen Begriffe zu klären und diese anzuwenden. Repräsentativ dafür ist etwa der
Gegenspieler Frankfurter's im Supreme Court, Justice Hugo L. Black, der diese

---

[8] *Felix Frankfurter,* John Marshall and the Judicial Function, 69 Harvard Law Review
217, 230 (195).

[9] Dennis v. US 341 US 494 (1951).

[10] Brown v. Board of Education of Topika 347 US 483 (1954).

[11] Sweezy v. New Hampshire 354 US 234 (1957).

Position in seinen Urteilen dergestalt vertrat, als ergäbe sich die jeweilige Entscheidung mit zwingender Logik aus den vorgetragenen Urteilsgründen – ungeachtet dessen, daß eine andere Entscheidung mit anderen Gründen den gleichen Grad logischer Stringenz gehabt hätte, und ungeachtet dessen, daß in anderen Fällen tatsächlich eine andere Methodenwahl zu anderen Ergebnissen führte. Er faßte seine Position in einem Vortrag zusammen[12]: der Richter sei nicht berufen, darüber zu befinden, ob Gesetze fair oder unfair, rational oder irrational seien, sondern er habe einfach die Verfassung anzuwenden. Vage Klauseln seien durch Interpretation zu klären. Aber „was immer ihre Bedeutung, es kann keinem Zweifel unterliegen, daß es gewährt werden muß". Im übrigen seien die Amendments auch gar nicht so vage. Es heiße z. B.: „Der Kongreß soll kein Gesetz machen, ... das die Freiheit der Rede beschränkt". „Der Kongreß soll kein Gesetz machen", sagt Black, „ist zusammengesetzt aus klaren Wörtern, leicht zu verstehen". Mit solchen rhetorischen Wendungen überspielte er die umstrittenen Auslegungsprobleme, z. B.: Welche Äußerungen fallen unter den Begriff der Freiheit der Rede? Wie weit ist der Gesetzgeber befugt, z. B. Verleumdung, Pornographie zu verbieten? Wie sind Redefreiheit und gesetzliche Schranken abzuwägen? Wer ist befugt, darüber letztverbindlich zu entscheiden? Seine Thesen hatten eher die Wirkung, Frankfurter's Position zu stärken als zu widerlegen.

b) „Neutral principles"

Eine zweite Gegenposition geht davon aus, daß die Grundrechtsauslegung von „neutralen Prinzipien" geleitet sein müsse. Sowohl die persönlichen als auch die wirtschaftlichen Freiheiten seien von der Verfassungsrechtsprechung durchzusetzen, aber jeweils nur soweit, als in der Entscheidung über den Einzelfall hinausweisende Prinzipien zum Ausdruck kämen, die „neutral" gälten, d. h., in künftigen ähnlichen Fällen gleichermaßen zugrunde gelegt werden können.

Repräsentativ hierfür ist etwa Herbert Wechsler.[13] Er kritisiert z. B. die Entscheidung des Supreme Court, wonach den Schwarzen der Eintritt in die Demokratische Partei von Texas nicht verwehrt werden dürfe. Der Supreme Court hatte geurteilt, daß die Partei in Texas deshalb allen Rassen offenstehen müsse, weil dort praktisch ein Ein-Parteien-System herrsche und deshalb die parteiinternen Vorwahlen („primaries") nicht als Sache einer privaten Vereinigung, sondern als „state action" anzusehen seien.[14] Wechsler meint demgegenüber, diese Entscheidung bedeute, daß auch Schwarze keine Rassenpartei gründen dürften, und daß konsequenterweise auch eine Religionspartei verboten sei. Die Entscheidung sei also nicht

---

12 *Hugo L. Black,* The Bill of Rights, 35 New York University Law Review 865, 1960.

13 *Herbert Wechsler,* Toward Neutral Principles of Constitutional Law, in: Principles, Politics and Fundamental Law, Cambridge, Mass. 1961.

14 Smith v. Allwright, 321 US 649 (1944).

auf ein „neutrales" Prinzip gegründet, sondern habe der ad hoc-Situation Rechnung getragen. Entweder seien Rassenparteien generell zu verbieten oder generell zuzulassen. Auf die besondere Situation des Ein-Parteien-Systems in einzelnen Staaten dürfe es nicht ankommen. Diese Schlußfolgerung, die, wenn sie sich im Supreme Court durchgesetzt hätte, zur Legitimierung einer offenkundigen Ungerechtigkeit geführt hätte, vermochte nicht zu überzeugen. Der Fehler liegt freilich nicht darin, daß Wechsler eine Orientierung der Rechtsprechung an neutralen Prinzipien forderte, sondern darin, daß er diese Prinzipien nicht für differenzierungsfähig hielt.

c) „Preferred freedoms"

Eine dritte Lehre sagt, die liberalen Freiheitsrechte seien den wirtschaftlichen vorzuziehen, nicht weil man als ein „liberal" persönlich stärker mit ihnen sympathisiert als mit den von „conservatives" bevorzugten Rechten, sondern aus einem sachlichen Grund: Zwar seien im demokratischen Meinungskampf alle Richtungen prinzipiell gleichberechtigt, aber der Meinungskampf selbst sei auf die liberalen Freiheitsrechte angewiesen. Gerade um der Demokratie willen müßten zunächst einmal Redefreiheit, Versammlungsfreiheit, Schutz der Person vor willkürlicher Verhaftung und dergleichen gewährleistet sein. Diese Rechte bildeten das Fundament, auf dem dann auch für die „konservativen" Positionen der Wirtschaftsfreiheit gestritten werden könne.

Repräsentativ für diese Positionen sind die Princeton-Professoren Mason und Beany.[15] Sie fordern self-restraint im Hinblick auf wirtschaftsregulierende Gesetze, hingegen strikte Durchsetzung der persönlichen Freiheiten gerade um der Offenheit des demokratischen Prozesses willen. Zwar wurde auch dieses Argument als einseitige politische Parteinahme ausgelegt: Die Verfassung schütze Eigentum, Vertragsfreiheit usw. nicht weniger entschieden als die Freiheiten des 1. Zusatzartikels, und auch diese kämen dem demokratischen Prozeß zugute. Verfechter des preferred freedoms-Arguments hielten dem entgegen, sie stuften die Grundrechte nach objektiv klärbaren Bedingungs- und Abhängigkeitsverhältnissen ab und orientierten sich deshalb nicht an politischen Meinungen, sondern an einer der Verfassung selbst immanenten Rationalität.

4. Ist Grundrechtsauslegung Politik?

In der Bundesrepublik hat das Problem nicht dieselbe politische Brisanz gewonnen wie in den USA und infolgedessen auch die verfassungsrechtliche Diskussion nicht so lebhaft angeregt. Vor allem ist die Forderung nach „judicial self-restraint"

---

15 *Alpheus T. Mason* und *William M. Beany,* The Supreme Court in a free Society, Englewood Cliffes, N. Y. 1959. Belege aus der Rechtsprechung bei Horst Ehmke, Wirtschaft und Gesellschaft, 1961, S. 437 ff., 450 ff., 464 ff.

hier nicht mit solcher Radikalität erhoben worden wie dort. Daß das Grundgesetz die Grundrechte – im Unterschied zur Weimarer Reichsverfassung – nicht dem Gesetzgeber zur letztverbindlichen Auslegung überläßt, weil sie dann, wie man zu sagen pflegt, „leerlaufen" würden, ist eindeutig – vgl. insbesondere Art. 1 III GG: Die Grundrechte binden alle drei Gewalten – und kann weder durch historische noch andere Argumente der Verfassungsauslegung ernstlich in Frage gestellt werden. Die Verfassungsrechtsprechung hat sich hier bei weitem nicht in so extremen Pendelausschlägen bewegt wie in den USA. Im großen und ganzen hat das Bundesverfassungsgericht die Balance zwischen Grundrechtsstaat und Demokratie gehalten. Nur in Einzelfragen hat es sie gröblich verfehlt, vor allem in bezug auf die vorbehaltlos gewährleisteten Grundrechte, doch auch hier eher in den obiter dicta als in den Entscheidungen selbst (vgl. unten D III.). In anderen Sachfragen sind es zumeist eher die „dissenting" und „concurring votes", die aus der Balance kippen, als die Entscheidungen und die sie tragenden Gründe.

Gewiß, es gibt Entscheidungen, in denen der Senat genau entlang der Linie der parteipolitischen Herkunft der Richter gespalten war, soweit sich diese am Vorschlagsrecht der Parteien bei ihrer Wahl ablesen läßt. So stand es 4 : 4 etwa beim Spiegel-Urteil[16] und beim Grundvertrags-Urteil[17]: Die vier die Entscheidung tragenden Richter waren auf Vorschlag von CDU und CSU, die dissentierenden auf Vorschlag von SPD und F.D.P. ins Amt berufen worden; und es gibt einige vergleichbare Fälle mehr. Indes wäre es voreilig, aus solchen Beispielsfällen verallgemeinernde Schlüsse auf die (partei)politische Bestimmtheit verfassungsrechtlicher Urteilsfindung zu ziehen.

Erstens handelt es sich um Ausnahmen, die keineswegs typisch sind. In zahlreichen anderen Fällen setzt sich die Gruppe der Dissenters entweder aus Richtern verschiedener parteipolitischer „Herkunft" zusammen oder zumindest umfaßt sie keineswegs alle Richter dieser Herkunft. Schon diese schlichte Tatsache beweist, daß die parteipolitische Rückbindung nicht so entscheidungserheblich sein kann, wie die Kritiker unterstellen.[18]

Zweitens haben die wenigen Fälle, in denen tatsächlich doch die „parteipolitische Front" den Senat gespalten hat, die Eigentümlichkeit, Fragen hochpolitischen Charakters zu betreffen, Fragen, die für die politische Auseinandersetzung zwischen Regierungsmehrheit und Opposition in jener Epoche besonders grundsätzlich waren, Fragen, die geradezu den Kern der politischen Auseinandersetzung ausmachten, Fragen, in denen sich niemand einer engagierten Stellungnahme entziehen konnte, die dann bis auf die Verfassungsinterpretation durchschlug. Das er-

---

16 BVerfGE 20, 162.

17 BVerfGE 36, 1.

18 Der Verfasser hat in den zwölf Jahren seiner Tätigkeit als Mitglied des nordrhein-westfälischen Verfassungsgerichtshofes zwar viele Meinungsverschiedenheiten und manche Mehrheitsentscheidung erlebt, aber keinen einzigen Fall, in dem die parteipolitische Herkunft maßgeblich gewesen wäre.

laubt aber nicht den Rückschluß, der Verfassungsjurist sei auch im „Normalfall" unfähig, in Distanz zu der von ihm favorisierten Partei zu treten und anhand unparteilicher Maßstäbe zu urteilen.

Drittens sind nämlich die Richter auch in jenen Grenzfällen bemüht, ihre Meinung anhand unparteilicher Maßstäbe zu begründen und ein Präzedenz zu schaffen, das auch in künftigen anderen Fällen leitend werden kann, unabhängig davon, ob es sich dann für die eigene parteipolitische Richtung günstig oder ungünstig auswirken wird. Man begründet seine Meinung nicht mit unmittelbar politischen, sondern juristischen Argumenten. Auch wenn es hierbei Meinungsverschiedenheiten gibt, so ist dies kein hinreichender Anlaß, diese Argumente nicht als solche ernstzunehmen und als juristisch vertretbar gelten zu lassen. Juristische Meinungsverschiedenheiten und Zweifel gibt es ja auch sonst; die juristische Methode erlaubt keine eindeutig zwingenden Schlüsse. Eben deshalb bedarf es ja einer Entscheidungsinstanz (vgl. Art. 93 I 2 GG: Das Bundesverfassungsgericht entscheidet „bei Meinungsverschiedenheiten oder Zweifeln") und der Entscheidungsregeln für den Fall von Dissent und Gleichstand (§ 15 II 3, 4 BVerfGG). Wenn die Fronten zwischen den entscheidungstragenden und den dissentierenden Richtern an verschiedenen Linien juristischer Meinungsverschiedenheiten verlaufen, so liegt es im Rahmen der statistischen Wahrscheinlichkeit, daß sich diese gelegentlich auch mit der „parteipolitischen Front" decken.

Diese Fälle sind deshalb nicht geeignet, das Bundesverfassungsgericht als „dritte politische Kammer" zu diskreditieren. Der Unabhängigkeit des Richters (Art. 97 GG) entspricht das Richterethos der Unparteilichkeit, und wir haben keinen Anlaß, dieses bei der Verfassungsgerichtsbarkeit in Frage zu stellen, weder prinzipiell noch tatsächlich. Die These von parteipolitisch determinierten Richtergruppen im Bundesverfassungsgericht hat sich insgesamt nicht verifizieren lassen.[19]

Diese These durchgeistert gleichwohl die politische Publizistik und auch die verfassungsrechtliche Literatur. Um ihr gegenüber den Charakter der Grundrechte als unparteiliche Rechtsvorschriften zu sichern, werden auch in der Bundesrepublik die drei für die amerikanische Diskussion typischen Positionen vertreten: Die klassische Auslegungslehre (II 1.), die Forderung nach „neutralen Prinzipien" (II 2. und 3.) und die „preferred freedoms"-Lehre (II 4.).

---

[19] *York Jäger*, Entscheidungsverhalten und Hintergrundfaktoren der Bundesverfassungsrichter, in: ZRP 1987, S. 360 ff.

II. Wie ist unparteiliche Grundrechtsauslegung möglich?

1. Zur klassischen Auslegungslehre

Immer wieder begegnet uns von Zeit zu Zeit die Forderung, die Verfassungs-rechtsprechung solle sich, soweit es eben gehe, an den klassischen Interpretations-schritten der juristischen Methodenlehre orientieren, wenn auch Savignys Katalog zu erweitern und zu verfeinern sei. Vor allem solle man davon ausgehen, daß die einzelnen Interpretationsschritte in einem Rangverhältnis der Subsidiarität stün-den, daß man also zu den „höheren Stufen" nur dann fortschreiten solle, wenn die vorangegangenen Schritte nicht zu einem eindeutigen Ergebnis führten. Wie es La-renz lehrt: „Soweit der mögliche Wortsinn und Bedeutungszusammenhang des Ge-setzes Raum für verschiedene Auslegungen lassen", solle man nach Regelungsab-sicht des Gesetzgebers und Zweck der Norm fragen.[20] Wenn auch dann noch die bisherigen Auslegungsschritte „nicht ausreichen", habe man auf „objektiv-teleologi-sche Kriterien zurückzugehen".[21] Insbesondere solle man an Grundrechtsbegriff-fen, deren Wortsinn durch die Auslegung eindeutig ermittelt sei, nicht noch weiter heruminterpretieren, um ihnen einen veränderten oder erweiterten Sinn zu unterle-gen. Denn Interpretation heiße in erster Linie: den Text verstehen. Wenn man ihn verstanden habe, gäbe es nichts mehr zu interpretieren.

Mit diesem Argument hat z. B. Forsthoff gegen die „Wechselwirkungslehre" des Lüth-Harlan-Urteils[22] polemisiert: Wenn das Grundrecht auf Meinungsfreiheit seine Schranken in den allgemeinen Gesetzen findet (Art. 5 II GG), so heiße das ganz eindeutig nicht, daß die allgemeinen Gesetze ihrerseits ihre Schranken im Grundrecht der Meinungsfreiheit fänden und „in ihrem Licht" auszulegen seien. Forsthoff meinte, daß diese „Schaukeltheorie" alle juristische Klarheit und Ver-bindlichkeit aufhebe und das Recht einem Abwägungsvorgang mit beliebigem Ausgang ausliefere.[23]

Wollte man dem folgen, so müßte die gesamte Rechtsprechung zum Verhältnis von Grundrechten und Schranken gründlich korrigiert werden, aber nicht nur diese. Denn zahlreiche Grundrechtsbegriffe sind trotz der Eindeutigkeit ihres Wortsinns vom Bundesverfassungsgericht in einem anderen Sinne interpretiert worden, als diese Auslegungslehre eigentlich erlauben würde.

Wenn z. B. Art. 19 III GG die Grundrechte auch für inländische „juristische Per-sonen" gelten läßt, soweit sie ihrem Wesen nach auf diese anwendbar sind, so ist dieser Begriff jedenfalls insoweit klar und eindeutig, als er nicht-rechtsfähige Per-

---

[20] *Larenz,* Methodenlehre der Rechtswissenschaft, Abschnitt „Verhältnis der Auslegungs-kriterien zueinander" (5. Aufl., S. 329).

[21] *Larenz,* a. a. O., S. 330.

[22] BVerfGE 7, 198.

[23] *Ernst Forsthoff,* Die Umbildung des Verfassungsgesetzes, in: FS für Carl Schmitt, 1959, S. 35; *ders.,* Zur Problematik der Verfassungsauslegung, 1961.

sonenvereinigungen ausschließt. Eine Erstreckung der Grundrechte auch auf sie, wie sie sich in der ständigen Rechtsprechung des Bundesverfassungsgerichts findet, wäre methodisch fehlerhaft.

Auch Art. 1 I GG könnte nach dieser Methodenlehre kein subjektiv-öffentliches Recht, sondern nur eine objektive staatliche Schutzpflicht begründen: „Die Würde des Menschen … zu achten und zu schützen, ist Verpflichtung aller staatlichen Gewalt". Nach den Regeln der klassischen Auslegungslehre hätte diese Schutzpflicht nur den Charakter eines nicht unmittelbar anwendbaren Programmsatzes; denn Art. 1 III GG sagt mit unbezweifelbarer Klarheit: „Die nachfolgenden Grundrechte" – also nicht das in Abs. 1 voranstehende der Menschenwürde – „binden … als unmittelbar geltendes Recht". Dies Ergebnis würde auch durch den Wortlaut von Art. 1 I 1 GG bestätigt, der in Gestalt einer phänomenologischen Aussage feststellt: „Die Würde des Menschen ist unantastbar". Nach dem Sprachsinn heißt das eigentlich nicht: sie dürfe nicht angetastet werden, sondern sie sei ohnehin durch nichts zu verletzen, so daß sie eines besonderen Grundrechtsschutzes auch gar nicht bedürfe.

Ein drittes Beispiel: Das Grundrecht des Art. 4 III 1 GG „Niemand darf gegen sein Gewissen zum Kriegsdienst mit der Waffe gezwungen werden" würde nach seinem insoweit völlig eindeutigen Wortsinn nicht gegen die Ausbildung zum Soldaten in Friedenszeiten schützen – denn Kriegsdienst gibt es erst im Krieg. Es würde dann aber auch im Kriegsfall nicht gegen die Heranziehung des Soldaten ohne Waffe, etwa als Fahrer, Funker oder im Versorgungsbereich schützen. Wenn auch der Gesetzgeber von der Ausbildung befreien könne, so bestünde nach dieser Auslegungslehre jedenfalls kein Grundrecht auf Verweigerung der Ausbildung zum Soldaten.

Die Kette der Beispiele ließe sich beliebig verlängern, aus denen sich ergibt, daß das Bundesverfassungsgericht die klassische Auslegungslehre dauernd verletzt: Auch wo der Wortsinn klar und eindeutig ist, wird er vom Bundesverfassungsgericht für weiter interpretationsbedürftig erklärt und in einem veränderten Sinne ausgelegt – bloß um zu einem anderen Ergebnis zu kommen als der Text vorgibt. Möge dieses Ergebnis auch vernünftig erscheinen – oder sogar tatsächlich sein –, so handelte es sich nach der klassischen Auslegungslehre dennoch um einen Überschritt von der rein juristischen Rechtsanwendung zur politisierenden Rechtsgestaltung. Gelegentlich kommt es vor, daß neugewählte Bundesverfassungsrichter mit dieser Auslegungslehre ernst machen und versuchen, das Bundesverfassungsgericht auf den rechten Weg zu führen. Einige Beispiele:

In den 50er Jahren wurde lebhaft darüber gestritten, ob das Recht auf „freie Entfaltung der Persönlichkeit" (Art. 2 I GG) die allgemeine Handlungsfreiheit meint oder nur den Kernbereich personaler Selbstentfaltung. Das Bundesverfassungsgericht hat im erstgenannten Sinne entschieden[24] und diese Entscheidung seit Jahr-

---

24 BVerfGE 6, 32 (Elfes).

zehnten seiner ständigen Rechtsprechung zugrunde gelegt – mit erheblichen Auswirkungen auch auf die Auslegung der Schrankentrias des Art. 2 I GG. Ungeachtet
dessen brachte ein Bundesverfassungsrichter in einem concurring vote die letztgenannte Ansicht zur Geltung – mit dem an sich berechtigten Argument, der Wortsinn lege eher diese Auslegung nahe.[25]

Ein anderes Beispiel: Nach Art. 12a II 2 GG darf die Dauer des Ersatzdienstes
die Dauer des Wehrdienstes nicht überschreiten. Zur Dauer des Wehrdienstes gehört – unbestritten – auch die Zeit der Wehrübungen. Die Militärbehörden können
jedoch die gesetzlich vorgeschriebene Wehrübungspflicht aus praktischen Gründen
nicht ausschöpfen. Deshalb entstand die Frage: Kommt es für die Berechnung der
Dauer des Ersatzdienstes auf die gesetzlich vorgesehene oder auf die faktisch in
Anspruch genommene Dauer des Wehrdienstes an? Das Bundesverfassungsgericht
entschied in ständiger Rechtsprechung: auf die rechtlich vorgesehene Dauer, und
daran orientieren sich Gesetze und Praxis. Gleichwohl wollen zwei dissentierende
Richter nunmehr der anderen Auslegung den Vorzug geben.[26] Zwar sei die Grundgesetzvorschrift unklar und zweideutig, doch lege der Begriff „Dauer" eher nahe,
auf die faktisch ausgeübte Dienstzeit abzustellen. Dies ergebe sich überdies aus
der historischen Auslegung: die Äußerungen eines an der Verfassungsergänzung
beteiligt gewesenen Abgeordneten seien in diesem Sinne zu verstehen (was freilich
auch nicht eindeutig ist). Das Bundesverfassungsgericht wendet aber in ständiger
Rechtsprechung die sog. „objektive Auslegungsmethode" an: „Nicht entscheidend
ist ... die subjektive Vorstellung der am Gesetzgebungsverfahren beteiligten Organe oder einzelner ihrer Mitglieder über die Bedeutung der Bestimmung".[27] Dies
wollen die dissentierenden Richter grundsätzlich korrigieren.

Auffallend ist allerdings, daß sie nicht zugleich Art. 4 III 1 GG „Niemand darf
gegen sein Gewissen zum Kriegsdienst zur Waffe gezwungen werden" in seinem
an sich doch eindeutigen Wortsinn verstehen wollen, sondern die bisherige Auslegung gelten lassen, wonach dieses Grundrecht schon gegen die Ausbildung zum
Soldaten in jeder Funktion und in Friedenszeiten schützt. Obwohl sie aber diese
sehr weite Auslegung mittragen, sperren sie sich doch gleichzeitig gegen die aus
ihr sich ergebende Konsequenz, daß, jedenfalls bei der Einberufung zur Ausbildung, nur die Gewissensentscheidung berücksichtigt werden kann, die sich „der
Beteiligung an jeder Waffenanwendung zwischen den Staaten widersetzt", wie es
in § 1 des Gesetzes über die Kriegsdienstverweigerung heißt, den das Bundesverfassungsgericht für verfassungsmäßig erklärt hat. Die dissentierenden Richter halten die Vorschrift für verfassungswidrig, weil das Gewissen auch situationsbezogen spreche und die Modalitäten einer möglichen Verteidigungsführung (Angriff

---

25 Richter *Grimm* im concurring vote zum Beschluß vom 6. 6. 1989 betreffend das Landschaftsgesetz NRW: Reiten im Walde gehöre nicht zur Persönlichkeitsentfaltung.

26 Richter *Böckenförde* und *Mahrenholz* im dissenting vote zu BVerfGE 69, 1. Kritisch dazu der Verfasser in: *Kriele,* ESJ Grundrechte, 1986, S. 576 f.

27 BVerfGE 1, 312 und ständig.

durch Deutsche aus der DDR, Einbeziehung von Atomwaffen) mitberücksichtigen könne. Das Gewissen spreche jeweils „hier und heute". Dies ist zwar richtig, und das Kriegsdienstverweigerungsgesetz ist für den Verteidigungsfall lückenhaft und ergänzungsbedürftig. Doch bei der Einberufung zur Ausbildung liegen die Modalitäten der Verteidigungsführung in einer ungewissen Zukunft. Wenn die Gewissenserwägung des Wehrpflichtigen ihre bloß abstrakte Möglichkeit einbezieht, so ist sie insofern nicht auf die „hier und heute" gegebene Situation bezogen. Man kann nicht gleichzeitig den Grundrechtsschutz, ausdehnend auf den Zeitpunkt der Einberufung des Wehrpflichtigen, vorziehen und dann dennoch aus diesem Grundrecht den Schutz von Gewissensbedenken ableiten, die in der konkreten Situation noch gar keine Aktualität haben können. Diese logische Inkonsequenz des dissenting vote bietet ein anschauliches Beispiel dafür, daß der Ruf nach der „streng juristischen Methode" nicht hält, was er verspricht: rein rechtliche statt politisch orientierte Grundrechtsinterpretation. Im Gegenteil: Er öffnet weit das Tor für Beliebigkeiten und damit auch für politische Gesichtspunkte.

Was an diesem Beispiel sichtbar wird, gilt generell. Mal kommt es auf den „eindeutigen Wortlaut" an, mal wird er teleologisch relativiert. Mal wird der Wortlaut weit, mal eng interpretiert. Mal greift man zur subjektiven, mal zur objektiven Auslegungsmethode, mal zur Analogie, mal zum Umkehrschluß usw., je nach dem Ergebnis, das man aus politischen oder sonstigen Motiven für wünschenswert hält. Keine der verschiedenen Interpretationsmethoden ist ohne denkbare Alternative. Es kommt immer auf die Methodenwahl an: sie entscheidet über das Ergebnis. Die „klassische Methodenlehre" weiß dazu nichts zu sagen außer: Vom Ausleger sei „zu verlangen, daß er die verschiedenen Auslegungsgesichtspunkte berücksichtigt und daß er begründet, warum er diesen hier für ausschlaggebend hält".[28] Wie, das läßt sie offen: „Das jeweilige Gewicht der verschiedenen Kriterien hängt nicht zuletzt davon ab, was sie im einzelnen Fall hergeben", es handele sich um eine „schöpferische Geistestätigkeit".[29] Aber worin besteht sie? An welchen Gesichtspunkten orientiert sie sich? Wie läßt sie sich verantwortlich rechtfertigen?

Richter, die streng im Geist der klassischen Methodenlehre erzogen sind, pflegen die Sachgründe für ihre Kriterienwahl für sich zu behalten und in ihren Entscheidungsgründen nicht darzulegen. Sie tun so, als ergebe sich die gewählte Methode irgendwie zwingend durch die Regeln der Auslegungslehre; durch diese sei das Ergebnis legitimiert oder gar zwingend geboten. Ihre Sachgründe werden meist erst sichtbar, wenn man die Präjudizienketten überschaut und in ihnen vernünftige Leitprinzipien entdeckt.

Ohne solche Leitprinzipien spränge die Rechtsprechung hin und her, mal diese, mal jene Methode wählend, je nachdem, welches Ergebnis der zufälligen Richtermehrheit wünschenswert erscheint. Der Willkür wäre dann Tür und Tor geöffnet. Dieser Gefahr ist die Mehrheit in den Senaten des Bundesverfassungsgerichts im

---

[28] *Larenz*, a. a. O., 331 f.

[29] *Larenz*, a. a. O., 331.

allgemeinen aus dem Wege gegangen, gelegentlich ist sie ihr allerdings doch erlegen. Häufiger noch begegnet sie uns in einigen „dissenting votes", in denen die Kontinuität der Verfassungsrechtsprechung auf die sie leitenden Prinzipien unter Berufung auf irgendwelche angeblich zwingenden Auslegungsmethoden durchbrochen werden.

2. Präjudizienvermutung

Soll die Grundrechtsauslegung Recht und nicht Politik sein, so muß sie sich also an unparteilichen Prinzipien orientieren – an Prinzipien, die unabhängig vom Wechsel der politischen Meinungen und Mehrheitsverhältnisse jetzt dem einen, bei anderer Gelegenheit dem anderen zugute kommen können. Das ist der Grundgedanke der Wechslerschen Position der „neutral principles", allerdings mit zwei Einschränkungen: Man sollte erstens besser von unparteilichen als von „neutralen" Prinzipien sprechen. Denn Neutralität bedeutet Nichteinmischung, also eigentlich Nichtentscheidung; das Bundesverfassungsgericht soll aber in jedem einzelnen Fall entscheiden, daß der eine recht und der andere unrecht hat. Zweitens sind Prinzipien differenzierungsfähig: sie können mit Einschränkungen, Bedingungen, Vorbehalten versehen sein, wenn diese nur ebenfalls generell und abstrakt formuliert werden können. Wechsler wollte nur pauschal formulierte Prinzipien gelten lassen. Solche können aber den zu beurteilenden Situationen nicht gerecht werden. Worauf es vielmehr ankommt, ist, daß differenzierte Prinzipien der Entscheidung als ratio decidendi zugrunde liegen und die konkrete Entscheidung zugleich als Präzedenz für künftige Entscheidungen geeignet ist. Die erste und wichtigste Voraussetzung für unparteiliche Prinzipien der Grundrechtsauslegung liegt deshalb in der Präjudizienvermutung für das Bundesverfassungsgericht selbst und in der Präjudizienbindung für alle übrigen Organe des Bundes und der Länder.

Die Präjudizienvermutung bedeutet in diesem Zusammenhang, daß sich das Bundesverfassungsgericht bei der Grundrechtsauslegung an seinen eigenen Präjudizienketten solange orientiert, bis überwiegende Gründe zu einer Aufgabe der bisherigen Rechtsprechung und zum Beginn einer neuen Präjudizienkette Anlaß geben. Nur so ist gewährleistet, daß sich die Entscheidung an über den Einzelfall hinausweisenden Maximen orientiert. Die Präjudizienvermutung ist Bedingung für Gleichbehandlung, Widerspruchsfreiheit, Rechtssicherheit, Kontinuität und eine gewisse Vorhersehbarkeit der Entscheidung und deshalb zugleich Voraussetzung für die Bildung verfassungsrechtlicher Institutionen, an denen sich das öffentliche Leben zu orientieren vermag.

Die Präjudizienvermutung hat aber nicht nur den Aspekt des Rückblicks, sondern auch den des Vorausblicks. Das Bundesverfassungsgericht muß bedenken, daß seine konkrete Entscheidung in der Zukunft als Präjudiz herangezogen werden wird, vor allem wenn es eine neue Rechtsfrage erstmals entscheidet. Die Entscheidung muß also so ausfallen, daß man wollen kann, daß sie künftig als Präjudiz geeignet sein wird. Auf diese Weise orientiert sich die Entscheidung an dem Ge-

sichtspunkt der Verallgemeinerungsfähigkeit der ratio dicidendi. Diese hat insofern
einen abstrakt-generellen Charakter. Sie legt mit Wirkung für die Zukunft fest, ob
der anzuwendende Verfassungsbegriff eng oder weit auszulegen ist, mit Vorbehalten oder Einschränkungen zu verstehen ist und dergleichen. Die konkrete Entscheidung weist also zugleich in eine unbestimmte Zukunft hinein. Die Auslegung, die
in diesem Fall der einen Partei recht gibt, kann sich in künftigen Fällen günstig für
die andere auswirken. Das gilt nicht nur für die Prozeßbeteiligten, sondern im Verfassungsrecht auch für die politischen Parteirichtungen. Eine verfassungsrechtliche
Auslegung, die die gegenwärtige parlamentarische Mehrheit des Gesetzgebungsor-
gans bindet, wird unter veränderten demokratischen Mehrheitsverhältnissen ebenso auch die anderen binden. Nur die Präjudizienvermutung gewährleistet, daß sich
die Auslegung am Rechtsprinzip in dem Sinne orientiert, wie Immanuel Kant es
verdeutlicht hat: der Richter muß wollen können, daß die Maxime seiner konkreten
Entscheidung zur allgemeinen Maxime werde. Orientierung am Rechtsprinzip aber
ist Grundlage und Vorbedingung aller Unparteilichkeit.

Die Präjudizienvermutung bedeutet andererseits nicht Erstarrung der Rechtsprechung und Unempfänglichkeit für Kritik. Denn das Bundesverfassungsgericht
kann jederzeit neuen Einsichten oder Umständen Rechnung tragen und seine
Rechtsprechung ändern, sollte dies allerdings nur bei guten Gründen tun und dann
nur in der Weise, daß die Entscheidung wiederum als Präjudiz für die Zukunft geeignet ist. „Im Zweifel" sollte es der Kontinuität den Vorzug geben. Ein Wechsel
der Rechtsprechung bei jeder personellen Neubesetzung des Bundesverfassungsgerichts, ein Hin- und Herspringen zwischen Interpretationsmethoden und verfassungsrechtlichen Meinungen, mögen sie auch noch so gewichtig sein, öffnete das
Verfassungsrecht den Einflüssen von Ideologien und Interessen und verwandelte es
unvermeidlicherweise in ein politisches Organ. Das Tor dazu würde weit geöffnet,
wenn man jenen Methodentheoretikern folgen wollte, die von der Präjudizienvermutung nichts wissen wollen, weil sie glauben, in den Methodenschritten der klassischen Interpretationslehre etwas Sichereres anbieten zu können.

3. Präjudizienbindung

Ebenso grundlegend für die Orientierung des geltenden Verfassungsrechts an
unparteilichen Maximen wie die für das Bundesverfassungsgericht geltende Präjudizienvermutung ist die für alle anderen Staatsorgane geltende Präjudizienbindung: „Die Entscheidungen des Bundesverfassungsgerichts binden die Verfassungsorgane des Bundes und der Länder sowie alle Gerichte und Behörden" (§ 31
I BVerfGG). Hat das Bundesverfassungsgericht z. B. einen Verwaltungsakt als verfassungswidrig aufgehoben, so darf die betroffene Behörde nicht demselben Bürger gegenüber einen gleichen Verwaltungsakt erneut erlassen, und nicht nur das:
keine Behörde darf künftig irgendjemand gegenüber einen „solchen", einen „derartigen" Verwaltungsakt mehr erlassen. Geschieht es doch, so bedeutet das nicht nur,
daß die Behörde die erneute Aufhebung riskiert und den Beteiligten unnötige Pro-

zeßlasten aufbürdet. Es bedeutet einen Gesetzesverstoß, der zugleich eine Herausforderung an die Wirksamkeit des Verfassungsrechts überhaupt wäre. Das Verfassungsrecht kann nur dann an unparteilichen Prinzipien orientiert sein, wenn die letzte Entscheidung über seine Auslegung beim Bundesverfassungsgericht monopolisiert ist. Wenn jede Behörde, jedes Gericht, jedes Gesetzgebungsorgan seine eigene Verfassungsauslegung unmittelbar zur Geltung bringen könnte, so gäbe es eine vielfältige Pluralität von Verfassungsauffassungen, von denen keine „sich durchsetzen" könnte: es gäbe weder Gleichbehandlung noch Rechtssicherheit noch rechtlichen Fortschritt.

Deshalb ist es abwegig, § 31 I BVerfGG dahin zu interpretieren, durch diese Vorschrift würden die „subjektiven Grenzen der Rechtskraft" über die an dem konkreten Verfahren Beteiligten hinaus auf die Verfassungsorgane, Gerichte und Behörden „erweitert", wie es verschiedentlich vorgeschlagen wurde.[30] Nach dieser Auslegung würde § 31 I BVerfGG letztlich nicht anderes sagen, als daß die Entscheidungen des Bundesverfassungsgerichts überhaupt beachtet werden müßten, daß also z. B. ein als verfassungswidrig aufgehobener Verwaltungsakt nicht als fortbestehend behandelt werden dürfe, auch nicht von Staatsorganen, die nicht am Verfahren beteiligt gewesen sind. Das ist ohnehin selbstverständlich und kann nicht der entscheidende Sinn der Vorschrift sein.

Wenn ihr Sinn vielmehr ist, daß nicht „ein solcher" oder „derartiger" Verwaltungsakt erneut erlassen werden darf, so ist die Frage, was darunter zu verstehen ist. Kein Fall ist dem anderen in allen Einzelheiten völlig gleich. Es kommt darauf an, welche Gesichtspunkte als relevant anzusehen sind. Um das zu ermitteln, muß man die Entscheidungen des Bundesverfassungsgerichts aus ihren Gründen heraus verstehen. Das bedeutet nicht, daß die Gründe ohne weiteres an der Verbindlichkeit teilhätten, denn bindend sind nur „die Entscheidungen" des Bundesverfassungsgerichts. Wenn andererseits die Entscheidung nicht nur eine konkrete Einzelfrage regelt, sondern sich an generell und abstrakt formulierbaren Prinzipien oder Maximen orientiert, so bedeutet das Verstehen der Entscheidung zugleich, diese – die ratio decidendi – herauszuarbeiten und zu verstehen.

Die angelsächsische Methodenlehre, die sog. „jurisprudence", hat die Denkschritte, die in diesem Zusammenhang möglich und notwendig sind, im einzelnen analysiert. Darauf einzugehen, ist hier nicht der Ort.[31] Für die Auslegung des § 31 I BVerfGG kommt es nur auf die Feststellung an: Alle Schritte eines „distinguishing" sind zulässig. Die Organe des Bundes und der Länder dürfen also sagen: Das Präjudiz ist nicht einschlägig, der Fall liegt anders, seine Besonderheit rechtfertigt eine abweichende Entscheidung. Damit mißachten sie die Präjudizien nicht, sondern lösen, wenn der Fall vor das Bundesverfassungsgericht getragen wird, eventuell eine weitere Verfeinerung des Verfassungsrechts durch ein neues Präjudiz des Bundesverfassungsgerichts aus. Sie dürfen dies m. E. selbst dann sagen,

---

[30] Hierzu im einzelnen *Kriele,* Theorie der Rechtsgewinnung, 2. Aufl. 1976, § 81.

[31] Hierzu *Kriele,* Theorie der Rechtsgewinnung, §§ 72 – 78.

wenn sie glauben, die Entscheidung des Bundesverfassungsgerichts besser zu verstehen als dieses sie selbst verstanden hat. Sie sind also nicht an die Gründe gebunden, die das Bundesverfassungsgericht als „tragende" formuliert hat, wenn es nicht zwingend ist, daß die Entscheidung mit diesen Gründen steht und fällt.[32]

Was den Organen des Bundes und der Länder aber verwehrt ist, ist eine Auslegung, die über das „distinguishing" hinausgehend auf ein „overruling" hinauslaufen würde, die also das Präjudiz nicht tragen könnte, auch nicht mit „besseren Gründen". Eine solche Preisgabe der bisherigen Rechtsprechung bleibt dem Bundesverfassungsgericht vorbehalten und bei ihm monopolisiert: Deshalb unterliegt es selbst keiner Präjudizienbindung, sondern nur einer Präjudizienvermutung. Die übrigen Organe des Bundes und der Länder können sich allenfalls dann über ein Präjudiz hinwegsetzen, wenn Anlaß zu der Annahme besteht, das Verfassungsgericht werde an seiner bisherigen Rechtsprechung nicht festhalten, sondern die sich bietende Gelegenheit zu einem „overruling" nutzen.

In der Praxis der Bundesrepublik ist die Präjudizienbindung im großen und ganzen bisher nicht mißachtet worden, und darauf beruht die rechtliche Wirksamkeit der Verfassungsrechtsprechung. Im Gegenteil gibt es eher die Tendenz, den Entscheidungsgründen des Bundesverfassungsgerichts eine höhere Autorität zuzubilligen, als ihnen zukommt. Die sog. „tragenden Gründe" werden wie geltendes Verfassungsrecht behandelt, auch dort, wo es zulässig wäre, sie durch „distinguishing" in Frage zu stellen. Selbst obiter dicta werden behandelt, als handele es sich nicht um unverbindliche Meinungsäußerungen der Verfassungsrichter, sondern um verbindliche Verfassungsauslegung. Diese überhöhte Autoritätszubilligung hat zwar den Vorteil, daß sie dazu beiträgt, riskante Verfassungsprozesse zu vermeiden. Sie hat aber zugleich den Nachteil, daß sich auch unausgereifte oder gar abwegige Meinungen, wie sie sich in den obiter dicta gelegentlich finden, zu einer Art Schein- und Nebenverfassungsrecht erheben, den Blick auf die verbindlichen Entscheidungen und die ihnen zugrunde liegenden Prinzipien verstellen und die Fortbildung der Verfassungsrechtsprechung lähmen oder in die Irre führen.

Doch ist diese übersteigerte Bindungswirkung der Entscheidungsgründe nicht dem Bundesverfassungsgericht anzulasten. Dieses hat zwar gelegentlich seine eigenen Urteilsgründe pauschal als tragend und damit verbindlich bezeichnet.[33] Doch war diese Feststellung selbst ein unverbindliches obiter dictum: eine solche Feststellung lag nicht innerhalb der Kompetenz des Bundesverfassungsgerichts. Diese beschränkt sich darauf, eine konkrete Verfassungsfrage anhand des Grundgesetzes zu entscheiden, und nur diese Entscheidung ist verbindlich. Sie ist zwar aus ihren Gründen heraus zu verstehen, aber die formulierten Gründe haben an der Verbindlichkeit keinen Anteil. Bindend ist vielmehr die aus ihnen im Zusammenhang mit der Präjudizienkette zu ermittelnde ratio decidendi, mit der das Urteil

---

[32] *Kriele*, Theorie der Rechtsgewinnung, § 82, insbesondere S. 300.

[33] Vgl. Grundvertrags-Urteil, BVerfGE 36, 1 (36).

steht und fällt, mag sie nun in den Gründen artikuliert sein oder nicht.[34] In der Auslegung dessen, was die ratio decidendi ausmacht, ist der Interpret des Präjudiz nicht durch die Meinungen gebunden, die das Bundesverfassungsgericht selbst darüber zum Ausdruck gebracht hat. Das Bundesverfassungsgericht hätte hier besser judicial self-restraint geübt.

Dieser Versuch, seine Kompetenz zu überschreiten, war allerdings die Ausnahme. Im allgemeinen ist das Bundesverfassungsgericht zwar bemüht, seine Entscheidungen in weitausholenden, lehrhaften Begründungen verständlich und einleuchtend zu machen, ist sich dabei aber bewußt, daß diese Ausführungen nicht die Verbindlichkeit haben, die andere Organe ihnen irrigerweise zuschreiben.

4. Das Argument: „Grundlage und Voraussetzung"

Auch die Lehre, persönliche Freiheitsrechte seien durchzusetzen, während die wirtschaftlich relevanten Freiheiten weitgehend zur Disposition des Gesetzgebers stünden – die „preferred freedoms"-Doktrin –, findet in der deutschen Verfassungsrechtsprechung ihr Gegenstück. Sie hat sich in einer Reihe von Prinzipien, die die Grundrechtsauslegung leiten, ausgeprägt und beherrscht sie bis in ihre feinsten Differenzierungen hinein. Ihr Einfluß ist so mächtig, daß er die vom Wortlaut der Grundrechte her an sich vorgegebenen Systematik der Grundrechte und ihrer Schranken weitgehend modifiziert hat.

Die Begründung für diese Lehre ist eine doppelte: Zum einen, es gehe beim Grundrechtsschutz vor allem um den Schutz der Person, ihres Lebens und ihrer körperlichen Integrität, ihrer Privat- und Intimsphäre, ihrer Sicherheit, ihrer Möglichkeit, sich gemäß ihren Anlagen und selbstgesetzten Lebenszielen zu entfalten, zu bewegen, mit anderen in Verbindung zu treten. Diese Freiheiten seien Grundlage und Voraussetzung aller anderen Freiheiten. Soweit der Mensch andererseits am beruflichen, wirtschaftlichen, sozialen Leben teilhat, müsse er in stärkerem Maße gesetzgeberische Regeln hinnehmen und sich in die demokratisch gestaltete Gesellschaftsordnung einfügen: insofern sei gegenüber dem Gesetzgeber in höherem Maße judicial self-restraint zu üben. So begründet z. B. das Bundesverfassungsgericht die besonders starke Stellung, die den Grundrechten aus Art. 2 II und 104 GG trotz der darin enthaltenen Gesetzesvorbehalte zukommt, so: „Die persönliche (körperliche) Freiheit" sei „die erste Voraussetzung für jede freiheitliche Betätigung des Menschen überhaupt".[35]

Zum anderen macht das Bundesverfassungsgericht geltend, daß die persönlichen Freiheiten Grundlage und Voraussetzung der Demokratie seien: Diese habe zur Voraussetzung, daß die Bürger angstfrei ihre Meinungen und Interessen öffentlich zur Geltung bringen, sich mit anderen zu Vereinigungen und Parteien zusammen-

---

[34] *Kriele*, Theorie der Rechtsgewinnung, § 82.

[35] BVerfGE 10, 302 (322).

schließen und sich versammeln könnten und daß die Staatsorgane öffentlicher Kritik und Kontrolle unterlägen. Demokratie sei auf die persönlichen Freiheitsrechte angewiesen, nicht jedoch in gleichem Maße auf die Freiheit des Eigentums und der unternehmerischen Berufsausübung, die ohne Schaden für die Demokratie stärkeren sozialen Bindungen unterliegen könnten. So begründet das Bundesverfassungsgericht z. B. die besonders starke Stellung der Meinungs- und Pressefreiheit damit, sie sei für eine freiheitliche demokratische Staatsordnung „schlechthin konstituierend" und damit „die Grundlage jeder Freiheit überhaupt".[36]

Während für die amerikanische „preferred freedoms"-Doktrin das zweite, das Demokratieargument, ausschlaggebend war, steht in der deutschen Verfassungsrechtsprechung eher das erste, das „Personnähe"-Argument, im Vordergrund. Das ermöglicht dem Bundesverfassungsgericht, auch solche Grundrechte wie die Freiheiten des religiösen Glaubens und der Intimsphäre in den besonders starken Schutz einzubeziehen, die für die Demokratie nicht so unmittelbar relevant sind wie die Meinungs- oder die Versammlungsfreiheit. Beiden Argumenten gemeinsam aber ist, daß sie darauf abstellen, welche Freiheiten fundamentaler sind als andere, d. h., welche zuerst gesichert sein müssen, damit andere Rechte und Interessen zur Geltung kommen können – als deren Grundlage und Voraussetzung.

Die Berücksichtigung der Fundamentalitätsverhältnisse macht die immanente Rationalität des demokratischen Verfassungsstaates der Neuzeit aus, wie sie sich in der Verfassungsgeschichte schrittweise durchgerungen hat und noch durchzuringen im Begriff ist: Erst der innere Friede durch das Gewaltmonopol des Staates, dann Freiheit durch Gewaltenteilung, dann Gerechtigkeit durch parlamentarische Demokratie.[37] Das ist die Rationalität, die den Vernunftbegriff der politischen Aufklärung kennzeichnet und die die Verfassungsgeschichte im Großen geleitet hat. Sie bildet ein wesentliches Kriterium für Recht und Unrecht und prägt sich im rechtlichen Fortschritt aus.[38] Sie beherrscht nun auch bis in die kleinsten Details hinein die Auslegung der Grundrechte. Das Haus unserer demokratischen Staatsordnung kann nicht auf Sand gebaut werden, sondern muß auf den Fundamenten ruhen, die allein es tragen können. Wenn es die politisch relevanten Freiheiten zur Voraussetzung hat, so müssen diese besonders gesichert sein. Wenn alle Freiheit die Sicherheit der Person zur Voraussetzung hat, dann verdient diese einen besonders starken Schutz.

Es ist in der Tat – das haben die Kritiker zu Recht bemerkt – eine materiale Rationalität, die mit der formellen Rationalität der klassischen juristischen Methodenlehre gewissermaßen rivalisiert, sie ergänzt und modifiziert. Das bedeutet nicht, daß die klassischen Methodenschritte der Grundrechtsauslegung durch material-ra-

---

[36] BVerfGE 5, 85 (134 f.); 7, 198 (208); 12, 113 (125); 20, 56 (97); 28, 55 (63) und ständig.

[37] Im einzelnen vgl. *Kriele*, Einführung in die Staatslehre, 5. Aufl. 1994.

[38] *Kriele*, Kriterien der Gerechtigkeit. Zum Problem des rechtsphilosophischen und politischen Relativismus, 1963.

tionale Erwägungen verdrängt und ersetzt würden oder gar, daß die Auslegung gar nicht mehr an den Text des Grundgesetzes anzuknüpfen braucht. Es bedeutet vielmehr, daß diese material-rationalen Erwägungen die jeweilige Methodenwahl leiten und die rechtsfortbildende Interpretation ermöglichen. Sie schlagen sich in generell-abstrakten Prinzipien nieder und treten in den Präjudizienketten ins Offene. Das erst gewährleistet, daß die jeweilige Methodenwahl nicht der Beliebigkeit und Willkür politisch-ideologischer Einflüsse ausgeliefert bleibt, sondern sich an materialen Sacherwägungen zu rechtfertigen vermag und unter ihren Gesichtspunkten dann auch im einzelnen kritisierbar wird.

Im folgenden soll zunächst an einer Reihe von Beispielen gezeigt werden, nach welchen Leitprinzipien das Bundesverfassungsgericht das Verhältnis der Grundrechte zum Gestaltungsspielraum des demokratischen Gesetzgebers bestimmt hat. Einige kritische Erwägungen sollen deutlich machen, wohin es führte, wenn die Verfassungsrechtsprechung diese Leitprinzipien durchbräche und sich statt dessen an der sog. „klassischen Auslegungslehre" orientierte, wie einige dissenting votes vorschlagen und wie es das Bundesverfassungsgericht in Ansätzen bei den vorbehaltlosen Grundrechten dargeboten hat (IV 3.).

Vor allem drei Problembereiche machen das Spannungsfeld zwischen Grundrechtsstaat und Demokratie anschaulich: Beurteilungsspielräume des Gesetzgebers und der Instanzgerichte (III 1. und 2.), Grundrechte als Verfassungsaufträge (III 3.) und Grundrechtsschranken (IV 1.-3.). In allen drei Bereichen haben sich differenzierte Prinzipien herauskristallisiert, in denen sich der Gesichtspunkt der Fundamentalitäts- und Abhängigkeitsverhältnisse ausprägt.

III. Zur Auslegung von Inhalt und Umfang der Grundrechte

1. Beurteilungsspielräume des Gesetzgebers
– Stufen der Beweislast –

Das Spannungsverhältnis zwischen Grundrechtsauslegung und demokratischer Gestaltungsfreiheit führt in erster Linie zu einem abgestuften System von Beweislastregeln.[39] Es gibt zwar im Verfassungsrecht keine formelle, aber doch das Problem der materiellen Beweislast, das entsteht, wenn für die Entscheidung erhebliche Tatsachen ungeklärt bleiben. Sie bleiben vor allem dann häufig ungeklärt, wenn es um die Grundrechtsgemäßheit von Gesetzen geht, deren voraussichtliche Auswirkungen nur schwer abschätzbar sind. Ist z. B. das Gesetz zur Abwendung von Gefahren geeignet? Hierüber kann das Bundesverfassungsgericht Beweis erheben, wie es das im bayerischen „Apotheken-Fall" getan hat.[40] Sind die Gefahren, die das Gesetz abwehren will, nicht bewiesen, kann das Bundesverfassungsge-

---

[39] Zum folgenden vgl. auch *E. Grabitz*, Der Grundsatz der Verhältnismäßigkeit in der Rechtsprechung des Bundesverfassungsgerichts, in: AöR 98 (1973), S. 568 ff.

[40] BVerfGE 7, 377.

richt, wie in jenem Fall, die Beweislast dem Gesetzgeber zuweisen, also das Gesetz für verfassungswidrig erklären.

Denkbar ist aber auch, daß die Beweislast beim Beschwerdeführer liegt. Das ist immer dann der Fall, wenn das Bundesverfassungsgericht dem Gesetzgeber einen Beurteilungs- und Prognopsespielraum zubilligt, in den es „im Zweifelsfall" nicht eingreift[41], sondern nur dann, wenn Fehleinschätzungen des Gesetzgebers erwiesen sind oder ohne Beweisaufnahme auf der Hand liegen, wie im Fall des Gelegenheitsverkehrs mit Mietwagen: Es genüge nicht, „in allgemein gehaltenen Ausführungen bei jeder Lockerung der objektiven Zulassungsvoraussetzungen ‚Unordnung' und ‚ruinöse Auswirkungen' auf dem Gesamtgebiet des Verkehrs vorauszusagen, ohne daß die kausalen Zusammenhänge im einzelnen ersichtlich wären. Es muß stets dargetan werden, welche konkreten Störungen des Verkehrswesens ... eintreten werden ..."[42].

Das Bundesverfassungsgericht kann aber noch weiter gehen und den Gestaltungsspielraum des Gesetzgebers in der Weise respektieren, daß es die Vermutungsregel zugrunde legt, die Überlegungen des Gesetzgebers träfen zu, wenn sie nur „vertretbar" sind.[43] Dazu gehört vor allem, daß der Gesetzgeber „die ihm zugänglichen Erkenntnisquellen ausgeschöpft" hat.[44]

Das Bundesverfassungsgericht kann sich schließlich noch weiter zurückhalten und den Beurteilungsspielraum des Gesetzgebers grundsätzlich bis zu der Grenze anerkennen, daß seine Einschätzungen nicht „eindeutig widerlegbar oder offensichtlich fehlsam" sind.[45]

Zwischen diesen vier Stufen der Beweislastverteilung wählt die Verfassungsrechtsprechung nicht beliebig aus. Sie orientiert sich – jedenfalls im großen und ganzen – an Prinzipien, die eine gewisse Kontinuität und Vorhersehbarkeit gewährleisten. Diese Prinzipien finden sich in den Entscheidungsgründen zwar mitunter, aber keineswegs immer ausdrücklich dargelegt. Sie ergeben sich aber zwanglos, wenn man die Präjudizienketten in ihrem Zusammenhang überschaut.

Danach ist der in erster Linie maßgebende Gesichtspunkt der der „Personnähe": Je größer die Bedeutung der Freiheit für den Kernbereich der Person, desto stärker der Schutz der Freiheit auch durch die Zuweisung der Beweislast an den Staat. Dieser Gesichtspunkt wird unterstützt und verstärkt, wenn die geschützte Freiheit zugleich konstitutiv für die freiheitliche Demokratie ist.

---

[41] BVerfGE 11, 168 (185).

[42] BVerfGE 11, 168 (185).

[43] Etwa BVerfGE 25, 1 (12 f., 17) – Mühlengesetz; 30, 250 (263) – Absicherungsgesetz; 39, 210 (225) – Mühlenstrukturgesetz; 50, 290 (333 f.) – Mitbestimmung.

[44] BVerfGE 50, 290 (334).

[45] BVerfGE 24, 367 (410) – Hamburger Deichgesetz; 30, 292 (317) – Erdölerzeugnisse; 37, 1 (20) – Stabilisierungsfond; 40, 196 (223) – Güterverkehrsgesetz.

Je weiter sich andererseits die Person in den sozialen Zusammenhang mit anderen hineinstellt – insbesondere in ihrer beruflichen, wirtschaftlichen Tätigkeit –, desto stärker muß sie hinnehmen, daß Gesetze ihre Freiheit im Interesse anderer und der Gemeinschaft einschränken. Das ist der Kern der These von der sog. „wirtschaftspolitischen Neutralität" des Grundgesetzes. Der Gesetzgeber ist zwar auch bei wirtschaftspolitisch relevanten Regelungen nicht berechtigt, Grundrechte zu verletzen. Aber die Auslegung der Grundrechte räumt ihm dann einen größeren Gestaltungsspielraum ein – vor allem durch eine Beweislastverteilung zu seinen Gunsten.

Dieser Gesichtspunkt der Personnähe erklärt, warum nicht etwa jedem Grundrecht eine bestimmte Beweislastregel zugeordnet ist, warum vielmehr ein und dasselbe Grundrecht sich mal durchzusetzen vermag, mal zurückweichen muß, weil dem Gesetzgeber oder den Gerichten ein Beurteilungsspielraum zugebilligt wird. Ein Beispiel dafür bildet das allgemeine Persönlichkeitsrecht des Art. 2 I GG, das nur im Rahmen der verfassungsmäßigen Ordnung – und damit der allgemeinen Rechtsordnung – gewährleistet ist. Nach der Wechselwirkungstheorie ist von Fall zu Fall die Bedeutung des Grundrechts mit der des einschränkenden Rechtssatzes abzuwägen. Während bei Art. 5 GG die allgemeinen Gesetze, die der Meinungs- und Pressefreiheit den Rahmen vorgeben, in der Regel sehr restriktiv interpretiert werden, liegt es bei Art. 2 I GG anders: in aller Regel werden die allgemeinen Gesetze, die der Handlungsfreiheit den Rahmen vorgeben, keineswegs im „Lichte des Grundrechts" einschränkend ausgelegt, vor allem nicht im gesamten Bereich sozialbezogenen, wirtschaftlichen Handelns: Hier wird dem Gesetzgeber eine weitgehende Regelungsbefugnis zugebilligt. Ist der Grundrechtsträger ein wirtschaftliches Unternehmen, wird diese Regelungsbefugnis durch Art. 2 I GG so gut wie gar nicht beschränkt. Das Grundrecht vermag sich hingegen dann durchzusetzen, wenn der Kernbereich der Person, ihre Intim- und Privatsphäre, betroffen sind.[46]

Der Gesichtspunkt der Personnähe beherrscht nicht nur die Auslegung des Art. 2 I GG, sondern die Auslegung auch anderer Grundrechte, insbesondere im Hinblick auf die Verteilung der Beweislast zwischen dem Grundrechtsträger und dem das Grundrecht einschränkenden Staat. Im Mitbestimmungs-Urteil hat das Bundesverfassungsgericht diesen Gesichtspunkt eingehend reflektiert. „Wie sich das Mitbestimmungsgesetz … in der Zukunft auswirken wird, ist ungewiß".[47] Dem Gesetz-

---

[46] Hier entfaltet das Grundrecht seine Wirksamkeit z. B. gegen Einblicke in Ehescheidungsakten (BVerfGE 27, 344; 34, 205), in ärztliche Patientenkarteien (BVerfGE 32, 373) oder in Klientenakten von Suchtberatungsstellen (BVerfGE 44, 353), gegen heimliche Tonbandaufnahmen (BVerfGE 34, 238), gegen Veröffentlichungen über den Intimbereich eines Strafgefangenen (BVerfGE 35, 202 – Lebach), gegen das Unterschieben nicht getaner Äußerungen (BVerfGE 54, 208 – Böll), gegen das Verlangen nach Selbstbezichtigung (BVerfGE 56, 37), gegen die Befristung des Gegendarstellungsanspruchs (BVerfGE 63, 131) und gegen zu weitgehende Erhebung, Speicherung und Weitergabe persönlicher Daten (BVerfGE 65, 1 – Volkszählung).

[47] BVerfGE 50, 290 (331).

geber wird ein Prognosespielraum zugebilligt, vorausgesetzt, daß dieser „vertretbar" ist. Das bedeutet: Es kann „nicht gefordert werden, daß die Auswirkungen
des Gesetzes mit hinreichender Wahrscheinlichkeit oder gar Sicherheit übersehbar
sein müßten, zumal Rechtsgüter wie das des Lebens oder der Freiheit der Person
nicht auf dem Spiel stehen".[48] Für diese Rechtsgüter gelten also – ebenso wie für
die Berufsfreiheit bei objektiven Zulassungsvoraussetzungen – strenge Beweislastregeln zugunsten des Grundrechtsträgers, weil sie den personalen Kernbereich der
Person unmittelbar betreffen. Hier aber ging es nicht um Einschränkungen des
Kernbereichs der Person, sondern um das Anteilseigentum an größeren Unternehmen sowie um Vereinigungsfreiheit und Berufsfreiheit dieser Unternehmen
selbst.[49]

Diese Beweislastregeln haben sich zunächst vor allem bei der Auslegung der
Berufsfreiheit herauskristallisiert, wenn auch erst nach einigem Schwanken. Die
für den Grundrechtsträger günstigste Beweislastregel besagt, daß Erwägungen des
Gesetzgebers zu respektieren sind, solange sie nicht eindeutig widerlegbar oder offensichtlich fehlsam sind. Dies gilt z. B. für die Frage, ob subjektive Berufszulassungsvoraussetzungen einem wichtigen Gemeinschaftsinteresse dienen: „Den Auslegungen des Gesetzgebers hierüber darf die Anerkennung nur versagt werden,
wenn sie offensichtlich fehlsam oder mit der Wertordnung des Grundgesetzes unvereinbar sind".[50] Bis zu dieser Grenze ist es dem demokratischen Gesetzgeber

---

[48] BVerfGE 50, 290 (333).

[49] Über den Spielraum des Gesetzgebers zur Inhalts- und Schrankenbestimmung des Eigentums (Art. 14 II GG) heißt es: Seine Befugnis sei „um so weiter, je mehr das Eigentums-
objekt in einem sozialen Bezug steht" (BVerfGE 50, 290 (340)). Beim Anteilseigentum an
größeren Unternehmen sei es deshalb weiter als beim Eigentum „in seiner personalen Funktion" (S. 340), also beim „Sacheigentum, bei dem die Freiheit zum Eigentumsgebrauch die
Entscheidung über diesen und die Zurechnung der Wirkungen des Gebrauches in der Person
des Eigentümers zusammenfallen" (S. 342). – Art. 9 I GG sei als personales Grundrecht „ein
konstituierendes Prinzip der demokratischen und rechtsstaatlichen Ordnung des Grundgesetzes" (S. 353), dessen Anwendbarkeit auch auf größere Kapitalgesellschaften zweifelhaft
sei (S. 357). „Das Wirken der Gesellschaften ist in das wirtschaftliche und soziale Gesamtle-
ben eng eingeflochten" (S. 359). Demgemäß genüge es, daß die Regelung „nicht sachfremd"
sei (S. 360). – Auch die Berufsfreiheit habe einen „individualrechtlich-personalen Ansatz"
(S. 362). Zwar sei sie gleichwohl auf Großunternehmen anwendbar. Doch während sich bei
Klein- und Mittelbetrieben „der personale Grundzug des Grundrechts auch im wirtschaftlichen Bereich voll verwirklicht, geht dieser bei Großunternehmen nahezu gänzlich verloren"
(S. 363). Die Berufungsfreiheit stehe hier in besonderem Maße in „einem sozialen Bezug und
einer sozialen Funktion" (S. 365). Das strittige Gesetz berühre also „den personalen Kern des
Grundrechts der Berufsfreiheit nur am Rande". Deshalb „handelt es sich um eine Einschränkung von geringer Intensität" (S. 365). Demgemäß erscheint die Einschränkung der Berufsfreiheit „durch sachgerechte und vernünftige Erwägungen des Gemeinwohls gerechtfertigt.
Es unterliegt auch keinen Bedenken, daß sie geeignet und erforderlich sind, das verfolgte Ziel
zu erreichen" (S. 365) – ohne daß sich das Bundesverfassungsgericht auf Beweiserhebung
oder auch nur eine Erörterung der gesetzgeberischen Erwägungen einließe: diese erscheinen
ohne weiteres als im Rahmen des Vertretbaren liegend.

[50] BVerfGE 13, 97 (107) – Handwerksordnung.

überlassen, zu bestimmen, was als Gemeinschaftsinteresse anzusehen ist. Demgemäß gilt diese Beweislastregel auch etwa für die Auslegung des Art. 14 III 1 GG bei der Frage, ob eine Enteignung dem Wohle der Allgemeinheit dient.[51]

Die Vertretbarkeitsregel gilt für die Frage, ob Berufsausübungsregeln vernünftig und sachgerecht sind. Die für den Grundrechtsträger noch günstigeren Regeln, wonach der Gesetzgeber Gefahren plausibel dartun oder gar beweisen muß, gelten hingegen für objektive Berufszulassungsvoraussetzungen. Denn hier tritt der personale Kern der Berufsfreiheit am deutlichsten in Erscheinung. Es geht weder um die Art und Weise der Berufsausübung noch um die Voraussetzungen, die ein Berufsbewerber mitbringen muß, damit er diesen Modalitäten gerecht werden kann. Beides sind Fragen, in denen auf Gemeinschaftsinteresse Rücksicht zu nehmen ist. Hier geht es vielmehr um die Frage, ob jemand den von ihm angestrebten Beruf überhaupt ausüben darf. Wird er aus Gründen abgewiesen, die nicht in seinen Fähigkeiten, seinem Ausbildungsstand, seiner Zuverlässigkeit oder sonstigen Eigenschaften der Person, sondern in objektiven und unbeeinflußbaren äußeren Umständen liegen, so bedeutet das ein Hemmnis der Persönlichkeitsentfaltung, das nur unter engumgrenzten Voraussetzungen zulässig sein kann.

Soweit das Bundesverfassungsgericht bei der Aufstellung dieser Beweislastregeln an die enge oder weite Fassung des Grundrechtswortlauts oder den Typus der jeweiligen Schrankenregelung anknüpfen und damit den Regeln der klassischen Auslegungslehre entsprechen kann, wird es dies tun. Entscheidend ist dies jedoch nicht. Es kommt nicht auf die formellen Auslegungsschritte der juristischen Methodenlehre an, sondern auf den materialen Sachgesichtspunkt der Personnähe oder Gemeinschaftsbezogenheit.

2. Beurteilungsspielräume der Gerichte

Die gleichen Gesichtspunkte, die den Beurteilungs- und Prognosespielraum des Gesetzgebers abstufen, entscheiden auch über den Auslegungsspielraum der Instanzgerichte und haben sich auch hier erst nach einigem Schwanken herauskristallisiert. Wenn die Auslegung einfacher Gesetze durch die Gerichte zur Beschränkung eines Grundrechts führte, so unterlag sie zunächst der vollen Überprüfung durch das Bundesverfassungsgericht. Dieses wollte jedoch später einen Beurteilungsspielraum respektieren und die Auslegung nur noch daraufhin überprüfen, ob das Instanzgericht überhaupt erkannte, daß es sich um eine grundrechtliche Abwägungsfrage handelt, und ob die Entscheidung auf einer „grundsätzlich unrichtigen Anschauung von der Bedeutung und dem Schutzbereich des Grundrechts beruht".[52]

---

51 BVerfGE 24, 367 (410) – Hamburger Deichgesetz.

52 BVerfGE 30, 173 (197) – Mephisto; siehe auch schon BVerfGE 18, 85 (93); 22, 93 (99 f.).

Diese Selbstbeschränkung konnte freilich auch nicht zum generellen Prinzip werden. Die Instanzgerichte können zutreffende Ausführungen über die grundsätzliche Bedeutung des Grundrechts machen und dennoch zu einer bedenklichen Auslegung kommen. Auf die Letztbeurteilung angesichts des jeweiligen Lebenssachverhaltes kann das Bundesverfassungsgericht nicht ein für allemal verzichten, ohne sich einer ihm zustehenden Entscheidungsverantwortung zu entziehen. Deshalb hat es die Grundsätzlichkeit des self-restraint bei der Überprüfung von Gerichtsurteilen nicht aufrechterhalten können, sondern sich von Fall zu Fall die Entscheidung darüber vorbehalten, ob es die getroffene Auslegung ohne weitere Überprüfung gelten läßt oder sie durch eigene Auslegung ersetzt.

Aber auch dabei konnte es nicht stehen bleiben; denn einem Entscheidungsvorbehalt „von Fall zu Fall" haftet etwas Willkürliches, Unberechenbares an. Es bedurfte eines die Entscheidung leitenden Prinzips, und als solches hat sich der Grundsatz herauskristallisiert: Je stärker die Grundrechtsauslegung der Instanzgerichte den personalen Kern der Freiheit berührt, desto intensiver die Kontrolldichte – also ganz analog dem Beurteilungsspielraum des Gesetzgebers.[53]

3. Grundrechte als Verfassungsaufträge

Ein ähnliches Problem entstand bei der Frage, ob aus Grundrechten Verfassungsaufträge an den Gesetzgeber oder andere Staatsorgane abzuleiten sind, die sie verpflichten, Regelungen zu erlassen oder Maßnahmen zu treffen, die dem Schutz der grundrechtlichen Freiheit dienen. Ihrem ursprünglichen Verständnis nach sind Grundrechte Abwehrrechte, die den Staat verpflichten, Eingriffe in die Freiheit zu unterlassen. Ihre Wirksamkeit setzte ein staatliches Handeln voraus. Wo der Staat untätig blieb, konnte es keinen Grundrechtsschutz geben.

Da aber die staatliche Gestaltungsmacht den Schutz der Freiheit gegen Dritte erst schafft und sichert, entstanden die Fragen: Kann nicht auch ihre Untätigkeit grundrechtswidrig sein? Kann das Bundesverfassungsgericht ihre Verpflichtung aussprechen, zum Schutz der Freiheit tätig zu werden, indem es die Grundrechte als unmittelbar verpflichtende Grundsatznormen interpretiert, ihnen Verfassungsaufträge und Schutzpflichten entnimmt? Kann es ihr sogar vorschreiben, in bestimmter Frist Gesetze mit bestimmtem Inhalt zu erlassen?

Wollte man diese Fragen ohne weiteres bejahen, so würde die rechtspolitische Auseinandersetzung von der offenen demokratischen Kontroverse weitgehend auf den juristischen Expertendiskurs verlagert. In der parlamentarischen Demokratie geht es aber in erster Linie darum, die geltenden Gesetze zu ergänzen oder zu verbessern – mit dem Ziel, Unrechtserfahrungen öffentlich zur Geltung zu bringen

---

[53] BVerfGE 35, 202 (238) – Lebach; 42, 143 (148) – Deutschlandmagazin; 42, 163 (168 – Echternach; 43, 130 (135 f.) – Politisches Flugblatt; 54, 129 (135) – Römerberg; 54, 208 (215) – Böll.

und das Recht der Gerechtigkeit anzunähern. Diese Aufgabe obliegt dem Gesetzgeber, nicht dem grundrechtsanwendenden Verfassungsgericht. Grundrechte ziehen
der Regelungsbefugnis im Gegenteil Grenzen. In ihnen haben sich jahrhundertelange Erfahrungen niedergeschlagen, die besagen, daß bestimmte Freiheitsbeeinträchtigungen, mögen sie noch so zweckmäßig erscheinen, jedenfalls Unrecht und
auch von dem nach mehr Gerechtigkeit strebenden Gesetzgeber zu vermeiden
sind.

Wollte man andererseits diese Fragen ohne weiteres verneinen, so wäre der Bürger zwar gegen Freiheitsbeeinträchtigungen durch den Staat geschützt, nicht aber
gegen solche durch Dritte. Bei allem Vertrauen in den common sense und den demokratischen Rechtsgestaltungswillen – kann es nicht Situationen geben, in denen
die grundrechtlich geschützte Freiheit der Sicherung auch gegen Eingriffe durch
Dritte so dringend bedarf, daß sie auf die Sicherung durch die staatliche Gestaltungsmacht angewiesen ist? Dann hängt die Effizienz des Grundrechts davon ab,
daß es durch Verfassungsaufträge und Schutzpflichten gewährleistet wird.

Vor diese Fragen gestellt, hat das Bundesverfassungsgericht geantwortet: Verfassungsaufträge lassen sich aus Grundrechten in der Regel nicht ableiten, unter besonderen Umständen aber doch. Damit stellte sich die Frage: Welche besonderen
Umstände rechtfertigen die Ausnahme? Auch hierfür bedurfte es eines generellen
Leitprinzips. Im Laufe der Jahre hat sich, nach einigem Zögern und Schwanken,
wiederum der Grundsatz herauskristallisiert: Verfassungsaufträge lassen sich aus
Grundrechten nur ableiten entweder wenn es um den Schutz besonders fundamentaler, den Personenkern berührender Freiheiten geht, oder wenn das Grundrecht zu
seiner Wirksamkeit auf gesetzliche Regelungen, insbesondere über Organisation
und Verfahren, angewiesen ist.

Zunächst hat sich das Bundesverfassungsgericht an die Frage der Verfassungsaufträge nur sehr zurückhaltend herangetastet.[54] 1968 konstatierte es erstmals eine
„Nachbesserungspflicht" des Gesetzgebers: Ein Gesetz, dessen Verfassungswidrigkeit das Bundesverfassungsgericht nicht hat feststellen können, weil es den Prognosespielraum des Gesetzgebers zu respektieren hatte, kann sich durch veränderte
Umstände als grundrechtsverletzend erweisen. Dann ist dem Gesetzgeber aufgegeben, es „nach Erkenntnis der tatsächlichen Entwicklung dieser Umstände entsprechend aufzuheben oder zu ändern".[55] Dieser Grundsatz wurde in einer ständigen

---

[54] Ursprünglich sagte es, bei der Feststellung von verfassungswidrigem Unterlassen „kann
es sich regelmäßig nur um die Unterlassung von Handlungen der verwaltenden und rechtspre-
chenden Instanzen handeln, nicht um ein Unterlassen des Gesetzgebers" (BVerfGE 1, 97
(100)). Eine Ausnahme galt selbstverständlich für die in Grundgesetz ausdrücklich als solche
formulierten Verfassungsaufträge, wie z. B. in Art. 6 V GG für die unehelichen Kinder und in
Art. 3 II GG a. F. für die Gleichstellung der Geschlechter. – Erst im Spiegel-Urteil erwog das
Bundesverfassungsgericht, es lasse sich „an eine Pflicht des Staates denken, Gefahren abzu-
wehren, die einem freien Pressewesen aus der Bildung von Meinungsmonopolen erwachsen
könnten" (BVerfGE 20, 162 (176)) – ein obiter dictum, das noch ohne Folgen blieb.

[55] BVerfGE 25, 1 (13) – Mühlengesetz.

Präjudizienkette immer wieder hervorgehoben.[56] Er sollte die Mißlichkeit korrigieren, daß das Bundesverfassungsgericht Prognosen des Gesetzgebers respektiert, deren Richtigkeit zweifelhaft sind, die sich aber später als fehlerhaft erweisen können.

Ein grundsätzlicher Wandel bahnte sich erst 1972 an. Der Strafvollzugsbeschluß stellte „den Gesetzgeber vor die Aufgabe, den Strafvollzug in angemessener Zeit zu regeln".[57] Damit wurde eine Präjudizienkette eröffnet, als deren Leitprinzip sich der Grundsatz herauskristallisiert hat: Grundrechtseinschränkungen in besonderen Gewaltverhältnissen bedürfen gesetzlicher Grundlagen, wenn sie über das Maß unwesentlicher Freiheitsbeeinträchtigung hinausgehen.[58] Der Facharzt-Beschluß[59] knüpft an diesen Ansatz – über besondere Gewaltverhältnisse hinausgehend – an: Die Satzungsgewalt von Personalkörperschaften des öffentlichen Rechts ermächtigt nur zu unwesentlichen Grundrechtseingriffen; für „wesentliche" bedarf es einer besonderen gesetzlichen Ermächtigung. Diese sog. „Wesentlichkeitstheorie" verschmolz mit dem Erfordernis gesetzlicher Regelungen im besonderen Gewaltverhältnis, z. B. im Schulwesen: Der Gesetzgeber ist verpflichtet, die wesentlichen grundrechtsrelevanten Regelungen selbst zu treffen und nicht der Schulverwaltung zu überlassen.[60] Aus diesen Ansätzen hat sich schließlich als generelles Leitprinzip der Grundsatz herauskristallisiert: „Wesentliche" Grundrechtseinschränkungen bedürfen immer und überall der gesetzlichen Grundlage.

Hieran anknüpfend ging das Bundesverfassungsgericht einen Schritt weiter und leitete aus einzelnen Grundrechten inhaltlich bestimmte Verfassungsaufträge ab.[61] Nachdem die Bresche geschlagen war, konnte es die Verpflichtung des Gesetzge-

---

56 BVerfGE 49, 89 (143 f.) – Kalkar; 50, 290 (335, 377 f.) – Mitbestimmung; 53, 30 (58) – Mülheim-Kärlich; 55, 274 (317) – Ausbildungsplatzförderung.

57 BVerfGE 33, 1 (12).

58 Insbesondere also, wenn sie in geschlossenen Anstalten wirksam werden oder wenn sie Statusverhältnisse oder in offenen Anstalten das Grundverhältnis betreffen und nicht nur das Betriebsverhältnis durch einfache Ordnungsregeln näher bestimmen.

59 BVerfGE 33, 125.

60 Vgl. BVerfGE 34, 165 – Hessische Förderstufe; 41, 251 – Speyer-Kolleg; 45, 400 – Gymnasiale Oberstufe; 47, 46 – Sexualkunde; 58, 257 – Schulentlassung.

61 Zunächst warf es – noch unentschlossen – die Frage auf, ob z. B. aus Art. 12 GG ein „objektiver sozialstaatlicher Verfassungsauftrag zur Bereitstellung ausreichender Ausbildungskapazitäten" folgt (BVerfGE 33, 125 – numerus clausus), was eine Verpflichtung sogar des Haushaltsgesetzgebers bedeuten würde. Es meinte anfangs noch, die Feststellung eines verfassungswidrigen Unterlassens käme „erst bei evidenter Verletzung jenes Verfassungsauftrags in Betracht" (a. a. O., 323). Kurze Zeit später hieß es dann zu Art. 5 III GG: „Die Wissenschaftsfreiheit bedeutet nicht nur eine Absage an staatliche Eingriffe", sondern verpflichtet den Staat, „sein Handeln positiv danach einzurichten, d. h. schützend und fördernd einer Aushöhlung dieser Freiheitsgarantie vorzubeugen" (BVerfGE 35, 79 (114) – Hochschulen). Diese Pflicht wurde zugleich inhaltlich bestimmt: „Der Staat hat die Pflege der freien Wissenschaft ... durch Bereitstellung von personellen, sachlichen und organisatorischen Mitteln zu fördern". Das Bundesverfassungsgericht gab inhaltlich detaillierte Bedingungen vor, denen die Hochschulorganisation zu genügen hat.

bers aussprechen, das Leben des Ungeborenen zu schützen.[62] Zwar seien nicht aus allen Grundrechten und nicht ohne weiteres und unbegrenzt Verfassungsaufträge abzuleiten, aber: „Die Schutzverpflichtung des Staates muß um so ernster genommen werden, je höher der Rang des in Frage stehenden Rechtsgutes ist". „Ranghöhe" meint offenkundig nichts anderes als die Fundamentalität: das grundlegendste aller Rechte ist das Leben selbst, von dessen Sicherung alle weiteren Rechte und Freiheiten abhängen. Ist es bedroht, kann der Staat sogar zu Strafgesetzen verpflichtet sein, „wenn anders ein effektiver Lebensschutz nicht zu erreichen ist".[63]

Auch das Grundrecht auf körperliche Unversehrtheit (Art. 2 II GG) ist ein so fundamentales Recht, daß der Gesetzgeber verpflichtet ist, schon seiner bloßen Gefährdung vorzubeugen[64], und zwar auch schon dann, wenn es nur durch erheblich belästigende und unzumutbare Lärmeinwirkung gefährdet wird[65]. Doch kann das Bundesverfassungsgericht die Pflicht des Gesetzgebers zu einer schützenden Regelung in diesen Fällen erst dann feststellen, wenn er sie „evident verletzt" hat. Er hat „in eigener Verantwortung" darüber zu befinden, „welche Maßnahmen zweckdienlich und geboten" sind.[66] Das Bundesverfassungsgericht betont in diesem Zusammenhang noch einmal sein Leitprinzip: Wenn der Gesetzgeber eine Neuregelung bewußt unterläßt, kann dies „in der Regel nur begrenzt nachgeprüft werden, sofern nicht Rechtsgüter von höchster Bedeutung auf dem Spiele stehen".[67]

Diese Zurückhaltung ist freilich nicht geboten, wenn es um die Pflicht zum Erlaß von Organisations- und Verfahrensregeln geht. Eine solche Pflicht hat das Bundesverfassungsgericht für zahlreiche Grundrechte aufgestellt.[68] Die breite Palette von Verfassungsaufträgen zum Erlaß von Organisations- oder Verfahrensregeln

---

[62] BVerfGE 39, 1.

[63] BVerfGE 39, 1 (47).

[64] BVerfGE 49, 89 (140 ff.) – Kalkar; 51, 423 – Verhandlungsfähigkeit; 53, 30 (57) – Mülheim-Kärlich.

[65] BVerfGE 56, 54 – Lohausen.

[66] A.a. O., 80 f.

[67] A.a. O., 81.

[68] Zunächst hat es im Hochschul-Urteil (BVerfGE 35, 79) Vorgaben für die Hochschulorganisation aus Art. 5 III GG (Wissenschaftsfreiheit) hergeleitet. Es forderte Organisations- oder Verfahrensregeln aber auch im Hinblick auf Art. 2 I i. V. m. Art. 1 I GG für die Volkszählung und damit – präjudiziell – für alle Erhebungen, in denen das Persönlichkeitsrecht der Sicherung durch Datenschutzregeln bedarf (BVerfGE 65, 1), ferner im Hinblick auf Art. 2 II GG für den Betrieb von Kernkraftwerken (BVerfGE 49, 89; 53, 30), im Hinblick auf Art. 5 I GG für die Ausgewogenheit von Funk- und Fernsehsendern (BVerfGE 12, 205) und für den Zugang zur Veranstaltung privater Rundfunksendungen (BVerfGE 57, 295), im Hinblick auf Art. 8 GG für das Zusammenwirken von Polizei und Veranstaltern bei Großdemonstrationen (BVerfGE 69, 315), im Hinblick auf Art. 12 I GG für die ZVS (BVerfGE 39, 276) oder für das Verfahren bei der Amtsenthebung eines Notars (BVerfGE 45, 422), im Hinblick auf Art. 14 I GG auf Verfahren bei der Wohnraumkündigung (BVerfGE 37, 132) und bei der Zwangsversteigerung (BVerfGE 42, 64; 46, 325; 49, 220), und erwog sie im Hinblick auf Art. 19 IV GG für das verwaltungsrechtliche Vorverfahren im Strafvollzug (BVerfGE 40, 237).

hängt nicht davon ab, ob die zu schützende Freiheit besonders fundamental für die Personalität oder für die Demokratie wäre. Vielmehr geht es nur darum, den Grundrechten zu einer Wirksamkeit zu verhelfen, die sie ohne sie nicht entfalten könnten. Die Organisations- und Verfahrensvorschriften erweisen sich selbst als fundamental für die Wirksamkeit des Grundrechts.

IV. Zur Auslegung der Grundrechtsschranken

1. Modifikationen des Schrankensystems

Im Text des Grundgesetzes finden sich vier verschiedene Typen von Schranken-regelungen. Es gibt erstens Grundrechte, die nur im Rahmen der allgemeinen Ge-setze gewährleistet sind (z. B. die Pressefreiheit, Art. 5 I; II GG), zweitens Grund-rechte, deren nähere Ausgestaltung dem Gesetzgeber übertragen ist (z. B. das Recht auf Kriegsdienstverweigerung, Art. 4 III GG), drittens Grundrechte, die un-ter einem eng begrenzten Gesetzesvorbehalt stehen (z. B. die Freiheit der Woh-nung, Art. 13 GG), und viertens ohne Vorbehalt und Schranken gewährleistete Grundrechte (z. B. die Freiheit der Kunst und Wissenschaft, Art. 5 III GG).

Nach dieser Systematik sollte man der klassischen Auslegungslehre gemäß an-nehmen, daß die gerichtliche Durchsetzbarkeit der Grundrechte des erstgenannten Typs am schwächsten und hier die Dispositionsfreiheit des Gesetzgebers am größ-ten ist, daß sich dieses Verhältnis beim zweiten und dritten Typus von Grundrech-ten schrittweise umkehrt, bis sich beim vierten Typus das Grundrecht gegen ein-fache Gesetze immer und unbedingt durchzusetzen vermag. Die Wirklichkeit unse-rer Verfassungsrechtsprechung ist anders. Sie kehrt zwar die Rangfolge der Schran-ken nicht geradezu um, durchsetzt sie aber so stark mit materialen Erwägungen, daß sich im Ergebnis eine ganz andere Schrankensystematik herauskristallisiert hat.

So ist z. B. die Freiheit der Berufswahl (Art. 12 I GG) ohne Schranken und Vor-behalte gewährleistet. Das Bundesverfassungsgericht hat aber nicht umhin ge-konnt, dem Gesetzgeber gleichwohl einen gewissen Regelungsspielraum einzuräu-men. Es tat das anfangs sehr zögernd: objektive Berufszulassungsregelungen seien nur zulässig, wenn sie zur Abwehr nachweisbarer oder höchstwahrscheinlicher Ge-fahren für ein überragend wichtiges Gemeinschaftsgut geboten seien.[69] Im Laufe seiner weiteren Rechtsprechung hat es diese Bedingungen jedoch immer weiter zu-rückgenommen: die Gefahren, denen das Gesetz begegnen soll, müssen nicht im-mer nachweisbare oder höchstwahrscheinliche sein, es ist vielmehr „grundsätzlich von der Beurteilung auszugehen, die dem Gesetzgeber bei der Vorbereitung des Gesetzes möglich war".[70] Auch das geschützte Gemeinschaftsgut muß nicht unbe-

---

[69] BVerfGE 7, 377 (408).
[70] BVerfGE 25, 1 (12).

dingt ein „überragend wichtiges", wie etwa die Volksgesundheit, sein, sondern es genügt ein ernsthaftes öffentliches Interesse, z. B. die Wirtschaftlichkeit der Bundesbahn und das Interesse am Droschkenverkehr[71], der Abbau von Überkapazitäten[72], das Monopol staatlicher Arbeitsvermittlung[73] oder das Monopol öffentlicher Feuerversicherung[74].

Folgte man der klassischen Auslegungslehre, so hätte das Bundesverfassungsgericht bei der Auslegung dieses vorbehaltlos gewährleisteten Grundrechts dem demokratischen Gesetzgeber keinerlei Gestaltungsspielraum einräumen dürfen, keinen engen und schon gar nicht einen weiteren. Vielmehr könnten sich Schranken, wenn überhaupt, nur aus der Verfassung selbst ergeben. Das Bundesverfassungsgericht hätte sich danach über den Wortlaut des Grundgesetzes hinweggesetzt und damit „self-restraint" vermissen lassen.

Das Bundesverfassungsgericht selbst versteht seine Rechtsprechung anders: es hat im Gegenteil gerade dadurch „self-restraint" geübt, daß es dem demokratischen Gesetzgeber einen gewissen Spielraum zur Regelung des Berufslebens einräumte. Es hat gleichzeitig der fundamentalen Bedeutung des Grundrechts der freien Berufswahl für die Persönlichkeitsentfaltung Rechnung getragen, indem es diesem Gestaltungsspielraum doch auch wieder Grenzen setzte. Es suchte nach einem sachgerechten Interessenausgleich zwischen Grundrecht und Demokratie, zwischen persönlicher Freiheit und öffentlichem Interesse. Ob das Ergebnis im einzelnen wirklich immer sachgerecht ist, darüber wird man mitunter streiten können. Für unseren Zusammenhang kommt es nur darauf an, daß die interpretatorische Ergänzung des Grundrechts um eine – ihm immanent gedachte – Schrankenregelung kein grundsätzlicher Methodenfehler ist, daß vielmehr das Bundesverfassungsgericht nur durch solche Sacherwägungen seiner Entscheidungsverantwortung gerecht werden konnte.

Während das Bundesverfassungsgericht hier das vorbehaltlos gewährleistete Grundrecht um Schranken ergänzte, interpretierte es andererseits bei Grundrechten, die nur im Rahmen der allgemeinen Gesetze gewährleistet sind, diese Schranken äußerst restriktiv, so z. B. bei der Pressefreiheit. Es entschied erstens, die Gesetze seien ihrerseits „im Lichte des Grundrechts" auszulegen, zweitens, sie seien sogar sehr einschränkend auszulegen, insbesondere soweit sie die persönliche Ehre schützen, obwohl diese als Schranke der Pressefreiheit in Art. 5 II GG ausdrücklich genannt ist, und dies, drittens, obwohl das Bundesverfassungsgericht dem Ehrenschutz Verfassungsrang zubilligt und ihn, viertens, sogar in einem vorbehaltlos gewährleisteten Grundrecht, der Menschenwürde (Art. 1 I GG), verankert sieht. So setzt sich im Konflikt zwischen Pressefreiheit und Ehrenschutz in der weit überwiegenden Mehrzahl der Fälle die Pressefreiheit durch.

---

[71] BVerfGE 11, 168.

[72] BVerfGE 25, 1.

[73] BVerfGE 21, 245.

[74] BVerfGE 41, 205.

Das Beispiel zeigt, daß das Bundesverfassungsgericht die Grundrechtsschranken in einer Weise interpretiert, die zwar an den Wortlaut des Grundgesetzes anknüpft, sich dann aber sehr weit von dessen Schrankensystematik entfernt. Diese ordnet es rechtsfortbildend um, orientiert an der materialen Sacherwägung der fundamentalen Bedeutung der Pressefreiheit für die Demokratie.

Seine Rechtsprechung zum Verhältnis von Pressefreiheit und Ehrenschutz verdient zwar im einzelnen Kritik, aber nicht wegen der Interpretationsmethode, sondern weil die Sacherwägungen insofern unzureichend sind, als sie die ebenfalls fundamentale Bedeutung des Ehrenschutzes nicht angemessen würdigen: Die öffentliche Vernichtung seiner Ehre kann einen Menschen im innersten Kern seiner Person zutiefst verletzen und seine Persönlichkeitsentfaltung geradezu lähmen; weitgehende Schutzlosigkeit gegen den Medienpranger ist schon aus diesem Grunde ungerecht. Sie erzeugt überdies auch bei vielen noch nicht Betroffenen ein Klima der Angst vor der übermächtigen Mediengewalt, das sie veranlaßt, sich entweder den jeweils herrschenden Meinungstrends willenlos und geschmeidig anzupassen oder sich ganz aus dem öffentlichen Leben herauszuhalten. Das Bundesverfassungsgericht hat die fundamentale Bedeutung, die ein wirksamer Ehrenschutz auch für die Demokratie hat, weit unterschätzt.[75]

Das Beispiel zeigt: Da sich die Rechtsprechung auf Sacherwägungen über die fundamentale Bedeutung eines Grundrechts stützt, kann sie nur mit gleichartigen Sacherwägungen einer fundierten Kritik unterzogen werden. Hingegen wäre eine bloß auf die Auslegungsmethode gestützte Kritik von vornherein zur Ohnmacht verurteilt, und zwar aus gutem Grund: Das Bundesverfassungsgericht würde seiner Entscheidungsverantwortung nicht gerecht, wenn es Sacherwägungen dieser Art grundsätzlich außer acht ließe.

2. „Funktionsfähigkeit" als Grundrechtsschranke

Aus dem Leitprinzip, daß Grundrechte und ihre Schranken unter dem Gesichtspunkt von „Grundlage und Voraussetzung" abgestuft sind, folgt zugleich, daß die Funktionsfähigkeit des demokratischen Staates und seiner Organe bei der Auslegung der Grundrechte und seiner Schranken nicht aufs Spiel gesetzt werden darf. Denn sie ist Grundlage und Voraussetzung aller Grundrechtsgeltung. Demokratie setzt Freiheit voraus, diese aber hat ihrerseits die gewaltenteilende Staatsorganisation zur Voraussetzung, die nur unter der Bedingung ihrer Funktionsfähigkeit wirksam wird und erhalten bleibt. Diese wiederum hat die Souveränität des Staates, sein Monopol der Gewaltausübung zur Grundlage und Voraussetzung, die deshalb bei der Grundrechtsauslegung ebenfalls nicht aufs Spiel gesetzt werden dürfen.

---

[75] Eingehender: *Kriele,* Schweigen und ertragen. In: Recht, Vernunft, Wirklichkeit, 1990, S. 730; ferner Ehrenschutz und Meinungsfreiheit, u. S. 313 ff.

Ein Beispiel: Das fundamentalste aller Grundrechte ist das Recht auf Leben. Ihm gegenüber hat deshalb der Staat eine besonders stark ausgeprägte Schutzpflicht. Im Schleyer-Urteil sagte das Bundesverfassungsgericht: „Da das menschliche Leben einen Höchstwert darstellt, muß diese Schutzpflicht besonders ernst genommen werden", sie ist „umfassend".[76] Daraus folgt aber nicht, daß der Staat grundsätzlich verpflichtet wäre, sich Nötigungsversuchen von Terroristen zu beugen, um das Leben der Geisel zu retten. Denn damit würde die letzte Entscheidungsmacht, die innerstaatliche Souveränität, auf die Terroristen übertragen: diese könnten durch Morddrohungen jede beliebige Entscheidung durchsetzen, der Staat hätte ihre Befehle zu vollziehen. Das wäre das Ende des Rechtszustands. Damit würde zugleich die Würde des Menschen mißachtet, zu deren innerstem Kern der Anspruch gehört, in einem Rechtszustand und nicht unter einer Willkürherrschaft zu leben. Deshalb sagt das Bundesverfassungsgericht: „Das Grundgesetz begründet eine Schutzpflicht nicht nur gegenüber dem einzelnen, sondern auch gegenüber der Gesamtheit aller Bürger".[77] M. a. W.: Noch fundamentaler als die fundamentalsten Grundrechte, ja selbst noch als die Funktionsfähigkeit des grundrechtsschützenden Staates ist seine Souveränität.[78]

Die Funktionsfähigkeit des Staates, der Gemeinden und ihrer Organe ist stets mit unbestrittener Selbstverständlichkeit zu den Grundlagen und Voraussetzungen von Freiheit und Demokratie gerechnet worden, auf die bei der Grundrechtsauslegung Rücksicht zu nehmen ist. So wurden z. B. die auf Art. 38 I 1 – Grundsatz der Gleichheit der Wahl – i. V. m. Art. 3 I und 21 I GG gestützten Organklagen gegen die 5 %-Sperrklausel mit dem Argument abgewiesen: Die Wahl „soll auch ein Parlament als funktionsfähiges Staatsorgan hervorbringen, das in der Lage ist, eine aktionsfähige Regierung zu bilden".[79] Der Gesichtspunkt der Funktionsfähigkeit ist naturgemäß von besonderer Bedeutung im Parlamentsrecht (Rederecht, Redezeitbegrenzung, Rolle der Fraktionen u. ä.). Er wirkt sich aber auch auf die Grenzen der Grundrechte aus. So ist die Beschränkung des Wahlvorschlagsrechts durch Unterschriftenquoren, die Gegenstand verschiedener Verfassungsbeschwerden war, bis zu einer gewissen Grenze berechtigt, denn auch hier geht es um die „Sicherung des Charakters der Wahl als eines auf die Bildung funktionsfähiger Verfassungsorgane gerichteten Integrationsvorgangs".[80] Derselbe Gesichtspunkt rechtfertigt auch die unterschiedliche Gewichtung der Parteien bei der Zuteilung von Sendezeiten für die Wahlwerbung.[81]

---

[76] BVerfGE 40, 160 (164).

[77] A.a. O., 165.

[78] Die unter großem Zeitdruck im Verfahren der einstweiligen Anordnung formulierten Entscheidungsgründe bringen dieses Prinzip allerdings nicht mit hinreichender Klarheit zum Ausdruck. Doch erscheint es evident, daß es dieses Prinzip ist, das die Entscheidung leitet, und nicht die als „tragende Gründe" formulierten Gesichtspunkte. Hier ist es angebracht, das Bundesverfassungsgericht besser zu verstehen als es sich selbst verstand.

[79] BVerfGE 6, 84 (92) – Bayernpartei – und ständig.

[80] BVerfGE 14, 121 (135).

[81] Ebd.

Aus Art. 12 I GG folgt ein Anspruch auf Zulassung zum Hochschulstudium; er findet jedoch seine Grenze in der „Funktionsfähigkeit der Universität als Voraussetzung für die Aufrechterhaltung eines ordnungsgemäßen Studienbetriebs". Die Funktionsfähigkeit sei ein „überragend wichtiges Gemeinschaftsgut".[82] Gerät die Gewissensfreiheit (Art. 4 I GG) mit dem „Interesse der staatlichen Gemeinschaft an einer funktionstüchtigen Rechtspflege" in Konflikt, so wird im Einzelfall abgewogen, welchem Rechtsgut Vorrang zukommt.[83] Aus der Gewissensfreiheit folgt nicht, daß der Staat über seine Kapazitäten hinaus verpflichtet wäre, Bekenntnisschulen für alle Konfessionen neben Gemeinschaftsschulen und Weltanschauungsschulen bereitzustellen.[84] Aus dem Grundrecht des Soldaten, sich auch noch nachträglich zur Wehrdienstverweigerung zu entschließen, folgt nicht sein Recht, schon vor der endgültigen Entscheidung über seine Anerkennung den Wehrdienst zu verweigern; dem stehen die „Notwendigkeit eines ungestörten Dienstbetriebes" und damit „die Einrichtung und Funktionsfähigkeit der Bundeswehr" entgegen.[85]

Diesen und ähnlichen Präjudizien liegt als Leitprinzip der Gedanke zugrunde, daß die Rücksicht auf die Funktionsfähigkeit des grundrechtsschützenden Staates und seiner Einrichtungen mit Selbstverständlichkeit von jedem Staatsbürger zu fordern ist und seiner Freiheitsbetätigung eine verfassungsimmanente Grenze setzt. Der Bürger hat z. B. Anspruch darauf, öffentlichen Verhandlungen von Parlamenten und Gerichten beizuwohnen, aber nicht, wenn dies zur Überfüllung und zur Behinderung der Verhandlung führt. Die Pflicht der Polizei, ihm zu Hilfe zu kommen, kann sich zu einem Anspruch des Bürgers verdichten – aber nicht, wenn diese vordringliche Aufgaben vernachlässigen müßte. Der Happening-Künstler kann nicht unter Berufung auf die Kunstfreiheit die Arbeit von Verfassungsorganen lahmlegen, obwohl dieses Grundrecht ohne Vorbehalt und Schranken gewährleistet ist: Die Rücksicht auf die Funktionsfähigkeit setzt der Kunstfreiheit eine immanente Grenze.

---

[82] BVerfGE 33, 303 (339).

[83] BVerfGE 33, 23 (32) – Zeugeneid.

[84] BVerfGE 6, 309 (339 f.) – Konkordat.

[85] BVerfGE 28, 243 (261). Vgl. auch BVerfGE 32, 40 (46); 48, 127 (159 ff.); 69, 1 (23 f.). In diesem Zusammenhang hat sich das Bundesverfassungsgericht zu einer abwegigen Begründung verstiegen: Die Funktionsfähigkeit der Bundeswehr habe „Verfassungsrang", und dieser folge aus bundesstaatlichen Kompetenzvorschriften (Art. 73 Nr. 1, 87a GG), aus Ermächtigungsnormen (Art. 12a GG) und aus Organisationsregelungen (Art. 115b GG). Aus solchen Verfassungsnormen lassen sich keine Grundrechtsschranken herleiten, wie das „dissenting vote" zu BVerfGE 69, 1 (57 ff.) mit Recht feststellt. Allerdings wollte auch die entscheidungstragende Mehrheit das Grundrecht „nicht in seinem sachlichen Gehalt einschränken, sondern nur die Grenzen offenlegen, die in den Begriffen des Art. 4 III 3 GG selbst schon enthalten sind" (BVerfGE 69, 23) – mit Recht, nur bedurfte es dazu nicht jener haltlosen Begründung. Zu dieser hatte sich das Bundesverfassungsgericht selbst genötigt, weil es zuvor die These aufgestellt hatte, vorbehaltlos gewährleistete Grundrechte könnten nur durch Rechtswerte im Verfassungsrang begrenzt werden (dazu unten IV. 3.). Wollte man allerdings die Schlußfolgerungen, die die Dissenter ziehen, teilen, so wäre der Zusammenbruch der Funktionsfähigkeit der Bundeswehr die Folge: Fiat libertas, pereat res publica.

3. Vorbehaltlose Grundrechte

Da dies selbstverständlich erscheint, ist die vom Bundesverfassungsgericht mitunter aufgestellte These um so eigentümlicher: Vorbehaltlos gewährleistete Grundrechte seien durch nichts begrenzt, außer durch andere Rechte im Verfassungsrang, gegen die sie dann abzuwägen seien. Regeln im einfachen Gesetzesrang könnten ihnen keine Grenzen setzen. Der demokratische Gesetzgeber habe keinerlei Spielraum zu ihrer Beschränkung, es sei denn, er konkretisiere nur auf Gesetzesebene, was schon im Grundgesetz steht.[86] Das heißt also: Wer sich auf vorbehaltlose Grundrechte berufen kann, brauche auf Rechte anderer und der Gemeinschaft keine Rücksicht zu nehmen, wenn diese „bloß gesetzlich" geschützt sind. Er könne das bürgerliche Recht unbeachtet lassen, das Strafrecht gefahrlos verletzen, über Regeln der öffentlichen Sicherheit und Ordnung hinwegschreiten, die Funktionsfähigkeit des Staates behindern und brauche, wenn er Beamter ist, seine Amtspflichten nicht zu erfüllen, es sei denn, die einfachen Gesetze konkretisieren einen „Verfassungswert". Der Verletzte vermöge sich nicht zu wehren – weder durch ein zivilrechtliches Verfahren noch durch Notwehr. Polizei und Gerichte könnten ihm nicht zu Hilfe kommen. Der demokratische Gesetzgeber sei zur Ohnmacht verurteilt. Das vorbehaltlose Grundrecht gehe allemal vor.

Diese These ist so unglaublich, daß man sich fragt, wie sich ein sonst vernünftig und verantwortlich auslegendes Gericht dazu hat versteigen können.[87] Es erklärt sich zwanglos daraus, daß das Bundesverfassungsgericht die These niemals in der Entscheidungsverantwortung hat vertreten müssen. Sie findet sich ausschließlich in obiter dicta.[88] Es kam für die Entscheidung gar nicht auf sie an. Es handelte sich

---

[86] „Nicht das System von Normen, Instituten und Institutionen im Range unter der Verfassung bildet den Maßstab für die Auslegung verfassungsrechtlicher Bestimmungen; vielmehr liefern die letzteren umgekehrt die Grundlagen und den Rahmen, an den die übrigen Rechtsäußerungen und -erscheinungen sich anzupassen haben" (BVerfGE 28, 243 (260 f.) – Soldatenbeschluß). Oder: Es „kommt der Vorbehaltlosigkeit des Grundrechts die Bedeutung zu, daß die Grenzen der Kunstfreiheit nur aus der Verfassung selbst zu bestimmen sind. Da die Kunstfreiheit keinen Vorbehalt für den einfachen Gesetzgeber enthält, darf sie weder durch die allgemeine Rechtsordnung noch durch eine unbestimmte Klausel relativiert werden, welche ohne verfassungsrechtlichen Ansatzpunkt und ohne ausreichende rechtsstaatliche Sicherung auf eine Gefährdung der für den Bestand der staatlichen Gemeinschaft notwendigen Güter abhebt. Vielmehr ist ein im Rahmen der Kunstfreiheitsgarantie zu berücksichtigender Konflikt nach Maßgabe der grundgesetzlichen Wertordnung und unter Berücksichtigung der Einheit dieses grundlegenden Wertsystems durch Verfassungsauslegung zu lösen" (BVerfGE 30, 173 (193) – Mephisto).

[87] Vgl. zum folgenden eingehender *Kriele,* Vorbehaltlose Grundrechte und die Rechte anderer. Juristische Arbeitsblätter 1984, S. 629 ff.

[88] Im Soldatenbeschluß (Fn. 85) ging es um die Frage, ob ein Soldat, dem nachträglich Gewissensbedenken kommen, bis zur endgültigen Entscheidung über sein Verweigerungsrecht den Dienst – jedenfalls in Friedenszeiten – fortzusetzen habe. Das Gericht sah Anlaß, festzustellen, das Grundrecht der Wehrdienstverweigerung aus Art. 4 III GG werde durch Rechtswerte im Verfassungsrang, wie Einrichtung und Funktionsfähigkeit der Bundeswehr, begrenzt. Die Aussage, es könne „nur" durch solche Rechtswerte begrenzt sein, war für die

um abstrakte Gedanken, die nicht etwa in der konkreten Anschauung eines Lebens-sachverhalts und in der vollen Verantwortung für die Entscheidung und ihre Folgen entwickelt worden sind, sondern nebenbei, in rein theoretischer und lehrhafter Absicht. Solchen Ausführungen kommt keinerlei präjudizielle Autorität oder gar Bindungswirkung zu. Es besteht kein Grund, sie wie geltendes Verfassungsrecht weiterzureichen.[89]

Auch seither gibt es keine Entscheidung des Bundesverfassungsgerichts, der diese These als tragender Gesichtspunkt zugrunde läge. Es handelt sich keineswegs um ein Leitprinzip der Rechtsprechung.[90] Die These wird in einem Teil der Litera-

---

Entscheidung völlig unerheblich – eine überflüssige Zutat ohne die geringste Bedeutung für die zu beurteilende Frage. – Dieselbe These fand sich ein Jahr später im Mephisto-Beschluß wieder – mit geradezu emphatischer Begründung (Fn. 85). Im Anschluß an diese führt das Bundesverfassungsgericht aus, es komme darauf allerdings für die Entscheidung gar nicht an. Zwar gelte, „daß dieser Grundsatz bei allen Eingriffen der öffentlichen Gewalt in den Freiheitsbereich des Bürgers beachtet werden muß. Um einen derartigen Eingriff handelt es sich hier jedoch nicht". Prüfungsmaßstab sei gar nicht Art. 5 III GG, sondern Art. 3 I GG; die gesamten voranstehenden lehrhaften Ausführungen waren wiederum für die zu treffende Entscheidung nicht ausschlaggebend. Auch in einer Reihe weiterer Entscheidungen, die in der Begründung diese These wiederholten, konnte das vorbehaltlose Grundrecht mit anderen Rechtsgütern im Verfassungsrang abgewogen werden, so daß es auf die Frage gar nicht ankam, ob Abwägungen mit einfachen Gesetzen grundsätzlich in Frage kommen oder nicht. In BVerfGE 32, 98 – Unterlassene Hilfeleistung – wurde die Glaubensfreiheit (Art. 4 I GG) mit Art. 1 I GG abgewogen, weil das Glaubensgebot einen Straftäter in eine seelische Bedrängnis gebracht hat, „der gegenüber die kriminelle Bestrafung, die ihn zum Rechtsbrecher stempelt, sich als eine übermäßige und daher seine Menschenwürde verletzende soziale Reaktion darstellen würde" (S. 109). – In BVerfGE 33, 23 – Zeugeneid – wurde die Glaubensfreiheit mit der „funktionstüchtigen Rechtspflege" (Art. 92 GG) abgewogen (S. 32). – In BVerfGE 47, 327 – Hessisches Universitätsgesetz – legte das Gericht Eingriffe in die Wissenschaftsfreiheit verfassungskonform dahin aus, daß die Pflicht zum Bedenken gesellschaftlicher Folgen „auf schwerwiegende Folgen für verfassungsrechtlich geschützte Gemeinschaftsgüter beschränkt" ist (S. 380), und die Informationspflicht auf Folgen für „hochwertige verfassungsrechtlich geschützte Rechtsgüter" eingegrenzt bleibt (S. 382). Zu BVerfGE 69, 1 – Dauer des Zivildienstes – s. o. Fn. 85.

[89] *Konrad Hesse* hielt ihr entgegen: „Das Fehlen eines Gesetzesvorbehalts deutet nicht ohne weiteres auf eine erhöhte Schutzwürdigkeit des gewährleisteten Rechts hin. – Daß die Versammlungsfreiheit in geschlossenen Räumen (Art. 8 I GG), die keinem Gesetzesvorbehalt unterliegt, schutzwürdiger sein soll als das älteste und elementarste, jedoch unter einfachem Gesetzesvorbehalt stehende Grundrecht der Freiheit der Person (Art. 2 II 1 GG), kann schwerlich angenommen werden". Grundzüge des Verfassungsrechts, Rn. 316. – Siehe auch *Isensee*, ebd., Bd. 1, § 13, Rn. 142: Das Bundesverfassungsgericht vernachlässige die Unterscheidung von formellem Verfassungsgesetz und materieller Verfassung, „wenn es die ‚verfassungsimmanenten‘ Schranken der Grundrechte als solche des Verfassungsgesetzes versteht".

[90] Es ist also nicht berechtigt, hier von einer „gefestigten Rechtsprechung des Bundesverfassungsgerichts" zu sprechen, wie *Denninger* meint, s. Bd. VI, § 146, Rn. 38. *Denningers* Bemühen, dennoch zu sachgerechten Lösungen zu kommen, führen in Selbstwiderspruch und eine gewisse Ratlosigkeit: Einerseits müsse es „bei der unmittelbaren Verfassungsgüterabwägung verbleiben" (Rn. 41), andererseits aber „muß sich die Ausübung auch dieses Grundrechts im Rahmen der Rechtsordnung und der Sozialverträglichkeit halten: ... Der Kunst-

tur vertreten, die sich dazu durch jene obiter dicta des Bundesverfassungsgerichts genötigt glaubt, doch auch diese obiter dicta sind nur Literatur. Hingegen hat kein in der Entscheidungsverantwortung stehendes Gericht – weder das Bundesverfassungsgericht noch ein anderes – sie je ernst genommen. Gewiß kann man jedes beliebige durch einfache Gesetze geschützte Rechtsgut als Verfassungsrechtsgut ausgeben – irgendein Weg findet sich immer, sei er auch noch so konstruiert.[91] Nötigenfalls wird die gesamte Rechtsordnung zur konkretisierten Verfassungsordnung emporstilisiert, womit sich die Unterscheidung zwischen Verfassung und einfachem Gesetz auflöst und die These von der notwendigen Verfassungsgüterabwägung ad absurdum führt.

Deshalb hat kein Gericht die Konsequenzen, die sich aus der These von der notwendigen Verfassungsgüterabwägung ergeben würden, auch tatsächlich gezogen. Was geschähe auch, wenn man die These ernst nähme?

Zu den vorbehaltlos gewährleisteten Grundrechten gehört z. B. die Versammlungsfreiheit in geschlossenen Räumen (Art. 8 I GG). Sie steht – nach dieser These – auch den Insassen von Strafanstalten und geschlossenen Abteilungen psychiatrischer Anstalten zu. Sie dürfen zu beliebigen Zeiten „ohne Anmeldung oder Erlaubnis" an jeder beliebigen Versammlung friedlich und ohne Waffen teilnehmen, innerhalb und außerhalb der Anstalt. Das besondere Gewaltverhältnis und die es begründenden Gesetze, mögen sie auch formell und materiell verfassungsmäßig sein, können dem keine Grenzen setzen, es sei denn, daß das Grundgesetz ausdrücklich dazu ermächtigt (was es aber nur für Soldaten und Ersatzdienstleistende tut: Art. 17a GG). Denn nach den Ausführungen des Bundesverfassungsgerichts im Mephisto-Beschluß, von Art. 5 III auf Art. 8 I GG übertragen, „kommt der Vorbehaltlosigkeit des Grundrechts die Bedeutung zu, daß die Grenzen der Versammlungsfreiheit nur von der Verfassung selbst zu bestimmen sind. Da die Versammlungsfreiheit in geschlossenen Räumen keinen Vorbehalt für den einfachen Gesetzgeber enthält, darf sie weder durch die allgemeine Rechtsordnung noch durch eine unbestimmte Klausel relativiert werden, welche ohne verfassungsrechtlichen Ansatzpunkt und ohne ausreichende rechtsstaatliche Sicherung auf eine Gefährdung der für den Bestand der staatlichen Gemeinschaft notwendigen Güter abhebt".

Die Kunstfreiheit war auch nach dem Mephisto-Beschluß noch häufiger Gegenstand von Entscheidungen, die sie mit dem Ehrenschutz abwogen.[92] Dort bestand kein Anlaß, zu der Frage einfachgesetzlicher Grenzen der Kunstfreiheit Stellung zu nehmen, weil dem Ehrenschutz als Ausfluß des Persönlichkeitsrechts Verfassungsrang zukommt. Bezugnahmen auf die einschlägigen Ausführungen des Mephisto-Beschlusses – z B. in BVerfGE 67, 228 – haben deshalb wiederum nur die Bedeutung von obiter dicta.

---

maler darf seine Staffelei weder auf der verkehrsreichen Straßenkreuzung in der City aufstellen noch sie mit gestohlener Leinwand bespannen" (Rn. 38).

[91] Vgl. im einzelnen *Kriele* (Fn. 87).

[92] BVerfGE 67, 213 – Anachronistischer Zug; 75, 369 – Karikaturen.

Wo die Kunstfreiheit aber mit einfachen Gesetzen kollidiert, war es dem Bundesverfassungsgericht bisher erspart geblieben, Konsequenzen aus seiner Theorie zu ziehen – einfach deshalb, weil die Grenzen der Kunstfreiheit nicht nur den Behörden, sondern auch dem Common sense des Bürgers so selbstverständlich erscheinen, daß das Problem nicht vor das Bundesverfassungsgericht getragen wurde. Jedermann sieht ein, daß dem Musiker nicht erlaubt sein kann, während des Unterrichts Trompete zu blasen oder die Nachtruhe zu stören, daß der Kunstmaler vor dem Rathaus nicht die Umleitung des Verkehrs verlangen kann, daß der Happening-Künstler nicht fremde Autos einbetonieren darf, daß das Straßentheater nicht von den einfachen Regeln des Straßenrechts und der künstlerische Architekt nicht von den Regeln des Baurechts entbunden ist. Das Bundesverfassungsgericht würde es gewiß auch einsehen, wenn es eine verantwortliche Entscheidung zu treffen hätte, und von seiner verstiegenen These Abschied nehmen.[93]

Entsprechendes gilt für die Freiheit der Wissenschaft, der Forschung und Lehre (Art. 5 III GG). Sie entbindet den Wissenschaftler nicht von der Bibliotheksordnung, den Bauherrn eines Forschungsinstituts nicht von der Bauordnung, den Professor nicht von seiner Amtspflicht zur Mitwirkung an den studienmäßigen Pflichtvorlesungen. Sie ermächtigt den Kriminologen nicht zur Teilnahme an Verbrechen zu Forschungszwecken, den Soziologen nicht zur Lahmlegung des Verkehrs, um das Folgeverhalten zu beobachten, den Forscher nicht zur Installierung eines Fernrohrs auf dafür geeignetem fremden Besitz oder zur eigenmächtigen Nutzung fremder Apparate.[94]

Ebensowenig kann man sich unter Berufung auf die Religions- und Gewissensfreiheit ohne weiteres seiner Steuerpflicht entziehen oder sonst den allgemeinen Gesetzesgehorsam verweigern, andere Menschen nötigen und betrügen oder dergleichen.

Vielmehr hat auch, wer sich auf vorbehaltlose Grundrechte berufen kann, auf die bürgerlichen Rechte anderer Rücksicht zu nehmen, die Strafgesetze zu beachten, die Vorschriften der öffentlichen Sicherheit und Ordnung einzuhalten, sich in verfassungsmäßig geregelte besondere Gewaltverhältnisse einzufügen und als Beamter seine Amtspflichten zu erfüllen, wenn nicht besondere Umstände den Vor-

---

93 Eine Kammer des 2. Senats, die über die Auslieferung des Züricher Sprayers Naegeli zu befinden hatte, nahm dessen Verfassungsbeschwerde nicht zur Entscheidung an. Die Begründung dafür lautet nicht etwa, das Eigentum der geschädigten Hausbesitzer stehe im Verfassungsrang und sei höher zu bewerten als die Kunstfreiheit. Sie lautet vielmehr, daß sich die Reichweite der Kunstfreiheit „von vornherein nicht auf die eigenmächtige Inanspruchnahme oder Beeinträchtigung fremden Eigentums zum Zwecke der Kunstfreiheit erstreckt" (Beschluß vom 19. 3. 1984, S. 1293).

94 Mit Recht sagt *Oppermann*, Bd. VI, § 145, Rn. 27: „Je stärker wissenschaftliche Postulate, Forschungsergebnisse usf. in den Außenbereich der allgemeinen staatlich-gesellschaftlichen Sphäre eintreten, desto eher können Konflikte mit anderen Verfassungspositionen auftreten" – nur muß man die Rechte anderer m. E. nicht jedesmal künstlich zu einer „Verfassungsposition" erheben.

rang des Grundrechts begründen. Demgemäß ist auch der demokratische Gesetzgeber befugt, die von ihm erlassenen allgemeinen Gesetze auf Künstler, Wissenschaftler und Mitglieder von Religionsgemeinschaften zu erstrecken.

Daß das Bundesverfassungsgericht dennoch den vorbehaltlosen Grundrechten einen gesteigerten Schutz gegen Eingriffe durch die Staatsgewalt gewährleisten kann, hat es am Beispiel des Art. 12 I 1 GG gezeigt. Auch die Berufsfreiheit ist ja mit keinem Schrankenvorbehalt versehen. Das Bundesverfassungsgericht hat dem Gesetzgeber deshalb nur einen engumgrenzten Spielraum zur Regelung von Berufszulassungsvoraussetzungen zugebilligt und ihm bei objektiven Voraussetzungen die Beweislast für die Notwendigkeit zur Abwehr von Gefahren für die Gemeinschaft aufgebürdet. So hat es eine anfangs sehr hoch gezogene, mit der Zeit etwas gesenkte Barriere gegen staatliche Eingriffe in das Grundrecht errichtet. Es ist jedoch im Zusammenhang mit Art. 12 I 1 GG nie auf den Gedanken gekommen, daß sich Grenzen für die Berufsfreiheit nur unmittelbar aus der Verfassung ergeben könnten. Als es diese These dennoch für vorbehaltlos gewährleistete Grundrechte generell aufstellte, hat es offenbar seine eigene Rechtsprechung zur Berufsfreiheit aus dem Blick verloren und nur an andere Grundrechte, wie die Kunstfreiheit, gedacht. Diese eigentümliche Inkonsequenz ist ein deutliches Indiz dafür, daß es seine These gar nicht durchdacht hat. Es hatte dazu auch keinen Anlaß, solange sie nicht entscheidungserheblich war.

Die Besonderheit der Berufsfreiheit gegenüber anderen vorbehaltlos gewährleisteten Grundrechten liegt lediglich darin, daß dieses Grundrecht besonders häufig Gegenstand von gesetzlichen Regelungen und deshalb auch von verfassungsgerichtlichen Verfahren gewesen ist. Als das Bundesverfassungsgericht dazu Stellung zu nehmen hatte, stand es tatsächlich in der Entscheidungsverantwortung. Es konnte sich nicht an rein theoretischen Abstraktionen entzünden und sich in emphatisch vorgetragene Lehren versteigen, sondern es hatte über konkrete Lebenswirklichkeiten verantwortlich zu urteilen. Die Entscheidungsverantwortung scheint förderlich und mitunter unentbehrlich dafür zu sein, daß das Denken zur Vernunft findet – auch in der Grundrechtsauslegung.[95]

---

[95] Dissentierende Richter, die sich in ihren abweichenden Voten nicht selten zu Thesen versteigen, deren Konsequenzen nicht zu verantworten wären, kann man mit der Frage zu Selbstzweifeln anregen: Hätten Sie auch so votiert, wenn es auf Ihre Stimme angekommen wäre und Sie nicht gewußt hätten, daß sie in der Minderheit sind? Eingehender zur Bedeutung der Entscheidungsverantwortung für die Auslegungslehre: *Kriele*, Theorie der Rechtsgewinnung. Nachwort zur 2. Auflage 1976, insbes. S. 310 – 326; sowie Recht und praktische Vernunft, 1979, S. 40 ff.

Probleme mit dem Plebiszit

(FAZ v. 10. 11. 1992)

Die Befürworter von Plebisziten versprechen sich davon eine stärkere Legitimität des demokratischen Systems. Die demokratische Mitwirkung des Volkes bleibe nicht auf die Wahlen und auf die Mitarbeit in Parteien und Verbänden beschränkt. Vielmehr könnten Bürgerinitiativen und Bürgerbewegungen auch zwischen den Wahlen fruchtbar werden und unmittelbar Gesetze herbeiführen. Auf diese Weise werde das Volk politisch interessiert und aktiviert; die Zustimmung zur demokratischen Verfassung werde gestärkt. In der Weimarer Republik erwiesen sich die Plebiszite allerdings nicht als geeignet, der Delegitimierung der Reichsverfassung entgegenzuwirken und das Vertrauen der Bevölkerung in die Demokratie zu stärken. Andererseits ist aber auch die Behauptung, Plebiszite hätten wesentlich zum Ruin der Weimarer Republik beigetragen, historisch nicht haltbar. Man sollte das Thema also nicht zu grundsätzlich ansiedeln.

Plebiszitäre Elemente sind mit einem parlamentarischen Repräsentativsystem nicht prinzipiell unverträglich, wenn sie es lediglich ergänzen und nicht verdrängen. Wir finden sie u. a. in der Schweiz, in Österreich, Italien, Frankreich, Dänemark, in mehreren deutschen Bundesländern und US-Staaten. Ferner finden wir in zahlreichen Verfassungen oder Gemeindeordnungen plebiszitäre Elemente auf kommunaler Ebene, und ich möchte betonen, daß sich diese auch in meinen Augen überwiegend bewährt haben.

Auf der Ebene des Gesamtstaats werfen plebiszitäre Elemente jedoch eine Reihe praktischer Probleme auf. Sie lassen sich nur erörtern, wenn man verschiedene Gestaltungsformen unterscheidet.

I.

Da ist zunächst das *Referendum:* ein von den gesetzgebenden Körperschaften beschlossenes Gesetz oder eine von der Regierung beschlossene Maßnahme wird dem Volk zur Bestätigung vorgelegt und tritt nur in Kraft, wenn dieses dazu ja sagt. Die Initiative liegt bei Regierung oder Parlament. Diese haben ihre politische Meinung klar zum Ausdruck gebracht. Die Regierung kann eventuell ihre weitere Amtsführung vom positiven Ausgang des Referendums abhängig machen. Auf diese Weise kann das Volk in die Verantwortung einbezogen werden, der Entscheidung eine besondere demokratische Legitimität verleihen und sie dadurch stabilisieren.

Ein Referendum empfiehlt sich, wenn überhaupt, nur dann, wenn es auf grundlegende politische Entscheidungen beschränkt bleibt, z. B. auf weitreichende Verfassungsänderungen, die Übertragung von Souveränitätsrechten auf europäische Institutionen und dergleichen. Auf das laufende Gesetzgebungsverfahren erstreckt und bei jeder beliebigen Gelegenheit anwendbar, birgt das Referendum eine erhebliche Gefahr: es bietet den gesetzgebenden Körperschaften oder der Regierung die Chance, notwendigen, aber unpopulären Entscheidungen auszuweichen und sich aus der Verantwortung für deren negative Konsequenzen zu stehlen.

Aber auch mit dieser Einschränkung wäre die Einführung des Referendums nur Hand in Hand mit einer verfassungsgesetzlichen Verpflichtung von Funk und Fernsehen zur umfassenden Information des Volkes verantwortbar. Es muß gewährleistet sein, daß in diesen Medien die Befürworter eines Referendums Gelegenheit haben, ihre Gesichtspunkte umfassend darzulegen, daß ihren Gegnern im gleichen Umfang das gleiche Recht eingeräumt ist, daß alsdann die Befürworter Gelegenheit haben, zu den Einwänden Stellung zu nehmen und die Gegner wiederum Gelegenheit, darauf zu erwidern. So wie ein Richter nicht urteilt, ehe er nicht die Argumente beider Seiten gehört und erwogen hat, so muß das Volk in die Lage versetzt werden, sich ein umfassendes und gerechtes Urteil zu bilden. Nur wenn es gelingen könnte, der Manipulation vorzubeugen und die Anerkennung der Mündigkeit des Volkes durchzusetzen, bedeutete das Plebiszit einen Gewinn für die Demokratie und nicht nur einen zusätzlichen Einflußgewinn für die Mächtigen in Funk und Fernsehen. Falls sich diese einer solchen Verpflichtung und der Kontrolle ihrer Einhaltung widersetzen sollten, wäre vom Referendum eher abzuraten.

II.

Die *Volksbefragung* ist eine formelle, durch Gesetz angeordnete und vom Staat organisierte Meinungserkundung ohne Verbindlichkeit für die politischen Instanzen. Dagegen bestehen erhebliche Bedenken. Entweder die gesetzgebenden Körperschaften bzw. die Regierung folgen dem Ergebnis der Volksbefragung, auch wenn sie inhaltlich von seiner Richtigkeit und Verantwortbarkeit nicht überzeugt sind. Auch damit stehlen sie sich aus der Verantwortung. Oder sie folgen ihrem Ergebnis nicht. Dann versteht das Volk nicht, warum es gefragt worden ist. Die Legitimitätskrise verschärft sich: „Die da oben machen ja doch, was sie wollen". Die eine wie die andere Konsequenz wäre gleichermaßen fatal für die Legitimität der Verfassung.

III.

Die *Volksinitiative* bedeutet: ein Mindestquorum der Stimmberechtigten (z. B. 1 %) stellt einen Antrag an das Parlament, sich im Rahmen seiner Entscheidungszuständigkeit mit bestimmten Gegenständen der politischen Willensbildung zu befassen. Die Volksinitiative ist in drei Varianten denkbar, die unterschiedlich zu beurteilen sind.

Entweder es bleibt den Abgeordneten im Rahmen ihres freien Mandats freigestellt, ob sie sich mit der Sache befassen. Dann handelt es sich lediglich um eine Variante des Petitionsrechts der Bürger: gewissermaßen um eine Kollektivpetition. Diese steht den Bürgern ohnehin frei, und es bedarf keiner Verfassungsergänzung.

Oder zweitens, das Parlament soll verpflichtet sein, auch zu einem bestimmten Ergebnis, zumindest der Tendenz nach, zu kommen. Das wäre eine Aushöhlung des freien Mandats, das das deutsche Grundgesetz so formuliert: „Die Abgeordneten sind Vertreter des ganzen Volkes, an Aufträge und Weisungen nicht gebunden und nur ihrem Gewissen unterworfen". Die Aushöhlung des freien Mandats wäre unvereinbar mit den Prinzipien der repräsentativen parlamentarischen Demokratie.

Oder drittens, das Parlament soll lediglich verpflichtet sein, sich mit dem Gegenstand zu befassen, nicht jedoch, zu einem bestimmten Ergebnis zu kommen. Das ließe sich durch eine Ergänzung der verfassungsrechtlichen Rechte auf Gesetzesinitiative regeln, z. B. in Deutschland des Artikels 76 GG, der lautet: „Gesetzesvorlagen werden beim Bundestag durch die Bundesregierung, aus der Mitte des Bundestages oder durch den Bundesrat eingebracht". Eine Erweiterung um Volksinitiativen würde das freie Mandat und das demokratische Prinzip nicht so grundsätzlich berühren, daß sie als unvereinbar mit den Prinzipien der repräsentativen Demokratie gelten müßte. Doch bedürfte es dazu einer ausdrücklichen Verfassungsergänzung.

Die Volksinitiative mit Befassungspflicht wird meist nur als Vorstufe eines Volksbegehrens vorgeschlagen. Sie gibt dann dem Parlament vor der Einleitung des Volksbegehrens die Möglichkeit, durch eigene Befassung mit der Sache eventuell das Volksbegehren abzuwenden.

IV.

Im *Volksbegehren* wird zunächst den gesetzgebenden Körperschaften ein ausgearbeiteter Gesetzentwurf vorgelegt. Hier wird meist ein höheres Unterschriftenquorum verlangt, z. B. 5 % der Stimmberechtigten.

Die angesprochenen Körperschaften können die Vorlage unverändert annehmen und dadurch den Volksentscheid abwenden. Nehmen sie die Vorlage nicht oder nur mit Änderungen an, so kommt es zum *Volksentscheid*. In der Regel ist vorgesehen, daß der Volksentscheid die Zustimmung der Mehrheit der Abstimmenden, jedoch mindestens eines Drittels der Stimmberechtigten voraussetzt.

Vorschläge dieser Art stellen uns vor eine Reihe von praktischen Problemen.

1. Das erste Problem besteht darin, daß man zu der Vorlage nur ja oder nein sagen kann, aber nicht: ja, aber nur mit diesen und jenen Vorbehalten, Einschränkungen, Ergänzungen oder sonstigen Änderungen.

Was das bedeutet, wird augenfällig, wenn man sich den Gang der parlamentarischen Beratung eines Gesetzentwurfs vergegenwärtigt. Die Vorlage wird mehreren Ausschüssen zur Beratung zugewiesen. Im Parlament finden drei Lesungen statt. Anschließend berät die zweite Kammer (Senat oder Bundesrat). Schließlich kann es zu erneuter Beratung und Entscheidung in beiden Kammern kommen.

Auf diesem Wege werden allerlei Bedenken und Einwände vorgebracht und erwogen: sie betreffen z. B. ökonomische Auswirkungen, finanzielle Folgelasten, die juristische Praktikabilität in Verwaltung und Justiz, die Einfügung des Gesetzes ins Rechtssystem und ins europäische Recht, die außenpolitischen Auswirkungen usw. Zum Teil betreffen die Änderungen nur den sprachlichen Ausdruck und die Klarheit und Präzision der Formulierung. Im großen und ganzen werden die Gesetze meistens wesentlich verbessert. Das zeigt sich unter anderem darin, daß in Deutschland weit über 90 % der Gesetze im Ergebnis einstimmig oder zumindest im Konsens der großen Parteien Union, SPD und FDP beschlossen werden.

Das alles entfällt bei Volksbegehren und Volksentscheid. Der Entwurf wird von Bürgern ausgearbeitet, die im allgemeinen wenig Erfahrung in der Formulierung guter Gesetze haben, und er hat nicht die Chance, im parlamentarischen Beratungsverfahren verbessert zu werden. Wird der Entwurf im Volksentscheid angenommen, so muß man mit schlechten, unklar formulierten, impraktikablen Gesetzen rechnen, die allerlei unerwünschte, aber nicht vorhergesehene Auswirkungen haben.

Um das Problem abzumildern, wurde folgendes vorgeschlagen: Wenn das Parlament die Vorlage eines Volksbegehrens nicht unverändert annimmt, so kann es parallel zu dieser Vorlage einen eignen, alternativen Gesetzentwurf zum Volksentscheid stellen. Im Volksentscheid kann das Volk also wählen zwischen dem Entwurf des Volksbegehrens und dem parlamentarisch durchberatenen Alternativentwurf. Man verbindet damit die Hoffnung, daß sich das Volk dann für den parlamentarischen Entwurf entscheidet. Eine Gewähr dafür gibt es nicht. Entscheidet sich das Volk für die Vorlage des Volksbegehrens, so wird diese Vorlage Gesetz, wie impraktikabel oder verhängnisvoll sie auch sein mag.

2. Damit stellt sich die Frage nach der Änderung oder Aufhebung von Gesetzen, die im Wege des Volksentscheids beschlossen worden sind. Bedarf es dazu wiederum eines Volksentscheids? Das wäre nicht nur ein sehr schwerfälliges Verfahren, es wäre auch unvereinbar mit den verfassungsrechtlichen Kompetenzen der gesetzgebenden Körperschaften.

Deshalb muß gelten: das Gesetz kann im parlamentarischen Verfahren abgeändert werden. Die Legitimitätsprobleme liegen auf der Hand: Kaum hat das Volk ein Gesetz beschlossen, fangen „die da oben" an, das Gesetz zu ändern. Die Entrüstung („Arroganz", „Volksverachtung") wird sich nicht nur gegen die einzelne Änderung richten, sondern gegen das Parlament, ja gegen die repräsentative Demokratie überhaupt.

Das Problem wird noch gravierenden, wenn man dem Vorschlag folgt, parallel zum Volksbegehren einen parlamentarischen Alternativentwurf zum Volksentscheid zu stellen. Trifft das Volk seine Entscheidung zugunsten der Vorlage des Volksbegehrens, so muß die nachträgliche parlamentarische Abänderung des Gesetzes im Sinne des Alternativentwurfs als eine besonders empörende Herausforderung empfunden werden.

Novellierungen werden sich aber nicht vermeiden lasen. Selbst die beim parlamentarischen Verfahren durchberatenen Gesetze erweisen sich oft schon nach kurzer Zeit als änderungsbedürftig: entweder ist trotz aller Sorgfalt ein wesentlicher Gesichtspunkt übersehen worden, oder die tatsächlichen Verhältnisse haben sich geändert, oder das rechtliche Umfeld hat sich geändert und erfordert eine Anpassung. Zeigt sich das Erfordernis der Novellierung schon bei normalen Gesetzen so häufig, so wird es sich bei Volksgesetzen wegen ihrer mangelhaften Qualität um so dringender einstellen. Insgesamt also werden die Legitimitätsprobleme der parlamentarischen Demokratie nicht gemildert, sondern verschärft.

3. Ein drittes Problem wird durch den Föderalismus aufgeworfen. In Art. 79 III GG heißt es: „Eine Änderung dieses Grundgesetzes, durch welche ... die grundsätzliche Mitwirkung der Länder bei der Gesetzgebung ... berührt wird, ist unzulässig."

Der Begriff „grundsätzliche Mitwirkung" meint offensichtlich: am Grundsatz der Ländermitwirkung darf nicht gerüttelt werden, doch bleibt es dem verfassungsändernden Gesetzgeber überlassen, wie er diese Mitwirkung ausgestaltet. Nimmt man das ernst, so muß die Volksgesetzgebung entweder die Mitwirkung des Bundesrates vorsehen oder sie scheitert verfassungsrechtlich an Art. 79 III.

Diese Sperre läßt sich allenfalls umgehen, wenn man den Begriff „grundsätzlich" listig auslegt, nämlich so, daß er gleichbedeutend wird mit „in der Regel". Dann wären Ausnahmen zulässig. Art. 79 III sagte dann: Die Mitwirkung der Länder muß in der Mehrzahl der Gesetzgebungsfälle erhalten bleiben, in den anderen kann der Bundestag allein Gesetze beschließen. Entspricht das wirklich den Vorstellungen des Bundesrates?

Es wäre auch sehr zweifelhaft, ob diese Auslegung verfassungsrechtlich Bestand hätte. Dagegen spricht schon der systematische Zusammenhang: Art. 79 III GG zählt die unabänderlichen Grundsätze auf, die nicht berührt werden dürfen: die Grundsätze der Art. 1 und Art. 20. Hier ist ersichtlich nicht ein Regel-Ausnahmeverhältnis gemeint. Das läßt den Schluß zu: Auch die grundsätzliche Mitwirkung der Länder im Gesetzgebungsverfahen meint nicht ein Regel-Ausnahmeverhältnis, sondern läßt lediglich die Modalität der Ländermitwirkung offen.

Daraus folgt: der Volksentscheid kann die Mitwirkung des Bundesrates nicht ausschließen. Ein nach der Kompetenzordnung des Grundgesetzes zustimmungsbedürftiges Gesetz scheitert, wenn der Bundesrat die Zustimmung verweigert. Bei einem Einspruchsgesetz wäre ein Vermittlungsverfahren zwischen Bundesrat und

Volk kaum vorstellbar. Es bedürfte eines erneuten Volksbeschlusses mit qualifizierter Mehrheit, um den Einspruch zurückzuweisen.

Um diesen Mißlichkeiten zu entrinnen, wurde in der Verfassungskommission des Bundesrates der Vorschlag gemacht, für Volksentscheide ein doppeltes Abstimmungsquorum vorzuschreiben, bezogen zum einen auf das Bundesgebiet insgesamt, zum andern auf die einzelnen Länder nach Maßgabe ihres Stimmenanteils im Bundesrat. Es kann dann also geschehen, daß ein Gesetzentwurf von der Mehrheit der Abstimmungsberechtigten angenommen wird und daß diese Mehrheit dem Bundesquorum auch genügt, daß aber das Gesetz dennoch gescheitert ist, weil die Länderquoren verfehlt wurden.

Eine solche Regelung fände kaum Akzeptanz im Volke, würde aber auch dem Art. 79 III nicht gerecht. Hiernach sollen „die Länder" mitwirken: also die organisierten Einzelstaaten, nicht das Volk in den Ländern. Denn für das föderalistische Prinzip ist charakteristisch, daß die spezifischen Belange der Staaten Einfluß auf das Bundesgesetz gewinnen könnte. Der Föderalismus ist eine besondere Gestalt der Gewaltenteilung. Diese hat die organisierte Ausübung der vom Volk ausgehenden Staatsgewalt zur Grundlage und Voraussetzung. Unmittelbare Volksgesetzgebung bedeutet, den Föderalismus in seiner gewaltenteilenden Funktion zu unterlaufen. Es ist also schwer zu sehen, wie die Umgehung des Art. 79 III GG bewerkstelligt werden könnte.

4. Ein viertes Problem betrifft die Normenkontrolle durch das Bundesverfassungsgericht. Wird es vom Volk noch akzeptiert werden, wenn ein im Wege der Volksgesetzgebung beschlossenes Gesetz für verfassungswidrig und nichtig erklärt wird?

Das Gewicht dieses Problems wird anschaulich, wenn man sich vergegenwärtigt, daß die Normenkontrolle selbst bei parlamentarisch beschlossenen Gesetzen keineswegs unangefochten ist. Erfreut sich ein Gesetz in einigen Kreisen besonderer Popularität, so pflegt die Normenkontrolle heftige Polemik auszulösen, wie sich in Deutschland jüngst wieder am Beispiel des Verfassungsstreits um die Liberalisierung der Abtreibung gezeigt hat. Es hieß z. B., das Bundesverfassungsgericht mache sich zum „Obergesetzgeber". Es „schwingt sich vom Hüter zum Herrn des Grundgesetzes auf ... Das letzte Wort in politischen Entscheidungen spricht nicht mehr Bonn, sondern Karlsruhe". Erst recht wird die ohnehin brüchige Akzeptanz der Normenkontrolle zerfallen, wenn das Volk selbst und unmittelbar der Gesetzgeber ist.

Im klassischen Land der Plebiszite, in der Schweiz, wurde die Einführung einer verfassungsgerichtlichen Normenkontrolle stets mit dem Argument abgelehnt: Sie sei mit der plebiszitären Gesetz- und Verfassungsgebung unvereinbar. In der Tat kann man auf Dauer nicht beides haben: Plebiszite und Normenkontrolle, sondern wird wählen müssen. Wer Sinn und Wert der Normenkontrolle zu schätzen weiß, wird diesen Konsequenzen der Volksgesetzgebung mit Bedauern entgegensehen.

Möglicherweise wird das Verfassungsgericht dazu neigen, sich bei der Überprüfung von Volksgesetzen äußerte Zurückhaltung aufzuerlegen und Gesetze passieren zu lassen, die eigentlich verfassungswidrig sind. Denn tut es das nicht, wird die Normenkontrolle über kurz oder lang hinweggefegt werden. Man muß also mit Volksgesetzen rechnen, die auf Kosten z. B. der Rechtsstaatlichkeit oder der Grundrechte gehen.

Ein Ausweg wäre allenfalls darin zu finden, daß die Vorlagen eines Volksbegehrens vorab einer umfassenden – auch materiell-rechtlichen – verfassungsgerichtlichen Überprüfung unterzogen werden und im negativen Fall gar nicht zur Volksabstimmung gestellt werden dürfen.

5. Das Problem der Verfassungsmäßigkeit von Volksgesetzen wird sich noch dringlicher stellen, wenn im Wege des Volksentscheids auch über Verfassungsänderungen beschlossen werden kann. Dann kann die Verfassung geändert werden, wenn im Volksentscheid eine qualifizierte Mehrheit zustimmt, z. B. zwei Drittel der Abstimmenden, jedoch mindestens die Hälfte der Stimmberechtigten.

Das deutsche Verfassungsrecht geht davon aus, daß verfassungswidriges Verfassungsrecht denkbar ist und daß deshalb auch Verfassungsänderungen der Normenkontrolle unterliegen. Denn es gibt innerhalb des Verfassungsrechts die verfassungspolitischen Grundentscheidungen, z. B. über Rechtsstaat, Sozialstaat, Gewaltenteilung, Demokratie, Menschenwürde, die auch durch Verfassungsänderungen nicht angetastet werden dürfen. Dieser Grundgedanke wird sich gegenüber der Volksgesetzgebung nicht aufrechterhalten lassen.

6. Ein sechster Problemkreis betrifft die sogenannten Finanzvorlagen, die vom Volksentscheid ausgeschlossen sein sollen. Sie waren schon in der Weimarer Reichsverfassung ausgeschlossen und sind es auch in den heutigen Länderverfassungen. In einem in Deutschland gemachten Vorschlag heißt es z. B., Volksinitiativen und Volksbegehren „über den Haushalt des Bundes, über Dienst- und Versorgungsbezüge sowie über öffentliche Abgaben sind unzulässig."

Für die sogenannten Finanzvorlagen ist charakteristisch, daß sie sich unmittelbar auf die Haushalts-, Besoldungs- und Steuergesetze beziehen. Andere Gesetze aber haben nicht minder gewichtige finanzielle Auswirkungen, nur treten diese als mittelbare Folge ein. Gerade weil sie verschleiert sind, können sie besonders erheblichen Umfang annehmen. Wer Finanzvorlagen von der Volksgesetzgebung ausnehmen will, müßte also konsequenterweise alle Gesetze mit wesentlichen finanziellen Folgelasten ausnehmen. So oder so – ist eine solche Beschränkung überhaupt sinnvoll?

Die Vorstellung scheint zu sein: das Volk solle zwar Gesetze geben dürfen, von den Geldtöpfen aber müsse man es fernhalten. Es beschließe sonst niedrigere Steuern und höhere Sozialleistungen; die Volksgesetzgebung werde zum Vehikel unverantwortlicher Verteilungskämpfe.

Dahinter steht das klassisch-konservative Schema von Staat und Gesellschaft: Der Staat sei am Gemeinwohl orientiert und verwalte deshalb auch die Finanzmittel verantwortlich. Die Gesellschaft sei an pluralistischen Interessen orientiert und der Tummelplatz konkurrierender Egoismen. Wer hiervon ausgeht, sollte konsequent sein und das Volk von aller Art der Gesetzgebung fernhalten.

Die Befürworter der Volksgesetzgebung meinen im Gegenteil: im Parlament setze sich die Lobby der Wirtschaft, der Verbände und der Parteien durch; es bedürfe des Korrektivs der Volksgesetzgebung, um Gesichtspunkte des Gemeinwohls und der Moral zur Geltung zu bringen.

Die Wirklichkeit ist wohl so, daß beide Modelle des Verhältnisses von Parlament und Volk zu einseitig sind. Hier wie dort gibt es ernsthaften moralischen Willen, aber auch interessengesteuerte Verteilungskämpfe. Das Parlament denkt so moralisch verantwortlich und so interessenorientiert wie das Volk und repräsentiert es auch in diesem Sinn.

Gleichwohl ist die Chance verantwortlicher Gesetze im parlamentarischen Verfahren höher als im Verfahren der Volksgesetzgebung, nicht weil die Parlamentarier bessere Menschen wären, sondern weil die Verfahrensbedingungen und Verantwortlichkeiten ihres Amtes sie zur Rechenschaft zwingen. Einseitig orientierte Vorschläge sehen sich der parlamentsinternen und öffentlichen Sachkritik ausgesetzt und müssen mit Sachargumenten verteidigt werden. Erweist sich der getroffene Beschluß als verhängnisvoll, so kann sich das auf die Wiederwahl auswirken. Vielleicht ist auch die mit dem Amt übernommene Verantwortung für das ganze Volk nicht bloß leerer moralischer Appell, sondern prägt bis zu einem gewissen Grad Ethos und Verhalten.

Das Volk braucht demgegenüber zu einem Gesetzesvorschlag nur ja oder nein zu sagen. Es braucht nichts zu begründen und nichts zu rechtfertigen und steht in keiner besonderen Verantwortung. Erweist sich der Beschluß als verhängnisvoll, so finden sich immer Wege, den Unmut auf andere zu lenken und diesen die Verantwortung zuzuschieben.

Um so gravierenden wirkt es sich aus, daß das in der Volksgesetzgebung entscheidende Volk keine Rechenschaft schuldig ist und keine Verantwortung für die Folgen der Entscheidung trägt. Die Vorstellung kann sich durchsetzen, daß die Wirtschaft unbegrenzt belastbar sei und daß die verstärkte Heranziehung des Staatsfeindes Nr. 1, des „Besserverdienenden", nur ein gerechter Ausgleich für den Egoismus sei, mit dem er sich am Wirtschaftsleben beteiligt, während die Sozialhilfeempfänger in Armut leben. Vorstellungen solcher Art sind das Einfallstor für die Scheinmoralität, die sich mit guten Absichten spreizt, die realen Folgen des Handelns aber nicht bedenkt oder anderen aufbürdet. Diese Scheinmoralität ist der Anfang aller politischen Unvernunft. Das zu lösende Grundproblem ist, Moralität und Realitätssinn in eine ausgeglichene Balance zu bringen.

Praktisch heißt das: Volksbegehren sollten generell nur zulässig sein, wenn sie mit der Bereiterklärung verbunden sind, die entstehenden Lasten zu tragen. Die Bürger erklären dann zum Beispiel im Volksentscheid:

„Ich bin dafür, alle Atomkraftwerke abzuschalten und die dadurch entstehenden Kosten auf die Strompreise umzulegen." Oder: „Ich bin für Nachgiebigkeit gegenüber den berechtigten Forderungen der Gewerkschaft Öffentlicher Dienst und deshalb für ein ‚Sonderopfer Öffentlicher Dienst' durch Aufschlag von x % auf die Lohn- und Einkommensteuer." Oder: „Ich bin gegen die Schließung unrentabler Betriebe und beteilige mich mit soundsoviel an einem Subventionsfonds, der ihre Weiterführung ermöglicht." Oder: „Ich bin für großzügigere Einwanderungsregelungen und übernehme die Sorge für Wohnung und Unterhalt eines Ausländers."

Auf diese Weise verbände sich die Moral mit Urteilskraft. Ja sie würde überhaupt erst aus der Scheinmoral zur wirklichen Moral und gewänne Ernst, Würde, Gewicht und Autorität. Sie würde die demokratische Reife insgesamt auf eine höhere Stufe heben. Es liegt jedoch auf der Hand, daß eine Regelung solcher Art nicht durchsetzbar wäre. Dann aber sollte man konsequent sein und von Volksbegehren und Volksentscheid nicht nur bei Finanzvorlagen, sondern generell absehen.

7. Schließlich stellt sich auch bei Volksbegehren und Volksentscheid das Problem des Verhältnisses von Volkssouveränität und Medienmacht, ebenso wie beim Referendum. Angesichts des Selbstverständnisses der Funk- und Fernsehgewaltigen als Erzieher und Vormund des Volkes und angesichts des Verfassungsrangs der „Rundfunkfreiheit" wird sich dieses Problem als unlösbar erweisen.

Fazit: Unbedenklich ist erstens das Referendum, wenn es auf Entscheidungen von besonders grundsätzlicher Bedeutung beschränkt bleibt, zweitens die Erweiterung des Initiativrechts bei der Gesetzgebung um Volksinitiativen, die das Parlament nicht zu mehr verpflichtet, als sich mit der Gesetzesvorlage zu befassen. Alle übrigen Varianten des Plebiszits werfen erhebliche Probleme auf. Erst wenn alle diese Probleme gelöst sind, sind die Voraussetzungen geschaffen, unter denen plebiszitäre Elemente sinnvoll und fruchtbar werden und die demokratische Legitimität stärken können. Solange sie ungelöst bleiben, führt die Einführung plebiszitärer Elemente zu gravierenden rechtlichen, moralischen und politischen Problemen und letztlich zu einer erheblichen Verschärfung der Legitimitätsprobleme des demokratischen Verfassungsstaates.

Ehrenschutz und Meinungsfreiheit*

I. Beide Rechte sind konstitutiv für die Demokratie

Die Meinungsfreiheit dient nicht nur dem Schutz individueller Selbstverwirklichung, sondern darüber hinaus einer Reihe weiterer Zwecke. Ein zweiter Gesichtspunkt ist, daß die Überwindung irriger Annahmen nur in freier geistiger Auseinandersetzung möglich ist. Das gilt im politischen Leben ebenso wie in den Wissenschaften. Drittens ist diese Parallele zu den Wissenschaften im politischen Leben zu ergänzen um die Parallele zum gerichtlichen Prozeß. So wie die Prozeßparteien, so müssen auch die politischen Parteien, und letztlich jeder Bürger, der eine Unrechtserfahrung gemacht oder sonst einen Gesichtspunkt beizutragen hat, dies jederzeit öffentlich zur Geltung bringen können. Viertens setzt die demokratische Kontrolle der Staatsorgane die Meinungs- und Pressefreiheit voraus. Fünftens wären ohne diese Freiheiten Gewalt, Bürgerkrieg, Terror unvermeidlich. Das Gewaltmonopol des freiheitlichen Staates und damit die Friedlichkeit des Zusammenlebens lassen sich nur aufrechterhalten, wenn der Kampf der Meinungen mit geistigen Mitteln ausgetragen werden kann. Sechstens sind diese Freiheiten grundlegend für die Legitimität des demokratischen Verfassungssystems: sie begründen das Vertrauen, daß die staatlichen Entscheidungen einer kritischen Prüfung ausgesetzt waren und die Hoffnung, daß Ungerechtigkeiten in Zukunft auf demokratische Weise überwunden werden können.[1]

Aus all diesen Gründen ist es zutreffend, wenn das Bundesverfassungsgericht feststellt, die Meinungsfreiheit sei „konstitutiv für die Demokratie", und wenn es dieser Freiheit deshalb einen hervorragenden Rang zuweist.

Alle diese Gesichtspunkte rechtfertigen aber nicht, den Schutz der persönlichen Ehre einfach hintanzustellen, so als hätte er angesichts des Gewichts der Meinungsfreiheit nur eine geringfügige Bedeutung und sei letztlich unbeachtlich. Im Eifer seines Eintretens für die Meinungsfreiheit hat der zuständige Erste Senat des Bundesverfassungsgerichts übersehen, welche Bedeutung der Schutz der persönlichen Ehre sowohl für die Würde des Menschen als auch für die Demokratie hat.

Der Mensch ist auf Gemeinschaft hin angelegt, nicht ein isoliertes Individuum. Ein Rufmord, der ihn seines sozialen Umfelds beraubt, gehört neben Mord, Körperverletzung und Raub seiner gesamten Habe zum Schlimmsten, was einem Menschen angetan werden kann. Seine Freunde und Nachbarn ziehen sich zurück, sie

---

* Wertvolle Anregungen zu diesem Beitrag verdanke ich der vorzüglichen Dissertation meines Doktoranden *Ralf Stark*, Ehrenschutz in Deutschland, 1994.

[1] Eingehender *Kriele,* Einführung in die Staatslehre, 5. Aufl. § 54.

grüßen nicht mehr, wechseln auf die andere Seite der Straße, wenn sie ihm begegnen. Er weiß: sie denken, was über mich verbreitet worden ist, sei wahr. Er hat praktisch keine Möglichkeit, sich aus dieser Schande und Isolation zu befreien. Das ist ein hinreichendes Motiv, sich aus Beruf und öffentlichem Leben zurückzuziehen, die Heimat zu verlassen oder sich das Leben zu nehmen. Kurz: Der ungerechtfertigte Angriff auf den guten Ruf eines Menschen ist ein Angriff auf seine Menschenwürde.[2]

Der Schutz der persönlichen Ehre ist aber darüber hinaus ebenso wie der der Meinungsfreiheit konstitutiv für die Demokratie. Wer sich am öffentlichen Leben beteiligt, sei es auch nur, indem er zu besonderen Sachverhalten öffentlich Stellung nimmt, ist einem erhöhten Risiko öffentlicher Angriffe ausgesetzt. Dieses Risiko ist ihm zuzumuten, wenn er weiß, daß ihn die Rechtsordnung vor Beleidigung, übler Nachrede und Verleumdung wirksam schützt. Kann er sich dessen nicht mehr sicher sein, so setzt er sich durch Beteiligung am öffentlichen Leben unkalkulierbaren Gefahren aus. Sensiblere Menschen, die an sich bereit wären, sich im öffentlichen Leben zu exponieren, scheuen das Risiko und verzichten lieber auf die Beteiligung am demokratischen Leben.

Denn sich ohne Rechtsschutz Diffamierungskampagnen auszusetzen, erfordert mehr als Zivilcourage und kann billigerweise von niemandem erwartet werden. Ehrempfindliche Menschen sind aber oft gerade diejenigen, bei denen der Sinn für Recht und Wahrheit am stärksten ausgeprägt ist und deren Mitwirkung am demokratischen Leben besonders wünschenswert wäre. Ohne Duckmäuser zu sein, ziehen sie sich aus dem öffentlichen Leben zurück oder nehmen von vornherein nicht daran teil. Ein sowohl intellektueller als auch moralischer Qualitätsverlust der Demokratie ist die unvermeidliche Folge. Er wirkt sich negativ auf die Gesetzgebung aus, aber auch auf die Legitimität des politischen Systems. Es ist also durchaus keine Übertreibung, daß ein wirksamer Ehrenschutz zu den konstitutiven Bedingungen der Demokratie gehört.[3]

---

[2] „Der gute Ruf, die Achtung und das Vertrauen, die der Mensch bei den anderen Menschen genießt ..., sind das Hineinragen der Seele des Menschen in das Seelenleben anderer Menschen, die Art, wie sie sich in anderen Menschen spiegelt. Und die Verleumdung, das ‚falsche Zeugnis wider deinen Nächsten‘, ist Töten dieses erweiterten Seelenleibes in anderen Menschen, indem die Spiegelung der Seele im Seelenleben der anderen Menschen verzerrt und vernichtet wird." – *Valentin Tomberg,* Lazerus komm heraus, Herder-Basel 1985, S. 183 f.

[3] Im ZRP-Gespräch (ZRP 1994, S. 276 ff.) macht Bundesverfassungsrichter *Dieter Grimm* vom 1. Senat deutlich, daß ihm die Bedeutung des Ehrenschutzes für die Demokratie nicht zum Bewußtsein gekommen ist. Er spricht von den „individuellen Interessen" der Meinungsfreiheit und des Ehrenschutzes und fügt hinzu: In Fragen, die die Öffentlichkeit wesentlich berühren, trete „als dritte Dimension ein überindividueller Gesichtspunkt hinzu, nämlich der demokratische", der die Abwägung zu Lasten des Ehrenschutzes verschiebe: dieser dürfe „nicht von der Teilnahme an der öffentlichen Auseinandersetzung abschrecken". Das ist selbstverständlich. Die entscheidende Frage ist, ob und wieweit er davon abschrecken soll, im Rahmen dieser Auseinandersetzung ehrenrührige unwahre Behauptungen zu verbreiten. *Grimm* spricht beschönigend von „kritischen und irritierenden Positionen", von „gewissen

Die unabhängigen Gerichte aber sind gebunden durch die Entscheidungen des zuständigen Ersten Senats des Bundesverfassungsgerichts (§ 31 I BVerfGG). Dieser hätte die Möglichkeit und auch die Pflicht gehabt, einen verfassungsgerechten Ausgleich zwischen Meinungsfreiheit und Ehrenschutz herbeizuführen. Er hat diese Möglichkeit nicht genutzt, sondern sich ganz im Gegenteil an die Spitze der Tendenz gesetzt, den Ehrenschutz mehr und mehr auszuhöhlen, so daß Rufmord so gut wie risikolos ist. Über das Unrecht, das Menschen angetan wird, sieht der Senat unempfindlich hinweg, als sei es nicht Aufgabe des Gerichts, demjenigen zum Recht zu verhelfen, dem Unrecht geschieht und den in die Schranken zu weisen, der Unrecht tut, als hätte er vielmehr den ohnehin Mächtigen zu dienen und das von ihnen begangene Unrecht zu legitimieren.

Der Erste Senat rechtfertigt sich immer wieder mit dem hohen Rang der Meinungsfreiheit, die für die Demokratie konstitutiv sei, als ob jemand das ernstlich in Frage gestellt hätte. Er beruft sich auf dieses Argument, auch wo es offensichtlich nicht einschlägig ist und bei einer verfassungsgerechten Entscheidung die Demokratie in keiner Weise beeinträchtigt, sondern im Gegenteil gefestigt würde. Mittlerweile hat eine tendenziöse Rechtsprechung die Meinungsfreiheit bis an die äußersten Grenzen ausgeweitet und zugleich den Schutz der persönlichen Ehre bis auf einen minimalen Rest schrumpfen lassen. Dies geschah in einer Reihe von Stufen, die je für sich klein erscheinen, in der Summe jedoch zu einem skandalösen Unrechtszustand geführt haben.

Es ist nicht verwunderlich, daß die Stufen dieser Rechtsprechung mit den sonst allgemein anerkannten Regeln juristischer Auslegungskunst nicht vereinbar sind. Im folgenden seien sie im einzelnen ins Auge gefaßt.

II. Der verdrängte Verfassungsrang des Ehrenschutzes

Das Recht der persönlichen Ehre hat Verfassungsrang. Es ist Bestandteil des allgemeinen Persönlichkeitsrechts, das in den Artikeln 2 I i. V. m. 1 I GG grundrechtlich verbürgt ist. Seine Verankerung in der Menschenwürde, im obersten Grundsatz

---

Härten und Schärfen", so als sei Rufmord eine Bagatelle, ein ohne weiteres zumutbares Opfer, das die Betroffenen der Demokratie zu bringen hätten. Das ist eher die Sprache eines Presse-Advokaten als die eines Richters.

Grimm bezieht sich auf ein Urteil des US-Supreme Court, wonach es Ehrenschutz nur noch gegen bewußte Verleumdung gebe. Dieses findet er „weit liberaler" als die deutsche Rechtsprechung. Die Bürger des Schutzes vor übler Nachrede zu berauben, bedeutet jedoch zugleich, jedermann einzuschüchtern und in seiner Freiheit erheblich einzuschränken. Dieses skandalöse Urteil ist also zutiefst illiberal und demokratie-schädigend. Es kann darüber hinaus für uns schon deshalb kein Vorbild sein, weil die US-Verfassung keine Schutzklausel für Menschenwürde und Ehre enthält. *Grimm* will diese Rechtsprechung zwar nicht rundweg übernehmen, aber er läßt keinen Zweifel an seiner Vorstellung: Schutz vor übler Nachrede sei „konservativ" in einem pejorativen, illiberalen Sinn des Wortes und deshalb so weit wie möglich zurückzudrängen. Das zeigt eine merkwürdige Blindheit für die Bedeutung, die der Ehrenschutz sowohl für die Freiheit als auch für die Demokratie hat.

unserer Verfassung, verleiht ihm einen besonders hohen Rang und verbietet, es durch einfache Gesetze einzuschränken. Da die Meinungsfreiheit ebenfalls einen hohen verfassungsrechtlichen Rang hat, sind Ehrenschutz und Meinungsfreiheit gegeneinander so abzuwägen, daß beiden Grundrechten soweit wie möglich Rechnung getragen und ein möglichst schonender Ausgleich zwischen ihnen gefunden wird.

Obwohl der Erste Senat den Verfassungsrang des Ehrenschutzes anerkennt, behandelt er gleichwohl den Ehrenschutz so, als sei er nur in einfachen allgemeinen Gesetzen gewährleistet, als sei die Meinungsfreiheit ihm also übergeordnet. Auf diese Weise begründet er für den Konfliktfall eine Vermutungsregel zugunsten der Meinungsfreiheit.[4] Der Ehrenschutz ist hingegen von Fall zu Fall besonders begründungsbedürftig und kann sich nur in Ausnahmefällen durchsetzen. Im Zusammenhang mit Wahlkämpfen verstärkt sich diese Regel zur sogenannten „Supervermutungsformel", wonach „gegen das Äußern einer Meinung nur in äußersten Fällen eingeschritten werden darf".[5]

Zwar heißt es in Artikel 5 II GG, die Meinungsfreiheit finde „ihre Schranken in den Vorschriften der allgemeinen Gesetze". Doch die allgemeinen Gesetze sind ihrerseits an den Grundrechten zu orientieren. Verfehlen sie ihre grundsätzliche Bedeutung, so sind sie nichtig oder zumindest einengend auszulegen („Wechselwirkungstheorie"). Diese Rechtsprechung ist nicht zu beanstanden. Daß aber der Erste Senat die Ehrenschutzgesetze anderen einfachen Gesetzen ohne weiteres gleichstellt, widerspricht nicht nur dem Verfassungsrang des Ehrenschutzes, sondern auch dem Wortlaut des Artikels 5 Absatz 2. Hier heißt es nämlich weiter: Die Meinungs- und Pressefreiheit fänden „ihre Schranken in den Vorschriften der allgemeinen Gesetze ... *und* in dem Recht der persönlichen Ehre". Damit bringt das Grundgesetz zum Ausdruck, daß das Recht der persönlichen Ehre neben den sonstigen allgemeinen Gesetzen einen besonderen Rang hat. Das ergibt sich auch aus der Entstehungsgeschichte. In den Entwürfen des Parlamentarischen Rates hieß es: Diese Rechte finden ihre Schranken in Vorschriften der allgemeinen Gesetze, „insbesondere" im Recht der persönlichen Ehre. Das Wort „insbesondere" wurde gestrichen. Das Recht der Ehre sollte also nicht nur ein Beispielfall für allgemeine Gesetze sein.

Die Weichenstellung ist also methodisch in doppelter Hinsicht fehlerhaft: Erstens hat das Recht der persönlichen Ehre Verfassungsrang aus Art. 2 i. V. m. 1, zweitens steht es deshalb auch nach Art. 5 II den anderen allgemeinen Gesetzen nicht gleich.

---

4 BVerfG 7, 198, 208.

5 BVerfG 61, 1, 11 f.

III. Werturteile / Tatsachenbehauptungen

1. Schmähkritik

Diese fehlerhafte Weichenstellung ermöglichte nun dem Ersten Senat, die Gesetze zum Schutz der persönlichen Ehre enger und enger auszulegen. Er unterscheidet – im Prinzip zu Recht – zwischen Werturteilen und Tatsachenurteilen. Werturteile sind zulässig bis zur Grenze der „Schmähkritik". Das wäre nicht zu beanstanden. Doch hat der Erste Senat hinzugefügt: Im Interesse der Meinungsfreiheit dürfe der Begriff der Schmähkritik nicht weit ausgelegt werden, und dies dann so verstanden: Er müsse so eng wie möglich ausgelegt werden.[6] Schmähkritik liege nur dann vor, wenn für die Beleidiger subjektiv statt der Auseinandersetzung in der Sache die Diffamierung der Person im Vordergrund stehe. Dies wird jedoch so gut wie nie angenommen. So soll es z. B. zulässig sein, einen querschnittgelähmten Reserveoffizier öffentlich und unter voller Namensnennung als „geb. Mörder" zu bezeichnen.[7] Ein demokratischer Politiker mußte sich gefallenlassen, als „Personifizierung des Typs des Zwangsdemokraten" bezeichnet zu werden.[8]

Auf der Grundlage dieser verfassungsgerichtlichen Rechtsprechung sehen sich die einfachen Gerichte zu analogen Auslegungen verpflichtet. So durften z. B. eine Lebensschutzorganisation ohne jeden sachlichen Anlaß als „rechts bis rechtsradikal" und als „frauenfeindlich"[9] und ein evangelischer Synodaler, bloß weil er sich gegen die freie Abtreibung aussprach, im Fernsehen als „Neofaschist" angegriffen werden.[10] Von einem rechtmäßig handelnden Beamten durfte man in der Zeitung schreiben, er wende „Gestapomethoden" an.[11] Dies seien keine Schmähungen, sondern zulässige Werturteile. In diesem Lande darf man jetzt – mit Ausnahme Heinrich Bölls[12] – jeden Bürger in der aggressivsten Weise öffentlich beleidigen.

2. Falsche Tatsachenbehauptungen

Zu ehrenrührigen Tatsachenbehauptungen heißt es in § 186 StGB, sie seien strafbar, wenn sie „nicht erweislich wahr sind". Das Bundesverfassungsgericht mißbilligt diese Beweislastregel. Es meint, sie übersteigere die Wahrheitspflicht und könne zu einer Einschränkung und Lähmung derjenigen führen, die sich am geistigen Meinungskampf beteiligen. Sie würden einem „unverhältnismäßigen Risiko" oder „unzumutbaren Erschwerungen" ausgesetzt. Es genüge, daß der Inju-

---

6 BVerfG 82, 272, 284.

7 NJW 1992, 2073.

8 BVerfG 82, 272.

9 OLG Karlsruhe AfP 1992, 258.

10 Zitiert bei *Kiesel,* NZtVwR 1992, 1137, Fn. 85.

11 StrVert 1992, 268.

12 NJW 93, 1462.

riant die Umstände, aus denen er die Behauptung herleite, zu substantiieren und darzulegen in der Lage sei. Doch dürften an die Substantiierungs- und Darlegungspflicht keine Anforderungen gestellt werden, „die sich auf den generellen Gebrauch des Grundrechts der Meinungsfreiheit abschreckend auswirken können".[13]

Nun war es natürlich stets der Sinn des Verbots übler Nachrede, von unbeweisbaren ehrenrührigen Tatsachenbehauptungen abzuschrecken. Der gesamte Ehrenschutz steht und fällt mit den präventiven Wirkungen der Gerichtsurteile. So gibt das Bundesverfassungsgericht praktisch die öffentliche üble Nachrede ganz weitgehend frei. Ein Anwalt wehrte sich gegen die Unterstellung, er habe sich „Strafmandate und Gebühren erschleichen" wollen. Das BVerfG entschied, die Behauptung müsse nicht bewiesen werden, vielmehr müsse der Anwalt das Gegenteil beweisen,[14] was aber praktisch so gut wie unmöglich ist.

Eine derartige Rechtsprechung findet den Beifall der Medien. Was es aber für die jeweils Betroffenen bedeutet, hat das Bundesverfassungsgericht gar nicht in Betracht gezogen. Der Bürger, der gegen die üble Nachrede Klage erhebt, verliert sie regelmäßig. In den Medien heißt es dann: „Über X darf man laut Gerichtsbeschluß vom Soundsovielten das und das behaupten." Wer dies hört oder liest, muß annehmen, das Gericht habe die Wahrheit der aufgestellten Behauptungen festgestellt. Zumindest für Nichtjuristen mit Common sense ergibt sich diese Schlußfolgerung zwangsläufig. So wird die Ehrenschutzklage für das Opfer einer üblen Nachrede zum äußersten Risiko. Der Anwalt kann ihn davor nur warnen. Unterläßt der Bürger daraufhin die Klage, so wird ihm unterstellt, er habe den Beweis zu fürchten. So oder so ist er der üblen Nachrede ehrlos und wehrlos ausgeliefert.

Daß wenigstens die Unterschiebung falscher wörtlicher Zitate als unzulässig gilt, verdanken wir der Prozeßbereitschaft Heinrich Bölls, des Autors von „Die verlorene Ehre der Katharina Blum".[15] Weniger beliebte und international anerkannte Kläger, z. B. Eppler, mußten sich falsche Zitate unterschieben lassen.[16]

Ein strafrechtlicher Schutz verbleibt dem Bürger nur dann, wenn er geltend machen kann, die falschen Tatsachenbehauptungen seien nicht nur üble Nachrede, sondern Verleumdung. Dann aber muß er beweisen, daß der Injuriant seine Äußerung wider besseres Wissen getan hat (§ 187 StGB). So etwas aber kann man praktisch nie beweisen.

Ein zivilrechtlicher Anspruch auf Widerruf wird von der Rechtsprechung nur anerkannt, wenn die Unwahrheit der Tatsachenbehauptung feststeht. Der Bürger hat dann also die Beweislast für die Unwahrheit der Behauptung – eine Anforde-

---

13 BVerfG NJW 92, 1444. Ebenso BVerfG NJW 92, 2074: Es seien präventive Wirkungen zu vermeiden, die „in künftigen Fällen die Bereitschaft mindern können, von dem Grundrecht Gebrauch zu machen", mit Verweis auf BVerfG 54, 139; 83, 130.

14 NJW 1991, 2074.

15 BVerfG 54, 208.

16 BVerfG 54, 148.

rung, der man im Regelfall nur sehr schwer nachkommen kann. Darüber hinaus hat der Erste Senat den Widerrufsanspruch dahin eingeschränkt, daß der Injuriant lediglich einräumt, seine Behauptung nicht beweisen zu können. In dieser Erklärung nimmt er zum Inhalt der Behauptung nicht Stellung; das Gericht hat ihm die Möglichkeit gegeben, die fragliche Äußerung aufrechtzuerhalten und sogar ausdrücklich zu wiederholen.[17]

Ein Anspruch auf Unterlassung der Wiederholung einer üblen Nachrede sollte dem Bürger eigentlich auch dann zustehen, wenn die Wahrheit oder Unwahrheit der Behauptung nicht feststeht. Denn der Anspruch aus §§ 823, 1004 BGB analog nimmt über § 823 II BGB, § 186 StGB die Beweislastregel bei übler Nachrede in Bezug. Auffallenderweise pflegt die Rechtsprechung in diesem Zusammenhang „§ 823" ohne Nennung von Abs. I oder II zu zitieren – anscheinend, damit die fehlende Bezugnahme weniger auffällt und die Beweislast leichter dem Kläger zugeschoben werden kann. So durfte z. B. von einem Unternehmen behauptet werden, es leite Gift in die Kanalisation, ohne daß die Wahrheit der Behauptung überprüft werden mußte. Die Klage auf Unterlassung der Wiederholung der Behauptung wurde abgewiesen.[18] So wurde der Eindruck erweckt, der Kläger hätte tatsächlich das Wasser vergiftet; sein Ruf in der Kleinstadt war ruiniert; die Gerichte ließen ihn – angeleitet durch den Ersten Senat – einfach im Stich.

3. Die „Vermengung" von
falschen Tatsachenbehauptungen mit Werturteilen

Immerhin gibt es gegen falsche Tatsachenbehauptungen noch einen gewissen, wenn auch stark reduzierten Ehrenschutz, der bei Werturteilen so gut wie ganz entfällt. Deshalb kommt es häufig darauf an, ob ein Tatsachen- oder ein Werturteil vorliegt. Die Unterscheidung ist nicht immer leicht zu treffen.

Die vom Ersten Senat aufgestellte Grundregel lautet: sind in einer Äußerung tatsächliche und wertende Elemente miteinander vermengt, so ist sie im Zweifelsfall als Wertung anzusehen. Dies gelte insbesondere für Pauschalurteile und für allgemeine und unsubstaniierte Formeln[19]. Sagt A über B, er sei ein „Dieb", so ist es eine beweisfähige Tatsachenbehauptung. Er hätte statt dessen sagen müssen, B sei ein „Gauner": dies ist keine juristisch-technische Aussage, sondern ein pauschales Werturteil und als solches ohne weiteres zulässig. Nach diesem Maßstab darf man über jedermann sagen, er sei z. B. ein Faschist oder ein Kommunist, auch wenn das gar nicht wahr ist.

Ein Beispiel: Scharping hat an Eides Statt versichert, er habe keine Kenntnis von der Verbindung eines V-Mannes zum Landesverfassungsschutz gehabt. Die

---

[17] Dies tat z. B. Augstein in: Der Spiegel v. 4. 5. 1970, S. 240.

[18] BGH NJW 87, 2225.

[19] BVerfG 61, 1, 9 f.

Zeitschrift Focus zog dies in Zweifel: es sei „kaum vorstellbar", daß er davon nichts wußte. Für einen Kanzlerkandidaten ist es in hohem Maße ehrenrührig, einer falschen eidesstattlichen Versicherung bezichtigt zu werden; er klagte. Landgericht und Oberlandesgericht Hamburg wiesen die Klage unter Berufung auf die Rechtsprechung des Ersten Senats mit folgender Argumentation zurück: Zwar enthalte die angegriffene Berichterstattung „einen überwiegenden Tatsachenkern" und insinuiere, „der Antragsteller habe sehr wohl ... von dem V-Mann gewußt und mit Hinweis auf seine gegenteiligen Bekundungen gelogen". Dieser Sinngehalt sei ein tatsächlicher, da das Wissen um den V-Mann einer objektiven Klärung zugänglich sei. Gleichwohl enthalte die Äußerung „auch prägende Elemente des Meinens und Dafürhaltens". Es schwinge „in der Äußerung auch ein Maß an Entrüstung ... mit, das die angegriffene Berichterstattung auch durch Merkmale einer Meinungsäußerung" präge.[20] Also handele es sich um ein Werturteil. Die präjudizielle Schlußfolgerung dieser Urteile lautet: jeder kann über jeden alles behaupten, vorausgesetzt nur, daß auch prägende Elemente des Meinens und Dafürhaltens und ein gewisses Maß an Entrüstung mitschwingen.

Diese skandalösen Urteile wurden von der Presse als Triumph der Pressefreiheit bejubelt. In der Presse wurde berichtet: „Focus darf weiter verbreiten, ... Scharping habe entgegen eigenen Angaben ... von dem V-Mann ... gewußt".[21] Der Leser mußte annehmen, das Gericht habe die Wahrheit einer Tatsachenaussage festgestellt.

Ein anderes Beispiel[22]: Die Fa. Bayer klagte gegen ein Flugblatt, das behauptete: „In seiner grenzenlosen Sucht nach Gewinnen und Profiten verletzt Bayer demokratische Prinzipien, Menschenrechte und politische Fairneß. Mißliebige Kritiker werden bespitzelt und unter Druck gesetzt, rechte und willfährige Politiker werden unterstützt und finanziert". Das Bundesverfassungsgericht befand zwar, daß „in allen Teilaussagen faktische Elemente" enthalten seien. Doch hätten die Autoren zugleich dazu Stellung beziehen und diese bewerten wollen. Folglich bestehe eine Gemengelage aus Tatsachenbehauptungen und Wertungen. Also sei die Gesamtaussage als Wertung einzustufen und damit zulässig. An sich ist die Aussage, die Firma „bespitzelt" mißliebige Kritiker, eine beweisfähige Aussage, also eine Tatsachenbehauptung, und wird von der Öffentlichkeit auch so verstanden. Doch das war dem Ersten Senat des Bundesverfassungsgerichts zu viel des Ehrenschutzes. Er erklärte das Wort „bespitzeln" kurzerhand zu einem Werturteil und machte den Angegriffenen damit wehrlos. Gewiß liegt in dem Wort „bespitzeln" *auch* ein wertendes Element. Hätte sich der Injuriant zurückhaltender und weniger verletzend ausgedrückt, z. B. statt bespitzeln „heimlich beobachten" gesagt, so wäre der Charakter als Tatsachenbehauptung unzweifelhaft gewesen. Doch der Erste Senat prämiert polemische, abwertende, aggressive Formulierungen und legt dem

---

20 LG Hamburg Az. 324 0 484/93, OLG Hamburg Az. 3 U 194/93.

21 Die Welt vom 3. 8. 1993.

22 BVerfG 85, 1.

Bürger nahe, sich lieber unsachlich auszudrücken. Das läuft auf eine Einladung zur Verrohung der Sprache hinaus. Wiederum gaukelte die Presse dem Publikum vor, das Gericht habe Tatsachenbehauptungen als erwiesen angesehen.[23]

Die einfachen Gerichte müssen sich an den Präjudizien des BVerfGs orientieren. Wie ist z. B. die öffentliche Verbreitung der Behauptung über einen Arzt zu werten: „Dr. B. hat das Kreiskrankenhaus heruntergewirtschaftet"? Für den Common sense ist dies eine Tatsachenbehauptung, die, wenn unwahr, in hohem Maße ehrenrührig ist. Doch sie wurde in Anwendung der Grundsätze des BVerfG als zulässige Meinungsäußerung eingestuft, weil sie mit einer Wertung vermengt war.[24] Das Ansehen des Arztes in seinem Heimatgebiet war ruiniert. Die Firma STEAG erlitt wirtschaftliche Einbußen infolge einer unberechtigten Anklage im Fernsehen, sie vertreibe gefährlichen „Sondermüll" und arbeite mit der „Umweltmafia" zusammen. Das Landgericht sah sich durch die Rechtsprechung des Ersten Senats zu der Entscheidung genötigt, diese Begriffe seien zulässige Wertungen und rechtfertigten damit auch die implizierten falschen Tatsachenaussagen.[25]

Eine derart tückische Rechtsprechung läßt sich nur daraus erklären, daß der Erste Senat in seinem Eifer für die möglichst unbeschränkte Meinungsfreiheit die Bedürfnisse der in ihrer Ehre gekränkten Bürger einfach aus dem Bewußtsein ausgeblendet hat. Von einer Abwägung der auf dem Spiel stehenden Rechtsgüter kann man beim besten Wille nicht mehr sprechen.

Alles dies wird mit dem Argument gerechtfertigt, daß die Meinungsfreiheit konstitutiv für die Demokratie ist. Das ist sie in der Tat. Aber ist deshalb auch die Privilegierung der unsachlichen Ausdrucksweise konstitutiv für die Demokratie? Um die Stichhaltigkeit dieses Arguments zu prüfen, braucht man sich nur vorzustellen, diese Rechtsprechung hätte schon in der Weimarer Zeit gegolten. Hätte z. B. „Der Stürmer" geschrieben: „B beteiligt sich in landesverräterischer Weise an der jüdischen Weltverschwörung", so wäre dies eine zu erweisende Tatsachenbehauptung. Hätte er hingegen geschrieben: „B ist ein Judenschwein, das sich in landesverräterischer Weise an der Weltverschwörung beteiligt", so wäre sie mit Elementen des Wertens und Dafürhaltens vermengt und folglich als Meinungsäußerung zulässig. Eine solche Rechtsprechung ist nicht nur zutiefst ungerecht und unverantwortlich, sondern auch destruktiv für die Demokratie.

4. Spontaneität und Gegenschlag

Auch wo das Bundesverfassungsgericht an sich vernünftige Prinzipien zum Schutz der Meinungsfreiheit aufstellt, wendet es diese auf Fälle an, auf die sie nicht passen und pervertiert sie – wie immer – zu Lasten der Beleidigten.

---

23 Der Spiegel vom 20. 1. 92, S. 107.

24 NJW 93, 1845.

25 LG Köln Az. 28 0209/93, s. Medienkritik v. 2. 8. 93, S. 6.

Ein erstes Beispiel ist die Rechtsprechung zur Spontaneität der freien Rede. Zu Recht sieht das Bundesverfassungsgericht darin eine „Grundbedingung eines freiheitlichen Gemeinwesens" und folgert: um der Spontaneität willen müßten „Schärfen und Übersteigerungen oder ein Gebrauch der Meinungsfreiheit in Kauf genommen werden, der zu sachlicher Meinungsbildung nichts beitragen kann".[26] Es ist gewiß richtig, daß man in einer emotionsgeladenen Diskussion leicht Dinge sagt, die man bei überlegter Wortwahl so nicht gesagt hätte. Das wird vom Zuhörer auch in Rechnung gestellt und entsprechend gewichtet. Dem Bundesverfassungsgericht ist also darin zuzustimmen, daß spontane Äußerungen nicht mit denselben Maßstäben gemessen werden sollten wie schriftlich ausformulierte Darlegungen. Deshalb fügt das Bundesverfassungsgericht an der angeführten Stelle zu Recht hinzu: Die Privilegierung spontaner Äußerungen „gilt namentlich für das gesprochene Wort". Mit dem Wort „namentlich" aber eröffnet es ein Schlupfloch für schriftlich ausformulierte Äußerungen. Und in der Tat hat es die Privilegierung der Spontaneität auf solche – in diesem Fall auf verlesene Rundfunkkommentare – erstreckt.

Ein zweites Beispiel ist das Prinzip des „Gegenschlags". Wer in grober Weise öffentlich angegriffen worden ist, dürfe in grober Weise zurückschlagen. Damit erhöhe sich seine Chance, sich angesichts der „Reizüberflutung" überhaupt öffentlich Gehör zu verschaffen.[27] Zunächst bestehen Bedenken gegen die Rechtfertigung der Beleidigung mit dem Argument der „Reizüberflutung". Denn: „Je schärfer der zulässige Ton, desto stumpfer wird das Publikum" (Arzt[28]). Die Reizüberflutung steigt und steigt gerade infolge dieser Rechtsprechung. Diese führt so zu einer ins Grenzenlose gesteigerten Verrohung der Sprache.

Der Erste Senat weitet diesen Grundsatz alsdann auf Fälle aus, in denen der Zurückschlagende keineswegs persönlich angegriffen worden ist, sondern sich durch allgemein gehaltene politische Äußerungen eines anderen politisch provoziert fühlte. Hiernach setzt das „Recht auf Gegenschlag" also weder wechselseitige noch unmittelbar vorangegangene Beleidigungen voraus. Es genügt vielmehr, daß der Angegriffene überhaupt am Prozeß der öffentlichen Meinungsbildung teilgenommen, z. B. eine öffentliche Rede gehalten hat. Er habe sich nämlich, sagt der Erste Senat, „durch dieses Verhalten eines Teils seiner schützenswerten Privatsphäre begeben".[29] Dieses Verhalten scheint ein Übergriff auf die Monopolstellung der Medien zu sein, die das Privileg genießen, auf die öffentliche Meinungsbildung einzuwirken. Wer sich eines solchen Übergriffs schuldig macht, darf hiernach von den Medien ungehemmt in seiner sonst schützenswerten Privatsphäre angegriffen werden, meint der Erste Senat. In dem betreffenden Fall hatte ein Bürger in einer öffentlichen Rede eine unkonventionelle Kritik an Kunstgalerien vorgetragen. Daraufhin durfte er im Rundfunk wie folgt angegriffen werden: Provinzdemagoge,

---

26 BVerfG 54, 129, 139 – Römerberg.

27 BVerfG 12, 113 – Schmid / Spiegel; 24, 278 – Tonjäger.

28 JuS 1982, 722.

29 BVerfG 54, 129, 138 – Römerberg.

haßerfüllte Tiraden, persönliche Ressentiments, bornierter Oberlehrer, scheinheilig, Erzeugung einer Pogromstimmung, Haß auf alles Ausstellbare. „Die ganze Zeit lauschte ich aufmerksam, ob der Kunstschreiber sich nicht einmal verspräche und sagte, daß das alles verjudet sei oder die Freimaurer steckten dahinter".[30] Das alles hat sich der Beleidigte nach Ansicht des Ersten Senats selbst zuzuschreiben; schließlich hätte er seine Meinung nicht öffentlich kundtun müssen.

Angesichts der präjudiziellen Bedeutung dieser Entscheidung kann man also dem Normalbürger nur raten, sich entweder aus dem Prozeß der öffentlichen Meinungsbildung herauszuhalten oder sich auf Äußerungen zu beschränken, die konventionell und den Medien gefällig sind. Denn, so meint der Erste Senat: das sei konstitutiv für die Demokratie.

5. Diskriminierung der Politiker

An diese Grundsätze knüpft die Diskriminierung von Personen der Zeitgeschichte an, insbesondere von Politikern. Wenn sich schon der einzelne Bürger bei gelegentlichen öffentlichen Meinungsäußerungen „eines Teils seiner schützenden Privatsphäre begibt", so tut das der Berufspolitiker generell. Seine bloße Existenz gilt für den politischen Gegner als Provokation schlechthin, die ihn zu „Gegenschlägen" berechtige. Der Gesetzgeber hat zwar eine Strafverschärfung für üble Nachrede und Verleumdung vorgesehen, wenn sich diese gegen im politischen Leben stehende Personen richtet und mit ihrer Stellung im öffentlichen Leben zusammenhängt (§ 187a StGB). Aber was hilft das, wenn üble Nachrede und Verleumdung durch ihre Vermengung mit Wertungen generell zulässig geworden sind?

Unter dieser Rechtsprechung hatte z. B. F. J. Strauß zu leiden. Über ihn durfte man nach den Entscheidungen des Ersten Senats z. B. öffentlich sagen, er decke Faschisten[31], er habe sich nur unter Zwang und aus opportunistischen Gründen zur Demokratie bekehrt und handhabe diese Staatsform allenfalls formal – und dergleichen Ehrabschneidereien mehr.[32] Dem Injurianten, der Strauß damit unterstellte, er sei im Grunde eigentlich ein Nazi, wurde nicht einmal die sonst übliche Darlegungs- und Substantiierungspflicht abverlangt.

Der Erste Senat erhebt sich in Fragen der Meinungsäußerung zu einer Tatacheninstanz und überprüft in einer sonst nicht üblichen Kontrolldichte die tatsächlichen Feststellungen der Vorinstanzen. Er unterlegt den ehrenrührigen Äußerungen liebevoll einen „möglichen Sinn", den weder die Injurianten noch die Gerichte auf der Grundlage ihrer Beweiserhebung für gegeben halten und der dem objektiven Betrachter abwegig erscheinen muß, und weist die Sache mit dem Argument

---

30 BVerfG 54, 129.
31 BVerfG 82, 43.
32 BVerfG 82, 272.

zurück: Solange dieser „mögliche Sinn" nicht ausgeschlossen werden könne, habe der Ehrenschutz zu entfallen.

Es läuft auf den Grundsatz hinaus: Wer sich in die Politik begebe, verwirke ganz weitgehend seinen Anspruch auf Ehrenschutz; er habe sich durch seine Entscheidung, in der demokratischen Politik mitzuwirken, freiwillig des Rechts auf Schutz seiner persönlichen Ehre begeben. Für diese Freiwilligkeit gibt es nicht den geringsten Anhaltspunkt. Die präjudizielle Wirkung, die von diesen Entscheidungen ausgeht, liegt auf der Hand: Wer nicht so kraftvoll und populär ist, wie es Strauß war, habe sich entweder aus der demokratischen Politik herauszuhalten und seinen Lebensunterhalt in einem privaten Beruf zu verdienen, oder er möge sich gefügig an vorgegebene Meinungslinien halten und klug vermeiden, sich zu exponieren. Der Erste Senat meint, diese Art Entscheidungen seien konstitutiv für die Demokratie.

6. Rechtfertigung durch vorausgegangene Presseberichte

Als wäre es mit diesen Kunstgriffen zur Abschaffung des Ehrenschutzes noch nicht genug, hat sich der Erste Senat weitere einfallen lassen. So judizierte er in der erwähnten Bayer-Entscheidung: Wenn jemand herabsetzende Tatsachenbehauptungen über Dritte aufstelle, die nicht seinem eigenen Erfahrungsbereich entstammen, erfülle er seine Darlegungspflicht, wenn er sich auf unwidersprochene Presseberichte beziehe. Diese dürfe er im guten Glauben aufgreifen und daraus verallgemeinernde Schlußfolgerungen ziehen, solange die Berichterstattung nicht erkennbar überholt oder widerrufen sei.[33] Diese Entscheidung ist aus drei Gründen skandalös.

Erstens besteht kein Grund, herabsetzenden Berichten der Presse ungeprüft Vertrauen entgegenzubringen, und zwar schon deshalb nicht, weil der Erste Senat des Bundesverfassungsgerichts ja die Sorgfalts- und Wahrheitspflichten der Presse auf ein Minimum herabgestuft hat.

Zweitens verhält sich der Bürger wegen eben dieser Rechtsprechung nur dann klug, wenn er die Presseberichte unwidersprochen läßt. Von Ehrenschutzprozessen rät ihm jeder erfahrene Anwalt ab, weil sie kaum Aussicht auf Erfolg haben und sich seine Situation im Falle der Erfolglosigkeit erheblich verschlechtert.

Drittens ist der Bürger normalerweise gar nicht in der Lage, die gesamte tägliche Presse zu beobachten. Häufig weiß er nichts von den herabsetzenden Berichten und kann ihnen schon deshalb nicht widersprechen.[34]

---

[33] BVerfG 85 1, 22 f.

[34] Zur Veranschaulichung kann der Verfasser einen ihn selbst betreffenden Fall berichten. Der STERN vom 17. 10. 91 zitierte mich mit dem Satz: „Wenn Scheinasylanten Deutschland auf Dauer überschwemmen, wird die Folge ein Absinken auf ein tiefes wirtschaftliches Niveau sein". So etwas habe ich nie gesagt und wandte mich deshalb an den Chefredakteur des STERN. Dieser teilte mir mit, das Zitat hätte sich in der Bild-Zeitung gefunden. Die

So bringt das Bundesverfassungsgericht den Bürger in eine ausweglose Situation. Erst macht es seine Ehrenschutzklagen so gut wie aussichtslos, sodann macht es die Wiederholung der ehrenrührigen Behauptungen risikolos und läßt den in seiner Ehre gekränkten Bürger mit dem Argument im Stich, er habe ja den ursprünglichen Presseberichten nicht widersprochen.

IV. Die Privilegierung der Presse

1. Pressefreiheit und Meinungsfreiheit

Das Verhältnis der Presse- und Rundfunkfreiheit 5 I 2 GG zur Meinungsfreiheit 5 I 1 GG hat der Erste Senat jüngst noch einmal geklärt. Ob eine Meinung in Presse oder Rundfunk verbreitet wird oder auf andere Weise, mache für Umfang und Schranken des Äußerungsrechts keinen Unterschied. Maßstab der Prüfung sei in jedem Fall die Meinungsfreiheit des Art. 5 I Satz 1, nicht die Presse- und Rundfunkfreiheit des Satzes 2. Die Presse- und Rundfunkfreiheit des Satzes 2 sei danach keine lex specialis, die die Meinungsfreiheit umfasse und deshalb die Anwendbarkeit des Satzes 1 ausschlösse. Sie enthalte vielmehr über die Meinungsfreiheit hinausgehende besondere Rechte der Medien, die von der Informationsbeschaffung über die technische Umsetzung bis zum Vertrieb reichen. Presse und Rundfunk genössen besondere Privilegien, z. B. das Recht, den Informanden zu verschweigen, die Herausgabe von Beweismaterial in Strafprozessen gegen Dritte zu verweigern und gegen Durchsuchungen geschützt zu sein, die diese Rechte in Frage stellen könnten.

Nach dem Wortlaut des Grundgesetzes sind die Freiheit der Meinung und die Freiheit von Presse und Rundfunk zwar inhaltlich verwandt, im selben Artikel genannt und denselben Schranken unterworfen, aber doch unterschiedliche, in zwei Sätzen gewährleistete Rechte. Methodengerecht wäre es deshalb gewesen, die

---

Rechtsabteilung des Springer-Verlages habe ihm nunmehr mitgeteilt, ich hätte dem Zitat nicht widersprochen. Ich habe aber davon gar nichts gewußt! Gleichwohl war ich durch die Rechtsprechung des Ersten Senats wehrlos gemacht. Ich konnte nur noch an den guten Willen des Chefredakteurs appellieren, klarzustellen, daß es sich um ein falsches Zitat handelt. Darauf ist er nicht eingegangen. Ferner fragte ich den Chefredakteur, warum sich sein Mitarbeiter nicht zuvor an mich gewandt hätte. Auch darauf hat er nicht geantwortet. Drittens wies ich den Chefredakteur auf den Kontext des Falschzitates hin: der STERN prangert Leute an, die mit ihrer Agitation gegen Ausländer für die ausländerfeindlichen Ausschreitungen verantwortlich seien. Schon auf der Titelseite hieß es: „Die Brandstifter. Wie deutsche Politiker den Fremdenhaß schüren." Ich appellierte an seine Ehre, das Falschzitat richtigzustellen. Er selbst hatte den Bischöfen zu Unrecht Komplizenschaft mit den Rechtsradikalen unterstellt. In Fulda wurde der Bischof während des Gottesdienstes vom Altar gezerrt, getreten und bespuckt. Ich schrieb: „Würden sie eine Kampagne für fair halten, in der es heißt: Herr Schmidt-Holz gehöre mit seinen antiklerikalen Ausfällen zu den geistigen Urhebern?" Mit Appellen an Fairneß und Ehre aber stößt man bei Presseorganen, denen man nach Meinung des Bundesverfassungsgerichts guten Glaubens vertrauen darf, auf taube Ohren.

Presse- und Rundfunkfreiheit auch im Bereich der Meinungsäußerung als lex specialis anzusehen und dabei folgendes zu berücksichtigen. Presse und Rundfunk haben eine öffentliche Verantwortung, um derentwillen sie besondere Privilegien genießen. Dem entsprechen freilich bei ehrenrührigen Behauptungen auch Sorgfaltspflichten, die dem einfachen Bürger, der in privaten Gesprächen spontan über andere Menschen herzieht, nicht abverlangt werden. Erstens haben Beleidigung, üble
Nachrede und Verleumdung für das Opfer ein ungleich stärkeres Gewicht, wenn
sie z. B. in der Regionalzeitung seiner Heimat oder vor 8 Millionen Zuschauern im
Fernsehen verbreitet werden. Zweitens werden sie nicht spontan und unbedacht da-
hergeplappert, sondern schriftlich formuliert oder – im Funk – vorformuliert, und
zwar im vollen Bewußtsein ihrer großflächig rufvernichtenden – und u. U. exi-
stenzvernichtenden – Wirkung. Drittens haben Presse und Funk umfassende – und
grundrechtlich geschützte – Möglichkeiten zur Recherche. Warum also soll man
ihnen nicht im Interesse des Ehrenschutzes abverlangen, davon Gebrauch zu machen und ehrverletzende Behauptungen bis zu ihrer Klärung zurückzustellen?

2. Die Abschaffung der Sorgfaltspflicht

Statt von dieser Sorgfaltspflicht auszugehen, tendiert der Erste Senat in die entgegengesetzte Richtung. Er läßt keinen Zweifel daran, daß seine Minimierung des
Ehrenschutzes in erster Linie dem Zweck dient, den Journalisten in Presse, Funk
und Fernsehen zu besonderen Privilegien zu verhelfen.

Wie erwähnt, hat er die gesetzliche Beweislastregel des § 186 StGB mißbilligt.
Wer üble Nachrede begeht, braucht die Wahrheit der aufgestellten Behauptung entgegen dem Gesetz nicht zu beweisen. Es genüge, daß er die tatsächlichen Umstände, aus denen er seine Behauptung herleite, zu substantiieren und darzulegen in der
Lage sei. Doch dürften dabei an die Sorgfaltspflicht keine zu hohen Anforderungen
gestellt werden. Zur Begründung sagt der Erste Senat: „Eine Übersteigerung der
Wahrheitspflicht" könnte „zu einer Einschränkung und Lähmung namentlich der
Medien führen", ihnen dürfe kein „unverhältnismäßiges Risiko" auferlegt werden.[35]

Namentlich der Medien: es ist offenkundig, daß der Erste Senat ihren besonderen Arbeitsbedingungen, insbesondere dem Erfordernis unverzüglicher Berichterstattung, entgegenkommen will. So verständlich das auf den ersten Blick scheinen
mag: Damit setzt er den Bürger, der auf Ehrenschutz angewiesen ist, erhöhten Gefahren aus. Seinem Rechtsanspruch würde es nur gerecht, wenn den Medien die
Pflicht auferlegt bliebe, ehrenrührige Tatsachenbehauptungen solange zurückzuhalten, bis feststeht, daß sie erweislich wahr sind. Soll es nur auf die Substantiie-
rungs- und Darlegungspflicht ankommen, so wäre zumindest ein Ernstnehmen der
Sorgfaltspflicht geboten.

---

35 BVerfG 54, 220.

Die Wendungen, deren sich der Senat bedient, kann man nur als irreführend bezeichnen. Er will die Medien vor einer „Übersteigerung der Wahrheitspflicht" bewahren, verlangt aber in Wirklichkeit überhaupt keine Wahrheitspflicht, sondern begnügt sich mit der Darlegungs- und Substantiierungspflicht. Diese dürfe „nicht überspannt" werden – so wird sie auf ein Minimum reduziert. Den Medien solle kein „unverhältnismäßiges Risiko" auferlegt werden – in Wirklichkeit sollen sie außer in äußersten Grenzfällen überhaupt kein Risiko mehr tragen. Andernfalls führe dies zu einer „Einschränkung und Lähmung" der Medien – als ob beides einerlei sei. Eine Einschränkung wäre natürlich mit der Wahrheitspflicht und in gewissem Umfang auch noch mit der Darlegungs- und Substantiierungspflicht und der mit ihr verbundenen Sorgfaltspflicht gegeben. Diese Einschränkung ist geboten, denn mit ihr steht und fällt der Ehrenschutz. Sie führt keineswegs zu einer „Lähmung" der Medien, sondern lediglich zu einer Verzögerung der üblen Nachrede bis zu ihrer Überprüfung. Die Unredlichkeit der Sprache dient dem rhetorischen Zweck, beim oberflächlichen Leser eine Zustimmung zu erschleichen, die bei genauer Ausdrucksweise ausbliebe. So wird der Leser, der natürlich gegen „Übersteigerung" und „Überspannung" von Pflichten, gegen „Unverhältnismäßigkeiten" und „Lähmung der Medien" ist, irregeführt; er erkennt erst bei genauerer Analyse dieser Rechtsprechung, worum es wirklich ging: um Privilegierung der Medien und Reduzierung des Ehrenschutzes.

3. Wahrnehmung berechtigter Interessen

Der gleiche Vorgang zeigt sich in der Uminterpretation des § 193 StGB. Diese Vorschrift rechtfertigt Ehrverletzungen, die zur Wahrnehmung berechtigter Interessen erfolgen. Früher mußte der Verletzer eigene Interessen wahren wollen. Nunmehr genügt es, daß er allgemeine Interessen oder Gruppeninteressen wahrnehmen und sich in Angelegenheiten von öffentlicher, politischer Relevanz äußern will.[36] Dieser Ansatz ist vom demokratischen Prinzip des Grundgesetzes her nicht zu mißbilligen. Doch nun folgt ein weiterer Schritt: Die Presse habe eine öffentliche Aufgabe, nämlich zu informieren und zu kritisieren. Schlußfolgerung: Sie kann sich praktisch fast immer auf die Wahrnehmung berechtigter Interessen berufen, folglich gelten von ihr verbreitete Beleidigungen ohne weiteres als gerechtfertigt.

4. Menschenjagd und Pranger

Was an dieser Privilegierung der Medien zu Lasten des Bürgers besonders bestürzend ist, ist die Mißachtung einer offenkundigen sozialen Tatsache: Eine üble Nachrede oder sonstige Ehrabschneiderei ist für den Verletzten ungleich gravieren-

---

[36] BVerfG 7, 198 – Lüth/Harlen.

der, wenn sie nicht im privaten Kreis, sondern durch die Medien erfolgt. Wo immer die Menschen Konversation betreiben, pflegen sie über andere Menschen herzuziehen, ohne sich darüber verantwortlich Rechenschaft abzulegen; doch braucht man ihre Äußerungen i. d. R. kaum ernst zu nehmen, und sie erreichen auch nur einen kleinen Kreis. Besondere Sorgfaltspflichten würden in der Tat die freie Kommunikation beeinträchtigen.

Doch die Medien sollten zu besonderer Sorgfalt verpflichtet sein. Ihr Rufmord kann das gesamte soziale Beziehungsnetz des Opfers zerstören. Erfolgt er z. B. durch eine bundesweite Fernsehsendung – wo soll der Angegriffene hinfliehen? In der ganzen Bundesrepublik richten sich die Augen auf ihn als einen Ehrlosen. Doch auch die Heimatzeitung kann ihn von seinen Freunden, Bekannten, Nachbarn und darüber hinaus von seinen Kunden, Klienten, Patienten abschneiden und ihn beruflich ruinieren. Entsprechendes gilt für eine Betriebszeitung, eine Schülerzeitung, eine Studentenzeitung, zumal wenn sie Monopolcharakter haben: Unternehmer, Lehrer, Professoren verlieren die Achtung der Menschen, auf deren Vertrauen sie zur Erfüllung ihrer Aufgaben angewiesen sind. Die Ehrabschneiderei durch Medien kann den Bürger also im Kern seiner menschlichen und beruflichen Existenz treffen und ihn für den Rest seines Lebens in Unglück und Verbitterung zurücklassen.

Das gilt um so mehr, als die Menschen den Medien ein natürliches Primärvertrauen entgegenbringen. Sie nehmen an, die Medien hätten eine erhöhte Sorgfaltspflicht und ahnen nicht, daß der Erste Senat gerade diese abgeschafft hat. Sie nehmen ferner an, Journalisten unterlägen einer Kontrolle – in Funk und Fernsehen z. B. einer Kontrolle durch Rundfunkrat, Intendant, Programmdirektor, in Printmedien durch Verleger, Chefredakteur oder verantwortlichen Redakteur. Sie ahnen nicht, daß diese Organe ihre Aufgabe i. d. R. nicht im Schutz der Bürger vor übler Nachrede sehen, sondern im Schutz der Journalisten vor den frechen Ansprüchen der Bürger auf Schutz ihrer Ehre, in denen sie Angriffe auf die Pressefreiheit erblicken.

Der Erste Senat scheint anzunehmen, Journalisten besäßen durchweg ein hohes Berufsethos; sie seien um Sorgfalt und Wahrheitsfindung bemüht, ließen auch den Angegriffenen ausreichend zu Worte kommen und wögen ihre Worte verantwortlich ab. Seien ihre Äußerungen irreführend, so sei das stets auf Versehen zurückzuführen, die sich im journalistischen Betrieb nicht immer vermeiden ließen. Gewiß: diesen Typ des Journalisten gibt es und er mag aufs Ganze gesehen noch in der Mehrheit sein. Aber es gibt auch leichtfertige Journalisten, ja es gibt leider sogar Schufte, die ihre Berichte geschickt so manipulieren, daß sie einen möglichst ehrvernichtenden Effekt haben. Sollten dem Ersten Senat die Beispiele hierfür tatsächlich entgangen sein?

Ein häufiges Beispiel: Die Presse berichtet in großer Aufmachung, die Staatsanwaltschaft habe gegen B ein Ermittlungsverfahren eingeleitet, und zwar zutreffend; denn dazu ist sie auf Grund einer Anzeige verpflichtet. Die Anzeige ist vielleicht eben um dieser Pressewirkung willen erstattet worden. Die Staatsanwaltschaft erkennt nun die Substanzlosigkeit der erhobenen Vorwürfe und stellt die Sache ein, u. U. mit der ausdrücklichen Feststellung, die erhobenen Vorwürfe hätten sich als unwahr erwiesen. Es ist an sich selbstverständlich, daß nun für die Presse die Pflicht bestehen sollte, die Rehabilitierung des Bürgers in gleicher Aufmachung zu veröffentlichen. Sie denkt gar nicht daran, sondern läßt den Bürger im öffentlichen Verdacht hängen. Der für den Ehrenschutz zuständige Erste Senat des BVerfG hat das noch nicht einmal beiläufig beanstandet.

Ein anderes Beispiel sind die Fernsehsendungen, die Sekten, Orden und andere religiöse oder konservative Kleingruppen eine nach der anderen niedermachen. Vor Gericht folgt auf das Plädoyer des Anklägers ein ebenso gründliches Plädoyer des Verteidigers, durch das sich dann die Dinge oft ganz anders darstellen. Im Fernsehen gibt es nur die Anklage; ihr Negativbild prägt sich ohne Korrektur dem Zuschauer ein. Ferner: Da die Ankläger wissen, daß es keine gleichgewichtige Verteidigung geben wird, brauchen sie von vornherein nicht die Sorgfalt des Staatsanwaltes walten zu lassen. Sie unterliegen auch nicht den Amtspflichten des Staatsanwaltes zur Objektivität, sondern dürfen nach der Rechtsprechung des 1. Senats leichtfertig falsche Behauptungen verbreiten, wenn sie diese nur hinreichend mit Wertungen vermengen. Haben die Gerichte einem Sender die Wiederholung verboten, so erstreckt sich die Rechtskraft nur auf den damaligen Beklagten; also werden die Behauptungen von anderen Sendern wiederholt: der Rechtsschutz kommt immer zu spät.

Die Menschen vertrauen darauf, daß die Gerichte den Beleidigten zu Hilfe kommen würden, wenn die öffentlichen Angriffe ungerecht wären: Das ist schließlich die Aufgabe der Gerichte. Sie ahnen nicht, daß der Erste Senat den Gerichten die Möglichkeit zu gerechter Entscheidung aus der Hand gewunden hat. Sie schließen aus der Abweisung einer Ehrenschutzklage auf die inhaltliche Sachlichkeit und Berechtigung der öffentlichen Angriffe: diese könnten keine üble Nachrede oder sonstige Beleidigung sein, wenn die Gerichte sie für gerechtfertigt erklären. Besäße der Erste Senat ein wenig mehr Gerechtigkeitssinn und menschliche Einfühlung, so würde er die Medien bei ehrenrührigen Behauptungen zu besonderer Sorgfalt anhalten, anstatt sie davon zu dispensieren. Die Aufklärung hat den Pranger als menschenunwürdig überwunden. Er ist in neuerer und schlimmerer Form wieder da – und zwar nicht nur als Strafe für überführte Verbrecher, sondern auch für schuldlos Mißliebige.

5. Satire

Ehrenrühriger Angriffe durch Satiren ist der Bürger nach der Rechtsprechung des Ersten Senats noch wehrloser ausgeliefert als anderen. Auch wenn eine Satire im Einzelfall nicht als „Kunst" einzustufen sei und also nicht den Schutz der Kunstfreiheit genieße, sondern bloß den der Meinungsfreiheit, so sei doch ihrem Charakter als Satire durch eine besondere Privilegierung Rechnung zu tragen. Deshalb durfte ein querschnittgelähmter Reserveoffizier zwar nicht als „Krüppel", aber als „geb. Mörder" beleidigt werden.[37]

Ist die Satire aber ein „Kunstwerk", so genieße sie den Schutz der Kunstfreiheit, die vorbehaltlos gewährleistet ist. Im Namen der Kunstfreiheit darf man nicht nur Staatssymbole schänden, z. B. eine Collage veröffentlichen, in der auf die Bundesflagge uriniert wird[38] oder die Nationalhymne mit der Anweisung persiflieren, das Lied könne „auf dem Abort, im Suff, vor dem Ficken angestimmt" werden.[39] In ihrem Namen durfte man auch die Ehre von Personen verletzen, z. B. Strauß mit Heydrich, Hitler, Goebbels, Ley, Himmler und Göring in Zusammenhang bringen.[40] Daß auch der Ehrenschutz Verfassungsrang hat und die Kunstfreiheit mit ihm abzuwägen ist, hat das Bundesverfassungsgericht zwar im Prinzip anerkannt, den Ehrenschutz jedoch, abgesehen von äußersten Grenzfällen, einfach zurückgesetzt, als handle es sich um einen kaum beachtlichen Gesichtspunkt.

Früher fanden sich Satiren vorzugsweise in speziellen Blättern oder im Kabarett. Sie galten als „Kleinkunst" für Liebhaber. Heute finden sie sich in regelmäßigen bundesweiten Fernsehsendungen – u. a. jeden Mittwoch im Anschluß an die Tagesthemen. Ihren ideologischen Hintergrund bilden in der Regel Sozialismus, Anarchismus, Antiklerikalismus oder jener Pazifismus, der meint, einem unschuldig Überfallenen zu Hilfe zu kommen sei ebenso verabscheuungswürdig wie der Angriff. Von diesen dümmlichen Positionen aus werden die demokratischen Politiker mit Hohn und übelsten Motivunterstellungen überzogen und werden Politiker, Parteien und die freiheitliche Demokratie verächtlich gemacht. Jede sachliche Erwiderung gälte als „reaktionär" und humorlos und ist überdies durch die Rechtsprechung des Ersten Senats völlig unmöglich gemacht. Dieses Mißverhältnis von Macht und Ohnmacht gilt ebenfalls als konstitutiv für die Demokratie.[41]

6. Gegendarstellung

Ein schwaches Instrument ist auch die Gegendarstellung. Mit ihr transportiert man die ehrenrührige Behauptung erneut und trägt zu ihrer Verbreitung bei. Da die

---

[37] BVerfG 86, 1 = NJW 92, 2073.

[38] BVerfG 81, 278 = NJW 1990, 1982.

[39] BVerfG 81, 298 = NJW 1990, 1985.

[40] BVerfG 67, 213.

[41] Als besonders köstlich galten z. B. die „Nachschlag"-Sendungen des 1. Fernsehprogramms gegen den sächsischen Justizminister Steffen Heitmann, der als Kandidat für das Amt des Bundespräsidenten vorgeschlagen war: „Steffen, du wirst Präsident, keine Sorge, auf deinen Berliner Amtssitz, da kommt die Reichskriegsflagge drauf, Auschwitz wird internationales Tagungszentrum, und deine Frau wird am Herd festgekettet, wenn sie für dich Königsberger Klopse macht." Oder – an Heitmanns Mutter gewandt, die ihn hätte abtreiben sollen: „Schade, Frau Heitmann, diesen Kandidaten hätten Sie rechtzeitig verhindern können." Der um Stellungnahme gebetene Intendant verstand die Welt nicht mehr: Was soll denn daran zu beanstanden sein?

Leser oder Hörer den Medien ein natürliches Primärvertrauen entgegenbringen, erscheint man unglaubwürdig und überdies als ein „Prozeßhansel". Darüber hinaus ist den Medien der sogenannte „Redaktionsschwanz" erlaubt. Sie erklären, daß die Gegendarstellung nicht der Wahrheit entspreche und die Medien bei ihrer Darstellung blieben. So kann in unserem Staat jedermann durch aus der Luft gegriffene Behauptungen in seinem öffentlichen Ansehen niedergemacht werden.

Geradezu skandalös ist die Entscheidung, wonach ein Gegendarstellungsanspruch ganz entfällt, wenn er, wie in den neuen Ländern, gesetzlich (noch) nicht geregelt ist.[42] Der Gegendarstellungsanspruch wird hier als „Eingriff in die Pressefreiheit" behandelt, der der gesetzlichen Grundlage bedürfe, ohne daß berücksichtigt wird, daß der Ehrenschutz ebenfalls grundrechtlich geschützt ist und daß Grundrecht und Grundrecht zu harmonisieren und gegeneinander abzuwägen sei. Mit gleicher Logik hätte die Kammer judizieren können: Eine die Ehre antastende Ausübung der Pressefreiheit sei unzulässig, solange der Eingriff in das Grundrecht der Ehre nicht gesetzlich geregelt sei.

V. Die Ausblendung der Wirklichkeit

Mit Recht spricht Kiesel, Richter am Bayerischen Obersten Landesgericht, von der „Liquidation des Ehrenschutzes durch das Bundesverfassungsgericht" und resümiert: „Werden wir ein Eldorado für Ehrabschneider und ein Volk der Ehrlosen?"[43] Auch der frühere Präsident des Bundesverwaltungsgerichts, Sendler, sieht in zahlreichen Entscheidungen die Grenze von der Liberalität zur Libertinage „eindeutig überschritten".[44] Konrad Redeker, einer der führenden Anwälte in Deutschland, warnt, man könne von einem Ehrenschutzprozeß „nur noch abraten" und spricht damit aus, was alle Sachkenner bestätigen.[45]

Die Abschaffung des Ehrenschutzes ergibt sich nicht durch eine Interpretation des Grundgesetzes nach den methodischen Regeln juristischer Auslegungskunst, sondern durch eine zielgerichtete Umdeutung von Wortlaut und Sinngehalt des Grundgesetzes, insbesondere durch eine Kette von Vermutungsregeln. Diese lassen sich allesamt in einer einzigen Regel zusammenfassen: Die Vermutung spreche überall und stets zugunsten des Beleidigers und gegen den Schutz des Opfers.

---

[42] Beschluß der 1. Kammer des Ersten Senats vom 19. 2. 1993, DtZ 1994, S. 67.

[43] NZtschr. VerR 1992, 1129, 1137.

[44] NJW 93, ***

[45] NJW 93, 1835 f. Verfassungsrichter Grimm hält dem entgegen (ZRP 1994, S. 276 ff.): Zwar berge die fallbezogene Abwägung Unsicherheiten, doch die dogmatische Struktur sei „durchsichtig und verläßlich, und auch der Anwalt kann die Voraussetzungen erkennen, unter denen die Erfolgsaussichten für seinen Mandanten groß oder klein sind". Gewiß, und er erkennt in aller Regel: Sie sind so minimal geworden, daß er von einem Ehrenschutzprozeß nur noch abraten kann.

Sachlich rechtfertigende Argumente dafür gibt es nicht. Die gebetsmühlenartige Wiederholung des an sich richtigen Satzes, die Meinungsfreiheit sei konstitutiv für die Demokratie, vermag die daraus gezogenen Schlußfolgerungen weder sachlich noch logisch zu tragen. Die Demokratie würde nicht im mindesten beeinträchtigt, wenn der Erste Senat außer der Meinungsfreiheit auch dem Ehrenschutz Rechnung trüge und beide Grundrechte zu einem gerechten und schonenden Ausgleich brächte, ganz im Gegenteil. Man kann auch vernünftigerweise nicht annehmen, der Erste Senat meine tatsächlich, die Erfordernisse der Demokratie erzwängen die Mißachtung der Bürgerehre. Schließlich verlangt das Amt des Bundesverfassungsrichters einen gewissen Mindestgrad an Lebenserfahrung und Intelligenz.

Die Medien rufen „Pressefreiheit!", auch wo diese gar nicht in Frage gestellt ist, sondern lediglich mit dem Ehrenschutz abgewogen werden soll. Sie rufen „Demokratie!", auch wo diese gar nicht auf dem Spiel steht und meinen ihre Privilegien, auch wo diese auf Kosten der Bürgerdemokratie geht. Kritik nennen sie „Medienschelte": Diese gilt erstens als unziemlich gegenüber der obersten Kritikgewalt, und zweitens als törichter Tadel am Überbringer schlechter Nachrichten. Sie verweisen auf die großen Verdienste der Medien, als würden sie durch Sachkritik in Einzelfällen in Frage gestellt und als rechtfertigten sie die Fälle übler Nachrede. Wie ist es möglich, daß das höchste deutsche Gericht solche trickreiche Rhetorik nicht durchschaut und abweist?

Da diese Rechtsprechung sachlich nicht zu verstehen ist, kann man nur noch versuchen, sie psychologisch zu verstehen. Die schrittweise Abschaffung des Ehrenschutzes hat einen circulus vitiosus ausgelöst: je hemmungsloser die Angriffe auf die persönliche Ehre geführt werden dürfen, desto mächtiger werden diejenigen, die über die Instrumente des Rufmords verfügen. Je mächtiger sie werden, desto mehr Angst flößen sie ein, und desto mehr Lohn verspricht es zugleich, ihnen zu Diensten zu sein und ihren Wünschen entgegenzukommen. Was sie in erster Linie wünschen, ist: Macht und noch mehr Macht. Sie haben z. B. die Macht, einen Kandidaten für das Amt des Bundespräsidenten scheitern oder passieren zu lassen.

Es gibt so etwas wie eine normative Kraft der Macht: eine natürliche Neigung zu der Annahme: wer Macht habe, sei auch im Recht. Diese Neigung ist nicht gleichbedeutend mit Opportunismus, sondern viel tiefer in der menschlichen Psyche verwurzelt: Machtbesitz scheint durch eine Art Gottesurteil bestätigt zu sein.[46]

Aus der Solidarität der Prominenten, zu denen neben den Bundesverfassungsrichtern vor allem die Herren über die veröffentlichte Meinung gehören, entsteht so etwas wie eine Klassenjustiz von oben, nur daß die Klassen nicht durch die Verfügung über die Produktionsmittel, sondern über die Publikationsmittel geschieden sind. Die „oben" stehen zusammen in der Verteidigung der privilegierten Macht

---

[46] Eingehender *Kriele,* Der Sozialismus siegt, in: Recht, Vernunft, Wirklichkeit, S. 51 ff.

über die „unten", die gewöhnlichen Bürger zweiter Klasse, die zu kuschen haben und der Vernichtung ihres guten Rufes ehrlos und wehrlos ausgeliefert werden. Gewiß, auch Strauß oder die Fa. Bayer gehören zu den Prominenten; aber im Feld der öffentlichen Meinungsbildung sind die Medien mächtiger als sie, und man schlägt sich auf die Seite der jeweils Mächtigeren. Vor allem aber: die Urteile des Ersten Senats wirken präjudiziell und liefern auch die weniger Prominenten – z. B. Ärzte, Anwälte, Lehrer, Wissenschaftler, Ingenieure, Kommunalpolitiker, mittelständische Unternehmer – den Ehrabschneidern aus.

Alle Gerechtigkeit beginnt mit der Wahrnehmung der Wirklichkeit. Zur Wirklichkeit gehört in diesem Zusammenhang das menschliche Schicksal der ehrlos Gemachten: ihr buchstäbliches Gekränktsein, ihre Vereinsamung, ihre Bitterkeit, ihre Ängste, ihre Verzweiflung, ihre Tränen, ihre durchwachten Nächte und Selbstmordgedanken. Zur Wirklichkeit gehört die Angst der Politiker, sich durch unangepaßte Meinungsäußerungen bei der Mediengewalt mißliebig zu machen und ihr schutzlos ausgeliefert zu sein. Zur Wirklichkeit gehört die Angst zahlreicher ehrempfindlicher Bürger, sich überhaupt in die Politik zu begeben, sich durch eigenwillige öffentliche Meinungsäußerungen zu exponieren, oder gar überhaupt durch herausragende Leistungen oder Berufspositionen aufzufallen. Zur Wirklichkeit gehört der dadurch herbeigeführte Qualitätsverlust unserer Demokratie. Zu ihr gehören Gleichschaltung und Banalisierung des geistigen Lebens in der Bundesrepublik – alles Folgen der weitgehenden Abschaffung des Ehrenschutzes durch den Ersten Senat des Bundesverfassungsgerichts.

Doch die Richter des Ersten Senats haben sich gegen die Wahrnehmung dieser Wirklichkeit mit einer inneren Betonmauer abgeschottet, sie lassen sie nicht in ihr Bewußtsein dringen, sie ist ihnen gleichgültig. „Denn die einen sind im Dunkeln und die anderen sind im Licht, und man siehet die im Lichte, die im Dunkeln sieht man nicht."

Teil V: Der Fortschritt der Gleichheit in der Freiheit

Naturrecht, Recht und Politik

(Eichstätt 1991)

Wie stark das moderne politische Denken vom Naturrechtsgedanken geprägt ist, macht der Begriff der Menschenrechte augenfällig. Menschenrechte kann man nur naturrechtlich verstehen: Als Rechte, die dem Menschen kraft seines Menschseins, also unabhängig von ihrer positiven Satzung, zustehen, deren Verletzung durch positives Recht vielmehr als Unrecht gilt. Die Menschenrechtsidee wurde in der Geschichte der Neuzeit zu einem Kristallisationskern des Naturrechtsdenkens, das sich in vielfältigen Rechtsregeln niederschlug: In Grundprinzipien des Prozeßrechts, des materiellen Zivilrechts, Strafrechts und Verwaltungsrechts und vor allem des Verfassungsrechts der gewaltenteilenden Demokratie.

Um die Eigentümlichkeiten des neuzeitlichen Naturrechtsdenkens und seiner Bedeutung für Recht und Politik zu bestimmen, ist es nötig, einen großen Bogen vom Beginn der Neuzeit bis zur Gegenwart zu schlagen. Denn nur so lassen sich die Stufen seines Aufbaus vergegenwärtigen und die wesentlichen Unterschiede zum mittelalterlichen Naturrecht bezeichnen. Denn das neuzeitliche Naturrechtsdenken ist nicht einfach die Fortsetzung des mittelalterlichen.

Es wäre zwar eine grobe Vereinfachung, wenn man ein einheitliches mittelalterliches Naturrechtsdenken unterstellte; denn es gab verschiedene Varianten. Sie zeigten sich z. B. darin, daß beide Versionen der Zwei-Schwerter-Lehre – Gleichordnung von Papst und Kaiser oder Dominanz des Papstes – naturrechtlich legitimiert wurden, ebenso wie auch andere einander widersprechende Positionen. Das politische Leben des Mittelalters war ja kaum weniger pluralistisch zerklüftet als das heutige, und jede Position hatte ihr eigenes Naturrecht. Auch in der Begründungsweise gab es verschiedene Wege. So machte es z. B. einen wesentlichen Unterschied, ob das Naturrecht voluntaristisch aus dem göttlichen Willen abgeleitet wurde, wie er sich aus der Offenbarung ergibt – was Gott will, ist gut – oder rationalistisch: Gott will das Gute, dieses ist also etwas in der Schöpfungsordnung Angelegtes und Erkennbares. In diesem Streit ging es zugleich um das Verhältnis der Theologie zur Philosophie.

Immerhin aber gab es im mittelalterlichen Naturrechtsdenken gemeinsame Tendenzen, die sich, etwas vereinfacht, so charakterisieren lassen:

1. Das Naturrecht ist unmittelbar geltendes Recht. Das einfache – römische oder regionale – Recht wird durch das Naturrecht legitimiert oder verdrängt.

2. Das Naturrecht seinerseits wird durch göttliches Recht legitimiert oder verdrängt.

3. Das Naturrecht ist eindeutig und umfassend erkennbar.

4. Es beansprucht universale und unabänderliche Geltung.

5. Politisches Handeln versteht sich wesentlich als Rechtsvollzug.

Zwar setzten sich mittelalterliche Traditionen des Naturrechtsdenkens in verschiedenen Schulen fort und behielten Einfluß auf Staatslehre und Jurisprudenz bis ins 19. Jahrhundert hinein. Daneben war aber ein ganz neuer Typus des Naturrechtsdenkens aufgebrochen, den man als das der politischen Aufklärung bezeichnen könnte. Dieses prägte sowohl die Entwicklung des modernen Völkerrechts als auch des demokratischen Verfassungsstaats und scheint weiterhin im Vordringen zu sein.

Geht es darum, seine Elemente von denen des traditionellen Naturrechtsdenkens abzuheben, so kann dies mit historischer Genauigkeit nur in einer Vielzahl von Einzeluntersuchungen geschehen, die den jeweiligen philosophischen Gehalt, seine Begründungszusammenhänge und die politischen Hintergründe darstellen. Dabei würde sich zeigen, daß selbst noch die politische Aufklärung mitunter in den Darstellungsweisen traditioneller Naturrechtslehre auftrat: mit metaphysischen und ontologischen Ableitungen, Theorien des Staatsvertrages oder Versuchen, Systeme oder Begriffspyramiden zu bilden. Solche Denkmuster können den prinzipiellen Unterschied des aufgeklärten vom traditionellen Naturrecht auf den ersten Blick verwirren und blieben auch nicht gänzlich ohne Einfluß auf inhaltliche Argumente und Ergebnisse. Und doch hat sich ein höchst wirksames Naturrechtsdenken der Gegenwart herausgebildet, das sich von den traditionellen Denkmustern wesentlich unterscheidet.

Da die Umbruchzeit von der Reformation geprägt war, liegt es nahe, die historischen Quellen des modernen Naturrechtsdenkens im politischen Denken der Reformatoren zu suchen. Dies entspricht in der Tat einem weit verbreiteten Geschichtsschema: die Reformation habe die Wendung zur Autonomie des religiösen Gewissens, zur „Freiheit eines Christenmenschen" vollzogen, in Konsequenz dessen habe die politische Aufklärung den Schritt zur Freiheit und Demokratie vorbereitet. So sagt z. B. Hegel: Die „politische Umgestaltung" sei „die Konsequenz der kirchlichen Reformation".

Was aber für das moderne Naturrechtsdenken viel wesentlicher geworden ist als der theologische Ansatz der Reformatoren, ist die schlichte Tatsache der konfessionellen Pluralität, die nicht mehr rückgängig zu machen war. Sie besiegelte die Schwächung des Reiches, die Verlagerung des machtpolitischen Schwerpunktes auf die Fürstenebene und die sich entwickelnden Territorialstaaten, und zugleich die Auflösung des Zusammenhangs von Kirche und Reich. Damit verlor das mittelalterliche Naturrechtsdenken seinen Ort, seine politische Bedeutung, seinen übergreifenden Geltungsanspruch. Der auf diese Weise leer gewordene Raum machte es möglich, das Naturrechtsdenken von Grund auf neu aufzubauen. Die neue entstandene Situation im Reich, die konfessionellen Bürgerkriege, die Entstehung absolutistischer Staaten, ihre die traditionalen Rechte zermalmende Macht, aber auch die wachsenden Bedürfnisse des weltweiten politischen Verkehrs und Handelns machten diesen Neuansatz auch nötig.

Das politische Denken der Reformatoren vermochte diesen Raum nur vorübergehend und regional begrenzt auszufüllen. In der Welt der konfessionellen Pluralität und später in der universalen Pluralität der Religionen und Weltanschauungen büßte es zwangsläufig seine prägende Kraft ein und verlor sich schließlich im Pluralismus subjektiver Werte. Das gilt um so mehr, als es wesentlich von der voluntaristischen Tradition geprägt war, vor allem im frühen Calvinismus.

Das neuzeitliche Naturrechtsdenken konnte naturgemäß nur an die rationalistische Begründungsweise anknüpfen. Aber auch diese ging zunächst unter, da sie sowohl mit der Einheit des Reiches und seinem Universalitätsanspruch als auch mit der Zusammengehörigkeit von Reich und Kirche – wie immer sie verstanden wurde – verbunden war. Ein rationalistisch fundiertes Naturrecht mußte ganz neu gefunden, philosophisch entwickelt und politisch durchgesetzt werden.

Der inneren Logik und Gedankenstruktur dieser Aufklärung entsprechen geschichtliche Schritte, in denen sie sich durch die traditionellen Denkmuster im Laufe der Jahrhunderte gewissermaßen hindurchgearbeitet haben. Die bescheidene Aufgabe einer Einleitung zum Gesamtthema kann nur der Versuch sein, diese Schritte in groben Umrissen zu skizzieren, den roten Faden herauszuziehen und die Grundtendenz nachzuzeichnen, die sich vom ausgehenden 15. Jahrhundert an bis zur Gegenwart mit zunehmender Konsequenz durchgesetzt hat.

Im folgenden markiere ich einige zugleich logische und historische Stationen dieses Neuansatzes.

1. Am Anfang stand, noch vor der Reformation, so etwas wie eine kopernikanische Wende im Bereich des politischen Denkens, nämlich die Hinwendung zu einer empirisch-rationalen Betrachtung des Politischen, wie wir sie am ausgeprägtesten bei Machiavelli finden. Dessen Ausgangsfrage war: Wenn du Macht erobern, bewahren und ausweiten willst, dann mußt du dich so und so verhalten. Wesentlich daran ist für unseren Zusammenhang nicht das zynische Element, das in die Lehre von der Staatsraison eingegangen ist und diesem den abfälligen Geschmack des sogenannten Machiavellismus gab, sondern die nüchterne Beobachtung der Wirklichkeit, die Heranziehung von Erfahrungen der Geschichte, die Kenntnis des Menschen und seiner typischen Verhaltensweisen. Hieran anknüpfend ließ sich auch die Frage erörtern: Wenn wir friedlich und freundlich zusammenleben wollen – wie müssen wir dann unsere politischen Ordnungen und internationalen Beziehungen gestalten? Gewiß, diese Frage ist nur eine hypothetische: wenn, dann. Ist aber

die Prämisse einmal gesetzt, so wird die Frage, welche rechtlichen und politischen
Bedingungen erfüllt werden müssen, damit das Ziel erreichbar wird, Gegenstand
empirisch-rationaler Diskussion.

2. Man ging schlicht und einfach davon aus, daß zur Natur des Menschen gehöre, friedlich und freundlich zusammenleben zu wollen, und daß dieser Wille ein
vernünftiger sei. Zwar verwandte man viel Mühe auf die Frage, ob und wie sich
ein dahingehendes naturrechtliches Sollensgebot begründen ließe. Ihre Erörterung
erwies sich allerdings im Laufe der politischen Aufklärung als wenig relevant. Es
gibt immer diejenigen, die an den rechtlichen Bedingungen des friedlichen und
freundlichen Zusammenlebens nicht interessiert sind, sei es, weil sie von den gegebenen Verhältnissen Vorteile haben, sei es, weil sie für die Rechtsfrage einfach keinen Sinn haben; denn dieser Sinn scheint so unterschiedlich ausgeprägt zu sein wie
etwa die Musikalität. Die Vertreter der politischen Aufklärung stehen zu allen diesen Verneinern des aufgeklärten Naturrechts in einem politischen Gegensatz, der
sich durch noch so schlüssige philosophische Beweisführung nicht überbrücken
läßt. Welche philosophischen Prämissen man auch setzt: wem die Schlußfolgerung
zuwider ist, der verwirft eben die Prämissen. Einem solchen gegenüber kommt es
weniger auf verfeinerte Beweisführung an als auf die politische Durchsetzung von
Rechtsprinzipien, notfalls auch gegen ihren Willen, solange, bis Verhältnisse her-
gestellt sind, die ihnen die Anpassung opportun erscheinen lassen.

Am wirkungsmächtigsten wurden deshalb nicht die tiefsten Philosophien der
Aufklärung, wie etwa die Immanuel Kants, sondern naive Formeln wie die der
amerikanischen Unabhängigkeitserklärung: it is „self-evident that all men are crea-
ted equal" – als ob daraus ohne weiteres folgte, „that they are endowed by there
Creator with certain unalienable Rights". Was sich hier aussprach, war das von der
politischen Aufklärung geprägte öffentliche Meinungsklima, das sich trotz (oder
wegen) seiner philosophischen Schlichtheit als durchschlagskräftig erwies.

3. Die empirisch-rationale Betrachtung des Politischen mündete im Laufe des
16. Jahrhunderts in eine geradezu revolutionäre Umkehrung der Werthierarchie:
nicht mehr den höchsten, sondern im Gegenteil den fundamentalsten Gütern sei
der Vorzug zu geben, also denen, die faktisch Grundlage und Voraussetzung für die
höheren bilden. Es sollte nicht mehr darauf ankommen, dem göttlichen Recht in
Naturrecht, Recht und Politik zur Durchsetzung zu verhelfen, die Menschen zum
rechten Glauben und zur ewigen Seligkeit zu führen und sie vor Häresie zu bewahren. Denn diese Denkweise führte in der Welt der konfessionellen Pluralität zu
Kriegen, Bürgerkriegen, Hinrichtungen und Königsmorden. Die durch den Fanatismus gesteigerten blutigen Auseinandersetzungen machten diese Konsequenz für
die Menschen unmittelbar und nachdrücklich erfahrbar. So gewann die Umkehrung der Werthierarchie zunehmend an Evidenz. Auf diese Weise begann sich neben der Intensivierung des Religiösen die empirisch-rationale Betrachtungsweise
als ein zweiter Strom des geistigen Lebens auszubreiten.

In ihm ging es zuerst um die Frage, wie die Grundlagen und Voraussetzungen eines friedlichen und freundlichen Zusammenlebens gesichert werden können, also um ein Ende des gegenseitigen Tötens und der Verwüstung der Dörfer, Städte, Felder und Ernten. Dafür boten sich zwei Wege an: in Frankreich die Steigerung der Königsmacht gegenüber den partikularen Mächten mit dem Ziel, die souveräne Durchsetzung der Toleranz möglich zu machen. Dieser Weg führte mit der Thronbesteigung Heinrichs des IV., mit dem Edikt von Nantes und mit der Entstehung des Absolutismus zu einem vorläufigen Erfolg. In Deutschland setzte sich der Grundsatz durch: cuius regio, eius religio, der der Sache nach schon den Augsburger Religionsfrieden bestimmte und nach den Erfahrungen des 30jährigen Krieges zum Verfassungsgrundsatz des Reiches wurde.

In diesem Grundsatz schlug sich gewiß nicht das reformatorische Prinzip der Freiheit eines Christenmenschen nieder, demzufolge das an der Bibel orientierte religiöse Gewissen über das evangelische Bekenntnis entscheiden sollte. Vielmehr traf der Fürst mit unmittelbarer Verbindlichkeit für die Untertanen die Entscheidung darüber, was deren Gewissen ihnen sagt. Für Ausnahmefälle blieb das jus emigrandi: aber in einer weitgehend immobilen, bäuerlichen, von Dialekten geprägten Welt konnten nur wenige davon Gebrauch machen. Radikaler konnte der reformatorische Grundansatz nicht in sein Gegenteil umschlagen: Die politischen Erfordernisse verdrängten die Freiheit des religiösen Gewissens.

Der Ansatz, nach Grundlagen und Voraussetzungen der Lebensbedingungen zu fragen, zeigte Konsequenz: Kam es in erster Linie auf den Frieden an, so in zweiter Linie auf die wirtschaftlichen Bedürfnisse, auf die Sicherung von Feldbestellung, Handwerk, Handel, Eigentum. In dritter Linie folgt die Entfaltung des geistigen und kulturellen Lebens: der Wissenschaften, Künste, Schulen. Das religiöse Leben galt zwar als das wichtigste, kam aber für die Aufklärung des 16. Jahrhunderts eben deshalb erst in letzter Linie in Betracht: es galt vielmehr, ihm die Grundlagen zu sichern.

Der bedeutendste Vertreter dieser Umkehrung der Werthierarchie, Bodin, wurde zu Unrecht der religiösen Indifferenz verdächtigt: Er war ein zutiefst frommer und gebildeter Katholik, für den das höchste Gut die kontemplative Betrachtung Gottes war: aber gerade dazu bedurfte es nach seiner Ansicht als Grundlage und Voraussetzung der äußeren Ruhe und Zuverlässigkeit des Friedens, des bescheidenen Wohlstands im familiären Heim, der Bibliotheken und des geistigen Austauschs. In der Bedrohung und Hektik des Bürgerkriegs sah er eine Zerstörung der Voraussetzungen, die wahrheitsorientiertes geistiges und religiöses Leben möglich machen.

4. Eine weitere maßgebliche Prägung erhielt das aufgeklärte Naturrechtsdenken durch die Anknüpfung an das Menschsein des Menschen, mit der sowohl die prinzipiell gleichberechtigte Rechtsstellung des Menschen als auch seine Freiheit begründbar wurden. Dafür genügten die bisher genannten Elemente noch nicht. Denn es ist denkbar, die Grundlagen und Voraussetzungen für Frieden sowie für wirt-

schaftliches, geistiges und religiöses Leben auch auf Kosten anderer zu schaffen, diese zu unterwerfen, zu versklaven, auszubeuten und zugleich zu pazifizieren. Das ist nicht nur denkbar, sondern wurde auch tatsächlich gedacht, am ausgeprägtesten im englischen Utilitarismus. Dessen Quintessenz findet sich in Bentham's Formel vom größten Glück der größten Zahl. Sie bot die Rechtfertigung für die Herbeiführung dieses Glücks auf Kosten des Unglücks einer kleinen Zahl. Und so wurde nicht nur gedacht, sondern auch gehandelt: Sklaverei und Indianerausrottung machen anschaulich, wofür das utilitaristische Denken nützlich war.

Die aufgeklärte Gegenströmung, die den Menschen als Menschen zum Rechtssubjekt erhob, fand ihren wirkungsmächtigen Ausgangspunkt bei Francisco de Vitoria, dem eigentlichen Vater des neuzeitlichen Völkerrechts, einem Altersgenossen Luthers, der die Ausplünderung, Überlistung, Versklavung und Vernichtung südamerikanischer Indianer verurteilte. Die spanische Rechtfertigung dafür war, daß die Indianer keine Rechtssubjekte seien, weil sie weder Christen noch Mitglieder des Reiches waren, und daß deshalb mit ihnen geschlossene Verträge keine Verbindlichkeit hätten. Dem hielt er entgegen, die Menschen seien ihrer Natur nach prinzipiell gleich und frei. Das ihrer Natur gemäße Verhalten sei das Verhältnis von Freien und Freunden. Dem lasse sich nur entsprechen, wenn sie sich gegenseitig als Rechtssubjekte anerkennen und ihre Beziehungen auf der Grundlage prinzipieller Gleichberechtigung rechtlich regeln, auch dann, wenn die Machtverhältnisse bei Anwendung von genügend Schläue und Brutalität an sich die Unterwerfung ermöglichten. Vitoria zitierte Ovid: non enim homini homo lupus est, sed homo. Er knüpfte an Gedanken an, die schon in der Antike vorgeprägt waren, etwa in der Stoa und bei Cicero, und die das rationalistische Naturrechtsdenken durch das Mittelalter hindurch unterschwellig bewahrt hatte. Nun aber erwachten sie erstmals aus ihrer schlummernden Existenz als Idee und moralischer Anspruch, forderten unmittelbare politische Relevanz und begannen revolutionäre Dynamik zu entfalten.

Vitoria folgerte Rechtsregeln der Gegenseitigkeit und Universalität gemäß den Grundsätzen: neminem laedere und: was du nicht willst, was man dir tu, das füg auch keinem andern zu. Weder der Papst noch der Kaiser seien Herren des ganzen Erdkreises. Der Rechtsanspruch des Menschen sei weder an die Zugehörigkeit zur Kirche noch an die zum Reich gebunden. Die Indianer seien sowohl kraft ihres eigenen Rechts als auch kraft des universalen Naturrechts als Eigentümer und freie Vertragspartner zu achten. Die Spanier und Portugiesen hätten in Südamerika nur ebenso viele Gastrechte wie ihnen etwa in Frankreich zugestanden würden. Die Missionierung der Indianer sei nur ohne Zwang und Gewalt zulässig.

Dieser neue Naturrechtsansatz war zunächst nur eine wenig wirksame Mindermeinung, gewann aber im Laufe der Zeit zunehmende Breitenwirkung, und zwar zunächst im Völkerrecht. Er wurde in der spanischen Völkerrechtslehre über Vasquez, Suarez und Cavarruvias tradiert und begann schließlich bei Grotius das gemeineuropäische Völkerrecht zu prägen. Dieses lieferte die Grundlage für Rechtsbeziehungen zu den außerhalb des Reiches lebenden Heiden, zunächst zu den Türken, später zu Indern und Chinesen. Es ging nicht nur um die Verteidigung der Freiheit der Meere, die im Interesse der kleineren Seemächte gegen die großen, zumal England, lag. Es ging auch um gemeinsame Interessen wie die Bekämpfung der Piraterie, die Hilfe in Seenot, die Sicherung des Handels und die gegenseitigen Gastrechte.

5. Nachdem das neue Naturrechtsdenken seine Ansätze zunächst in der Staatslehre und im Völkerrecht ausgebildet hatte, konnte es sich auch im Blick auf die innere Ordnung des Rechts fortentwickeln. Schon aus den bisher skizzierten Elementen ergibt sich mit logischer Zwangsläufigkeit eine Reihe von Eigenschaften, die das neue von traditionellem Naturrecht unterscheiden.

a) Sein Geltungsanspruch löste sich zunehmend aus den Zusammenhängen von Theologie und Kirchen. Es kam immer weniger darauf an, zunächst, ob jemand katholisch oder evangelisch ist, sodann in weiteren Schritten, ob er überhaupt Christ, ob er Atheist, Jude oder Heide ist. Das Weltliche emanzipierte sich aus dem Geistlichen, das Wissen begründet sich unabhängig vom Glauben, die Rechtswissenschaft unabhängig von der Theologie. Staat und Kirche lösten zunehmend ihre Verknüpfungen, die Legalität schied sich von der Moralität. „Naturrecht gälte selbst dann, wenn es Gott nicht gäbe oder er sich in menschliche Dinge nicht einmischte" (Grotius).

b) Der Universalitätsanspruch des Naturrechts löste sich zugleich vom Universalitätsanspruch des Reiches, von seiner Ausbreitungstendenz als orbis universalis christianus. Indem das Naturrechtsdenken an das Menschsein des Menschen anknüpft und allgemeine Menschenrechte formuliert, beanspruchte es aber ebenfalls, für den ganzen Erdkreis Bedeutung zu haben. Kant drückte eine weit verbreitete Ansicht aus, wenn er meinte, daß unser Weltteil „wahrscheinlicherweise allen anderen dereinst Gesetze geben wird" (Idee zu einer allgemeinen Geschichte in weltbürgerlicher Absicht). Die französische Menschenrechtserklärung von 1789 wurde in der enthusiastischen Überzeugung verkündet, der ganzen Menschheit zur Belehrung zu dienen. Die Väter der amerikanischen Verfassung und ihrer bill of rights waren von der Überzeugung getragen, ein Staatsmodell mit universalem Vorbildcharakter zu schaffen. Sie begründeten eine Tradition, die über alle Isolationstendenzen hinweg bis auf den heutigen Tag jenen missionarischen Zug geprägt hat, der europäischen Konservativen alten Schlages an den Amerikanern mitunter so befremdlich erscheint. Da sich der Schwerpunkt der Macht vom Reich auf die Staaten verlagerte und da sich das Naturrecht ohnehin aus den Zusammenhängen des Reiches gelöst hat, werden vorzugsweise die Staaten zum Adressaten des naturrechtlichen Geltungsanspruchs. Und da heute die modernen Territorialstaaten mit Gewaltmonopol und Gebietshoheit die Zentren der Macht bilden, über die gesamte Erdoberfläche verbreitet sind, die traditionalen Rechtsbeziehungen überlagern und die Freiheit des Menschen auf neue und unheimliche Weise bedrohen, richtet sich der universale Naturrechtsanspruch in erster Linie an die Staaten. Es

geht ebenso um die Mindestbedingungen einer naturrechtsgemäßen Verfassungs-
und Rechtsordnung wie um die eines naturrechtsgemäßen internationalen Rechts.

c) Die Idee der Freiheit folgte mit Zwangsläufigkeit aus der Anknüpfung an das
Menschsein des Menschen. Einschränkungen der Freiheit wurden nun begründungsbedürftig und rechtfertigungsfähig. Wie eng oder breit der Kreis der Freiheiten in verschiedenen Ländern und zu verschiedenen Zeiten auch definiert wurde,
im Kern bestand im neuen Naturrechtsdenken Einigkeit zumindest in der Anerkennung der fundamentalen Bedeutung des Habeas-Corpus-Prinzips: des Schutzes vor
willkürlicher, d. h. nicht rechtfertigungsfähiger Einsperrung, Mißhandlung, Versklavung und Tötung. Dieser Schutz wurde zum Inbegriff dessen, was mit dem Begriff „Achtung vor der Menschenwürde" gemeint war. Das bedeutete zugleich: es
ging (zumindest insofern) um den Schutz des Individuums, des individuellen Menschen. Dieser Gedanke wurde zur Keimzelle der naturrechtlichen Idee der Menschenrechte.

d) Indem sich dieser Freiheitsgedanke mit einem universalen Geltungsanspruch
verband, wurde er zum Gedanken der Gleichheit, der zunächst nur bedeutet: Freiheit in diesem Sinn für alle und nicht nur für einige (O. Marquard). Denn der
Mensch als Mensch hat Anspruch auf diesen Schutz, ohne daß irgendjemand, aus
welchen Gründen immer, davon ausgeschlossen wäre.

Wenn in unserem Jahrhundert etwa faschistische, kommunistische oder isla-
misch-theokratische Systeme einen Anspruch auf Unterwerfung und Mißhandlung
der Individuen erheben, so weicht der naturrechtliche Menschenrechtsanspruch
nicht zurück und relativiert sich nicht, sondern sieht eben hierin Anlaß, sich erst
recht und um so nachdrücklicher zur Geltung zu bringen. Mag ein moderner De-
spot von der Masse seiner Anhänger noch so fanatisch bejubelt werden, wie etwa
Hitler oder Stalin oder Khomeini oder Saddam Hussein: das Augenmerk des naturrechtlichen Menschenrechtsdenkens richtet sich auf die verfolgten Dissidenten,
wie groß oder klein ihre Zahl auch sein möge. Es läßt keine Staatsideologie gelten,
die zur Rechtfertigung von Mißhandlungen vorgebracht werden, sondern beansprucht vielmehr, ihm unübersteigbare Grenzen zu setzen. Kein Mensch kann von
Geltungsanspruch der Menschenrechte ausgeschlossen werden. Das war der
Grundgedanke der Gleichheit, der aus der naturrechtlichen Verankerung der Freiheit unmittelbar folgt. Freiheit und Gleichheit sind die beiden letzten Prinzipien
des aufgeklärten Naturrechts. So verstanden, bilden sie zwei Seiten ein und desselben Gedankens.

e) Gleichheit bedeutet aber mehr als nur Anerkennung des Freiheitsanspruchs
für jeden. Sie bedeutet darüber hinaus Anspruch auf Unparteilichkeit in der Abwägung der Interessen. Dies aber bedeutet, daß nicht diejenigen Interessen sich
durchsetzen, hinter denen die stärkeren Bataillone stehen, sondern die fundamenta-
leren Interessen. Das heißt: Je mehr ihre Erfüllung bei empirisch-rationaler Betrachtungsweise Grundlage und Voraussetzung für die Erfüllung anderer ist, desto
mehr Gewicht kommt ihnen in der Abwägung zu. Welche das sind, ist mitunter

evident. Mitunter bedarf es aber sehr genauer, subtiler und langfristiger Vergleiche der Folgen, die die Geltung der einen und der anderen Regel haben könnte. Mitunter ist die Frage unentscheidbar. Dann gibt es keinen Grund zur Änderung des Rechts. Der politische Streit um Rechtsreformen und der juristische um Rechtsauslegung und Rechtsfortbildung geht im Kern meist um die Korrektur verfehlter Fundamentalitätseinschätzungen.

f) Aus diesen Ansätzen folgte zwangsläufig, daß das Naturrecht dynamisch wurde. Es drängte auf Reform und notfalls auf Revolution. Es ging nicht mehr um die naturrechtliche Legitimierung des guten alten Rechts. Naturrecht und positives Recht schieden sich für eine Übergangszeit: das Naturrecht wurde zur kritischen Instanz, es gewann die Gestalt rechtspolitischer Forderungen, es drängte auf Umsetzung in positives Recht. Z. B. wollen die naturrechtlichen begründeten Menschenrechte zu juristisch positivierten und vollziehbaren Grundrechten oder auch zu strafprozessualen und strafrechtlichen Prinzipien werden. In dem Maße, in dem die Positivierung des Naturrechts gelungen ist, entstand ein ganz neuer Typ von Konservatismus, der heute sogenannte Liberal-Konservatismus: dieser verteidigt und bewahrt nun die in das positive Recht eingegangenen naturrechtlichen Elemente.

6. Die innere Logik dieses aufgeklärten Naturrechtsdenkens forderte in erster Linie eine Verfassungsordnung der Gewaltenteilung. Denn nur wenn der Machthaber überhaupt ans Recht gebunden ist, kann er auch an Menschenrechte gebunden sein. Gewaltenteilung ist die Voraussetzung für die Rechtsbindung der Exekutivgewalt: die Exekutive kann nicht willkürlich über den Menschen verfügen, sondern ist an Verfassungen oder Gesetze gebunden, die ihr von außen vorgegeben sind und deren Einhaltung durch unabhängige Richter kontrolliert werden.

Der Gedanke der Gewaltenteilung gewann im Laufe des 18. Jahrhunderts vor allem Evidenz, als das Risiko des Absolutismus offenkundig geworden war. Dessen Entwicklung war im aufgeklärten Denken mit der Hoffnung begründet worden, er könne und werde die Toleranz durchsetzen. Diese Chance verwirklichte sich z. B. im Edikt von Nantes. Das Risiko war, daß der absolute Staat den konfessionellen Bürgerkrieg wieder aufnahm, nun aber einseitig mit Polizeimitteln, die Menschen ihrer elementarsten Freiheit beraubte und die Menschenwürde mißachtete. Dieses Risiko hatte sich besonders nachdrücklich nach der Aufhebung des Edikts von Nantes gezeigt. Die Massen von gemarterten, verbannten und flüchtenden Hugenotten stellten Europa vor die Frage, wie der Staat beschaffen sein muß, damit ein Minimum an Freiheit und die Chance des inneren Friedens gewährleistet sind. Die Antwort lautete: es bedarf der Überwindung jeder Form von Absolutismus durch Gewaltenteilung.

Diese Antwort machte sich die Erfahrungen Englands zunutze, das die absolutistische Herausforderung abgewehrt und die Prinzipien der rule of law modernisiert und fortentwickelt hat. In England und Amerika gewann die Tradition der rule of law zwar Reformanstöße aus dem aufgeklärten Naturrechtsdenken, konnte sich aber aus sich selbst heraus legitimieren, soweit es mit den Prinzipien der Aufklärung in Einklang stand. Auf dem europäischen Kontinent gewann das Naturrechtsdenken im 18. und 19. Jahrhundert revolutionären Charakter, bezog aber aus den angelsächsischen Erfahrungen das Selbstbewußtsein, erstens praktisch möglich zu sein und nicht in Anarchie zu führen, und zweitens die Würde einer evolutionären Tradition der Rechtskultur zu besitzen.

7. Sollte die Gewaltenteilung ihre Funktion des Schutzes elementarer Menschenrechte erfüllen, so drängte sich die Frage auf, wie die Gesetze, die die Exekutive binden, zustande kommen können. Blieb der Monarch Chef der Exekutive, so konnte die Gesetzgebung nicht bei ihm liegen, sondern entweder nur bei Vertretern der Stände oder bei Repräsentanten des Volkes (oder bei beiden im Zweikammersystem). Daß sich das demokratisch-parlamentarische Prinzip durchgesetzt hat, folgte nicht nur aus dem naturrechtlichen Ansatz der Gleichheit, der die Stände immer bedeutungsloser machte und der schließlich auch das Wahlrecht zum allgemeinen und gleichen werden ließ. Es folgte auch aus der Einsicht in die Verfahrensbedingungen der Rechtsgewinnung.

Die parlamentarische Demokratie entstand in England historisch und sachlich aus der Übertragung des Gedankens des gerichtlichen Prozesses aus dem Prozeß der Gesetzgebung. Was einen Prozeß auslöst, ist die konkrete Unrechtserfahrung des Klägers, der eine Normhypothese bildet, wie: „so etwas braucht man sich nicht gefallen zu lassen". Im Prozeß gilt der Grundsatz: man muß auch die andere Seite hören. Die Hypothese wird allen denkbaren Einwänden ausgesetzt und im Richterrecht schließlich vom Richter entweder bestätigt oder verworfen oder modifiziert. Der Richterspruch schafft ein Präzedenz, d. h. er entscheidet nicht nur den konkreten Fall, sondern legt in der Auslegung des vorgegebenen Rechts zugleich den genaueren Inhalt generell-abstrakt geltender Rechtsregeln für die Zukunft fest.

Der politische Prozeß der Gesetzgebung antizipiert und präjudiziert viele solcher Verfahren, faßt sie zusammen, beschleunigt und systematisiert die Rechtsgewinnung. Aber auch er geht aus konkreten, im Volk gemachten Unrechtserfahrungen hervor und setzt sie kritischer Prüfung aus. Da alle beteiligt sind, müssen alle repräsentiert sein: Volksvertreter sind gewissermaßen Anwälte mit Generalvollmacht. Einen neutralen Richter kann es im politischen Prozeß nicht geben, da ein jeder gleichermaßen mit Meinungen und Interessen in den politischen Prozeß verstrickt ist. An seine Stelle treten parlamentarische Mehrheiten und Wahlen, die die Gesetzgebung mit dem Gemeinsinn, dem common sense, dem Gerechtigkeitssinn des Volkes im Einklang halten. Der Gemeinsinn seinerseits schult und entwickelt sich an den Prinzipien des fortschreitenden Rechts.

An die Stelle der Vorstellung, das Naturrecht erschließe sich in der Studierstube von Theologen, Philosophen oder rechtswissenschaftlichen Systematikern und brauche dann nur noch in positives Recht umgesetzt zu werden, tritt die Einsicht in die sehr viel bescheideneren Möglichkeiten und Bedingungen der Rechtserkenntnis. Man erkennt weder umfassend und schon gar nicht eindeutig, was Recht und

Gerechtigkeit ist, sondern nur, was in Einzelfragen jedenfalls Unrecht und ungerecht sei. Überwindung von Unrecht in der Geschichte des Rechts bedeutet schrittweise Annäherung an das stets unerreichbar bleibende Fernziel, das Recht mit dem Naturrecht in Einklang zu bringen: durch challenge und answer, durch trial and error. Rechtsreformen können sich erneut als korrekturbedürftig erweisen, können auch unvorhergesehene Nebenfolgen auslösen oder der Anpassung an veränderte Umstände bedürfen. Verschiedene Rechtsordnungen können verschiedene Wege gehen und es mit mancherlei unterschiedlichen Problemlösungen versuchen. Diese Bescheidung bedeutet aber nicht zugleich die Resignation vor einem prinzipiellen Relativismus, sondern nur die Einsicht in die Vorläufigkeit der Rechtserkenntnis.

So wie die Naturwissenschaften nicht die Wahrheit über die Welt finden, sondern einzelne Hypothesen prüfen und Unwahrheiten überwinden, so finden Fortschritte der Rechtsgeschichte nicht die Gerechtigkeit, sondern prüfen Normhypothesen und überwinden einzelne Ungerechtigkeiten. In den Naturwissenschaften kann man die Idee der Wahrheit als solche trotz ihrer Unerreichbarkeit nicht aufgeben; denn sonst macht es keinen Sinn, von Falschheit zu sprechen. Ebenso wenig kann man die Idee der Gerechtigkeit aufgeben, ohne zugleich die Fähigkeit zu verlieren, konkrete Ungerechtigkeiten feststellen und überwinden zu können. Aber die Gerechtigkeit läßt sich nicht in einem System des Naturrechts umfassend entfalten und darstellen, ebenso wenig wie sich ein System der Wahrheit ausbreiten läßt.

Gleichwohl hat der historische Prozeß der Rechtsgewinnung zu einer Reihe von Erkenntnissen geführt, deren Eindeutigkeit nicht mehr angezweifelt werden kann: z. B. die Ungerechtigkeit von Sklaverei, Gladiatorenkämpfen, grausamen Körperstrafen, Folter, Inquisition, Fehde, Hexenverfolgung, Vertragsbruch, primitiven Beweisverfahren, Religionsunterdrückung, Eroberungskriegen, Vernichtungsfeldzügen, Völkermord, Kinderarbeit, Ausbeutung, Diskriminierungen verschiedener Art. Was sich hier durchgesetzt hat, ist nicht die Ablösung einer beliebig möglichen Rechtsauffassung durch eine ebenso beliebige andere, wie es der Relativismus unterstellt, sondern die Erkenntnis, daß das Überwundene unrecht war. Wie im großen, so im kleinen: Die Unrechtserfahrung gibt auf allen Rechtsgebieten Anstöße zu Reformen.

Zum Sinn der parlamentarischen Demokratie gehört erstens, dem Kampf ums Recht einen Rahmen von Verfahrensregeln vorzugeben, der ihn aus der Notwendigkeit von Kriegen und Bürgerkriegen, Revolutionen und Unterdrückung befreit und ihn als friedliche Auseinandersetzung ermöglicht, zweitens seine Chancen durch einen geregelten Prozeß zu optimieren, in dem jeder Gesichtspunkt zur Geltung kommen kann, drittens seine Ergebnisse in Einklang mit der rechtlichen Urteilskraft des Volkes zu bringen und zu halten.

Die Antwort auf die Frage: Was ist Naturrecht? kann also stets nur eine vorläufige sein. Sie verweist zunächst auf die Ergebnisse der Fortschrittsgeschichte des Rechts, sucht sodann die ihr zugrundeliegenden Prinzipien, die den Fortschritt von Rückfall oder interessegeleiteter Beharrung unterscheidbar machen, und entwikkelt schließlich aus diesen Prinzipien die Ansätze für weiteren Fortschritt. Die Antwort läßt sich also nicht unabhängig von einem Verstehen des positiven Rechts und seiner Gründe finden; sie ergibt sich nicht aus einer philosophischen oder rechtssystematischen Deduktion aus Prämissen.

Von marxistischer Seite ist deshalb stets behauptet worden: dieses Verständnis von Naturrecht sei prinzipiell konservativ und bedeute nichts als die Identifikation des positiven Rechts mit dem Naturrecht, als die ideologische Verklärung des positiven Rechts. Richtig daran ist die Einbettung des Naturrechtsdenkens in die Tradition der Rechtskultur. Diese Einbindung bedeutet zugleich die Zurückweisung des Versuchs, aus dieser Tradition prinzipiell herauszuspringen, weil dies zwangsläufig das schon Erreichte zerstören und einen Rückfall in die Barbarei mit sich bringen muß. Die Einbindung in die Tradition der Rechtskultur bedeutet aber nicht einen Konservatismus, der sich dem Fortschritt verschlösse. Was er bewahren will, ist das, was an Durchdringung des Rechts mit dem Naturrecht schon geleistet worden ist. Die Anerkennung dessen aber impliziert die Anerkennung, daß der Prozeß des rechtlichen Fortschritts unabgeschlossen ist und immer bleibt.

Das aufgeklärte Naturrechtsdenken hat sich so dem angelsächsischen Rechtsdenken angenähert, das sich am Gedanken der „rule of law" orientiert. Wenn sich Angelsachsen auf „the law" berufen, so unterscheiden sie nicht zwischen positivem Recht und Naturrecht, so wie es im Kontinentaleuropa üblich war und zum Teil noch ist. Vielmehr sehen sie in der Fortschrittsgeschichte des Rechts zugleich die Entdeckungsgeschichte des dem Naturrecht sich annähernden Rechts. Die Alternative zur „rule of law" ist das Recht des Stärkeren, Schlaueren, Brutaleren, Schnelleren, Skrupelloseren. Dieses aber würdigt den Menschen auf die Stufe der Bestien hinab, es bedeutet „the law of the djungel". Es verkennt die Natur des Menschen als eines vernünftigen Gemeinschaftswesens, das ein friedliches und freundliches Zusammenleben und deshalb eine auf die Prinzipien von Freiheit und Gleichheit gegründete Rechtsordnung anstrebt.

8. In der Konsequenz dieses Ansatzes liegt die Anerkennung möglicher weiterer Fortschritte des Rechts, z. B. die Sicherung der wirtschaftlichen, sozialen und kulturellen Grundbedürfnisse als Naturrechtsforderung, schließlich auch die Erweiterung des Kreises dieser Forderungen: z. B. als Naturrecht auf Frieden und ökologische Bewahrung der Schöpfung. Die Entdeckung des Naturrechts ist in Evolution. Die Kantische Rechtfertigung von Freiheitsbeschränkungen kannte nur eine Begründung: Es ging darum, die Freiheit so zu begrenzen, daß die Freiheit des einen mit der Freiheit jedes anderen zusammen bestehen kann. Dies ist aber nicht die einzig mögliche Rechtfertigung von Freiheitsbeschränkungen. Der Sozialstaat, der Umweltschutz, der Tier- und Artenschutz, die Erhaltung der Lebensgrundlagen für künftige Generationen liefert Begründungen, die nicht weniger Plausibilität beanspruchen können, vorausgesetzt, sie fügen sich in eine Rechtskultur ein, die die Prinzipien von Freiheit und Gleichheit als solche nicht antastet.

*

Das aufgeklärte Naturrecht und sein Verhältnis zu Recht und Politik unterscheiden sich vom mittelalterlichen also wesentlich, und zwar nicht nur in seinen Inhalten.

1. Das Naturrecht ist unmittelbar geltendes Recht nur, insofern es ins Völkerrecht oder ins innerstaatliche Recht eingegangen ist. Es beansprucht moralisch und politisch seine Positivierung und Beachtung und wirkt als politische Forderung auf Rechtsreform, Rechtsauslegung und Rechtsfortbildung ein.

2. Es läßt sich zwar durch göttliches Recht stützen oder legitimieren, beansprucht seinen Geltungsanspruch aber unabhängig davon.

3. Es läßt sich nicht systematisch ableiten und umfassend darstellen, sondern nur schrittweise aus konkreten Unrechtserfahrungen entdecken und in geregelten Verfahren feststellen. Die Geschichte seiner Erkenntnis ist identisch mit der Fortschrittsgeschichte des Rechts.

4. Sein Geltungsanspruch ist zwar im Kern universal, erlaubt im einzelnen aber verschiedene Ausgestaltungen; es ist nicht unabänderlich, sondern entwickelt sich mit den Umständen und mit neuen Erkenntnissen fort.

5. Politik läßt sich nicht als Rechtsvollzug und schon gar nicht als Naturrechtsvollzug beschreiben.

Immerhin aber ergibt sich für das Verhältnis von Naturrecht, Recht und Politik aus alledem zweierlei: einmal das naturrechtliche Postulat, den Rahmen des als Naturrecht definierten nicht zu überschreiten, zum andern aber auch die politische Tendenz, den Prinzipien des Naturrechts zu positiv-rechtlicher Geltung zu verhelfen. Nachdem in unserem Jahrhundert dreimal Herausforderungen des aufgeklärten Naturrechtsdenkens mit unheimlicher Macht und Gewalt aufgebrochen sind: im Kommunismus, in Faschismus und Nationalsozialismus und schließlich im Islam, wächst die Überzeugung, daß die Orientierung der Politik am Ziel der Verwirklichung der naturrechtlichen Prinzipien in Völkerrecht und innerstaatlichem Recht zu den wesentlichen Aufgaben der Politik gehört. Das aufgeklärte Naturrechtsdenken ist unausweichlich dynamisch: es kann nur entweder vordringen oder untergehen. Entfaltet es geistig-politische Initiative, dann führt es sowohl in die demokratische Weltrevolution als auch in eine friedliche Weltordnung. Weicht es zurück, dann sind die Alternativen Barbarei und möglicherweise Zerstörung der Lebensgrundlagen auf der Erde.

Zur Universalität der Menschenrechte

(Göttingen 1992)

I. Der Problemstand

Wenn wir unter Menschenrechten die Rechte verstehen, die dem Menschen kraft seines Menschseins zustehen, dann können wir keine Menschen oder Menschengruppen davon ausnehmen. Es liegt im Begriff der Menschenrechte, daß wir sie nur universal oder gar nicht denken können. Die Universalität der Menschenrechte bestreiten, heißt, die Menschenrechte bestreiten. Wer annimmt, sie gälten nur unter bestimmten Voraussetzungen, nur in bestimmten Kulturkreisen, nur unter den Prämissen abendländischer Metaphysik oder jüdisch-christlicher Theologie oder nur in einer bürgerlich-individualistischen Gesellschaft, der spricht im Grunde nicht von Menschenrechten, sondern von Rechten der Europäer und Amerikaner, der Christen, der Weißen oder der Bürger westlich orientierter Demokratien.

Er will dann sagen: uns scheine es nur so, als ob es Menschenrechte schlechthin gebe. Diese Illusion wurzele erstens in Blindheit für die anderen traditionellen, zivilisatorischen, ethnologischen, religiösen Denkvoraussetzungen, die für andere Teile der Welt maßgebend seien und die unsere Rechtsvorstellungen relativierten. Diese Illusion sei zweitens auch unhistorisch. In anderen Epochen hätten ganz andere Rechtsvorstellungen gegolten. Drittens sei es auch für die Zukunft illusionär, daß wir unsere Konzeption von bürgerlichen Freiheitsrechten aufrechterhalten könnten. Diese müßten vielmehr abgelöst werden durch die Menschenrechte der sogenannten zweiten und dritten Generation, also die sozialen, wirtschaftlichen und kulturellen Rechte und die Rechte auf Frieden, Entwicklung und Umweltschutz.

Anders gewendet: Der Begriff der Menschenrechte bedeute die naive Universalisierung einer Freiheitsidee, die sich in Europa und Amerika herausgebildet habe. Anderen Völkern und Staaten und den zukünftigen Generationen könnten und dürften wir unsere euro-amerikanischen Rechtsvorstellungen nicht mehr aufdrängen. Unser Freiheitsgedanke sei untrennbar verknüpft mit dem Gesamtkomplex aus Industrialisierung, Kapitalismus und Parlamentarismus. Die Industrialisierung, die sich auf die moderne Naturwissenschaft stütze, habe sich Hand in Hand mit der bürgerlich-kapitalistischen Wirtschaftsordnung entwickelt, diese habe die bürgerlich-parlamentarische Demokratie hervorgebracht. Es sei aber eben dieser Gesamtkomplex, der zu unvorhergesehenen Nebenwirkungen verheerender Art geführt habe.

Deshalb erfordere die Abwendung von Katastrophen eine fundamentale Neuorientierung, gewissermaßen ein neues Paradigma des Verhältnisses von Mensch,
Gesellschaft und natürlicher Umwelt. In diesem seien auch die Menschenrechte
ganz neu zu definieren, nämlich so, daß die bürgerlichen Freiheitsrechte klassischer Prägung um des Ganzen und der nachwachsenden Generation willen zurücktreten müßten. Vor allem die Dritte Welt dürfe sich nicht einfach an den Westen
anlehnen und seine Werte übernehmen, was ohnehin nur ihre Verarmung und Ausbeutung zur Folge habe, sondern müsse sich davon befreien, sich auf ihre eigenen
Traditionen besinnen und sich in diesen behaupten. Deshalb verdienten die sogenannten Menschenrechte der zweiten und dritten Generation Vorrang vor den bürgerlichen Freiheitsrechten.

Das ist der Kerngedanke der sogenannten Befreiungstheorien, Befreiungsbewegungen, Befreiungstheologien. Diese haben sich in den siebziger und achtziger
Jahren häufig mit dem anti-amerikanischen, „antiimperialistischen" Sozialismus
verknüpft, sind aber nicht ohne weiteres mit diesem identisch. Vielmehr wollen sie
auf dem Wege über die Selbstbestimmung der armen Völker der Dritten Welt auch
den Völkern der ersten und zweiten Welt zur Selbstbefreiung aus dem industriali-
stisch-kapitalistisch-parlamentarischen Gesamtkomplex verhelfen.

Erst in allerjüngster Zeit hat diese Konzeption an aggressivem Schwung ein wenig eingebüßt, seitdem sich nämlich Zweifel daran eingestellt haben, ob die bürgerlichen Freiheitsrechte wirklich, wie man annahm, der Lösung sozialer und ökologischer Probleme im Wege stehen. Man hat neuerdings wahrgenommen, daß die
Lösung dieser Probleme relativ am ehesten dort gelingt, wo diese Rechte gelten.
Die „Befreier" wenden ein, dies sei bloß auf die höhere Wirtschaftskraft in diesen
Gesellschaften zurückzuführen. Der Zweifel bohrt aber weiter. Erstens ist die Frage, ob das der einzige Grund ist, zweitens aber, selbst wenn er es ist, ob nicht die
höhere Wirtschaftskraft gerade aus sozialen und ökologischen Gründen wünschenswert sei. Das mögen die Befreier noch nicht so recht zugeben, da es ja gerade die durch Industrialismus, Kapitalismus und Parlamentarismus herbeigeführte
Wirtschaftskraft sei, die die sozialen und ökologischen Probleme in ihrem verheerenden Ausmaß erst hervorgerufen habe. Sollte man also wirklich nur Symptome
korrigieren oder nicht lieber fundamental das ganze Paradigma der Moderne hinter
sich lassen und durch ein postmodernes ablösen, in dem dann die Menschenrechte
nur einen begrenzten Raum einnehmen dürften, jedenfalls aber die bürgerlichen
Freiheitsrechte zu relativieren seien?

So etwa läßt sich der aktuelle Problemstand skizzieren. Was ist dazu zu sagen?

II. Zum regionalen und historischen Relativismus

Zunächst ein Wort zu dem regional begründeten Relativismus. Er gewinnt seine
Primärevidenz aus der Tatsache, daß die Menschenrechte in vielen Staaten der
Welt nicht anerkannt werden. Nicht alle haben z. B. die Menschenrechtskonventio-

nen der Vereinten Nationen von 1966 ratifiziert. Selbst diejenigen Staaten aber, die das getan haben, interpretieren sie ganz verschieden. Der Konsens über die Konventionen ist nur ein scheinbarer.

Demgegenüber ist zunächst daran zu erinnern, daß der moderne Begriff der Menschenrechte, wie ihn die politische Aufklärung des 18. Jahrhunderts entwickelt hat, seinen Ort in der Naturrechtslehre und nicht im positiven Recht hat. Wo diese Rechte in positives Recht umgesetzt sind, spricht man im allgemeinen von Grundrechten, civil rights, droits civiles, nicht von Menschenrechten, human rights, droits des hommes. Die Naturrechtslehre der Aufklärung sah im Naturrecht politische Forderungen an das positive Recht. Menschenrechte sollten zu Grundrechten, d. h., zu juristisch vollgültigen, einklagbaren Rechten werden.

Als im 18. Jahrhundert die Idee der Menschenrechte ihren Siegeszug antrat, herrschten auf dem europäischen Kontinent ganz überwiegend absolutistische Staaten. Die aufklärerische Naturrechtslehre wollte sagen: so darf es nicht bleiben, die Staaten müssen so umgestaltet werden, daß die Menschenrechte künftig respektiert werden. Von diesen Denkvoraussetzungen her ist der Schluß von den regionalen Unterschiedlichkeiten der Grundrechtsgeltung auf die Relativität der Menschenrechte ganz unverständlich. Im Gegenteil ergibt sich der Schluß: gerade weil die Menschenrechte in der Mehrzahl der Staaten noch keine positive Geltung besitzen, ist die naturrechtliche Idee der Menschenrechte unverändert relevant, entfaltet sie ihre moralische, politische, reformerische oder revolutionäre Dynamik. Diese wird solange anhalten, bis die Rechte aller Menschen überall in der Welt im positiven Recht Anerkennung gefunden haben werden.

Ebensowenig wie das regionale ist auch das historische Argument für den Relativismus überzeugend. Naturrechtliche Rechtsgesetze treten erst mit ihrer Bewußtwerdung ins Leben. Sie unterscheiden sich damit von den Naturgesetzen, die schon galten, ehe es überhaupt wissenschaftliche Naturerkenntnis gegeben hat und unabhängig davon, ob die Wissenschaft sie entdeckt hat oder nicht. In der Naturwissenschaft gibt es einen Fortschritt der Erkenntnis, aber keinen Fortschritt der gültigen Naturgesetze. Bei naturrechtlichen Rechtsgesetzen geht Hand in Hand mit dem Fortschritt ihrer Erkenntnis der Fortschritt ihres Geltungsanspruchs, also der politischen Dynamik, der die Legitimität des als positives Recht geltenden Unrechts in Frage stellt. Die Geschichte des Rechts in den zivilisierten Staaten ist trotz aller Hemmnisse und Rückschläge eine Geschichte des Fortschritts – jedenfalls im Großen und Ganzen, gewissermaßen aus der Vogelperspektive betrachtet. Einmal erkannte Rechtsgrundsätze können eine solche Evidenz gewinnen, daß man nicht mehr hinter sie zurückkehren kann, ohne daß dies im öffentlichen Bewußtsein als Unrecht erkannt wird. Gewiß waren Menschenrechte in früheren Zeiten unbekannt: es gab Sklaverei, Folter, Galeere, Fehde, Despotenwillkür, Religionsverfolgung, primitive Prozeßmethoden, grausamste Strafen, Kinderarbeit, Rechtlosigkeit der Frau und ähnliches – und dies alles, anders als in unserem Jahrhundert, ohne daß Protest im Namen der Menschenrechte erhoben und Widerstand geleistet worden wäre. Es galt vielmehr als legitim. Die Aufklärer des 18. Jahrhunderts haben das nicht etwa verkannt, sondern als bekannt vorausgesetzt. Indem sie die Menschenrechte bewußt machten, brachten sie zum Ausdruck: dies alles war unrecht. Es muß nicht so bleiben, ja es darf und soll nicht so bleiben. Es gilt vielmehr nun und für die Zukunft, derartiges Unrecht in einem großen, die ganze Menschheit ergreifenden Umgestaltungsprozeß des Rechts zu überwinden.

Z. B. galten vom 16. bis 18. Jahrhundert im deutschen Strafprozeßrecht als Beweis nur Geständnis oder zwei Zeugen, und auch das durch Folter erzwungene Geständnis war als Beweismittel anerkannt. Nachdem diese Regeln einmal als naturrechtswidrig erkannt waren, mußten sie weichen und lassen sich nun nicht wieder herstellen. Nachdem das Unrecht der Sklaverei, des Menschenhandels, der Kinderarbeit, der Rechtlosigkeit der Frau einmal erkannt ist, können wir nicht anders, als in ihrer Überwindung einen Fortschritt zu sehen. Dann aber kann auch der Hinweis auf frühere Rechtszustände den Geltungsanspruch der Menschenrechte nicht von sich aus schon relativieren.

III. Zur utilitaristischen Gegenströmung

Bedeutsamer als der regionale und historische Relativismus ist der utilitaristische Einwand gegen die Universalität der Menschenrechte. Die Konzeption der Menschenrechte geht nämlich davon aus, daß die naturrechtliche Geltung der bürgerlichen Freiheitsrechte nicht davon abhängt, ob sie zur Lösung sozialer oder ökologischer Probleme beiträgt oder ob sie sonst zweckdienlich ist oder nicht.

Denn ihre Geltung ist überhaupt nicht bedingt durch ihre Eignung für irgendwelche Zwecke, wie bedeutsam diese auch sein mögen. Sie tragen ihren Zweck in sich selbst. Wenn man sie als unantastbare Rechte bezeichnet, so heißt das, daß sie in ihrem Kernbereich unbedingte Achtung fordern – unabhängig von den Folgen für außerhalb ihrer selbst liegenden Zwecke. Mag die Verletzung der bürgerlichen Freiheitsrechte noch so nützlich für noch so wohlgemeinte Zwecke sein: Das Recht des Menschen als Menschen fordert seine Unantastbarkeit unbedingt. Das ist der Grundgedanke der Menschenrechte, den Kant in die Formel gefaßt hat: der Mensch ist als Rechtsträger niemals bloß Mittel zum Zweck, sondern Zweck an sich selbst.

Die geschichtlich machtvollste Gegenströmung war eigentlich weniger das Recht des Stärkeren, Schlaueren, Brutaleren, Kampfbereiteren: zu diesem offenen Zynismus bekannten sich außer den Faschisten nur wenige sophistische Intellektuelle. Die wirksamste Gegenströmung war vielmehr die utilitaristische Ethik, die Menschenrechtsverletzungen mit dem langfristigen Gesamtnutzen für die Menschheit rechtfertigte. Bentham hat sie in die Formel gefaßt: es gehe um das größte Glück der größten Zahl. Diese Formel schließt ein, daß die Herbeiführung des Unglücks einer kleinen Zahl moralisch gerechtfertigt werden könne, wenn sie für die Herbeiführung des größten Glücks der größten Zahl zweckdienlich sei. So wurde nicht nur gedacht, so wurde auch gehandelt: Sklaverei und Indianerausrottung machen anschaulich, wofür die utilitaristische Ethik nützlich war.

Diese Ethik lag und liegt aber nicht nur dem Handeln des bewußt utilitaristisch denkenden angelsächsischen Liberalismus zugrunde, sondern auch zahlreichen anderen Strömungen. „Der Zweck heiligt die Mittel": Das ist die Formel des ethischen Utilitarismus dann, wenn der Zweck im irdischen Glück gesucht wird. In diesem Sinne rechtfertigt der Machiavellismus der sogenannten Staatsraison Menschenrechtsverletzungen im Einzelfall mit dem Gesamtnutzen für das Ganze des Staates und seiner Bürger.

Auch dem Marxismus liegt als tiefstes ethisches Motiv der Gedanke vom größten Glück der größten Zahl zugrunde. Karl Marx war vom ethischen Utilitarismus englischer Wirtschaftstheorien viel stärker beeinflußt, als er vielleicht selber wußte und wahrhaben wollte. Es ging ihm um die künftige Befreiung der Menschheit, um das Ende der Geschichte, um einen Zustand, in dem die künftigen Generationen vollständig frei und gleich sein würden, in dem ein „neuer Mensch" leben werde. Dieses Ziel erschien ihm so groß, daß die Opferung von ein oder zwei Generationen durch die Diktatur des Proletariats als ein geringfügiger Preis erschien. Aufs Ganze der künftigen Menschheit berechnet machen die Opfer der Übergangszeit nur eine kleine Zahl aus. Das größte Glück der größten Zahl rechtfertigte also das Unglück einer geschichtlich gesehen kleinen Zahl.

Dieser utilitaristischen Ethik steht die Konzeption der Menschenrechte schroff und unversöhnbar gegenüber. Sie sagt: man darf den Menschen nicht willkürlich verhaften, foltern, ermorden, versklaven, in KZs verschleppen usw. – was immer der Zweck und wie hoch er auch gesteckt sein mag. Die utilitaristische Zweckmoral erscheint ihr zynisch. Dieser erscheint umgekehrt die Menschenrechtsmoral zynisch: sie behindere den sozialen und ökologischen Fortschritt oder gar die Befreiung der Menschheit aus dem sogenannten „Paradigma der Moderne" also aus dem industriell-kapitalistisch-parlamentarischen Gesamtsystem, sie stabilisiere das Fortwursteln im Gang der Geschichte.

Dieser Grundsatzkonflikt ist rational nicht überbrückbar. Er betrifft Grundhaltungen, die aller ethischen und politischen Argumentation vorausliegen. Er wäre nur in der Weise überbrückbar, daß die Verfechter der Menschenrechte dartun, ihre Konzeption diene langfristig dem größten Glück der größten Zahl. Ich glaube nun zwar, daß sich das tatsächlich erweisen läßt, will mich aber bewußt auf diese Beweisführung nicht einlassen. Denn täte ich das, hätte ich mich bereits auf den Boden des ethischen Utilitarismus gestellt und ihn anerkannt. Die Menschenrechte stehen und fallen aber mit der grundsätzlichen Haltung: zweckrational oder nicht – Menschenrechte gelten unabhängig davon, ob sich ihre langfristig kalkulierte Dienlichkeit für den Gesamtnutzen der Menschheit erweisen läßt.

Auch die Vereinten Nationen gehen in der Allgemeinen Erklärung der Menschenrechte von 1949 von der bedingungslosen Unantastbarkeit der Menschenrechte aus. Sie haben sich auch seither nie offen zu ihrer Infragestellung bekannt.

Sie haben zwar die Menschenrechte der zweiten und dritten Generation formuliert, aber nicht, um die bürgerlichen Freiheitsrechte zu verdrängen oder zu ersetzen, sondern um sie zu ergänzen. Sie haben z. B. 1966 die bürgerlichen und politischen Rechte in einem Pakt, die wirtschaftlichen, sozialen und kulturellen Rechte in einem anderen Pakt zusammengefaßt. Beide Konventionen stehen gleichberechtigt nebeneinander. Für einen Vorrang der einen vor der anderen gibt es im Völkerrecht keinen Anhaltspunkt.[1]

Die Utilitaristen versuchen auf allerlei Weise, die Verfechter der Menschenrechte auf ihren Boden zu locken.

Sie überlisten z. B. den Menschenrechtsgedanken durch Überbietung: sie seien nicht gegen Menschenrechte, sondern forderten im Gegenteil die sogenannten Menschenrechte der zweiten und dritten Generation. Diese seien menschheitlich so bedeutsam, daß die der ersten Generation, also die bürgerlichen Freiheitsrechte, zurücktreten müßten: Deren Nachrangigkeit ist der Kern der Idee der sogenannten „Befreiung". Wer den Vorrang des Sozialen und Ökologischen vor dem Habeas-Corpus-Prinzip nicht anerkenne, vertrete eine überholte, konservative, reaktionäre Position. Diese Sophisterei hat in den 70er und 80er Jahren oft einen erstaunlichen Verblüffungseffekt ausgelöst und viele Menschen verunsichert. Aber sie übt ihre Wirkung nur unter der Voraussetzung aus, daß die bedingungslose Unantastbarkeit der Menschenrechte schon aufgegeben und dem utilitaristischen Denkansatz gewichen ist.

IV. Bedarf es einer universalisierbaren Begründung der Menschenrechte?

Ein noch prinzipiellerer Einwand lautet: Menschenrechte könnten nur dann universal gelten, wenn es eine universal konsensfähige und akzeptierte Theorie der Menschenrechte gäbe. Diese müsse man erst suchen, und solange sie nicht gefunden sei, könnten Menschenrechte keinen universalen Geltungsanspruch erheben. Die aus der Aufklärung überlieferte naturrechtliche Menschenrechtstheorie sei an typisch europäische Denk-Voraussetzungen geknüpft. Die Verpflichtungskraft der Menschenrechte habe die europäische Metaphysik zur Grundlage, sie stütze sich „philosophisch auf den ontologischen Gottesbeweis, theologisch auf das Dogma von der Gottebenbildlichkeit des Menschen" (Georg Picht[2]). Wo diese Metaphysik nicht akzeptiert sei, könnten folglich die Menschenrechte keine Verpflichtungskraft entfalten. Wenn man überhaupt an ihrem Geltungsanspruch festhalten wolle, so müsse man zunächst eine Begründung dafür finden, die von jedermann, unabhängig von seinem kulturellen Hintergrund, akzeptiert werde.

---

[1] Im einzelnen s. *M. Kriele,* Freiheit und „Befreiung". Zur Rangordnung der Menschenrechte (1988); jetzt in: Recht, Vernunft, Wirklichkeit, Berlin 1990, S. 204 ff.

[2] *Georg Picht,* Zum geistesgeschichtlichen Hintergrund der Lehre von den Menschenrechten, in: Hier und Jetzt, BD I, Stuttgart 1980, S. 116 ff. Hierzu *M. Kriele:* Die Demokratische Weltrevolution, § 24, o. S. ???.

Es gebe jedoch „keine einheitliche und universale anerkannte Konzeption von der Natur des Menschen". Eine solche lasse sich philosophisch nicht „rational zwingend" begründen. Denn es gebe dafür „keine sichere, von jedermann notwendigerweise zu akzeptierende Basis". Folglich sei der Geltungsanspruch der Menschenrechte „theoretisch unhaltbar".[3] Nun kann man Menschenrechte philosophisch auf verschiedene Weise begründen. Man kann sich z. B. an Kant anlehnen. Dann heißt es: Kants Philosophie akzeptiere ich nicht – kein Konsens. Man kann sich anlehnen an die Thomistische Naturrechtslehre, die Bibel, an Hegels Geschichtsphilosophie, an Schopenhauers Mitleidsethik, an Schelers materiale Wertethik oder wie sonst. Immer lautet die Antwort: Ich akzeptiere die philosophischen Voraussetzungen nicht – kein Konsens. Gerade der Pluralismus der philosophischen Ansätze beweise ja, daß diese selbst innerhalb der europäischen Bildungswelt nicht als so zwingend angesehen werden, daß jedermann sie akzeptiert, geschweige denn die Machthaber der Dritten Welt. Also habe die Idee universaler Menschenrechte das Spiel verloren.

Doch scheint mir dieser Denkansatz auf einer grundsätzlichen Verkennung dessen zu beruhen, was Rechtsphilosophie ist und zu leisten vermag. Sie vermag ein vorhandenes Unrechtsbewußtsein auf verschiedene Weise zu begründen, zu entfalten, zu differenzieren, je nach den Umständen gegebenenfalls auch zu korrigieren. Aber sie schafft es nicht, sondern kann und muß es voraussetzen. Die Unrechtserfahrung etwa des Gefolterten ist primär und ursprünglich, ihre theoretische und theologische Begründung und Einordnung ist sekundär, variabel und notfalls entbehrlich. Das Unrecht der Folter ist auch den Folterern bewußt. Es ist auch denen bewußt, die den Gefolterten, mit welchen Gründen immer, im Stich lassen und die Folter als eine immerhin mögliche Praxis gelten lassen.

Die Begründungspflicht liegt nicht bei denen, die in der Folter eine Menschenrechtsverletzung erkennen, denn diese Erkenntnis ist auch ohne Begründung evident. Die Begründungspflicht liegt vielmehr bei denen, die diese Praxis irgendwie zu rechtfertigen versuchen. An diese müßte man den Anspruch stellen, eine universalisierbare Begründung vorzulegen, und ihnen angesichts der Unmöglichkeit dessen das Unrecht ihres Tuns und Redens vor Augen halten.

Statt dessen dem Verfechter der Menschenrechte die Begründungspflicht zuzuweisen und die Akzeptanz der Begründung vom faktisch universalen Konsens ab-

---

3 Mit diesen Worten wurde mir kürzlich die Unmöglichkeit einer universal konsensfähigen Menschenrechtstheorie vorgehalten. Eine solche sei aber die Voraussetzung für die Universalität der Menschenrechte. Es war ein philosophischer Gesprächskreis in Stuttgart, der sich durch meine Kritik an Georg Picht provoziert fühlte und mich zur Diskussion stellte – ein Kreis, der die DDR-BRD-Vergleiche der Art, wie sie sich in vielen unserer Schulbücher der 70er und 80er Jahre fanden, nicht anstößig fand. Ich wurde aufgefordert, vorzutragen, wie ich den universalen Geltungsanspruch der Menschenrechte philosophisch begründen wolle. Es war beabsichtigt, alsdann die Begründung – wie immer sie ausfällt – als nicht universal konsensfähig zurückzuweisen. Das Spiel war so aufgebaut, daß meine These von der Universalität der Menschenrechte auf jeden Fall verlieren sollte: Entweder weil ich sie nicht theoretisch begründe, oder weil meine Theorie keine universale Akzeptanz finde.

hängig zu machen, wäre eine Spielregel, die auf den ersten Blick von dem Gedanken auszugehen scheint: eine Regel gelte dann als begründet, wenn ihre Universalisierbarkeit dargetan werden könne. Doch ist dieser an Kants kategorischen Imperativ anknüpfende Gedanke in mehrerer Hinsicht mißverstanden. Zwei Gesichtspunkte will ich nennen.

Erstens bedeutet Universalisierbarkeit etwas anderes als faktischer Konsens. Die Universalisierbarkeit wird im Diskurs zwischen denen ermittelt, die schon „the moral point of view" eingenommen haben, die also prinzipiell das Recht und nicht das Unrecht wollen, die sich sachlich, fair, rational und unvoreingenommen auf einen Diskurs einlassen und ihre endgültige Meinung von nichts anderem abhängig machen als von der Plausibilität der Argumente. Keine dieser Bedingungen wäre bei einem Verbrecher oder einem spielerischen Sophisten gegeben. Ebensowenig ist sie bei den Diktatoren und ihren Ideologen gegeben. Man kann das Folterverbot nicht vom Konsens mit dem Folterer abhängig machen und schon gar nicht den Konsens erst dann als erwiesen ansehen, wenn der Folterer das Unrecht seines Tuns ausdrücklich zugibt, und folgern: Solange er der rationalen Diskussion ausweiche oder sich in Sophistereien flüchte, sei der Beweis des Konsenses nicht erbracht, und der Geltungsanspruch der Menschenrechte habe das Spiel verloren.

Der politische Sinn dieser Spielregel ist folgender: Wir sollen einen universalen Geltungsanspruch nur für diejenigen Mindestgehalte von Menschenrechten erheben, für den wir die Zustimmung nicht nur der westlichen Demokratien, sondern auch der sozialistischen Diktaturen, der islamischen Theokratien, der afrikanischen oder asiatischen Stammeskulturen finden. Ließen wir uns darauf ein, so machten wir den Menschenrechtsanspruch von der Zustimmung auch derjenigen Staaten abhängig, die die Menschenrechte mißachten, denen gegenüber sie aber eben deshalb zur Geltung zu bringen wären.

Zweitens geht es nämlich bei der Regelbegründung durch Universalisierbarkeit nicht darum, die Freiheit zu rechtfertigen. Rechtfertigungsbedürftig ist vielmehr die pflichtenbegründende, freiheitseinschränkende Regel. Die Freiheit des einen soll mit der Freiheit jedes anderen zusammen bestehen können: deshalb bedarf die Freiheit der Einschränkung. Erst unter dieser Prämisse gewinnt die Frage nach der Universalisierbarkeit ihre Bedeutung. Kehrt man die Begründungspflicht um, verlangt eine universalisierbare Begründung für Freiheitsgewährungen, so besäße die Frage gar keinen Sinn: Warum sollte ein despotischer Staat Freiheitsgewährungen von ihrer Universalisierbarkeit abhängig machen? Es gäbe auch keinen Anknüpfungspunkt, aus dem sich Gesichtspunkte für die Beantwortung ergeben könnten.

Wer sein Eintreten für Menschenrechte von einer universal akzeptierten Theorie der Menschenrechte abhängig macht und die Begründungspflicht und Beweislast somit den Verfechtern der Menschenrechte zuschiebt, tritt sozusagen aufschiebend bedingt für die Menschenrechte ein: Bis zum Nachweis des Gelingens dieser Theorie kann er es lassen und braucht sich dennoch keinen Menschenrechtszynismus vorhalten zu lassen. Die Verfechter dieser Spielregel sehen sich aber in ihrer Anwendung zu auffallenden Inkonsequenzen gezwungen. Sie verlangen zwar faktischen Konsens mit den sozialistischen und vielleicht auch den islamischen Staaten, nicht aber mit faschistischen oder rassistischen. Sie verlangen eine universalisierbare Begründung für die bürgerlichen Freiheitsrechte, nicht aber für die Menschenrechte der „zweiten und dritten Generation". Ihre Forderung richtet sich also gar nicht wirklich auf prinzipielle Universalisierbarkeit, sondern auf einen geteilten, politisch bedingten, faktischen Konsens. Für eine solche Forderung mag es allerlei pragmatische Gründe geben. Für die prinzipielle Frage nach der Universalität der Menschenrechte ist sie irrelevant.

Das in dieser Spielregel sich aussprechende Rechtfertigungsbedürfnis aber beweist, daß nicht nur der Geltungsanspruch der Menschenrechte ein universaler ist, sondern auch das Wissen darum. Daß das auch die rechtsverletzenden Staaten wissen, wird daran sichtbar, daß sie sich vor diesem Geltungsanspruch heuchlerisch verneigen. Sie geben ihre Menschenrechts-Verletzungen keineswegs freimütig zu, sondern verbergen die Tatsachen und unterdrücken die Diskussion über sie. Sie lehnen den Geltungsanspruch keineswegs offen ab, sondern bekennen sich öffentlich zur Anerkennung der Menschenrechte, ja ratifizieren die Menschenrechtskonventionen, obwohl sie gar nicht die Absicht haben, sie einzuhalten. Sie schreiben in ihre Verfassungen Menschenrechtskataloge, ohne durch Gewaltenteilung einen Rechtszustand ermöglicht zu haben, wie z. B. Stalin in die Verfassung von 1936, der damit westliche Intellektuelle beeindruckte, während er in den folgenden zwei Jahren 7 Millionen Menschen willkürlich verhaften ließ, das sind im Durchschnitt pro Tag 10 000. Sie interpretieren die Menschenrechte so um, daß die bürgerlichen Freiheitsrechte hinter die sozialen, wirtschaftlichen und kulturellen zurücktreten müßten, und begründen das mit allerlei blendenden Theorien. Warum das alles, wenn das Wissen um den Geltungsanspruch der Menschenrechte nicht ein universaler wäre?

Wie aber erklärt sich dieses universale Rechtsbewußtsein trotz der gewissen Primärplausibilität der vier prinzipiellen Einwände – des regionalen Relativismus, des historischen Relativismus, des ethischen Utilitarismus und der Forderung nach universalisierbarer Regelbegründung?

V. Der Staat als Adressat der Menschenrechte

Um die Universalität des menschenrechtlichen Rechtsbewußtseins erklärlich zu machen, muß man sich erinnern, daß sich die bürgerlichen Freiheitsrechte der Aufklärung als Appell an die Staaten richten. Sie haben die Existenz von Staaten zur Grundlage und Voraussetzung. Da die Staatenwelt eine universale geworden ist, sind diese Rechte universal geworden. Es ist zwar richtig, daß ihre Entdeckung und Formulierung zunächst einen regional begrenzten Ursprung hatte: nämlich Europa und Amerika. Es ist ebenso richtig, daß sie besondere historische Bedingungen voraussetzten, wie sie im 18. Jahrhundert entstanden waren. Und es ist schließlich auch richtig, daß es einen räumlichen, zeitlichen und sachlichen Zusammenhang mit Industrialismus, Kapitalismus und Parlamentarismus gibt. Dieser Zusammenhang ist aber nicht so eng, wie die Befreiungstheorien voraussetzen, und vor allem: er ist nicht entscheidend. Entscheidend ist vielmehr der Zusammenhang mit dem modernen Staat, der seinen Ursprung nicht in diesen Phänomenen hat, der vielmehr im geistigen Horizont von Renaissance und Reformation entstand: in der Auflösung der Einheit von Kirche und Reich, in der Pluralität von Konfessionen, in dem Streben nach Überwindung der konfessionellen Bürgerkriege und in der Ablösung der traditionalen durch rationale Legitimität. Das Problem der Universalität der Menschenrechte kann man nur in den Griff bekommen, wenn man seinen unmittelbaren Zusammenhang mit dem modernen Staat ins Auge faßt, der heute zu einem universalen Phänomen geworden ist.

Um das einleuchtend zu machen, ist es nötig, kurz auf den historischen Ursprung der modernen Ausbreitung der Menschenrechtsidee einzugehen. Dieser Ursprung liegt nämlich nicht in den aufkommenden Interessen der bürgerlich-kapitalistisch-industriellen Gesellschaft. Dies war eine ursprünglich konservative Legende. Sie wurde später von der marxistischen Ideologiekritik übernommen. Es gab Anhaltspunkte, die sie auf den ersten Blick einleuchtend erscheinen ließ. Gleichwohl verdunkelt diese Legende den historischen Ursprung und den sachlichen Gehalt der Menschenrechte.

Der Ursprung lag in der Erfahrung, daß der im 16. und 17. Jahrhundert entstandene moderne Territorialstaat mit Gewalt- und Rechtssetzungsmonopol in der Lage war, den Menschen vollständig zu entrechten. Zwar hatten auch die traditionalen Ordnungen für den Menschen erhebliche Rechtsgefährdungen mit sich gebracht – man denke nur an die Inquisition, an die Verwüstungen durch Fehden und an die feudalen Abhängigkeiten. In diesem Rahmen aber gab es im Normalfall ein gewisses Maß an Geborgenheit, an Verläßlichkeit, an Treueverhältnissen und Schutzrechten. Der moderne Territorialstaat vermochte selbst diese bescheidenen Rechte aufzulösen und den Menschen restlos und vollständig despotischer Willkürherrschaft auszuliefern, vor allem in seiner absolutistischen Ausprägung, die auf dem europäischen Kontinent im 17. Jahrhundert vorherrschend war. Zwar machte er von seiner unumschränkten Souveränität oft nur maßvollen Gebrauch. Er konnte sich im 18. Jahrhundert mitunter sogar ausgesprochen aufgeklärt und rechtsförmlich zeigen. Aber er besaß die Möglichkeit zu unbegrenzter Verfügung über den Menschen, und er zeigte diese Macht gelegentlich, am grausamsten in den konfessionellen Verfolgungen. Deren Höhepunkt lag in Frankreich nach 1685: die evangelische Religion wurde kriminalisiert, selbst häusliche Gottesdienste standen unter Strafe, Geistliche wurden verbannt, Kirchen niedergebrannt, Menschen gemartert und solange am Schlafen gehindert, bis sie den konfessionellen Übertritt unterschrieben. Flucht war mit lebenslanger Galeerenstrafe bedroht und gelang den Hugenotten nur in nächtlichen Märschen. Ein Viertel Frankreichs wurde entvölkert. Unter dem königlichen Edikt stand: „Car tel est motre plaisir" – denn so ist unser Belieben.[4]

Das war die Herausforderung, die den Aufklärern des 18. Jahrhunderts vor Augen stand. Ihre Antwort lautete: Der Zustand völligen Ausgeliefertseins an fremde Willkür entspricht nicht der Natur des Menschen. Vielmehr ist es ihr angemessen, das Zusammenleben friedlich, freundlich und vernünftig zu gestalten, sich deshalb gegenseitige Rechte zuzubilligen und diese zu respektieren. Die Frage war: Wie ließ sich das unter den Bedingungen des modernen Staates herbeiführen? Denn ein Zurück zu alten Rechtsverhältnissen war weder machbar noch wünschenswert, nachdem die konfessionellen Bürgerkriege nur durch die moderne Staatlichkeit hatten überwunden werden können. Also mußte man den Staat bewahren, aber so organisieren, daß er von sich aus einen der Natur des Menschen angemessenen Rechtszustand gewährleistet.

Die erste Voraussetzung dafür war die Gewaltenteilung: die staatliche Exekutivgewalt sollte an Verfassung und Gesetz gebunden sein, die ihr von außen vorgegeben werden, über die sie also nicht verfügen und die sie nicht durchbrechen kann. Auch der Rechtsauslegung und -anwendung sollte sie keine Weisungen erteilen können, diese sollte vielmehr sachlich und persönlich unabhängigen Richtern anvertraut sein. Dieser Gesichtspunkt wurde später dahin ergänzt, daß der Richter auch die Gesetzmäßigkeit der Exekutive, noch später sogar: die Verfassungsmäßigkeit der Legislative kontrollieren sollte. Die Gewaltenteilung wurde als die Grundlage und Voraussetzung dafür erkannt, daß überhaupt ein Rechtszustand bestehen kann.[5] Den Ursprung und Kern aller Menschenrechte bildete der Gedanke: der Mensch hat von seiner Natur her ein Recht auf Leben im Rechtszustand. Die ersten modernen Staatsverfassungen organisierten deshalb die Gewaltenteilung. Die älteste von ihnen, die von Virginia (1776), enthielt darüber hinaus sogar ein Grundrecht auf Leben in einem gewaltenteilenden Staat (Art. 5).

Unter der Voraussetzung der Gewaltenteilung macht es dann zweitens Sinn, das Menschenrecht auf ein Leben im Rechtszustand genauer zu definieren. Angesichts der gemachten Erfahrungen stand – in Anlehnung an englische Rechtsgrundsätze – vor allem der Rechtsgedanke im Vordergrund: niemand kann verhaftet oder sonst seiner persönlichen Freiheit und seines Eigentums beraubt, verbannt, geächtet, getötet oder in seiner körperlichen Integrität verletzt werden, außer auf Grund allgemeiner Gesetze und in einem ordentlichen Gerichtsverfahren. Das war, was man in erster Linie unter dem Begriff „Freiheit" verstand.

Dieser Freiheitsgedanke wurde dann drittens in einzelne Rechte aufgefächert. Es ging darum, welche Mindestbedingungen an die freiheitsbeschränkenden allgemeinen Gesetze und an ein ordentliches Gerichtsverfahren zu stellen sind. Die ersten Grundrechtskataloge in den Verfassungen der amerikanischen Staaten seit 1776 und später in der Bundesverfassung enthielten – ebenso wie die erste Verfassung der französischen Revolution von 1791 – nicht etwa die Bedingungen bürgerlichen Wirtschaftens, sondern die judiziellen Rechte, die die Mindestbedingungen der

---

4 Im einzelnen: *M. Kriele,* Einführung in die Staatslehre, 5. Aufl. 1994, § 11.

5 Des Näheren *M. Kriele,* Die demokratische Weltrevolution, § 6, o. S. 23 ff.

Freiheit von despotischer Willkür ausmachten. Die amerikanische Bundesverfassung von 1787, die erst zwei Jahre später durch den Grundrechtskatalog der Amendments ergänzt wurde, enthielt doch schon die wesentlichsten judiziellen Rechte als unmittelbar geltendes Recht. Dasselbe gilt für die französische Verfassung von 1791, der im übrigen die allgemeine Erklärung der Menschenrechte von 1789 nur als Proklamation und Präambel vorangestellt war. Aber auch diese Menschenrechtserklärung bestand – ebenso wie die Amendments – zum größten Teil aus judiziellen Rechten.[6]

An diesen Kern des Freiheitsgedankens kristallisierten sich viertens weitere Rechte an: insbesondere die Rechte, die für die parlamentarische Demokratie konstitutiv sind, und in diesem Zusammenhang die Meinungsfreiheit. In den europäischen und amerikanischen Verfassungen setzte sich dann fünftens schrittweise der Gedanke der Gleichberechtigung durch: vor allem als Wahlgleichheit, die erst im 20. Jahrhundert auch die Frauen einbezog, und als Emanzipation der Juden. Doch um die der Sklaven mußte in den USA erst ein Bürgerkrieg geführt werden.

Dort wurde statt dessen der Schutz von Gewerbefreiheit und wirtschaftlichem Eigentum verstärkt – z. T. durch sehr gewagte Uminterpretationen der Grundrechte durch den Supreme Court, der auf diese Weise bis in die dreißiger Jahre unseres Jahrhunderts hinein die Sozialgesetzgebung behinderte. Diese Uminterpretationen verschafften der Legende Auftrieb, es gehe bei den angeblichen Menschenrechten in Wirklichkeit um Kapitalistenrechte.[7] Diese Legende konnte aber nur deshalb so große Ausbreitung finden, weil man unterließ, einen Blick in die ursprünglichen Verfassungen und Grundrechtskataloge zu werfen. Diese Legende hat dazu geführt, daß die Menschenrechtsdiskussion in der zweiten Hälfte unseres Jahrhunderts eine antiamerikanische – oder, wie man zu sagen pflegt, antiimperialistische – Stoßrichtung hat finden können.

VI. Die Universalität des Staates

Die Besinnung auf den historischen Ursprung des modernen Kampfes um die Menschenrechte führt uns vor Augen, warum das Menschenrechtsproblem zu einem universalen geworden ist, nämlich weil der Staat universal geworden ist.[8] Der moderne Territorialstaat mit Gewalt- und Rechtssetzungsmonopol hat allenthalben Verfügungsmacht über die traditional begründeten Rechte gewonnen und alte Geborgenheiten aufgelöst. Es liegt in seinem Wesen, daß er den Menschen vollständig entrechten und der Willkür ausliefern kann, wenn er nicht durch einen bewußten verfassungspolitischen Gestaltungswillen so organisiert ist, daß er statt dessen den Rechtszustand herstellt und die Menschenrechte gewährleistet.

---

6 Im einzelnen: *M. Kriele*, Einführung in die Staatslehre, (Fn. 4), §§ 48 f.

7 A.a.O., § 54.

8 Des Näheren: Die demokratische Weltrevolution, § 19, o. S. 60 ff.

Mit der Kolonisierung der südlichen Völker haben sich moderne großflächige, rational organisierte Verwaltungsstrukturen über die Welt verbreitet, und mit ihnen zugleich die alle traditionalen Legitimitäten auflösende europäische Rationalität, mit der Disponibilität des Rechts, dem Monopol der Rechtssetzung, der Positivität der Rechtsgeltung, der generell-abstrakten Rechtsförmlichkeit. Die ehemaligen Kolonien wurden zu Staaten. Aber auch in den nicht kolonisierten Gebieten orientiert sich die politische Organisation am Modell des Staates. Heute ist die ganze Erdoberfläche von Territorialstaaten bedeckt.

Diese Staaten lösen die ethnisch verwurzelten traditionalen Rechtsstrukturen auf oder ordnen sie sich unter. Manche Staaten umfassen verschiedene Völker. Diese fügen sich oft nur widerwillig ein und benutzen die erste beste Gelegenheit zum Ausbruch. Zweitens fassen die Staaten oft nicht nur verschiedene Völker, sondern auch Teile von Völkern zusammen und durchschneiden mit ihren Grenzen deren Lebensbereiche und damit die traditionalen Rechtskulturen. In Afrika sind die Staatsgrenzen zumeist identisch mit den Grenzen der ehemaligen Kolonien. Diese Grenzen dienten der Abgrenzung der Macht- und Einflußbereiche der ehemaligen europäischen Kolonialherren und nahmen keine Rücksicht auf Lebensregionen der Völker und Stämme und auf traditionale Rechtskreise. Die ethnischen Konflikte sowohl innerhalb der afrikanischen Staaten als auch zwischen ihnen, die vor allem aus dem Drängen auf Volkseinheit, aber auch auf Stammesvorherrschaft im Staate entstehen, nehmen nicht selten die Form grausamer Bürgerkriege an. Um so mehr gilt es als geheiligter oberster Grundsatz der afrikanischen Staaten, keine Gebietskorrekturen, ja nicht einmal eine Diskussion über sie zuzulassen, weil sonst der ganze Kontinent in Kriegen und Bürgerkriegen explodieren würde. Dieser Grundsatz ist um so verständlicher, als die moderne Mobilität und die Völkervermischung, vor allen in den Großstädten, eine Rückkehr zu ethnisch bestimmten Abgrenzungen zumeist unmöglich machen.

In Südamerika sind die traditionalen Rechtskulturen der Indianer ebenso wie die der Schwarzen durch die spanisch und portugiesisch geprägte Staatlichkeit überlagert und lassen sich ebenfalls nicht mehr wiederherstellen. Hier kommt zur Mobilität und Völkermischung noch die Herkunft der Schwarzen aus ganz verschiedenen Teilen Afrikas hinzu.

Em ehesten decken sich die Staatsgrenzen mit traditionellen Grenzen in Asien; aber auch hier überlagert der Territorialstaat das tradierte Recht und beansprucht sein alles durchdringendes rechtspolitisches Gesetzgebungsmonopol. Das gilt in gleicher Weise für den islamischen wie für den indischen Raum, für die sozialistischen Staaten wie für die westlich geprägten Demokratien.

Es kann folglich nicht mehr um die Frage gehen, ob wir traditionale Rechtskulturen respektieren und aus diesem Grunde auf die missionarische Verbreitung unserer Rechtsvorstellungen einschließlich der Menschenrechte verzichten sollten. Der Naturrechtsgedanke der bürgerlichen Freiheitsrechte war von Anfang an nicht dazu bestimmt, traditionale Legitimitäten und Geborgenheiten aufzubrechen und durch rechtsstaatliche Verfassungsordnungen zu ersetzen. Er sichtete sich vielmehr an die im 17. und 18. Jahrhundert entstandenen Staaten und setzte ihr Bestehen voraus. Gewiß, ohne die koloniale Dominanz Europas vom 18. bis ins 20. Jahrhundert hinein wäre es nicht dazu gekommen, daß nunmehr die gesamte Menschheit in modernen Territorialstaaten mit Gewalt- und Rechtsetzungsmonopol organisiert ist. Man mag das mit dem Argument beklagen, wir Europäer hätten die kolonisierten Völker mit ihren traditionalen Legitimitäten besser in Frieden gelassen. Heute aber hat dieses Argument seine Relevanz verloren. Geschehen ist geschehen: die gesamte Menschheit unterliegt der Verfügungsmacht von Staaten. Unter diesen Umständen schulden wir ihr auch die Erkenntnis des Remediums gegen die Gefahr vollständiger Entrechtung durch despotische Staatswillkür. Wo einmal moderne Territorialstaaten entstanden sind, läßt sich ein Rechtszustand nicht anders herstellen als durch eine gewaltenteilende Verfassungsorganisation, die die bürgerlichen Freiheitsrechte gewährleistet. Die Alternative dazu ist nicht das friedliche Leben der Eingeborenen in ihren alten Rechtskulturen (von denen man sich übrigens keine romantischen Vorstellungen machen sollte). Die Alternative zu bürgerlichen Freiheitsrechten ist vielmehr: willkürliche Verhaftung, Verschleppung, Ermordung, Folter und Massenverelendung.

Die ungeheuren Flüchtlingsströme in der sogenannten Dritten Welt sprechen eine beredte Sprache. Sie sind in ihren Ausmaßen in der Weltgeschichte ohne Beispiel. Viele Millionen – bisher in Großfamilien lebende – Bauern, Hirten, Fischer, Handwerker geben ihre Heimat auf und flüchten über die Grenze in fremde Staaten, wo sie niemanden kennen, die Sprache nicht verstehen, keine Lebensgrundlage finden und allenfalls in den von der UNO unterhaltenen Flüchtlingslagern überleben können. Wie müssen die Verhältnisse gewesen sein, wenn sie dieses Schicksal vorziehen! Dabei sieht sich nur ein kleiner Prozentsatz der bedrohten und verfolgten Menschen zur Flucht in der Lage. Die meisten machen bis zur letzten Konsequenz die Erfahrung der vollständigen Entrechtung durch einen übermächtigen, in despotischer Willkür herrschenden Staat.

Für sie gibt es keinen anderen Ausweg als den der Herstellung eines neuen Rechtszustands durch eine Verfassungsorganisation, die die elementaren bürgerlichen Freiheitsrechte sichert. Zwar kann es auch in Verfassungsstaaten zu Flucht und Entwurzelungen kommen: durch Kriege und Bürgerkriege, Überschwemmungen und Erdbeben, Trockenzeiten und Hungerkatastrophen – ebenso wie in den despotischen Staaten auch. Aber die riesige Zahl der vor staatlicher Verfolgung flüchtenden Menschen in den letzten Jahrzehnten stammte nicht aus Verfassungsstaaten, die einen Rechtszustand gewährleisten, sondern zu fast 100% aus den anderen, den rechten oder linken Diktaturen, und zwar, so sei noch hinzugefügt, zu knapp 10% aus rechts gerichteten und zu über 90% aus links gerichteten, sozialistischen Staaten, die im Namen der „Befreiung" die Menschen unterworfen und entrechtet haben.

VII. Der universale Kern des Rechtsbewußtseins

Die Universalität der Menschenrechte bestreiten, heißt, den staatlichen Gewaltherrschern die Entrechtung der Menschen zuzubilligen und den Verfolgten die Hilfe verweigern, die die Weltöffentlichkeit ihnen leisten könnte, wenn sie die Herstellung des Rechtszustands und die Respektierung der Menschenrechte einforderte.

Diese Verweigerungshaltung hat sich vor allem in den 70er und 80er Jahren ausgebreitet und ist unter anderem in mächtigen, weltweiten Organisationen zumindest zeitweise vorherrschend geworden. (Ich nenne als Beispiele etwa den Ökumenischen Weltrat der Kirchen oder die Sozialistische Internationale.) Die dafür angegebenen Gründe waren vielschichtig: Befreiung aus dem „Paradigma der Moderne" als Voraussetzung für die Lösung sozialer und ökologischer Probleme und für die Herstellung einer gerechten Weltwirtschaftsordnung, Ost-Westentspannung, Abwehr liberal-konservativer Strömungen, die Erwartung ihres ohnehin unausweichlichen Niedergangs. Ferner hieß es, gerade diese Verweigerung ermöglichte es, menschliche Erleichterungen im Einzelfall auszuhandeln, das Eintreten für die Menschenrechte sei ohnehin nicht erfolgversprechend, ferner, es stelle linke und rechte Menschenrechtsverletzungen auf eine Stufe, während sie doch von moralisch unterschiedlich zu bewertenden Motiven bestimmt seien. Hinter diesen Gründen mögen sich zum Teil auch Motive verborgen haben, die sich nicht unmittelbar aussprechen konnten, die sich aber ideologiekritisch erschließen lassen. Auf das alles will ich hier nicht eingehen.

Die Aufklärer, die den naturrechtlichen Geltungsanspruch der Menschenrechte vertraten, bildeten schon im 18. Jahrhundert nur eine kleine Schar. Auch unter den damaligen sogenannten Aufklärern waren ihnen Verfechter des aufgeklärten Absolutismus an Zahl und Einfluß weit überlegen. Seither und bis in die siebziger und achtziger Jahre unseres Jahrhunderts hinein standen sie in der Defensive. Daß sie dennoch so erstaunliche Erfolge erzielt haben und erzielen, hat seinen Grund in der sanften Überzeugungskraft der Wahrheit, die sich auf Dauer allen noch so feinsinnig konstruierten Gegentheorien als überlegen erweist. Diese Wahrheit besteht darin, daß es der Natur des Menschen angemessen ist, in der Sicherheit des Rechtszustands zu leben, und unangemessen, fremder Willkür ausgeliefert zu sein. Es ist nicht die Natur des „im Paradigma der Moderne" lebenden westlichen Bürgers, sondern die des Menschen schlechthin.

Deshalb wurden wir Zeugen eines Kampfes um die Herstellung des Rechtszustands in Osteuropa, Nepal, Äthiopien, Mosambik, Angola, Südafrika und in den südamerikanischen Staaten, die vor ein bis zwei Jahrzehnten überwiegend diktatorisch regiert wurden, ihre eigenen Bürger ermordeten und folterten, und die nun einer nach dem anderen auf dem Wege zu demokratischen Verfassungsstaaten sind. Und deshalb werden wir weiterhin Zeugen dieses Kampfes sein: in China, Tibet, Nordkorea, Vietnam und in den noch immer von rechten oder linken Diktatoren regierten Staaten Lateinamerikas, Afrikas und des vorderen Orients.

In allen Volkssprachen gibt es Äquivalente für die Worte „unrecht" oder „unge-recht". In einem gewissen Kernbereich stimmen die Begriffe mit den unseren über-ein, auch dort, wo die Menschen der europäischen Rechtszivilisation und Rechts-philosophie noch niemals begegnet waren. Die Indianer, mit denen man Verträge schloß, ohne die Absicht sie einzuhalten, weil man sie als nicht rechtsfähig ansah, die ihren Teil leisteten und sich dann hintergangen sahen, wußten, daß das unrecht war. Ebenso wußten es die als Sklaven eingefangenen, in fremdem Wirtschaftsinte-resse ausgebeuteten Afrikaner. Und ebenso wissen es die in den neuen Staaten verfolgten, willkürlich verhafteten, gefolterten oder eingeschüchterten Menschen. Die meisten akzeptierten zwar früher Härte und Diskriminierungen im Rahmen der überlieferten Rechtsordnung, z. B. grausame Strafen, das Kastenwesen, das Verbot des Religionswechsels, die Mädchenbeschneidung, die Unterwürfigkeit der Frau usw. Voraussetzung dafür war, daß die überlieferte Rechtsordnung im großen und ganzen in ihrer Legitimität nicht in Frage gestellt war, weil sie auch Schutzrechte und Geborgenheiten vermittelte.

Daß aber die völlige Entrechtung des Menschen durch die Willkürherrschaft de-spotischer Staaten unrecht ist, das ist den Menschen unabhängig von Herkunft und Bildung unmittelbar evident. Wer in Afrika oder Südamerika Gelegenheit hatte, mit politischen Gefangenen und ihren Angehörigen zu sprechen, wird bestätigen: Analphabeten, die nie von Menschenrechten und ihrer naturrechtlichen Begrün-dung gehört hatten, haben nicht den geringsten Zweifel daran, daß willkürliche Verhaftung unrecht ist. Sie setzen als selbstverständlich voraus, daß alle das wis-sen, auch ihre Peiniger selbst. Sie erwarten deshalb auch als selbstverständlich, daß sich in der ganzen Welt Menschen finden werden, die für sie eintreten und ih-nen zu ihrem Recht helfen wollen. Wenn sie erfahren, wie stark verbreitet die Ver-weigerungshaltung auch innerhalb westlicher Demokratien ist, so ist ihnen das völ-lig unverständlich und treibt sie in Bitterkeit und Verzweiflung.

Daß diese Verweigerungshaltung selbst mit dem Bewußtsein verbunden war, un-recht zu sein, nämlich sich mit denen zu arrangieren, die Unrecht tun, und die im Stich zu lassen, die Unrecht leiden, wird an dem Bedürfnis nach Leugnung oder pragmatischer Rechtfertigung der Menschenrechtsverletzungen sichtbar. Noch deutlicher wird es jetzt nach dem Zusammenbruch der sozialistischen Gewaltherr-schaft, da die pragmatischen Gründe zur Verweigerung der menschenrechtlichen Solidarität entfallen. Mit einem Mal erscheint es geradezu selbstverständlich, daß man für Menschenrechte eintritt, selbst auch noch rückwirkend: als wär man im-mer leidenschaftlich für den gewaltenteilenden Verfassungsstaat und die bürgerli-chen Freiheitsrechte eingetreten.

Fassen wir zusammen: Die Universalität der Menschenrechte beruht auf dem Zusammentreffen von zwei Faktoren: einmal auf der (insofern universalen) men-schlichen Natur, die den Zustand der Rechtlosigkeit als Unrecht erfährt, zum ande-ren auf der universalen Ausbreitung des modernen Staates. Denn dieser vermag in den Zustand völliger Rechtlosigkeit zu führen. Es gibt heute kein anderes Reme-

dium mehr als eine Verfassungsorganisation, die die Menschenrechte gewährleistet, indem sie die Staatsgewalt in eine gewaltenteilende Rechtsordnung einbindet
und so den Rechtszustand herstellt. Denn nur, wenn die Staatsgewalt ans Recht gebunden ist, kann sie auch an Menschenrechte gebunden sein. Da das Erfordernis
eines Lebens im Rechtszustand der Natur des Menschen schlechthin entspricht und
daher universal ist, ist auch der Geltungsanspruch der Menschenrechte ein universaler.

Der Sinn des Staates im Zeitalter
der freien Individualität

Zur anthroposophischen Dreigliederungslehre

(Stuttgart 1991)

Rudolf Steiner hat gelehrt: Der Staat solle sich auf Politik und das Rechtsleben – auf Gesetzgebung und Rechtsanwendung – beschränken. Das Wirtschaftsleben und das Geistesleben einschließlich der Schulen und Hochschulen sollten sich ihre eigenen Organisationsformen schaffen, deren Unabhängigkeit vom Staat anzuerkennen sei. Der näheren Ausführung und Verbreitung dieses Gedankens dient eine breitgefächerte sog. „Dreigliederungsbewegung". In dieser herrschen Staat und Recht gegenüber viel Mißtrauen und Distanz. Der Staat, auch der Staat, wie das Grundgesetz ihn meint und will, steht unter der Anklage, er beschränke sich nicht aufs Rechtliche und Politische, sondern okkupiere das Geistes- und Wirtschaftsleben, statt ihnen den gebührenden Raum freizugeben, er durchmische die drei Funktionskreise und verhindere so die Dreigliederung. Mitunter begegnet uns aber eine noch viel prinzipiellere Ablehnung von Staat und Recht. Sie zeigte sich beispielhaft auf der Pfingsttagung anthroposophisch orientierter Juristen, die vom 6. bis 8. Juni 1991 in Dornach stattfand. Dem Bericht der Arbeitsgruppe Nordrhein-Westfalen zufolge hat der Hauptredner unter anderem folgendes vorgetragen:

Das Recht sei ein Übel, das es zu überwinden und durch Vertrauen zu ersetzen gelte. Juristische Tätigkeit sei „technokratische Strukturschaffung, Hinführung auf einen Todespunkt, diene dem ‚Knochenmann' in uns. Impulse für eine Verlebendigung seien dem rechtlichen Bereich nicht zu entnehmen." Der Gegenredner trat dem, dem Bericht zufolge, zwar entgegen, aber anscheinend nur zögernd und halbherzig: das Recht weise „nicht ausschließlich" diese Eigenschaften auf. „Es sei ‚möglich', rechtlichen Begriffen und Gedanken ‚durch geisteswissenschaftliche Forschung' wenigstens Ansätze für die Erringung tiefer liegender Stufen des Rechts zu entnehmen."

Nun bedarf es keiner ergänzenden geisteswissenschaftlichen Forschung, um herauszufinden, daß die Mißachtung der Rechte anderer zugleich unmoralisch ist. Wer andere verleumdet, betrügt, bestiehlt oder sonst in ihren Rechten verletzt, kann nicht beanspruchen, er habe seine moralische Phantasie walten lassen und seine Freiheit betätigt. Es ist offensichtlich, daß unser Recht eine zutiefst moralische Bedeutung hat. Und wenn der Staat dem Verletzten zu Hilfe kommt, setzt sich nicht eine „ahrimanische" (= satanische) Struktur durch, sondern der moralische Wille, dem, der Unrecht leidet, gegenüber demjenigen beizustehen, der Unrecht tut.

Obwohl das offenkundig ist, bleibt doch ein Unbehagen. Wir wollen versuchen, seine tiefer liegenden Motive herauszufinden und seine Berechtigung oder Nichtberechtigung zu prüfen.

Ist es nicht der Staat, der die Menschen unter generell-abstrakte Rechtsnormen zwingt und diese mit Bürokratie und Gerichten durchsetzt? Walten da nicht tatsächlich starre Strukturen? Berauben sie den Menschen nicht der Möglichkeit, sein Zusammenleben auf der Grundlage des gegenseitigen Vertrauens zu gestalten? Und ist es nicht das freie, vertrauende Zusammenwirken, was Rudolf Steiner in der Philosophie der Freiheit als die dem Menschen im Zeitalter der freien Individualität allein angemessene Lebensform gekennzeichnet hat?

Nun war es aber Rudolf Steiner selbst, der in der Dreigliederungslehre den Staat als ein notwendiges Glied des sozialen Organismus hingestellt hat, sofern er weder ins Geistesleben noch ins Wirtschaftsleben eingreift. Er bejahte und anerkannte also im Prinzip den Staat, und zwar ohne die Philosophie der Freiheit zurückzunehmen oder etwas von ihr abzustreichen. Beides muß also widerspruchslos miteinander vereinbar sein. Dies gilt es zu verstehen.

Die folgenden Überlegungen kreisen um sechs Gesichtspunkte, die sich mit den Stichworten kennzeichnen lassen:

I. Gleichheit

II. Freiheit

III. Dreigliederung

IV. Das ethische Minimum

V. Vertrag oder Vertrauen?

VI. Fortschritt im Recht.

I. Gleichheit

Gehen wir aus von dem, was Rudolf Steiner vom Staat sagt. Der Sinn des Staates ist in erster Linie das Recht, also die Gesetzgebung sowie die Anwendung der Gesetze durch Verwaltung und Gerichte. Ferner gehört zu den Aufgaben des Staates ein Bereich des Politischen, der über die Rechtspolitik hinausgeht, und den Rudolf Steiner prinzipiell ebenfalls als legitim anerkennt. Davon soll aber im folgenden nicht die Rede sein, sondern nur vom Recht als der zentralen Aufgabe des Staates.

Der Sinn des Rechts ist nach Rudolf Steiner die Gleichheit. Gleichheit aber hat eine zutiefst moralische Bedeutung. Rudolf Steiner sieht die Grundbedeutung der Gleichheit in der Gewährleistung der Menschenrechte. Gleichheit impliziert damit also Freiheit.

Das ist ein Gedanke von großer Bedeutsamkeit. Rudolf Steiner knüpft die Rechtsstellung an das Menschsein des Menschen an. Insofern sind alle Menschen gleich. Denn die Menschenwürde kommt jedem Menschen zu, unabhängig von seiner Mündigkeit, seinen geistigen Fähigkeiten, seiner Moralität: denn sie wurzelt in der Gotteskindschaft des Menschen. Der Wille zur Rechtsgleichheit wird aus dem Christusimpuls heraus belebt und gestärkt. Das ist die tiefste Ursche des unaufhaltsamen Vordringens der demokratischen Weltrevolution. Es kommt im Recht, sagt Rudolf Steiner, auf das Allgemein-Menschliche an, und deshalb nicht auf Unterschiede der Religion, der Rasse, der Herkunft, des Geschlechts usw. Insbesondere soll eine Schichtung der Gesellschaft nach Ständen, Kasten, Adelspyramiden, Klassen, sozialer Abkunft, also nach ungerechtfertigten Privilegien und Benachteiligungen ausgeschlossen sein.

Diesem Rechtsgedanken wäre nicht Genüge getan, wenn alle Staatsbürger gleichermaßen in Unfreiheit gehalten würden. Das wäre auch ein Widerspruch in sich: in einem solchen Staat muß es die privilegierte Herrschaftsklasse derer geben, die alle anderen gleichermaßen unterdrücken. Es würde in einem Staate gleicher Unfreiheit in Wirklichkeit also gar keine Gleichheit walten. Wenn Rudolf Steiner dem Geistesleben die Freiheit, dem Rechtsleben die Gleichheit und dem Wirtschaftsleben die Brüderlichkeit zuordnet, so ist das schwerpunktmäßig zu verstehen: Gleichheit im Recht ist zugleich Voraussetzung für die Entfaltung der Freiheit.

Freiheit und Gleichheit sind also nicht etwa Widersprüche, zwischen denen eine Balance herzustellen wäre, sondern sie sind, recht verstanden, zwei Seiten derselben Sache. Dies wird auch im Grundgesetz deutlich. Dessen Freiheitssatz sagt: Jeder hat das Recht auf freie Entfaltung der Persönlichkeit. „Jeder" gleichermaßen – insofern formuliert der Freiheitssatz zugleich den Gleichheitsgedanken. Der Gleichheitssatz andererseits sagt in der Auslegung des Bundesverfassungsgerichts: niemand darf willkürlich, ohne sachlichen rechtfertigenden Grund ungleich behandelt werden. Das Willkürverbot aber ist zugleich der Grundgedanke der Freiheit. Freiheit bedeutet gemäß der Definition Immanuel Kants: „Unabhängigkeit von eines anderen nötigender Willkür". Die Freiheit darf – ebenfalls nach Kant – nur durch allgemeine Gesetze beschränkt werden, die erforderlich sind, damit die Freiheit des einen mit der Freiheit jedes anderen zusammen bestehen kann. Allgemeine, das heißt für jedermann geltende Gesetze im Dienst der Freiheit eines jeden: das ist der Gleichheitsgedanke, der die Freiheit einschließt.

Gleichheit bedeutet nicht, daß es keinen Gesetzgeber, keine Regierung, keine Gerichte geben dürfe; denn dann gäbe es keinen Staat; ohne den Staat aber gäbe es kein Recht und folglich weder Freiheit noch Gleichheit. Gleichheit bedeutet aber, daß die Amtsträger den Gesetzen unterworfen sind wie alle anderen auch, und daß sie der demokratischen Legitimation bedürfen, die durch die Gesetze vermittelt wird und in freien und gleichen Wahlen ihren Ausdruck findet. Rudolf Steiner bekennt sich für das Staats- und Rechtsleben ausdrücklich zur Demokratie, und Demokratie kann es nur geben, wo die Menschen keiner Willkürherrschaft unterworfen sind, sondern frei entscheiden können, also nur unter den Bedingungen des gewaltenteilenden Verfassungsstaates, in dem niemand souverän ist. Vielmehr weisen

Rechtsnormen den verschiedenen Staatsorganen ihre Kompetenzen zu und begrenzen diese zugleich durch Verfahrensregeln, Grundrechte und andere Rechtsprinzipien. Der demokratische Verfassungsstaat ist zwar einerseits Gesetzgeber, aber er
ist deshalb andererseits nicht der willkürliche Schöpfer und Setzer des Rechts,
sondern er ist selbst ein Geschöpf des Rechts. Insofern hat das Dreigliederungs-
modell Saint Germains etwas Einleuchtendes: das Recht bildet die Mitte, um diese
Mitte herum gruppieren sich die drei Bereiche des Geisteslebens, des Staates und
der Wirtschaft: alle drei empfangen vom Recht her ihre Ermächtigung und deren
Grenzen:

Gleichheit bedeutet ferner nicht, daß die Gesetze den situationsbedingten Unterschieden nicht Rechnung tragen dürften. Rudolf Steiner spricht oft von arbeitsrechtlichen Regelungen, und solche gelten naturgemäß nur für Arbeitnehmer und
Arbeitgeber und nicht für alle. Ebensowenig ist daran Anstoß zu nehmen, daß es
besondere Regelungen z. B. zum Schutz von Minderjährigen oder von Behinderten
gibt, oder besondere Regelungen für Kaufleute oder andere Berufsgruppen, oder
besondere Rechte und Pflichten für Staatsbürger im Unterschied zu denen, die im
Staate Gastrecht genießen. Gleichheit bedeutet vielmehr, daß Ungleichbehandlungen einer Rechtfertigung bedürfen, die in der Natur der Sache begründet sein muß.

Deshalb sind sowohl der Föderalismus als auch die kommunale Selbstverwaltung mit dem Gleichheitsgedanken vereinbar. Innerhalb der für alle geltenden
Rechtsprinzipien verbleiben Gestaltungsspielräume, die den regionalen, ethnischen, kulturellen oder politischen Unterschieden Rechnung tragen. Ebensowenig
widerspricht es dem Gleichheitsgedanken, daß in verschiedenen Staaten das Recht
in Einzelheiten verschieden gestaltet ist – vorausgesetzt, daß die Verfassung eine
gewaltenteilende und demokratische ist und sich an den Prinzipien von Freiheit
und Gleichheit orientiert.

Soweit das nicht der Fall ist, drängt das politische Leben auf ihre Umgestaltung,
damit die Menschenrechte, wie sie heute in den Konventionen der UNO niederge-
legt sind, wirklich für alle Menschen Geltung und Wirksamkeit erlangen. Wir sind
gegenwärtig Zeuge einer demokratischen Weltrevolution. Rudolf Steiners Lehre,
daß sich die Menschen aus ihren tiefsten Seelengründen heraus nach einer am

Gleichheitsgedanken orientierten Rechtsgestaltung sehnen, findet sich in ihr auf das Glänzendste bestätigt.

Das ist auch nicht verwunderlich, weil Rudolf Steiner soziale Impulse ins öffentliche Bewußtsein heben wollte, die heute in den Tiefen jeder Menschenseele schlummern, nun aber erwachen und die Tendenz entwickeln, auf Verwirklichung zu drängen – Impulse, die eine genauere Vertrautheit mit den Wegen und Inhalten der Anthroposophie nicht voraussetzen. Die Dreigliederungslehre wollte ja nur bewußt machen, was die Menschen im Grunde ohnehin suchen und wollen, um durch diese Klärung den Prozeß der Verwirklichung voranzutreiben und vor Umwegen und Irrwegen zu bewahren. So gesehen, ist es keineswegs erstaunlich, daß sich von 1919 bis heute große Schritte der Annäherung an die Dreigliederung vollzogen haben. Dies zeigt sich zunächst in den Rechtsgarantien der Gleichheit – und damit auch der Freiheit.

II. Freiheit

Man nimmt vielfach an, der Staat könne seiner Natur nach gar nicht anders, als das Geistesleben zu beherrschen, und: er brauche sich nur zurückzuziehen, und schon sei es frei. Das ist schon historisch unhaltbar. Der Staat ist am Ende des 16. Jahrhunderts überhaupt nur entstanden und hat die feudalen Strukturen des mittelalterlichen Reiches nur ablösen können aus dem Bestreben, die konfessionellen Bürgerkriegsparteien mit ihren gegenseitigen Absolutheitsansprüchen zum Frieden zu zwingen und Toleranz durchzusetzen. Da er sein Gewaltmonopol allerdings auch zur konfessionellen Unterdrückung mißbrauchen konnte, kam es zur Bildung des gewaltenteilenden Verfassungsstaates, der unter anderem auch die geistigen Freiheiten gewährleistet.

Der Staat des Grundgesetzes garantiert z. B. die Freiheiten der Meinung, der Presse, der Religion, der Weltanschauung, des Gewissens, der Wissenschaft, Forschung und Lehre, die freie Entfaltung der Persönlichkeit gerade auch im geistigen Bereich und das Erziehungsrecht der Eltern. Das Grundgesetz unterscheidet sich von der Weimarer Reichsverfassung unter anderem durch ein wesentlich weiter ausgebautes Rechtsschutzsystem, dem der Gesetzgeber selbst unterworfen ist.

Darüber hinaus gewährleistet das Grundgesetz das Recht auf freie Schulen, und nach der höchstrichterlichen Rechtsprechung ist der Staat verpflichtet, auch deren Finanzierung zu wesentlichen Teilen zu übernehmen. Er unterhält zwar Staatsschulen, aber nur subsidiär: wenn erst einmal freie Schulen für alle Kinder gegründet sein werden, dann muß der Staat sein ganzes Schulsystem einstellen. Nur einstweilen und bis dahin kann er die Jugend ja nicht ohne Unterricht lassen. Wir brauchen nach dem Subsidiaritätsprinzip in diesem Bereich nicht zu rufen: es ist bereits da. Es gibt in der Praxis zwar vielfältige Versuche, das Entstehen freier Schulen bürokratisch zu behindern und die Zuschüsse zu reduzieren. Das sind jedoch Versuche, das Recht, das die freien Schulen gewährleistet, zu umgehen.

Es ist auch keineswegs etwa so, daß es in den anthroposophischen Institutionen, die sich als „Institutionen des freien Geisteslebens" verstehen, mehr Freiheit gäbe als innerhalb des staatlichen Bereichs. Das wäre erst dann der Fall, wenn die Selbstverwaltungsorgane des „freien Geisteslebens" soviel Rechtsverständnis zeigten und soviel Rechtsförmigkeit einführten, wie sie im Staat selbstverständlich sind.

So kann z. B. der Staat zwar einen Beamten entlassen, der sich gegen die freiheitlich-demokratische Grundordnung engagiert, aber nur bei schwerwiegender Pflichtverletzung und in einem geregelten Verfahren. Dazu gehören rechtliches Gehör, Akteneinsicht, Entscheidungsbegründung, Instanzenweg, gerichtliche Kontrolle. Wer hingegen seinen Beruf auf Mitarbeit in einer „Institution des freien Geisteslebens", z. B. einer Waldorfschule gründet, kann ohne diese Voraussetzungen entlassen werden. Wenn er dieses Risiko vermeiden will, so muß er sich in seinen geistigen Äußerungen entsprechend verhalten. Geschieht ihm Unrecht und bedarf er des Schutzes, so ist es der Staat, der sie ihm gewährt. Er kann allerdings nur in Grenzfällen helfen, z. B. wenn die Entlassung auf eine Tatsachenbehauptung gestützt wird, deren Haltlosigkeit vor dem Arbeitsgericht bewiesen werden kann.

Freie Institutionen müssen aber das Recht haben, Mitarbeiter, die sich nicht bewähren oder die gegen sie arbeiten, auszuschließen. Der Staat muß deshalb die Satzungshoheit der Selbstverwaltungsorganisation respektieren. Diese kann die Bedingungen der Zugehörigkeit zu ihr genau definieren – oder verschwommen halten. Sie kann das Ausschlußverfahren ähnlich regeln wie der Staat – oder auf rechtsförmliche Ausgestaltung verzichten, sich hinter Vorwänden verschanzen, sich auf vertrauliche Hintergrundgespräche stützen usw. Solange es Vorkommnisse dieser Art gibt, ist die Annahme, das Geistesleben sei unfrei in staatlichen Institutionen und werde frei durch staatsfreie Selbstverwaltung, unhaltbar. Wäre es anders, hätten die privaten Hochschulen (z. B. Herdecke) weit weniger Schwierigkeiten, geeignete Professoren von den staatlichen Universitäten zu sich herüberzuziehen.

Eine Bedrohung der Freiheit geht heute nicht vom Staat aus und nur in gewissem Maße von den staatsunabhängigen Institutionen. Eine machtvolle Bedrohung liegt vielmehr in dem monopolistischen Herrschaftsanspruch des prinzipiell antichristlichen materialistischen Intellektualismus. Dieser bedient sich zwar nicht mehr der totalitären Gewalt, aber raffinierterer und wirksamerer Mittel: der Bemächtigung aller Medien des Geisteslebens unter Ausnutzung der Freiheit von Presse, Rundfunk, Wissenschaft, Kunst usw. Der Staat kann das nicht verhindern; denn wen er diese Freiheiten gewährleisten will, muß er das Risiko ihres Mißbrauchs eingehen: Dieses Risiko liegt im Wesen der Freiheit. Das Ziel des antichristlichen materialistischen Intellektualismus ist die Erzeugung eines Milieus, in dem die Menschen, die ein meditatives oder religiöses Leben führen, isoliert werden und sich dessen schämen. Auf diesem Wege erstrebt er die Erdrosselung aller wahrhaft am Geist orientierten Kultur, Pädagogik und sozialen Arbeit.

Aber der Versuch bleibt ohnmächtig, wenn wir uns dadurch nicht einschüchtern lassen. Denn die Rechtsinstitutionen des Staates gewährleisten zugleich die Freiheit, uns zu behaupten, z. B. auch die Freiheit, hier (beim Bund freier Waldorfschulen in Stuttgart) unbehelligt zu tagen.

Unter dem römischen Kaisertum gingen die Bedrohungen der Freiheit vom Reich aus, im Mittelalter von Reich und Kirche, und in den Zeiten des Absolutismus auch vom Staat. Heute geht sie von ganz anderen Mächten aus, und wer dies nicht erkennt, sondern immer noch mit den alten Mächten ringen will, kämpft gegen Gespenster der Vergangenheit. Nichts dürfte den Gegenmächten willkommener sein, als wenn die Ritter der Freiheit im Kampf gegen Windmühlenflügel engagiert sind und bleiben.

III. Dreigliederung

Nun ist es zwar eine Tatsache, daß es bisher nicht zur Dreigliederung gekommen ist, und man nimmt an, das müsse am Staat liegen. In Wirklichkeit steht der Staat der Dreigliederung nicht im Wege. Denn der Prozeß der Herausbildung des dreigegliederten Organismus besteht aus zwei Stufen: auf der ersten Stufe zieht sich der Staat aus den Bereichen des Geistes- und des Wirtschaftslebens zurück und schafft Raum für freie Initiativen. Auf der zweiten Stufe schaffen die Menschen Selbstverwaltungsorgane des Geistes- und Wirtschaftslebens. Dies aber muß aus freier Initiative heraus geschehen. Der Staat kann es nicht selbst organisieren, ohne den Grundgedanken der Dreigliederung ins Gegenteil zu verkehren.

Der Staat gewährleistet nicht nur die geistigen Freiheiten, sondern auch das Recht, sich zu Vereinigungen zusammenzuschließen und sich in ihnen zu betätigen, also zu Vereinen, Gesellschaften, Religionsgemeinschaften, Betriebsräten, Genossenschaften und sonstigen Assoziationen – also nicht nur zu Vereinigungen im Bereich des Geisteslebens, sondern auch des Wirtschaftslebens.

Der Unterschied zwischen beiden liegt nur darin, daß im Bereich des Wirtschaftslebens die Basisorganisationen, die eine Selbstverwaltung aufbauen könnten, nur ganz vereinzelt und im Ansatz gebildet sind, genau genommen nur in Wirtschaftszweigen, in denen es noch Marktordnungen gibt, auf deren Grundlage Assoziationen von Produzenten, Händlern und Konsumenten Produktionsmengen und Preise regeln. Solche Marktordnungen sind aber immer weiter zurückgedrängt worden. Sie könnten auf freier Basis gebildet werden. Das geschieht aber vor allem deshalb nicht, weil sich die jeweiligen Konsumenten nicht beteiligen.

Der Staat überläßt das Wirtschaftsleben im großen und ganzen dem Markt und dem freien Unternehmertum, wenn auch Ausnahmen und Übergriffe im einzelnen noch gegeben sind. Die Freiheit des Marktes ist die Voraussetzung dafür, daß die „Selbstverwaltung des Wirtschaftslebens" aufgerichtet werden kann. Deren Sinn und Zweck ist nämlich, die Wirtschaft, nachdem der Staat sie freigegeben und dem

Markt überlassen hat, unter dem Gesichtspunkt der Brüderlichkeit, soweit erforderlich, zu modifizieren. So empfahl Rudolf Steiner 1919: Im Bereich von „Warenproduktion, Warenzirkulation und Warenkonsumtion" solle „der Zufall von Angebot und Nachfrage" ersetzt werden durch „Genossenschafts- und Koalitionseinrichtungen". Ihre Basis sollten Räte auf betrieblicher Grundlage bilden, also unter Ausschluß der Gewerkschaften, aber mit Einschluß der Unternehmensleitung. Diese Betriebsräte wären also mit den gegenwärtigen Betriebsräten nicht identisch. Sowohl die Bildung dieser Räte als auch ihre Verknüpfung durch Genossenschaften und Koalitionen wäre durch die Vereinigungsfreiheit gewährleistet, der Staat stünde ihnen nicht im Wege, ebenso wie er andere Assoziationen des Wirtschaftslebens nicht behindert.

Ebensowenig stünde er im Wege, wenn die Unternehmen die Produktion oder die Preisfestsetzung an Vereinbarungen der Assoziationen binden wollen, vorausgesetzt nur, es sind Konsumentenvereinigungen daran beteiligt und es entsteht nicht etwa ein einseitiges Preisdiktat durch Kartelle. Die Unternehmen und Unternehmensverbände sind aber vollständig frei, die Nachfrage auf dem Markt zu testen oder sie vorher zu ermitteln, sei es z. B. durch Marktforschung, sei es durch Subskription, sei es auch durch Verhandlungen mit Konsumentenassoziationen. Ein Gesetz, das ihnen dies verbieten wollte, würde die Unternehmensfreiheit verletzen und wäre verfassungswidrig.

Wenn die Selbstverwaltungsorgane des Wirtschaftslebens nicht gebildet werden, so scheitert es nicht am Staat des Grundgesetzes, sondern daran, daß es an Initiativen zur Bildung und zur Betätigung von solchen Selbstverwaltungsorganisationen fehlt, aus welchen Gründen auch immer. Das Unterlassen wird ja seine Gründe haben. Den Anfang könnten Konsumentenvereinigungen machen, die den Produzenten hochwertiger Produkte, z. B. biologisch-dynamisch erzeugter Lebensmittel, bestimmte Abnahmekontingente garantieren.

Im Bereich des Geisteslebens sind die Basisinstitutionen vorhanden, aus denen ein zentrales Selbstverwaltungsorgan hervorgehen könnte. Den Anfang könnte hier z. B. der Bund freier Waldorfschulen machen, indem er die Dachverbände mit anderen freien Schulträgern aktiviert, etwa um den Erziehungsgutschein durchzusetzen. Auch könnte die Christengemeinschaft mit anderen Religionsgemeinschaften, die Anthroposophische Gesellschaft mit anderen weltanschaulich orientierten Gesellschaften Dachverbände bilden. Alsdann könnten sich diese Dachverbände zu einem zentralen Selbstverwaltungsorgan verbinden. Wenn die Initiativen ausbleiben, so mag das gute und verständliche Gründe haben – darüber will ich mich hier nicht verbreiten. Für unseren Zusammenhang ist nur entscheidend, daß der Staat dafür nicht verantwortlich zu machen ist. Wir haben von ihm nicht einmal zu fordern, daß er solche Initiativen anregt und fördert. Denn, wie Udo Herrmannstorfer sagt: „Der unmündige Mensch fordert, der freie wirkt initiativ"[1] – und zwar von sich aus. Der Staat hat ihm nur den Freiraum zu gewährleisten.

---

[1] Individualität und Staat, 1990, S. 11.

Werden die Selbstverwaltungsorgane des Geistes- und des Wirtschaftslebens einmal gebildet, so wäre daran zu denken, daß sie an den Staat herantreten und von ihm die Anerkennung als Körperschaften des öffentlichen Rechts verlangen, eine angemessene Beteiligung am Steueraufkommen, eine Selbstverpflichtung des Staates, ihre Kompetenzbereiche zu achten und gesetzlich zu sichern, und dergleichen mehr. Darüber werden dann vielleicht noch einige Auseinandersetzungen geführt werden müssen. Es ist aber jedenfalls nicht im Sinne von Rudolf Steiner, vom Staate zu fordern, daß er die fehlenden Initiativen durch seine eigene Organisationsgewalt ersetzt.

Es gibt gewiß viele gute Gründe, mit dem staatlichen Handeln und Unterlassen in manchen Einzelheiten unzufrieden zu sein. Es gibt aber vom Gesichtspunkt der Dreigliederungslehre keinen Grund, dem Staat vorzuwerfen, er mache die Dreigliederung unmöglich und deshalb ihm gegenüber in prinzipiellem Mißtrauen zu verharren.

IV. Das ethische Minimum

Das Unbehagen am Staat gründet sich aber nicht nur auf den Verdacht, er verwirre die drei Funktionskreise, und auch nicht nur auf einzelne Mängel und Fehler, sondern es ist oft von viel grundsätzlicherer Art: es richtet sich gegen die Regelung des sozialen Zusammenlebens durch das Recht an sich. Diese Tatsache erscheint als Hemmung des Moralischen, als die Unmöglichmachung der Brüderlichkeit. An die Stelle schöpferischer und moralischer Phantasie setzt das Recht generell-abstrakte Verhaltensregeln, an die Stelle selbst gesetzter Aufgaben setzt es die Pflicht, an die Stelle autonomer Verantwortung setzt es die zwangsweise Durchsetzung. Alle diese Prinzipien hat Rudolf Steiner in der Philosophie der Freiheit mit dem Argument verworfen, im Zeitalter der freien Individualität müsse auch die Moralität aus der individuellen Freiheit hervorgehen. Daraus wird die Folgerung abgeleitet, wir müßten unser soziales Zusammenleben immer weniger auf Recht und immer mehr auf Vertrauen gründen, und in letzter Konsequenz: Staat und Recht sollten schließlich ganz verschwinden und durch Moralität ersetzt werden.

Nun hat aber Rudolf Steiner Staat und Recht in der Dreigliederungslehre als ein notwendiges Glied des sozialen Organismus anerkannt. Hier scheint auf den ersten Blick eine unaufhebbare Spannung in seinem Denken zu bestehen, die den Anthroposophen gewissermaßen die Freiheit der Wahl läßt: sie können entweder mehr zur moralischen Freiheit oder mehr zum Recht hin neigen. Scheint es nicht so zu sein: je mehr einer vom Geiste der Freiheit erfüllt ist, desto distanzierter steht er Staat und Recht gegenüber, und je zurückgebliebener einer ist, desto mehr akzeptiert er Staat und Recht?

Nun pflegen sich Rudolf Steiners angebliche Selbstwidersprüche meistens aufzulösen, wenn man sich bemüht, seine Aussagen aus ihrem jeweiligen Kontext heraus zu begreifen und aufeinander zu beziehen. Was hier auf den ersten Blick als

Widerspruch erscheint, wird einleuchtend, wenn man das Recht als das moralische Minimum begreift. Im Recht geht es um den Schutz des Menschen vor dem Unrecht, das andere ihm antun. Recht und Unrecht sind zwar moralische Begriffe: Unrecht zu tun und unmoralisch zu handeln, gehört zum Begriff der Freiheit. Aber im Bereich des Rechts tritt diese Freiheit zurück hinter den Schutz dessen, der Unrecht leidet. Wenn Rudolf Steiner z. B. Gesetze fordert, die die Kinderarbeit verbieten und die Arbeitszeit begrenzen, so steht der Schutz der Kinder und der Arbeiter im Vordergrund und nicht Freiheit des Arbeitgebers, solches Unrecht zu tun.

Im Recht geht es um das moralische Minimum der Gerechtigkeit, das von jedem Menschen in jeder Situation jedem anderen gegenüber zu verlangen ist: nicht morden, nicht stehlen, nicht betrügen, nicht verleumden, hingegen Verträge nach Treu und Glauben erfüllen, ungerechtfertigte Bereicherung zurückerstatten, angerichteten Schaden ausgleichen, für seine Angehörigen sorgen usw.

Allerdings regelt das Recht die Rahmenbedingungen des Wirtschaftslebens so, daß der Unternehmer auf Gewinn bedacht sein darf und soll. Das Gewinnstreben aber gilt als egoistisch und unchristlich, mag es für die optimale Bedürfnisbefriedigung aller auch noch so nützlich und unentbehrlich sein. Der Staat, der es ermöglicht, gilt deshalb unter Anthroposophen als prinzipiell amoralisch. Der moralischen Verurteilung des Gewinnstrebens liegt jedoch ein Kurzschluß zugrunde: Ein Unternehmer, der aus moralischen Handlungsantrieben heraus auf Gewinn verzichtet und dadurch in Konkurs fällt, schädigt erstens seine Mitarbeiter, zweitens seine Gläubiger, drittens seine Familie und viertens die Gemeinschaft, die mit Sozial- und Arbeitslosenhilfe einspringen muß. Wer soviel Schaden anrichtet, handelt zugleich unmoralisch. Umkehrschluß: auf Gewinn bedacht zu sein, kann nicht ohne weiteres ebenfalls unmoralisch sein, vorausgesetzt, man hält sich an die Regeln eines ehrbaren Kaufmanns.

Sucht man die allgemeine Regel, die dem Recht (und auch der Rechtsfortbildung) in einem an Gleichheit und damit an Freiheit orientierten Staat zugrundeliegt, so ist sie unübertrefflich ausgedrückt im kategorischen Imperativ, wie ihn Immanuel Kant formuliert hat: handele so, daß du wollen kannst, daß die Maxime deines Handelns zum allgemeinen Gesetz werden kann. Wer die Gesetze interpretiert und anwendet, muß sich stets fragen, ob seine Entscheidung geeignet ist, in künftigen gleichartigen Fällen als Präjudiz herangezogen zu werden. Ebenso muß er sich im Rückblick auf frühere Entscheidungen fragen, ob der Fall gleichgelagert ist oder ob besondere Umstände eine Abweichung von der bisherigen Praxis rechtfertigen. Er ist dazu verpflichtet aus dem Grundsatz der Gleichheit, und eben dieser Grundsatz darf und soll ja nach Rudolf Steiner dem Recht zugrundeliegen. Der kategorische Imperativ ist nichts anderes als der Gedanke der Gleichheit. Indem Rudolf Steiner Gleichheit fordert, anerkennt er den kategorischen Imperativ, den er aber doch in der Philosophie der Freiheit so vehement kritisiert hat.

Was er kritisierte, war der kategorische Imperativ als Grundlage aller Ethik, wie Kant sie verstand. Seine Bedeutung als ethisches Minimum im Recht war gar nicht

Rudolf Steiners Thema. Die freie Moralität weist über dieses Minimum weit hinaus und kann sich durch den kategorischen Imperativ nicht einschnüren lassen. Gerade die große, die schöpferische, gar die geniale moralische Tat kann es nur als einmalige, individuell zu verantwortende geben. Franz von Assisi oder Mutter Theresa erfüllten nicht die Pflichten des kategorischen Imperativs, sondern setzten sich ihre Aufgaben selbst und handelten aus Liebe.

Gewiß ist es moralisch vorzuziehen, wenn auch der Arbeitgeber die arbeitsrechtlichen Grenzen aus freier moralischer Einsicht heraus befolgt. Aber dieser Gedanke führt weder zu einer Verwerfung abstrakt-genereller Regeln im Recht, noch ihres verpflichtenden Charakters, noch ihrer zwangsweisen Durchsetzbarkeit. Es bedarf des Rechts um des Schutzes der Schwächeren willen.

Es bedarf seiner aber auch aus Gründen der Fairneß, z. B. dem Arbeitgeber selbst gegenüber: Denn wenn die Regel nicht generell verbindlich ist, so verschafft sich derjenige, der die moralischen Umgangsregeln nicht beachtet, einen Wettbewerbsvorteil auf Kosten derer, die sie beachten, und kann sie in den Konkurs treiben. Der Moralische erscheint dann als „der Dumme". Daraus folgt: Wenn aus moralischen Gründen Lasten erforderlich sind, dann müssen sie allen gleichermaßen auferlegt werden, also rechtlich verbindlich und durchsetzbar sein. Nirgendwo findet sich eine Äußerung von Rudolf Steiner, aus der sich ergibt, er sei der Meinung, der Staat solle auf die Gesetzgebung verzichten oder tatenlos zusehen, wie seine Gesetze gebrochen werden.

Aus all dem folgt keineswegs, das Recht habe nichts mit Moral zu tun. In den Gesetzen der freiheitlichen Demokratien, die in der Tradition der europäischen Rechtskultur stehen, finden Gedanken der Gerechtigkeit ihren Niederschlag, und solche haben eine zutiefst moralische Bedeutung. Im allgemeinen befolgen die Menschen die Gesetze auch, ohne daß der Staat sie dazu zwingen müßte. Aber für die Ausnahmen muß die Zwangsgewalt eben bereitstehen. Die Befolgung des Rechts hört deswegen nicht auf, moralisch zu sein. Rudolf Steiners Philosophie der Freiheit wäre gröblich mißverstanden, wenn man aus ihr folgern wollte, sie habe die moralische Freiheit einräumen wollen, anderen Menschen Unrecht zuzufügen. Noch gründlicher wäre das Mißverständnis, wenn jemand meinen sollte, ein Unrecht, z. B. eine Verleumdung oder eine Bevormundung sei gerechtfertigt, wenn sie dem Zweck diene, die Menschen auf die moralische Freiheit hinzulenken; dieser Zweck heilige die Mittel. Man begegnet mitunter der spezifischen Art eines anthroposophischen Jesuitismus, in welchem sich die Idee der Freiheit selbst aufhebt.

Vielmehr geht es um die Freiheit, mehr an Gutem zu entdecken und zu wollen, als bloß Recht zu tun und Unrecht zu unterlassen. Damit stellt Rudolf Steiner weder die Verbindlichkeit noch die Moralität des Rechts in Frage. Er macht vielmehr deutlich, daß die Moralität des Rechts nur ein moralisches Minimum darstellt und daß die moralische Phantasie ein unendliches Feld darüber hinausgehender moralischer Taten aus freier Liebe eröffnet.

Im Recht bloß technokratische Strukturen zu sehen, verkennt die moralische Bedeutung der Gerechtigkeit. Man kann das Recht überhaupt nur interpretieren, anwenden und fortbilden, wenn man es in seinem jeweiligen moralischen Gehalt versteht. Dies wird allerdings von den herrschenden Rechtstheorien und juristischen Methodenlehren verkannt: sie wollen in der Tat aus den Juristen einen korrekten Technokraten machen, den die Gerechtigkeit überhaupt nichts angehe. Das ist lebensfremd und führt völlig in die Irre – aber das ist ein Thema für sich. Die verbreitete Geringschätzung des Rechts orientiert sich an solchen Rechtstheorien, nicht aber an dem, was das Recht wirklich ausmacht und was es für das soziale Zusammenleben bedeutet.

V. Vertrag oder Vertrauen?

Wenden wir den Gedanken noch einmal anders und fragen: Warum soll sich das Recht an der Gleichheit orientieren? Was wäre die Alternative? Die Alternative wäre: der Stärkere, Schlauere, Brutalere könnte den Schwächeren, Gutgläubigen, Nachgiebigeren unterwerfen, überlisten, zu seinen Diensten nötigen, ihn also seiner Freiheit berauben. So ist es dem Staat zu danken, daß die Tendenzen zum Laissez-faire des sogenannten Manchester-Liberalismus eingedämmt wurden, die zu Monopolbildung, Preisdiktat, Privilegierung, Ausbeutung und Verelendung geführt hätten. Ebenso verdanken wir dem Staat die Eindämmung von Piraterie, Räuberei, Mafia, Terror und den Tendenzen zu Diktaturen verschiedener Art. Ohne den Staat übten die Privilegierten unbegrenzte Herrschaft über die Unterdrückten aus. Der Staat, der dies alles für ungesetzlich erklärt und den Schwächeren schützt, übernimmt eine ritterliche Aufgabe.

Niemand ist zwar verpflichtet, sich seiner zu bedienen, die Polizei zu rufen oder vor Gericht zu klagen. Aber der Staat steht zu seiner Hilfe bereit und übernimmt in Extremsituationen sogar ungerufen die Verantwortung für seinen Schutz. Dies anzuerkennen, ist ein Gebot der Wahrhaftigkeit und der Brüderlichkeit, das auch für den gilt, der diesen Schutz für sich selbst nicht in Anspruch nehmen möchte. Martin Luther hat es unübertrefflich ausgedrückt: „Brauchst du die Obrigkeit nicht, so braucht sie doch dein kranker Nachbar."

Recht und Staat sind, wenn sie sich an den moralischen Prinzipien von Freiheit und Gleichheit orientieren, nichts Böses, Lebensfeindliches, Ahrimanisches, sondern Ausdruck der Moralität des Schutzes des Schwächeren gegen den Stärkeren, des Vertrauenden gegen den Arglistigen. Was sich in ihnen niederschlägt, ist der christliche Impuls, der das Gerechtigkeitsempfinden ausgebildet hat, das jeden Menschen gleichermaßen in seiner Würde anerkennt.

Nun erhebt sich aber die Frage: Wenn wir unsere sozialen Beziehungen vertraglich absichern, bringen wir damit nicht mangelndes Vertrauen zum Ausdruck? Liegt darin nicht zugleich die Drohung, uns für den Fall arglistiger Schädigung auf die Gesetze zu berufen und uns der staatlichen Zwangsgewalt zu bedienen? Führt der Vertrag also nicht dazu, die Entwicklung brüderlicher Beziehungen im Keim zu ersticken und von vornherein unmöglich zu machen? Ist nicht auch insofern, wie Paulus sagt, „das Gesetz ein Anreiz zur Sünde?"

Manch einer, der es so sieht, gibt dann z. B. sein ganzes, für die Alterssicherung vorgesehenes Vermögen als Darlehn hin, ohne die Rückzahlung vertraglich abzusichern. Er geht dann bewußt das Risiko ein, daß der andere ihn in seinem Vertrauen enttäuschen könnte. Er setzt darauf, daß gerade seine freiwillige Selbstauslieferung an den anderen in diesem die moralischen Kräfte wachruft, die ihn hindern, seine Macht auszunutzen. Wenn dieser ihm dann tatsächlich freiwillig und rechtzeitig das Darlehn zurückerstattet, damit er seinen Platz im Altersheim erwerben kann, braucht sich der Staat nicht zu kümmern und tut es auch nicht. Je mehr das funktioniert, desto überflüssiger wird er.

Sollte der Betreffende aber hereingelegt werden, so kann der Staat ihm nur in dem Falle helfen, daß er den Darlehnscharakter der Geldhingabe beweisen kann. Im übrigen bleibt der Staat darauf beschränkt, ihm mit Sozialhilfe unter die Arme zu greifen. Wer den Verzicht auf Verträge zugunsten des Vertrauens als allgemeine Verhaltensregel propagiert, sollte zugleich einen sozialen Hilfsfond schaffen, der in solchen Fällen sozialer Notlage einspringt und den Staat entlastet: das wäre fair und konsequent.

Jedenfalls handelt der Staat nicht unmoralisch, weil er Rechtsformen zur Vertragsgestaltung bereithält. Auch der einzelne, der sich ihrer bedient, handelt nicht unmoralisch. Es ist sogar ein guter Rat, selbst unter Freunden, mit denen man ein gemeinsames Unternehmen gründet oder sonst in vermögensrelevante Beziehungen tritt, diese möglichst klar vertraglich zu regeln. Die Erfahrung lehrt, daß auf diese Weise Freundschaften erhalten bleiben, die sonst oft in bittere Feindschaften umschlagen.

Die Rechtsbeziehung durch Vertrag steht keineswegs im Gegensatz zum Vertrauen. Im Gegenteil: wer einander vertraut, scheut auch nicht die Unterschrift unter einen Vertrag. Dieser klärt, wie man einander verstanden hat und was man voneinander erwartet. Auch wenn einen später die Erinnerung täuscht und Zweifel und Meinungsverschiedenheiten über das Verabredete entstehen, was erfahrungsgemäß nicht selten der Fall ist, dient der schriftliche Vertrag der Aufklärung. Der Vertrag ist nicht eine Alternative zum Vertrauen, sondern erweist sich oft genug als Grundlage eines dauerhaften Vertrauensverhältnisses.

Bleibt das Vertrauen erhalten, blockiert der Vertrag auch nicht die Anpassung an veränderte Umstände oder Bedürfnisse. Er kann jederzeit geändert werden. Rechtsbeziehungen sind nicht weniger flexibel und dynamisch als ungeregelte Beziehungen. Voraussetzung für Vertragsänderung ist aber das Einvernehmen, und die Voraussetzung dafür das fortbestehende Vertrauen, das gerade durch die Vertragsbeziehungen und seine getreuliche Erfüllung ungetrübt geblieben ist.

VI. Fortschritt im Recht

Die Rechtsnormen in den freiheitlichen Rechtsstaaten bilden den Niederschlag vielfältiger Erfahrung. Verachtung des Rechts ist die Verachtung von Erfahrung. Wer glaubt, z. B. das bürgerliche Schuldrecht pauschal verwerfen zu sollen, womöglich noch mit dem Argument, es gehe auf das Römische Recht zurück, über das sich Rudolf Steiner kritisch geäußert habe, dem ist zu empfehlen, schrittweise vorzugehen und die Rechtsnormen einzeln zu benennen, die nach seiner Meinung überflüssig sind. Sollte z. B. die Norm aufgehoben werden, daß der Entleiher die Sache pfleglich zu behandeln und nach Gebrauch zurückzugeben hat? Oder die Regel, daß der Verkäufer einen Schaden der Sache nicht arglistig verschweigen darf? Oder die Regel, daß der Verursacher eines Verkehrsunfalls für die angerichteten Schäden haftet und dafür eine Haftpflichtversicherung abzuschließen hat? Oder was sonst erscheint entbehrlich?

Nach meiner Erfahrung mag der so Befragte in der Regel konkrete Streichungsvorschläge dann doch lieber nicht verantworten. Meist läuft es im Gegenteil auf den Vorschlag hinaus, das Recht aus sozialen Gründen noch um diese oder jene Regel zu vermehren.

Wenn dieser Vorschlag vernünftig begründet ist, so läßt sich daran die Lehre anknüpfen: aus Vorschlägen solcher Art ist das Recht Satz für Satz entstanden. Immer stand im Hintergrund eine konkrete Unrechtserfahrung und das Bestreben, dieses Unrecht zu überwinden.

Es gibt deshalb eine Fortschrittsgeschichte des Rechts. Sie bestand in der Überwindung von Unrecht, z. B. von Sklaverei, Gladiatorenkämpfen, grausamen Körperstrafen, Folter, Inquisition, Fehde, Hexenverfolgung, primitiven Beweisverfahren, Unterdrückung von Religionen, Diskriminierung der Juden, Kinderarbeit, Ungleichbehandlung der Frauen, Ausbeutung aller Art – dieser Prozeß rechtlichen Fortschritts ist nicht abgeschlossen, wir stehen mitten darin.

Noch ist z. B. die Entwicklung des Arbeits- und Sozialrechts nicht ans Ende gelangt, ebensowenig des Umweltrechts und des Wirtschaftsrechts. Rudolf Steiner hat viele Anregungen gegeben, wie das Recht weiter zu verbessern wäre, z. B. im Hinblick auf Modalitäten der Verfügbarkeit und Vererblichkeit von Produktionsmitteln, auf die Rechtsstellung von Grund und Boden oder auf das Strafrecht.

Viel bleibt vor allem im internationalen Bereich noch zu tun: soziale und ökonomische Erfordernisse und vor allem die allmähliche Überwindung der Armut in der Dritten Welt dringen auf Fortentwicklung des europäischen und des internationalen Rechts – keineswegs aber auf seine prinzipielle Infragestellung.

Die Alternative zu Staat und Recht wäre – im Großen wie im Kleinen – das Recht des Stärkeren, schließlich der Krieg aller gegen alle, aus dem die Schlaueren und Brutaleren als Sieger und Unterdrücker hervorgingen. Es wird nach Rudolf Steiners Lehre am Ende der 7. Kultur-Epoche einmal dahin kommen, nämlich dann, wenn der Staat der antistaatlichen Nörgelei erlegen sein und das Recht seine Legitimität eingebüßt haben wird. Einstweilen aber verhindern Staat und Recht den Ausbruch dieser Barbarei. Wenn sich das Recht auch noch im Stadium des Fortschritts befindet, so ist doch schon sehr viel erreicht, das zu bewahren sich lohnt. Der Fortschritt wird zwar nie ans Ziel kommen, kann sich ihm aber über alle Rückschläge hinweg annähern. Das Fernziel dieses Fortschritts ist die Gleichheit in dem von Rudolf Steiner angegebenen Sinne, nämlich: die universale Anerkennung der in der Gotteskindschaft des Menschen ruhenden Menschenwürde und die universale Geltung der Rechte, die sich auf das Menschsein des Menschen gründen.

Recht als gespeicherte Erfahrungsweisheit –
Zu einem Argument Ciceros

I. Ciceros Argument

Cicero schrieb sein Werk De Re Publica[1] in den Jahren 54 – 51 v. Chr. Die drei Machthaber Caesar, Pompeius und Crassus hatten ihr Triumvirat bestätigt und das Staatsrecht der Römischen Republik rücksichtslos mißachtet. Sie beanspruchten keineswegs nur, sich aus Gründen des Staatsnotstandes vorübergehend über seine Regeln hinwegsetzen zu können. So etwas galt als legitim, wenn es unerläßlich war, um den konstitutionellen Zustand zu retten. Davon hatte auch Cicero während seines Konsulats in der Auseinandersetzung mit Catalina Gebrauch gemacht. Jetzt aber ging es nicht um eine Ausübung der Notstandsregeln zur Rettung des konstitutionellen Zustands, sondern im Gegenteil um dessen prinzipielle Mißachtung und Zerstörung. Es drohten Bürgerkrieg und Cäsarentum und damit der endgültige Untergang der Republik. Doch den römischen Bürgern war großenteils kaum bewußt, was auf dem Spiel stand und warum das schlimm war.

In dieser Situation verfaßte Cicero die drei Hauptwerke seiner politischen Philosophie: über die Redekunst, über den Staat und über die Gesetze. In De Republica erörterte er den Zusammenhang von Recht und Gerechtigkeit in Gestalt eines erdachten, ins Jahr 129 v. Chr. verlegten Gespräches, in dem er seine Gedanken dem jüngeren Scipio in den Mund legte. Im zweiten Buch diskutiert Scipio die Frage, warum die innere Verfaßtheit der Römischen Republik derjenigen aller anderen Staaten so hoch überlegen sei. Dies erschien ihm und seinen Gesprächspartnern deshalb erklärungsbedürftig, weil es anderen Staaten oft keineswegs an bedeutenden Lenkern und Gesetzgebern gefehlt habe. Scipio erinnert u. a. an den Lakedämonier Lykurg und an die großen Staatsmänner Athens, von Theseus über Drakon, Solon, Kleisthenes bis hin zu Demetrius von Phaleron.

Dann erinnert er an einen Satz, den der ältere Cato ausgesprochen haben soll: „Unsere Republik ist nicht durch das Ingenium eines Mannes, sondern vieler Männer aufgebaut worden, nicht in einem Menschenleben, sondern in vielen Generationen und Zeitaltern. Kein Genie ist je so groß entstanden, daß es alle Rechtsfragen hätte erfassen können. Alle Begabungen in einem Menschen und zu einem Zeitpunkt vereinigt, vermögen nicht alles umfassend vorauszusehen; Voraussicht ist nur möglich im Umgang mit den Dingen und im Laufe der Zeit."[2]

---

[1] Zweisprachige Ausgabe – Lateinisch und Deutsch („Vom Gemeinwesen") – hrsg. von Karl Büchner, 2. Aufl. Zürich 1960.

[2] De Republica, Buch II § 2, a. a. O., S. 171 f.

Anders gewendet: Die Größe der Römischen Republik sei nicht nur dem Rang ihrer Staatsmänner, sondern vor allem dem Rang ihrer staatsrechtlichen Institutionen zu verdanken. Diese aber seien das Ergebnis eines jahrhundertelangen Fortschritts. Ich betone, daß Cicero in De Republica ausdrücklich von Fortschritt („progressus"[3]) spricht und diesen Begriff etwa so erläutert: Zum Wesen rechtlicher Institutionen gehört, daß sie über den Wechsel der Generationen hinwegtragen. Die jeweiligen Römischen Staatslenker wuchsen in sie hinein, bewahrten sie, soweit sie sich bewährt hatten, und verbesserten und ergänzten sie, sofern neue Erfahrungen dies notwendig oder wünschenswert erscheinen ließen. Im Laufe der Jahrhunderte hat die aus den jeweils aktuellen Erfahrungen gewonnene Staatsweisheit in den Rechtsinstitutionen Niederschlag gefunden. Auf diese Weise hob sich der Gerechtigkeitsgehalt der Institutionen schrittweise auf ein immer höheres Niveau. Die in Jahrhunderten gewonnene und zu Recht institutionell geronnene Erfahrungsweisheit sei, sagt uns Cicero, unvergleichlich viel umfassender als die Weisheit, die ein einzelner Staatslenker und Gesetzgeber, und sei er noch so weise, finden könnte.

Noch einmal anders gewendet: Eine hohe Rechtskultur ist auf jahrhundertelange Kontinuität der Rechtsinstitutionen und auf ihre schrittweise Verbesserung und Ergänzung angewiesen. Ein Machthaber, der sich über sie pauschal hinwegsetzt und sie durch selbst gesetzte neue ersetzt, mag ein noch so großes Genie sein. Der von ihm geprägte Staat fällt zwangsläufig tief unter das schon erreichte Niveau der Rechtskultur zurück. Rechtsinstitutionen, die das Ergebnis einer Fortschrittsgeschichte sind, sind gewissermaßen kondensierte Erfahrungsweisheit, gespeicherte Vernunft.

Um diesen Gedanken einleuchtend zu machen, gibt Cicero einen historischen Abriß der Entstehungsgeschichte einiger Institutionen der römischen Republik. Um der Anschaulichkeit willen seien einige Stationen hervorgehoben.

Schon Romulus habe sein Gründungswerk nur vollbringen können, weil er den Rat der Besten angehört und seine königliche Macht auf ihr Ansehen gestützt habe. So habe er die Anfänge des Senats geschaffen[4]. Nach seinem Tode habe man das Wahlkönigtum eingerichtet, um die Chance zu gewinnen, daß der Tüchtigste und Weiseste König werde[5]. Numa Pompilius habe dafür eine gesetzliche Grundlage geschaffen. In der Königswahl lägen die ersten Anfänge der römischen Demokratie. Pompilius habe ferner den Kult, die Märkte, die Spiele und Feste eingerichtet und so „die durch kriegerische Leidenschaften roh und wild gewordenen Gemüter zur Humanität" und die Bürger zu „Gottesfurcht und Milde" geführt[6]. So „pflanzte er ihnen die Liebe zu Ruhe und Frieden ein, durch die am leichtesten Gerechtigkeit

---

[3] Z. B. S. 192.
[4] II 9, a. a. O., S. 183.
[5] II 12, a. a. O., S. 189.
[6] II 14, a. a. O., S. 191, 193.

und Treu und Glauben erstarken und unter deren Schutz am ehesten die Bestellung der Äcker und die Ernte der Feldfrucht gesichert ist".[7]

Seine Nachfolger Tullius, Hostilius und Ancus Marcius hätten die Volksrechte weiter ausgebaut[8]. Deren Nachfolger Lucius Tarquinius habe die Zahl der „Väter" (der Senatsmitglieder)[9] und der Ritter verdoppelt[10]. Ihr Nachfolger Servius habe die Abstimmungsregeln geschaffen, die die Rechte des Volkes, ohne ihm Übermacht einzuräumen, erheblich erweiterten[11]. Denn für das Gemeinwesen sei am besten ein Mischsystem, in dem drei Elemente – das königliche, das optimatische und das demokratische – maßvoll vereinigt seien[12].

Für den Fall, daß der König zum Tyrannen entarte, habe ein Recht des Bürgers auf Widerstand Anerkennung gefunden. Dies macht Cicero am Beispiel von Brutus (dem Älteren) deutlich, der nach dem Tode der Lucretia den Tarquinius Superbus gestürzt hat. Ein Tyrann sei der Herrscher, „der zwischen sich und seinen Mitbürgern keine Gemeinschaft des Rechts" anerkenne[13]. Denn der gerechte Herrscher sei Beschützer und Betreuer, Lenker und Steuermann des Gemeinwesens[14]. Da es im Laufe von 240 Jahren einige Male zur Tyrannis gekommen sei, hätten die Römer die jährlich wechselnde Führung durch zwei Konsuln eingeführt. Cicero merkt hier an, das Wort Konsul komme von consulere = sorgen[15].

Cicero hebt sodann die Entstehung einer Reihe von Verfahrensregeln hervor, z. B. das Recht auf Berufung gegen Gerichtsurteile, aber auch gegen die Wahl von Beamten. Ferner rühmt er die Anfänge der materiell-rechtlichen Einschränkung der Strafe, insbesondere der Todesstrafe und der körperlichen Züchtigung für römische Bürger.

Schließlich faßt er zusammen: die „Eintracht" sei „das engste und sicherste Band der Unversehrtheit in jedem Gemeinwesen, und die kann ohne Gerechtigkeit nicht sein"[16]. Die folgenden Bücher von De Republica entfalten den Gedanken der Gerechtigkeit und ihres inneren Zusammenhangs mit der Fortentwicklung der Republik weiter und gipfeln in der kosmischen Vision des Somnium Scipionis.

Das Gewicht des für unseren Zusammenhang wesentlichen Fortschrittsgedankens des II. Buches wird noch deutlicher vor dem Hintergrund der damals verbreiteten und durch Erfahrung gestützten Lehre vom Kreislauf der Staatsformen: die

---

7 II 14, a. a. O., S. 191.

8 II 31, 33, a. a. O., S. 219, 223.

9 Vgl. II 28, a. a. O., S. 213.

10 II 20, a. a. O., S. 201.

11 II 22, a. a. O., S. 205.

12 II 23, a. a. O., S. 207.

13 II 26, a. a. O., S. 213.

14 II 28, a. a. O., S. 215.

15 II 31, a. a. O., S. 219.

16 II 42, a. a. O., S. 235 f.

absolute (nichtkonstitutionelle) Monarchie entarte leicht in Tyrannis, Aristokratie in Oligarchie und Demokratie in Ochlokratie oder gar in Anarchie, die wiederum in Monarchie und Tyrannis umschlage. Gegenüber der Vorstellung von diesem ständigen Kreislauf der Staatsformen schildert uns Cicero das römische Staatsrecht als Ergebnis eines jahrhundertelangen Fortschritts, der diesen Kreislauf durchbrach. Der Fortschritt sei zwar ständig bedroht gewesen und habe zwischendurch tatsächlich viele Rückschläge erlitten, sich aber durch Weisheit und Glück aufs Ganze gesehen doch durchsetzen können. Ciceros Grundgedanke war: wenn man sich bewußt bleibe, wieviel man nach jahrhundertelanger Entwicklung erreicht habe, und daraus den Willen entwickele, das Erreichte zu verteidigen und zu bewahren, dann gewänne die Römische Republik die Chance einer dauerhaften Stabilität, und weiterer Fortschritt werde möglich.

Die Botschaft war zugleich eine warnende: Wenn auch der „Kreislauf" der Staatsformen nicht zwingend notwendig sei, so sei es doch auch der Fortschritt nicht; auch er sei nur eine Möglichkeit. Wenn es nicht gelinge, die „dämonischen Mächte", die zum Angriff auf die republikanische Staatsordnung angetreten seien, zu bändigen, so werde alles in Jahrhunderten mühsam Erreichte zerstört, und die Republik werde in Tyrannis und Barbarei versinken.

Von diesen „dämonischen Mächten" und ihrer Bändigung ist in dem gesamten Werk viel die Rede. Denn sie gehörten zur biographischen Erfahrung Ciceros, vor allem in der Auseinandersetzung mit Catilina, mit Caesar und später mit Antonius. Letzterer fand auf Ciceros Argumente nur noch eine Erwiderung: er ließ ihn ermorden. Von nun an ging es nicht mehr um die Alternative konstitutionelle Republik oder unumschränkte Cäsarenherrschaft, sondern nur noch darum, wem es gelang, seine Rivalen im Kampf um die Cäsar-Nachfolge zu besiegen. Es kam von nun an alles auf Vernunft und Moralität der jeweiligen Kaiser an: Ihr zufälliges individuelles Niveau bildete die Obergrenze, über die hinaus es politische Rechtskultur nicht mehr geben konnte.

Welches Risiko die Römer damit eingegangen waren, wurde unter dem friedlichen und vergleichsweise maßvollen Augustus nicht sogleich sichtbar, doch schon bald darauf kam es zur Despotie grotesker Ungeheuer von Nero über Caligula bis hin zu Diokletian. Wenn auch das Römische Kaisertum nicht durchgängig einen derartigen Grad von Perversion zeigte, so erreichte es doch nie mehr jenen Grad an Rechtskultur, den die Römische Republik in den Jahren aufwies, als Cicero ihr als Konsul vorstand, und konnte ihn auch nicht mehr erreichen, weil die Rechtskultur mit den Rechtsinstitutionen steht und fällt.

II. Das Wiederauftauchen des Arguments im 17. Jahrhundert

Ciceros Argument tauchte an einem dramatischen Wendepunkt der Geschichte ein zweites Mal auf: im Anfang des 17. Jahrhunderts. Diesmal bezog es sich nicht auf das Römische Recht, sondern auf die schon erreichten Fortschritte der englischen Rechtskultur, die durch die absolutistischen Ambitionen der Stuartkönige bedroht waren.[17]

In England gab es zu Beginn des 17. Jahrhunderts bereits Gewaltenteilung mit König, Oberhaus, Unterhaus und einer unabhängigen Richterschaft. Gesetze wurden im Zusammenwirken von König und Parlament erlassen. Wenngleich der König erhebliche Vollmachten besaß, so waren sie doch begrenzt, z. B. hatte er nur beschränkte Prärogativen zu selbständigen Verordnungen, und diese erlaubten ihm keine Eingriffe in die Grundsätze des Common law. Wo dieses verbesserungs- und ergänzungsbedürftig erschien, konnte er Gesetzgebungsinitiativen ergreifen, die jedoch nur wirksam wurden, soweit das Parlament ihnen zustimmte. Der König genoß seine Autorität nicht allein aus Tradition oder persönlichem Charisma, sondern weil das englische Recht ihm Legitimität verlieh. Es enthielt nicht nur Regeln über die Thronfolge, sondern auch über die königlichen Kompetenzen. Indem das englische Recht sie ihm zuwies, begrenzte es sie zugleich. Wollte er sich über diese Grenzen hinwegsetzen, so mußte er die Verbindlichkeit des englischen Rechts in Frage stellen. Indem er das tat, stellte er jedoch zugleich die Legitimitätsgrundlage seiner eigenen Macht in Frage.

Diesen gefährlichen Weg beschritten die Stuart-Könige Jacob I und Karl I. Er mündete schließlich, 1642, in Aufruhr und Bürgerkrieg, in die Hinrichtung des Königs 1649 und die anschließende Diktatur Cromwells. Schließlich entschlossen sich die Engländer 1660 zur Restauration, d. h. zur Wiederherstellung der Monarchie, aber auch zur Verbindlichkeit der Institutionen des englischen Rechts – einer Verbindlichkeit für alle, auch den König.

Die Jahrzehnte der Katastrophe hatten ihr Wurzel in einem staatsphilosophischen Irrtum prinzipieller Art. Jacob I. Stuart, der 1603 den englischen Thron bestieg, war schottischer Herkunft und stand der englischen Rechtstradition fremd gegenüber. Er war ein Intellektueller und Verfasser einer absolutistischen Staatsdoktrin[18]. Er hatte sich von der Souveränitätsdoktrin der französischen Politiques überzeugen lassen und wollte sie generalisieren, d. h. auf England übertragen, ohne zu bedenken, daß die englische Situation der französischen nicht vergleichbar war.

Die französischen Politiques (wie Le Jay, Pasquier, Bodin) hatten vor der Frage gestanden, wie der konfessionelle Bürgerkrieg zwischen Katholiken und Hugenotten überwindbar sei[19]. Die naheliegende Antwort war zunächst: indem der König konfessionelle Toleranz gewährleistet. Die französischen Könige hatten jedoch bereits mehrere Toleranzedikte erlassen (1563, 1570, 1576, 1577). Sie haben sie z. T. nicht ernst gemeint, wie die Bartholomäusnacht anschaulich machte. Aber auch wenn sie sich zur Toleranz entschlossen, waren sie machtpolitisch nicht in der La-

---

17 Zum folgenden eingehender *Martin Kriele,* Einführung in die Staatslehre, 5. Aufl. 1994, §§ 24 ff., u. w. Nachw.

18 Basilikon Doron und Trew Law of Free Monarchies, beides 1598.

19 Vgl. *Kriele,* Einführung in die Staatslehre, a. a. O., § 10.

ge, sie durchzusetzen. Die eigenständigen Feudalgewalten mit ihren Fehderechten erwiesen sich als zu stark. Daraus folgerten die Politiques: Die einzige – wenn auch risikoreiche – Chance, den Frieden zu erzwingen, sei, den König von dem gesamten traditionellen Rechtssystem mit seinen Feudalgewalten unabhängig zu machen, ihn „legibus absolutus" zu stellen und ihm eine neue Legitimitätsbasis zu geben: nämlich die rationale Souveränitätsdoktrin. Auf diese Weise gewänne er ausreichende Truppenloyalität und militärpolitische Überlegenheit, die ihm ermögliche, Toleranz und damit Frieden zu erzwingen. Diese Souveränitätsdoktrin bewährte sich, als es Henri IV. und seinen Nachfolgern gelang, das 1598 erlasse Toleranzedikt tatsächlich durchzusetzen. Auf ihrer Grundlage ging Frankreich im Laufe des 16. Jahrhunderts zum Absolutismus über.

Als Jakob I. Stuart diese Doktrin nach England zu übertragen suchte, sahen sich die Engländer in ihrem traditionellen Rechtsverständnis und damit zugleich in ihrem Stolz herausgefordert. Für sie hatte der Satz, der König sei legibus absolutus, einen völlig anderen Sinn: der König stellte sich damit nicht über Feudal- und Fehderechte, sondern über das gewaltenteilende Staatssystem und das Common Law. Dieses aber gewährleistete konfessionelle Toleranz aus sich heraus. Es galt der Grundsatz: Niemand kann verhaftet oder verfolgt werden, der nicht das Recht verletzt. Das geltende Recht aber stellte die calvinistische Abweichung von der Anglikanischen Hochkirche keineswegs unter Strafe. Es gab deshalb, anders als in Frankreich, keinen konfessionellen Bürgerkrieg.

Erst durch die absolutistische Infragestellung der Geltung dieses Rechts fühlten sich die Dissenters bedroht, und Jakob bestätigte ihnen 1604 zu Hampton Court, daß sie das mit Grund taten. Sein Nachfolger Karl I. Stuart machte mit der Konfessionsverfolgung ernst und veranlaßte von den zwanziger Jahren an zahlreiche Dissenters zur Auswanderung in die amerikanischen Kolonien (Stichwort: die „Mayflower").

Der Konflikt ging jedoch nicht um die konfessionelle Toleranz allein, sondern – anhand dieses Problems – um die grundsätzliche Frage: Absolutismus oder Rechtsbindung auch des Königs. Bedroht fühlten sich keineswegs nur die Dissenters in ihrer Konfessionsausübung, sondern die Engländer allgemein in ihrer Rechtssicherheit.

Zu den bedeutendsten Verfechtern des Gedankens der Rechtsbindung gehörte Sir Edward Coke, der von 1552 – 1633 lebte, Verfasser der vierbändigen „Institutionen", der 400 Jahre lang maßgebenden Dogmatik des englischen Rechts. Als praktischer Jurist stieg Coke bis zum Chief Justice – zum höchsten englischen Richter – auf[20]. Er verlor dieses Amt im Jahre 1615, als er sich weigerte, sich vor Eröffnung eines Strafverfahrens auf seinen Ausgang festzulegen[21]. Es ging um ei-

---

[20] Zu Coke vgl. *Kriele*, Einführung in die Staatslehre, § 29, u. w. Nachw.

[21] Zum Konflikt zwischen Coke und Bacion eingehender: *Kriele*, Befreiung und politische Aufklärung, 2. Aufl. 1986, § 14.

nen anglikanischen Priester namens Peacham, der für die Rechte und Freiheiten der calvinistischen Dissidenten eingetreten war. Der damalige Generalstaatsanwalt des Königs, Francis Bacon, verlangte die Todesstrafe und erklärte Coke, das Risiko eines Freispruchs müsse aus Gründen der Staatsräson von vornherein ausgeschlossen sein. Coke belehrte Bacon über richterliche Unabhängigkeit, über Rechtsbindung des Richters und über die Grundsätze eines fairen Verfahrens, und wies dem Generalstaatsanwalt die Tür: eine Gestalt aus ciceronischem Geist.

Noch waren die englischen Rechtsverhältnisse so, daß Coke lediglich abgesetzt wurde. Er wurde Unterhausabgeordneter und brachte hier zahlreiche Gesetzesvorlagen ein, die die Fortschrittsgeschichte des Rechts erheblich beeinflußt haben, auch wenn sie nur zum Teil zu unmittelbarem Erfolg führten. Mit ihnen erstrebte er z. B. die Abschaffung der Folter und des Ämterkaufs, die Sicherung der richterlichen Unabhängigkeit, eine Kontrolle der Monopole, Maßnahmen gegen das Spitzelsystem sowie die Begrenzung der Todesstrafe auf Kapitalverbrechen. 1628 war er der Hauptinitiator der Petition of Right, die den König auf die Respektierung der Grundsätze des englischen Rechts festzulegen versuchte.

Coke knüpfte u. a. an die Magna Charta von 1215 an, vor allem an den dort enthaltenen Rechtsgrundsatz des habeas-corpus-Prinzips, also des Schutzes vor willkürlicher Verhaftung. Dieses galt ursprünglich zwar nur für den niederen Adel. Im Laufe der englischen Rechtsgeschichte wurde es jedoch als ein Rechtsgrundsatz anerkannt, der für alle freien Engländer Gültigkeit hatte. Coke formulierte diesen Rechtsgrundsatz so: „No man can be taken, arrested, attached or imprisoned, but by due process of law and according to the law of the land". Dieser Grundsatz wurde zur historischen Keimzelle des modernen Freiheitsgedankens und des gewaltenteilenden Verfassungsstaates. Und er war die Grundlage des inneren Friedens in England – auch in den Zeiten der Konfessionsspaltung.

Was uns hier interessiert, ist die philosophische Reflexion, mit der Coke seinen Kampf um die Bewahrung der Rechtsinstitutionen begründete. Er legte dar, das Recht sei zu verstehen als „künstliche Vernunft" (artificial reason)[22]. Es sei nämlich der Niederschlag von unendlich viel mehr Studium, Beobachtung und Erfahrung, als ein einzelner, ja als eine ganze Generation denkbarerweise erwerben könne. „Wenn alle Vernunft, die in vielen einzelnen Köpfen verstreut ist, in einem einzigen vereinigt wäre, so könnte dieser doch nicht ein solches Recht schaffen, wie es das Recht von England ist. Dieses ist nämlich in vielen Generationenfolgen durch zahllose ernste und bewährte Männer verfeinert und immer weiter verfeinert worden." (I. Institutes, 138). In diesem Sinne forderte Coke: „Neminem oportet esse sapientorum legibus" – niemand ist es gestattet, sich für weiter zu halten als das Recht. Und dies galt auch für den König.

---

22 Zum folgenden eingehender: *Kriele,* Einführung in die Staatslehre, § 29, ferner: Die vermutete Vernünftigkeit unseres Rechts, in: Recht, Vernunft, Wirklichkeit, Berlin 1990, S. 471 ff.

Es fällt auf, daß Cokes Argument fast wörtlich mit Ciceros Argument übereinstimmt, obwohl De Republica verschollen war. Dieses Werk tauchte erst 1820 auf und wurde kurz darauf erstmals wieder veröffentlicht. Wir können also vermuten, daß Coke Ciceros Argument nicht kannte, falls es nicht in Sekundärquellen überliefert war, worüber jedoch nichts bekannt ist. Trifft das zu, hat Coke das Argument also nicht von Cicero übernommen. Es ergab sich vielmehr für den Kenner des Rechts und seiner Bedeutung aus der Natur der Dinge von selbst.

Diesmal hatte das Argument zumindest langfristig Erfolg: Nach den Turbulenzen des 17. Jahrhunderts stellten die Engländer das gewaltenteilende System wieder her und lieferten damit das vorbildhafte Modell für die politische Aufklärung des 18. Jahrhunderts. Denn dieser ging es in erster Linie um die Gewaltenteilung als Alternative zum Absolutismus. Der Hintergrund war folgender: Die Souveränitätsdoktrin der französischen Politiques des 16. Jahrhunderts hatte auf einem Kalkül von Chance und Risiko beruht: Der Absolutismus erschien nötig, um die Chance der Sicherung des inneren Friedens zu erringen; dafür müsse man das Risiko seiner Entartung zur Tyrannis in Kauf nehmen[23]. Dieses Kalkül bewährte sich, als es den französischen Königen gelang, das Toleranzedikt von Nantes wirklich durchzusetzen. Das Risiko wurde Wirklichkeit nach der Aufhebung dieses Edikts im Jahre 1685: Die Ausübung der evangelischen Konfession wurde grausam bestraft, selbst häusliche Gottesdienste standen unter Strafe. Evangelische Kirchen wurden zerstört, Geistliche des Landes verwiesen, Emigration stand unter Galeerenstrafe. Die Hugenotten flüchteten in Nachtmärschen und im Schutz der Wälder; ein Viertel Frankreichs wurde entvölkert. Unter dem königlichen Edikt stand: „Car tel est notre plaisir" – denn so ist unser Belieben.[24]

Vor diesem Hintergrund rückte im Lauf des 18. Jahrhunderts die Frage ins Zentrum: Wie läßt sich unter Beibehaltung des Staates und seiner friedenssichernden Funktion gleichwohl ein Mindestmaß an Freiheit und Menschenrechten gewährleisten? Die Antwort war: Indem die staatliche Exekutivgewalt an Verfassung und Gesetz gebunden ist, über die sie nicht willkürlich verfügen und die sie nicht durchbrechen kann, kurz durch Gewaltenteilung. Denn nur wenn der Staat überhaupt ans Recht gebunden ist, kann er auch an Menschenrechte gebunden sein.

In der politischen Philosophie der Aufklärung ging es nicht um die Alternative: Monarchie oder Demokratie, sondern um die Alternative: absolute oder konstitutionelle Monarchie[25]. So war der Begriff „Republik" etwa bei Kant gleichbedeutend mit Verfassungsstaat, und das bedeutet konkret: konstitutionelle Monarchie. Die Gewaltenteilung zwischen Exekutive und Legislative war die Quintessenz der politischen Philosophie der Aufklärung. In Amerika wurde sie von 1776 an demokratisch verstanden, zuerst in der Verfassung von Virginia, dann in allen anderen

---

[23] Eingehender: *Kriele,* Einführung in die Staatslehre, § 10.

[24] Eingehender: *Kriele,* Einführung in die Staatslehre, § 11.

[25] Eingehender: *Kriele,* Die demokratische Weltrevolution, warum sich die Freiheit durchsetzen wird, §§ 5 u. 6, s. o. S. 21 ff., 23 ff.

amerikanischen Verfassungen einschließlich der Bundesverfassung von 1787. Doch am Anfang der französischen Revolution wurde Gewaltenteilung monarchisch verstanden, wie die Verfassung von 1791 zeigt. Als sich die Franzosen 1792 über ihre Prinzipien hinwegsetzten und einen neuen Absolutismus revolutionär Hitzköpfe kreierten, kam es zwangsläufig zu mörderischen Barbareien und schließlich zum Bonapartismus. Doch in Europa breitete sich im Laufe des 19. Jahrhunderts der Gedanke des gewaltenteilenden Verfassungsstaates aus, dem die Bürger einen hohen Standard der Rechtskultur verdanken.

Das Modell dafür war das gewaltenteilende System Englands. Die Verfechter des Absolutismus argumentierten: Die Alternative zu ihm seien Anarchie und Bürgerkrieg. Dieses Argument verfing nicht, weil man darauf verweisen konnte, daß in England die Gewaltenteilung und damit die Rechtsbindung aller staatlichen Gewalt tatsächlich funktionierte. So können wir sagen: Cokes ciceronisches Argument prägte die politische Aufklärung des 18. und 19. Jahrhunderts und hatte langfristig die Wirkung, daß sich der gewaltenteilende Verfassungsstaat hat durchsetzen können.

III. Das Wiederauftauchen des Arguments im 20. Jahrhundert

Das Argument, daß die rechtlichen Institutionen Erfahrungsweisheit speichern und deshalb bewahrt werden sollten, gewann im Laufe der Geschichte ein drittes Mal Bedeutung im 20. Jahrhundert: in der Abwehr der totalitären Systeme. Als der Deutsche Reichstag im März 1933 die Zustimmung zum Ermächtigungsgesetz erteilte, erkannten nur wenige, daß damit alle Rechtssicherheit und Freiheit beseitigt war. Die Inhumanität und Barbarei wurden nur von denjenigen vorhergesehen, die in der Weimarer Reichsverfassung und dem geltenden Recht – trotz ihrer Mängel und Schwächen – den Niederschlag gesammelter Erfahrungsweisheit erkannten. Dasselbe Unverständnis für den Sinn von Rechtsinstitutionen zeigte sich im Verhältnis zahlloser westlicher Intellektueller zum marxistisch-leninistischen System. Es zeigte sich nicht nur in prokommunistischem Mitläufertum, sondern auch im Relativismus: Die politischen Systeme des Ostens und des Westens seien prinzipiell gleichwertig; das eine wie das andere habe seine Vor- und Nachteile; diese höben sich gegenseitig auf. Gewiß ist auch das westliche System des Verfassungsstaates in dieser oder jener Hinsicht noch verbesserungsbedürftig. Aber seine Überlegenheit über alle alternativen politischen Systeme ist darin begründet, daß sich in ihm eine mehrtausendjährige Fortschrittsgeschichte des Rechts niederschlägt.

Mag man auch sonst dem Gedanken des Fortschritts skeptisch oder negativ gegenüberstehen, unser Recht ist – über viele Rückschläge hinweg – aus der Vogelperspektive betrachtet Resultat einer Fortschrittsgeschichte. Diese zeigt sich in der Überwindung von Unrecht: Sklaverei, Gladiatorenkämpfe, grausame Körperstrafen, Folter, Ketzerverbrennung, Fehde, Hexenverfolgung, primitive Beweisverfahren, Unterdrückung von Religionen und Konfessionen, Eroberungskriege, das Vernichten oder Ausplündern der Besiegten, das Verhungernlassen von Völkern, die Mißhandlung von Gefangenen, Kinderarbeit, Ausbeutung aller Art galten jahrtausendelang als Recht und gelten nun als Unrecht. Was sich hier durchgesetzt hat, ist nicht eine beliebige Mischung von relativer Gültigkeit, sondern die Erkenntnis, daß es Unrecht war, und der politische Wille, dieses Unrecht zu überwinden.

Wie im Großen so im Kleinen: Die Unrechtserfahrung ist auf allen Rechtsgebieten eine Triebfeder für Rechtsreformen gewesen. Rechtsreformen stellen nicht den Zustand der Gerechtigkeit her, aber sie führen zur Annäherung an sie durch Überwindung von Unrecht, und im Laufe der Jahrhunderte zu einem kunstvoll verfeinerten Bau des Rechts. Erst wurde z. B. der Unterschied zwischen verschuldeter und nicht verschuldeter Tat entdeckt, den der zwischen Vorsatz und Fahrlässigkeit. Dann wurde der Rechtfertigungsgrund der Einwilligung entdeckt, dann der der mutmaßlichen Einwilligung, dann der Entschuldigungsgrund des Irrtums über die tatsächlichen Voraussetzungen einer mutmaßlichen Einwilligung. Eines baut auf dem anderen auf. Es ist ein unendlicher Prozeß des Tastens, der Korrektur, der Antwort auf immer neue Herausforderungen, des Fortschritts durch „trial and error", durch „challenge and answer". Ihm zugrunde liegt das Bemühen, das Recht der Gerechtigkeit anzunähern. Darin äußert sich der Gedanke, daß Gerechtigkeit nicht nur eine subjektive und insofern relative Vorstellung, sondern eine in objektiver Wahrheit begründete Idee ist.

Die irrige Vorstellung, Gerechtigkeitsfragen ließen sich prinzipiell nicht beantworten, entsteht nur, wenn man die Frage auf einer zu hohen Abstraktionsstufe stellt (etwa: „Was ist Gerechtigkeit?"). Fragt man hingegen: was ist ungerecht?, oder noch konkreter: ist dies oder jenes einzelne Vorkommnis ungerecht?, so weiß man in aller Regel sehr genau zu antworten. Die Antworten summen sich im Laufe der Rechtsgeschichte auf, soweit diese die Tradition der westlichen Zivilisation pflegt und bewahrt. Die Frage nach Gerechtigkeit beantwortet sich dann nicht mit dem Hinweis auf philosophische Kriterien, sondern mit dem Hinweis auf unsere Rechtsordnung. In ihren Institutionen hat sich der Kampf ums Recht niedergeschlagen, und wenn er an sie anknüpft, kann er ihr Niveau halten und heben.

Das Geheimnis der Wunderwirkung der Institutionen liegt in drei Faktoren: 1. im Amtsethos, 2. im Verfahren, 3. in der Bewahrung des Erreichten.

Das Amtsethos der Unparteilichkeit und Gerechtigkeit bleibt – trotz aller menschlichen Schwäche – nicht ganz ohne Wirkung. Der Amtsträger steht unter dem Anspruch, sich aus seiner egozentrischen Sphäre zu erheben und sich aus der Vogelperspektive als einer unter gleichberechtigten andern zu sehen. Gewiß: es ist ein Anspruch, der vielfach verfehlt wird und der kaum restlos erfüllbar ist. Seine Wirksamkeit in der Öffentlichkeit zeigt sich aber in der Entrüstung in Fällen seiner Mißachtung. So sehr man es auch bezweifeln mag: wer in die Verantwortung eines Amtes eintritt, verwandelt sich in der Regel bis zu einem gewissen Grad. Er gewinnt den Ernst, der aus dem Bewußtsein hervorgeht, mit der zu treffenden Entscheidung schwerwiegende Folgen für das Schicksal unbestimmt vieler Menschen auszulösen. Das gilt nicht nur für den Richter und Rechtsdogmatiker, es gilt bis zu einem gewissen Grad auch für Parlamentarier.

Zweitens ermöglicht das institutionalisierte Verfahren die umfassende Diskussion alles Für und Wider. Bringt jemand im Gerichtsverfahren eine Normhypothese vor, so kommt anschließend die andere Seite zu Wort; die Gerichtsentscheidung stützt sich auf Vorarbeiten der Rechtswissenschaft, die allerlei Varianten und ihre Folgewirkung erwogen hat, und unterliegt anschließend der öffentlichen Kritik. Auch im parlamentarischen Gesetzgebungsverfahren wird, zwar weniger in den öffentlichen Debatten, wohl aber in den Ausschüssen, jedes Argument gehört und zumeist sachlich diskutiert. Damit wird die Entscheidung auf ein wesentlich höheres Vernunftniveau gehoben, als es dem einzelnen vor der Erörterung der Sachfragen zu eigen war.

Drittens schließlich wird das Erreichte bewahrt, sofern es sich in verbindlichen Entscheidungen der Gerichte oder des Gesetzgebers niederschlägt. Die Entscheidung bricht die Reflexion nicht ab: sie steht der Kritik, Korrektur und Abänderung offen. Indem aber die Reflexion eine getroffene Entscheidung kritisiert und sich mit ihren Gründen auseinandersetzt, knüpft sie an bereits erarbeitete Erwägungen an und nimmt so ein höheres Reflexionsniveau ein, als wenn alles von Grund auf neu geschaffen werden müßte. Die Rechtsgeschichte ist – aufs Große und Ganze gesehen – die Geschichte eines Fortschritts der Rechtskultur.

Ciceros Argument hat nichts an Aktualität eingebüßt. Im Gegenteil: Je länger der Fortschritt der Rechtskultur andauert, desto mehr haben wir zu verlieren und desto tiefer ist der Fall, wenn ein Staat aus der Tradition der Rechtskultur aussteigt und sich über alles mit ihr Erreichte hinwegsetzt, statt es zu bewahren und auf diesem Fundament weiterzubauen. Ciceros Argument ist die Quintessenz einer Staatsweisheit, mit der alle Rechtskultur steht und fällt.

Dialektische Prozesse in der Verfassungsgeschichte*

I.

Das Grundgesetz fügt dem Bekenntnis zu Menschenwürde und Menschenrechten hinzu, sie bildeten die „Grundlage des Friedens und der Gerechtigkeit in der Welt". Stimmt das eigentlich? Bilden Menschenrechte und Menschenwürde wirklich die Grundlage des Friedens? Ist die Grundlage des Friedens nicht vielmehr die Anerkennung jedes Staates, unabhängig davon, ob er die Menschenrechte anerkennt oder nicht?

Die Formel ist aus der Allgemeinen Erklärung der Menschenrechte der Vereinten Nationen vom 10. Dezember 1948 übernommen. Sie greift die Geschichtsphilosophie der Aufklärung des 18. Jahrhunderts wieder auf. Vor allem Immanuel Kant hat gelehrt, einem dauerhaften – und nicht nur provisorischen – Frieden würden wir uns nur in dem Maße nähern, als wir dem Recht des Menschen innerstaatlich und international zur Geltung verhelfen.[1] Die Erfahrung werde uns dies schon lehren. Zur Sicherung eines provisorischen Friedens bedürfe es freilich der Anerkennung auch der despotischen Staaten. Denn deren Philosophie könnten wir nicht von heute auf morgen ändern, müßten aber gleichwohl mit ihnen zusammenleben. Doch der provisorische Friede sei ein labiler Friede. Art. 1 II GG enthält also nicht eine unmittelbare Direktive für die Außenpolitik, sondern eröffnet eine geschichtsphilosophische Perspektive, die wir im Hintergrund unserer Regierungspolitik im Auge behalten sollen.

Hegels dialektische Geschichtsphilosophie knüpfte zwar an die der Aufklärung an, versuchte jedoch der Komplexität des geschichtlichen Geschehens besser Rechnung zu tragen. Die Fortschrittsgeschichte verlaufe nicht linear und erkläre sich nicht einfach aus Aufklärung, Moral, Einsicht und Erfahrung. Sie nehme ihren Verlauf vielmehr unabhängig vom subjektiven Vorstellen und Wollen der in ihr handelnden Menschen – über den Zusammenbruch von Weltreichen, über Kriege und Bürgerkriege, Tyranneien und Königsmorde, Revolutionen und Eroberungen, Institutionalisierungen und Rückschläge hinweg.

---

* Abschiedsvorlesung vom 13. 2. 1996 im Rahmen der Vorlesung „Verfassungsgeschichte". Der Vortragscharakter wurde beibehalten.

[1] Hierzu der *Verf.* eingehender in: Die demokratische Weltrevolution, §§ 29–31, o. S. 86 ff.

„Der Endzweck der Welt", sagt *Hegel*, „ist das Bewußtsein des Geistes von seiner Freiheit, und eben damit die Wirklichkeit seiner Freiheit überhaupt".[2] Zwar sei noch ein Unterschied „zwischen dem, was nur erst an sich, und dem, was wirklich ist".[3] Aber immerhin sei es über alle Katastrophen hinweg dahin gekommen, daß die Idee des Rechts und des Rechtsstaates in die Weltgeschichte eingetreten sei und u. a. in den Kodifikationen und in der Selbstbeschränkung der Souveränität Gestalt angenommen habe. Ein Staat sei wohlbestellt und kraftvoll in sich selbst, „wenn mit seinem allgemeinen Zweck das Privatinteresse der Bürger vereinigt" sei und „eins in dem anderen seine Befriedigung und Verwirklichung findet".[4] In der Tendenz zur Überwindung von Barbareien der Vergangenheit, also in der vergleichsweise zivilisierten Staats- und Rechtsordnung zeige sich, daß es in der Weltgeschichte trotz allem letztlich vernünftig zugegangen sei. Denken wir z. B. an Sklaverei, Leibeigenschaft, Ausrottung der Besiegten, Gladiatorenkämpfe, Ketzerverfolgung, Fehde, primitive Prozeßmethoden, Hexenverbrennung, Folter, grausamen Körperstrafen u. a. Barbareien, die im Laufe der Rechtsgeschichte trotz aller gegenläufigen Tendenzen überwunden wurden.

„Das wahrhaft Gute", sagt *Hegel*, „die allgemeine göttliche Vernunft" sei „auch die Macht, sich selbst zu vollbringen",[5] wenn auch über Unglück und Unrecht hinweg. Darin zeige sich die „List der Vernunft",[6] die die Geschichte auf ihren Endzweck hinlenke. Die menschliche Vernunft aber sei „das Vernehmen des göttlichen Werkes".[7] Dieser Gedanke sei der religiösen Wahrheit verwandt, daß „eine Vorsehung die Welt regiere",[8] m. a. W., daß Gott Herr der Geschichte sei. Bei der geschichtsphilosophischen Betrachtung handle es sich um eine „Theodizee, eine Rechtfertigung Gottes",[9] d. h. um eine Antwort auf die Frage, ob Gott gleichzeitig allmächtig und gütig sein könne.

Diese alte Frage war ja im 18. Jahrhundert zu einem zentralen Thema der Philosophie geworden: Von *Leibniz* bejaht, von *Voltaire* verneint, von Kant mit neuer Begründung bejaht, von Schiller in die Formel gegossen: „Die Weltgeschichte ist das Weltgericht". Dem schließt sich Hegel an, doch so, daß er den Gedanken der Freiheit ins Zentrum rückt. Da die Freiheit der Sinn unseres Kosmos sei, respektiere Gott auch die Freiheit, Böses zu tun und Leid zu schaffen. Doch er habe auch dafür Vorsorge getroffen, daß aufs große Ganze gesehen die Freiheit sich ihrem geschichtlichen Endziel, ihrem Gebrauch im Einklang mit Gott, annähern könne.

---

[2] *G. W. F. Hegel*, Vorlesungen über die Philosophie der Geschichte. Sämtl. Werke, hrsg. von H. Glockner, Band 11, Stuttgart 1949, S. 46.

[3] Fn. 2, S. 47.

[4] S. 53.

[5] Fn. 2, S. 67.

[6] Fn. 2, S. 63.

[7] Fn. 2, S. 68.

[8] Fn. 2, S. 39.

[9] Fn. 2, S. 42.

Wie hat er diese Vorsorge getroffen? *Hegel* sagt: „Diese Frage nach den Mitteln, wodurch sich die Freiheit zu einer Welt hervorbringt, führt uns in die Erscheinung der Geschichte selbst".[10] Nämlich: Die „unermeßliche Masse von Wollen, Interessen und Tätigkeiten sind die Werkzeuge und Mittel der Weltgeschichte, seinen Zweck zu vollbringen".[11] Doch wie kann es dahin kommen, angesichts der Tatsache, daß „die Leidenschaft, die Zwecke des partikularen Interesses, der Selbstsucht ..., das Gewaltigste" sind?[12]

Die Männer, die Geschichte machten, wußten meist gar nicht, welchem Endzweck sie dienen, so wenig wie der Stier, der sich mit Leidenschaft der Kuh zuwendet, weiß, daß er damit der Arterhaltung dient. Sie dienen Gottes Zwecken, ob sie das wollen oder nicht. Sie schaffen zwar Unglück und Unrecht. Doch „das Recht des Weltgeistes geht über alle besonderen Berechtigungen".[13] Letztlich walte das Gesetz des „Stirb und Werde", von Tod und neuem Leben, und aufs Ganze gesehen erweise sich Gottes Wille als der mächtigere.

Kant hatte sein Vertrauen darauf gesetzt, daß uns die Erfahrung zu Einsicht und Moralität bringen werde. Hegel hielt das für eine zu lineare und zu moralisierende Vorstellung. Ihn faszinierte der Gedanke, daß die Weltgeschichte eine Geschichte der Katastrophen ist – und daß sie *dennoch* auf all diesen Umwegen von Stufe zu Stufe Fortschritte im Bewußtsein der Freiheit hervorbringt. Ihre dialektischen Prozesse verliefen unabhängig von Absicht und Einsicht. Wie verhält sich das? Wer hat recht?

Ich will jetzt nicht in eine Diskussion des Begriffs der Dialektik im Hegelschen Sinn eintreten. Das wäre ein Thema für sich. Ich will nur soviel sagen: Das für den Schulgebrauch verwandte Schema, die Geschichte verlaufe in Schritten von These, Antithese und Synthese, findet sich so bei Hegel nicht. Es ist eine grobe Simplifikation, freilich eine solche, die die Sache nicht etwa verständlich, sondern vollends unbegreiflich macht. Der Tatbestand, von dem wir ausgehen müssen, um das Gemeinte zu verstehen, ist die Diskrepanz von Absicht und Ergebnis. Jeder noch so gut gemeinte geschichtliche Impuls tritt in eine komplexe Welt, die ihm Widerstand entgegensetzt und ihn im Ergebnis zu ganz anderen Wirkungen führen kann als denen, die mit ihm beabsichtigt waren. Anschaulich wird das an einem einfachen Beispiel: gerade diejenigen, die sich in besonderem Maße für den Frieden einsetzen, werden in besonderem Maße zur Zielscheibe des Hasses und nicht selten das Opfer eines Mordanschlages. Beispiele aus unserer Zeit sind Gandhi, Martin Luther King, Kennedy, Sadat, zuletzt Rabin.

Das Grundmuster dessen, was die Antike unter Dialektik verstand, findet sich in den griechischen Tragödien. Das Tragische wird nicht einfach durch das Unrecht

---

[10] Fn. 2, S. 47.
[11] Fn. 2, S. 54.
[12] Fn. 2, S. 48 f.
[13] Fn. 2, S. 69.

eines Schuftes ausgelöst, sondern durch das Aufeinanderprallen von Grundpositionen, die beide ihre relative Berechtigung haben, z. B. weil sie verschiedenen Kulturen und Kulturepochen entstammen. Die Griechen kamen erschüttert aus dem Theater und begannen zu diskutieren: So entstand ihre Philosophie, die nicht zufällig so häufig in die Form von Rede und Gegenrede gekleidet war. Plato hat nicht nur die Sophisten ihrer Plattheit überführen wollen. Oft machte er die einander widersprechenden Positionen beide stark, ja fast zwingend. Die Überbrückung der Gegensätze gelang nur in der Gewinnung ganz neuer, bisher noch nicht gedachter Einsichten.

Für *Hegel* besteht Dialektik nicht nur in dem Aufeinanderprallen von Willen und Gegenwillen, sondern auch in den Umbiegungen, Verknäuelungen, Verstrickungen in einer komplexen Welt. Oft geht aus guten Absichten Schlimmes hervor; mitunter auch schafft der Geist, der Böses will, das Gute. Nach der Lehre der Psychologen führt der Weg zu guten Beziehungen über die offene Austragung des Streits. Nach christlicher Auffassung hat die Sache eine noch viel prinzipiellere Bedeutung: der Weg zur Auferstehung führt über das Kreuz.

Geschichtlich bedeutsame Handlungen führten oft zu Resultaten, die sich von den ursprünglich verfolgten Plänen und Absichten sehr weit entfernten, ja häufig im Gegensatz zu ihnen standen und allenfalls auf Umwegen zu einer Vermittlung von Handlungsabsicht und ihrem Gegensatz führten, häufig zu Resultaten, die weder die Handelnden noch ihre Gegenspieler im Sinn hatten.

Statt das Thema auf der abstrakten Ebene der logischen Analyse abzuhandeln, rekapituliere ich kurz sieben für die Verfassungsgeschichte relevante Prozesse, die wir in der Vorlesung besprochen haben, Vorgänge, die den Begriff des dialektischen Prozesses anschaulich machen und mit Leben erfüllen. Daran möchte ich alsdann einige Schlußfolgerungen anknüpfen.

II.

1. Beispiel:

Wir hatten im Verlauf der Vorlesung des öfteren Anlaß, den Prozeß der fortschreitenden Säkularisierung zu betrachten. An seinem Anfang im 11. Jahrhundert standen die Bestrebungen der Mönche von Cluny, die *Hildebrand,* als er *Papst Gregor VII.* geworden war, in die Wirklichkeit umzusetzen beabsichtigte. Es ging um die Reinigung des Geistlichen vom Weltlichen. Was über die Jahrhunderte hinweg herausgekommen ist, ist die Emanzipation des Weltlichen aus dem Geistlichen. Ich bringe einige Stufen dieses dialektischen Prozesses in Erinnerung: Im Investitur-Streit wurden zunächst bei Bischöfen und Äbten der geistliche und der weltliche Anteil unterschieden. Alsdann ging es um die Frage, ob der geistlichen oder der weltlichen Macht die Personenauswahl und die Ersteinsetzung zustehen. Dann verloren die Bischöfe im weltlichen Anteil ihres Amtes ihre Funktion als

Reichsbeamte und wurden den Feudalherren gleichgestellt. Damit war das Rückgrat der kaiserlichen Macht gebrochen, und diese wurde fortlaufend weiter geschwächt, insbesondere durch die Wahlkapitulationen.

Die Reinigung des Geistlichen vom Weltlichen wurde von Anfang an nicht ehrlich und konsequent betrieben. Vielmehr beanspruchte der Papst eine potestas indirecta, z. B. die Indienstnahme der weltlichen Macht in der Ketzerverfolgung und die Kontrolle des Kaisers mit den Mitteln des Banns, also der Exkommunikation und der Entbindung seiner Vasallen vom Treueid. Im 16. Jahrhundert war die Reichsmacht so geschwächt, daß sie die Zusammengehörigkeit von Kirche und Reich nicht mehr aufrechterhalten konnte. Schließlich schrieb der Westfälische Frieden die konfessionelle Pluralität und Neutralität des Reiches fest. „Cuius regio, eius religio" wurde zum obersten Verfassungsgrundsatz des Reiches. Im weiteren Verlauf setzte sich dann die Emanzipation des Weltlichen aus dem Geistlichen auf der staatlichen Ebene fort.

Wir sehen an diesem Prozeß zweierlei. Erstens: Der ursprüngliche Reinigungsimpuls von Cluny trat in eine höchst komplexe Welt ein, die ihm mit ihren eigenen Interessen, Machtkämpfen und Ideenkämpfen eine andere Richtung gaben und zu Wirkungen führten, die anfangs weder bedacht noch gewollt waren. Zweitens: Hätte die Kirche versucht, den Reinigungsimpuls ernsthaft und konsequent umzusetzen, hätte sie sich also aus allen weltlichen Machtansprüchen zurückgezogen, so hätten sie an geistlicher Leuchtkraft gewinnen können. Ihre Inkonsequenz hat sie selbst in einer Weise beschädigt, die bis heute nachwirkt. Es genügt nicht, einen Impuls in die äußere Welt zu tragen, wenn er nicht zunächst in der eigenen Innenwelt ernstgenommen und umgesetzt wird.

2. Beispiel:

Auch Luthers Reformation traf auf eine komplexe Welt, die seinem ursprünglichen Impuls eine völlig andere, z. T. entgegengesetzte Richtung gab. Gedacht war, daß Bibellesung – sola scriptura – die Menschen erleuchtet – sola fide –, auf daß sie der Gnade würdig seien – sola gratia. Diese drei „sola" sollten die ganze Kirche und zugleich das Reich unter Kaiser und Bibel erneuern. Politisch wirksam wurde zunächst die blanke Tatsache der konfessionellen Pluralität und der daraus entstehenden Konflikte.

Erstens wurde schon im Augsburger Religionsfrieden den Fürsten das jus reformandi zugestanden. Nicht das erleuchtete Gewissen entschied über den Glauben. Vielmehr bestimmte der Fürst, was das Gewissen den Einwohnern seines Gebietes eingab.

Zweitens wurden im evangelischen Episkopalsystem die weltlichen Fürsten zu sogenannten Notbischöfen eingesetzt. In der Einheit von Thron und Altar wurden das Geistliche und das Weltliche auf der staatlichen Ebene in einem Maße verklumpt, das alle mittelalterlichen Vorstellungen der Zusammengehörigkeit von Reich und Kirche weit überstieg.

Drittens trat seit der Aufklärung zwar der Individualisierungsimpuls in den Vordergrund, jedoch überwiegend Hand in Hand mit rationalistischen und moralistischen Neuinterpretationen des Glaubens, die sich von Luthers Ansätzen weit entfernten. Viertens splitterten sich zahlreiche Denominationen und Sekten ab, die zwar dem Aufklärungsimpuls widerstanden, sich zugleich aber ebenfalls von Luthers Intentionen entfernten.

Auch *Luthers* Erleuchtungsimpuls veränderte also seine ursprüngliche Richtung durch den Zusammenprall mit einer höchst komplexen Welt, die ihm ihre eigenen Notwendigkeiten, Interessen, Macht- und Ideenkämpfe entgegensetzte und die die moderne, aufgeklärte, industrialisierte Welt hervorbrachte. Und wiederum können wir sagen: Nur dort, wo der ursprüngliche Impuls der Erleuchtung zunächst in der Innenwelt ernst genommen wurde und wird – denken wir z. B. an den größten aller Lutheraner, an Joh. Seb. Bach –, wirkt er auch in die Außenwelt hinein.

3. Beispiel:

Wir haben gesehen, wie der moderne Staat in der 2. Hälfte des 16. Jahrhunderts in Frankreich als absolutistischer Staat entstanden ist. Der 36 Jahre während konfessionelle Bürgerkrieg war nur überwindbar, wenn der König die Macht hatte, Toleranzedikte nicht nur zu erlassen, sondern auch durchzusetzen. Dazu bedurfte es einer neuen, rationalen Begründung seiner Legitimität. Er mußte von allen traditionalen, feudalistischen Rechtsansprüchen unabhängig – legibus absolutus – werden. Das gelang tatsächlich, und damit auch die Herstellung des inneren Friedens. Doch der absolutistische König besaß nun auch die Macht, den konfessionellen Bürgerkrieg einseitig wieder aufzunehmen. Nach der Aufhebung des Edikts von Nantes im Jahre 1685 vollstreckte die königliche Soldateska den Befehl zur Ausrottung des Protestantismus mittels Niederbrennung von Kirchen, Exilierung der Geistlichen, Erzwingung einer Konversionserklärung durch die Foltermethode der veilles forcées sowie mit der Galeerenstrafe für ertappte Flüchtlinge. Ein Viertel des Landes wurde entvölkert. Unter dem Edikt stand: „Car tel est notre plaisir" – denn so ist unser Belieben.

Dem König war die absolutistische Führungsmacht in der Hoffnung anvertraut worden, er werde sie nicht bis zum äußersten ausnützen, sondern maßvoll, gerecht und vernünftig anwenden, nicht zur Fortsetzung des Bürgerkrieges mit Polizeimitteln, sondern zur Sicherung des inneren Friedens. Statt sich von einer fanatisierten Camarilla seine Entscheidungen einblasen zu lassen, hätte er zunächst einmal seine eigene innere Führung in die Hand nehmen, sich selbst in seiner Souveränitätsausübung beschränken und an Rechtsmaßstäbe binden müssen. Er hat den Gedanken der Souveränität, wie ihn u. a. *Bodin* entwickelt hatte, nicht ernst genommen und ihn deshalb mit langfristiger Tiefenwirkung diskreditiert. Nichts hat in dem kommenden Jahrhundert in ganz Europa die Bewegung zur Abschaffung der monarchischen Souveränität so machtvoll beflügelt wie die historische Erinnerung an jenen unsouveränen Gebrauch dieser Souveränität.

Eine Variante dieses dialektischen Prozesses spielte sich in England in der ersten Hälfte des 17. Jahrhunderts ab, als die Stuart-Könige absolutistische Macht mit dem aus Frankreich stammenden Argument beanspruchten, nur so könnten sie den konfessionellen Frieden gewährleisten. Sie verkannten erstens, daß dieser Friede durch das englische Common Law mit seinen Rechtsprinzipien hinreichend gesichert war, und zweitens, daß sie ihre eigene Macht den Kompetenzzuweisungen des schon damals gewaltenteilenden Rechtssystems verdankten. Sie wollten sich zum unumschränkten Herrn des Rechts machen – „Rex facit legem" – und verkannten die Berechtigung auch des dialektischen Gegenprinzips: Lex facit Regem. Indem sie das Rechtssystem in Frage stellten, untergruben sie die Grundlage ihrer eigenen Macht und provozierten einen siebenjährigen Bürgerkrieg, der 1649 zur Niederlage *Karls I.* führte. Sein absolutistischer Höhenflug endete mit seiner Hinrichtung. Hätten die Stuartkönige ihren Impuls zur Friedenssicherung wirklich ernst genommen, so hätten sie auch seine besonderen englischen Realisierungsbedingungen erkannt und ihre absolutistischen Führungsansprüche gebändigt. So hätten sie den Bürgerkrieg vermieden, den sie ganz unnötigerweise heraufbeschworen haben.

4. Beispiel:

Eine Dialektik ganz anderer Art zeigt sich in dem Einfluß, den der Calvinismus auf die Verfassungsgeschichte genommen hat. Die Calvinisten haben ohne Frage große Verdienste um die Entwicklung der freiheitlichen Rechtsinstitutionen. Diese sind aber weder aus den Schriften *Calvins* noch aus seiner politischen Praxis begreiflich. Im Gegenteil kann man die Ordnung, die *Calvin* in Genf errichtete, mit heutigen Begriffen nur als „totalitär" kennzeichnen. In seiner „Institutio" legte *Calvin* mit strenger Konsequenz dar, alle Obrigkeit sei als „Vikar Gottes" anzusehen. Die Untertanen schuldeten ihr unbedingten Gehorsam. Im Falle der Tyrannei sollten sie diese als Strafe für eigene Sünden ansehen. Sie dürften lediglich Gottes Hilfe im Gebet anflehen und allenfalls auf äußere Feinde des Tyrannen hoffen. Für Rechtsinstitutionen der Freiheit blieb weder theoretisch noch praktisch Raum. Dem entsprach die Verfassung des Stadtstaats Genf. Alle Familien wurden einer wöchentlichen Katechese unterzogen, einer puritanischen Zwangsbeichte. Wer sich nicht fügte, wurde exiliert. Auch vor der Ketzerverbrennung schreckte Calvin nicht zurück. Er war von der Idee besessen, die Menschen von ihren Schwächen und Sündhaftigkeiten kurieren zu müssen, und da sei jedes Mittel erlaubt, ja geboten. Er kam nie auf den Einfall, diese Zwangsmethoden könnten in sich sündhaft sein und er, *Calvin,* könnte selbst der Heilung bedürfen. Wie erklären sich dann die historisch offenkundigen Beiträge calvinistischer Strömungen zur Entwicklung des demokratischen Verfassungsstaates? Es gibt fünf Ansätze, um sie begreiflich zu machen.

Erstens das Widerstandsrecht. *Calvin* hat dies zwar den Ständen vorbehalten und an die Bedingung geknüpft, daß der König die reformierte Religion unterdrückt. Darauf berief sich der holländische Widerstand gegen Spanien, später der schottische und englische Widerstand gegen die *Stuarts*. Mit der zunehmenden Bedeutungslosigkeit der Stände wurde das Widerstandsrecht – entgegen *Calvins* Lehre – auch von den Bürgern unmittelbar in Anspruch genommen. Im Laufe des 18. Jahrhunderts verwandelte es sich in Amerika – wie vor allem Stourzh nachgewiesen hat – in die Forderung nach der Grundrechtsbindung der staatlichen Gewalt.

Zweitens mögen die kleinen demokratischen Ansätze, die die Genfer Stadtverfassung trotz ihrer totalitären Struktur noch beibehalten hatte, insbesondere die Pfarrerwahl, den Anstoß gegeben haben, sie ins Politische zu übertragen.

Drittens hat sicherlich auch die Affinität des Calvinismus zum Kapitalismus eine Rolle gespielt, die *Max Weber* deutlich gemacht hat: Wer im freien Markt Wohlstand gewinnt, sieht darin einen Fingerzeig für den Segen Gottes und damit für seine Zugehörigkeit zu den Erwählten. Der Kapitalismus hat seinerseits eine gewisse Affinität zum freiheitlichen Verfassungsstaat, denn er bedarf der grundrechtlichen Sicherung von Eigentum, Berufsfreiheit, Gewerbefreiheit, Handelsfreiheit und der Freiheit zur Bildung von handelsrechtlichen Gesellschaften, und diese Grundrechte sind i. d. R. ohne die generelle Geltung von Grundrechten und damit von Gewaltenteilung nicht zu haben.

Viertens: Letztlich entscheidend war aber m. E. der Einfluß der englischen Rechtsvorstellungen von Gewaltenteilung und rule of law, die die englischen Dissenters mit nach Amerika nahmen. Die englischen Puritaner des 17. Jahrhunderts machten die Erfahrung, daß die Freiheitsgarantien des englischen Rechts, insbesondere das habeas-corpus-Prinzip, ihnen Schutz boten, und daß die absolutistischen Ansprüche des Stuarts sie unmittelbar bedrohten. Diese Erfahrung reinigte den Calvinismus von seinen totalitären Implikationen. Zwar gewährten die Puritaner in den amerikanischen Kolonien zunächst noch keine Religionsfreiheit, orientierten ihre Rechtsvorstellungen aber im übrigen an den englischen Überlieferungen. Die Verschmelzung des Puritanismus mit englischem Rechtsdenken begründete seine Tendenz zu Parlamentarismus und rule of law.

Fünftens: Auf dem europäischen Kontinent verglichen die aus Frankreich geflüchteten Hugenotten ihre Erfahrungen mit denen ihrer englisch-amerikanischen Glaubensbrüder. Sie reinigten den Calvinismus ebenfalls von seinen totalitären Implikationen und propagierten Menschenrechte und Gewaltenteilung.

5. Beispiel:

Ein fünftes Beispiel bietet der bekannte Umschlag der französischen Revolution von der Erklärung der Menschenrechte 1789 und dem Erlaß einer gewaltenteilenden Verfassung 1791 in den Terror von 1792–95. Der ursprüngliche Impuls der französischen Revolution war der Versuch, die Ideen der politischen Aufklärung des 18. Jahrhunderts in einem Kraftakt in die Wirklichkeit umzusetzen. Diese Ideen lassen sich in der Formel zusammenfassen: Menschenrechte, Gewaltenteilung und parlamentarische Repräsentation. Sie waren die Antwort auf die schlimmen Erfahrungen mit dem Absolutismus vor allem in Frankreich und mit den absolutistischen Ansätzen in England. Daß es sich nicht um utopische, sondern um realisierbare Ideen handelte, hatte sich im gewaltenteilenden Rechtssystem Englands und nach der Unabhängigkeit der amerikanischen Kolonien in den Verfassungen der Einzelstaaten und ab 1787 der USA gezeigt. Auf dem europäischen Kontinent aber stießen sie auf harten Widerstand von Tradition, etablierten Machtverhältnissen, Ideen und Interessen. Diesen Widerstand versuchten die Franzosen zu brechen, als die Gelegenheit dazu – nämlich die für den Absolutismus inkonsequente Einberufung einer Ständeversammlung – dazu günstig erschien. Doch dieser Kraftakt reichte im Verhältnis zum Widerstand im Innern und von außen nicht aus und verwandelte sich in die Gewalt der Guillotine. Nach dem Ende der Schreckensherrschaft wäre Gelegenheit gewesen, zu den Idealen von 1789 zurückzufinden – wenn man es damit ernst gemeint hätte. Stattdessen folgten *Napoleon* und 1815 die Restauration. Erst im Laufe des 19. und 20. Jahrhunderts gewannen die Ideen von Menschenrechten, Gewaltenteilung und parlamentarischer Repräsentation die Kraft, sich durchzusetzen, und zwar in dem Maße, indem sich die Kraft in Überzeugungskraft umsetzte.

6. Beispiel:

Ein sechstes Beispiel bietet die Geschichte der USA. Die Unabhängigkeitserklärung von 1776 steckte die Ziele hoch: Der Staat ist dazu da, um vor allem drei Ziele zu gewährleisten: life, liberty and the pursuit of happiness. Happiness meinte nicht das große Glück, sondern die kleine Freude, die aus gesichertem Einkommen, Familie und Haus erwächst. In der Hoffnung darauf emigrierten Millionen von Menschen nach Amerika und glaubten, in „God's own country" zu kommen. In der Tat haben Unzählige ihr Glück gefunden, und den Beitrag Amerikas zur Weltzivilisation kann man kaum hoch genug einschätzen. Aber man kann auch nicht die Augen verschließen vor dem Ausmaß von Elend und Verbrechen, vor allem in den riesigen Armenvierteln der Großstädte, und vor dem Mangel an Sensibilität für soziale Probleme. Hält man sich die Vitalität und Lebensfreude vor Augen, die selbst die Armen in den südlichen Ländern noch beflügeln, so fällt die Freudlosigkeit auf, die das Leben auch der reichen amerikanischen Führungsschicht in ihrem Geschäftsdenken, ihrem Puritanismus und der Enge ihres kulturellen Horizonts trübt. Wer nicht selbst von einer gewissen inneren Freude erfüllt ist, tut sich schwer, politische Wege zu finden, die auch anderen zu „the pursuit of happiness" verhilft.

7. Beispiel:

Das führt auf ein letztes Beispiel: den Marxismus. Dieser hat sich zum Ziel gesetzt, eine Gesellschaft zu schaffen, der alle gleichberechtigt angehören, oder wie es im Kommunistischen Manifest heißt: eine „Assoziation, worin die freie Entwicklung eines jeden Bedingung für die freie Entwicklung aller ist". Dazu bedürfe es der Überwindung der bürgerlichen Produktionsverhältnisse, alsdann werde niemand mehr von den Glücksgütern dieser Welt ausgeschlossen sein. Was daraus wurde, ist bekannt. Wem es mit dem Ideal der Brüderlichkeit ernst ist, der beginnt damit, Menschenwürde und Menschenrechte zu respektieren. Doch es war nicht ernst gemeint, sondern eine Zwecktheorie zur Erlangung und Behauptung von uneingeschränkter Macht über Menschen.

Dies wiederum trieb viele Menschen in Angst und machte sie geneigt, sich in den vermeintlichen Schutz der faschistischen und nationalsozialistischen Gegenbewegungen zu flüchten. Diese lassen sich zwar nicht monokausal als bloße „Reaktion" erklären, aber jedenfalls gehört zu ihren Triebkräften u. a. auch die Suche nach einer Gegenmacht zum Marxismus. Das dialektische Gegeneinander eskalierte, entglitt aller vernünftigen Kontrolle und führte Europa in eine der furchtbarsten Katastrophen der Weltgeschichte.

Der sogenannte dialektische Materialismus beanspruchte, die geschichtliche Dialektik besser zu verstehen als *Hegel,* sie nämlich von ihren idealistischen Implikationen zu reinigen und ihre Schritte voraussehbar zu machen. Ja, sie sollte auf diese Weise sogar für den Menschen handhabbar werden und als politische Handlungsanweisung dienen: Was ohnehin geschehen wird, könne zugleich gelenkt und beschleunigt werden. Dieser Anspruch hat die ganze dialektische Geschichtsphilosophie diskreditiert. Indes bildet die Geschichte des Marxismus wiederum nur ein Beispiel für die Diskrepanz zwischen Absicht und Ergebnis. Sie widerlegt die dialektische Betrachtungsweise der Geschichte nicht, sondern bestätigt eher ihre Berechtigung.

III.

Nach dem Ende des 2. Weltkrieges formulierte die Generalversammlung der Vereinten Nationen den Grundsatz, daß „die Anerkennung der allen Mitgliedern der menschlichen Familie innewohnende Würde und ihrer gleichen und unveräußerlichen Rechte die Grundlage der Freiheit, der Gerechtigkeit und des Friedens in der Welt bildet", jenen Grundsatz, den das Grundgesetz in Art. 1 Abs. 2 übernommen hat.

Ist nun alles gut? Sind wir womöglich ans Ende der Geschichte gekommen? Das erscheint höchst unwahrscheinlich. Zwar ist an die Stelle der marxistischen Weltrevolution die demokratische Weltrevolution getreten und hat beachtliche Fortschritte gemacht – denken wir z. B. an Osteuropa, Südafrika, einige Länder Lateinamerikas und Asiens. Und wir haben begründete Aussicht, daß es zwischen den westeuropäischen Staaten keine Kriege mehr geben wird, so wenig wie zwischen den USA und Canada oder anderen Demokratien. Aber erstens ist die demokratische Weltrevolution noch lange nicht am Ziel, und zweitens drohen selbst dort, wo sie erfolgreich war, neue und unvorhergesehene Konflikte, die leicht zu Katastrophen eskalieren können. Noch wissen wir nicht, in welche Richtung sich Rußland entwickeln wird, und noch weniger, wohin der aufgeheizte Islamismus noch treibt. Wir sind Zeitgenossen von barbarischen Regimen und von unerhört grausamen Fanatismen und Bürgerkriegen, nicht nur in Afrika, Asien oder Rußland, sondern auch in Jugoslawien und Irland. Wir leben in der Furcht vor ökologischen, wirtschaftlichen, politischen und sozialen Katastrophen.

Nun gibt es zwei Möglichkeiten. Entweder ist die Welt ohne Sinn und Ziel, ein zufälliges Produkt materieller Evolution. Dann bleiben uns nur Verzweiflung und Resignation. Oder wir gehen davon aus, daß in der biologischen Evolution von der Amöbe zum Menschen über all die bekannten erdgeschichtlichen Katastrophen hinweg Sinn und Ziel erkennbar werden. Unter dieser Prämisse ist es logisch und konsequent, mit *Hegel* anzunehmen, daß auch in der kurzen Geschichte der Menschheit Sinn und Ziel erkennbar sind, m. a. W., daß Gott Herr der Geschichte ist. Dann tritt an die Stelle von Verzweiflung und Resignation vernünftigerweise der Impuls, unser Handeln in den Dienst dieses Sinns und Ziels zu stellen oder ihm jedenfalls nicht entgegenzuwirken. Es kann nicht Gegenstand unserer Vorlesung sein, diese Grundalternative zu reflektieren, das wäre ein Thema für sich. Doch auch ohne solche Reflexion erscheint es jedenfalls unvernünftig, die zweite Alternative nicht zumindest als Möglichkeit in Betracht zu ziehen. Ist sie aber möglich, so wäre es im Sinn der Pascal'schen Wette riskant, sie unserem Handeln nicht zugrundezulegen.

Zwar lehrt die christliche Eschatologie, daß die Weltgeschichte nicht in ein irdisches Paradies führe, sondern zuletzt in die Herrschaft des Antichrist, die der Endkatastrophe vorangehen werde. Erst aus dieser würden in einem letzten großen dialektischen Umschlag ein neuer Himmel und eine neue Erde hervorgehen. Aber sie lehrt nicht, wann das sein wird, es kann noch sehr, sehr lange währen. Wie auch immer: bis dahin hat die Menschheit die Chance, die Welt so zu gestalten, daß sie sich dem der Geschichte – zumindest möglicherweise – immanenten Ziel annähert, sei es auch über eine Kette weiterer Rückschläge und Katastrophen hinweg.

Die Annäherung, so lehrt die Erfahrung, geschieht in kleinen Schritten. Diese gelingen immer nur im Zusammenklang von drei Faktoren: Erstens bedarf es der moralischen Einsicht und des guten Willens. Zweitens bedarf es des Wirklichkeitssinns, der realistischen Einschätzung der faktischen Gegebenheiten in ihrer Komplexität. Freilich erwacht dieser Realitätssinn im Laufe des Lebens von allein, wenn der moralische Impuls wirklich ernst genommen wird, oder umgekehrt: Wo er ein ganzes Leben lang nicht erwacht, dürfen wir bezweifeln, daß der moralische Wille jemals ernstlich vorhanden war. Wo er aber ernstlich vorhanden ist und sich mit Realitätssinn verknüpft, bedarf es noch eines dritten Elementes zu seiner Wirklichkeit: des kairos, der glücklichen Stunde, des Segens, der dem guten und realistischen Willen zum plötzlichen Durchbruch verhilft, ihn mit Überzeugungskraft beflügelt, Einverständnis darüber herbeiführt, daß ein neuer Schritt in der rechtmäßigen Gestaltung der Beziehungen des Menschen zum Menschen getan werden soll. Mitunter haben erst Katastrophen diese aufrüttelnde Wirkung getan.

Doch die Betrachtung der dialektischen Prozesse in der Verfassungsgeschichte lehrt uns noch mehr. In allen Beispielen fanden wir im Anfang einen moralischen

Impuls: den der Reinigung, der Erleuchtung, der souveränen Führung, der Heilung, der Kraft, der Freude, der Brüderlichkeit. Nichts aber ging gut, wo dieser Impuls in die äußere Welt getragen wurde, ohne in der eigenen Innenwelt ernst genommen zu werden. Wo er ernst genommen wurde, führte er zwar auch nicht zum guten Erfolg, wenn nicht alle drei Faktoren zusammentrafen. Aber umgekehrt gilt: Sie klingen nie zusammen, wo das Gute, das man anstrebt, nur äußerlich vollzogen werden soll, ohne ehrlich und konsequent zum Leitmaßstab des wirklichen Wollens geworden zu sein.

Ein Beispiel: Wir haben die Verfassungsberatungen von 1848 in der Frankfurter Paulskirche besprochen. Im Bewußtsein der Deutschen waren alle Elemente eines demokratischen Verfassungsstaates lebendig, keineswegs weniger als bei unseren westlichen Nachbarn: Grundrechte, Gewaltenteilung, parlamentarische Repräsentation, Föderalismus, Versöhnung zwischen monarchischer Tradition und den Ideen der politischen Aufklärung. Wie wäre die europäische Geschichte verlaufen, wenn die Durchsetzung der Verfassung gelungen wäre? Doch es fehlte zunächst, wie wir sahen, an der realistischen Einschätzung der Machtstrukturen und der Schritte, die erforderlich gewesen wären, um Heer und Beamtenschaft zu sich herüberzuziehen. Der preußische König vergewisserte sich, daß ihn die Machtverhältnisse nicht zwangen, eine Kaiserkrone anzunehmen, die sich dem pouvoir constituant des Volkes verdankte, und so zog er seine Bereitschaft dazu zurück.

Die deutsche Geschichte nahm einen verhängnisvollen Verlauf. Zwar waren die rechtsstaatlichen Impulse noch stark genug, um akzeptable Verfassungen und z. T. sehr gute Kodifikationen zu schaffen. Aber die Legitimitätskrisen der Weimarer Reichsverfassung haben uns gezeigt, wie sehr sie an Schwung und Überzeugungskraft verloren hatten. Die Tatsache, daß die Idee des Rechts von breiten Schichten des ehemals liberalen deutschen Bürgertums innerlich nicht mehr ernst genommen wurde, führte schließlich in eine der furchtbarsten Katastrophen der Menschheitsgeschichte.

Erst nach dieser Erfahrung wurde 1949 das Grundgesetz geschaffen, das der Verfassung von 1849 in seinen wesentlichen Strukturen sehr ähnlich ist, nur ohne die monarchische Komponente. Und es bedurfte erst dieser Katastrophe, um den Rassenwahn, insbesondere den Antisemitismus zu überwinden, um die Bedeutung des Friedens und der guten Nachbarschaft der Nationen schätzen zu lernen, den Rechtsstaat zu stabilisieren und weltpolitische Mitverantwortung zu übernehmen. Die Erschütterung durch den Blick in den Abgrund einer 12jährigen Herrschaft des Wahnsinns hat die Augen dafür geöffnet, in welche Torheiten man sich im Laufe der letzten hundert Jahre verrannt und was man durch sie bewirkt hatte, wie es hätte sein können und wie es besser zu machen ist.

Hegel legt in seiner Kritik an Kants Moralismus den Gedanken nahe, die Katastrophen als solche seien kreativ, neue Ordnungen entstünden aus dem Chaos. Der dialektische Materialismus ging noch einen Schritt drüber hinaus und folgerte: man müsse bewußt zerstören, damit das Neue entstehen könne. Beide Annahmen werden durch die dialektischen Prozesse, die wir betrachtet haben, nicht bestätigt. Alle wahrhaft aufgeklärten Gedanken entstanden in einem abgeschirmten Raum der Reflexion. Lediglich die Bereitschaft, sich ihnen zu öffnen und sie durchzusetzen, war mitunter auf schlimme Erfahrungen angewiesen. Insofern scheint mir Kant gegen Hegel recht zu behalten.

Hegel hingegen hat gegen Kant darin recht, daß auch Ordnungen erstarren können und daß es dann der Kastastrophe bedarf, um der Kreativität Raum zu schaffen. Katastrophen haben im Leben der Nationen eine ähnliche Funktion wie in der individuellen Biographie eines Menschen. Manch einer kommt nur durch den Zusammenbruch all seiner sozialen Beziehungen aus der Abhängigkeit z. B. von Drogen heraus. Aber vernünftig ist, die Katastrophe zu vermeiden. Eine glückliche Lebensgestaltung bedarf ihrer an sich nicht, sondern nur dann, wenn Einsicht und Wille versagen. Und so auch im Leben der Völker.

Für uns als Juristen folgt daraus: Wenn wir daran mitwirken wollen, den erreichten Rechtszustand zu bewahren und der Idee des Rechts zur Ausbreitung zu verhelfen, so kann das nur soweit von Erfolg gekrönt sein, als wir uns mit den Prinzipien des Rechts identifizieren und sie uns innerlich zu eigen, sie zu unserer Herzensangelegenheit machen. Das Recht ist keine Technik, die man rein verstandesmäßig erlernen und anwenden könnte. Es ist die Ausfächerung von Prinzipien, die ihr letztes Prinzip in der Achtung vor der Würde des Menschen haben. Diese Achtung schlägt sich nieder in der Anerkennung gleicher Freiheit, also der Freiheit in den Grenzen, die ihr durch die Achtung vor der gleichen Freiheit des anderen gesetzt sind. Wo das Recht nicht aus seinen Prinzipien heraus verstanden wird, wo es schrumpft zur Positivität von Gesetzen beliebigen Inhalts, da ist der Weg zu seiner Perversion und letztlich der Weg in die Katastrophe gebahnt.

Deutschland ist heute nicht nur deshalb ein Rechtsstaat, weil seine Gesetze im wesentlichen intakt sind, sondern auch, weil und insofern es von einer Juristengeneration getragen wird, von der man sagen kann: Sie hat sich, jedenfalls im Großen und Ganzen, aus bittersten Erfahrungen heraus seine Prinzipien zu eigen gemacht, und sie fühlt sich innerlich verpflichtet, ihnen zu dienen und ihnen auch nach außen zur Leuchtkraft und zum Durchbruch zu verhelfen.

Der Impuls der jungen Generation, es besser zu machen als früher und neue Verantwortlichkeiten auf sich zu nehmen, ist in seinem prinzipiellen Ansatz nicht zu tadeln: Er ist kein anderer als der, dem wir die schon erreichten Fortschritte der Rechtsgeschichte verdanken. Immer standen am Anfang die Erfahrung von Unrecht und der Wille, sich mit Elend und Ungerechtigkeiten nicht abzufinden, sondern an ihrer Überwindung zu arbeiten. Es kommt nur darauf an, daß sich dieser Impuls mit Realitätssinn verbindet, und das geschieht, wenn er als moralischer Impuls wirklich ernstgenommen ist.

Dafür bedarf es des verständnisweckenden Studiums der Prinzipien, die die Fortschrittsgeschichte des Rechts geleitet haben. Das Studium der Rechts- und Verfassungsgeschichte, der Rechtsphilosophie und einer vernünftigen juristischen Methodenlehre ist kein überflüssiger Luxus, sondern notwendig, um das Recht aus seinen Prinzipien heraus zu verstehen. In dem Maße, in dem wir uns diese Prinzipien und die sie leitenden Ideen zu eigen machen, lernen wir das Recht richtig zu interpretieren und anzuwenden. Und in diesem Maß können wir auch politisch daran mitwirken, daß die Grundgedanken des Rechts sich weiterhin entfalten, differenzieren und die künftige Geschichte gestalten können. Wie weit das gelingen wird, haben wir zwar nicht in der Hand. Worauf es für uns aber ankommt, ist, daß auch in der nachwachsenden Juristengeneration der Impuls lebt, dem wir die bisherigen Fortschritte der Rechtsgeschichte verdanken: die Gestaltung der Welt aus den Rechtsprinzipien heraus, und daß dieser Impuls ihr ganzes Wollen und Streben aufrichtig ergreift.